필리스 체슬러 Phyllis Chesler

페미니스트, 정신분석학자.

1940년 미국 브루클린의 정통 유대교 가정에서 태어났다. 바드 대학 재학 시절 만난 아프가니스탄 출신 남성과 결혼하여 카불에 갔다가 일부다처제 문화를 겪었고 이것은 페미니스트로 각성하는 계기가 되었다. 카불에서 돌아온 후 페미니스트로 살면서 여성참정권을 위해 싸운 이들의 뒤를 이어 2세대 페미니즘의 문을 열었다. 뉴욕 사회과학대학원을 거쳐 뉴욕의과대학에서 신경생리학 펠로우십을 취득했으며, 『사이언스』에 논문을 발표한 후 1969년에 심리학 박사학위를 받았다. 1970년에 뉴욕시립대학 리치먼드칼리지에 최초로 여성학 과정을 개설했고, 이후 여성학은 뉴욕시립대 산하의 모든 대학에서 정규 교육과정으로 공인되었다. 1969년에 여성심리학회(Association for Women in Psychology)를, 1974년에 전국여성건강네트워크(National Women's Health Network)를 공동 설립했다. 『여성과 광기Women and Madness』는 필리스 체슬러의 첫 책이다. 1972년 출간 당시 『뉴욕타임스 북 리뷰』 첫 페이지에 실린 최초의 페미니스트 작품으로 기록되었으며 이후 전 세계적으로 300만 부 이상 팔리면서 페미니즘의 기념비적인 작품으로 꼽히고 있다. 카불에서의 경험을 바탕으로 쓴 『카불의 미국인 신부An American Bride in Kabul』(2013)는 '2013 전국 유대인 도서상(National Jewish Book Award)'을 수상했다. 이 밖에 『남성에 대해서About Men』(1978), 『재판정에 선 어머니들Mothers on Trial』(1986), 『가부장Patriarchy』(1994), 『젊은 페미니스트에게 보내는 편지Letters to a Young Feminist』(1998), 『여자의 적은 여자다Woman's Inhumanity to Woman』(2002), 『페미니즘의 죽음The Death of Feminism』(2005), 『정치적으로 올바르지 않은 페미니스트A Politically Incorrect Feminist』(2018), 『어느 여성 연쇄살인범에게 바치는 진혼곡Requiem for a Female Serial Killer』(2020) 등의 책을 썼다. 『뉴욕 타임스』, 『워싱턴 포스트』, 『뉴욕』, 『LA 타임스』, 『글로브 앤드 메일』, 『프론트 페이지』, 『이스라엘 내셔널 뉴스』, 『미들 이스트 저널』 등 영미권을 비롯한 세계 각지 언론에 페미니즘을 주제로 한 글을 기고했다. 현재 뉴욕시립대 산하 스테튼아일랜드칼리지 심리학 및 여성학 명예교수로 재직 중이며, '명예살인'으로 위협받는 이슬람 여성들을 대신해 법정 진술서를 제출하고 있다.

여성과 광기

여성과 광기

필리스 체슬러

임옥희 옮김

위고

그들은 모두 최면에 걸렸거나 중독된 사람처럼 반쯤은 약물에 취한 듯 반쯤은 잠에 취한 듯 멍해 보였다. 분뇨와 쓰레기와 종이 더미로 가득 찬 더럽고 구역질 나는 거리를 걸어가고 있었기 때문이다. 마치 다른 세상에 있는 것처럼 이곳에 있는 자신들의 존재를 의식하지 못하는 듯이 보였다. [⋯] 모두들 각자 자신만의 상상에 골몰해 있었다. 집주인이나 식료품 가게 주인 혹은 동료들과 어떻게 하면 언쟁에서 이길까, 혹은 사랑을 나눌까 [⋯] 마치 우주선에서 내려다보는 이방인처럼 그들을, 우리를, 인류를 바라본다는 것은, 다시 말해 자신이 속한 부류의 적나라한 모습을 지금 여기서 직접 보는 일은 지금껏 한번도 경험하지 못한 고통을 안겨주었다 [⋯]

하지만 가장 놀라운 것은 그들이 마치 몽유병자와 같은 상황 속에서 걷고 움직이고 자기 삶을 배회한다는 사실이었다. 그들은 자기 자신을 의식하지 못했으며 자기 주변에 무슨 일이 일어났는지 알지 못했다 [⋯] 그들은 근본적으로 소외되고 격리되어 있었다. 또한 끔찍하게 망가진 몸뚱이 안에 갇혀 있었으며 약물에 취해 꿈꾸듯이 몽롱한 시선 뒤에서, 무엇보다 그 밖의 어떤 것도 생각하지 못하게 만드는 결핍과 욕구의 그물망 안에 갇혀 있었다.

도리스 레싱, 『네 개의 문이 있는 도시 *The Four-Gated City*』

한국어판에 부치는 글

이 이야기가 시대착오적 기록으로 남기를 바란다

이 책을 쓴 것은 내게 큰 영광이었다. 나는 이 책이 여성의 세상을 바꾸기를 바랐다. 아마도 이 책을 읽은 여성들의 세상은 바뀌었을 것이다. 책이 처음 나왔을 때 수천 명의 여성들이 내게 감사의 마음과 함께 자신들의 이야기를 편지로 보내왔다. 페미니스트들은 박수를 보냈고, 안티 페미니스트들은 공격했다. 한 프랑스 평론가는 이 책을 두고 "이 세계를 깊은 잠으로부터 깨울 힘을 갖고 있다"고 묘사했다.

여성들은 이제 더 이상 모든 것에 대해 자신을 탓하지 않는다. 여성들의 자기존중이 피어나기 시작했다. 많은 여성들이 자신의 심리치료사 또는 남편을 떠났으며, 일부는 매우 다른 부류의 사람들과 결혼했다. 시간이 지나면서 나의 독자들은 페미니스트 정신과의사, 심리학자, 사회복지사 및 심리치료사로서 정신건강 분야로 나아갔다. 더 많은 여성들이 고등교육을 받기로 결심했고 예술가, 작가, 사업가, 판사, 변호사, 정치인이 되었다. 그들은 경제적으로나 심리적으로 보다 견고하게 독립성을 갖춰나갔다.

『여성과 광기』는 한번도 절판된 적이 없으며, 많은 유럽 언어와 중동 및 아시아 언어로 번역되었다. 나의 다른 책들이 한국어로 출판되기도 했지만 이제 한국의 독자들이 이 책을 최신판으로 다시 읽을 수 있게 되어 정말 기쁘다.

돌이켜보면, 나의 후기 책들의 주제들은 모두 이 책에서 시작되었다. 이교도 신화와 가부장제적 종교, 정신분석 이론이 여성의 정신건강에 어떤 영향을 미치는지, '충분히 좋은' 어머니들이 왜 언제나 자녀 양육권을 잃고 마는지, 어린 시절의 성적 학대가 왜 고통과 타락으로 이어지곤 하는지의 문제들이다.

나는 이 책에서 강간과 근친상간이 어떻게 여성을 무력화하고 트라우마에 빠뜨리는지 설명하면서 여성에게 자기방어의 권리가 있음을 시사하는 신화 속 아마존 전사를 제시했다. 또한 여성이 어떻게 성차별적 가치를 내면화하고 다른 여성에 대해 공감과 존중을 나타내지 않게 되는지도 논의했다. 나는 또한 '차이'를 용인할 뿐만 아니라 찬양하기까지 하는 여성들의 의식에 근본적인 변화가 일어나기를 요구했다.

최근에 이 책의 오디오북을 접한 독자가 내게 전화를 걸어 이렇게 말했다.

"아, 정말이지 너무나 시의적절하고 유의미한 책이었어요!"

나는 당신이 좋은 뜻에서 하는 말임은 알지만 그 말이 나를 낙담하게 했다고 말했다. 그녀는 충격을 받고 내게 이유를 물었다. 내 대답은 이것이었다.

"나는 여성들의 정신건강이 지난 50년 동안 괄목할 만하게 좋아져서 이제는 이 이야기가 그저 역사에 기록으로 남기를, 심지어 조금은 시대착오적인 기록으로 남기를 바랐습니다."

그럼에도 나는 여전히 이 책이 계속해서 유용하게 읽힌다는 사실에, 계속해서 현실을 조명하고 더 깊은 이해로 여성과 남성 모두에게 힘을 실어주고 있다는 사실에 커다란 기쁨을 느낀다.

— 2021년, 필리스 체슬러

차례

용어설명

- 심리치료사(psychotherapist)는 감정적 문제와 정신질환을 치료하기 위해 대화 요법을 사용하는 정신건강 전문의를 포괄적으로 지칭한다. 그들이 어느 정도의 전문성을 얻었느냐에 따라, 정신과의사, 심리학자, 정신분석가, 상담사 또는 사회복지사를 지칭할 수 있다.
- 심리치료(psychotherapy)는 심리치료사가 대화 요법을 통해 정신건강과 관련된 문제를 치료하는 것을 지칭한다.

일러두기

- 인명과 지명을 비롯한 고유명사의 외국어 표기는 '국립국어원 외래어표기법'을 따랐다. 단, 외래어표기법 표기세칙에 포함되어 있지 않은 외국어는 현지 발음에 따라 표기했다.
- 단행본, 잡지, 신문은 『 』, 논문은 「 」, 영화, 연극 등은 〈 〉로 표기했다.
- 본문의 각주는 옮긴이주이며, 저자 주는 각주 끝에 따로 표기했다.

이 책을 쓴 후 과연 무엇이 변했는가?

오늘날 우리가 당연히 받아들이는 것 중에는 50년 전만 해도 귓속말로조차 할 수 없었던 것들이 많다. 1950~60년대에 의사들은 여성이 남근선망을 경험하며 남성보다 윤리적으로 열등하다고 배웠다. 또한 여성은 선천적으로 피학적이고 의존적이고 수동적이고 이성애자이며 일부일처제를 따른다고 가르침을 받았다. 그리고 신경증과 정신병을 야기하는 원인은 아버지도 아니고 유전적인 소인(素因)이나 사고, 가난도 아닌 바로 어머니라고 배웠다.

내가 배웠던 교수 중 어느 누구도 여성(또는 남성)이 억압받고 있다거나 억압이 정신적 외상을 일으킨다고 말하지 않았다. 고통받는 여성들은 그런 불행을 자초했다는 이유로 비난받았으며, 병적이라고 진단받았다. 아무도 정신건강을 어떻게 검사해야 하는지 가르쳐주지 않았다. 오직 정신질환에 관해서만 가르쳤다.

나는 이것을 정신의학의 제국주의라고 생각한다.

대학원을 거쳐 임상 인턴으로 일하면서, 그리고 1960년대에서 1970년대 초까지 정신분석연구소에서 수련 과정을 거치면서 나는 정신적 외상에 대해 인간이 보일 수 있는 정상적인 반응을 진단하여 병리화하는 것이 유용하고 심지어 과학적이라고 배웠다. 예를 들어, 근친상간을 포함해 성적인 폭력에 대해 여성으로서(그리고 인간으로서) 보이는 정상적 반응은 정신질환이라고 배웠다. 그런 일이 일어난 것에 대해서 피해자를 비난하라고 배웠다. 정신분석 이론에 대한 피상적인 이해에 기대어, 여자는 '꼬리를 친다'거나 혹은 '병들었다'고 비난했다. 여자는 동정적인 관심을 얻기 위해서나 복수를 위해서 '근친상간'이나 '강간'을 외친다고 믿었다.

그 시절에는 여자란 타고나기를 정신적으로 어떤 식으로든 병들어 있다고 배웠다. 여자는 히스테릭('hysteric'의 어원인 그리스어 'hysteros'는 '자궁'을 뜻한다)하고, 엄살을 부리고, 유치하고, 교묘하게 사람을 조종하고, 쌀쌀맞거나 숨 막히게 굴고, 호르몬 때문에 쉽게 극단적이 된다고 말이다.

반면 남자는 정신적으로 건강하다고 추정했다. 남자의 약물중독이나 알코올중독을 병리화하거나 범죄시하라고 배우지 않았다. 여자 혹은 다른 남자를 때리고, 강간하고 심지어 살해한 남자들을 말이다. 우리는 성범죄자나 소아성애자에 대한 진단 범주를 갖고 있지 않았다. 실제로 정신의학을 다룬 문학에서는 남성이 통제력을 잃을 만한 정신 상태로 이르게 한 원인으로 아버지 혹은 아버지 같은 남자가 아닌 어머니를 지목해 비난했다. 그러나 대체로는 그렇게 남자다운 남자를 이해하고 용서하라고("사내애가 다 그렇지 뭐.") 교육받아왔다. 다시 말해서, 우리가 받은 이른바 전문적인 교육은 그저 이전의 문화적 교육을 답습하고 그릇되게 전문화했다.

나는 내가 받은 교육이 유용하지 않을 뿐만 아니라 진실이 아니라는 것을 알았다. 그래서 꼬박 2년 동안 거의 빠지지 않고 페미니스트 모임에 참석했다. 그곳은 나처럼 열정적이고 자신감 넘치고 목청 높여 말하는 교육받은 여성들로 가득 차 있었다. 당시의 시대정신에 따라 나는 자유주의 심리학자이자 합법적인 행동주의자가 되었으며, 아직도 그렇게 불리고 있다. 나는 신화와 각주를 사랑하는 다학제 간 연구원이었으며, 모호하고 인습적인 언어의 글쓰기를 거부했다. 정신분석을 지향했으며 꾸준히 정치적이었다.

1969년, 나는 여성심리학회(Association for Women in Psychology)를 공동으로 설립했다. 그 시절 여성들은 매달 새로운 조직을 설립했다. 우리는 페미니즘으로 용감해진 덕분에 우리가 환영받고 우리 생각이 환영받는 독자적인 조직을 만들어냈으며, 그곳에서 알고 싶은 것들을 서로에게 가르쳐주고 배웠다. 다른 곳에서는 결코 배운 적이 없는 것들을.

그 당시 나는 막 박사학위를 따고 병원에서 인턴을 끝낸 상태로, 정신분석연구소에 소속되어 있었다. 하지만 다른 여성(남성)을 어떻게 도와주고 그들의 인생을 어떻게 이해할 수 있을지에 관해서 아는 것이 거의 없었다.

나는 정신과에 오는 여성들에게 정말로 필요한 것이 무엇인지 은밀하게 연구했다. 그 연구 결과물을 1970년 미국심리학회(American Psychological Association)의 연례모임에서 발표할 계획이었다. 결국 나는 그 모임에 참석은 했지만 논문은 발표하지 않았다. 그 대신 여성심리학회를 대표해서 미국심리학회 회원들에게 여성들, 즉 정신과 전문의들로부터 도움은커녕 사실상 이용당했던 여성들에게 백만 달러를 배상하라고 요구했다. 징벌

개정판을 펴내며

의 낙인이 찍히고 공공연히 진정제를 투여받고 치료 과정에서 성추행을 당하고 자신의 의지와 달리 강제로 입원당하고 전기충격요법에 뇌 절제술을 받은, 지나치게 공격적이며 성적으로 난잡하고 우울증에 빠졌으며 추하고 늙고 분노하고 살찐, 치료 불가능하다는 등의 과장된 딱지를 붙이고 살아온 여성들을 대신해 배상금을 지불하라고 주장했다. "여성심리학회는 그 돈으로 대안적인 정신병원 또는 가출 여성을 위한 보호시설을 설립할 수 있을 것"이라고 주장했다.

2천 명이 넘는 (거의 남성) 회원들은 나를 비웃었다. 큰 소리로 그리고 신경질적으로. 일부는 당혹스러운 표정이었고 일부는 안도하는 표정이었다. 내가 미쳤음이 명백해졌기 때문이다. 그 사건 이후 동료들은 나의 '남근선망'에 대해 사람들 사이에 농담이 오가고 있다고 말해줬다.

그날 뉴욕으로 돌아가는 비행기 안에서 나는 이 책을 쓰기 시작했다. 정신분석 관련 문학작품에 몰두했으며, 정신과 치료를 받았던 경험이 있거나 입원했던 여성들의 전기나 자서전을 찾아내 읽었다. 섭식을 거부하거나 결혼을 거부하는 여성들, 아니면 집 밖으로 외출할 수 없는 여성이나 가족을 벗어나서 생활을 꾸려가는 여성들도 찾아냈다. 불쌍하고 미친 여성들에 관한 소설과 시를 읽었으며, 신화와 인류학, 그중에서도 특히 여신과 모권제와 아마존 전사에 관한 책을 탐독했다.

이 책에 여신에 관한 이야기가 등장하는 것은 결코 우연이 아니다. 납치되어 강간을 당한 딸 페르세포네를 구출한 데메테르 같은 위대한 대지의 어머니들과, 출산하는 여성을 보호하고 야생 들짐승들과 함께 달렸던 아르테미스에 관해 쓴 것도 마찬가지다. 그런 여신의 이미지는 인류 공동의 역할 모델임에도 우리는 우리 자신의 위험 때문에 그런 이미지들을 억누른다. 그러나 여성과 남성 모두는 모든 인간적인(단지 여성적이거나 아니면 생물학적으로 모성적인 것이 아니라) 가능성을 구현한 여성들의 본보기를 마주함으로써 강해진다.

그러한 이유로 나는 일부러 데메테르와 페르세포네의 관계나 클리타임네스트라 왕비와 그녀를 죽인 딸 엘렉트라의 관계처럼 원초적 관계를 그린 신화의 '어두운' 면은 상세하게 다루지 않았다. 『여성과 광기』지난 판(版)들에서는 이에 대한 단초만을 제시했지만, 여러 경로를 통해 거듭 중요하게 이야기해왔고 이번 판의 '들어가기 전에'에서도 자세히 다루고자 한다.

다시 1970년대로 돌아와서, 나는 정신질환 통계를 분석하면서 그와 관련된 학술 연구서를 분석하기 시작했다. 그리고 여성의 생애에 관한 역사적 기록과 해석들을 읽고 마녀로 저주받았던 (잔 다르크를 포함한) 유럽 여성들, 16세기 이래로 정신병원에 유폐되었던 그 여성들의 이야기를 찾아냈다. 19~20세기에 북미와 유럽의 남성들은 정신이 멀쩡한 아내와 딸을 집 안이나 정신병원에 감금할 합법적인 권리를 가지고 있었다. 그리고 일부는 실제로 그렇게 했다. 권위적이고 폭력적이며 술주정꾼에 정신 나간 남편들은 아내들을 정신병원에 입원시켰으며, 때로는 너무 콧대가 높다는 이유 하나만으로 — 이후 다른 여성과 결혼하기 위해 — 영원히 유폐시켰다.

어떤 미국 여성들은 자신의 감금 생활을 명석하고 멋지게, 감동적으로 기술했다. 믿을 수 없게도 이런 영웅적인 여성들은 지옥에서의 긴 수감 생활에도 불구하고 망가지거나 침묵하지 않았다. 그들은 자신에게 가해진 일을 증언했다. 그리고 자신보다 더 불운했던 이들 — '치료'라는 명목으로 가해진 잔혹한 구타, 익사 직전의 물고문, 강제 급식, 신체 구속, 자신의 배설물과 함께 장기간 독방 감금, 호의 또는 이성이 부재한 상황을 견디다 못해 죽음에 이른 이들 — 에 대해서도 증언했다. 역사에 기록된 여성들의 이야기에 나는 눈물을 흘렸다.

그중에는 1인칭 화법으로 쓰인 엘리자베스 패커드(Elizabeth Packard)의 이야기도 있었다. 그녀는 단지 남편의 뜻에 반하여 감히 자기 생각을 고집했다는 이유로 정신병원에 들어가야 했다. 또 주일학교 교리 시간에 인간은 악하게 태어나는 것이 아니라 선하게 태어난다는 가르침을 고집했다가 주립정신병원에 3년간 입원해 있어야 했다. 그 후 패커드는 정신병 환자와 기혼 여성의 권리를 위한 십자군이 되었다. 그녀는 자신의 책에서 정신병원에 수감된 여성들에게 자행되고 있는 일을 목격담으로 증언했다.

『여성과 광기』를 쓰고 몇 년 후, 제프리 겔러(Jeffrey L. Geller)와 맥신 해리스(Maxine Harris) 박사는 내게 『정신병원의 여성들: 벽 너머의 목소리, 1840~1945 Women of the Asylum: Voices From Behind the Walls, 1840-1945』(1994)라는 매우 중요한 책에 추천서를 써달라고 부탁했다. 나는 이전에도 그러한 사례들에 대해 읽고 쓴 바 있었다. 하지만 그 책을 읽고서야 뛰어난 목격자의 이야기가 실제로 얼마나 많이 있는지 알게 되었다.

예를 들어, 매사추세츠의 엘리자베스 스톤(Elizabeth T. Stone, 1842)은 정신병원을 "노예제도보다 못한 시스템"이라고 묘사했다. 펜실베이니아의 에이드리애나 브링클(Adriana Brinckle, 1857)은 정신병원을 "족쇄", "암흑", "수갑, 구속복, 철구 달린 족쇄, 쇠고리 그리고 […] 야만의 다른 유물들"로 가득 찬 "살아 있는 죽음"이라고 말했다. 티르자 셰드(Tirzah Shedd, 1862)는 이렇게 썼다. "여기는 치료의 장소라기보다는 처벌의 장소에 가까운 […] 대규모의 도살장이다." 뉴욕의 클라리사 콜드웰 래스럽(Clarissa Caldwell Lathrop, 1880)은 이렇게 썼다. "우리는 출입문에 새겨진, 불행한 수감자의 목숨으로 쓰인, 보이지 않는 글을 읽을 수 없었다. '여기에 들어서는 자는 반드시 모든 희망을 버려야 한다.'"

이처럼 수기로 기록된 내용에 따르면, 여성 환자는 일상적으로 구타를 당하고, 수면과 식사, 운동, 일광욕의 권리를 박탈당하고, 바깥세계와의 접촉이 금지되고, 심지어 살해당하기도 했다. 신체적(그리고 정신적) 질병에 대한 저항력은 산산이 부서졌다. 때때로 여성들은 고문을 끝내는 방법으로 자살을 시도했다.

19세기에서 20세기 초 정신병원에 오는 여성 환자들은 친절하게 치료를 받거나 전문적인 의료 행위를 받지 못했다. 온전하게 제정신이든 산후 우울증이나 다른 우울증을 겪든 간에, 환청을 듣든 '히스테리에 걸려' 마비가 되었든 간에, 잘 교육받고 유복하든 못 배운 노동계급 출신이든 간에, 비교적 특권층 생활을 했든 구타당하고 겁탈당하고 학대당했든 간에, 자신의 사회적 역할을 더 이상 해내지 못하든 그런 역할을 아예 받아들이지 않든 간에, 오랫동안 아무런 일도 하지 않고 게으르게 지냈든 오랫동안 너무 부지런히 일해 측정할 길 없는 만성피로에 시달렸든 간에 말이다.

성공한 여성들인 조각가 카미유 클로델, 작가 젤다 피츠제럴드, 버지니아 울프, 라라 제퍼슨, 실비아 플라스, 배우 프랜시스 파머 그리고 엘렌 웨스트 등은 정신과 용어로 말하자면 '시런'을 겪었다. 미모와 천재성, 계급과 피부색에서의 특권에도 불구하고 그들 중 누구도 도움을 받지 못했으며, 제도화된 정신의학과 가부장적인 의사들로부터 깊이 상처를 입었다.

이른바 포스트페미니스트 시대에 젊은 여성들은 자신의 정신병원 입원과 '광기'로의 추락에 대해 쓰기 시작했다. 그리고 그 글들은 문학의 새로운 한 장르로 인정받게 되었다.

예를 들어, 페미니스트 질 존스턴(Jill Johnston)은 『종이 딸 *Paper Daughter*』(1985)에서, 케이트 밀릿(Kate Millett)은 『정신병원 여행 *The Loony Bin Trip*』(1990)에서, 슐라미스 파이어스톤(Shulamith Firestone)은 『공기 없는 공간 *Airless Spaces*』(1998)에서, 정신분석가 케이 레드필드 제이미슨(Kay Redfield Jamison)은 『동요하는 마음: 기분과 광기의 회고록 *An Unquiet Mind: A Memoir of Moods and Madness*』(1995)에서 정신질환적인 증상과 이에 관한 약물치료, 제도화에 대해 썼다. 어떤 이들은 그들이 환청을 듣고, 죽기를 원하고, 자살을 시도하고, 매우 불안해하고, 제대로 활동할 수 없었다고 했지만, 그들 스스로는 절대 "정신적으로 앓고" 있지 않았다고 주장했다. 어떤 이들은 이런 일들로 겸허해졌고, 무언가가 끔찍하게 잘못되었다는 것을 알게 되었다. 어떤 이들은 약물치료를 거부했고, 다른 이들은 약물치료가 그들을 살릴 것이라고 주장했다.

밀릿, 존스턴, 파이어스톤, 제이미슨은 모두 페미니스트 이전 시대에 성장했다. 흥미롭게도 주로 1970년대 이후에 태어난 상당수의 비교적 젊은 여성들이 1990년대부터 21세기까지 지속적으로, 정신분열증, 우울증, 불안증, 무기력증과 같은 '정신적인 질환'과 관련된 자신의 경험을 책으로 출판하기 시작했다. 몇몇 책들이 떠오른다. 메리 나나-아마 당콰(Meri Nana-Ama Danquah)의 『나를 위해 우는 버드나무: 어느 흑인 여성의 우울증 여정*Willow Weep for Me: A Black Woman's Journey Through Depression*』(1999), 캐럴 히벌드(Carol Hebald)의 『너무 오래 억눌린 마음*The Heart Too Long Suppressed*』(2001), 루스 클라인(Ruth Kline)의 『더 나빴을 수도 있었다: 학대와 정신질환에서 살아남기*It Coulda Been Worse: Surviving a Lifetime of Abuse and Mental Illness*』(2003), 캐럴 노스(Carol North)의 『침묵을 환영한다: 정신분열증을 이기고*Welcome, Silence: My Triumph Over Schizophrenia*』(1987), 줄리 그레고리(Julie Gregory)의 『병든 아이: 대리인에 의한 뮌하우젠 증후군을 겪었던 어린 시절에 대한 회고록*Sickened: The Memoir of a Munchausen by Proxy Childhood*』(2003/소담출판사, 2017), 레이철 라일란드(Rachel Reiland)의 『여기서 나를 꺼내줘: 경계성인격장애의 극복*Get Me Out of Here: My Recovery from Border-line Personality Disorder*』(2004).

자살 시도, 알코올중독, 약물중독, 자해 등에 관한 젊은 여성들의 이야기들은 훨씬 많았다. 특히 다음과 같은 작품들이 생각난다. 수재너 케이슨(Susannah Kaysen)의 『처음 만나는 자유*Girl, Interrupted*』(1993/궁리, 2004), 메릴리 스트롱(Marilee Strong)의 『선홍색 비명: 자해와 고통의 언어*A Bright Red Scream: Self-Mutilation and the Language of Pain*』(1998), 캐럴린 케틀웰(Carolyn Kettlewell)의 『속임수: 회고록*Skin Game: A Memoir*』(2000), 엘리자베스 워첼(Elizabeth Wurtzel), 『프로작 네이션*Prozac Nation*』(1994/민음인, 2011)과 『더, 지금, 다시: 중독에 대한 회고록*More, Now, Again: A Memoir of Addiction*』(2001).

최근에는 식이장애를 겪고 있는 포스트페미니스트들의 이야기가 새로운 문학 장르를 구축하고 있는 것 같다. 물론 킴 처닌(Kim Chernin)이 『강박: 가냘픔의 왕국에 대한 성찰*The Obses-*

sion: Reflections on the Tyranny of Slenderness』(1982)과 『배고픈 자아: 여성, 음식, 그리고 정체성*The Hungry Self: Women, Eating, and Identity*』(1986) — 이 책은 내가 『뉴욕타임스 북 리뷰』에서도 소개했다 — 에서 썼던 것처럼, 수지 오바크(Suzy Orbach)는 페미니스트 시대에 페미니스트의 목소리로 『비만은 페미니스트의 이슈다 *Fat is a Feminist Issue*』(1978)를 썼다. 『배고픈 자아』는 식이장애에 관한 탁월한 정신분석학적 성찰이다. 오바크와 처닌 모두 주로 거식증과의 사투를 묘사했다. 하지만 이 둘의 목소리는 상대적으로 고립되어 있었다.

이 주제에 대한 논의는 1990년대에 가속화되었다. 예를 들어, 1991년에 나오미 울프(Naomi Wolf)는 베스트셀러 『무엇이 아름다움을 강요하는가*The Beauty Myth: How Images of Female Beauty are Used against Women*』(김영사, 2016)를 출간했다. 울프는 또한 너무 마른 소녀와 여성들의 거식증과 이들에게 문화적으로 유도된 요구에 대해 관심을 쏟았다.

1995년에 메리 파이퍼(Mary Pipher) 박사는 『오필리아 되살리기*Reviving Ophelia: Saving the Selves of Adolescent Girls*』를 출간했다. 파이퍼의 작품은 청소년기 소녀들과 체중의 증감에 대한 그들의 강박적인 관심을 다루고 있다. 파이퍼는 우리의 문화를 젊은 여성에게 불가능하고 상반되는 요구를 하는 "소녀 독살" 문화라고 본다. 그리하여 소녀들은 "여장 남자"가 되는 것으로, 체중에 강박관념을 갖는 것으로 우리 문화에 응수한다는 것이다.

21세기 들어, 대학에 다닐 나이의 새라 샌들러(Sara Shandler)는 파이퍼의 『오필리아 되살리기』에 대한 십대의 응답을 묶은 책, 『오필리아가 말한다*Ophelia Speaks*』(1999)를 출간했다. 더불어 마리아 혼바커(Marya Hornbacher)는 『초췌한: 거식증과 폭식증에 대한 회고록『Wasted: A Memoir of Anorexia and Bulimia』(1999)을, 캐럴라인 냅(Caroline Knapp)은 『욕구들Appetites』(2003/북하우스, 2021)을, 캐스린 해리슨(Kathryn Harrison)은 『엄마 매듭The Mother Knot』(2004)을 출간했다.

캐럴라인 냅은 자신의 거식증 경험에 대해서 쓰는 한편 섹스, 도벽, 게임중독 등 여타의 대체된 욕망과 충동에까지 논의를 확장했다. 냅은 포스트페미니스트 시대에 성장한 젊은 여성들이 왜 여전히 억눌려 있는지 설명하려고 했다. 실제로, 그 시대의 여성들은 여전히 가부장적인 세계에 살고 있었고, 그들이 마주하는 자기비하적이고 모순적인 선택에 저항하라고 세심하게 교육받지 못했다. 젊은 여성들은 또한 너무 많은 선택지에 당황했다. 냅은 그들이 자신의 '욕망'을 알아가고 있다고 말했다. 그녀는 이렇게 썼다.

> 여성에게 욕망과 만족과의 관계는 마치 더 넓은 세상에서의 자아감과 장소감을 반영하는 거울처럼 작동한다. 여성은 말 그대로 어디까지 스스로를 욕망하게 할 수 있는가? 이 욕망을 어떻게 채울 수 있는가? 실제로 얼마나 자유롭다 느끼는가? 또는 어떻게 참는가? […] 이것은 자아와 문화 사이의 충돌, 여성의 힘에 대해 여전히 심각하게 양가적인 세계, 식욕을 돋우려고 하는 동시에 식욕을 부끄럽게 여기게 하는 세계에서 촉발된 여성적 욕망에 관한 것이다. […] 여성은 정신적으로는 확장되지만, 신체적으로는 점점 작아지라는 말을 듣는다.

어떤 정신건강 전문가는 먹기를 거부하는(또는 폭식 후 게워내는) 소녀와 여성들이 하이패션 모델처럼 보이시하게 깡마

개정판을 펴내며

른, 동시에 육감적이고 섹시하게 보이기를 바라는 모순적인 문화적 요구에 대한 자기파괴적인 시위를 하고 있다고 믿는다. 어떤 이들은 체중을 관리하는 것은 자신의 삶에 대한 통제력을 잃었다고 생각되는 순간에 통제력을 얻기 위한 시도라고 말한다.

캐럴린 저브 엔스(Carolyn Zerbe Ennes) 박사는 2004년 『여성주의와 상담: 기원, 주제, 다양성 Feminist Theories and Feminist Psychotherapies: Origins, Themes, and Diversity』(한울, 2009)에서 "식이장애가 성취에 대한 불안을 잠재워주는 생존 수단일 수 있다. 완벽한 몸매를 가지는 것은 높은 성취를 한 여성들이 외롭고, 무자비하고, 여성답지 않거나 매력적이지 못하다는 부정적인 고정관념을 피하는 방법일 수 있다"고 말한다. 어떤 이론가들은 "신체적인 자기"에 집중하는 것은 "충분히 성숙하지 않은 정신적인 자기를 보상하려는" 시도일 수 있다고 말한다.

또한 정신건강 전문가들은 소녀와 여성들이 자신의 이야기를 바꾸는 것보다 신체 사이즈를 몇 인치 줄이는 것에 사로잡혀 있을 때, 그들은 비정치적인 (포스트페미니스트의) 시기에 살고 있는 것이며, 고립된 개인으로서 문화적으로 폄하되고 음란하게 성적 대상화되는 것에 저항할 자아 강도(ego-strength)*를 갖지 못한다고 말한다.

나는 이러한 이론적 관점에 전적으로 동의한다. 이론이 치료에서 특정 개인에게 어떤 효과가 있는지와는 별개로 말이다.

다시 『여성과 광기』로 돌아가보자. 나는 이 책을 쓰기 위해

---

* 자기, 대상, 환경과 관련된 개인의 전체적인 심리 기능을 평가하기 위해 임상에서 널리 사용되는 용어.

우선 정신과 치료와 심리치료를 받은 적이 있는 여성들을 면담했다. 17세에서 70세에 이르는 백인, 유색인, 이성애자, 레즈비언, 중산층 여성들의 정신병원과 치료 과정에서의 경험은 태평양과 대서양에 이르기까지 사반세기에 걸쳐 있다.

나는 가부장제 문화와 의식이 수백 년에 걸쳐 인간의 심리를 어떻게 형성해왔는가를 자료로 입증해나갔다. 하나의 계급으로서 여성은 생산 수단과 재생산 수단을 통제할 수 없었으며 게다가 꾸준히, 성적으로 또는 다른 측면에서 치욕을 당했다. 나는 그런 여성의 심리를 기록하고 정리했다. 특히 식민화된 여성들에게는 자유를 위한 투쟁이 심리적으로 어떤 현상을 수반하는지에 관해 이해하고자 했다.

『여성과 광기』는 1972년 10월에 처음 출판되었다. 이 책은 출간되자마자 페미니스트들은 물론 일반 여성들에게 열렬히 환영받았다. 또한 에이드리언 리치가 『뉴욕타임스 북 리뷰』의 첫 페이지에 쓴 서평을 포함해 수백 편에 달하는 긍정적인 서평을 받았다. 사반세기에 걸쳐 3백만 부 이상이 팔렸으며, 일본어와 히브리어를 포함해 여러 나라 언어로 번역되었다. 도처에서 인터뷰 요청을 받았고 편지와 질문이 쇄도했다.

이 책이 페미니스트들을 비롯해 수많은 여성들에게 가닿는 동안, 진단이라는 꼬리표가 여성에게 낙인을 찍는 데 어떻게 이용되었는지, 왜 남성보다 여성이 더 많이 정신질환자로 분류되는지에 대한 나의 분석은 전문가 사이에서 권력을 쥔 이들에 의해 무시되거나 한낱 센세이션으로 치부되거나 신랄하게 비난받았다. 나의 통계와 이론은 "틀렸"고, 나는 결혼 제도와 정신의학에 관련한 사례를 "과장했"고, 특히 여신과 아마존 여전사와 같은 전형을 지나치게 "낭만화"했다는 것이다. 나 이전의 많은 페미니스트들처럼, 나는 페미니스트 학계와 전문가들의 세계에 꼬리를 치는 개가 되었다. 운이 좋게도, 나는 대학에서 막 종신 재직권을 보장받았다. 운이 좋게도, 아버지도, 남자 형제나 남편도 나의 견해가 그들을 공격했다고 해서 나를 정신병원에 가두려고 하지 않았다.

상상할 수 없을 정도로 터무니없어 보이지만, 이것은 매사추세츠의 엘리자베스 스톤과 일리노이의 엘리자베스 패커드에게는 실제로 일어난 일이다. 그들은 남자 형제나 남편을 화나게 하는 견해를 표현했다는 이유로 정신병원에 갇혔다. 피비 데이비스(Phebe B. Davis, 1865)의 죄는 감히 뉴욕주에서 여자가 스스로 생각한다는 것이었다. 그녀는 이렇게 썼다. "사람들이 내가 미쳤다고 한 지 21년이 흘렀다. 그 이유는 내가 온갖 유행하는 세속적인 믿음을 받아들일 수 없었기 때문이다. 나는 다른 사람들에게 끌려갈 수 없었다." 매사추세츠의 애들린 런트(Adeline T. P. Lunt, 1871)는 정신병원에서 "여성 환자는 어떤 '독창적인 표현'도 생각하거나 입 밖에 내서는 안 된다"고 말했다. 그녀는 "(정신병원의) 행동양식에 적응하고 희망을 버릴 때까지 자신의 본성을 버리는 법을 배워야" 했다. 격렬한 항의도 어떠한 종류의 불복종도 결과는 더욱 지독한 처벌뿐이었다.

정신병 환자와 기혼 여성을 위한 연구에서 엘리자베스 패커드는 첫 번째 개선안으로 다음과 같이 제안했다. "어느 누구도 단순히 자신의 의견을 표현했다는 이유로, 설령 그 의견이 다른 사람에게는 부조리해 보인다고 할지라도, 미친 사람 또는 편집광으로 간주되거나 취급받아서는 안 된다." 패커드는 실제로 여성을 위해 미국 수정 헌법 제1조가 시행되도록 노력했다. 패커드는 또한 이렇게 말했다. "개혁가가 편집광으로 취급되는 것은 인류 진보에 대한 범죄다. […] 그래서 진실의 개척자가 개인의 자유를 쉽게 잃는다면 […] 누가 감히 우리 안의 신의 영감에 충실하겠는가?" 피비 데이비스는 좀 더 현실적이었다. 그녀는 이렇게 썼다. "진정으로 숭고한 사람들은 이 세상에서는 거의 평가받지 못한다. 이들은 죽은 후 이삼백 년이 지날 때까지는 절대 존경받지 못한다."

패커드가 글을 쓰고 운동을 벌인 시절로부터 한 세기가 지났지만, 제도 권력을 장악한 사람들은 이 책이 제기한 도전들을 무시하면서, 페미니스트의 저술은 그 개념 정의상 편견을 드러내지 않을 수 없으며, 신경증적이고 히스테릭하다고 말했다(그렇다. 우리 사회의 비평가들은 개별 여성들을 병적으로 취급하듯이 페미니즘 운동 전체와 페미니즘 운동이 고취시킨 작업 전부를 병리적인 현상으로 규정해버렸다). 어떤 사람은 나의 페미니즘적 견해가 "귀에 거슬리"고(그들은 이 단어를 얼마나 사랑하는지 모른다), "남성 혐오적"이며 너무 "분노에 차 있다"고 말했다.

다 허튼소리다.

그동안 나는 이 책에 관한 편지를 1만 통 이상 받았다. 거의 전부가 여성이 보낸 편지였다. 나는 아직도 그 편지들을 보관하고 있다. 사람들의 반응을 통해 내가 쓴 것이 무엇인지 분명히 알게 되었다(친애하는 독자들이여, 그런 시련에도 살아남은 당신들에게 존경을 표하며 당신들이 보내준 신뢰에 감사드린다).

이 책을 쓴 이후 과연 무엇이 변했는가? 어떻게 보면 변한 것이 너무 적지만 한편으로는 상당히 많은 것이 변했다고도 할 수 있다. 비전을 제시하는 페미니즘 운동이 계속 이어지고 있음에도 불구하고 바로 그런 이유로 여성 혐오는 지속되고 있고,

결코 약화되지 않았다. 우리가 최초로 소위 2세대 페미니즘 운동을 이끌었던 바로 그 순간부터 이른바 백래시가 우리를 덮쳐 온 것이다. 그렇다. 정신의학 전문가들 사이에서도 백래시는 존재했다.

1970년대 중반

『여성 마조히즘의 신화*The Myth of Women's Masochism*』(1985)의 저자인 심리학자 폴라 캐플런(Paula J. Caplan)은 듀크 대학 대학원생 시절 기말 리포트에서 '프로이트를 가볍게 비판'했다. 그녀에 따르면 "교수가 리포트를 돌려주었는데, 첫 페이지에다 '여성에 대한 입장으로 인해 프로이트가 금세기에 들어와 얼마나 많은 공격을 받았는가'라고 휘갈겨놓았다." 그런 일이 있고 난 뒤 얼마 지나지 않아 캐플런은 "임상의 과정에서 쫓겨났다".

『여성과 치료에 대한 새로운 접근법*A New Approach to Women and Therapy*』의 저자이자 심리치료사인 미리암 그린스펀(Miriam Greenspan)은 상급자로부터 "전문 직종에 종사하는 여성은 브래지어를 착용해야 한다. 여성에게 나타나는 지나친 분노는 성격 파탄의 신호이며, 영적인 문제에 과도하게 집착하는 것은 정신분열증의 징후이다. 한편 지나친 감정이입은 전문직에서는 심각한 결함이고, 지나친 동정심은 심리치료사로서 전문직을 수행하는 데 장애 요인이다"라는 말을 들었다.

하버드 대학의 심리학자인 캐럴 길리건(Carol Gilligan)은 '자기 작업과 자기 인생을 연결'하는 작업을 시작했다. 그 결과『다른 목소리로*In a Different Voice*』라는 저작물을 탄생시켰다. "처음에 로런스 콜버그(Lawrence Kohlberg)는 여성을 연구하는 내 작업을 대단히 경멸했으며 내가 낙태 결정을 연구하겠다고 하자 더욱 우습게 여겼다. 그는 자기 학생들을 부추겨 낙태는 결정하고 말고의 문제가 아니라는 데 동의하게 했으며, 내 연구 세미나에 참석해 내가 가십거리를 연구 대상으로 착각하고 있다고 비판했다. 또한 내 논문 심사위원에서 여성을 완전히 배제시켰다. 그들(콜버그와 에릭 에릭슨Erik Erickson)이 내 작업을 자기 이론에다 통합시킬 수 있거나, 콜버그가 항상 말했다시피, 내 작업을 흥미로운 교차문화 연구의 일종으로 간주하는 한, 여성에 대한 내 문화 연구는 순조로웠다. 하지만 그들의 이론을 바꾸려는 시도가 있으면 그때부터 모든 것은 뒤틀리기 시작했다."

1980년대

정신과의사 내닛 가트렐(Nanette Gartrell)은 1979년 하버드에서 3년간의 정신과 레지던트 과정을 마친 후 미국정신의학회(American Psychiatric Association)의 정신과 레지던트 프로그램에서 여성 심리학 커리큘럼을 개발하는 팀의 일원으로 일했다. 가트렐은 이렇게 썼다.

> 2년 후(1980~81) 우리가 2백 페이지에 달하는 상세한 제안서를 제출했을 때, 미국정신의학회 관료들은 내가 쓴 문장에 격노했다. 바로 "동성애는 성적 표현의 정상적인 변형태이다"라는 단한 줄 때문에. 엄청난 반발에 나는 놀랐다. 당시로부터 6년 전에 이미 동성애는 정신질환의 진단 및 통계 편람(DSM)에서 삭

제되어 있었는데도 말이다. 유명한 여성 정신과의사들이 그 문장을 빼도록 내게 압력을 가해왔다. 그들을 따르지 않으면 전문 직업인으로서 내 경력을 망치게 될 것이라고 경고했다. 나는 오랫동안 중상모략을 견뎌내야 했다. 그러나 나는 굴하지 않았다. 소속 팀에서 나왔고 커리큘럼을 위해 작성한 원고도 철회했으며 저자 명단에서도 이름을 뺐다. 동료들도 나와 함께 했다. 여성 정신과의사들에게는 안타깝지만 그 커리큘럼은 결국 출판되지 않았다. 이 일로 나는 조직화된 정신의학계 내부에서 큰 저항 없이 변화의 가능성을 찾을 수 있다는 미몽에서 완전히 벗어나게 되었다.

정신과의사 진 시노다 볼렌(Jean Shinoda Bolen)은 『우리 속에 있는 여신들Goddesses in Everywoman: A New Psychology of Women』(1984/또 하나의문화, 2003)의 저자이며, 아시아계 미국인 정신과의사 위원회의 설립자이다. 그녀는 평등권 수정 조항에 반대하는 미국정신의학회의 결정에 맞서 투쟁했다. "당시 미국정신의학회 회원 중 89퍼센트가 남자였는데 환자의 3분의 2는 여자였다. 불평등, 인종차별, 선입견이 여성들의 자존심에 영향을 미치고 기회를 제한한다. 여성을 치료하는 정신과의사들이 평등권 수정 조항을 지지하지 않았다는 사실은 소름끼치는 일이었다."

정신과의사인 테리사 버나디즈(Teresa Bernardez)는 미시건 주립대학 의대 정신과에서 문제에 봉착했다. 새로 부임한 학과장은 그녀가 '주류 정신과의사'가 아니라고 주장했는데, 그 이유에 대해 버나디즈는 이렇게 썼다. "나는 우울증에 빠진 여자들을 약물로 치료하지 않았다. 자발적이지 않은 입원에 반대했기 때문이다. 나는 고충을 설명함으로써 내 입장을 변호해야 했으며 그 결과 이겼다. 의사의 권력 남용의 희생자가 되었던 환자를 보호하려는 내 입장은 몇몇 교수진 사이에서도 이미 여러 번 분규를 초래했다." 버나디즈는 결국 "그들의 난해한 견해와 생물학적 환원주의를 뒤로한 채" 의과대학의 정신과를 떠났다.

놀랍지 않은가? 정말 놀라울 뿐이다.

1990년대

임상심리학자 헬렌 볼더스톤(Helen Bolderston)은 이렇게 적고 있다. "대학원 재학 기간 2년 동안 젠더 문제를 다루는 수업은 겨우 두 시간에 불과했다. 어린 시절 성적으로 학대당했던 경험이 여성에게 미치는 영향에 관한 수업은 전혀 배당되지 않았다. 임상심리학 수련 과정은 여성에 대한 임상 작업의 성격을 이해하고 준비하는 데 도움이 되지 못했다."

『여성의 광기: 여성 혐오인가 정신질환인가? *Women's madness: Misogyny or Mental Illness*』의 저자인 심리학자 제인 어셔(Jane Ussher)는 "아직까지 영국에서는 여성이 미쳤다고 진단받고 치료를 받을 확률이 남성보다 더 높은 것 같다. 여성에 대한 성적 학대는 여전히 정신의학계 제도 안팎에 엄청나게 존재하고 있다. 상당수 여성들이 임상심리학자로 일하고 있음에도 불구하고 전문적인 담론은 (여전히) 여성적 '증후군'이란 진단과 범주화를 통해 진단 분류 체계를 구체화시키고 있다"고 비판한다.

1993~94년에 동부 연안의 유명 대학에서 한 대학생이 남성이 과장으로 있는 심리 상담 센터에 반대하는 캠퍼스 시위를 이끌었다. 이 과장은 대학의 사정위원회와 대면하기보다는 사

임을 선택했다. 그 학생은 그가 특히 "섭식장애를 무시하거나 정상 체중이나 신경성식욕부진증 학생에게도 다이어트를 권장했다"고 주장했다. 그 과장은 남학생이 여학생을 때렸을 때 오히려 여학생을 비난했고, 종종 학생들에게 폭력적인 파트너 관계를 유지하도록 권장했다. 그리고 대학의 법적인 책임을 자의적으로 해석해 위기에 처한 학생들을 퇴학시켰다. 일례로, 그는 환각의 재발을 겪고 있던 근친상간 피해자에게 본인이 원치 않음에도 불구하고 학교를 떠나라고 종용했다. 그것은 그 학생을 근친상간이 발생한 집으로 되돌아가도록 강요하는 셈이었다. 그는 의학박사가 아님에도 불구하고 약물치료에 대해 강경하고도 잘못된 태도를 취했다. 정신과의 약물치료에 대해 탐탁지 않아 하면서도 우울증에 빠진 여학생들에게 피임약 복용을 권장했다. 게다가 주요한 정신과 질환을 제대로 진단하지도 못했고, 정신과에 응급 입원을 요하는 학생들을 적절하게 도와주지도 못했다.

심리치료사의 편향과 관련해서『여성과 광기』에서 인용한 초기 연구는 불행히도 수차례 거듭 확인되었다. 예를 들어 1993년 케네스 S. 포프(Kenneth S. Pope) 박사와 바버라 타바츠닉(Barbara Tabachnik) 박사는 치료사들이 전혀 '중립적'이지 않다는 연구 결과를 발표했다. 무작위로 뽑은 임상심리학자 285명 중 87퍼센트가 "내담자에게 성적으로 끌렸고", 58퍼센트가 "내담자 앞에서 성적으로 흥분됐다"고 인정했다. 또 64퍼센트에서 78퍼센트가 다양한 이유로 내담자에게 "화가 났다"고 인정했다. 거의 3분의 1이 내담자를 "증오"하고, 45퍼센트는 너무 화가 난 나머지 나중에 후회가 될 만한 행동을 내담자에게 했다고 말했다.

내담자에 대한 감정이 격앙될 것에 대비하라거나 이런 감정들을 어떻게 다뤄야 하는지 교육받는 치료사는 거의 없다.

21세기

2005년, 폴라 캐플런과 리사 코스그로브(Lisa Cosgrove) 박사는 『정신질환 진단에서의 편향Bias in Psychiatric Diagnosis』이라는 뛰어난 선집을 출간했다. 이 저작은 내가 『여성과 광기』에서 처음으로 제기한 성차별, 인종차별, 계급차별 그리고 동성애 혐오 등 수많은 편견이 여전히 존재한다는 것을 다시 한번 확인해주었다. 여기서 한발 더 나아가 이 저작은 나이 든 사람, 지능이 떨어지는 사람, 학습 불능자, 섭식장애를 겪는 사람에 대한 편견으로까지 확대했다. 이 책에서 저자는 가령 '외상 후 스트레스 장애', '거짓 기억 증후군', '부모 따돌림 증후군'처럼 임상적으로만이 아니라 법적으로도 유의미한 다수의 진단 범주에 이의를 제기한다. 정신질환의 진단 및 통계 편람에 대한 이 저작의 논의는 노련하다.

　이 책에서 제프리 폴런드(Jeffrey Poland) 박사와 폴라 캐플런은 정신질환 진단에서 인지 편향이 어떻게 계속되는지 보여주는 데 한 장(章)을 할애했다. 보험급여를 청구하기 위해서 환자에게 정신질환이라는 진단을 내리는 것과 같은 현실의 인지 편향에 대해 토론한다. 거기에 더해 의사가 과로를 하거나 환자를 진료하고 진단하는 데 시간적 여유가 없을 때, 그들은 글자 그대로 (틀린) 결론으로 치닫는다. 의사들은 "예전에 가졌던 믿음이나 기대를 확증해주는 정보를 찾고 기록하는 반면 들어맞지 않는 정보는 무시하거나 축소하는 경향이 있다. 또한 차후에 수

집된 정보보다 처음 접수한 정보를 우선순위에 두는 경향이 있다."

같은 책에서 오텀 와일리(Autumn Wiley)는 이상심리에 관해서 학부 교과서로 널리 사용되는 열 종의 책을 검토했다. 그 결과 놀랍게도 제도적인 정신의학과 진단 업무에 대해 페미니스트 관점에서 비평한 글은 어디에도 없었다. 열 종 중 일곱 종은 성이나 젠더 편견에 대해 어떤 언급도 없었다. 또 로라 브라운(Laura Brown), 폴라 캐플런, 베벌리 그린(Beverly Greene), 레이첼 헤어-머스틴(Rachel Hare-Mustin), 한나 러먼(Hannah Lerman), 린 로즈워터(Lynn Rosewater), 리노어 워커(Lenore Walker) 등 열네 명의 주요 페미니스트 비평가 중 어느 한 명도 교과서에 인용되지 않았다.

와일리는 이렇게 결론 내렸다. "수십 년의 페니미스트 비평이 이상심리 교과서의 저자들이 정신질환의 진단 및 통계 편람을 설명하는 방법에 거의 영향을 주지 못했다. 교과서에 이러한 비평이 없는 것은 비평을 실을 수 없거나 비평의 수준이 매우 높기 때문이 아니다."

그사이에 비록 엄청난 발전이 있었음에도 불구하고(산천이 몇 번이나 바뀔 정도의 변화가 있었다) 1972년 내가 처음 이 책을 썼을 때 임상에 존재하던 인지 편향이 오늘날에도 여전히 존재한다. 수많은 임상적 진단이 여전히 계급차별, 인종차별, 반유대주의, 동성애 혐오, 연령차별, 성차별 등에 의해 흐려지고 있다. 나는 수백 건, 아니 수천 건에 달하는 결혼 관련 소송, 형사소송, 민사소송에 관한 정신의학적·심리학적 소견서를 검토해왔다. 어머니에 대한 임상적인 불신은 단지 그들이 여자라는 이유 때문이고, 아버지를 좋아하는 방향으로 돌이키려는 행위는 단지 그들이 남자라는 이유 때문인데, 이것이야말로 정신을 마비시키는 행위이다. '어머니 비난'과 '어머니 혐오'는 임상 기록의 매 페이지마다 부글부글 끓고 있다. 만약 아이가 어머니를 좋아하고 아버지를 좋아하지 않는다면, 어머니들은 아이를 아버지로부터 소외시키고 있다는 비난을 받는다.

믿을 수 없는가? 사실이다.

심지어 그다지 성 고정관념을 따르지 않는 것처럼 보이는 의사들마저도 여전히 여성보다는 남성을 선호하는 경향을 보인다(종종 무의식적으로 내비친다). 그들의 성차별은 대단히 세련되고 교묘할 수도 있다. 종종 여자 의사들이 남자 의사들보다 더 여성에게 가혹하다. 여자 의사들은 경멸받는 여성 집단으로부터 거리를 유지해야만 한다고 느끼기 때문이다.

1990년에 발표된 한 연구에 따르면, 1990년에는 1970년에 비해 성 고정관념을 따르는 정신과의사의 수가 훨씬 줄어들었다고 한다. 하지만 여전히 여자 정신과의사가 남성적인 특성을 가질수록 여성 환자에게 최상이고, 반대로 남자 정신과의사는 보다 무관심하고 양성적일수록 남녀 환자 모두에게 최상이라는 평가를 받았다고 한다.

즉 여성 정신건강 전문가 중에서 여성이 남성보다 다른 여성에 대해 반드시 좀 더 객관적이거나 중립적이지 않다. 남성들처럼 여성도 성차별적인 관점을 가지고 있다. 이는 좀 더 밝은 피부색을 선호하고 인종차별적인 관점을 내면화한 유색인종과 심리학적으로 유사하다. 이러한 관점을 인정하는 것에 대한 거부가 이에 저항하는 것을 더 어렵게 한다.

일반적으로 여성은 서로에게 심리적·사회적으로 중요하다. 그래서 서로에게 너무 많이 바라는 경향이 있다. 여성들 사이에서 가장 하찮은 실수, 가장 사소한 실망은 종종 확대되어 분개로 이어진다. 여성은 요정들의 대모에서 순식간에 사악한 계모가 될 수 있다. 또한 여성은 남성을 비난하는 것을 두려워 하지만 다른 여성을 비난하는 것은 두려워하지 않는다.

예를 들어 많은 여성이 자신을 강간한 아버지보다 어머니 에게 그리고 강간범보다 자신이 강간당했다는 사실을 믿지 않 으려는 여성들에게 더 화를 낸다고 보고되었다. 여성 간의 연대 감과 공감은 여성에게 매우 중요하기 때문에 강간이나 근친상 간의 생존자에게는 동성의 절친한 누군가가 '거기'에 없었을 때 매우 고통스럽다.

정신과의사 주디스 루이스 허먼(Judith Lewis Herman)과 고인 이 된 그녀의 어머니 헬렌 블록 루이스(Helen Block Lewis)에 따르 면 근친상간이 일어난 가정에서 딸들은 어머니에게 "깊은 배신 감"을 느낀다. "힘센 남성을 달래기 위한 희생자로 바쳐졌다"고 생각하고, "어머니를 경멸한다"고 느낀다. 그들은 또한 다른 여 성으로부터는 어떤 도움도 기대할 수 없다고 배운다. 경우에 따 라 그러한 폭력에 강력히 맞서거나 복수를 하는데 대상은 주로 자신들의 어머니이다.

따라서 지속적인 임상적 편향은 적어도 다음의 중요한 다 섯 가지 점에서 환자들에게 영향을 미친다.

(1) 내과적 질병을 가진 여성이(정도의 차이는 있지만 남 성도) 종종 정신 관련 질환으로 잘못 진단받고 이와 관련된 약 물치료를 받게 된다.

(2) 성차별, 괴롭힘, 강간, 근친상간, 구타를 당했다고 강 력하게 주장하는 여성들에게 법정은 심리치료가 필요하다거나 병적이라는 판단을 내린다.

(3) 돈도 없고 의료보험도 없는 여성(남성)들은 치료를 받

을 수도 없으며, 주로 중산층에 속하는 심리치료사들은 이런 사람들을 존중하지도 이해하지도 않는다.

(4) 유색인종 여성, 이주민 여성, 유대인 포함 셈족 여성들은(정도의 차이는 있지만 남성들도) 여전히 임상에서 평균 이상의 두려움과 적대감에 직면한다.

(5) 심리치료사와 환자 사이에 성적인 학대가 여전히 존재한다.

신체적인 질병을 정신질환으로 오진하는 경우

내가 1972년 정신건강 전문직종에서 드러난 성차별적 편견을 연구하면서 알게 된 것이 있다. 서양의학이 어떤 질병을 이해할 수도, 치료할 수도 없을 때 종종 그 질병을 단순히 정신질환이라고 진단하면서 그런 병의 존재를 부인해왔다는 사실이다. 마치 정신질환은 실제로 존재하지 않는 것처럼 말이다.

신체적인 질환을 가진 여성에게 정신질환이라는 진단이 내려지고, 비정신과적인 검사와 치료 대신 진정제가 투여되는 사례가 여전히 증가하고 있다. 천식과 관절염이 한때는 심인성 질병으로 간주되었던 것처럼, 오늘날 루푸스, 다발경화증, 라임병, 화학물질이나 음식에 의한 알레르기, 걸프전 증후군, 만성피로 면역부전 증후군, 그 밖의 신경계나 내분비질환 등도 그 성격상 주로 정신질환으로 간단히 진단되고 있다. 환자(대체로 여성)는 심리학자와 정신과의사 모두로부터 자신의 고통이 머릿속에서 만들어낸 상상의 산물일 수 있다는 말을 듣는다. 그러나 상상의 고통이 아닌 경우가 많다.

개정판을 펴내며

나 역시 정신과 육체가 하나라고 믿고 있지만, 다른 한편으로는 바이러스, 기생충, 박테리아, 곰팡이균, 성병균, 유독한 화학물질이 신경증 또는 인식기능장애를 초래할 수 있음을 알고 있다. 우울증 역시 마찬가지다. 우울증은 신경화학적 원인도 있지만, 만성질환에서 비롯된 2차 질환으로서 발생할 수도 있다.

많은 정신과 입원 환자들이 신체적인 고통을 하소연하지만 정신의학 관련자들은 그들의 고통을 믿으려 들지 않는다. 비정신과적인 치료는 환자가 완전히 쇠약해지거나 말기 질환이나 과거에 장기간 치료한 경험이 있다는 사실이 판명될 때까지 보류되는 경우가 허다하다.

괴롭힘·차별·강간·성적 학대 등을 말하는 여성은 병적인가?

강조하건대, 나는 훌륭한 교육을 받았다. 다만 여성을 비롯한 사람들이 억압당하고 있다거나, 억압이나 차별이 사람들에게 정신적 외상을 초래한다고 배우지 않았다.

나는 여성해방운동을 통해서야 비로소 그 사실을 배울 수 있었다. 대부분의 여성은 동일한 노동에 대해 동일한 임금을 받지 못하고, 이것이 심리적으로나 의학적으로 분명히 영향을 미친다는 사실을 이해하기 위해서는 열등한 환자가 아닌 사회적 정의를 위해 싸우는 동료로서의 여성의 목소리에 귀 기울이고 그들과 이야기 나눠야 했다. 그들은 월경기나 폐경기 때 심리적으로뿐만 아니라 신체적으로도 고통을 겪었고, 직장에서는 성적으로 괴롭힘을 당했으며, 집에서는 폭력에 시달렸다.

여성해방운동에서 강간의 가장 공통적인 특징이 낯선 사람이 아니라 친밀한 사람에 의해 발생한다는 것을 이해하는 데 몇 년이 걸렸다. 강간은 거의 보고되지 않고, 기소되는 경우는 훨씬 드물다는 사실, 강간은 과거 전쟁의 전리품에서 이제는 전쟁의 무기로까지 이용되고 있다는 사실 ― 알제리, 보스니아, 르완다, 수단 같은 곳에서 말이다 ― 을 이해하는 데 수년이 걸렸다.

　　오늘날에도 성희롱이나 성차별 혐의를 제기하는 여성들은 때때로 못 믿겠다는 반응을 얻거나 비난을 받는다. 나아가 정신적인 충격에 대해 비정상적으로 과민반응을 보인다는 응징적인 평가를 받아왔다. 여성이 강간이나 성희롱으로 고소를 하면, 정말로 이상한 일이 일어날 수도 있다.

　　예를 들어, 2005년에 공군사관학교 사관후보생이었던 제시카 브래키는 또 한 명의 여성과 함께 공군사관학교 장교를 성폭행혐의로 고소했다. 브래키의 심리상담사였던 제니퍼 비어는 그녀의 상담 기록을 넘겨달라는 지시를 받았다. 비어는 계속해서 넘겨주기를 거부했다. 강간 피해자가 심리상담을 받을 경우 상담자에게 말한 것은 법정에서 피해자에게 불리하게 이용될 수 있고, 실제로 그렇게 이용되기 때문이다. 이는 곧 강간 희생자는 "미쳤다"거나 또는 "난잡하다"고 묘사될 수 있다는 뜻이다.

　　또 다른 예가 있다. 1990년대 초반, 해군 변호사인 달린 시먼스 상사는 자신을 성희롱하는 상관을 비난했다. 그러자 그녀에게 정신감정을 받으라는 판결이 내려졌다. 정신감정이라니? 말도 안 되는 소리지만 그동안 얼마나 자주 들어온 말인가!

　　1980년대 후반, 정신과의사인 마거릿 젠스볼드는 국립정신건강연구소(National Institute of Mental Health)의 명예로운 연구원이 되었다. 그녀는 상관인 데이비드 루비노 박사가 남성 동료들이 누리는 기회, 즉 과학적 연구를 수행하고 그 결과물을 출판할 기회를 자신에게 주지 않는다고 여러 번 불만을 토로했다. 또한 그녀는 루비노 박사가 성차별적인 발언을 함으로써 성적으로 적대적인 연구 환경을 조성한다고 비난했다. 얼마 후 젠스볼드는 국립정신건강연구소에 계속 머물러 있고 싶다면 정신과 치료를 받는 게 좋겠다는 '충고'를 들었다. 그녀를 맡게 된 정신과의사 역시 국립정신건강연구소에 소속된 고용인이었으며 기밀을 보장할 수 없었다. 끝내 젠스볼드는 해고되었고, 곧 그녀는 소송을 제기했다.

　　젠스볼드는 국립정신건강연구소에서 성차별과 성적 학대라는 혐의로 고소를 제기한 두 번째 여성 연구원이었다. 정신과의사인 진 해밀턴이 1986년에 동일 인물(젠스볼드가 고소한 바로 그 상관)을 고용기회균등위원회(EEOC)에 제소한 적이 있었다. 진 해밀턴은 젠스볼드를 위해 증언했다. 그녀의 증언에 따르면 여성 연구원들은 일상적으로 "사악한 마녀", "젖퉁들"이라는 욕설을 들었고, 그나마 가벼운 것이 "자기"로 불리는 정도였다.

계급 편향

심리치료사인 마샤 힐(Marcia Hill)은 "이제 계급과 계급차별이 30년 전에 젠더와 성차별이 차지했던 자리를 점하고 있다. 계급과 계급차별은 근거 없는 믿음으로 둘러싸여 침묵당하고 부정당하고 있다"고 말한다. 여성은 하나의 계급이 될 수 있다. 하지만 남자가 없으면 생활보호대상자나 노숙자가 되는 마당에 여성은 도대체 어떤 계급에 속하는가? 교육받고 성공한 여성일지라도 남성보다 훨씬 적은 보수를 받고 다른 여성들과 마찬가지로 남성의 폭력에 취약한 채로 남아 있는데, 어떻게 이들을 중산층이라고 말할 수 있는가? 노동계급 여성들이 자기 가정의 (유일한) 가장으로서 대체로 남성들이 받았던 존경을 받고 있다면, 이들은 과연 노동계급이라 말할 수 있는가? 심리치료사인 보니 찰리포(Bonnie Chalifoux)는 말했다. "노동계급 여성은 릴리언 루빈이 묘사했다시피 벗어나면 안 되는 외줄 위에서 살고 있다. 한 번의 위기만 닥쳐도 그들은 가난으로 굴러 떨어진다. 그들은 안전망이 없는 외줄 위를 걷고 있다."

우리는 이런 질문에 답할 수 없다. 하지만 계급에 관한 신화는 풍부하게 찾아볼 수 있다. 예를 들어 부유한 여성은 버르장머리 없는 응석받이여서 관심을 끌기 위해 엉터리 신경증 증세를 보이지만, 가난한 여성은 어떤 일이 있어도 계속 살아나가야 하기 때문에 신경증을 얻을 겨를조차 없다는 것이다. 일이 너무 힘들고 스트레스가 심해 상심이 계속되고 비극이 쌓이면, 노동계급 여성은 — 이와 유사한 상황에 처한 대부분의 사람들이 그렇게 되는 것처럼 — 완전히 무너져버린다. 그리고 많은 정신과의사들은 생각할 것이다. 그들에게는 진단과 투약 그리고 끝내 정신병원에 입원하는 것 외에 달리 방법이 없다고. 가난한 여성은 심리치료를 받을 능력이 없기 때문이다. 사실상 오늘날에도 심리치료를 받을 수 있는 사람은 극소수에 불과하다.

대다수 초기 페미니즘 이론은 백인, 이성애자, 중산층, 교육받은 여성들을 중심으로 이루어진 탓에 가난한 여성과 부유한 여성 모두를 '타자'로 치부했다. 내가 교육받던 때만 해도 심리치료사들은 환자들이 치료비를 늦게 내는 것을 치료에 대한 저항으로 '해석'하도록 배웠다. 1996년에 마샤 힐은 다음과 같이 기록했다. "경제적인 능력이 거의 없는 사람들은 종종 치료비 지불을 회피하거나 그 문제에 관해 말하기를 꺼린다. 내 경험에 비추어본다면 그와 같은 회피는 돈에 관한 무력감(그리고 아마도 비싼 치료비에 관한 원망)을 상징하는 것이지 치료 자체에 대한 반감을 의미하는 것은 아니다. 노동계급이나 가난한 사람들은 치료비를 지불하는 데 특히 양심적이었다. 왜냐하면 그들은 자기 노동의 대가를 지불받는 것의 중요성을 알고 있었고, 치료비를 지불할 수 있는 자신들의 능력에 자부심을 느끼고 있었기 때문이다. 돈이 적은 사람들은 '자선'을 받아들이기 무척 힘들어한다. 나는 사람들에게 치료비를 적게 내라고 말해 종종 난처한 경우를 당했다."

인종 편향

나는 여성이 억압을 받을수록 더 '강인'하다고 생각하지는 않는다. 그것은 합당하지도 않고 사실도 아니기 때문이다. 사실상 이 책에서 나는 "인종차별주의적이고 성차별주의적인 사회에서 흑인과 여성은 휘청거리고 있으며, 폭력과 자기파괴와 편집증의 악순환은 끝없이 이어진다. 정신과 진단과 치료에서 인종차별은 대체로 계급차별과 성차별적인 편견에 의해 더욱 혼란스러워진다"고 주장했다.

나 그리고 다른 많은 사람들이 가난한 사람, 유색인종, 이주민, 동성애자를 병리화해 진단하는 것에 끊임없이 이의를 제기하고 항의해왔기 때문에 그런 관행이 사라졌다는 의미는 아니다. 진단과 치료에 관한 이중, 삼중의 기준은 여전히 존재한다. 아메리카 원주민·아프리카계·라틴계·아시아계 미국 여성들이 정신의료 체계를 불신할 만한, 그리고 불신해야 할 타당한 이유들 역시 존재한다. 그들은 심리적·도덕적으로 최선을 다할 때마저 열등한 존재로 취급받으며, 슬퍼서 죽을 지경인데도 꿋꿋이 혼자 해결해나가야 한다는 것을 잘 알고 있다.

수많은 유색인종 여성들은 정신과의 약물치료와 심리치료를 깊이 불신한다. 그들은 백인 여성들보다 더 많이 강간당하지만 경찰과 가족에게 신고되는 사례는 훨씬 적다. 신고를 한들 결과만 비참할 뿐 그다지 도움이 되지 않기 때문에 아예 포기한다. 영어를 할 줄 모르는 가난한 여성이라면 더더욱 도움을 얻을 기회는 없다. 만약 그 여성이 레즈비언인 데다 분노까지 터트린다면 백인 이성애 여성보다 정신이상 증세가 훨씬 더 심각하다고 진단받게 될 것이다.

라틴아메리카 출신의 가톨릭 신자 또는 아시아계 여성들은 강간을 매우 수치스럽게 여기기 때문에 자신이 강간당했다는 사실을 말하지 못한다. 그런 경험이 있는 여성은 자신의 상황을 조절하지 못해 감정적으로 무너지게 돼도 강간과 자신이 처한 상황을 결부시키지 않을 것이다. 자신을 겁탈한 남자가 같은 인종이거나 가족 구성원 중 한 사람이라면, 더더욱 그녀는 인종차별적인 형사법 제도에 가해자를 희생시키고 싶어 하지 않는다.

대다수 여성은 자기 자신의 욕구를 부차적인 것으로 여기는 반면, 어떤 남성이든 간에(폭력적인 남성까지 포함해) 남성의 욕구는 1차적인 것으로 생각하도록 훈련받는다.

중요한 것은 유색인종 여성들이 백인 여성들보다 위험에

더 많이 노출된다는 점이다. 1997년의 한 연구에 따르면 뉴욕에서 살해당한 여성의 78퍼센트가 집에서, 남편이나 남자친구처럼 안면이 있는 사람에 의해 살해당했다. 계급에 대한 대중적 인식과 달리 이런 현상은 가난 속에서 생활하는 아프리카계 미국 여성들에게는 더욱더 현실적이다.

환자와 심리치료사 간의 성관계

처음 내가 환자와 심리치료사 간의 성관계에 관한 글을 썼을 때만 해도 그런 작업을 시도한 사람은 사실상 내가 유일했다. 지금은 이에 관한 수백 편의 연구가 발표되었고 많은 책들이 출간되었으며 권력 남용에 관한 상세한 기록이 축적되고 있다. 환자들은 자신이 받은 피해에 관해 소송을 제기하고 있으며 다른 전문가들은 이런 환자들을 위해 증언하고 있다.

치료사가 환자와 성관계를 가지는 것은 비윤리적이다. "한번 환자는 영원히 환자이며 한번 심리치료사는 영원히 심리치료사"라는 말이 널리 유행한 적이 있다. 그럼에도 불구하고 1950~60년대에 당대의 일류 정신분석가 중 다수가 불안으로 고통받고 있는 아름답고 지적이면서도 매혹적인 자신의 환자와 결혼했다. 그들 중 일부는 결혼생활을 잘 유지했지만 일부는 그러지 못했다. 당시만 하더라도 그런 결혼이 잘못되었다고 생각하는 사람은 아무도 없었다. 오늘날 성관계와 권력의 상관관계에 대한 페미니스트들의 분석에 따르면, 그와 같은 성관계는 근친상간과 유사한 것이다.

그들 심리치료사는 남자건 여자건, 동성애자건 이성애자건 간에 사이코패스라고 볼 수 있다. 그들은 자기 주변에 숭배 집단을 형성하고 그 숭배 집단을 친구와 가족으로부터 격리시키면서 자신과의 '성적인 만남'이 영광스러운 일이자 정신적인 깨달음을 얻게 되는 사건이라고 가르친다. 그러나 이는 범죄행위이다. 선량한 심리치료사들은 이런 일들에 대해 사기들끼리 수군대기는 하지만, 이런저런 이유를 들어 당사자로 하여금 그러한 행위를 그만두게 하거나 폭로하려 들지 않는다. 문제가 되는 사이코패스 성향의 심리치료사들은 대체로 최종학력 졸업장 또는 자격증이 없거나 전문가 협회에 소속되어 있지 않다(소속 회원이라고 한들 협회가 그들의 행동을 제재하기에는 한계가 있다).

심리치료사가 환자와 사랑에 빠지는 것이 영원히 금지되어 있다거나 혹은 그런 행동을 해서는 절대로 안 된다고 주장하는 것은 아니다. 이런 규칙에도 예외가 있을 수 있다. 다만 그와 같은 상황이 발생한다면 그것을 다루는 윤리적인 방식이 있어야 한다. 자기 환자를 다른 곳에 위탁해 치료를 받게 하면서 적어도 1년 동안 환자와의 모든 접촉을 끊고, 적절한 격리 과정이 이루어진 다음에 극도로 주의하면서 아주 서서히 관계를 진전시켜나가야 한다.

프로이트와 그에게 동조하는 사람들은 '전이'와 '역전이'를 조심스럽게 분석해야 한다고 주장했다.* 프로이트는 대단히 분명했다. 어떤 일이 있더라도 '키스'는 피해야 한다고 했다. 하

---

* 상담 과정에서 내담자(피분석자, 환자)가 상담가(분석가)에게 특정 감정을 느끼는 것을 '전이'라고 하고, 반대로 상담가가 내담자에게 감정을 느끼는 것을 '역전이'라고 한다.

지만 오스트리아 빈으로 거슬러 올라가보면 분석은 때때로 몇 달씩 또는 1년이 걸렸으며, 피분석자는 분석가와 함께하면서 사회화되었다. 그렇게 되자 그들 사이의 경계가 모호해졌다. 프로이트 자신은 친딸인 안나를 분석했는데 그러면서도 근친상간적인 역학이 가족 안에(자신의 가족이나 다른 가족 안에) 존재한다는 점을 부인했다. 이 점은 그다지 놀라운 일도 아니다.

나는 프로이트가 천재라고 생각한다. 많은 중요한 부분에서 그는 옳았다. 무의식적 동기는 존재하고, 증상과 꿈은 해석될 수 있으며 '대화 치료(talking cure)'는 유효하다(말하고 듣는 치료법은 프로이트의 환자였던 안나 오(Anna O.)가 제안한 것이었다. 베르타 파펜하임이라는 본명을 가진 그녀는 부유한 정통 유대인으로, 후에 페미니스트이자 반나치 운동가가 되었다).

하지만 여성의 마조히즘과 남근선망에 대해서는 틀렸다. 또한 아버지와 아들의 관계를 잘못 이해했다. 유대계 그리스도교나 이슬람 문화에서 실제로나 심리적으로나 죽임을 당하는 쪽은 아들이지 아버지가 아니다. 프로이트는 어머니와 딸의 관계를 이해하지 못했을 뿐 아니라 어머니와 아들의 관계도 이해하지 못했다. 천재 프로이트도 자기 시대의 가부장제를 초월하지 못했던 것이다. 누군들 자기 시대를 초월할 수 있겠는가!

프로이트가 발견한 것들 또는 무의식·부인·억압·투사·꿈의 해석 등 그가 만든 개념들이 대중화된 것의 중요성을 과소평가할 의도는 없다. 하지만 사실상 프로이트의 이론은 대단히 다양한 이유로 대중화되었다. 프로이트가 원했든 원하지 않았든 간에 프로이트의 이름으로 대중화된 이론들은 시대에 가장 역행하는 제도권 정신과의사들을 지지하는 데 이용되었다. 남녀를 막론하고 일부 분석적인 환자들은 프로이트의 이론으로부터 자기 자신에 관해 소중한 것을 배운 반면, 미국에서 프로이트 이론에 고취된 요법들은 기독교적 교리를 강화하거나 여성에게 내재된 잠재적 페미니스트로서의 정치적인 열정을 하나하나 절단하는 데 이용되었다. 사회사업가이자 학자인 응징가 샤카 줄라(Nzinga Shaka Zula)는 "의사는 종종 지배문화를 수호하는 부드러운 경찰이다"라고 주장했다.

자기 삶에 관한 정신분석학적인 이해가 잠재적으로는 해방적이라고 하더라도(나는 그게 가능하다고 생각한다) 정신분석 치료 그 자체만으로는 정신적 외상이나 인간 본성을 극복할 수 없다. 심리적인 상처의 회복이 고립 속에서는 불가능하기 때문이다.

사회는 변하는 동시에 여전한 상태로 남아 있다. 지난 35년 동안 가정생활은 급격하게 변했다. 결혼의 절반은 이혼으로 끝나고, 많은 어머니들(아버지들)이 다른 가족의 도움을 받기도 하고 또는 도움이 전무한 채로 혼자서 자녀들을 키우고 있다. 많은 어머니들은 자신과 자녀들을 학대하는 남자들 곁을 과감히 떠나고 있다. 동성애자들도 대안적 가족과 자녀 양육의 새로운 형태를 만들어내고 있다.

그럼에도 불구하고 대다수의 소녀, 소년들은 아버지가 군림하거나 부재한 가정, 혹은 어머니를 비난하는 가정에서 어린 시절을 보내고 있다. 성 고정관념은 대부분의 가정에서 여전히 존재하고 있으며 부모의 아동학대 역시 계속되고 있다. 근친상간과 가정폭력은 전염병처럼 퍼져 있음에도 점점 더 비정치화되어왔다. 첫째로, 텔레비전에 나가서 말하는 것이 '치료'라고 믿는 여성들에 의해서. 둘째로, 그와 같은 공적인 고발과 고백

개정판을 펴내며

의 가치를 거리낌 없이 오락물에서 활용하는 대중매체에 의해서. 셋째로, 법적 혹은 사회적 정의에 따른 해결책과는 반대로 심리치료라는 해결책이 제시해주는 힘에 대한 이해할 만은 하지만 오도된 믿음에 의해서. 나는 텔레비전과 같은 매체를 통해서 이뤄지는 감정 호소에 반대하지 않는다. 오히려 그 반대다. 텔레비전은 그것이 없었더라면 사실을 완전히 잘못 알거나 고립될 수밖에 없는 여성들을 교육하는 기능을 종종 하고 있다. 낮 시간대 텔레비전 프로그램은 초기 페미니즘 의식화 그룹의 명맥을 잇고 있기도 하다. 하지만 텔레비전 프로그램에 정치적인 관점은 없다. 이런 정치적인 관점의 실종이 과소평가되어서는 안 된다.

강제로 억눌린 생활이 누적되면 삶에 대단히 해롭다. 그 대가는 불안·우울·공포·자살 시도·섭식장애 그리고 알코올중독·약물중독·고혈압·심장병 등과 같이 스트레스와 관련된 질병으로 나타난다. 이 모든 것을 이해하고 극복하는 것이 하나의 과정이다. 일시적인 '푸닥거리'는 이 과정에 비견할 수 없다.

수많은 여성 — 교육을 받았건 안 받았건, 직업이 있건 없건 간에 — 이 여전히 '식민화된' 것처럼 행동한다. 많은 나라에서 식민화는 심리적으로만이 아니라 육체적으로도 이루어진다는 사실을 잊지 말아야 한다. 식민화된 여성의 이미지는 유용하다. 그런 여성 이미지는 어린아이나 인질이 자신을 학대하는 부모나 인질범에게 매달리는 것과 마찬가지로, 여성이 자신들을 식민화한 사람들에게 매달리는 이유를 설명해준다. 그 이미지 덕분에 많은 여성이 인질로 잡혔을 때(그녀는 정말로 인질이 되기를 원했으며 자유의사에 의해 인질이기를 택했다) 그것을 왜 자기 탓으로 돌리는지(아니면 다른 여성들을 비난하는지), 그 이유가 무엇인지 설명이 가능해진다. 도대체 왜 대다수 여성이 자신을 소유할 권리가 식민자들에게 있다고 옹호하는지 역시 설명이 가능해진다(신이나 자연이 식민자들에게 그런 권리를 명했다는 것이다).

'식민화'는 피식민자들이 식민자들을 풍요롭게 만들 수 있을 만한 천연자원을 가지고 있을 때 가능한 것이다. 그리고 그런 자원은 피식민자들을 풍요롭게 하는 데 사용되지 않는다. 피식민자들은 식민자들의 일을 해준 대가로 약간의 돈을 번다. 또한 식민자들을 모방하고 그들의 환심을 사려고 노력한다. 식민자들이 본질적으로 우월하고 피식민자들은 열등하며, 자신들이 식민자들 없이 존재할 수 없다는 것을 진심으로 믿는다.

많은 여성들이 아직까지도 남성이 여성보다 우월하며 여성은 남성 없이는 무가치하다고 믿는다. 식민화된 사람들과 마찬가지로 여성은 스스로에게 더욱 가혹하다. 여성들은 서로에게 많은 것을 기대하면서도 그런 기대에 조금만 모자라거나 그런 기대를 충족시켜주지 못하는 다른 여성들을 좀처럼 용서하는 법이 없다. 여성들은 정서적으로 서로 친밀하지만 그런 친밀성을 너무 당연한 것으로 여기는 경향이 종종 있다.

심리학적으로는, 겉으로 보기에 모순된 일이 진실이다(프로이트 박사님 감사합니다). 여성은 주로 다른 여성과 경쟁하고 주로 다른 여성에게 기댄다. 여성은 비방, 험담, 따돌림을 통해 서로를 시기하거나 방해하는 동시에 다른 여성의 존경과 지지를 원한다.

이 책에서 나는 정신병원을 위험한 가부장제적 '수용소'라고 묘사했다. 비극적이게도 뱀 소굴과 같은 정신병원은 오늘날

개정판을 펴내며

까지도 여전히 존재한다. 그런 곳에서 환자들은 잘못된 약물을 투여받거나 존재를 거의 무시당하거나 심리적·성적 학대를 당한다.

1997년 6월 23일 캔자스주 대 헨드릭스 재판에서 대법원은 1994년 캔자스주가 제정한 성폭력 약탈자 법안(Sexually Violent Predator Act)의 손을 들어주었다. 이 법안은 주(州) 정부가 성범죄자를 정신병원에 (아마도 무기한으로) 수감하도록 허용하는 법안으로, 해당 범죄자가 "더 이상 위험하지 않거나" 혹은 더 이상 "억제할 수 없는 충동"에 사로잡히지 않을 때까지 수감을 허용하는 것이었다. 이 판결은 그와 같은 시민권의 구속은 "처벌이 아니라 치료"를 의미한다는 점을 강조했으며, "수감에 따른 조건들은 징벌 목적을 암시하는 것이 아니며, 위험한 정신질환자를 구속해두는 것은 역사적으로도 합법적이며 비징벌적인 목표로 간주된다"고 강조했다.

소아성애자와 강간범이 거리를 배회하도록 방치하는 것이 너무 위험하다는 것이 사법적인 판단인데, 대법원은 그런 남자들이 주립정신병원 안에서 다른 입원 환자에게 과연 어떤 짓을 할 것이라고 생각하는 것일까? 특히 몸집이 작거나 정신연령이 어린아이 수준인 남녀 입원 환자에게 어떤 짓을 저지를 수 있는지 모르는 것일까? 게다가 진정제가 투여되고 구속복을 입고 신체적으로 불구가 되어 귀먹고 눈멀고 휠체어 신세에 뇌 절제술을 받은 이들에게 어떤 일이 일어나리라고 생각하는 것일까?

정신병원 안에서 강간당한 환자들이 현재 미국 곳곳(캘리포니아주·루이지애나주·미시건주·뉴욕주·오하이오주·오리건주 등)에서 민사소송을 제기하고 있다.

1997년 네브래스카주 지방법원에서 집단소송 사건으로 분류된 소송이 있었다. 이름이 거명된 원고 네 명의 나이는 열아홉 살부터 예순두 살까지 다양했다. 각각 정신질환 그리고/또는 발달장애라는 다양한 진단을 받은 여성들로, 주립공공보건시설 관리국의 최고 공직자를 상대로 소송을 제기했다. 1991년 7월부터 1994년 7월에 이르기까지 네 명의 원고 모두가 네브래스카주에 있는 헤이스팅스 지역센터(HRC)에서 동일한 세 명의 남성 환자들에게 반복적으로 강간을 당했다. 그들은 각자 강간과 구타를 당한 사실을 고발했다. 그리고 피해에 대한 금전적인 배상과 헤이스팅스 지역센터 운영 방식의 구조적 변화를 요구했다.

어린 시절에 반복적으로 강간을 당했던 여성들 — 주로 가정 안에서 권위를 가진 인물에 의해 강간당한다 — 은 상처를 입은 채 성인이 된다. 여성들은 흔히 경계성인격장애라는 진단을 받는데, 그들은 입원을 해도 실제로는 희생자임에도 불구하고 거의 치료를 받지 못한다. 한편 주립정신병원에서 피해자들이 다시 강간당할 가능성은 줄어들지 않고 오히려 높아진다. 횟수가 거듭될수록 정신적 외상은 더욱 심해진다. 대다수 주립정신병원의 직원들 — 정신과의사, 심리학자, 간호사, 간수 등 — 은 이런 사례를 이해하지 못한다. 그들은 하나같이 강간 피해자들의 말을 믿지 않으며, 강간이 평생 동안 지속되는 정신적 외상을 입힌다는 점을 인정하지도 않는다.

21세기의 정신병원 입원 환자들을 19세기에나 존재했던 끔찍한 환경 속에 묶어두고 있다는 사실에는 변명의 여지가 없다. 19세기적인 환경이란 독방 감금, 구속, 끝없는 물리적·정신적 학대, 과중한 업무에 시달리거나 징벌을 즐기는 직원에 의해서 입소자들 가운데서 벌어지는 거리낌 없는 범죄행위 등을 지

　　　　　　　　　　　　개정판을 펴내며

칭한다.

"제도화된 정신의학은 우리의 기대에 못 미치고 광기는 여전히 존재한다." 나는 1972년 『여성과 광기』 초판에서 이렇게 말했다. 또한 이렇게 덧붙였다. "대다수 여성은 미치지 않았다. 단지 미친 것처럼 보였을 뿐이다." 정신병원에 관한 나의 기록과 다른 역사적인 기록들은 정신병원에 있는 대다수 여성들이 미친 것이 아니라는 점을 강력하게 시사한다. 의사가 우두머리가 되고, 간호사들이 간수화되어 있는 주립정신병원은 이들에게 결코 도움을 줄 수 없다. 광기는 가족과 사회 안에서 자행되는 불의와 잔인성에 의해 야기되거나 악화된다. 따라서 자유와 진보적인 법적 개혁과 정치적인 투쟁과 친절함만이 심리적·도덕적 정신건강에 핵심적인 요소이다.

서로 간에 좀처럼 의견 일치를 보지 못하는 특정 집단들마저도 제도화된 권력 남용이 존재한다는 점에서는 의견을 같이한다. 반정신의학(antipsychiatry)* 집단은 정신질환은 존재하지 않거나 아니면 의학적인 질병이 아니라고 주장한다. 또 신경과의사나 심장전문의가 내과의사가 아니듯이 정신과의사도 내과의사와 구별해야 하며, 정신과에서 이뤄지는 약물치료는 대체로 유해하거나 도움이 되지 않는다고 여긴다. 그들은 정신과의사가 전기충격요법과 정신외과술을 지속적으로, 심지어 그런 치료법이 유해하거나 비효율적일 때마저도 실시한다고 본다. 또

---

* 1960년대 이후에 나타난, 환자의 자율성을 억압하고 비인간적인 치료를 강요했던 인습적인 정신의학과 치료기법에 반대한 운동이다. 기존의 주류 정신의학에서는 순수 이론적·의학적 관점에서 광기를 질병이라고 암묵적으로 전제했는데, 반정신의학에서는 이 같은 일면적 관점을 배제하고 정신병을 정치적·사회적 차원으로 되돌려 문제를 규명해야 한다고 주장한다.

한 여전히 사람들은 자신의 의지에 반하여, 사전에 아무런 동의 없이 구금당하고 있다고 주장한다.

『마음과 행동*Mind and Behavior*』의 편집장이자 부교수인 데이비드 코언(David Cohen) 박사가 인용한 최근의 연구에 따르면 탈구속화에도 불구하고 비자발적인 구속은 과거 한때 그랬던 것만큼이나 높은 비율로 이뤄지고 있다고 한다. 코언은 "많은 사람들이 비공식적이지만 효과적인 위협과 협박에 의해 강제당하면서도 자신의 법적인 위상을 인식하지 못하고 있다"면서, 노숙인들을 자기 나름의 거처에서 살도록 내버려두지 않고 정신질환자로 취급하여 재수용하려는 시도는 "한 세기 전에 미국에서 증가하는 '위험한 계급'을 격리시키고자 유명한 정치가가 주장한 방식과 흡사하다"고 말한다. 혹은 25년 전 헤로인중독자들을 강제노역 시설에 구금하거나 그들에게 메타돈을 강제로 투약한 것과 마찬가지이다. 그러한 방식의 개혁은 지금의 체제 안에서 가장 무력한 이들의 상태를 더욱 악화시킬 뿐이다.

정신병원의 학대 속에서 살아남은 한 생존자는 이렇게 말한다. "성인이 되어서까지 정신적인 후유증에 시달리도록 만들었던 어린 시절의 학대에서도 나는 살아남았을 뿐 아니라, 다섯 군데 병원에서 환자로서 거듭 경험했던 정신적 외상에서도 살아남았다. 나는 실오라기 하나 걸치지 않은 채 오직 고무 매트리스와 담요만으로 견디면서 두 주 동안의 독방 감금에서 살아남았다. 그리고 4점 만점의 최고 징벌에도 살아남았으며, 또다시 맨몸이 되어 받았던, 인간을 황폐화시키는 강제 약물 투여에서도 살아남았다."

또 다른 생존자는 이렇게 증언한다. "수 주일에 걸친 독방 감금, 징벌과 더불어 실시된 전기충격요법에서도 살아남았다.

개정판을 펴내며

엄청난 양의 신경안정제 강제 투입은 온몸에 마비 증세를 가져왔다. 나는 여러 달 동안 갇혀 있었다."

『실존주의 심리학 및 정신의학 리뷰Review of Existential Psychology and Psychiatry』의 편집장인 키스 홀러(Keith Hoeller) 박사는 말한다. "미국에서 가장 위험한 정치적인 운동이 정신건강운동이다. 가족 구성원들은 소위 말하는 '정신질환'을 옹호하는 자세를 취하면서 제약회사로부터 어느 정도 자금을 지원받는다(그 규모는 1995년 한 해에만 백 만 달러에 이르렀다). 정신건강을 위한 전국연합이 이 법안을 여러 주의 입법안으로 확장시키는데 성공함으로써 무고한 미국 시민들이 자기 자신에게 그리고 다른 사람에게 위험하다는 이유만으로 아무런 이유 없이 감금될 수도 있다."

다른 한편 정신분열증과 우울증으로 시달리는 환자의 친구나 가족들은 더 이상 먹지도 자지도 못하고, 환청을 들으며, 일하지 못하고, 겁이 나서 집 바깥으로 나갈 수도 없으며, 자살을 시도하거나 언어적인 폭력이나 물리적인 공격성을 드러내는 자신의 친구나 가족의 상황에 대해 심각하게 "문제가 있다"고 생각한다. 그러나 그들로서는 도울 방법도 없고 그렇다고 함께 생활할 수도 없다. 정신질환자의 가족은 정신과에서 처방받는 약물치료와 심리치료 자체로 환자의 증세가 대단히 개선될 것이라고 생각한다. 그들이 걱정하는 것은 치료받을 권리에 관한 것이다.

이들 집단은 모두 중요하다. 소비자 교육과 소송은 정신질환자 수용 시설 안과 밖의 생활 모두를 인간화하기 위한 투쟁의 핵심이다.

흔히 보호시설에서의 입원과 치료, 약물치료나 충격요법

을 받으라고 강제하는 사람들은 (어떤 치료가 행해지든지 간에) 가부장제가 초래한 여성 사망자에 대한 책임이 자신들에게 있다고 느끼지 않는다. 비록 좋은 의도를 가지고 있었다 할지라도, 그들은 질 높은 의료 서비스가 그것을 원하는 모든 사람들이 이용 가능한 것이 아니라는 사실을 과연 질 높은 의료 서비스가 존재하는가 하는 질문과 혼동하고 있는지도 모른다.

그렇다면 내가 지난 35년간 많은 변화가 있었다고 한 말의 진정한 의미는 무엇인가? 우선 정신건강에 관한 유전적·화학적 기초지식을 많이 알게 되었다. 그리고 조울증, 우울증 혹은 정신분열증으로 고통받는 사람들이 제대로 된 약을 적정 용량으로 사용할 때 종종 좋은 효과가 나타난다는 점을 알게 되었다. 모든 약물은 부작용이 있다는 점도 알게 되었고, 특히 부작용을 지속적으로 확인하지 않은 상태에서 모든 사람에게 같은 약을 처방해서는 안 된다는 점도 배웠다. 약물치료 없이는 상담치료나 지원심리치료가 종종 불가능하다는 점도 배웠다.

생물정신의학 분야에서 엄청난 진보가 있었음에도 어찌할 바를 모르는 많은 정신과의사들과 정신약리학자들은 여전히 잘못된 방식으로 혹은 지나친 수준의 약물치료를 하고 있거나, 적절한 투약을 부정하고 있다. 정신과 입원 환자는 직원들의 편의에 따라 약물을 과다하게 투여받는 경우가 허다한데, 이들 직원이 환자에 대한 공감이나 전문적인 소견을 가지고 예상된 부작용에 대처하는 것도 아니다.

많은 정신병원이 열악하기는 하지만 그렇다고 정신질환을 앓고 있는 사람들을 내버려두는 것만이 능사는 아니다. 이 또한 받아들일 수 없는 또 다른 대안에 불과하다. 치료가 존재한다면 환자들은 그런 치료를 받을 권리가 있다. 이 말이 오늘날에는 웃음거리밖에 되지 않는다는 점을 인정한다. 보험회사와 제약회사가 의료 서비스를 좌지우지하고, 정부의 지출 삭감으로 질 높은 정신과 치료는 대다수 사람들이 받을 수 없는 것이 현실이니 말이다. 이 말은 이제 외상을 입은 환자들에게 무엇을 해줘야 하는지는 알게 됐지만 우리에게 페미니즘의 방식으로 가난한 여성들을 치료하고 교육하는 병원이나 치료 시설은 거의 없다는 것을 의미한다.

약물치료만으로는 결코 충분하지 않다. 임상적으로 볼 때 우울증이나 신경증에 시달리는 여성들이 페미니즘 관점에서의 정보와 지원에 접근할 수 있게 해줄 필요가 있다.

페미니스트 심리치료사들은 어떻게 다를까? 그들은 여성이 말하는 것을 믿으려고 노력한다. 정신의학과 정신분석학의 역사를 짚어볼 때 이것은 급진적인 행위이다. 여성이 어린 시절 성적인 괴롭힘을 당한 것을 기억하기 시작할 때, 페미니스트는 여성이 플래시백(flashback)*이나 히스테리 증세를 보인다는 이유로 그녀가 거짓말을 하거나 미쳤다고 결론 내리지 않는다.

페미니스트 심리치료사는 믿는다. 여성에게 미치지 않았다는 말을 들려줄 필요가 있다고. 과로와 저임금에다 사랑받지 못한 탓에 슬픔과 분노가 치밀어 오른다 해도 그런 반응은 정상적이라는 말을 여성들에게 들려줄 필요가 있다고. 다른 사람(나이 든 부모, 가난한 남편, 많은 것을 요구하는 아이들)들의 요구

---

* 현실에서 어떤 단서를 접했을 때 그것과 관련된 강렬한 기억에 몰입하는 현상. 단순히 과거를 떠올리는 회상과는 다른 의미로 다시 한번 그 상황으로 돌아가 끔찍한 상황을 겪게 되는 것을 말한다.

가 자신을 압도할 때 그런 것들로부터 달아나서 환상 속에 숨는 것은 건강한 반응이라는 말을 그들에게 들려줄 필요가 있다고.

페미니스트 심리치료사는 믿는다. 여성들이 "너무 많이 사랑한다"고 말하기에 앞서 남자들이 "충분히 사랑하지 않는다"는 말을 여성들에게 들려줄 필요가 있다고. 아버지들 역시 자녀 문제에 똑같이 책임을 져야 한다고. 여성을 구원해줄 사람은 아무도 없다고. 심지어 스스로 페미니스트 구세주라고 자처하는 이들도 여성을 구원할 수는 없다. 여성 스스로 자신을 구원하지 않는다면 말이다. 자기애(自己愛)는 다른 사람을 사랑하는 토대가 된다. 가부장제의 속박에서 벗어나 자유로워지기란 쉬운 일이 아니다. 가부장제의 속박으로부터 벗어나려는 투쟁은 기적과도 같은 작업이자 평생의 과업이다. 내재화된 자기혐오와 여성과 아이들에 대한 폭력으로부터 도망친, 혹은 그런 것에 맞서 싸우고 있는 여성을 어떻게 도와주어야 하는지 알고 있는 사람은 거의 없다.

페미니스트 심리치료사는 우월하거나 경멸적인 태도가 아니라 존중하는 마음가짐으로 여성이 하는 이야기에 귀 기울여야 한다. 여성이 입은 상처를 축소해서는 안 된다. 그러면서도 확고하게 낙관적 태도를 견지해야 한다. 그 어떤 여성도, 아무리 상처를 입었다 할지라도, 인간 공동체와 연민의 손길이 닿지 못할 만큼은 아니다.

페미니스트 심리치료사는 여성이 격렬한 감정을 표현하거나 여성적 역할에 상충한다는 이유로 그 여성에게 정신질환을 앓고 있다는 딱지를 붙이지 않는다. 또한 여성이 혼외정사나 혼외 출산을 하거나 혼외의 경제적·지적 활동을 한다고 해서 정신질환을 앓고 있다고 간주하지 않는다. 여성이 정규직에다 레즈비언이며 결혼을 거부하거나 간통을 저지르거나 이혼을 원하거나 독신을 선택하거나 낙태를 하거나 피임약을 복용하거나 혼외로 아이를 갖고자 하거나 전문가의 조언을 무시하고 모유를 먹이거나 육아와 가사를 남성에게 정확히 절반씩 분담하자고 주장한다고 해서 병적이라고 진단하지 않는다. 실제로 여성들은 바로 이런 이유로 자녀 양육권을 박탈당했다. 법정의 정신과의사, 심리학자, 사회복지사에 의해 이들은 어머니로서 적절하지 않다는 선고를 받았다.

일부 페미니스트 이론가들과 심리치료사들은 『여성과 광기』가 제시한 급진적인 해방심리학(liberation psychology)*에 감동을 받았다. 그들은 여성 스스로 자신의 신체를 통제하는 것은 성적인 쾌락만큼이나 중요하며, 따라서 폭력적이거나 원치 않는 신체적 침해(강간, 구타, 원치 않는 임신, 원치 않는 불임술 등)에 대항하여 '자기 몸과 자기 자신'을 방어할 수 있어야 한다는 데 동의한다.

페미니스트 의사 재닛 서리(Jannet Surrey)는 이렇게 말한다. "페미니스트 의사의 일은 우리의 몸과 마음을, 우리 자신과 다른 사람을, 인간 공동체와 지구의 생명을 통합시키는 것이다. 나는 페미니즘에 관한 우리의 직업적인 두려움에 의문을 제기한다. 페미니스트 해방신학 없는 심리학을 거부한다."

『트라우마Trauma and Recovery』(1997/열린책들, 2012)란 저서에서 정신과의사 주디스 루이스 허먼은 치료와 인간관계에 관한 새로운 비전을 모델로 제시한다. 그 비전에 의하면 우리는 "범죄

---

* 억압적인 정치사회구조에 의해서 핍박받고 박탈당한 집단의 심리를 적극적으로 이해하려는 심리학 접근법.

행위를 증언하도록" 요청받으며 "희생자와 연대하는 입장을 확실히" 해야 한다. 허먼이 말하는 이상적인 심리치료사는 도덕적으로 중립적일 수 없으며 "정신적 외상을 입은 자"들에게 협조적으로 헌신해야 하고 "실존적으로 참여"해야 한다. 그런 심리치료사는 진지하게, 서두르지 않으면서, 상세하고도 구체적인 잔혹 행위에 귀를 기울여야 한다. 회피하거나 부정하지 않으며 희생자를 비난하거나 공격자와 동일시하지 않아야 한다. 고작 한 번의 상담으로 사탄적 제의를 통한 학대가 일어났다고 "진단하는" 탐정이 되어서도, 자기 권력을 환자에게 휘두르면서 "개인의 욕구를 만족시켜"서도 안 된다.

친척과 친구들에 대한 사랑과 이해, 그리고 정치적 운동이 필수적이지만 이런 것들이 훈련된 전문가들의 도움을 바탕으로 피해자들이 받아야 하는 힘든 심리적 치료를 대체할 수는 없다. 사실상 허먼과 같은 전문가들도 그들 나름의 강력한 지원체계 없이 이런 치료에 착수하는 것은 불가능하다.

심리치료사 미리암 그린스펀의 작업은 인간적인 고통에 대한 영적이며 정치적인 페미니스트적 접근 방식의 좋은 예이다. 그린스펀의 저서 『어두운 감정을 통한 치유: 비탄, 공포, 절망의 지혜*Healing Through the Dark Emotions: The Wisdom of Grief, Fear, and Despair*』(2003)는 치유자의 샤머니즘적인 여행을 모델로 삼는다. 그린스펀은 거대한 슬픔과 공포 ─ 자신의 그리고 세계의 ─ 를 묘사하고, 공포에 굴복하는 것과 그것을 직면하는 것의 의미, 온전한 정신을 향한 왕도로서 '순리에 맡기는 것'의 의미, 올바른 행동과 올바른 무위, 충일함과 자유의 의미를 설명한다.

그린스펀은 이를 인간 조건의 비극으로 보지만, 치유적이고 위무적인 방식으로 포용한다. 유대교도, 불교도, 페미니스트, 휴머니스트에 가치를 두며 능숙하게 유머를 구사한다. 그리고 '공포의 연금술'과 '통렌(tonglen)'이라는 불교 수행법 — 무위, 행위, 투항 — 에 대해 뛰어난 논의를 제공한다.

이제 주디스 루이스 허먼과 미리암 그린스펀이 세계 각지에서 이스라엘로 이주해온 아랍인과 유대인 사이에서 활동하는 모습을 상상해보자. 오스트레일리아, 아일랜드, 이탈리아, 일본, 멕시코, 미국, 구유고슬라비아라면 어떨까. 아마도 당신은 클레어 로 라빈(Claire Low Rabin)이 엮은 『돕는 과정에서 젠더와 문화 이해하기*Understanding Gender and Culture in the Helping Process: Practitioners' Narratives From Global Perspectives*』(2005)에서 그녀가 다룬 분야를 짐작할 수 있을 것이다.

허먼과 그린스펀은 그들의 생각과 기술이 다른 문화에 어떻게 '옮겨지는지' 생각해보지 않았을지 모르지만, 라빈과 다른 이들은 그렇지 않았다. 라빈과 이 선집의 기고자들은 다른 문화의 여성들이 그러한 폭력에 어떻게 대응하는지 지켜보았다.

라빈은 문화가 젠더만큼 중요하며, 정신건강 전문가들이 누군가를 돕고 싶다면 문화를 감안해야 한다고 말한다. 더군다나 그 누군가가 비서구권이나 농촌에서 성장했다면 말이다. 라빈과 동료들의 견해는 전적으로 옳다. 그들의 관점에서 젠더, 계급, 인종, 출생지, 세대, 씨족 집단, 부족, 종교, 이주자로서의 지위는 살아 숨 쉬는 누군가, 특히 곤경과 고통에 빠져 있는 누군가를 이해하는 데 있어 모두 고려되어야 한다.

서구의 정신분석/심리치료에서는 개인을 그가 처한 문제의 원천으로 보는 경향이 있다. 나는 이것이 전적으로 틀리다고 생각하지는 않는다. 다만 라빈과 동료들은 주로 장점이 아닌 병리적 측면에 초점을 맞춘 의료 모델을 거부한다. 그러한 의료 모델은 개인을 도와줄 수 있는 연장자나 공동체의 힘에 초점을 맞추지는 않는다. 라빈의 저작은 '경계'와 '적극적인 관여'에 대한 다른 이해를 제안한다.

중개자나 분쟁해결사와 같은 역할을 하는 비서구의 전통적인 연장자 그리고 전체론적이고 토착적인 치유 기법에 의지하라는 제안은 흥미진진한 동시에 실용적이다. 하지만 제3세계 또는 지역을 막론한 종교적 원리주의자들 중에서 여성을 혐오하는 연장자가 개인의 자유에 대한 여성의 권리를 옹호할지 의심스럽다.

전통적인 비서구인을 상담할 때는 기존의 방식에서 벗어난 (그리고 예전의 사회복지 방식을 따르는) 접근이 필요하다. 예를 들어, 조력자는 의뢰인을 사무실이 아닌 그의 집에서 만나고, 구직 면접을 위해서 그를 깨우고, 그와 함께 동행을 해야 할 수도 있다. 여성의 경우 집에서 이야기를 나눠야 할 수도 있다. 그동안 그 여성은 요리를 하거나 아이를 돌볼 수도 있다.

라빈을 비롯한 선집의 기고자들은 조력자가 도움을 주는 바로 그 행위를 통해서 '사회적인 저항'에 참여할 수 있다고 여긴다. 또 폭력에서 살아남은 생존자들이 증언할 수 있게 하는 것 ─ 증언이 가능하게 '경청'할 수 있는 조건을 만드는 것 ─ 이 또한 인간 권리에 대한 잔혹 행위에 도덕적으로 저항하는 방식이며, '이해'를 통해 '사회적 불평등'을 직면할 수 있다고 생각한다. 세심하게 경청하는 것이 '침묵하도록 몰린 사람들'에게 발언권을 준다는 것이다.

실수하지 말아야 한다. 페미니스트들은 무엇을 해야 하고 무엇이 어떻게 작동하는지 배웠다. 우리는 예외적인 발견을 했다. 그럼에도 불구하고 페미니스트의 가장 중요한 작업은 대학

　　　　　　　　　　　　　개정판을 펴내며

원과 의과 대학 교과서 속으로 '사라져버렸다'. 결코 번성한 적도 없이. 그런데 정말 놀라운 것은 우리 시대의 정신건강 전문가들이 근친상간, 강간, 성적 학대, 아내 구타, 아동학대 등에 관해 대학원이나 의과 대학 교과서가 아니라 페미니스트 의식화 그룹과 연구조사 그리고 풀뿌리 운동으로부터 배운다는 사실이다. 우리는 다름 아닌 피해자들로부터 배웠다. 피해자들은 정신분석학이 아니라 페미니즘으로부터 발언할 힘을 얻게 되었다.

심리치료사 샌드라 버틀러(Sandra Butler)는 저서 『침묵의 공모: 근친상간의 정신적 외상Conspiracy of Silence: The Trauma of Incest』(1978)에서 "성적으로 희생된 여성들이 필요로 하는 것은 많지만 이 세상에는 그런 필요를 충족시킬 만한 것들이 존재하지 않는다. 그러므로 그런 것들이 존재하도록 만들어나가야 한다. 그리고 우리는 만들어냈다"고 적고 있다.

1970년대에 처음으로 내가 이 책을 쓰기 시작했을 때 페미니즘 심리학 이론은 거의 없었으며, 사실상 페미니스트 심리치료사도 전무했다. 그러나 이제 우리는 도처에 있다. 페미니스트들은 저널, 지역사회 네트워크, 학회, 워크숍 등을 만들었다. 워크숍 프로그램의 방향은 정신분석적이기도 하고 반정신분석적이기도 했다. 우리는 근친상간과 강간의 생존자, 구타 피해 여성, 구타 가해자, 정신질환자, 여성 노숙인, 피난민, 알코올중독자, 약물중독자, 불구자, 노인을 도왔으며, 그들이 서로 돕도록 도왔다. 페미니스트들은 탁월한 많은 책과 논문 또한 발표했다. 심리치료사인 라헬 요제포비츠 지겔(Rachel Josefowitz Siegel)의 표현처럼 페미니스트들은 '치료법의 참고문헌'을 작성한 것이다.

오늘날에는 페미니즘 정신약리학자, 법의학 전문가, 레즈비언 심리치료사, 성 상담사, 가족상담 치료사, 기억 회복 전문가, 인종·종족 전문가 등이 있으며, 아마도 목적지에 도달했다는 진정한 신호로서 페미니즘적 치료에 대한 페미니스트 비평가들이 있다.

우리의 영향력은 국제적이다. 남아메리카·유럽·중동·아프리카·아시아에 페미니스트들이 운영하는 치료소와 위기 자문 센터 등이 있으며, 가장 최근에는 북아메리카와 유럽의 페미니스트들이 보스니아의 강간당한 여성과 고문 및 대량학살의 희생자들을 위해 그 지역의 협력자들과 함께 일하고 있다. 보스니아 문제와 관련하여 국제사법재판이 진행되었다면 나(그리고 북아메리카와 유럽의 페미니스트들)는 강간외상증후군에 관해 증언할 수 있는 특혜를 누렸을 것이다.

여러 해에 걸쳐서 나는 캐나다, 유럽, 중동 — 특히 이스라엘 — 오스트레일리아, 아시아에서 동료들과 함께 강의하고 작업했다. 1990년에는 동료 기요미 가와노가 도쿄에 설립한 최초의 페미니즘 치료 클리닉 설립 10주년 기념 강연 요청을 받았다. 언어 장벽은 없었다. 우리는 모두 '페미니즘'으로 소통했다. 정말 신나는 경험이었다.

이런 성과에도 불구하고 정신건강 분야에서 대다수 페미니스트들은 제자리걸음만 치고 있다. 이런 현실이 우리의 야망을 부추긴다. 우리가 앞으로 해야 할 일이 얼마나 산적해 있는지 일깨우기 때문이다. 그럼에도 우리는 이미 먼 길을 걸어왔다.

우리는 이제 여성과 남성이 정신적 외상에 대한 반응으로 외상후증후군을 드러내 보일 때, 즉 불면증·플래시백·혐오증(공포증)·공황·불안·우울·해리장애·무감각한 거친 행위·기억상실·수치심·죄의식·자기혐오·자해·사회적인 위축과 같은 증상을 보일 때 그들이 '미쳤'거나 '결함이 있는' 것이 아니라는 것을 안다. 정신적 외상 희생자들은 그들의 증상을 알코올, 약물, 과식이나 극단적인 형태의 다이어트라는 가면 아래 숨기려고 한다.

우리는 정신적 외상이 무엇인지, 그것이 어떤 행동을 야기하는지 좀 더 잘 이해하게 되었다. 또한 드러나지 않는 만성적인 가정폭력이 사실상 타인에 의한 갑작스러운 폭력이나 전쟁 기간 동안 적군에게 당하는 폭력보다 더하면 더했지 결코 적지 않은 타격을 입힌다는 점을 알게 되었다. 심지어 단 한 번의 학대 행위라고 해도 물리적 폭력은 피해자들을 지속적인 공포 상태에 머물게 하며, 그럼에도 불구하고 피해자들은 가해자에게 오히려 계속 의지하려고 한다는 점 또한 알고 있다.

우리는 강간이 사랑이나 정욕에 관한 것이 아니라 강제적인 혹은 위압적인 섹스와 성적 수치심을 통해 모멸감을 주는 것이라는 점을 알고 있다. 강간의 의도된 효과는 언제나 동일하다. 강간 희생자의 영혼을 철저하게 파괴하고, 희생자를 자기 몸과 마음으로부터 분열시켜 저항할 수 없게 만든다. 전쟁에서 적군의 포로로 잡힌 남성이 겪는 공포는 가정에서 폭력적인 '가정 내 감금' 상황에 놓인 여성이 겪는 고통의 정신적 외상과 유사하다.

강간은 동족의 여성과 적군의 여성 모두를 파괴하기 위하여 모든 계급과 모든 인종의 남성에 의해 조직적으로 자행되었다. 대다수 여성은 자기방어를 위해 강간범을 죽이거나 저항하거나 도망치지 못한다. 저항하려고 하면 종종 강간범에 의해 살해당하거나, 오랜 기간 동안 교도소에 수감되거나, 아니면 처형당한다. 특히 이슬람 세계에서는 국가나 가족에 의해서 이른바

'명예 살인'을 당한다.

보스니아에서 강간당한 여성들을 인터뷰하고 도우려고 노력했던 사람들은 그 여성들이 정신이상이 되거나 겁을 집어먹고 움츠러들며, 감정이 격앙되고, 악몽·불면증·우울증·공포 그리고 자살 충동에 시달린다는 사실을 알게 되었다. 알렉산드라 스티글리메이어(Alexandra Stiglymayer)에 따르면 "강간 희생자들은 정신이 파괴되어 복수를 생각하기는커녕 강간과 추방의 공포 때문에 예전이라면 생각했을 법한 저항의 힘까지 제거당했다"고 한다. 이러한 전형적인 평화 시 강간외상증후군 증상에 덧붙여, 자그레브의 정신과의사 베라 폴네고빅-스말츠(Vera Folnegovic-Smalc)는 "불안, 내적 동요, 무감각, 자신감의 상실, 성적 혐오" 등에 주목하면서 "강간은 가장 심각한 형태의 학대이며, 그 결과는 평생 지속될 수 있다"고 했다.

일부 페미니스트들은 여성은 영향력이 거의 없기 때문에 심지어 성차별적인 시각을 가지고 있다고 해도 남성의 성차별적인 시각만큼 지대한 영향을 미치지는 않는다고 말한다. 나는 동의하지 않는다. 예를 들어, 여성 강간 희생자들이 그들에게 호의적인 — 또는 적어도 객관적인 — 여성 경찰관이나 정신건강 전문가, 의사, 응급실 간호사를 만나는 일이 얼마나 중요한지 생각해보라(호의적이거나 객관적인 남성의 중요성을 과소평가하려는 것이 아니다. 다만 선하거나 성차별적이지 않은 소수의 남성들이 홀로 하늘을 떠받칠 수는 없다).

페미니스트로서, 우리는 여성과 남성 모두 여러 학대로부터도 살아남을 수 있다는 사실 역시 알게 되었다. 그들을 믿어준다면, 다른 사람들이 그들을 대신해 분노해준다면, 다른 사람들이 그런 학대를 비난하면서 중지시키려고 노력한다면, 그들은 살아남을 수 있다. 강간을 비롯한 여러 형태의 폭력의 희생자들은 실제로 저질러진 범죄보다도 그 당시 선량한 사람들이 해주지 못한 것들 때문에 더욱 크게 상심한다. 하코보 티머만(Jacobo Timerman)은 이렇게 표현했다. "아르헨티나의 '이름 없는 정치범'과 고문 희생자들과 '대학살'은 희생자의 숫자보다는 침묵의 크기로 이해될 수 있을 것이다. 나를 가장 괴롭히는 것은 반복된 침묵이다." 태만의 죄는 직접적인 범행의 죄보다 심리적으로 더욱 크게 경험된다. 자신의 딸이나 아들이 근친상간을 당하고 있는데도 옆에서 아무것도 하지 않고 방관하는 부모는 가해자보다 더 증오스러운 법이다.

폭력의 희생자들의 생존을 보장하고 존엄성을 유지하는 데 필요한 것은 무엇인가?

우선 증인이 되어주어야 한다. 증인이 됨으로써 처벌에 도움이 되라는 것이 아니다. 특히 다른 여성들의 지지가 중요하다. 다른 희생자들을 일깨우고 지지함으로써 자신의 고통을 활용하게 하는 것이 중요하다. 하지만 허먼이 말했다시피 "심리적인 외상에 대한 체계적인 연구는 정치적 운동의 뒷받침에 달려 있다. 인권을 위한 강력한 정치적 운동이 부재할 경우, 증인이 되는 적극적인 과정은 필연적으로 적극적인 망각의 과정으로 넘어가게 된다."

치료와 정치적 운동에 덧붙여 소녀들을 위한 자기 존중, 음란물 단속, 괴롭힘 방지, 강간 예방 교육이 필요하다. 여기에는 자기방어 훈련 또는 무력 훈련도 포함될 수 있다. 그리고 강간범에 대한 신속하고 효과적인 고발이 이루어져야 한다. 형사소송에 덧붙여 금전적 손해배상 청구를 위한 민사소송도 필요하다. 가장 중요한 것은 강간범과 구타범에 대항해 싸운 여성들과 자기 목숨을 구하기 위해 맞서다가 감옥에 갇힌 여성들을 지지하는 일이다. 그들은 정치범이며 그에 상응한 명예로운 대우를 받아야 한다. 살인을 '선택'하기보다 그냥 있는 것을 '선택'한 병적인 마조히스트로 간주되어서는 안 된다.

'정신질환자 해방 프로젝트(Mental Patient Liberation Project)' 멤버들이 충분히 가치 있는 어젠다를 갖고 있지만 그들과는 다르게 나는 우리가 '광기'라고 부르는 것 또한 존재한다고 믿는다. 그것은 때때로 폭력과 사회적·환경적 조건에 따라 유발되거나 악화된다고 생각한다. 광기에 사로잡힌 사람들은 끔찍한 고통을 겪지만, 그 고통이 영원히 지속되지만은 않는다고 믿는다. 문화적으로 강요된 낙인과 수치심은 남겠지만 말이다. 이러한 측면에서 볼 때 '도움을 주는' 직업들이 도움이 되기도 하고 전혀 도움이 되지 않기도 했다.

나는 정신과 약물치료와 입원을 전면적으로 반대하는 정치적 입장에 동의할 수 없다. 정신과 약물치료는 때때로 도움이 되기도, 때때로 해가 되기도 하고, 아무런 차이가 없을 때도 있다. 또한 '페미니스트' 치료를 포함해서 대화치료는 도움이 되거나 해가 되거나 아무런 효과가 없기도 하다. 마찬가지로 정치적이고 법적인 투쟁(그리고 모든 혁명)은 도움이 되거나 해가 되거나 아무것도 바꾸지 못하기도 한다. 가부장제적 심리치료가 고소득 환자를 중심으로 맞춰져 있다는 초기의 비판에도 불구하고, 나는 좋은 치료법에 의해 혜택을 볼 수 있고 실제로 그렇다고도 생각하기에 이르렀다. 일부 페미니스트들(그리고 안티페미니스트들)은 페미니즘적 치료를 포함해 모든 치료가 과연 바람직한지 회의하기도 한다. 그들은 '치료주의'가 행동에 나선 이들의 에너지를 빨아들여 무력화할 수도 있다는 타당한

　　　　　　　　　　　　　개정판을 펴내며

지적을 해왔다. 그들이 옳다. 하지만 정신적 외상을 심각하게 입은 여성들이 언제나 정치적 행동을 위해 들고일어날 수 있는 것은 아니다. 예를 들어, 불면증이나 갑작스러운 공포에 시달리는 근친상간 생존자들에게는 의식이 충분히 고양될 때까지 방 안에 앉아 있는 것 자체가 어려운 일이다. 체중을 줄여야 한다는 생각에 사로잡혀 거식증에 걸린 여성이나 비만 여성은 모금 활동에 참여할 수 있을 만한 사람을 알지 못한다. 알코올중독으로 멍한 상태의 여성은 페미니즘 관점에서 자신에게 닥친 시련을 분석할 정도로 평온한 마음을 가지고 있지 않다.

어떤 여성은 정신적 외상을 넘어설 수 있지만 어떤 여성들은 그렇지 못하다. 강간과 구타의 희생자 중 상당수는 페미니스트들의 지지와 충고를 원하지만, 일부는 그런 것을 원하지 않는다. 일부 여성은 구원되기를 원하지만, 또 다른 일부는 너무나 상처가 심해서 자신을 구원하는 일에 참여할 수도 없다. 페미니스트 벨 훅스(bell hooks)는 말했다. "심리적으로 고통받고 있는 흑인 여성들은 나서서 페미니즘 혁명을 주도할 정도로 준비되어 있지 않다. 여성, 그중에서도 흑인 여성들과 함께 일을 하면서 나는 성차별주의의 해악과 그것이 상처 주는 방식과 그것이 우리 모두에게 상처 입힌다는 점을 기꺼이 인정하는 대다수의 사람들도 실질적인 습관을 변화시키라고 요구하는 페미니즘 사상으로 전환하기를 꺼린다는 점을 알게 되었다." 이 점은 피부색을 막론하고 모든 여성에게 적용된다.

페미니스트 의사 E. 키치 차일즈(E. Kitch Childs)는 다음과 같이 말한다. "우리는 우리 자신을 돌봐야 할 도덕적인 책임이 있다. 유색인 여성은 '소수'가 아니다. 우리는 전 세계적으로 다수에 속한다. 미국에서 우리 흑인 여성들은 자신을 보살피지 않는다. 우리에게는 전혀 새로운 차원의 의식화 집단과 네트워크가 필요하다. 우리는 서로에 관한 신랄한 감정을 서로에게 터놓고 이야기하는 법을 배워야 한다. 그렇게 함으로써 우리의 에너지를 해방시킬 수 있을 것이다."

때로 제도권의 정신의학을 규탄하는 사람들, 프로이트 정신분석학, 풀뿌리 페미니스트 보호소와 페미니스트 치료 요법은 ─ 앞뒤가 맞지 않게도 ─ 개인적으로나 전문적으로 또는 정치적으로 가부장제에 의해 희생된 여성 피해자에 대해 책임을 느끼지 않으며 다른 사람의 말, 특히 여성의 말을 어떻게 들어야 하는지 모른다. 좋은 의도를 가졌다 하더라도 이런 비평가들은 누군가가 따뜻하고 능숙하게 '지지해주는' 상황에서 자신의 이야기를 들어주는 것이 얼마나 치유가 되는지 이해하지 못한다. 여성들이, 남성들이, 또는 정치적으로 활동적인 사람들이 심리적으로 얼마나 상처받았는지도 이해하지 못한다. 또한 양질의 정신보건 서비스를 그것을 필요로 하는 누구나 이용할 수는 없다는 사실과 양질의 정신보건 서비스의 존재 여부에 관한 질문을 혼동한다.

우리에게는 페미니스트 정신건강연구소가 필요하다. 우리 대를 넘어서도 영속될 학습 공동체, 가부장제적이지 않은 임상 수련 프로그램, 지적이고 정치적이고 합법적인 어젠다를 가지고 신체와 정신을 재정비할 수 있는 곳, 페미니스트들이 함께 모여 서로 배우고 가르치며 고무되는 엄격하고도 인간적이며 치유적인 장소가 필요하다.

나는 이 책을 처음 쓸 때부터 그런 기관을 만들고 싶었다. 1970년대 초반, 지넷 랭킨이 직접 아테네와 조지아에 우리의 활동에 필요한 공간을 제공하겠다고 제안했지만, 안타깝게도

　　　　　　　　　　　　　　　　개정판을 펴내며

내가 그 제안을 받아들이지 못했다. 그 당시에는 원고를 쓰고 캠페인을 조직하느라 다른 일을 할 여유가 전혀 없었다. 하지만 그때부터 이 일을 실행에 옮긴 사람들이 있었다. 메리 하비와 주디스 허먼은 1984년 매사추세츠주에 케임브리지 병원 폭력 희생자 프로그램을 공동으로 설립했다. 이곳은 "강간, 근친상간, 어린 시절의 성적 학대, 가정폭력, 물리적인 학대(폭행)의 생존자들"을 위한 위기개입, 지지 치료와 집단 지원을 제공한다. 여러 분야에서 숙련된 직원들이 프로그램을 개발하고 워크숍을 열고 연수교육을 지휘한다. 또한 정신적 외상 정보, 정신적 외상 병력이 있는 어머니를 위한 육아법, 강간 생존자 집단을 위한 한시적 프로그램, 어린 시절 정신적 외상을 입은 남성 등을 위한 프로그램도 제공한다. 이러한 프로그램은 전 세계 모든 도시와 지역사회에 필요하다.

『여성과 광기』에 담긴 생각들은 페미니스트 이론과 실천에 있어서 다음 단계를 알리고 예측했다. 이는 내가 차후에 연구하고 싶은 주제들이기도 하다.

이를테면 『여성과 광기』는 어머니-딸의 관계, 근친상간과 강간의 심리 작용, 여성 롤 모델의 중요성, 여성 영웅주의의 특성, 여성의 집단무의식에서 어머니 또는 여전사와 같은 여신의 지속적인 역할을 논하는 2세대 페미니즘 최초의 연구물이었을지도 모른다(이것들은 내가 쓰고 싶었던 주제, 더 정확히는 나의 박사학위 논문 「어미 고양이와 새끼 고양이 관찰을 통한 학습에 있어서의 모성의 영향」의 주제였고, 이 논문은 1969년에 『사이언스』에 발표되었다. 무의식은 반드시 매우 분명한 방식으로 작동한다).

광기와 관련된 학대 그리고 정신보건 서비스에서의 성차별을 분석하는 것에 더해, 나는 어머니가 된다는 것이 여성에게 심리적으로 어떤 의미인지, 모성을 박탈당한다는 것이 어떤 의미인지에 대해서 썼다. 나는 또한 대부분의 남녀 관계, 즉 한참 어린 딸뻘의 여성과 나이 많은 아버지뻘 남성 간의 근본적으로 근친상간적인 모델을 분석했다.

『여성과 광기』에서 처음 주요하게 언급한 주제들은 뒤이어 출간된 열다섯 권의 책과 수많은 강연, 기고, 기자회견, 의회 언론 청문회, 소송 그리고 교육적·정치적·법적 캠페인을 통해 전개해나갔다.

1976년에 나는 『여성, 돈 그리고 권력Women, Money, and Power』을 통해 돈과 권력에 대한 여성의 심리적 관계를 분석했다. 엄청난 개선에도 불구하고, 이 심리적 관계는 여전히 변함없다. 나는 또한 '여성의 아름다움에 대한 심리경제학'에 대해 썼다. 초기에는 마르고, 젊고, 아름다운 것에 대한 여성들의 집착이 가진 위험성을 다뤘다. 하지만 나는 이것을 갈수록 막강한 힘을 발휘하는 광고와 음란물의 결과로 봤다. 이 책의 공동 저자는 법적 관점에서 경제적 현실을 지적했다.

나의 관점은 주로 『여성과 광기』에 쓴 내용을 기반으로 한다. 그만큼 이 책은 내 작업을 대표하는 저작이고, 그것을 통해 드러낸 주요 관점에는 변화가 없다. 하지만 이론적으로 다소 변화가 있는 것도 사실이다. 주목할 점이나 강조할 점이 바뀌었고, 나의 마음도 또한 바뀌었다. 예를 들어, 모성을 그리고 여성의 심리에서 모성 역할의 중요성을 더 소중하게 여기고 진지하게 이해하게 되었다. 좀 더 젊은 시절, 나의 여전사 자아는 가부장적인 환경 — 지적인 전사에게는 받아들이기 매우 어려운—에서의 생물학적인 모성을 거부했다. 나이가 들면서, 나는 임신하기를 선택했고 아이를 낳아 기를 것을 선택했다. 분명히 나의 관점은 바뀌었다.

그 후, 나는 적어도 다섯 권의 책에서 모성을 다뤘다. 일례로 1978년에 출간한 『남성에 대해서*About Men*』에서 나는 남성들의 심리학적·경제학적·종교적·기술적 표현에서 드러나는 남성의 자궁선망(uterus envy)에 대해 썼다. 그즈음 나는 남성을 이해하고 싶었다. 가령 남성이 젠더 위계에서 여성보다 우위에 있다면, 남성 간에 보이는 절대적 순응과 복종, 그들이 경멸해 마지않는 여성에 대한 완전한 의존을 어떻게 설명할 수 있을까?

어머니를 비난하는 문학을 바로잡기 위해서 나는 아버지들이 어떻게 아들들을—심리적으로나 상징적으로, 그리고 때로는 문자 그대로—'살해'했는지 논했다. 그리고 다른 남성에게 사랑받지 못하고 보호받지 못한 것에 대한 남성들의 분노와 고통이 어떻게 여성과 아이들에게 발현되는지에 대해서 이야기했으며 형제애, 부친 살해, 모자 결속에 관해 연구했다. 궁극적으로 나는 이런 주제들을 죽음에 대한 가부장적인 숭배와 연관시켰다.

1979년, 『아이와 함께: 모성 일기*With Child: A Diary of Motherhood*』에서 나는 임신, 출산, 이제 막 태어난 모성이라는 위대하고도 실존적인 주제를 다루기 위해 문학적인 접근을 택했다. 그러면서 출산 중이거나 산통을 겪고 있는 여성, 태어나는 아이, 그 곁에서 출산 과정을 돕는 조산사가 심리적 영웅이 아닐까 시사했다. 수년 후 스물한 살이 된 나의 사랑스러운 아들 아리엘이 이 책에 아주 멋진 서문을 새로 써주기도 했다.

1986년에 나는 『재판정에 선 어머니들: 자녀와 양육권을 위한 싸움*Mothers on Trial: The Battle for Children and Custody*』을, 1987년에는 『신성한 유대: 아기 M.의 유산*Sacred Bond: The Legacy of Baby M.*』을 출간했다.

가부장제에서 어머니는 권리는 없고 의무만 있다. 어머니들은 여성이고, 여성에게는 전 세계 어느 나라에서도 자신의 아이들에 대한 양육권을 보장하지 않았다. 20세기에 들어서면서 미국에서 천천히 변화가 일어나기 시작했지만 대단한 변화는 아니었다. 아버지들과 양육권을 두고 다툴 때, 심지어 자녀가 유아기인 경우에도, '충분히 좋은' 어머니들이 정신질환이나 성적 문란함이라는 (거짓) 혐의로 자녀를 잃을 수 있었다.

2세대 페미니스트들 — 이들은 생물학적 임신과 가부장제가 규정한 모성에 대해 심리적으로 극단의 양면성을 갖고 있다 — 을 포함해 대다수의 사람들은 어머니들이 한번도 주 양육자 역할을 한 적이 없던 아버지들에게 부당하게 양육권을 빼앗기게 되면서 어쨌든 자유를 얻는다고 잘못 가정한다. 또한 많은 페미니스트들은 아이에 대한 양육권을 아버지가 갖는다는 것 — 심지어 아버지가 폭력적이고 무책임하더라도 — 이 페미니즘이 진보하고 있음을 나타낸다고 생각했다.

내 생각에 양육권 문제는, 어떤 의미에서, 출산 후의 낙태 논란이다. 나는 『재판정에 선 어머니들』에서 아버지들 또는 주 정부와의 다툼에서 양육권을 잃어버린 어머니들의 이야기, 그리고 그 중요성을 탐구했다. 또한 양육권 문제로 계속 시달리는 상황에서 어머니들이 어떻게 싸웠는지 연구했다. 그들은 결연한 태도로 비폭력 투쟁을 해왔다. 『신성한 유대』에서 나는 대리모뿐만 아니라 입양과 관련된 정신의학적 문학을 살펴봤다.

1985년에 페미니즘 역사가이자 이론가 데일 스펜더(Dale

Spender)는 『여성과 광기』를 다루면서 내가 페미니스트들 사이에, 그리고 일반적인 여성들 사이에 유대감이 부재하는 것을 지적한 점에 주목했다. 어느 누구도 알아채지 못했지만(심지어 나도 그 점을 강조하지 않았다) 그녀는 옳았다. 거기에 이미 필요한 정보들이 있었다. 거의 20년 동안 쓰다 말다를 반복한 결과, 나는 2002년에 『여성에 대한 여성의 비인간적 행위Woman's Inhumanity to Woman』를 출간했다. 이 책에서 세 장에 걸쳐 어머니와 딸의 관계를 상세하게 논했다.

『여성에 대한 여성의 비인간적 행위』의 근원은 『여성과 광기』에 있다. 이 책에서 나는 클리타임네스트라와 엘렉트라의 관계에서 예시(豫示)된 데메테르와 페르세포네의 관계 속 '어두운' 면을 검토했다. 심리적으로 우리는 모두 엘렉트라 — 자신의 어머니 살해범과 공모한 그리스의 딸 — 이다. 확실히 우리는 모두 엘렉트라의 딸들이다. 우리는 심리적으로 모친 살해를 공모했고, 따라서 우리 또한 딸들을 불신한다.

아주 도발적인 견해였다. 1990년 페미니스트 심리치료사 학술회의에서 내가 처음으로 이런 견해를 내보이자 회의장 분위기가 사나워졌다. 심리치료사들은 자신의 모친 살해 충동을 부인하려고 맞섰다. 그들은 또한 페미니스트들이 성차별적인 믿음을 내면화했다는 사실을, 그동안 서로 경쟁적이거나 공격적이었다는 사실을 격렬하게 부인했다. 바로 페미니스트 심리치료사들이 말이다.

나의 최근 작업 또한 『여성과 광기』에서 처음으로 제기했던 주제들의 연장선 위에 있다. 예를 들어, 나는 이른바 미국 최초의 여성 연쇄살인범 — 결국 플로리다에서 사형을 당했다 — 에 대한 재판에서 증언을 하기 위해 전문가들로 '드림팀'

을 쐈다. 나는 매 맞는 여성의 정당방위 범위를 성매매 여성으로까지 넓히고 싶었다. 나는 그 재판에 관한 법률 검토 기사를 몇 편 기고했고, 여전히 원고 작업을 하고 있다.

나는 『성벽의 여성들: 유대교의 성지에서 성스러운 땅 요구하기 *Women of the Wall: Claiming Sacred Ground at Judaism's Holy Site*』(2002)에서 종교 의식에서 여성의 공적이고도 전적인 참여가 여성의 자아 존중감과 권위를 고양시켜줄 수 있음을 논의했다. 『새로운 반유대주의: 현재의 위기와 이에 맞서기 위해 해야 할 일 *The New Antisemitism: The Current Crisis and What Must be Done About It*』에서는 이슬람교도와 페미니스트를 포함한 서구 지성인들의 유대인 증오에 관해 다루면서 반인종주의에 관한 작업을 계속했다.

그리고 마침내 『페미니즘의 죽음: 여성의 자유를 위한 다음 투쟁은 무엇이 될 것인가 *The Death of Feminism: What's Next in the Struggle for Women's Freedom*』(2005)에서 나는 이슬람교도, 중동 그리고 아랍의 여성과 남성의 심리를 개괄하기 시작했다. 또한 이슬람교의 성차별 정책의 위험성을 분석했고, 이론적·실질적으로 이에 반대하는 서구인, 특히 페미니스트를 연구했다. 한때 이해하기 쉽고 정치적으로 옳은 방식으로 통했던 다문화적인 접근은 궁극적으로 모든 여성을 위한 인간 권리의 보편적인 기준을 옹호하는 페미니스트 이념을 세우는 데 실패했다. 뉴욕 9·11 테러, 마드리드 3·11 테러, 런던 7·7 테러의 그늘에서 우리는 더 이상 이슬람 테러리즘의 위험을 축소하거나 이들의 요구를 들어줄 수 없다. 여기에는 여성 혐오도 포함된다.

19세기에 정신병원에 입원당한 여성들은 온전하고 용감하게 기록을 남겼다. 그들은 도덕적이고 철학적이며 때로 종교적이었다. 그들이 사용한 준거 틀이나 언어는 낭만적 — 기독교적이고 빅토리아시대적 — 이었다. 글에 담긴 그들의 모습은 폐지론자, 초월론자, 여성 참정권론자와도 같았다.

20세기 여성들은 인간 본성과 정신병원에서의 학대를 예리하게 관찰했다. 하지만 그들에게는 보편적인 준거 틀이 없었다. 그들은 '광기'에, 정신병원에 입원해서 받는 학대에 홀로 직면했다. 신도, 이데올로기도, 여성끼리의 유대감도 없이. 이러한 여성들을 누가, 어떻게 도울 것인가? 친구, 이웃, 그리고 때로는 아들이 그들을 구해줬다. 법률상의 변화 또한 있었다. 하지만 그 밖에 어떤 것이 귀중한 것으로 판명되었을까?

피비 데이비스는 "친절이 나의 유일한 약이었다"고 썼다 (1865). 일리노이의 케이트 리(Kate Lee)는 '평화의 집'이 만들어지고, 그곳에서 여성들이 장사를 배우고 돈을 모으고, 그런 후에 "떠나는 것이 허용되고 요구"될 수 있어야 한다고 말했다(1902). 케이트 리는 이런 '평화의 집'은 "안식처나 고용사무실처럼 기능하고 […] 그래서 그곳에 머무는 이들에게 새출발을 선사하고, 그럴 경우 대부분 정신이상 증세가 완전히 사라지게 될 것이라고" 말했다. 마거릿 이사벨 윌슨(Margaret Isabel Wilson)은 이렇게 썼다(1931).

입원의 후유증을 극복하는 데 몇 달이 걸렸다. […] 우정 덕분에 식욕이 돌아왔다. 나는 평화롭게 잠들 수 있고, 나를 괴롭히는 사람은 아무도 없다. 나를 무너뜨렸던 미친 듯한 비명소리도 없다. 큰 소리로 명령하는 간병인도 없다. 비소와 약을 주는 간호사도 없다. 나를 공포에 떨게 하는 의사도 없다. […] 내가 입원해 있으면서 간절히 원했던 것은 (1) 자유, (2) 의사표시, (3) 사생활, (4) 정상적인 교제, (5) 사적인 편지와 검열받지 않는 답장, (6) 유용한 취미, (7) 놀이, (8) 지적인 사람과의 교류, (9) 그림, 경치, 책, 좋은 대화, (10) 식욕을 돋우는 음식이다.

이 모든 것에 동의한다.

자유와 정의는 정신건강에 기적을 행한다. 지크문트 프로이트의 악명 높은 질문 '여자가 원하는 것은 무엇인가?'에 나는 이렇게 대답하고자 한다. 초심자들을 위해서, 그리고 특별한 순서 없이 언급해보겠다. 여성은 자유, 음식, 자연, 은신처, 여가 시간, 폭력으로부터의 자유, 정의, 음악, 시(詩), 탈가부장제적인 가족, 공동체, 만성적이거나 생명을 위협하는 질병을 앓고 있을 때와 죽음을 맞이하는 순간에 함께하는 온정 어린 지원, 독립, 책, 육체적(성적)인 쾌락, 교육, 혼자일 수 있는 시간, 자신을 방어할 수 있는 능력, 사랑, 윤리적인 우정, 예술, 건강, 존엄한 고용, 정치적인 동지를 원한다.

다시 찾은 데메테르와 클리타임네스트라

만약 태초가 있었다면, 그 태초에 생명의 여신 데메테르는 네 명의 딸을 출산했다. 데메테르는 딸들을 페르세포네, 프시케, 아테나, 아르테미스라고 이름 지었다. 이 세상 최초의 딸들은 형언할 수 없을 정도로 행복했다. 어머니와 열렬한 사랑에 빠진 그들은 어머니를 즐겁게 해주려고 언어, 음악, 웃음을 비롯해 유용하고 쾌활한 활동들을 많이 만들어냈다.

어느 날 아침 페르세포네는 초경을 했다. 그날 오후 데메테르의 딸들은 이 사랑스러운 사건을 축하하기 위해 꽃을 따러 나갔다. 그때 마차 한 대가 천둥소리를 내며 그들 사이를 가르고 지나갔다. 바로 죽음의 신 하데스였다. 중년의 하데스는 페르세포네를 겁탈한 뒤 납치해 깊은 땅속 비존재의 영역으로 데려가 자신의 아내로 삼았다. 지상의 딸들로서는 전혀 알 수 없었던 최초의 폭력이었다.

그 일이 있고 난 뒤 남은 세 자매는 하데스가 페르세포네의 아버지일 수 있을 만큼 충분히 나이 들었다는 데 생각이 일치했다. 하데스는 페르세포네의 아버지일 수 있었다. 그가 달리

79

누구일 수 있겠는가? 그때까지 그들은 아버지라는 존재를 몰랐다. 그들은 어린 시절이 치욕과 슬픔 속에서 끝났음을 알았고, 모든 것이 예전과 달라졌다는 것을 깨달았다.

페르세포네를 잃어버린 채 자매들은 집으로 돌아갔다. 데메테르는 격노해 울부짖었다. 데메테르의 뼈는 오그라드는 것 같았으며 뺨에는 주름이 생겼다. 그녀는 머리카락을 질끈 동여매고 맏딸을 찾아나섰지만 지상 어느 곳에서도 찾을 수 없었다. 마침내 태양이 데메테르에게 무슨 일이 있었는지를 말해주었다. 그녀의 딸이 결혼해서 여왕이 되었다는 것이었다. 태양은 데메테르에게 충고했다.

"딸들의 자연스러운 운명 앞에서 왜 그토록 슬퍼하는가? 어머니 집을 떠나 처녀성을 상실하고 결혼해 아기를 낳는 것이 딸들의 자연스러운 운명이잖은가?"

데메테르는 이성적으로 생각하기에는 너무도 슬펐다. 찢기고 흩어져 유배자가 될 것이라는 신탁의 예언을 기억하면서, 데메테르는 태양에게 응답했다.

"그래, 그게 딸들의 운명이라면 모든 인류는 멸망하리라. 만약 내 딸이 내 품으로 돌아오지 않는다면, 어떤 농작물도, 어떤 곡식도, 어떤 알곡도 이 땅에서 자라지 못하리라."

데메테르는 막강한 여신이었다. 여신의 소망은 힘을 발휘했고, 마침내 페르세포네는 돌아왔다. 페르세포네는 1년에 한 번(곡식이 자랄 수 없는 겨울에) 남편을 방문해야 했지만 남편과 그녀의 결합은 황량했다. 페르세포네에게는 아이가 없었다. 남편도 없고 아이도 없고 어떤 이방인도 그녀를 자기 것이라고 주장하지 않았다. 페르세포네는 어머니에게 속했다. 페르세포네는 데메테르가 자기 자신에게 준 선물이었기 때문이다(그 시절 여신은 어느 하나를 '선택하지 않을 수 있는' 기적을 행할 수 있었다. 여신은 처녀이면서 동시에 어머니였으며, 필멸의 존재인 동시에 불멸의 존재였으며, 영원히 변치 않으면서 언제나 변하는 존재였다).

이 모든 과정을 보고 난 뒤 "이럴 수가, 이럴 수가, 이럴 수가"라고 하면서 페르세포네의 자매들은 한숨을 쉬었다. 그들은 언니의 무기력과 강간, 자식이 없는 젊은 신부, 어머니의 고통을 보았다. 그 모든 것이 끔찍할 만큼 단순하게 반복되고 있었다. 그들은 어머니와 언니에 관해 말했다.

"그래, 어머니는 땅 밑과 땅 위를 전부 다스리지만 우리를 더 이상 여기에 붙잡아둘 수는 없어."

프시케가 먼저 입을 뗐다.

"난 아름다워. 어떤 이는 우리 자매 중에서 내가 가장 아름답다고 하지. 그런데 어떤 남자도 날 아내로 삼겠다는 이가 없으니…"(사실 프시케와 페르세포네는 대단히 닮았다. 심지어 구별하기조차 힘들었다.)

"애들아, 난 사랑을 갈망해. 어머니 집은 너무 외롭고 무서워. 난 남편이 있으면 좋겠어. 강렬하고 멋진 눈을 가진 남편 말이야. 그리고 아이도 갖고 싶어."

프시케가 말을 마치자 아테나가 말했다.

"난 아름답진 않지만, 그런 건 상관없어."(사실 아테나는 탁월하게 아름다웠다. 다만 키가 대단히 컸을 뿐이다. 여신의 딸이라고 하기에도 너무 컸다.)

"내 어린 시절은 끝났어. 난 다시 태어나야 해. 그럴 수 있다면 남자로 태어나고 싶어. 저 먼 곳에서 일어나는 영웅들의 전쟁을 도모하고 싶어. 훌륭한 갑옷을 입고 가장 현명한 지혜에 따라 움직이면서. 난 스스로 완전해지고 싶어. 아이나 남편을 위해서가 아니라 나를 위해 완벽해지길 원해."

아르테미스가 마지막으로 말했다(아르테미스 역시 키가 매우 컸고 다른 자매들에 비해 피부가 검은 편이었다).

"언니들, 나는 불가능한 것을 바라는지 모르지만 그것을 찾기 위해 어머니보다 훨씬 더 멀리 떠돌아다녀야 할 것 같아. 나 역시 영웅적인 전쟁에 참가해 위대한 공적을 달성하고 싶어. 하지만 난 동시에 아이와 사랑도 원해. 내 머릿속은 칼과 제단과 화려한 도시와 아름다운 처녀들로 출렁거려. 지금껏 들어본 적 없는 음악 소리가 내 귀에 들려."

여학생들 사이에 이들의 대화는 익히 알려져 있기에, 우리는 각각의 자매가 자신을 위해 어떤 일들을 했는지 알고 있다.

프시케는 남편을 구해달라고 간청하기 위해 집으로 돌아왔다. 데메테르와 페르세포네는 프시케의 이상한 욕망에 대단히 놀랐지만, 그 욕망이 충족되어야 한다는 것 또한 알았다. 그와 같은 일이 이전에는 전혀 없었으므로 프시케는 에로스와 은밀하게 결혼했다. 사랑 그 자체이자 사랑의 여신 아프로디테의 아들 큐피드와 말이다.

프시케는 이름조차 알려지지 않은 높은 산에 세워진 화려한 궁궐에서 남편과 더불어 홀로 살았다. 말도 없고 보이지도 않는 하인들이 그녀가 원하는 것은 무엇이든 대령했다. 밤이면, 오직 밤이면 남편 에로스가 찾아왔다. 하지만 그녀는 그가 누구이며 어떻게 생겼는지조차 몰랐다. 에로스가 절대 자기를 봐서는 안 된다고 그녀에게 경고했기 때문이다. 어느 날 밤 에로스가 깊은 잠에 빠지고 난 뒤 프시케는 안 되는 줄 알면서도 조그만 기름등잔에 불을 붙여 그의 얼굴을 확인하게 되었다. 그로 인해 에로스는 잠에서 깨어나고 궁궐 너머로 날아가버렸다.

놀란 프시케는 에로스를 찾아나섰다. 시련을 가까스로 통과하고 난 뒤 에로스는 마침내 불행한 아내를 구출하여, 자기들의 궁궐보다도 훨씬 더 눈부신 천국의 궁궐로 데려갔다. 그곳에서 불멸의 신들에 둘러싸인 프시케와 에로스는 딸 헤도네를 낳고 오랫동안 행복하게 살았다. 그들은 최초로 천상의 신성가족을 이루었다.

아테나는 결코 어머니의 집으로 돌아가지 않았다. 그녀는 곧바로 신들의 신인 제우스를 찾아가 제우스의 허영과 영악한 취향을 걸고 흥정을 했다. 남자로 태어나게 해달라는 것이 그녀의 요구였다. 아테나는 제우스에게 어머니가 되어달라고 부탁했다. 결국 아테나는 두 번 태어나게 되었는데, 두 번째는 남자로 태어났다. 아테나는 완전히 다 자란 상태로 제우스의 머리에서 태어났다. 자기가 바라는 대로 갑옷을 입고 말이다.

페르세포네와 마찬가지로 아테나는 자식이 없었으며 한쪽 부모에게만 지독하게 충성했다. 하지만 페르세포네와 달리 아테나는 강간을 당하거나 납치당하거나 원치 않는 왕비가 되지도 않았다. 그녀는 구조를 필요로 하지 않았다. 오히려 구조할 필요가 있을 때면 그녀가 구조의 손길을 내밀었다. 실제로 아테나는 많은 남성 영웅들을 구출했으며 그들이 흉측한 괴물들을 처치하도록 도와주었고 손에 넣을 수 없는 포상을 손에 쥐도록 도와주었으며 전쟁에서 승리하도록 이끌었고 고대도시를 파괴하도록 도왔다.

데메테르의 이 위풍당당한 딸은 땅에서 태어난 자신의 기원에 관한 기억을 완전히 잊어버린 것처럼 보였다. 그녀는 파종하기 전 그리고 추수가 끝난 뒤 자기 신전에 제물을 바치겠다고

들어가기 전에

고집하는 인간들을 전혀 이해하지 못했다. 그녀는 다만 스스로 만족할 뿐이었다. 자기 부모마저 스스로 선택한, 그렇게 함으로써 운명의 수레바퀴가 반복되는 것을 멈춘 여신에게 공물을 바친다는 것이 이상하다는 것을 인간들은 몰랐을까.

데메테르의 딸 중 막내인 아르테미스는 어머니의 집으로 돌아왔다. 우선 아르테미스는 데메테르로 하여금 자신을 달에게 봉헌하게 함으로써 아무리 멀리 떨어져 방랑하더라도 자신의 기원을 절대로 잊거나 배신하지 않게 되었다. 그런 다음 곧장 사냥과 말타기, 전쟁 기술을 배우고 식물을 돌보며 산파술을 완벽하게 익혔다. 그런 다음 달을 안내 삼아 도시―실은 종족, 문화―를 세우려고 떠났다. 이 세상이 전혀 알지 못했던 그런 문화를 세우려고 그녀는 길을 떠났다. 그곳에서 모든 여성은 병사이자 어머니이며, 눈물은 육체적인 용맹만큼이나 흔했으며, 결혼은 조롱 대상이었고 강간은 생각조차 할 수 없었다. 어린 소녀의 사랑은 가장 강인한 노병이 쓴 시에서도 칭송되었다. 아르테미스는 여러 여자 애인과 딸들을 거느렸으며, 그들은 아프리카, 남아메리카, 아시아 곳곳으로 퍼져나가 아마존 도시를 세웠다.

여신들은 절대 죽지 않는다. 그들은 세상의 도시로 스며들었다 빠져나오기를 반복하며 우리의 꿈속을 들락거린다. 수 세기를 거치면서 여신들은 다른 이름으로 불리고, 다른 옷을 입거나 변장을 하기도 하고, 때로는 게으른 실업자의 모습으로 나타났을 수도 있다. 그들의 공식적인 제단은 버려지고 사원은 두려움 또는 망각의 대상이 되어버렸을 수도 있다. 그렇다면 데메테르와 네 딸은 어떻게 되었을까?

생명의 여신 데메테르와 유령 같은 태생적 처녀 딸인 페르세포네는 고대인 중에서도 가장 세련된 사람들로부터 정성스럽고도 은밀한 종교의식으로 오랫동안 추앙받았으며, 대중은 그보다 공공연하게 두 여신을 숭배했다. 하지만 어찌 된 일인지(그 이유를 아는 사람은 아무도 없다) 어머니와 딸에 대한 숭배는 그만 중단되고 말았다. 그런 의식은 사라져버렸다. 광포한 예언자들은 과거에 반하는 혼인법을 선포했다. 심지어 더 광포한 예언자들은 현재에 반하는 혼인법을 선포했다. 일신교는 인간뿐만 아니라 신들의 운명까지도 변화시켰다.

그렇다고 모든 것이 변한 것은 아니다. 어머니 숭배는 보다 미묘하고 주도면밀하게 데메테르로부터 딸 프시케에게로 옮겨갔다. 에로스와 사랑에 빠져 결혼한 유순한 프시케는 온화한 성모마리아로서 신성시되었으며, 그녀의 딸 헤도네는 예수라는 이름을 가진 아들이 되었다. 이 모든 일이 눈 깜짝할 사이에 일어났다. 데메테르는 권력을 박탈당하고 처녀 시절로부터 찢겨나와 비참하고 두려운 방랑자로서 역사에 유폐되었다. 데메테르는 더 이상 어머니(여신)가 아니었다. 이제 데메테르는 계모(그것도 잔인한 계모) 아니면 마녀(그것도 사악한 마녀)의 모습으로 나타나 동화와 악몽 속에서 어린아이들을 괴롭히게 되었다. 어린아이들은 그녀의 모습만 보고도 놀라서 소리쳤다. 그들의 아버지는 위기의 순간마다 그녀를 고문하고 화형시켰다.

페르세포네와 프시케와 성모마리아는 어떻게 되었을까? 그들은 신데렐라, 백설공주, 잠자는 숲속의 미녀가 되었으며 계모로 바뀐 데메테르에 의해 벙어리처럼 순치되었다. 그들은 왕자와 백마 탄 기사가 나타나 자신을 구출해주기만을 기다리게 되었다.

들어가기 전에

우리 시대의 프시케는 자녀가 셋이지만 깊은 우울증에 빠져 있다. 최근 들어서는 한낮이 다 되도록 잠자리에서 일어나지도 못한다. 성모마리아는 알코올중독자가 되어, 핼쑥하게 그늘진 얼굴 뒤에 자신을 감춘다. 페르세포네는 불감증이며 그로 인해 근심 걱정이 많다. 신데렐라는 초조하여 방 안을 이리저리 수도 없이 왔다 갔다 하고 있으며 이미 두 번이나 자살을 시도했다.

우리 시대의 계모는 여전히 유배자로 떠돌고 있다. 과거가 어떠했는지 전혀 기억하지 못한 채. 데메테르는 지나가는 비행기에 대고 저주를 퍼붓고 볼품없는 상복을 입고 혼자 중얼거리면서 의미 없는 소리를 지껄인다. 요즘 들어서는 출산을 하자마자 자신이 낳은 아이를 저버리고 병원 벽만 물끄러미 마주하고 있다. 몽롱한 상태로 살아가는 데메테르는 자기와 똑같은 신세로 딸들을 집 안에 묶어두려고 한다.

아르테미스와 아테나는 어떻게 되었을까. 혹자는 아르테미스와 그녀의 딸들은 홍수 때 익사했다고 한다. 아니면 천사들처럼 그들의 일이 끝나기 전에 슬퍼하면서 이 땅을 떠났다고들 한다. 또는 대단히 큰 전투에서 패배하고 난 뒤 스스로 목숨을 끊었다고도 한다. 또 다른 사람들은 그들이 잠시 물러난 상태로 뿔뿔이 흩어져 좋은 시절을 기대하면서 때를 기다리고 있다고 한다. 가장 예외적인 여성인 아테나마저도 마침내 방패와 투구 대신 책과 묵주를 들고서 뜨개질이나 남의 뒷이야기로 세월을 보내고 있다. 어쩌다가 간혹 왕관을 쓰거나 대학에서 한 자리 차지하는 경우도 있다고 한다.

오늘날의 아르테미스와 아테나는 점차 폭력에 사로잡혔다. 말하자면 열정과 탐욕과 심지어 명예욕이라는 죄악에 사로잡했다. 그들은 자신에게 요구되는 것은 무엇이든지 항상 잘한다. 자부심 많고 고독한 상태로 자기 일을 잘 수행한다. 그것도 너무 잘해서 탈이다. 아테나와 아르테미스는 때로 그들의 성취로 인해 유명해지지만 (시샘과 존경과 오해를 받으면서) 마침내 그들은 가스와 독약에 의존해 자살하거나 강물에 빠져 죽는다. 아니면 다시 한번 그런 성취를 해낸다.

데메테르는 위대한 어머니(Great Mother)의 원형이 가진 수많은 얼굴의 하나에 불과하다. 그리고 페르세포네가 항상 어머니를 고분고분하게 따르기만 한 것은 아니다. 어머니의 삶을 되풀이하고자 하지도 않았다. 많은 여성들은 강력한, (과잉)보호하는 어머니를 원하는 동시에 무서워한다. 데메테르와 페르세포네의 재결합은 어머니와 딸 사이의 변화를 요구한다. 데메테르는 자신의 분노와 비탄을 극복해야 하고, 페르세포네는 이전과 다른, 그러면서도 여전히 같은 모습으로 돌아와야 한다.

고전학자 에리히 노이만(Erich Neumann)의 말을 따르면, '영원한 여성(the Eternal Feminine)'은 어떤 것도 그냥 내버려두지 않는다. 영원한 여성은 "그것에서 야기되는 모든 것을 고수하려 하고, 영원한 실체처럼 그것을 에워싸기를 고수하려 한다". 따라서 어머니와 딸의 결합과 재결합은 위기투성이이며 서로에게 엄청난 정신분석학적 너그러움을 요구한다.

그럼에도 불구하고 많은 딸들은 어머니의 사랑, 인정, 지지, 지혜 그리고 보호를 갈망한다. 모성의 부재가 모성의 남용보다 훨씬 더 고통스럽다. 영국의 정신분석가 니니 허먼(Nini Herman)에 따르면 어머니는 딸의 "가장 깊은 정념"의 대상으로 남는다. 니니 허먼은 "안정적이고", "충족감을 느끼는" 어머니는 딸을 지적으로나 성적으로 성장시킬 수 있다. 하지만 어머니

들어가기 전에

가 이 "어린 경쟁자"를 시기하면, 딸은 아마도 "자신의 파괴적인 환상과 적대적인 충동이 [어머니에게] 지속적인 해를 끼치지 않는다는 것을 확실히 하기 위해서 비위를 맞추는 수준에 머무를지도 모른다. 그러다 보면 그녀는 자신을 아름답게 꾸미려는 생각에 과도하게 사로잡힐지도 모른다. 왜냐하면 아름다운 육체는 내면 또한 멀쩡하다는 증거로 여겨지기 때문이다."

모성 운명의 반복은 부성 — 영웅 운명을 실현하고 싶은 현대의 많은 여성들을 두렵게 한다. 딸은 어머니로부터 자신을 구별할 필요가 있다. 하지만 종종 어머니와 딸 사이에서는 아주 사소한 차이가 깊은 배신으로 느껴진다. 서로 다른 점은 어머니 — 딸의 관계를 미칠 것 같게 만든다. 하지만 서로 닮은 점 역시 마찬가지다.

어떤 데메테르 어머니들은 딸들을 풀어주기를 거부한다. 그들은 시기, 불인정, 분노, 불안, 우울함으로 딸들을 구속한다. 궁지에 몰린 관계 속에서 어머니와 딸은 하나로 엮여 있다.

어머니들을 악마로 만들지 말아야 하지만 모녀 관계의 과잉된 현실을 부정하지도 말아야 한다. 어머니의 의해 만들어진 혹은 파괴된 것들의 위험을 피하기 위해 딸은 어머니를 '죽여야' 할지도 모른다. 이것이 정확히 클리타임네스트라 왕비의 딸 엘렉트라 신화가 말하는 것이다.

그리스의 신화와 비극에 따르면 클리타임네스트라 왕비는 세 아이의 엄마였다. 이피게네이아, 엘렉트라, 오레스테스. 그녀는 또한 아가멤논의 부인이자, 아가멤논의 형제인 메넬라오스와 결혼한 헬레네의 자매였다. 헬레네는 트로이의 왕자 파리스와 함께 달아났다. 아가멤논 형제는 명목상 헬레네를 되찾기 위해, 하지만 사실상 트로이를 차지하기 위해 원정을 떠났고 10년이 넘는 기간 동안 트로이를 포위 공격했다. 어떤 이들은 트로이를 초기 모계 문명사회라고 했다.

아가멤논은 클리타임네스트라에게 딸 이피게네이아를 위대한 왕자와 약혼시키려고 한다고 속인 뒤, 이피게네이아가 자신을 만나러 오자 모든 군대가 보는 앞에서 신에게 제물로 바쳤다. 아가멤논은 트로이를 함락시키고, 트로이의 시민들을 죽이거나 노예로 삼은 후 집으로 출항했다. 그는 트로이의 예언자이자 공주인 카산드라를 노예이자 정부(情婦)로 데리고 왔다. 버려진 왕비 클리타임네스트라에게는 정부(情夫) 아이기스토스가 있었다. 엘렉트라는 분노와 비탄으로 사나워졌다. 그녀의 눈에는 어머니가 그녀에게서 모든 것을 훔쳐간 것으로 보였다. 아버지, 국혼, 품위. 클리타임네스트라는 자신이 성적으로 매력적인 유일한 여성으로 남기를 지독하게 고집했다. 엘렉트라는 자신이 성적으로 순결하고 아이가 없을 운명임을 느꼈다.

클리타임네스트라는 피할 수 없는 일임에도 불구하고 딸들의 성적인 매력이 갈수록 커지는 것을 받아들이려 하지 않았다. 엘렉트라는 인류 최초의, 가부장제의 여성 영웅 중 한 명이다. 그녀는 딸로서 어머니와 자신을 동일시하지 않았다. 그녀는 어머니를 증오했다. 엘렉트라는 본질적으로 '아빠의 여자(Daddy's Girl)'였다. 그 어머니에 그 딸이었다. 각자 다른 방식으로 두 여자 모두 여자가 아니라 남자를 더 좋아했다. 이것이 정확히 그들이 서로를 가장 원망하는 이유였다. 그런데 엘렉트라는 같은 남자, 즉 아버지 때문에 어머니와 경쟁했을 뿐만 아니라 같은 여자, 즉 어머니 때문에 아버지, 형제, 자매, 어머니의 정부와 경쟁했다.

클리타임네스트라의 딸 엘렉트라는 아버지 아가멤논을 살해한 어머니를 죽일 음모를 세웠다. 엘렉트라는 어머니 살해를 계획했고 오레스테스가 이를 실행했다. 엘렉트라는 '간접적으로' 어머니를 죽였다. 엄밀히 따지면 자신의 손을 더럽히지 않았다. 오레스테스는 겁에 질린 채 복수의 세 자매 여신에게 쫓긴다. 고통을 받던 오레스테스는 신의 재판을 요구하고 이를 받아들인다. 신들은 이러지도 저러지도 못했다. 자신을 남성과 동일시하는 여신 아테나가 결정적으로 오레스테스의 편을 들었다. 이후로 남편 살해는 모친 살해보다 더욱 심각한 범죄로 인식되었다. 복수의 세 자매 여신은 엘렉트라를 뒤쫓지 않았다. 그녀의 모친 살해 후 고통은, 만약 있었다고 해도, 우리에게 알려지지 않았다.

자신의 어머니에게 산 채로 삼켜지는 것을 피하기 위해 많은 여성은 심리적으로 신화 속 엘렉트라의 역할을 수행한다. 그들은 어머니를 대신하기 위해, 어머니가 되기 위해, 어머니의 자리에 서기 위해 심리적으로 자신의 어머니를 살해한다. 이러한 원초적 심리 드라마가 무의식의 극장에서 상연된다. 여성이 모두 고분고분한 페르세포네인 것처럼, 또한 여성은 모두 반항하고 죽이려 드는 엘렉트라다. 확실히 여성은 모두 페르세포네/엘렉트라의 딸이다. 엘렉트라처럼, 후에 여성은 반드시 복수의 세 자매 여신에게 시달리지는 않는다. 엘렉트라와 클리타임네스트라 사이에서 잘못된 것은 그들이 이미 상징화하고 있는 것이다. (유년 시절) 어머니의 규칙으로부터의 추방과 종말이 그것이다.

나는 이 책을 비롯한 여러 책을 이런 신화들에 의지해 썼다. 왜냐하면 이런 신화들은 금기시된, 무의식적이고 심리적인 과정들 — 그럼에도 불구하고 정상적인 과정들 — 을 드러내고 있기 때문이다. 또한 여성들이 일반적으로 어머니와 딸 또는 여성 간의 관계에서 발생하는 '그늘진 면'에 대해 대화할 때 지나쳐버리는 지점들을 간파할 방법이 필요했기 때문이다.

니니 허먼은 "어머니-딸 관계의 핵심에서 활발하게 작동하는" 해결되지 않은 문제들이 어느 정도까지는 심리적으로 여성을 억압하고, 여성으로 하여금 가부장적인 명령과 무의식적으로 충돌하게 만든다고 말한다. 나도 동의한다. 허먼은 검토되지 않은 어머니-딸의 관계야말로 여성들이 자유 쪽으로 나아가기보다는 "고집스럽게 제자리걸음을 하는" 바로 그 지점이라고 믿는다.

이 책은 여성의 심리학 혹은 말하자면 데메테르와 네 딸, 그리고 클리타임네스트라와 그녀의 딸 엘렉트라의 여러 모습에 관한 책이다. 아울러 20세기 들어 그들에게 무슨 일이 일어났으며, 정신의학적인 환경에서 이런 모습들을 어떻게 파악하고 치료하고 있는지를 다룬 책이다. 어떤 신화들은 우리 시대 여성의 성격에 관한 기원과 모델로서 많은 것을 드러내 보인다. 나는 여성에게 주어진 조건과 우리가 '광기'라고 부르는 것 — 신성하게 위협적인 행동인 광기의 웅변적 힘과 소모적 요구로부터 사회는 이성과 강제력으로 스스로를 보호한다 — 사이의 관계를 기술하면서 여러 신화를 인용했다.

이 책은 또한 자기 자신을 '신경증' 혹은 '정신병'이라고 생각하거나 그렇다고 여겨지는 여성의 숫자가 급격히 증가하는 미국에서, 정신과 치료 혹은 정신과 입원을 요하는 여성들에 관한 책이다. 이 책은 여성이 그와 같은 도움을 '왜' 청하는지에

들어가기 전에

관해, 그들이 도움을 필요로 할 때 '무엇'을 경험하며 그런 도움이 어떻게 간주되는가에 관해 쓴 책이다. 또한 이런 여성들이 도움을 '어떻게' 받는지 혹은 못 받는지에 관해 쓴 책이다.

1장과 10장에서는 미국 문화에서 여성의 성격에 관해 갖고 있는 기본적인 심리적 관점에 대해 논의한다. 1장은 자서전 및 전기적, 역사적 자료에 토대해 네 여성의 생애와 정신과 병력을 제시한다. 이들을 통해 전반적으로 현대 가족 안에서 여성으로 성장한다는 것이 무엇을 의미하는지를 이해할 수 있을 것이다. '정상성'과 '비정상성'에 대한 여성의 경험과 관련해 어머니와 딸의 관계를 성모마리아나 잔 다르크와 같은 신화적이거나 역사적인 여주인공의 역할을 통해 분석한다. 1장에서는 생식 생물학과 가부장제 문화, 그리고 현대의 부모와 딸의 관계가 복합적으로 작용해 어떻게 여성적인 행동으로 간주되는 것들 — 자기희생, 마조히즘, 생식과 관련한 나르시시즘, 동정적인 '모성성', 의존성, 성적 소심함과 불감증, 성적 문란, 아버지 숭배 — 을 공고화하게 되었는지, 여성을 지나치게 혐오하고 평가절하하게 되었는지에 관해 기술한다.

2장과 3장은 정신병원 입원과 심리치료 모두가 가족 안에서의 여성의 경험을 되풀이하거나 반영한다는 점을 보여준다. 의사들은 대부분이 여성인 자기 환자들을 흔히 한 인간으로보다는 '아내들'이나 '딸들'로 대하면서 치료한다. 그들은 생물학적으로 결정된 여성의 비참함은 인간이나 성인의 영역 밖에 존재하는 것으로 여기고 환자를 대한다. 정신건강, 그리고 인간성에 관한 이중적인 기준 — 하나는 남성을 위한, 다른 하나는 여성을 위한 — 이 제시된다. 이런 기준은 여성과 남성에 관한 대다수 이론(치료 과정)을 비과학적으로 지배하고 있다. 전통적이고 현대적인 임상 이론과 실천은 3장에서 다룬다. 여성의 정신질환적 증후군(우울증이나 불감증 등), 남성의 정신질환적 증후군(알코올중독, 약물중독이나 반사회적 성격장애 등)을 포함해 우리가 광기라고 부르는 것(정신분열증)에 관한 새로운 개념 정의, 혹은 이들 증후군에 대한 다소 다른 방식의 이해는 2장에서 제시된다. 미국에서 정신병원에 입원하는 여성들의 행동 유형은 성별과 인종에 따른 계급, 계층, 나이, 혼인 여부와 관련되어 있다.

4장에서는 '정신질환' 관련 통계를 분석하면서, 인구 대비 남성보다 훨씬 많은 수의 여성이 정신과 환자라는 '병력'에 연루되어 있는데, 이 수치와 범위가 어느 정도인지를 자료로 입증한다. 우울하고 초조하며 광장공포증에 시달리는 여성들, 신경 쇠약, 발작적 울음, 분노 발작, 망상에 빠진 여성들, 자살을 시도하거나 너무 적게 혹은 너무 많이 먹는 여성들, 불안을 없애기 위해 정체불명의 약물을 과다 복용하는 여성들, 그리고 이들이 경험하는 적대감·욕망·공포·성적 불행, 환상에 대해 다룬다.

4장에서부터 9장까지는 정신병원 입원과 외래 치료 경험에 관해 인터뷰한 환자 예순 명의 병력을 기술한다. 인터뷰한 여성들은 유럽, 라틴아메리카, 아프리카 출신이 포함되었으며 그들의 나이 또한 열일곱 살부터 일흔 살에 이르기까지 다양했다. 그들의 성 경험, 부부관계, 모성애 수준, 정치적인 입장 등은 대단히 광범위한 범위에 걸쳐 있었다. 그들 중 극소수만이 우리가 진짜 광적인 상태라고 부르는 것을 경험했다. 대다수는 단지 불행했으며, 전형적으로 (그렇다고 인정된) 여성적인 방식으로 자기파괴적일 뿐이었다.

그들의 경험에 비추어볼 때 우리 문화에서 도움을 청하는

들어가기 전에

행동은 존중받거나 이해받을 만한 행동이 아니라는 점이 분명해졌다. 도움을 청하는 사람은 동정받거나 불신당한다. 강제로 진정제가 투여되고, 구타를 당하고, 전기충격요법이 가해진다. 사람들은 그들을 속이며 고함을 지르다가는 끝내 무시했다. 그러나 이 모든 것이 전부 '환자 자신을 위한 것'으로 간주되었다.

미국 주립정신병원에서 많은 여성이 성 역할에 따라 유형화된 강제 노역을 했다. 그들은 무임금으로, 혹은 명목상 몇 푼을 받으면서 가사노동을 했다. 대부분 학대받거나 무시당했고, 성적으로 억압받거나 착취당했다. 그들은 가족이나 전문기관으로부터 한결같이 조롱을 당하거나 버려졌다. '치료' 행위라고는 거의 받지 못했다. 의사의 치료를 받을 수 있을 만큼 운이 좋거나 부유한 여성이라고 해서 언제나 도움을 받거나 이해받을 수 있었던 것도 아니다.

광기를 낭만화하거나 정치적 혹은 문화적 혁명과 혼동시키려는 의도는 전혀 없다. 광기에 대한 잘못된 치료법은 확실하게 바로잡아야 하며, 광기에 내재되어 있는 고통 때문에라도 더더욱 치료가 보장되어야 한다. 고통은 존중되고 이해되어야 하는 것이지 결코 낭만화되어서는 안 된다. 우울과 비통에 빠진 여성들, 불안과 공포에 휩싸인 여성들은 생산 및 재생산 수단을 장악하려는 것이 아니며, 다른 사람들에 비해 무기력, 악, 사랑의 문제에 더 독창적으로 연관되어 있는 것도 아니다.

나는 이 책에서 여러 목소리 — 심리학 연구자, 이론가, 임상의학자 — 로 말했다. 그리고 문학적이고 철학적인 인간으로서, 시와 신화를 사랑하는 사람으로서 이야기했다.

여러분에게 이 책을 전하면서 나는 시간 여행을 하다 나쁜 소식을 가져온 전달자가 된 기분이 든다. 여러분이 이 책을 어떻게 받아들일지, 이 책으로 무엇을 하게 될지 궁금하다.

1972년에 처음 이 책을 낼 때는 데메테르와 페르세포네에 관해서만 썼다(1980년대 중반까지는 클리타임네스트라와 엘렉트라에 관해서는 쓰지 않았다). 많은 사람들에게 나는 나쁜 소식을 전하는 사람으로 취급당했다. 하지만 더 많은 이들이 나를 예지력 있는 진실의 치유자로 반겨주었다. 여성과 일부 남성들이 다양한 방식으로 내 작업에 응답했다. 어떤 이들은 정신과 레지던트 과정을 즉시 그만뒀다. 또 다른 이들은 정신병원에서 나왔고, 심리치료를 그만뒀고, 억압적인 고용인을 고소했고, 폭력적인 결혼생활에서 탈출했다. 누군가는 '페미니즘 관점에서' 치료를 시작했다.

많은 여성이 페미니스트 그룹에 합류했고, 자신들이 개인적으로 겪은 많은 문제가 집단적 정치 현실 때문이라는 것을 이해하기 시작했다. 어떤 여성들은 자신이 레즈비언이거나 독신주의자라는 사실을, 어떤 이들은 자신이 남편을 진정으로 사랑한다는 사실을 깨닫게 되었다. 어떤 독자들은 여성 간의 적대심과 '트래싱trashing'이라고 불리는 집단 괴롭힘 때문에 페미니스트 그룹을 떠났다.

나의 독자 중 많은 이들이 의사, 변호사, 판사, 여성 성직자, 정신건강 전문가가 되었다. 그들은 각자가 발견한 것들을 발표하고 책으로 출판했다. 또 많은 이들을 구하고 그들의 삶의 질을 높였다. 그들은 각자의 분야에서 견고한 가부장제적인 편견에 맞서 지금도 싸우고 있다.

출간 후 몇 년 만에 처음으로 이 책을 다시 읽으면서 나는 이 책이 여전히 유의미할 수밖에 없는 현실에 충격을 받았다.

들어가기 전에

그와 동시에 인터뷰이들을 다시 만나는 것에 큰 기쁨을 느꼈다. 그들이 남긴 말은 처음 들었을 때와 마찬가지로 여전히 생생하고 잊히지 않는다. 초판과 비교해보면 알겠지만, 각 장마다 내용을 좀 더 상세히 덧붙이거나 새로운 내용을 추가했다. 이 모든 일은 나를 따라온 사람들 그리고 나와 같은 작업을 함께해온 사람들 덕분에 가능했다.

50주년 기념판에서 나는 얼마나 더 많은 말을 해야 할지 궁금하다.

1부   광기

1장

왜 광기인가?

아테나:
나는 나를 낳아준 어머니가 없었나니.
그래서 내 모든 충정 남성들에게 있나니.

— 아이스킬로스, 『오레스테이아』

더 이상 한숨 쉬지 말아요, 부인
시간은 남성의 것이니
그래서 시간의 술잔으로 미인을 축배하지요.
정중한 기사도에 도취해, 우리는 듣지요
우리의 평범함이 지나치게 상찬되는 것을.
게으름은 자제심으로,
헤픈 생각은 고상한 통찰로,
모든 실수는 용서되고, 우리의 죄는
그저 너무 대담한 그림자를 드리우거나
틀을 그대로 부수어버리는 것이죠.
그로 인해 돌아오는 건 독방 감금,

최루 가스, 장기적인 포격.

그것을 영광이라고 지원할 자 거의 없을 테죠.

— 에이드리언 리치[1]

샤를로트 코르데:

이제 나는 그것이 무엇인지 안다.

머리가 육체로부터

잘려나간 때처럼…

칸(Cannes)에 있는 내 방에서

열어둔 창문 아래 놓인

탁자 위에는 유딧서가 놓여 있다.

전설 같은 아름다움을 입고

유딧은 적장의 막사로 들어갔다.

그리고 단 한 번의 일격으로

그를 벴다.

— 페테르 바이스[2]

"처음으로 한 남자애가 내게 상처를 입혔어."

릴리언이 주나에게 말했다.

"학교에서 그랬는데, 걔가 무슨 짓을 했는지 기억이 안 나. 어쨌거나 난 울었어. 그러자 걔가 날 비웃더라. 내가 어떻게 했는지 아니? 집으로 돌아와 오빠 셔츠를 입어봤어. 남자애들이 느꼈던 걸 나도 느껴보고 싶었거든. 오빠의 셔츠를 입자 힘이 나는 의상을 걸치고 있단 생각이 자연스럽게 들더라. 소년이 된다는 건 고통을 경험하지 않는 거란 생각이 들었어. 달리 말하면 여자애가 된다는 건 고통에 책임이 있다는 말과도 같은 거

않아.

그때 또 다른 게 생각났어. 그래서 난 안심할 수 있었지. 그
건 행동하는 것이었어. 전쟁에 가담할 수만 있다면, 참전할 수
만 있다면, 고뇌와 공포를 느끼지 않을 거란 느낌이 들었으니
까…. 그들이 날 잔 다르크가 되도록 내버려두기만 한다면 말
이야. 잔 다르크는 갑옷을 입고 말에 올라탔잖니! 잔은 남자와
어깨를 겨루며 싸웠잖아! 잔은 남자들의 힘을 자기 손아귀에
넣었던 게 틀림없어."

— 아나이스 닌[3]

데메테르 신화에서 놀라운 것은 […] 여신이 세상 끝까지 딸
(강간당하고 납치당한 딸 페르세포네)을 찾아 헤맨 점이다. 위
대한 여신은 어머니이면서 동시에 딸인 형상 속에서 […] 모든
어머니와 딸 사이에서 반복되는 모티프를 재현한다.

— 카를 케레니[4]

정신병원에서 분노하며 흐느끼고 있는 여성들은 수 세기 만에
이 땅에 되돌아온 아마존인지도 모른다. 그들 각자가 희미하게
기억하고 있는 어머니의 땅, 우리가 광기라고 부르는 그 어머
니의 땅을 남몰래 찾고 있는지도 모른다. 아니면 그들은 비참
하게도 자신의 딸과 자신의 권력을 영원히 찾을 수 없었던 실
패한 여신(어머니), 데메테르인지도 모른다.

— 필자의 낭만적인 생각 중에서

내가 잘못한 것이라고는 아무것도 없다. 적어도 2천 년이나 지
나 너무 때늦게 태어난 것만 제외한다면. 아마존 용사의 몸매

와 북구신화에 나오는 용맹한 기질을 가진 숙녀들은 유행과는 너무 동떨어져 있었다. 넌더리가 날 정도로 너무 개화된 이 세계에서 그들이 설 자리는 어디에도 없다. 완전히 미쳐서 나는 이 자리에 앉아 있다. 점점 더 미쳐가든지 아니면 나를 미치게 만들었던 그 사회로 복귀할 수 있을 정도로 제정신을 회복하든지 하는 것 말고 내가 할 수 있는 것이라고는 아무것도 없다.

— 라라 제퍼슨[5]

정신병원에서 보낸 네 여성의 삶

엘리자베스 패커드(Elizabeth Packard, 1816?~1890?)
엘렌 웨스트(Ellen West, 1890?~1926?)
젤다 피츠제럴드(Zelda Fitzgerald, 1900~1948)
실비아 플라스 휴스(Sylvia Plath Hughes, 1932~1963)

과거에 미국 여성들은 어떻게 정신병원에 입원하게 되었을까? 답은 이렇다. 자신의 의지에 반해서 사전 예고 없이. 이런 식이다. 갑자기, 예기치 않게, 완전히 미친 여성은 보안관에게 체포된 자신을 발견한다. 새벽녘에 침대에서 끌려 나오거나, 대낮에 길거리에서 "합법적으로 납치된다". 또는 아버지나 남편이 법적인 문제로 자신을 도와줄 친구를 만나러 가는데 함께 가자고 말한다. 이상한 낌새를 알아채지 못한 여성은 남편의 말만 듣고 따라나섰다가 자신을 "미쳤다"고 공증하는 판사나 의사 앞에 있는 자신을 발견한다. 왜 이런 일이 벌어졌던 것일까?

술에 취해 구타를 하는 남편들은 지속적으로 구타를 하는 방식으로 아내를 정신적으로 감금한다. 또한 다른 여성과 살거나 결혼하기 위해 아내를 감금한다.

일리노이주의 에이다 멧커프(Ada Metcalf, 1876)는 이렇게 썼다. "누군가를 미친 사람으로 만드는 것은 손쉬운 일로, 요즘 매우 유행하고 있다. 한 남자가 자신의 아내에게 싫증이 난 데다 다른 여자의 꼬임에 넘어갔을 때, 아내를 이런 종류의 보호시설에 입원시키는 것은 어려운 일이 아니다. 벨라도나나 클로로포름을 이용하면 아내를 충분히 미친 사람으로 보이게 할 수 있다. 그렇게 정신병원에 입원당한 뒤 문이 닫히면, 그녀는 아름다운 세상과 모든 가족과의 유대관계에 이별을 고하게 된다."

펜실베이니아주의 서른두 살의 미혼 여성 에이드리애나 브링클(Adriana Brinckle, 1857)은 경제적 거래에 직접 나섰다. 그녀는 몇몇 가구를 팔았는데 완전히 값을 치르지 않은 가구를 팔았다는 이유로 가족으로부터 고소를 당했다. '가족의 명예'를 실추시켰다는 죄로, 그녀의 의사 아버지와 아버지의 판사 친구는 그녀를 정신병원에 28년간 수감할 것을 선고했다.

1861년에 수전 B. 앤서니(Susan B. Anthony)와 엘리자베스 캐디 스탠턴(Elizabeth Cady Stanton)은 이렇게 썼다. "이런 정신병원들의 어두운 비밀이 백일하에 드러난다면 […] 우리는 잘못된 관습과 인습, 그리고 남성이 만든 잔혹한 법에 의해 저항하는 아내들, 자매들, 그리고 딸들이 해마다 셀 수 없이 많이 희생된다는 사실을 알게 되고는 충격을 받을 것이다."

정신병원에 수감된 대부분의 여성은 미치지 않았다. 애들린 T. P. 런트(Adeline T. P. Lunt, 1871)에 따르면, "이런 환자들에 대한 면밀하고 조심스러운 연구 결과, 그들에게서 비정상적인 면이나 기이함, 특이함을 발견할 수 없었다. 언어 사용이나 행동,

태도에서도 마찬가지였다. 가장 불리하고 고군분투해야 하는 상황에서 자신의 삶을 최대한 잘 이끌어가려고 노력하는, 어느 여성 단체에서 우연히 만나게 될 법한 여성들보다 더 특별할 것도 없는 이들이었다."

그러나 정신질환으로 입원하게 된 여성들은 정확히, 정신 병원 자체의 무자비한 잔인함과 여성으로서 그리고 수감자로서 법적 권리가 없는 점 때문에 미쳐버릴까 두려워한다. 에이드리애나 브링클이 썼듯이 말이다. "미친 정신병원. 그곳은 정신 이상이 만들어지는 곳이다." 소피 올센(Sophie Olsen, 1862)은 이렇게 썼다. "오, 나는 지칠 대로 지쳐버렸다. 나는 정신병원다운 정신병원을 기대했다."

19세기에서 20세기를 살았던 네 명의 여성―엘리자베스 패커드, 엘렌 웨스트, 젤다 피츠제럴드, 실비아 플라스 휴스―은 다양한 정신병 '증상'으로 입원한 병력이 있다. 네 명 모두 고집이 세고 비범할 정도로 재능이 있고 공격적이었다. 그 중 한두 사람은 사회적으로 완전히 격리되었다. 그들은 자신이 남에게 어떻게 '비쳐지는지' 더 이상 신경 쓰지 않았다. 먹기를 거부했고 남편과의 성관계에도 완전히 무심했다. 한 여성은 사물이 말하는 것을 들었고, 다른 두 사람은 여러 번 자살 시도를 했다. 결국 엘렌 웨스트와 실비아 플라스는 삼십대 초반에 자살했고, 젤다 피츠제럴드는 정신병원에 발생한 화재로 불타 죽었다. 엘리자베스 패커드는 일리노이 정신병원에 3년 동안 수용되어 있다가 가까스로 탈출한 뒤, 훗날 자신의 병원 경험을 상술해 출판했으며 정신질환자와 기혼 여성의 법적 권리를 위해 투쟁했다.

이 네 여성은 자신의 고유한 개성에 치명적일 정도로 충실했다는 공통점을 갖고 있었다. 수년 동안 그들은 자신을 부정하거나 혹은 부정당했다. 말하자면 재능에서 비롯되는 특권과 보상을 부정하거나 부정당했던 것이다. 다른 많은 여성들과 마찬가지로 그들은 낭만적일 만큼 화려한 결혼생활을 했고, 모성 그리고 세상이 인정하는 여성적인 쾌락 속에 스스로의 운명을 맡기고 살았다. 하지만 어느 순간 억압되어 있던 에너지가 폭발했다. 그들은 자유를 향해 투쟁했지만, 그것을 너무 뒤늦게 시작하는 바람에 심각한 대가를 치르게 되었다. 아내와 어머니로서의 불성실, 사회적인 배척, 감금, 광기 그리고 죽음이란 대가 말이다.

엘리자베스 패커드와 나머지 세 여성 사이에는 적어도 한 가지 중요한 차이가 있는데, 그것은 패커드가 독실한 기독교 신자이며 모성을 갖고 있었다는 점이다. 그녀의 낭만적인 열정, 회의, 창조적 이기주의, 고뇌 등은 결코 그녀 내부로 가라앉지도, 호기롭게 실천적인 감수성의 일부가 되지도 못했다. 그녀의 죄목은 종교적인 자유에 관심을 가졌다는 것이었다. 패커드의 남편은 신학적인 문제에 그녀가 자기 의견을 표현하지 못하도록 금지했지만, 그녀는 복종하지 않았다. 패커드와 달리 피츠제럴드, 웨스트, 플라스는 교회에 다니지 않았다. 그들은 비현실적이고 낭만적이었다. 그들은 사랑하기에는 위험천만한 에로스와 결혼한 셈이었다. 에로스의 첫 아내이자 신화적인 아내 프시케가 그랬던 것처럼.

신화에 따르면 프시케는 뛰어나게 아름다운 육체를 가지고 있음에도 불구하고 (아니면 바로 그 점 때문에) 미혼인 채로 남아 있다. 자포자기에 이른 그녀의 부모가 신탁을 청하자, 프시케를 험준한 바위산에 내다버리라는 신탁이 내려온다. 상징적으로 말하자면, 필연적인 숫처녀의 죽음(결혼) 속으로 딸을 내다버려야 한다는 것, 미지의, 어쩌면 짐승 같은 남편에게 딸을 내주어야 한다는 것이다. 하지만 프시케의 남편은 다름 아닌 아프로디테의 아들이자 사랑의 신 에로스이다. 프시케는 황홀할 정도로 행복하지만 또한 고독하다. 남편은 어둠에 둘러싸인 밤에만 그녀를 방문하기 때문이다. 어느 날 그녀는 남편을 보지 말아야 한다는 경고를 위반하고 그의 얼굴에 불빛을 비춰본다. 그러자 에로스는 날아가버렸다. 이제 프시케는 에로스와 재결합해 아이를 갖고 하늘에서 신성가족을 이루기 위해 여러 영웅적 과업을 수행해야만 한다.[6]

프시케와 마찬가지로 패커드, 피츠제럴드, 웨스트, 플라스의 결혼은 모두 어둠 속에 축성되었다. 하지만 프시케와 달리 신성한 결혼과 모성을 향한 처녀들의 순례는 미완으로 끝나거나 거부당했다. 실비아 플라스의 자전적인 소설 『벨 자*The Bell Jar*』(1963)에서 에스더 그린우드는 다음과 같이 말한다.

결혼하고 싶지 않은 데는 그런 이유도 있었다. 친밀한 안정감을 갖추고 화살을 튕겨내는 활시위는 결코 되고 싶지 않았다. 나는 변화와 짜릿함을 원했고, 사방으로 튕겨나가고 싶었다. […] 문제는 어떤 식으로든 남자에게 봉사한다는 생각이 싫었다는 것이다. 나는 나만의 짜릿한 편지를 받아쓰고 싶었다. […] [결혼과 아이들은] 세뇌된 존재와 같았으며, 그로 인해 너는 민간 전체주의 국가의 노예처럼 무감각해졌다.[7]

엘렌 웨스트는 부유하고 예민하며 자기파괴적인 젊은 기

혼 여성이었다. 그녀는 심각한 거식증에 걸려 마침내 먹는 것을 완전히 거부해버렸다(이런 증상은 정신의학적으로 볼 때 임신에 대한 공포로 해석된다. 역사가 루트비히 빈스방거(Ludwig Binswanger)는 '인류학적인 사례연구'에서 웨스트의 생애와 정신의학적인 내력을 기록했다[8]). 웨스트는 열여섯 살이 될 때까지 치마보다 "바지" 입는 것을 좋아했고, "활동적이며 남자아이들의 놀이"를 더 좋아했던 것으로 기록되어 있다. 어린 시절 그녀의 좌우명은 "전부가 아니면 전무"였다. 열일곱 살 때 쓴 시에서 그녀는 "군인이 되어, 어떤 적도 두려워하지 않고 손에 검을 쥐고 크게 기뻐하며 죽으리라"라는 욕망을 표현했다. 그녀는 열렬한 여자 기수이자, 일기 작가이자 시인이 되었다. 열병에 들뜬 것처럼 세상이 요구하고 인정하는 다양한 여성적 활동(어린아이들을 돌보는 자원봉사 활동, 비정규 대학 강의 수강, 심각한 연애사건)을 수행하고 난 뒤에 그녀는 점차 자멸적으로 변해 먹는 것을 완전히 거부하기에 이르렀다. 그녀는 말했다.

내 안에 있는 무언가가 살찌는 것에 저항한다. 내 본성에 상응하는 건강하고, 포동포동한 붉은 뺨의 단순하고 원기왕성한 여성이 되는 것에 저항한다. […] 무슨 목적으로 자연은 나에게 건강과 야심을 주었단 말인가? […] 힘찬 행동 대신에 이 모든 힘과 강렬한 충동을 들리지 않는 언어로 (일기 속에서) 번역해야만 한다는 것이 정말 슬프다. […] 나는 스물한 살이고 인형처럼 침묵하고 인형처럼 웃기로 되어 있다. 그러나 나는 인형이 아니다. 나는 붉은 피와 떨리는 가슴을 지닌 여자다. […] 아, 나는 어떻게 해야 할까, 이것을 어떻게 감당해야 할까? 나는 영혼의 자유를 생각하고 있는 것이 아니다. 압제자의 쇠사

슬에 묶여 있는 이들의 진실로 구체적인 자유를 말하고 있다. […] 나는 혁명을 원하고 온 세상으로 퍼져나가는 위대한 봉기를 원한다. 나는 사회의 질서를 송두리째 뒤집어놓고 싶다. 나는 러시아의 무정부주의자들처럼 가정과 부모를 저버려야 한다. 빈자들 가운데서도 가장 가난한 자와 더불어 살기 위해 그리고 위대한 대의명분을 위한 선전 선동을 하기 위해. 모험을 사랑해서가 아니다! 그것은 아니다, 아니다. 그것을 나는 행동을 재촉하는 충족되지 않은 충동이라고 부르리라.[9]

젤다 피츠제럴드의 남편 스콧 피츠제럴드는 유명한 작가였다. (따라서) 그는 자기 아내의 재능을 이해하거나 키워줄 수 없었다. 그는 젤다의 무용 교습을 애처롭고 어리석다고 여겼다. 낸시 밀포드(Nancy Milford)가 쓴 젤다 피츠제럴드의 전기에는 스콧 피츠제럴드가 젤다의 정신과 담당의 포렐 박사에게 보낸 편지가 인용되어 있다.[10] 그 편지에서 스콧은 지난 6개월 동안 젤다가 아이들에게 전혀 관심이 없었다고 불평한다.* 포렐 박사는 젤다가 발레에 몰두하기 이전에는 아내로서, 어머니로서 자신의 의무에 헌신적이었다고 지적했다. 스콧은 젤다가 무용이나 무용가, 그리고 자기 자신에게 점점 더 몰두하는 것을 두고 괴로울 정도로 이기적이며 지겨운 것으로 묘사한다. 그러면서 자기 자신의 알코올중독을 젤다의 커져가는 개인주의와 광기와 연관지어 설명한다. 그는 의사에게 자신과 취미가 달랐거나

---

* 스콧과 젤다의 편지, 둘 간의 대화 그리고 젤다를 상담했던 다양한 정신과 담당의에게서 인용 허락을 받지 못했다. 하지만 이 자료들은 낸시 밀포드의 책에 자세히 수록되어 있다.(저자 주)

혹은 달라진 여자를 참고 견디기 위해서는 알코올의 도움이라도 빌려야만 했다고 말한다. 비록 그가 아내의 행동을 자신을 미치게 만드는 원인으로 묘사하고 있기는 해도(혹은 그에게 미치는 효과가 그랬다 하더라도) 그는 젤다의 행동에 드러난 대담함과 정직함을 인정하고 있다. 젤다를 묘사하는 스콧의 어조에는 젤다의 고집스러운 유치함을 참아내야 하는 자기연민에서부터 그녀에 대한 진정한 상실감과 관심에 이르기까지 다양한 감정이 담겨 있다.

스콧은 젤다의 문학적인 재능에 극단적인 질투심과 위협을 느꼈다. 그가 자신의 소설을 마무리하기도 전에 젤다가 자전적인 소설(자신의 인생과 정신병원에 수용되었을 때의 이야기)을 완성하자 그는 불같이 화를 냈다. 젤다가 거쳐간 많은 정신과의사 중 하나인 메이어 박사에게 보낸 편지에서, 스콧은 그들 부부가 만나지 않았더라면 젤다가 천재성을 발휘할 수 있었을지도 모른다고 인정했다. 하지만 그들은 만났고 결혼했으며 작가로서 살아가기를 고집하는 젤다로 인해 스콧과 딸은 상처를 입었다. 젤다는 스콧과 마찬가지로 성공과 꿈에 사로잡혀 있었으며 넋이 빠져 있었다. 사춘기적인 동시에 신들린 듯한 젤다의 천재성은 사실상 남편에게 그리고 둘의 결혼생활에 상처를 입혔다. 확실히 젤다는 이런 갈등에 의해 파괴되었다. 밀포드는 1933년 젤다의 정신과의사였던 레니가 젤다와 스콧과 함께 나눈 대화를 인용한다. 스콧은 다소 히스테릭하게 젤다를 재능에 한계가 있는 작가라고 비난하면서 그녀에게 스콧 자신이 누리고 있는 문학적 명성을 일깨워주었다. 밀포드는 결혼생활에서 차지하는 여성의 자리에 관해 스콧이 대단히 편협한 생각을 가지고 있었다는 점에 주목한다. 그는 항해사가 항로를 기록

　　　　　　　　　　　　　　　1장 왜 광기인가?

하듯이 자신을 (결혼생활의) 적임자로 생각했다. 그는 젤다가 소설 쓰기를 중단해야 한다는 점에 있어서 대단히 단호했다(원숭이와 하녀가 글을 쓴다고 해서 불행이 떨쳐질 것 같아?) 젤다는 스콧에게 재정적·심리적으로 의존하고 싶지 않다고 대답한다. 그녀는 창조적인 작가가 되고 싶어 했고, 일을 원했다. 그녀가 훌륭한 작품을 창조할 수만 있다면 스콧의 비하하는 말로부터 자신을 방어할 수 있기 때문이다. 그녀는 모든 일에서 스콧의 의견과 결정을 받아들이는 데 신물이 난다고 말한다. 사실상 그녀는 그러고 싶지 않다고, 그럴 바에는 차라리 입원하는 것이 낫다고 한다. 그녀는 스콧과의 결혼이 출발부터 투쟁이나 다름없었다고 느낀다. 이에 대한 스콧의 반응은 다르다. 자신들은 세상이 모두 부러워하는 부부였다는 것이다. 그러나 젤다는 그들 부부가 대단히 훌륭한 쇼를 해왔다는 뜻의 말을 비친다.

「행복한 결혼의 패러독스 *The Paradox of the Happy Marriage*」라는 논문에서 제시 버나드(Jessie Bernard)는 일반적으로 남편들은 아내들이 생각하는 것보다 결혼생활에 관해 보다 긍정적인 견해를 가지고 있음을 보여주었다. 대다수 남편들은 결혼생활에서 아내보다 많은 것을 기대하지 않으면서도 가사의 편의와 성적인 편리, 정서적 안정과 같은 면에서 아내보다 훨씬 많은 것을 얻는다.[11]

엘리자베스 패커드의 남편은 1860년, 그녀를 정신병원에 감금시켰다. 왜냐하면 그녀가 감히 "종교적 탐구"[12]에 몰두했기 때문이다. 그녀는 성경학교에서 인간은 악하게 태어나는 것이 아니라 선하게 태어난다는 가르침을 고집했다. 목사인 남편은 그녀를 납치해 일리노이주 잭슨빌에 있는 정신병원에 집어넣었다(물론 그에게는 그렇게 할 수 있는 법적 권리가 있었다). 그는 또한 생후 18개월에서 열여덟 살에 이르는 자녀들에게 어머니와의 대화는 물론 어머니에 관해 말하는 것조차 금지시켰다. 그는 그녀가 유산으로 물려받은 수입도 주지 않았고, 그녀의 옷과 책, 사적인 문서들을 빼앗았으며, 그녀의 부모에게는 그녀의 상태를 왜곡시켜 알려주었다. 패커드가 감금된 정신병원의 원장 맥팔랜드는 외부로 나가는 그녀의 편지를 압류하고 몇 권 안 되는 책과 밀반입된 원고지까지도 압수했다. 이런 사건에도 불구하고 엘리자베스 패커드는 결코 정신의 끈을 놓지 않았다. 그녀는 정신병원을 병원이라고 부르지 않고 언제나 감옥이라고 불렀다. 그녀는 정신병원에서 일어나는 일들을 비밀 일기에 기록하기 시작했으며, 다른 입소자들을 돌봐주었다. 그녀는 대부분의 여자 입소자들을 가부장제 아래서 억압받는 희생자들로 생각했다. 하지만 이중적이게도 여전히 결혼제도와 남성의 기사도를 믿었으며 결코 이혼을 원하지 않았다. 아이들에게는 절대적으로 헌신했으며 (남성인) 하느님을 믿었다. 그녀는 맥팔랜드가 저지른 죄를 '용서'했다. 그가 엘리자베스와 한방을 쓰던 평소 유순한 성격의 입소자인 브리짓을 목 졸라 거의 죽일 뻔하기 전까지는 말이다(브리짓이 그를 위해 더러운 가사노동을 하지 않겠다고 거절하자 그는 격분하며 그녀의 목을 졸랐다). 이 일이 있은 후 엘리자베스는 이렇게 썼다.

나는 대속(代贖)이라는 신학적인 오류로부터 벗어났다. 그날 이후로 하느님 아버지에게 다른 동료 형제·자매들의 죄로 인한 벌을 내가 대신 받게 해달라고 기도한 적도 없었고, 내 죄로 인해 내가 받을 벌을 다른 어떤 존재가 대신 받게 해달라고 기도

한 적도 결코 없었다.

정신병원에서 일어난 학대에 관한 엘리자베스 패커드의 설명은 명료하고 때로는 눈부시다. 그녀는 여성 정신병원에서 번번히 발생하는 자살을 지속적인 학대와 고독과 절망에서 비롯된 것으로 묘사한다. 그녀는 정신병원이 사실상 어수룩한 여성들을 고문해 정신병자로 만드는 곳이라고 비난했다. 패커드는 제도화된 정신병원과 종교재판의 유사성을 포착한 최초의 인물이었다.

기독교 시대에 여성들은 조직적으로 살해당했다. '마녀'로 몰려서 그랬을 뿐 아니라, 남성 동료보다 세속적이고 자비심 있는 교리를 옹호했기 때문에 '종교적인 이단'으로 몰려 살해당했다. 예를 들면 헨리 8세(푸른 수염*)가 통치하던 16세기 영국에서 앤 애스큐(Anne Askew)는 이단으로 몰려 사형당했다. 그녀는 대법관에게, 성경에 따르면 예수나 예수의 제자 중 어느 누구도 사형을 언도하지 않았음을 상기시켜주었다. 그녀는 고문대에 묶인 뒤 두 시간 동안 종교적인 교리에 관해 논쟁했으며, 그해 말에 화형당했다. 17세기 미국에서 앤 허친슨(Anne Hutchinson)은 교회로부터 파문당했으며 영향력 있는 '여성 설교자'라는 이유로 보스턴에서 쫓겨났다. 흥미롭게도 그녀는 남성적인 청교도 교단보다 훨씬 더 (지상에서의) 사랑과 부드러움, 자비와 평

---

* 영국 민담에 나오는 푸른 수염은 결혼하자마자 아내를 죽여서 비밀의 방에다 차곡차곡 쌓아놓았던 것으로 유명하다. 헨리 8세 역시 여러 명의 왕비를 단두대로 보냈는데, 그중에서도 엘리자베스 1세의 친모인 '천 일의 앤'에게는 〈푸른 옷소매〉라는 곡을 헌정하기도 했지만 결국 그녀 역시 단두대로 보내버렸다.

화를 강조했다. 앤 예일 부인, 데버라 무디 부인, 킹 부인, 틸턴 부인 등은 '유아세례(남성적 교리상의 출산)'를 공공연하게 반대했다는 이유로 뉴헤이븐에서 파문당했다. 메리 다이어(Mary Dyer)는 보스턴에서 추방당했다가 결국 퀘이커 교도라는 이유로 교수형에 처해졌다. 그녀는 앤 허친슨을 지지했다.[13]

정신질환 보호시설로 보내진 일부 여성들은 스스로 뭔가 정말 잘못되었다고 믿었다. 좋은 집안 출신에 재능 있었던 캐서린 비처(Catharine Beecher, 1855)와 페미니스트 작가 샬럿 퍼킨스 길먼(Charlotte Perkins Gilman, 1886)은 엄청난 피로감과 우울증 때문에 도움받기를 원했다. 비처는 수년간의 고된 집안일로, 길먼은 출산으로 인해 스스로 가사를 할 수 없다고 판단했다. 길먼은 어린 딸을 돌볼 수 없었고, 비처는 더 이상 바느질, 수선, 세탁, 요리, 청소, 시중 또는 접대를 할 수 없었다. 비처는 이렇게 썼다. "(나의 성별은) 지상에서 더할 나위 없는 최고의 행복(집안 살림)을 상상하라고 교육받았는데 그것은 근심과 실망, 그리고 슬픔의 시작이었다. 그리고 그것은 종종 정신적, 육체적 고통의 극단으로 이끌었다. […] 나라 전체에서 여성들의 건강이 썩어가고 있었다."

그럼에도 불구하고, 두 여성은 스스로를 비난했다. 자신의 증상을, 관습적으로 '여자의 일(혹사)'이라고 여기는 일을 거부하거나 그것에 항의할 수 있는 방편으로 생각하지 않았다. 비처와 길먼은 자신들이 얼마나 도움을 받지 못했는지, 자신들이 받은 다양한 정신과 치료가 얼마나 더 큰 악영향을 미쳤는지 묘사했다. 길먼에 따르면 S. 미첼 위어 박사는 그녀에게 이렇게 지시했다.

1장 왜 광기인가?

가능한 가정생활을 하시오. 하루 종일 아이들과 함께 지내시오. (짚고 넘어갈 게 있어요. 아기에게 옷만 입히려고 해도 몸서리가 쳐지고 울음이 터지는데 어떻게 하란 말인가요. 아기와의 건강한 유대감은 고사하고, 내게 미치는 영향은 말할 것도 없어요.) 매번 식사가 끝나고 한 시간 정도 누워 있으시오. 매일 단 두 시간만 머리를 쓰는 활동을 하시오. 살아 있는 한 펜이나 붓, 연필을 쥐지 마시오.

이런 접근은 상황을 악화시킬 뿐이었다. 절망한 길먼은 겨울 동안 친구와 함께 지내기 위해 남편과 아이를 떠나기로 결심한다. 아이러니하게도 그녀는 이렇게 적는다. "바퀴가 돌기 시작하고, 기차가 움직이는 순간부터, 기분이 나아졌다."

실비아 플라스의 생애는 그녀가 남긴 작품과 다양한 전기, 그리고 최근의 '죽은 자 숭배(death-cult)' 인기와 맞물리면서 새롭게 입수된 사실과 저술들을 통해 우리에게 알려지고 있다. 오늘날 플라스를 추종하는 이들은 대부분 여성이다. 그들의 플라스에 대한 숭배는 그녀의 훌륭한 시, 그중에서도 특히 여성의 조건을 탁월하게 묘사한 것에서 기인한다. 플라스는 탁월한 그리스도형 인물이었다. 남성들과 마찬가지로 여성들도 '자신들이' 파괴했던 희생자를 숭배하는 데 있어서 아무런 문제가 없었다. 특히나 재능 있는 여성이라도 그녀가 죽고 난 뒤에는 그 재능을 '용서'해주었다.

플라스는 매사추세츠주에서 자랐으며 아주 어렸을 때부터 시와 소설을 쓰기 시작했다. 그녀의 시와 자전소설인 『벨 자』는 여성적인 조건 속에서 예술가가 되려고 할 때 맞닥뜨리는 전쟁

을 묘사하고 있다. 그것은 페미니즘의 언어로 이해할 필요조차
도 없는 전쟁이었다. 서른 살도 되기 전에 플라스는 자살을 시
도했으며, 정신병원에 입원했다. 대학을 졸업한 후 작품을 출판
했으며, 결혼한 뒤 영국으로 이주해서 두 아이의 어머니가 되었
다. 앨프리드 앨버레즈(A. Alvarez)는 플라스에 대한 회고록에서
다음과 같이 말하고 있다.

[영국 생활을 하던] 그 무렵, 실비아는 지워진 것처럼 보였다.
시인으로서의 그녀는 젊은 어머니와 가정주부라는 자리 뒷전
으로 밀려났다. 그녀가 글을 썼던 상황을 고려해본다면 그 생
산성은 정말 놀라운 것이었다. 그녀는 두 살짜리 딸과 10개월
된 갓난아기와 씨름하면서 가사를 돌보는 전업주부였다. 아
이들이 잠자리에 들고 나면 그녀는 녹초가 되어서 글을 쓸 수
가 없었다. 그래서 매일 꼭두새벽에 일어나 아이들이 깰 때까
지 글을 썼다. […] 밤과 낮 사이의 고요한 시간에 침묵과 고립
속에서 정신을 가다듬었다. 그 시간만큼은 삶이 족쇄를 채우기
이전의 순수함과 자유를 되찾을 수 있을 것 같았다. 그러고 나
서야 그녀는 글을 쓸 수 있었다. 하루의 나머지 시간은 다른 여
느 주부들과 마찬가지로 아이들을 돌보고 집안일을 하고 장을
보느라 시간을 쪼개가며 부산스럽고 지친 일상을 보냈다.[14]

물론 '가사노동'과 '자녀양육'이 사무실과 공장, 그리고 광
산에서 하루에 열다섯 시간 이상 일하는 것보다 더 소모적이며
비참한 것은 아니다. 하지만 대부분의 남성 시인은 그처럼 장시
간 탄광에서 일하지 않는다. 어쨌거나 일단 시인으로 인정받고
나면 남성은 아무리 볼품없고 부족한 작품을 발표할지라도 남

성 문학인들의 형제애에 의해 어느 정도 인정을 받게 된다. 하지만 플라스는 그렇지 못했다. 앨버레즈는 '실비아 플라스'가 '실비아 휴스 부인'이었다는 사실을 알고는 큰 충격을 받았다고 말했다. 그는 '총명하고 젊은 가정주부'를 대하듯 그녀를 대했다. 비록 그녀의 작품을 대단히 존중하게 되었음에도 불구하고, 그는 실비아가 아니라 테드 휴스와 술친구가 되었다. 그는 대단히 솔직하게 실비아 플라스의 「아빠Daddy」나 「여인 나사로Lady Lazarus」와 같은 강렬한 페미니즘 시에 대해 이렇게 말한다. "처음 이 시들을 들었을 때 간담이 서늘해졌다. 내게 그것은 시라기보다 폭행이나 구타에 가까웠다." 여성 문학 비평가들을 포함해 대다수의 비평가들 역시 그와 비슷한 반응을 보였다. 플라스는 고독했고 고립되어 있었다. 사람들은 그녀의 천재성에 남성 예술가들에게 보여준 것과 같은 위로와 유예를 보여주지 않았다. 어느 누구도, 특히 교양 있는 남성들은 그녀의 곤궁에 '책임'을 느끼지 않았으며, 그 여성을 '구제함으로써' 한 사람의 시인으로 그녀가 활동할 수 있도록 해주지 않았다. 남편과 별거한 뒤 플라스는 계속해서 작품을 썼고 아이들을 위해 살림을 꾸려나갔다. 1963년 2월 10일 밤 또는 11일 새벽 그녀는 스스로 목숨을 끊었다.

플라스의 시를 좋아하고 그녀가 어머니와의 관계와 정신병원 입원에 대해 쓴 글을 읽은 사람들은 그녀를 동정하는 경향이 있다. 많은 사람들이 그녀를 1950년대의 덫에 걸린, 바람둥이 남편에게 버림받은 페미니스트 순교자로 여긴다. 하지만 플라스에게는 또 다른 면이 있다. 전기작가 앤 스티븐슨(Anne Stevenson)은 『쓰라린 명성Bitter Fame: A Life of Sylvia Plath』에서 플라스를 이렇게 묘사한다.

그녀는 모든 사람들에게 우선 밝게 미소 짓는다. 그리고 그런 모습 뒤에는 자신의 방식대로 되지 않으면 폭발해버리거나 갑작스러운 분노로 열화와 같이 화를 내는, 단호하고, 끈질기고, 강박적이고, 조급한 사람이 있다. 플라스는 이렇게 썼다. "누군가 나의 일을 어지럽히면 지적으로 강간당하는 느낌이었다." 실제로 한 친구가 그녀에게서 빌린 책에 연필로 몇 자 적었을 때, "그녀는 복수의 천사와 같은 분노를 삭였다".

『경계성인격장애 엄마 이해하기*Understanding the Borderline Mother*』의 저자 크리스틴 앤 로슨(Christine Anne Lawson)에 따르면, 플라스는ー다른 '은둔 상태의 경계성인격장애 엄마들'과 마찬가지로ー자살을 '성취'나 '자유 의지의 마지막 실천'으로 여겼을 것이다. 로슨은 스티븐슨, 휴스, 맥컬러가 쓴 전기를 인용하면서 플라스는 냉정하고, 비밀스럽고, 비사교적이고, "기밀 정보라도 담겨 있는 것처럼 수업 계획안을 공개하지 않았"고, "질투심이 강했"다고 말한다. 로슨에 따르면 남편 테드 휴스가 외도를 하기 오래 전부터 플라스는 그가 바람을 피우고 있다고 추측했다고 한다. 언젠가는 휴스가 업무차 모임에 나가 있는 동안 플라스가 "…히스테릭해지면서 걷잡을 수 없는 분노와 비이성적인 질투심, 피해망상의 잔인한 표출로 그가 좋아하는 셰익스피어 전집은 물론이고 그의 원고들을 없애버렸다. 휴스는 이 사건이 결혼생활에서 전환점이 되었다고 나중에 친구에게 털어놓았다".

나를 포함해서 소수의 페미니스트 지지자들은 피해자로서의 플라스가 또한 가해자로서의 플라스가 될 수 있다는 것을 인정했다. 실제로, 이것이 세대를 관통해서 병리학이 작동하는 정확한 방식이다. 플라스의 관점에서 볼 때 그녀의 어머니 아우렐리아는 순교를 통해서 자신의 아이들을 지배했다. 플라스는 이렇게 썼다.

아이들은 그녀의 구원이었다. 그녀는 아이들을 최우선으로 생각했다. 벌거벗은 선로에 묶인 자신과 성난 얼굴로 칙칙폭폭 모퉁이를 돌아서 다가오는 삶이라고 불리는 기차. 아이들을 구해야 한다는 짐은 너무 엄청나고, 부당하다. 그녀와 어떻게 지내야 할까? 결코 식지 않는 적대감, 이런 감정을 느끼면서? [⋯] 그녀는 살인자다. 조심해. 그녀는 생명을 앗아간다.

이들 네 명의 여성은 남성 정신과의사들에 의해 치료받았고, 일부는 감금되었다. 대다수 정신과의사들은 남편의 '의지'를 대리 실행한 대리인이었다. 엘리자베스 패커드의 간수 겸 정신과의사는 그녀의 남편을 위해 정신질환 판정을 위한 증언을 하겠다고 제안했다. 맥팔랜드 박사는 패커드가 '정신적으로 앓고' 있지 않다는 사실을 알았지만, 그녀에게 성적으로 접근했다가 거절당한 뒤 '후미진 병동'에 그녀를 방치했다. 패커드는 맥팔랜드의 '치료'가 '남편의 의지에 아내를 복종시키는 것'이라는 사실을 분명히 간파했다. 그녀에 대한 '치료법'은 감금과 다른 여성들을 위한 가사노동에 강제로 동원하는 것이었다. 그녀는 그들을 씻겨주고 그들을 위해 기도했으며 그들을 위로했고 그들을 구타로부터 막아주었다. 그녀는 자신의 자유의사에 따라 강제 노역에 참여하기로 '선택했다'.

수감된 노예로서 국가를 위해 바느질을 함으로써, 나는 병동의 불결하고 끔찍한 공기를 환기시킬 특권을 살 수 있다. 반나절 동안 바느질 방의 공기를 보다 청결한 환경으로 만들기 위한 특권을 말이다(남성 수용자들은 맥팔랜드 박사의 개인 농장에서 일하는 걸 선택할 수 있었다).

강제 노역은 아직까지도 대부분의 미국 주립정신병원에 존재한다. 작업의 범위는 성역할의 경계를 따라 분명하게 구분되어 있다.

전기작가 바버라 사핀즐리(Barbara Sapinsley)에 따르면 엘리자베스 패커드는 "장막으로 칸막이 쳐진 방(독방)에 자발적으로 감금되었다. 이전에 받은 처벌로 인해 고통의 비명을 질러대는 이유로 구속복을 입게 된 환자를 돕기 위해서. 담당 간호사는 결국 환자들을 학대한다는 이유로 해고되었고, 여섯 달 후에 환자로 다시 나타났다". 의연한 엘리자베스는 제8병동을 '책임졌다.' 그녀는 감금되어 있는 같은 처지의 자매들을 돌봤다. 매일매일 그녀들을 씻기고, 방을 청소하고, 그들을 위로하고, 그들을 위해 기도했다. 구타와 자살로부터 그들을 지키려고 노력했다. 이런 모든 역경에 맞서서도 엘리자베스는 절대 '분별력'을 잃지 않았다.

그녀의 남편인 티오필러스는 자녀들 — 생후 18개월부터 열여덟 살에 걸쳐 있었다 — 이 그녀와 왕래하거나 그녀에 대해서 이야기하는 것을 금지했다. 그는 그녀가 상속받은 수입을 숨기고, 그녀의 옷과 책 그리고 사적인 기록들을 빼앗고, 그녀의 아버지와 형제에게 그녀의 상황을 거짓으로 전했다. 정신병원 원장 앤드루 맥팔랜드는 그녀의 편지를 부치지 않았고, 그녀의 책들과 밖에서 몰래 들여온 필기용지를 압수했다.

1장 왜 광기인가?

3년 반 동안, 엘리자베스는 미성년 자녀들을 만나는 게 허용되지 않았다. 마침내 그녀는 자신이 신앙심이 깊고 제정신이라는 사실을 정신병원 관리자들에게 설득시켰다. 42개월 후, 엘리자베스는 그녀의 의지와 달리 이제 막 스물한 살이 된 큰아들에게 넘겨졌다. 굉장히 논리적이었던 엘리자베스는 다시 티오필러스에게 감금되기를 원치 않았다. 그는 그녀를 다시 어떤 곳으로든 보낼 수 있었기 때문이다(그는 곧바로 그러려고 나설 것이었다).

티오필러스는 실직한 상태로 집에 하루 종일 있었다. 집은 더럽고, 아이들은 꼬질꼬질했다. 티오필러스는 아이들이 엄마와 이야기하는 것을 금지했다. 그는 또한 엘리자베스의 편지를 가로챘고, 그녀가 외출하는 것을 금지하고 침실에 감금했다. 자신의 집에 감금된 채 6주가 지난 후, 그녀는 노트를 몰래 밖으로 내보냈다. 친구가 그 노트를 인신보호영장을 발부하는 판사에게 가져갔다. 티오필러스가 그녀를 다시 정신병원에 보내려는 계획 ― 이번에는 매사추세츠주였다 ― 을 실행하려면, 우선 일리노이주 캥커키의 배심원단에게 그녀가 실제로 '미쳤다'는 것을 증명해야 했다. 재판은 화제를 모았다. 엘리자베스를 지지하기 위해서 지역 여성들이 대거 참석했다. 1864년, 열두 명의 남성으로 구성된 배심원단은 엘리자베스의 정신이상에 대해 무효 판정을 내렸다. 그녀는 승리의 기쁨을 안고 집으로 돌아왔다. 하지만 티오필러스가 이미 그녀의 지참금으로 마련한 집을 저당 잡히고, 미성년자 자식들을 데리고 매사추세츠주로 도망을 간 뒤였다. 그녀는 집도 돈도 없는 처지가 되었다.

엘리자베스는 정신병원에 관해 쓴 글들을 인쇄물로 제작해서 행인들에게 10센트를 받고 팔기 시작했다. 1864년부터 줄

곧, 그녀는 자서전 『현대의 박해: 정신병원의 비밀을 밝히다 *Modern Persecution: Insane Asylums Unveiled*』(제1권)와 『결혼한 여성들의 부채*Married Women's Liabilities*』(제2권)를 팔아가면서 생계를 꾸렸다. 그러면서 결혼한 여성들이 자신의 임금을 지켜내고, 정신병원에 수용되기 전에 배심원과 판사 앞에서 자신의 이야기를 할 수 있는 권리를 보장받기 위한 법안의 초안을 작성했다. 그녀는 정신적인 문제로 수감된 환자들이 서신을 주고받을 수 있는 권리를 위해 싸웠다.

1865년, 일리노이주 입법부는 '패커드 부인의 신체의 자유 법안'이라고 알려진 법안을 통과시켰다. 엘리자베스는 '미쳤고', '심령술'과 '여신 숭배'의 추종자이자 '매춘부'라는 비방을 받았다. 그녀는 자신이 올바른 재판을 받는 것이 곧 자신과 같은 상황에 처한 다른 사람들이 올바른 재판을 받게 하는 길이라고 생각했다. 매우 영리하고 명석했던 엘리자베스는 티오필러스가 또다시 그녀를 병원에 입원시킬 법적 권리가 없다는 것을 확실히 하고 싶었다. 또한 그녀의 수입이나 재산을 압류하지 못하고, 티어필러스가 그녀의 방문을 거절하거나 미성년 자녀에 대한 양육권을 유지할 권리가 없다는 것을 확실히 하고 싶었다. 그녀는 기적적으로 이겼다.

낸시 밀포드에 의하면 젤다 피츠제럴드의 정신과 담당의는 "스콧의 아내 역할을 잘 수행하도록 그녀를 재교육하려고" 노력했다. 젤다가 예술가가 되고 싶다고 말하자, 의사는 유명한 작가가 되는 것이 스콧과 함께하는 삶보다 더 중요한지 물었다. 나이 들어 사랑스러움이 사라지고 나면 유령 같은 존재가 되고 말 것이라면서, 예순 살이 넘어 그렇게 되어도 좋은지 물었다.

젤다를 담당한 정신과의사들은 그녀의 상태에 관해 남편인 스콧과 의논했으며, 그녀를 어떤 식으로 치료하는 것이 좋은지 상의했다. 1931년, 1년 3개월 동안 치료받은 뒤 젤다가 퇴원했을 때, 그녀의 '병명'은 열등감, 특히 스콧에 대한 열등감으로 요약되었다. 정신과의사들은 그녀의 야심이 자기기만적인 형태를 띠었으며 그로 인해 그들의 결혼생활에 깊은 상처를 주었다고 선언했다. 수년에 걸쳐 젤다가 자유를 향한 안쓰러운 요구와 순순히 반성하는 태도의 고백과 앞으로는 '잘 처신하겠다'는 약속을 내놓았음에도 불구하고, 그녀가 정신병원 바깥에서 '휴가'를 보낼 수 있는지 혹은 언제 그런 휴가를 갈 수 있는지는 남자들이 결정했다.

젤다는 스콧에게 자기가 너무 불행해서 차라리 정신병원에 있는 것이 낫겠다고 말했다. 그러나 그의 반응은 냉담하고 방어적이었다. 그런 헛소리에는 신경 쓰지 않겠다는 것이었다. 장렬하면서도 비참한 자기파괴적인 방식으로 그녀는 정신병원에 입원하는 것과 결혼하는 것 사이에는 아무런 차이도 없다는 점을 보여준다. 그녀가 그 점을 사회적으로 숨기지 않고 세상에 공개했더라면 차라리 나았을 것이다. 그녀의 의존성, 무기력, 포기와 불행을 있던 그대로 보여주었더라면…. 물론 젤다는 재정적·심리적으로 스콧에게 부담이었지만, 그것은 그녀가 기꺼이 스스로를 '병들고' '나쁜' 여자로 간주하면서 세상으로부터 격리되고자 하는 한 참아낼 수 있는 것이었다. 하지만 어떤 '광기'도, 어떤 정신병원도 그녀에겐 '안식처'도, '자유'도 되지 못했다.

플라스의 자전적인 여주인공 에스더 그린우드는 고든이라

는 정신과의사에게 보내진다. 고든은 반짝반짝 광택이 나는 책상 앞에서 책과 가족사진에 둘러싸인 채 행복하게 왕좌를 차지하고 있다. 에스더는 의아해한다.

크리스마스카드에 등장하는 천사의 후광처럼, 아름다운 아내와 귀여운 아이들과 멋진 개가 주위를 둘러싸고 있는 이 고든이라는 의사가 어떻게 날 돕겠다는 것일까?

고든 박사가 "자, 뭐를 잘못된 것으로 생각했는지 깊이 생각해보고 내게 말해봐요"라고 담담한 어투로 말하자 에스더는 또 생각한다.

파도에 반질반질하게 닳은 조약돌이 갑자기 발톱을 내밀어 다른 것으로 바뀔 수 있는 것처럼 의심스럽게 그 단어들을 되받았다. 무엇이 잘못되었다고 생각했던가? 난 그냥 잘못됐다고 생각했다.

고든 박사는 그녀에게 전기충격요법을 권했다. 여성 환자가 대다수를 차지한 조울증 치료에 사용된 전기충격요법에 대해 플라스는 다음과 같이 묘사한다.

고든 박사는 두 개의 금속판을 내 머리 양편에 고정시키고 있었다. 그는 그 금속판을 내 이마에 자국이 날 정도로 꾹 눌러 단단히 죄었다. 그런 다음 전선을 입에 물게 했다.
나는 눈을 감았다. 잠깐 정적이 있었고, 그런 다음 이 세상이 끝나는 것 같은 충격이 나를 내리누르고 움켜잡았다. 휘이이이이

이이, 그것은 푸른 번개가 대기를 쪼개는 것처럼 날카롭게 울렸다. 한번 번쩍일 때마다 엄청난 충격이 나를 강타했다. 충격은 내 모든 뼈가 산산조각 나서 쪼개진 나무처럼 내 몸의 물기가 쏙 빠질 때까지 계속되었다.

'내가 얼마나 끔찍한 짓을 저질렀길래 이렇게 당하는가' 하는 생각이 들었다.

엘렌 웨스트를 담당한 정신과의사 중 한 사람은 그녀가 점점 호전되고 있다고 생각했다.

[…] 여름 내내 혐오스러울 정도로 추한 몰골이었던 그녀가 여름이 지날 무렵부터 점점 여성스럽게 되어가더니 이제는 예뻐 보일 정도가 되었다.

정신병원에 있는 동안 엘렌 웨스트는 에스더 그린우드처럼 '동성애적인' 애정에 빠져들었다. 그런 애정은 분명 권장 사항이 아니었다. 치사량의 약을 먹기 직전에 쓴 그녀의 마지막 편지는 상대 여성에게 보내는 것이었다.

피츠제럴드, 플라스, 웨스트는 여성적인 역할에 결사적으로 저항하며 그것과 충돌했다. 그들은 '미쳐버림으로써' 그 역할로부터 도피하고자 했다. 플라스는 정신병원의 입원 환자들을 "죽은 아기처럼 표정 없고 멈춰 있는 사람들"로 묘사한다. "무기력하고" "자기파괴적인" 어린아이처럼, 그들은 겉으로 보기에는 아내와 어머니의 역할로부터 자유로웠다. 플라스는 정신병원의 입원 환자와 소녀들 사이에 그다지 차이가 없다는 점을 정확히 포착했다.

벨사이즈에 있는 우리와 브리지 카드게임을 하는 소녀들이나 내가 돌아가게 될 대학에서 가십거리에나 몰두하는 소녀들 사이에는 별 차이가 없다. 저들 또한 일종의 벨 자* 안에 앉아 있기 때문이다.

신기하게도 엘렌 웨스트 또한 자신의 상황을 '유리 공' 안에 있는 것으로 언급했다.

모든 실제적인 삶으로부터 배제된 느낌이다. 나는 매우 고립되어 있다. 나는 유리 공 안에 앉아 있다. 나는 유리 벽을 통해 사람들을 본다. 그들의 목소리는 희미하게 다가온다…. 나는 그들에게 팔을 뻗어본다. 하지만 내 손은 그저 유리 벽을 두들겨 댈 뿐이다.

이들 네 명의 여성은 '벨 자' 안에 존재한다. 정신병원 안이건 밖이건 어디에서나. 그들에게 광기와 감금은 여성으로서의 무기력함과 동시에 이런 상태를 극복하고 거부하려다 결국 성공하지 못한 시도의 표현이었다. 광기와 정신병원은 일반적으로 여성의 경험을 비추는 거울 상(像)으로 기능하며, 감히 여성이 되지 않으려고 시도하거나 그것을 욕망하는 것뿐 아니라, 여성이 된다는 것에 대한 벌칙으로 기능한다. 그와 같은 도전이 심각하고도 극적일 만큼 진행되면 (늦거나 이른 자살을 통한) 죽음이 뒤따르게 된다. I. J. 싱어(I. J. Singer)는 이런 상황을 「죽은

---

* 실비아 플라스의 소설 제목이기도 한 '벨 자(Bell Jar)'는 아래쪽은 열려 있고 위쪽은 밀폐되어 있는 종(鐘) 모양의 유리 용기를 말한다.

바이올린 악사『The Dead Fiddler』에서 악령에 들린 어린 소녀에 관한 이야기를 통해 묘사하고 있다.[15] 리베 옌틀이라는 소녀는 정통 유대교 가정에서 자랐다. 소녀의 아버지는 "올바른 남편감을 보내달라고 신에게 소원을 비는 그녀의 기도에 전혀 귀 기울이지 않는"다. 소녀는 대부분의 시간을 혼자 책을 읽으면서 보낸다. 그녀는 "읍내의 소녀들은 너무 평범하고 촌스럽다. 결혼과 동시에 그들은 천하태평으로 게을러진다"고 불평한다. 소녀는 곧 결혼하게 되었지만 결혼식 전에 신랑이 죽는다. 두 번째 약혼을 하게 되지만, 리베 얀틀의 몸에 남자 목소리를 가진 죽은 자의 혼령이 들어오는 바람에 성혼에 이르지 못한다. 죽은 자의 혼령은 요란한 떠돌이(바이올린 악사)의 모습으로 나타나 술을 요구하고 웃으면서 마을 사람들에게 모욕을 준다. 노래를 부르는 듯한 리듬으로 유대교의 율법을 인용하면서 조롱한다. 얼마 후 그는 리베 옌틀의 침실에서 동네 무도회를 연다. 리베 옌틀의 몸을 한 혼령은 말한다.

> 그는 각각의 사람들에게 […] 그들이 과연 어떤 사람이었는지 정확하게 말해주었다. 수전노, 사기꾼, 아첨꾼, 거지, 헤픈 여자, 속물 등이라고. […] 그는 마을에서 존경받는 지도자들과 그 부인들을 만신창이로 만들었다. […] 그의 재담은 경악과 웃음을 동시에 불러왔다.

바이올린 악사 다음으로 리베 옌틀에게 들어온 것은 여자의 혼령이었다. 이 여자 혼령은 살아생전에는 술집 창녀로, 이름은 베일 트슬로브였다. 그녀는 상스러운 노래를 불러댄다. 그리고 리베 옌틀의 아버지를 "앙상한 뼈와 수염만 남은 키 작은 프라이데이"라고 부른다.

리베 옌틀은 자신의 '광기'를 통해 원하지 않는 남편을 피할 수 있다. 미치는 것만이 그녀가 취할 수 있는 유일한 해결책이다. 오로지 '광기' 속에서만 그녀는 자신의 부모를 학대하면서 자신에 대한 두려움과 존경심을 불러일으킬 수 있다. 그녀는 실재를 보기 때문에 그것에 '이름을 붙인'다. 마을 공동체의 위선을 비판하고 대단히 '비여성적인' 행동에 몰입하게 된다. 술마시고, 사랑하고, 추잡한 농담을 쏟아낸다. 그녀는 랍비가 되지도 않고 노상강도가 되지도 않는다. 이 점이 중요하다. 두 혼령이 그녀의 육신을 떠난 뒤에도 리베 옌틀은 부모가 정해준 신랑을 선택하기를 여전히 거부한다. 고립과 가난과 무시 속에서 맞이하는 죽음이 그녀의 운명이다. 어느 날 그녀는 시체로 발견된다.

> [⋯] 쓰레기 더미 속에서 헐렁하고 긴 통치마를 걸치고 맨발에 붉은 머리카락을 산발한 채 발견되었다. 그녀는 이미 여러 날 전에 죽었음에 틀림없었다.

어머니와 딸들: 삶에 대한 신화적 주석

유대교적 기독교 사회에서 여성은 어머니 없는 아이들이다. 기독교 세계에서는 그림이면 그림, 조각이면 조각마다 아기 예수를 숭배하고 위로하는 성모마리아를 그린다. 기독교신화는 여성을 어머니 아니면 창녀로 분열시켜 상징화한다. 어머니와 창녀 둘 다 죽은 남성 혹은 '신성한' 남자아이를 양육하고 궁극적

127

으로는 숭배한다. 이교도 어머니인 데메테르(대지의 어머니)와 그녀의 딸 페르세포네(처녀 신) 사이에 존재하는 강렬한 사랑의 유대와 연결감과 자부심 같은 것이 기독교신화나 기독교문화의 여성 사이에는 존재하지 않는다.

데메테르는 생명, 곡물, 곡식의 여신이다. 그녀의 딸인 페르세포네는 지하 세계의 신 하데스(혹은 페르세포네의 아버지였을지도 모르는 제우스나 디오니소스)에게 강간당하고 납치되어 결혼한다. 하데스는 페르세포네가 양귀비꽃 만발한 들판에서 놀고 있는 동안 그녀를 납치했다. 데메테르는 딸을 찾아 나선다. 딸이 없는 세상에서는 그 무엇도 어머니를 위로해주지 못한다. 드디어 분노한 여신은 페르세포네가 자신에게로 되돌아오지 않는 한 지상의 어떤 곡식도 자라지 못하도록 만든다. 마침내 협상이 이루어져 페르세포네는 1년 중 대부분을(봄·여름·가을) 어머니와 더불어 지상에서 머물며, 겨울 동안(그 어떤 씨앗이나 곡식도 자랄 수 없는 때)만 남편과 더불어 지하에서 머물기로 타협하게 된다. 이 이야기는 모권제와 초기 농경사회의 특징들이 통합된 것으로, 엘레우시스 신비 의식* — 훗날 엘레우시스 밀교로 발전했다 — 이 그리스 사회와 결합된 것이기도 하다.[16]

유대교적 기독교 시대에 이르면 어머니는 딸들에게 물려

---

*   그리스 아테네의 도시 엘레우시스에서 데메테르와 지하세계에서 돌아온 페르세포네를 기리는 제전(祭奠). 대지와 곡물의 여신인 데메테르가 딸을 찾아 헤매다가 흘러들어간 곳이 켈레오스 왕이 다스리고 있는 엘레우시스 지방이었다. 여신은 켈레오스 왕의 아들인 데모폰에게 농사 짓는 법을 가르치고 그 소년을 불멸의 존재로 만들어주었다. 이 소년이 자라서 전쟁과 기아가 없는 평화로운 엘레우시스 지역에 데메테르를 위한 신전을 짓고 여신 숭배의식을 창시했다.

줄 땅이나 돈도 가지지 못한다. 어머니의 유산이란 의존이나 힘든 일과 같은 조건부 항복이다. 예를 들어 미국에서 가난한 흑인 어머니들은 집 밖에서도 힘든 일을 하고 있지만 그런 노동이 그들에게 경제적·군사적·정치적인 권력을 가져다주지는 않는다. 중산층과 상류층 어머니들도 집 밖에서 일할 수 있지만, 그들의 일은 '사소한' 것이거나 무임금 노동인 경우가 많다. 그러므로 딸들에게 위엄과 자의식이라는 유산을 제공하지 못한다. '남성적' 역할과 '여성적' 역할이 엄격하게 분리되어 있는 사회의 여성들은 보다 협동적이고 우호적이다. 비서구권 이슬람 사회나 서구세계에서도 농촌이나 빈민가 같은 하위문화권의 여성은 상대적으로 협동심이 강하다. 하지만 그와 같은 협동심은 비개별화된 획일성과 불만족과 무기력에 토대해 형성된다. 생물학적인 가부장제 아래서는 어머니건 딸이건 어느 누구도 여성을 '어머니'인 동시에 '패배자'로 규정하는 그 가혹한 현실로부터 서로를 구제할 수 없다. 앞으로 보게 되겠지만, 이 점은 데메테르와 페르세포네의 경우도 마찬가지다. 그 시절은 오늘날보다 모성과 생명활동이 대단히 가치 있는 것으로 간주되던 때였음에도 불구하고 말이다.

여자아이들은 어머니가 될 수 있는 '결혼'을 몹시 하고 싶어 한다. 결혼 그 자체를 하고 싶어 한다는 것이 아니라 아이를 양육할 수 있다는 점과 자신과 같은 성의 어른(어머니)으로부터 물려받을 수 있는 권력과 자애에 굶주려 있다는 말이다. 대부분의 어머니는 딸보다 아들을 좋아하며 여러 면에서 아들에게 좀 더 정성을 쏟는다.[17] 현대사회의 여성이 대체로 '의존적'이고 '배타적'인 성격을 가지는 것은 부모에 의해 '귀한' 존재로 대접받지 못한 데서 기인할 수도 있다. 대부분의 여성은 '어머니'로부터 충족되지 못한 욕구로 인해 유아기부터 이미 욕구불만의 그림자, 혹은 광기의 형태가 어려 있다. 욕구불만의 대상을 '어머니'로 지목한 이유는 가정에서 어린아이를 돌보는 사람이 대부분 여성이며 남성이 맡는 경우는 극히 드물기 때문이다. 남자아이가 아버지로부터 '모성적인'(디오니소스적인) 돌봄을 박탈당하고, 어머니로부터 '부성적인'(아폴론적인) 돌봄을 박탈당하는 것에 정서적으로 상처받는다는 것은 확실히 논쟁이 될 만하다. 어쩌면 아마도 남성의 폭력성과 지나친 자기중심성과 마찬가지로 남성의 공포와 여성 혐오는 가족 내에서 정형화된 성역할에 그 원인이 있을 수도 있다. 이는 남성의 본성, 그리고 문화가 이러한 남성의 본성을 부추겨온 방식에서 기인할 수도 있다.

여기서 '양육'의 의미는 다소 넓다. 양육이란 어린 시절에 받는 신체적이고 가정적이며 정신적인 후원뿐 아니라, 어른이 되어서 연민과 존중을 표면상의 이유로 하여 제공되는 모든 도움을 뜻한다. 신화적으로 말하자면 '양육', '보호', '중재' 등은 영웅적인 행위를 위해 순례하는 인간 '남자'를 돕는 이교도의 신과 여신인 것이다. 아테나 여신은 오디세우스와 페르세우스가 키르케와 메두사로 구현된 여성적인 힘을 처치하거나 그들로부터 탈출하도록 도와준다. 반면에 이교도 문화에서는 드물게, 인간인 프시케가 근본적으로 '여성적인' 운명을 향해 순례할 때 그녀를 돕는 것은 신도 인간도 아닌 존재들이다. 여신이건 남신이건(프시케의 남편인 에로스를 제외하고는) 지혜롭거나 막강한 어느 누구도 절대로 그녀를 위해 개입하지 않는다. 프시케의 '보호자들'은 개미, 갈대, 물, 독수리, 탑 등이다.

여자아이는 신체적인 애정, 양육, 강렬한 정서적 즐거움을 얻기 위해 아버지에게 의존한다. 이것은 어른 남성에게는 '성적인' 것으로 경험되는 의존성으로, 정확하게는 여성(딸)의 순진함, 무기력, 젊음, 일부일처제에 대한 맹목적 숭배라는 속성에 근거한다. 섹슈얼리티(성적 쾌락)와 관련하여 본질적으로 음탕하고 근친상간적인 모델은 대단히 보편적이다. 이런 측면은 혼인법과 관습에 반영되어 있기 때문에 강간범, 어린이를 괴롭히는 치한, 사창가에 빈번히 드나드는 사람이라 해도 법적으로 기소되는 경우는 매우 드물다. 섹슈얼리티의 모델은 신화적으로 볼 때 올림포스에 그 기원을 두고 있다. 신들의 아버지 제우스는 많은 숫처녀들을 유혹하여 강간하고 임신시켰다. 기독교의 교부(아버지 신)도 신성한 후손을 위해 처녀를 선호했다.

'성적으로' 입문할 때 딸들은 어머니에게 의존하지 않는다. 프로이트가 그랬던(하지만 설명은 할 수 없었던) 것처럼, 딸들은 여러 가지 이유에서 특히 어머니에게서 등을 돌린다. 어머니들은 여성 자체 혹은 여성의 육체를 좋아하지 않도록 교육받아 왔다. 그들은 여성 동성애에 공포심을 갖고 있으며, 딸들의 젊음을 질투한다. 이런 현상은 어머니들 스스로가 점차 소모품으로 전락한 데서 비롯된 것으로 설명되기도 한다. 한편 어머니들은 살아남기 위해 어떻게 살아야 하는지, 그 방법을 익히게 하기 위해서 딸들에게 '여성답게' 되기 위한 훈련을 가혹하게 시킨다. 전통적으로 볼 때 이런 가혹함은 아버지가 아들을 '남성답게' 훈련시키는 데 필요한 것이다. 관습적인 성역할로 구분된 사회에서는 어디든 예외 없이 같은 성별의 어른과 어린아이 사이에 기형적일 만큼 가혹함이 존재한다. 하지만 생물학적 가부장제 문화는 정신적 그리고/또는 관습적 측면에서 볼 때 근본적으로 남성 동성애적인 문화이다. 즉 정신적·관습적 측면에

1장 왜 광기인가?

서 가부장제 사회는 결코 여성 동성애적이거나 양성적인 문화가 아니다.

여자아이들의 성장(혹은 성장하지 않는 방식을 배우는 것)은 그들의 삶에서 여성 혹은 양육하는 사람이 상대적으로 부재하거나 일찌감치 물러남으로써 시작된다. 양육 박탈과 여자아이들에 대한 성희롱, 이 두 요소는 어린 시절부터 여자아이들이 '복종'에 길들여지고 그것을 받아들이도록 하는 데 핵심적으로 작용하는 듯하다. 여자아이들은 같은 성별(여성)과 함께 생활하고 그들에게 양육되었던 어린 시절로부터 벗어나 다른 성별(남성)의 구성원에 의해 지배되는, 문자 그대로 낯선 '어른들'의 세계로 이동하게 된다. 반면 남자아이들은 다른 성별(여성)의 구성원과 함께하고 그들에게서 양육되었던 어린 시절을 졸업하고 같은 성별(남성)의 구성원에 의해 지배되는 '어른들'의 세계로 나아간다. 여자아이들과는 달리 남자아이들은 '아내'와 결혼함으로써 또다시 안전하게 처음으로 돌아갈 수 있다. 아내는 모성적이고 가정적이며 정서적인 양육 의식을 수행하지만, 대체로 남편들보다 경제적으로 가난하고 육체적으로 허약하다.

가부장적 사회에서 기본적인 근친상간(어머니와 아들 사이, 아버지와 딸 사이)의 금기를 '심리적으로' 남성은 따르고 여성은 따르지 않는다. 우리 문화권에서 4분의 1에서 3분의 1에 이르는 여자아이들이 아버지 혹은 남성 친척들에 의해 강간당하고 성적 괴롭힘을 당한다. 어머니에 의한 근친상간은 훨씬 드물다. 심리적으로 여성은 근친상간적인 유대관계를 끊어버리는 데 필요한 성년식을 치르지 않는다. 대부분의 여성은 생물학적인 아버지와 근친상간을 범하지는 않지만, 가부장적인 결혼, 매춘, 대중적인 '로맨틱한' 사랑은 심리적으로 볼 때 딸과 아버지 같은 인물 사이의 성적인 결합에 기초를 두고 있다. 아마존을 비롯한 모계사회에서 근친상간의 금기는 전적으로 다른 목적을 가지고 있었을 것이고 여성들이 그런 금기를 위반하려 들지는 않았을 것이다. 금기는 아들과 남편을 딸과 멀찌감치 떼어놓는 방식으로 기능했을 것이다. 딸만이 어머니의 유일한 상속자이기 때문이다. 가부장적 관습이 위반하는 것은 다름 아닌 이 특정한 거리이다. 이 거리의 위반으로 인해 우리는 어느 성이 지배적인 성인지를 즉각 알게 된다. 말하자면 어느 성이 생산과 재생산의 수단을 통제하고 있는지 쉽게 알게 된다.

여성들이 근친상간의 금기를 위반하지 않았더라면, 아버지와 같은 인물과 기꺼이 결혼하지 않았더라면, 혹은 그런 인물에게 유혹되거나 강간당하지 않았더라면, 여성의 섹슈얼리티는 어떤 것이 되었을까? 여성들은 어떻게 쾌락과 사랑과 경제적인 안정을 알게 되었을까? 여성들은 자신이 원하는 장소와 조건에서 어떻게 생식을 했을까? 여성들은 그들의 아이를 어떻게 키웠을까?

결혼제도는 여성을 기생하도록, 완전히 의존하도록 만든다. 결혼제도는 생존경쟁에서 여성을 무능하게 만들고 여성의 사회의식을 말살시키며 여성의 상상력을 마비시키고 자비로운 보호를 강제한다. 이런 자비로운 보호의 강제가 실은 인간성에 대한 덫이자 왜곡이다. […] 모성이 여성의 본성을 가장 잘 충족시키는 것이라면, 사랑과 자유 외의 어떤 보호가 필요하단 말인가? 하지만 결혼은 여성의 성취를 더럽히고 짓밟고 타락시킨다. 결혼은 오직 "나를 따를 때에만 너는 생을 얻으리라"라고 여성에게 말하는 것은 아닌가? 이것은 여성을 멍청이라고 몰아

1장 왜 광기인가?

붙이는 것이 아닌가? 자신을 팔아서라도 모성의 권리를 사는 것을 거절한다면, 그런 여자를 수치스럽게 만들고 비하시키는 것은 아닌가? 결혼만이 모성을 인정하는 유일한 방법인가? 증오심과 혐오감 속에서 임신하더라도 결혼은 모성을 인정하는가? 모성이 자유롭게 선택할 수 있는 것이라면, 모성이 사랑과 황홀과 격렬한 정열의 산물이라면, 결혼은 결백한 머리 위에 가시 면류관을 씌우고 피의 글자로 새긴 끔찍한 욕설이 아닐까, 개자식아? 만약 결혼이 그것이 주장하는 것과 같은 모든 미덕을 갖추고 있다면, 모성에 반대해 결혼이 저지른 범죄는 사랑의 영역으로부터 영원히 추방당할 것이다.

— 엠마 골드만[18]

여성의 생물학적 활동에는 명백하게 성적인 쾌락, 신체적 능력, 출산이 포함된다. 출산이 여성에게 '위대한 쾌락'을 부여하든 부여하지 않든 간에,[19] '자연스러운' 것이든 아니면 '배워서 알게 된' 것이든 간에 상관없다.[20] 문제는 이런 쾌락을 위해 현대 여성들이 지불해야만 하는 대가 그리고 다른 종류의 쾌락 및 특권의 절대적인 부재 때문에 치러야 하는 비용이다. 여성들은 생식과 (이성애적인) 성적 쾌락 사이에서 선택을 강요당하고 있다. 혹은 생식과 신체적 능력, 아니면 생식과 세속적인 또는 정신적인 권력 사이에서 선택해야 한다.

오늘날까지도 여성은 전통에 따라, 또는 남성이 강제하여 여전히 모성을 선택하고 있다. 말하자면 경제적으로, 심리적으로 살아남기 위해 모성을 선택하고 있는 것이다. 왜냐하면 대다수 여성에게 피임과 낙태는 아직까지 부적절하고 불법적이며 비싸고 위험하고 도덕적으로 비난받는 일이기 때문이다. '낭만

적인' 사랑에 대한 20세기적인 현상은 결혼과 출산이라는 관례
상 필연적인 여성의 운명을 설명해주거나 정당화한다.

우리 시대 여성들은 '자유로운' 노예다. 그들은 '사랑'이라
는 이름으로 굴종을 선택한다.[21] 여성들은 정서적으로 너무나
쉽게 '홀딱 빠져들도록' 배워왔기 때문에 생각을 한다손 치더라
도 분명하게 생각할 수 없다. 하데스(또는 제우스나 디오니소
스)는 딸이자 처녀인 페르세포네를 그녀의 어머니인 데메테르
여신으로부터 빼앗아왔다. 수 세기 동안 가족들은 이와 같은 작
별을 해왔다. 오늘날 우리 시대의 여성들도 예나 지금이나 다름
없는 그 길을 따라 허둥지둥 지하세계로 걸어 내려간다.

고대로부터 현대에 이르기까지 모성은 생물학적인 죽음이
라는 사실에 직면한 인간의 웅변적이며 효과적인 반응으로서
칭송되거나 두려움의 대상이 되었다. 어머니는 왕이나 군인보
다도 강한 존재로 칭송받아왔다. 그런데 왕이나 군인들은 말로
는 모성을 옹호하면서도 전쟁터에서 그녀들의 노동을 파괴했
다. 시인과 과학자와 철학자들은 남성들의 업적이 시간 앞에서
헛되다는 것에 탄식하면서도 그들의 창조적인 작업을 계속해
왔다.

현대의 고용주들은 아이가 있는 여성의 '퇴출'을 (거의 병
적일 만큼) 부러워하면서 여전히 부의 축적과 순환에만 몰입하
고 있다. 부의 축적을 이루기 위한 활동이야말로 거추장스러운
아이들이 없을 때 최상으로 수행될 수 있는 활동이 아닌가. 생
물학적인 모성의 '영광'을 모방하거나 식민화하기 위해(결과적
으로 여성으로 하여금 모성을 평가절하하거나 자책하게 하기
위해) 남성이 무수히 시도해온 방법에도 불구하고, 특히 유대
교적 기독교와 이슬람 문화에서 남성은 그들의 자녀·아내·정

부·창녀·비서·가정부 등에게 그다지 '모성적'이지 않고, 서로에게도 그렇지 못하다.

가부장제 문화에서 가톨릭의 성모마리아로서 신격화된 어머니-여성은 이교도 여신 아테나로서 신격화된 딸-여성과 마찬가지로 (이성애적인) 성적 쾌락을 박탈당한다. 아테나는 모성 없는 딸의 원형으로, 제우스의 머리가 여신의 '어머니'다(흥미롭게도 프시케를 박해한 여신 아프로디테 또한 어머니가 없다. 신화에 따르면 아프로디테는 하늘의 신 우라누스의 잘려 나간 남근이 바다에 떨어지면서 창조된 것으로 알려져 있다[22]). 찬반이 동수가 되었을 때 오레스테스 편에 결정표를 던진 것은 다름 아닌 아테나 여신이었다. 그런 다음 아테나는 모친 살해는 부친 살해보다 덜 중요한 것이라고 선언한다. 오레스테스의 어머니는 딸 이피게네이아를 희생 제물로 바친 것에 분노하여 남편인 아가멤논을 살해한다. 오레스테스는 어머니를 살해함으로써 아버지의 죽음에 복수하지만 그 죄로부터 무죄방면된다. 아이스킬로스의 『오레스테이아』 3부작에서 아테나 여신은 다음과 같이 주장한다.

나의 과업은 마지막 판결을 내리는 것이니,
그래서 나는 이 돌을 오레스테스에게 던진다,
왜냐하면 나를 낳아준 어머니가 내게는 없음이라.
그래서 내 모든 충정은 남자에게 있나니
오레스테스가 가부 동수에서 이기기를 기원하노라.

전투 복장에도 불구하고 아테나는 원초적으로 '아빠의 딸'이다. 그녀는 어떤 남자나 어떤 여자와도 성적인 관계에 빠져들지 않는다. 아테나는 지혜와 권력을 얻기 위해 생식 성욕과 (이성애적인) 성적 쾌락을 포기하는 것으로 그 대가를 치른다. 예수의 어머니인 마리아는 육신의 즐거움을 거의 포기함으로써 자신의 모성에 대한 대가를 치른다. 마리아는 (이성애적인) 성적 쾌락(예수의 탄생은 처녀생식이자 '영혼'의 탄생이다)과 육체적 능력 둘 다를 포기한다. 그녀는 세속적인 권력을 직접적으로 가지지도 않았고, 십자가에 못 박힌 자신의 아들처럼 많은 사람들, 특히 여성들에 의해 힘없는 인물과 동일시되기 쉽다. 그러나 마리아는 수용, 긍휼, 자궁을 통해 획득된 힘을 상징한다(이 우주를 의식적으로 의도한 바대로 '수용'한 것은 본질적으로 잘못된 것이 전혀 아니다. 잘못이 아니라 오히려 그와 같은 수용은 대단히 바람직한 것이다. 하지만 '수용'은 신성한 정자와 수난이 아닌 다른 많은 것을 포함해야 한다).

기독교의 동정녀 출산에 관한 보다 페미니즘적인(다소 모권적인) 해석은 분명히 존재한다. 동정녀 출산은 여성이 아기를 임신하고 출산하는 고유하고 '기적적인' 능력을 상징하는 것이다. 출산(죽음을 극복하는 영혼과 육체의 결합)은 여성적인 원칙에 내재한 것이다. 남성은 사회적 혹은 생물학적으로 이 영역에 들어올 수 없다. 따라서 출산은 우리가 어린 시절에 생각했던 바로 그대로이다. 우리의 모든 어머니는 우리를 순결하게 수태했으며 그러므로 우리 모두는 신성하다는 것이다.

많은 이교도 신화와 기독교의 '타락' 신화에서 남성 신은 '지상으로' 추방됨으로써 대체로 이전에 갖고 있던 모든 권력을 박탈당하는데, 여성은 거꾸로 '하늘로' 추방됨으로써 그 모든 권력을 박탈당한다. 예를 들어 포세이돈은 바다로 보내졌다. 유대교적 기독교에서의 루시퍼와 마찬가지로 하데스는 깊은 땅

속으로 추방되었다. 신화적으로 볼 때 남성이 권력을 상실했음을 알리는 것은 다름 아닌 지상으로, 구체적인 현실로 보내지는 것이다. 하지만 여성들에게서는 권력 상실의 표현이 지상으로부터 제거되는 것이거나 아니면 그들의 (이성애자) 육체로부터 제거당하는 것이다. 신화 속 아테나와 아르테미스 같은 여신이나 기독교의 마리아와 같은 성녀는 처녀 혹은 미혼이며 아이가 없고 (이성애적) 성애와 관련이 없거나 성적인 경험이 '전무한' 인물들이다.

아마존 사회에서 '숫처녀'는 순결한 처녀가 아니라 결혼하지 않은 여성이었다. 기독교신화에서 '숫처녀'는 결혼했지만 순결했다. 이교도 여신 아르테미스는 숫처녀로 사냥꾼이었는데 어머니가 없다. 아르테미스는 오빠 아폴론과 더불어 양육된다. 아테나 여신과 달리 아르테미스는 아마존에서 기원한 레즈비언 여신으로 보인다. 아르테미스는 함께할 친구로서 예순 명의 바다 요정과 스무 명의 강의 요정을 요구했다(혹은 제우스로부터 받았다). 판본에 따라서는 아가멤논이 이피게네이아를 희생 제물로 바치려는 순간 아르테미스 여신이 구출해내기도 한다. 또 다른 신화에 따르면 아르테미스의 아버지인 제우스는 칼리스토(아르테미스의 연인 중 한 명)를 유혹할 때 아르테미스로 변신을 하고서야 비로소 유혹에 성공할 수 있었다.[23]

처녀성은 정신과 육체가 분열된 형태로서, 출산, 지혜, 사냥 능력, 모성 등을 지키기 위해 여성들이 지불한 대가이다. 물론 이성의 강간에 의한 처녀성 상실은 여성의 정신과 육체 간 연속성을 분열시켜 미치게 만드는 요인이 된다.

여성 영웅과 광기: 잔 다르크와 동정녀 마리아

아테나나 기독교의 동정녀 마리아와 같은 신화적인 인물, 또는 잔 다르크와 같은 역사적인 여성 영웅들은 우리가 '광기'라고 부르는 것과 어떤 관계가 있을까? 같은 선상에 놓고 볼 때, 둘은 전혀 관계가 없다(신화는 근대사의 심리학으로 볼 수 있다. 역사가 인간과 후대 문화의 상호작용을 나타낸다면, 신화는 인간과 초기 문화의 상호작용을 나타낸다. 또한 신화는 실제로 일어난 역사적 사건이나 인물을 참조할 수도 있다). 개별적으로 치료를 받고 공개적으로 입원을 한, 그래서 정신적으로 문제가 있다는 꼬리표를 달고 다니는 대다수 20세기 여성들은 미친 것이 아니다. 플라스, 웨스트, 피츠제럴드, 패커드와 마찬가지로, 그들은 대단히 불행하고 자기파괴적이며 경제적으로 무력하고 성적으로 불능한지도 모른다. 하지만 여성이라면 마땅히 그래야 한다고 간주되지 않았던가.

우리 문화에서 정말로 미친 여자는 찾아보기 힘들다. 일반적으로 사회는 그와 같은 경험을 이해하거나 존중하지 않고 눈에 띄지 않게 제거해버린다. 광기는 차단되고 수치스러운 것이 되며 잔혹하게 취급당하고 부정되고 두려움의 대상이 된다. 그럼에도 우리 시대의 남성들과 정치학과 과학 ─ 그 자체가 이성적이고 합리적인 본보기 ─ 은 비이성적인 것, 즉 무의식적인 사건이나 집단적인 역사의 의미에 다가가거나 접촉하려고 하지 않는다.

여성의 광기는 신화적인 맥락에서 가장 잘 이해할 수 있다. 예를 들어 우리 문화에서 일부 미친 여성은 자아에 특정한 변화를 경험하거나 잔 다르크나 성모마리아와 같은 특정한 여성 영웅의 의미로 통합된다. 어떤 여성은 자기 자신이 여성 예수나 디오니소스가 되는 경험을 하기도 한다. 본질적으로 디오니소스는 양성적이지만 대부분의 경우 남성으로 묘사된다. 남성 디오니소스는 페르세포네의 거울 이미지 또는 수동적인 처녀 희생양의 이미지를 가지고 있다. 디오니소스는 여자들에 의해 살해당한다. 그가 미치게 만들었던 바로 그 여성들에 의해서 죽임을 당한다.

필립 슬레이터(Philip E. Slater)는 『헤라의 영광 *The Glory of Hera*』에서 디오니소스를 남자아이로 간주하면서, 잔인하게 감금되어 불구가 된 자기 어머니에 의해 시샘과 사랑과 증오와 유혹을 받는 존재로 이해한다. 디오니소스를 이해하는 데 있어서 그는 "디오니소스의 경계 위반이라는 특징적 속성은 뱀에서 탄생한 오르페우스 신화에 의해 상징되는" 것으로 이해한다. 케레니는 이 신화가 아주 오래되었다고 추정한 바 있다(『에우리피데스: 바쿠스의 무녀들 *Euripides: The Bacchae*』 참고). 케레니의 판본에 의하면, 데메테르는 뱀 두 마리의 인도를 받아 시칠리아에 있는 한 동굴에다 페르세포네를 숨겨두었다고 한다. 페르세포네가 베 짜기에 몰두해 있는 동안 제우스가 뱀으로 변신하여 그녀를 찾아와 교미했다. 디오니소스는 이 결합의 결실이었다. 인식상의 경계를 파괴하는 디오니소스의 능력은 따라서 외적인 어떤 힘에 의존하는 것이 아니라 내재적이며, 사실상 그는 그런 힘을 가지고 태어난다. 그의 존재 자체가 자기 어머니를 미치게 만드는 것이다. 임신과 탄생에서 어머니의 육체적인 경계를 두 번이나 위반한 아이인 만큼, 디오니소스는 심리적으로 어머니의 일부가 되지 않음으로써 자기 어머니를 영아살해라는 광기로 나아가게 만든다. 디오니소스의 영아살해 신화에서, 우리는 그 이

면에 놓인 산후정신병이란 관념을 쉽게 알아챌 수 있다.[24]

잔 다르크와 기독교의 성모마리아는 남성의 부활을 위한 처녀(페르세포네)의 희생과 연관된다. 마리아의 경우에 부활은 고전적인 가부장적 강간(근친상간)을 통해 이뤄진다. 잔 다르크의 경우에 부활은 처음에는 군사적인 승리를 통해, 이후에는 가부장적인 십자가형(patriarchal crucifixion)과 축성-속죄(sanctification-expiation)를 통해 이뤄진다.

잔 다르크는 근대사에서 아버지에 의해 강간당하고 임신하지 않은 유일한 처녀(페르세포네)이다. 그녀는 생물학적인 아버지나 그 아버지의 심리적·종교적 재현물에 의해 겁탈당하지 않고 '딸'의 형상으로 남아 있다. 그런 만큼 그녀는 아마존 문화를 기독교적으로 해석한 기념비적 인물이다. 인류 초기 신화에 등장하는 아테나 여신과 같은 여성 영웅과 마찬가지로 잔 다르크는 남성을 돕는 여성 전사이다. 그러나 중요한 것은 그녀 자신은 유죄를 선고받은 재판에서 "적군을 향해 진군했을 때 나는 어느 누구도 죽이지 않으려고 깃발을 높이 치켜들었다. 나는 아무도 죽이지 않았다"[25]고 주장했다는 점이다.

모든 페르세포네(처녀들)와 마찬가지로, 잔 다르크는 남성 부활의 원천으로서 봉사하지만, 그럼에도 불구하고 군사적 승리와 이후에 뒤따른 정치적 박해에 희생된다. 그녀의 정체성 자체가 여성들에게는 중요하다. 비록 파멸할 운명이지만(이것만으로도 여성들은 그녀와 자신을 동일시할 수 있을 것이다), 그녀는 육체적·정신적으로 대담하다. 그녀는 남성들의 지도자이다. 그녀는 강간당하지 않았으며, 결과적으로 어머니가 되지 않았다. 그녀는 데메테르(어머니)의 운명과 페르세포네(딸)의 운명을 동시에 모면한 인물로 상징된다. 그런 만큼 그녀는 가부장

1장 왜 광기인가?

제 문화의 영역으로부터 완전히 벗어나기 시작한다. 바로 이런 이유로 그녀는 죽임을 당하지만, 가부장제 문화 '바깥으로 걸어나가고 싶을' 만큼 미친 여성들에 의해 재경험하게 되는 존재가된다.

아이네아스 실비우스 피콜로미니(훗날 교황 비오 2세로 즉위)에 의해 투옥된 잔 다르크의 모습에 관해 레진 페르누(Regine Pernoud)가 인용한 설명을 읽노라면 그저 놀라울 따름이다. "전쟁에서 생포된 그 처녀는 영국군들에 의해 금화 만 냥에 팔려 루앙으로 압송되었던 것으로 알려져 있다. 루앙에서 그녀는 마법이나 악마의 도움을 받았는지 혹은 종교상으로 어떤 잘못을 저지르지는 않았는지에 관해 낱낱이 조사를 받았다. 그녀에게서 특별히 처벌받을 만한 점은 발견되지 않았다. 단지 그녀가 남자 복장을 했다는 것을 제외하고는. 남장을 한 것이 극형에 처할 이유가 되지는 못했다. 감옥으로 되돌아왔을 때 그녀는 다시 한번 더 남장을 한다면 죽음을 각오하라는 협박을 당했다. 그러나 간수는 오로지 남자 죄수복만을 가져왔다."[26]

가부장제 신화에서 여성 전사는 필연적으로 생물학적인 모성을 포함한 성욕의 일부를 부정당할 수밖에 없다. 이것이 비극이다. 이 비극이 뜻하는 바는 언제나 남자로 태어나지 않은 것에 대한 비통이다. 이것은 양육 박탈로 인해 여성이 된다는 것을 암시하기 때문이다.

필립 슬레이터는 신화 속의 아탈란타를 묘사하면서 이렇게 말한다.

아탈란타는 아르테미스와 같은 처녀 사냥꾼이며, 자신에게 관심을 보이는 구혼자들을 잔인한 죽음으로 몰아넣는다. 아탈란타의 개인사를 거슬러 올라가보면 그녀가 이러한 태도를 보인 이유가 드러난다. 신화에 따르면 아탈란타의 아버지는 아들을 소망했다고 한다(아폴로도로스, 『서가 The Library』 제3권 9장 2절). 그래서 딸을 산꼭대기에 내다버렸다. 그곳에서 아탈란타는 여신이 그녀를 돕기 위해 보낸 곰의 젖을 먹고 자란다. 결혼을 거부하는 데서, 남자와 경쟁하는 데서(달리기와 레슬링에서 남자들을 이긴다), 전반적으로 남성적으로 행동하는 데서, 아탈란타는 아버지의 소망을 따름과 동시에 그것에 대한 원망을 표현하고 있다.[27]

여성들은 잔 다르크의 의미(한계)를 파악하고 난 뒤에, 기독교의 성모마리아, 즉 자비롭고 강력한 어머니로부터 보호와 구원을 추구한다. 불행하게도 마리아는 데메테르가 아니다. 기독교 신화는 마리아에게 딸도, 남성 및 남성 신과 교환할 수 있는 능력을 가진 데메테르의 권력도 허락하지 않았다. 그럼에도 불구하고 광기에 빠져든 여성들은 세상(그리고 자기 자신)을 새롭게 탄생시키고자 갈망한다. 그러면서도 잔 다르크의 십자가형은 피하고 싶어 하기 때문에 동정녀 어머니가 되는 수밖에 달리 도리가 없다. 또한 그들은 스스로 요구했던 그런 어머니가 되고 싶어 한다.

마리아는 십자가에 매달리는 것은 피했지만 무성의 삶과 찌르는 듯한 슬픔을 겪어야 했다.

잔 다르크와 마리아는 그들의 의미를 통합시키려는 여성들에게는 대단히 고통스러운 경험이다. 그들은 이교도 여신 데메테르와 여신의 딸 페르세포네의 (비극적인) 기독교적 등가물로 변형된다. 하지만 잔 다르크와 마리아는 시간적 · 생물학적으로

1장 왜 광기인가?

분리되어 있다. 페르세포네와 달리 잔 다르크는 납치되지도 않는다. 그리고 데메테르와 달리 마리아는 딸이 아니라 아들을 출산한다. 이들 기독교적 인물 중 어느 누구도 어머니-딸의 종교로 부상하거나 상징화되지 않는다. 카를 융은 이 결과에 대해 다음과 같이 말한다.

> 데메테르 숭배의식으로부터 카타르시스적인 동시에 소생의 효과가 흘러나와 여성적인 정신으로 흘러들어가야 한다는 점과 더 이상 엘레우시스적인 정서가 제공해주는 건전한 경험을 알지 못하는 정신위생의 결핍이 우리 문화를 특징 짓는다는 점은 심리학자들에게는 즉각적으로 분명해진다.[28]

하지만 '엘레우시스적인 정서'가 자연과 생물학을 지고(至高)의 것으로 수용하는 데 근거한다는 사실은 중요하다. 데메테르의 세계는 여성이 그 놀라운 생식력에도 불구하고 여성이건 남성이건 누구와도 성적인 접촉을 시도조차 하지 않는 세계이다. 오로지 이성 간의 겁탈만이 존재한다. 이런 겁탈은 오직 생식을 목적으로 하는 것이다. 데메테르도 페르세포네도 먼저 행동하지 않는다. 그들은 겁탈당하거나 딸을 잃거나 처녀로서의 자아를 상실함에 따라 (수동적으로) 반응할 뿐이다. 데메테르와 페르세포네는 아마존과 같은 인물이 아니다. 그들에 대한 숭배의식은 근본적으로 대지(어머니) 숭배의 일환이다. 이때 대지로서의 어머니는 아이를 양육할 어머니를 더 많이 생산하고 곡물과 딸이라는 '기적 같은' 선물과 더불어 인류를 유지하는 것이다.

대부분의 사회에서 생물학이 여성에게 필연적으로 요구하

는 자아의 희생은 데메테르 신화의 핵심에 있다. 그럼에도 불구하고, 혹은 바로 그런 이유로 인해 모성적인 양육과 품위를 박탈당한 현대의 여성들은 엘레우시스 의식에 의해 많은 위로를 받을 수도 있을 것이다. 과학과 기독교가 여성의 생물학적인 측면을 점점 더 평가절하해왔고, 우리는 아직까지 그러한 관점에서 여성을 규정하는 것으로부터 완전히 자유롭지 않은 문화 속에서 살고 있기 때문이다.

데메테르가 남성 세계에서 고립되어 있는 페르세포네를 구출한 것은 사실이지만, 다른 한편에서 보자면 그녀는 딸을 보편적인 여성의 운명에 빠뜨린다. 말하자면 어머니인 데메테르의 운명과 전혀 다르지 않은 운명으로 말이다. 케레니는 이렇게 말한다.

데메테르의 형상이 된다는 것은 강간당하고 이해받지 못한 채 분노하고 슬퍼하다가, 일순간 모든 것을 되찾고 다시 태어나는 것을 의미한다. 생명의 보편적인 원리, 모든 유한한 생명의 운명을 깨닫는 것이 아니라면 이 모든 것이 무엇을 의미하겠는가? 그렇다면 페르세포네라는 형상에게 남은 것은 무엇인가? 의심할 여지 없이, 그것은 생성하고 소멸하는 이 끝없는 반복의 드라마, 즉 개인의 '고유성'과 '비존재에 사로잡히는 것'과는 별개로 생물의 구조를 구성하는 것이다.[29]

이 '고유성'과 '영웅주의'가 정확히 페르세포네의 신화적인 남성 상대 — 신성한 남자 아이와 남자 성인 영웅 — 를 정의하는 것이다.

페르세포네는 겁탈당하고 싶어 하지 않는다. 그것은 현대의 여성들도 마찬가지다. 그들 중 어느 누구도 어머니의 정체성을 조건부로 수용하고 싶어 하지 않는다. 하지만 현대의 페르세포네들에게도 여전히 결혼과 모성의 자리만이 허용된다. 그녀의 아버지들(일반적으로 남자들)은 여전히 성관계에 있어서 강간-근친상간 모델에 동조하고 있다. 그녀의 어머니는 딸에게 전사가 되도록 가르치지 않았다. 말하자면 알려지지 않은 고유한 목적지를 향해 나아가는 어려운 길을 기꺼이 선택하도록 가르치지 않았다. 부모는 이런 과업을 수행하도록 준비시키지도 않으며 그녀의 성공에 즐거워하지도 않는다. 또한 그녀가 전사(잔 다르크)로서든, 아니면 어머니(성모마리아)로서든 십자가형에 처해진다고 해서 그녀를 위로하지도, 애도하지도 않는다.

16세기에 위대한 천재성을 갖고 태어난 여성이라면 누구나 틀림없이 미쳐버렸거나 권총 자살을 했거나 마을에서 멀리 떨어진 오두막에 살면서 반쯤은 마녀나 요술쟁이쯤으로 여겨져 공포와 조롱의 대상이 되었다가 어느 날 쓸쓸하게 생을 마감했을 것이다. 시를 쓰는 데 뛰어난 재능을 가진 대단히 천재적인 소녀가 다른 사람들에 의해 좌절당하고 저지당할 뿐 아니라, 자기 자신의 상충된 본능에 의해 고통받고 분열되어서 마침내 건강과 정신을 놓아버리게 되리라는 것을 확신하는 데는 그리 대단한 심리학적 통찰이 필요하지 않다.

— 버지니아 울프[30]

버지니아 울프는 스스로가 어린 시절의 성적 학대, 그리고 궁극적으로는 자살의 희생자였다. 그녀가 우리에게 말하고 있지 않은가? 그녀 자신의 '흑마술'이 그녀의 천재성을 쓰러트리는 원인이었다고 말이다.

젤다 피츠제럴드, 실비아 플라스, 엘렌 웨스트 등은 어머니의 사랑을 원하고 필요로 했다. '고유성'이나 영예를 잃는 값비싼 대가를 치르지 않고서 그 사랑을 갖고 싶어 했다. 그들은 아마도 궁극적으로 그들의 자유를 억압하는 모성의 요구뿐만이 아니라 그들의 삶 속 모성의 부재로 미칠 지경이었을 것이다. 양육 박탈과 함께 그들의 고유성이나 영웅주의에 가해지는 제약이 그들에게 치명적으로 작용했다. 그들은 그냥 '여자'로 살아남을 수 없었다. 그들에게는 창조적인 인간으로, 혹은 그냥 인간으로 살아남을 수 있는 기회가 허용되지 않았다. 이에 반해 남성의 창조성은 대체로 너무 고귀하여 그들이 보여준 기행과 잔인함과 정서적인 유치함은 간과되거나 용서되었으며, 심지어 '기대되기'까지 했다.

아이를 출산한 모든 여성은 상징적으로, 그리고 문자 그대로 종족의 영원성을 위해 피의 희생을 치른다. 이런 의미에서 본다면 가부장제 사회와 과학 발생 이전의 문화에서 여성의 희생은 여성 생물학이라는 구체적인 사실에 근거해 있다. 인간 생물학과 문화의 상호작용이 우리의 인격을 형성하는 신화를 산출한다는 점에 있어서 여성의 희생(심리학적인 자기희생과 더불어) 역시 지속적으로 존재하게 될 것이다.

여성은 자기희생이라는 십자가형에 처해 있다. 남성과 달리 여성은 명확히 문화적인 탁월함과 개성이 부정된다. 다른 측면에서 보자면, 바로 이런 사실 때문에 미치게 되는 것이다. 여성들의 광기는 그런 방식으로 또 다른 형태의 자기희생으로 전환될 수 있다. 그와 같은 광기는 어떤 의미에서는 여성이 성적·문화적으로 거세되는 강렬한 경험이며 힘을 향한 암울한 탐색이다. 그런 탐색은 종종 '망상'을 수반하거나, 물리적인 공격성, 광휘, 성욕, 정서적인 특성으로 드러나기도 한다. 이 모든 특질은 여성 지배적 문화에서라면 보다 잘 수용될 수 있을 것들이다. 여성에게서 나타나는 그와 같은 특질들이 가부장제의 정신병원에서는 두려움의 대상이고 처벌의 대상이 된다.

2장

―――

정신병원

광기의 모든 존재 ― 현재 우리는 그것에 대비하고 있다 ― 는
우리가 '부모 콤플렉스'라고 부르는 것에 의해 포위되었다. 가
부장제의 위세는 광기 주위에서 부활하고, [⋯] 따라서 비이
성에 대한 담론은 [⋯] 가족의 변증법과 연계될 것이다. [⋯]
광인은 소수로 남게 되고 이성은 오랜 세월 광인을 위해 아버
지의 면모를 간직하게 될 것이다. [⋯] 그[윌리엄 튜크(William
Tuke)*]는 부르주아 가족의 사회구조를 따로 떼어내 정신병원
에서 상징적으로 재구성하고, 이를 역사 속에 표류시켰다.

― 미셸 푸코[1]

정신병원

일찍이 16세기부터 여성들은 남편에 의해 정신병원(왕궁의 탑

―――――――――――

* 18세기 후반 광인 보호를 위한 격리수용소를 만든 정신과의사.

뿐만 아니라)에 '감금되었다'.[2] 17세기에 생긴 프랑스 최초의 정신병원 살페트리에르(Salpêtriére)에는 창녀, 임산부, 가난한 여성, 젊은 여성을 위한 특별병동이 설치되었다.[3]

매춘을 하는 궁핍한 여성들은 매우 끔찍한 성폭력과 신체적 폭력에 시달려왔음에 틀림없다. 망가질 대로 망가진 그들의 마지막 상태는 학대와 트라우마에 대한 정상인의 반응으로 받아들여지지 않았다. 사실, 요제프 브로이어(Josef Breuer)*가 최면을 걸었던 히스테리 환자 중 대다수는 위험한 삶을 살았던 매춘부였다.

19세기 말에서 20세기 전반에 걸쳐 정신과의사와 소설가가 연출한 광기의 초상은 주로 여성이었다. 오늘날은 역사상 그 어느 때보다 많은 여성이 정신의학적인 도움을 찾고 있다. 하지만 우리는 다음과 같은 사실을 잊지 말아야 한다. 첫째, 많은 남성 역시 그렇다는 점. 둘째, 정신과의사와 치료에 대한 희망도 늘어났다는 점이다.

어떤 비평가들은 '치료주의(therapism)'— 만성 질환이 돈을 지불하고 받는 요법에 의해 '치료'될 수 있다는 믿음 — 가 남성과 여성 가릴 것 없이 사람들을 점점 더 수동적으로 만들고 있다고 주장한다. 그들은 문제를 해결하는 데 있어서 스스로의 노력과 종교적·도덕적·인지적 접근 방식을 선호한다. 다른 한쪽에서는 '대화치료'만이 자신을 이해하고, 자신의 삶을 책임지는 데 도움을 줄 수 있다고 주장하기도 한다. 어쨌거나 남성보다 여성이 적극적으로 '도움'을 찾고, 자신의 감정과 문제에 대해

---

* 오스트리아의 의사이자 생리학자. 프로이트의 스승으로서 정신분석의 초석을 닦은 인물로 알려져 있다.

전문가와 상담하는 것을 편안해한다는 것은 명백하다. 학대로부터 벗어나고자 하는 소녀와 여성들이 구조의 손길을 찾는 경우가 점점 늘어나고 있다.

이와 같은 증가 추세는 여성의 성역할에 '도움 추구 행동(help-seeking)'의 본성이 있고 객관적으로 여성이 억압되어 있다는 맥락뿐만 아니라 최근의 사회적 맥락을 통해서도 이해될 수 있다. 전통적으로 대다수 여성은 광기와 출산의 의식을 보다 비가시적으로 — 집에서 — 수행했다. 그들의 눈물과 적개심에도 불구하고 여성들은 여전히 가정에서 필요로 하는 사람이었고 그래서 그곳에 갇혀 있었다. 반면, 이제 여성들은 과거 어느 때보다 오래 살게 되었고 남성들보다 긴 수명을 누리지만 점점 쓸모없는 인간이 되어가고 있다. 여성을 필요로 하는 곳은 점점 줄어들고 있으며 여성을 위한 공간은 없고 그들이 유일하게 '소속되는' 공간은 가정뿐이다. 최근에 이렇게 쓸모없어진 많은 여성들이 우울증, 불안, 공포증 또는 식이장애의 증상을 보이며 공공연하게 모습을 드러내고 있다.

정신병원의 가부장적인 속성은 미셸 푸코, 토머스 서즈(Thomas Szasz), 어빙 고프먼(Erving Goffman), 토머스 셰프(Thomas Scheff) 등에 의해 기록되었다.[4] 언론인, 사회학자, 소설가들은 환자는 초만원에다 돌봐줄 직원은 턱없이 부족한, 야만적인 공공 정신병원과 감옥, 병원이 미국에 널려 있음을 개탄하면서 기록하고 분석해왔다. 주립정신병원은 그때나 지금이나 가난하고 늙은 흑인, 라틴계 여성 같은 비범죄인들을 위한 '원주민 보호구역'이다. 이런 병원은 그 옛날의 구빈원처럼 앞날을 경고하는 유령의 역할을 하고 있다. 특히 초기 정신질환자나 일시적인 '정신질환 병력'을 가진 여성들에게.

정신병원이 보호시설의 역할을 한 적은 극히 드물다. 정신병원에서 벌어지는 만행은 계산된 것이든 우연한 것이든 간에 모두 '바깥' 사회의 야만성을 비추는 거울이다. 정기적으로 언론매체에 등장하는 그러한 시설에 관한 '추문'은 모든 잔혹한 행위가 그렇듯 일상적으로 엄연히 존재하는 일들이다. 광기 — 그렇게 이름 붙여지거나 실제로 그러하거나 간에 — 는 신성하고 예언적이거나 유용한 것으로 인식되지 않는다. 수치스럽고 위험한 질병으로 간주되며(또는 점점 더 그렇게 만들어지며) 악의에 차 있고 소모적인 웅변인 광기로부터 사회는 보호되어야 한다는 것이다. 최선의 경우, 정신병원은 부유한 백인 미국인을 위한 특급 호텔 또는 대학 기숙사 같은 곳이다. 그런 곳에서는 '비현실성'(또는 명철하게 깨어 있는 상태)으로의 일시적인 추락은 낙관주의라는 품위를 부여받고, 단기간의 입원 기간 동안 의사들은 비교적 진지하게 환자를 대한다. 최악의 경우, 정신병원은 관료화된 가족이다. 생물학적으로 아이와 같다고 인정된 이들(환자, 여자)은 익명성 속에서 자기 비하와 자아 박탈을 경험하게 되고, 그 때문에 낯선 아버지와 어머니들의 무고한 포옹을 받아들인다. 정신병원과 주립병원에서는 일반적으로 '치료', 프라이버시, 자기결정권이 최소화되어 있거나 아예 금지되어 있다. 이런 분위기 속에서 가엾은 환자들은 담배를 피우거나 돈을 쓸 수 있게 해달라고 요구하거나 과잉진료에 대해 항의하거나 정신과의사, 심리학자, 사회복지사, 간호사, 기타 병원에 근무하는 사람들이 정신역학적으로 '해석'하는 너무나도 현실적인 의료 문제에 대해 항의한다. 실험적이거나 전통적인 약물치료, 외과적인 수술, 전기충격요법, 인슐린 혼수치료*, 격리, 신체적·성적 폭력, 의료적 처치의 방기, 강제 노역

등이 일상적으로 강요된다. 정신과 환자들은 일반 환자나 범죄자들에 비해서 '인간적인' 대접을 받지 못한다. 어쨌거나 '미친' 사람들이기 때문이다. 그들은 '자기' 가족에게도 버림받거나 가족과 대화하는 것을 포기한다. 형편이 그러하니 그들에게 무슨 일이 일어나고 있는지 '말해주는' 사람은 아무도 없다.

정신병원은 가정 내 남성보다는 여성의 경험과 훨씬 가깝다. 『수용소Asylums』(문학과 지성사, 2018)라는 책에서 어빙 고프먼이 정신과 입원을 두고 범죄자의 투옥보다 훨씬 더 자아 파괴적이라고 말한 이유도 바로 그러한 속성 때문이다. 고프먼은 정신병원에 입원한 남자 환자들이 여성처럼 — 무기력하고 의존적이고 무성적이고 비이성적이며 '미친' 것으로 — 취급당함으로써 허약해지는 것을 염두에 두었다. 하지만 여자 환자가 여성처럼 취급당하면 어떻게 될까? 여성들은 이런 취급에 대해 이미 애증의 감정과 분노를 느끼고 있지 않을까?

'여성적' 역할에 적응하는 것은 여성의 정신건강과 정신질환 치료의 경과를 가늠하는 척도이다. 매사추세츠의 애틀린 런트는 환자는 "의식이나 대화가 있는 그대로 자연스럽게 흘러가도록 내버려두지 말고 억제해야 한다. […] 책을 읽거나 일을 할 때 '뿌리 깊은 미덕에 따라' 숙녀다운 옷차림을 하고, 곧은

---

*   한때 정신병 치료에 쓰였던 요법. 인슐린을 투여하여 저혈당 혼수를 일으키는 것으로, 적은 양에서 시작해 인슐린을 매일 조금씩 늘려간다. 인슐린 양이 늘수록 환자는 점점 처지다가 결국 잠이 들고, 나중에는 웬만한 자극에는 꿈쩍도 못하는 상태, 즉 혼수상태에 빠진다. 환자는 일정 시간 혼수상태를 유지했다가 당분을 주사하면 혈당이 올라가서 다시 깨어나는데 이때 한두 시간만 제정신이 돌아온다고 한다.

자세로 의자에 앉아야 한다. 그 결과 누군가가 '잘했다'는 칭찬과 함께 머리를 쓰다듬어 줄 것이다"라고 썼다. 메릴랜드의 마거릿 스타(Magaret Starr, 1904)는 이렇게 썼다. "나는 퇴원하기 위해 노력하고 있다. 나는 고분고분하다. 나는 부지런해지려고 노력한다."

경우에 따라 정신병원, 그리고 나중에는 주치의에게서 도움을 받았다는 여성도 있다. 예를 들어, 리노어 맥콜(Lenore McCall, 1937~1942)은 인슐린 혼수치료 덕분에 회복되었다고 썼다. 그녀는 또한 "놀라운 이해심과 불굴의 인내심, 그리고 오직 환자만을 염려했던" 간호사 덕분에 회복되었다고 말했다. 제인 힐라이어(Jane Hillyer, 1919~1923)는 정신병원에서 퇴원한 후, 주치의와의 상담 치료 덕분에 정신병원으로 돌아가지 않을 수 있었다면서 이렇게 썼다.

나는 처음부터 나에게 피난처가 생겼다고 느꼈다. 나는 모든 마음의 짐을 그의 발밑에 내려놓았다. […] 혼자서 나아가지 않아도 된다. 나는 마음을 꿰뚫어보는 듯한 그의 이해심을 한순간에 알아봤다. […] 나중에 말하길, 나를 처음 만났을 때 그는 마치 자신이 마법에 걸린 검은 숲에서 길을 잃은 땜장이의 딸을 발견한 동화 속 나무꾼이 된 듯한 느낌이었다고 했다. […] 현명한 요양 치료의 필요성은 아무리 강조해도 지나치지 않는다고 확신한다. […] 나의 안도감은 말로 표현할 수 없다. 만약 어떤 사람이 황폐한 세상 끝까지 가서, 길을 잃고 헤매는 영혼을 데려왔다면, 그 사람은 나무꾼이다.

맥콜과 힐라이어는 드문 경우에 해당한다. 정신병원에 입원한 대부분의 여성들은 다양한 방식으로 권력이 남용되었음을 기록했다. 아버지, 형제, 남편, 판사, 정신병원의 의사와 간병인들은 그들에게 허락된 일은 어떤 짓이든 했음을, 그리고 여성들에 대한 학대는 가족 내에서건 국가 기관에서건, 미국에서 한 세기가 넘게 지속되었음을 그들의 기록에서 알 수 있다.

남성에 비해서 여성이 정신병원과 같은 의료기관에 반복적으로 드나들게 되는 이유 중 하나는 끔찍하게도 여성들이 그곳을 '집처럼' 편안하다고 느끼기 때문이다. 또한 정도의 차이는 있을지언정 모든 여성은 여자아이로서 제대로 양육받지 못했고, 성인 여성으로서 남성에게 '보살핌' 받는 것을 거부당했기 때문이기도 하다. 그래서 그들은 보살핌을 갈망하거나, 적어도 주기적으로라도 한바탕씩 가짜 '보살핌', 즉 환자로서 보살핌 받는 것을 기꺼이 받아들이게 된다. 여성의 역할에 대해 양가적인 태도를 취하거나 이를 아예 거부하는 여성들은 그것의 궁극적인 결과로부터 구원받기 위해서 그처럼 위험천만하고 대담한 행동으로 처벌받기를 갈망한다. 많은 정신병원에서는 그런 여성들을 위협하고 처벌하거나 오도하여 진짜로 복종하게 만들거나 아니면 약삭빠르게 복종하는 것처럼 만든다. 일부 여성들은 그런 처벌(의존적인 태도를 만들어내는 환경)에 극도의 분노를 느끼고, 성역할 구분에 점점 더 격렬한 반응을 보인다. 그런 분노나 공격성이 계속되면 격리 수용이 가해지고, 몸을 옥죄는 구속복이 입혀지거나 진정제가 투여되고 전기충격요법이 실시된다. 해병대에 입대하거나 올림픽위원회에 의해 선수로 선발된 것도 아닌데 말이다. 네 명의 남성 의사가 『신경질환과 정신질환에 관한 저널 *Journal of Nervous and Mental Diseases*』에 발표한 연구보고서에는 31세 여성 '정신분열증' 환자의 공격적인 행동을 줄이기 위해 그녀가 "학대와 가혹행위를 당했다고 비난하거나, 말로 위협하거나, 공격적인 행동을 보일 때마다"[5] 전기가 흐르는 소몰이 막대로 어떻게 충격을 가했는지가 기술되어 있다. 그들은 자신들의 치료법에 '처벌 프로그램'이라는 이름을 붙였으며, "그 절차는 환자의 의지에 반하여 집행되었다"는 점을 언급하고 있다.

금욕은 정신병원에 있는 동안에 지켜야 하는 공식 명령이다. 환자들은 이곳에서 영원히 사춘기를 살도록 되어 있다. 정신병원에서 성욕과 공격성은 가족 내에서와 마찬가지로 두려움과 조롱과 처벌의 대상이다. 전통적으로 정신병원 병동은 성별 격리적(sex-segregated)이다. 동성애, 여성 동성애, 수음은 비하되었다. 하지만 여성이나 연약한 남성 환자에 대한 병원 관계자 또는 다른 환자들의 성적 학대가 만연했고, 자유롭게 선택된 성관계는 여전히 거부되었다.

정신병원의 여성 '지배적인' 분위기는 남녀 모두를 유아 시절로 (수치스럽게) 퇴행시키는 것을 의미한다. 그런데 성적인 억압의 영향은 아마도 남성 환자보다 여성 환자들에게서 더욱 다양하게 나타날 것이다. 주립병원의 거의 50퍼센트에 육박하는 남성 환자가 약물중독과 알코올중독이라는 사실을 기억해야 한다. 이들은 여러 가지 이유(경제적 궁핍, 가장으로서의 '책임감' 결핍, 수동성, 불안, 성기능 장애, 여성 혐오 등)로 인해 이성애적 성행위로부터 다소 위축된 집단이다. 여성들은 성적으로 이미 심각하게 혹은 완전히 억압되어왔다. 여성들은 '미침으로써' 그와 같은 억압과 무력감에 반발하거나 도피하려고 한다. 한편 남성 환자들은 '미침으로써' 강박적이고 공격적인 이성애적 성욕으로부터 달아나고 있는지도 모른다. 남성 환자들의 이성애적 성욕의 부재는 아마도 여성의 사례에서 보이는 것처럼 심리적·생리적으로 그들을 황폐화시키지는 않을 것이다.

여성 환자는 여자아이들처럼 다른 여성(간호사, 간병인)에 의해 철저하게 감시당한다. 여성 환자를 감시하는 이들은, 어머니와 마찬가지로, 병원 내 위계구조상 비교적 힘이 없으며, 그들의 (제멋대로인) 딸들을, 어머니와 마찬가지로, 그다지 좋아하지 않는다. 그러므로 이런 감시와 감독은 여자아이 같은 여성 환자를 강간과 매춘과 임신, 그로 인한 비난으로부터 보호해주지 못한다. 이것은 가족의 울타리 안에서나 바깥에서나 '어머니와 같은' 감시, 감독이 '현실' 세계에서 '여자아이로서의' 여성을 보호하지 못하는 것과 흡사하다. 정신병원 내 의료진 및 종사자, 그리고 남성 입원 환자들에 의해 여성 환자들이 강간당하고 임신하고 매춘하는 실태를 무수히 많은 언론이 수년에 걸쳐 보도해왔다. 그때마다 나는 이러한 다수의 여성들을 위해 증언에 나섰다.

여성의 사회적 역할과 정신질환적 징후 : 우울증, 불감증, 자살 시도

왜 여성들은 정신적으로 '불안정하고' 결국에는 입원하게 되는가? 왜 여성들은 심리치료를 받으려고 하는가? 현대 여성들에게 정신분열증이란 무엇이며, 정신질환이란 어떤 것이고, 이는 무엇에 관한 질환인가? 최근의 연구자들은 남성 역시 여성과 마찬가지로 사실상 "심리적으로 불안정하다"고 발표했다.

성별에 따른 사회적 스트레스의 크기는 별 차이가 없다. 그보다는 [각각의 성별은] 심리적 장애를 유발시킨 요소가 무엇이든지 간에 그에 대응하는 법을 다른 방식으로 학습하는 경향이 있다.[6]

이 진술에 동의하지 않는 것은 아니지만 몇몇 중요한 방식으로 단서를 달고 싶다. 상당수의 남성도 심각하게 불안정하다. 하지만 많은 남성이 불안 증세를 보인다고 해서 신경증적이라고 간주되거나 정신병원에 감금되어 치료받지 않는다. 이론적으로 본다면 모든 남성, 그중에서도 특히 백인이고 부유하며 나이 든 남성은 여성보다 훨씬 더 매우 불안한(혹은 불안하지 않은) 충동을 보이기 쉽다. 전반적으로 남성은 허용되는 행동의 범위가 여성보다 훨씬 더 광범위하다. 정신질환으로 입원하거나 또는 그런 꼬리표가 붙는 것이 사회에서 받아들여질 만한 행동으로 인정되는 것과 관련 있다고 주장할 수 있다. 즉 여성에게는 남성에 비해 훨씬 적은 행동이 허용되고, 그들의 역할 영역에 더 엄격하게 국한돼 적용되기 때문에 여성이 병적이거나 받아들일 수 없다고 간주되는 행동을 더 많이 저지르는 것처럼 보이는 것이다.

여성적인 도움 추구 행동 또는 정서적인 고민을 드러내는 것이 사회적으로 받아들여진다고 해서 그와 같은 조건 행동(conditioned behavior)*을 가치 있는 것으로 평가한다거나 호의로 대한다는 의미는 아니다. 오히려 그와는 반대이다. 남편과 의사들 모두 여성적이라고 여겨지는 그러한 행동을 성가시고 불편

---

*   자극이 결과와 연관되는 연상 학습의 유형을 말한다.

해하며, 고집스럽고 유치하며 포악하다고 느끼고 판단한다. 특정한 지점을 넘어서면 이러한 행동은 보상의 대상이 아니라 '관리의 대상'이 된다. 그런 행동은 불신, 연민, 정서적 거리감, 신체적 학대, 경제적·성적 박탈, 약물 투여, 충격요법, 정신질환 진단으로 이어진다.

구금에 가까운 정신병원 치료와 대다수 의사들의 반여성적인 편견을 생각했을 때 도움을 청하는 여성이나 증상을 가진 여성들은 사회적으로 용인된, 조건반사적인 자기파괴적 행동에 대해 사실상 처벌을 받고 있는 것이다. 전형적으로 '여성적인' 증상과 '남성적인' 증상은 인생 초반에 나타난다. 유아 시절 행동 장애 연구에 의하면 남자아이들은 공격성과 파괴적이고(반사회적인) 경쟁적인 행동 때문에 아동상담소를 찾는 반면, 여자아이들은 성격상의 문제, 즉 지나친 두려움과 걱정, 소심함, 수줍음, 자신감 결여, 열등감 등으로 찾아온다(드물기는 하지만 어쨌거나 여자아이들이 아동상담소에 오는 사례가 있다고 한다면 말이다). 자살 기도에서부터 인생 경험이 끔찍하게 쪼그라드는 것에 이르기까지 여성들의 자기파괴적이거나 '실패한' 행동은, 성장하면서 그야말로 충분히 처벌을 받는다. 여자아이는 순종, 복종, 모험심의 결여 등을 '성숙함'의 지표로 칭찬받는데,[7] 이와 유사하게 성별에 따라 유형화된 증상은 성인들에게서도 나타난다.

> 남성의 증상은 병적인 방종뿐만 아니라 타인에 대한 파괴적인 적대심을 훨씬 더 많이 드러내는 듯 보인다. 반면 여성의 증상은 가혹한 자기비판, 자기 비하와 종종 일련의 자기파괴적인 태도로 표출된다.[8]

남녀 정신병원 환자를 비교한 E. 지글러(E. Zigler)와 L. 필립스(L. Phillips)의 연구 결과에 따르면, 남성 환자는 여성 환자에 비해 훨씬 더 공격적이며, "절도, 강간, 음주, 동성애"[9]와 같이 사회적 일탈행위에 빠져드는 자신들의 충동에 탐닉하는 경향이 있다. 여성 환자들은 흔히 "자기 비하, 우울증, 착란, 자살 충동으로 인한 고통, 자살 기도"를 겪는 것으로 드러났다.

아마 이러한 사실은 아직도 여전할 것이다. 음주, 약물 복용, 타인을 향한 공격적인 행동에 빠져드는 여성 청소년과 성인들이 점점 더 증가하고 있지만, 일반적으로 대다수의 여성은 우울증, 불감증, 피해망상, 자살 기도, 공황장애, 불안증, 식이장애 같은 '여성적' 정신질환 증상을 드러내고, 남성들은 섹스중독, 알코올중독, 약물중독, 성격장애, 반사회인격장애, 뇌질환과 같은 '남성적' 질병을 드러낸다. '여성적' 증상으로 인해 여성이 입원하는 것에 비해 '남성적' 증상으로 남성이 입원하는 사례는 훨씬 적다. 전형적으로 여성적 증상은 한결같이 '행복에 대한 두려움'을 공유하고 있는데, 이것은 토머스 서즈가 만든 용어로서, '노예심리'를 특징 짓는 '간접적인 의사소통 방식'을 일컫는 말이다. 서즈는 이렇게 설명한다.

일반적으로 비교적 억압적인 상황(예를 들어 지배적인 남편에게 고통받는 아내)에서는 만족을 공개적으로 인정하는 것을 두려워하게 된다. 만족의 경험(즐거움, 흡족함)이 자신에게 더 큰 부담이 되어 돌아올까 봐 두려워 애써 참게 된다. […] 만족을 인정하기 두려워하는 것은 노예심리의 특징적인 속성이다. '제대로 착취당한' 노예는 피곤에 지쳐 쓰러질 지경이 될 때까지 노동을 강요당한다. 그의 일이 마무리되었다는 것은 그 일이 끝나서 휴식을 취할 수 있다는 의미가 아니다. 한편으로 그는 일이 끝나지는 않았지만 주인으로 하여금 일을 멈추도록, 그래서 자신이 휴식을 취할 수 있게 영향을 미칠 수는 있다. 만약 그가 금방이라도 쓰러질 것 같은 조짐을 드러낸다면 말이다. 그와 같은 조짐은 사실일 수도 연극일 수도 있다. 그것이 진짜건 (주인에 대한 '파업으로서' 행하는) 연극이건 간에 그가 피로와 기진맥진한 기색을 내보이는 순간 실제로 피로와 무기력한 느낌이 든다. 소위 만성적인 피로를 느끼는 사례의 대다수가 이런 메커니즘을 따르는 것으로 생각된다. 이들 대부분의 사례는 요즘은 거의 사용하지 않는 용어로, 이전에는 '신경쇠약'이라고 불리던 것이다. 만성피로나 탈진, 무기력 증상은 아직까지도 임상에서 자주 볼 수 있다.

정신분석학적으로 이런 증상은 '성격적 증상(character symptom)'으로 간주한다. 이런 증상을 가진 많은 환자들은 자신들의 굴종과 관련이 있는 사람에게, 그리고 끝이 없고 성공적이지도 못한 암묵적인 반란을 일으키도록 만드는 사람들에게 대항해 무의식적인 '파업'을 하고 있는 셈이다.[10]

'여성'을 '노예'에 빗댄 것은 결코 완벽한 비유가 아니다. 하지만 이 비유는 여성이나 성별 계급제(sex-caste system)를, 이후의 모든 계층과 인종 노예제의 원형으로 간주할 수 있는 이론적인 정당성을 어느 정도 갖고 있다.[11] 여성들은 아마도 또 다른 집단에 의해 노예화된 최초의 인간 집단일 것이다. 어떤 의미에서 '여성의 일'이나 여성의 심리적인 정체성은 노예제의 조짐과 '증상'을 드러내는 데 있다. 말하자면 여성의 일은 24시간 내내 부엌, 아이 방, 침실, 공장에서 일하는 것뿐 아니라, 아니 그런

일 대신에, 이런 증상을 드러내는 데 있다.[12]

우울증

여성들이 폐경기의 화학작용 때문에 우울증에 걸린다는 진단이 일반화되기 이전부터 여성들은 '우울증'에 걸렸다. 전국적인 통계와 연구조사에 의하면 모든 연령대에 걸쳐 우울증이나 조울증 환자의 비율은 남성보다 여성이 훨씬 높은 것으로 기록되고 있다.[13] 여성은 나이가 들수록 '우울증'에 더 시달린다. 나이가 들어감에 따라 이전에도 제한적이었던 성적 · 정서적 · 지적 성장의 기회가 더욱 줄어들기 때문이다. 사회학자 폴린 바트(Pauline Bart)는 중년 여성의 우울증을 연구하면서 그들이 '여성적' 역할을 전적으로 받아들였기 때문에 '우울증'에 걸린다는 사실을 알아냈다. 중년 이후에는 여성적 역할이 더 이상 가능하지도 필요하지도 않게 되기 때문이다.[14]

전통적으로 우울증은 '이상적인' 자아의 상실, 애증의 대상의 상실이나 자기 인생의 '의미'의 상실에 대한 반응(상실에 대한 표현)으로 인식되었다. 상실에 대한 반응으로서, 외부로 향했어야 하거나 외부로 향할 수 있었던 적개심이 자신의 내부로 방향을 돌리게 되어 우울증이 생긴다는 것이다. '공격성'보다는 우울증이 실망이나 상실에 대한 여성적 반응이다. 그런데 연구조사와 임상적 증거를 놓고 봤을 때 이러한 견해는 전체든 일부든 간에 논쟁의 소지가 다분하다. 우선 대부분의 여성이 어머니를 '상실했다' — 또는 한번도 진정으로 '가진' 적이 없었다 — 는 점에 주목하자. 여성에게 어머니의 상실은 남편이나 연인으로는 채워지지 않는다. 사회적으로 인정받는 단단한 '이상적' 자아를 발전시키는 여성은 거의 없다. 삶의 '의미'에 관심을 쏟는 일에 격려는 말할 것도 없고 허용조차 받지 못하는 여성이 대다수다(물론 많은 남성들도 그렇겠지만, 확실히 여성의 경우에는 대부분이 그렇다). 여성은 삶의 의미를 지탱하고 있는 실존적인 기반을 상실한다기보다 '여성'이라는 직업을 잃는 것이다. 이런 의미에서 여성은 그들이 결코 가져본 적이 없었던 것을 '상실할' 수 없다. 또한 10장에서 논의하겠지만, 여성은 '이기기' 위해 '지도록' 조건화되어 있다.

　여성은 그들이 결코 가질 수 없었던 것에 대해 언제나 애도의 상태에 머물러 있다. 또는 백마 탄 왕자님이든 직접적이고 세속적인 권력이든 간에 그들이 현재 가질 수 없거나 너무나 짧은 순간밖에 가질 수 없었던 것에 대해 애도한다. 대다수 여성들은 이러한 애도를 성적·육체적·지적인 활동을 통해 철학화하거나 무시해버리거나 화를 내 풀어버리지 못한다. 여성의 우울증이 임상적인 문제로까지 커져도, 불행히도 역할 면제나 역할 유예로 기능하지 않는다. 때때로 '우울증에 시달리는' 여성들은 그러지 않는 여성들보다 언어상으로는 오히려 훨씬 덜 '적대적'이고, 덜 '공격적'이다. 그들의 '우울증'은 '여성적' 역할에 대한 지독한 신념을 지키는 방식일지도 모른다.[15] '우울증' 환자는 사실상 '정상적인' 통제집단(대조군)보다 언어상으로는 훨씬 덜 적대적이었으며 — 그들의 언어적인 적대감과 '원망'은 병세가 '호전'됨에 따라 훨씬 더 줄어들었다. 즉 임상 및 자기평가에 따르면 '우울감'을 점점 덜 느끼게 되었다. 앨프리드 프리드먼(Alfred Friedman)은 필라델피아 지역 내 우울증으로 입원했던 534명의 백인 환자를 연구했다. 그중 71퍼센트가 평균 42세에 고등학교 중퇴 학력을 가진 중년 여성이었다. 이들 여성 환자 중 89퍼센트가 결혼을 했거나 한 적이 있었다(남성 우울증 환자는 여성 우울증 환자들보다 언어적으로 훨씬 적대적이었다). 조사 결과에 대한 프리드먼의 해석은 다음과 같다. '우울한' 사람들은 대체로 언어적인 적대감을 거의 표현하지 않으며 다른 형태의 적대감마저도 거의 표현하지 않는다. 그들은 '통상적인 방어기제가 무너졌을' 때에야 비로소 '우울증'에 시달리게 된다.

적대감을 표현하는 게 적절한 순간에도 그것을 자연스럽게 언어로 표출하지 못하는 그들[우울증 환자]의 무능력이 우울증에 걸리게 만드는 한 원인이다. 배우자나 연인 등 가까운 사람의 '나쁜' 점을 부정하고 그들을 선택적으로 평가하면서 의식적으로는 화를 참거나 우울해하지 않으려는 경향은 불안하거나 우울한 반응을 피하려는 방편일 수 있다.

(일반 여성과 마찬가지로) '우울한' 여성은 오로지 언어적으로만 적대적이라는 사실에 주목하는 것이 중요하다. 대부분의 남성들과 달리 그들은 자기 인생에서 중요한 사람에게는 간접적이든 직접적이든 물리적으로 자신의 적대감을 표현하지 않는다. 여성 입장에서 물리적으로 폭력적인 반응을 보이는 것보다 '우울한' 것이 더 안전하다. 물리적으로 폭력적인 반응을 보이는 여성들은 친밀한 남성과의 몸싸움에서 대체로 진다. 그러면서도 상대 남성에 의해 '여성답지 않은' 데다 '미친' 여자로 취급되어 버림받게 된다. 이후 빈번히 정신병원에 감금될 뿐 아니라 범죄자로 투옥되는 경우도 있다. 또한 신체적으로 강하거나 잠재적으로 공격적인 여성들이 '우울증'에 시달리는 여성들

보다 차선책의 보상을 얻어낼 수 있는 가능성은 더욱 희박하다. 가족은 그들을 동정하고 연민을 느끼면서 '보호해주려고' 하기보다 두려워하고 싫어하며 버리려고 할 것이다. 정신과의사와 정신병원 역시 이와 유사한 행동을 취할 것이다. 적대적이거나 폭력성이 잠재된, 힘없고 억압받는 여성(남성)은 윤리적으로나 법적으로 거의 대우를 받지 못한다.

이미 언급했듯이, 오늘날에는 새로운 진단 범주(치료법)가 많이 생겨났다. 예를 들어, 강간외상증후군, 피학대여성증후군, 외상후스트레스장애 등. 강간, 근친상간, 또는 폭행을 당한 여성들의 폭력성과 증오는 흔히 우울증으로 이어지는데, 상황에 따라 나타났다가 지나가기도 하지만 평생 가기도 한다.

나는 1974년에 전국여성건강네트워크(National Women's Health Network)를 공동 설립했다. 이 단체는 지금까지도 운영되고 있다. 처음 활동은 여성 전용 약물의 위험성, 특히 경구피임약의 위험성에 초점을 맞췄다. 시간이 흐르면서 월경, 임신, 폐경기의 문제에 관심을 기울이게 되었다. 처음에 페미니스트들은 여성의 신체 또는 여성의 생식과 관련된 자연스러운 생활주기에서 비롯되는 현실이 병리화되거나 정신질환으로 진단되기를 원하지 않았다.

하지만 조울증에서 볼 수 있는 '감정기복'이나 분노, 우울증은 보통 여성의 월경 주기나 폐경기와 관련이 있고, 다양한 약초나 약물치료로 완화될 수 있다는 사실이 점차 명백해졌다. 더불어, 산후우울증은 상상이 아닌 실제로 존재하는 증상이고, 인지하지 못하거나 치료하지 않으면 잠재적으로 위험한 결과를 가져올 수 있다.

2003년, 미시건대학 연구원 실라 마커스(Sheila Marcus)는 임산부 다섯 명 중 한 명이 정신과치료에도 불구하고 치료되지 않는 우울증으로 고통받는다는 사실을 발견했다. 호르몬 변화, 경제적인 문제, 대인관계 스트레스, 이전의 트라우마, 우울증에 대한 유전적 소인 등 많은 요인이 연관되어 있을 것이다. 어떤 의사들은 임산부에 대한 약물치료를 꺼리지만 어떤 의사들은 항우울제가 태아에게 부정적인 영향을 끼치지 않는다는 사실을 밝혀냈다.

매사추세츠 종합병원 여성정신건강센터에 따르면, 출산 후 85퍼센트에 달하는 여성이 일종의 기분장애나 산후우울증을 겪는다고 한다. 아이를 낳은 후 48~72시간 안에 증상이 나타나는데, 이런 '우울감'은 주로 짧게 지속되며 지극히 정상이라고 할 수 있다. 산모는 슬픔과 죄책감을 느끼고, 무기력과 집중력 저하를 겪는다. 감정기복과 식이장애, 불안감과 함께 수시로 눈물을 흘리고, 화를 낸다. 또한 수면장애로 고통받고 자살 충동에 시달린다. 보통 몇 주 동안 이런 증상이 계속된다. 흥미롭게도, 이런 증상을 보이는 많은 여성들이 특정 위험 인자 때문에 고통받는다. 예를 들어, 그들은 과거에 임신을 했을 때나 평소에 우울증을 경험한 바 있다. 아니면 최근에 매우 스트레스를 받았거나 배우자와의 불화와 사회적 지원의 부재로 어려움을 겪고 있을 수 있다.

여성의 10~15퍼센트가 그보다 더 심각한 우울이나 불안 증상을 나타내는데, 그 경우 증상은 좀 더 오래 지속된다. 또한 천 명 중 한두 명은 자신이나 혹은 자신의 아이를 죽이라는 환청에 시달리는 등의 산후정신병으로 고통받는다. 산후우울증은 단기치료로 효과를 볼 수 있지만 산후정신병은 그렇지 않다. 두 경우 모두 올바른 투약치료가 필요하다.

불감증

> 은밀한 성적 욕구불만의 비축자, 아내.
>
> — 조앤 디디온[16]

여성의 불감증에 대해서는 정치적인 이유와 관련해 무수한 정보가 유포되어 있다. 말하자면 여성은 여성의 성적 자율성과 출산의 자율성에 대한 공포와 혐오, 혼란을 조장하는 가부장제 아래서 남녀 모두로부터 성적으로 억압받고 있다는 것이다. 남근 숭배는 신화, 회화, 조각, 심지어 현대의 침실에서 착실히 재현되고 있다. 이에 비해 클리토리스 숭배 또는 비생식적 질 숭배는 재현된 적이 없다. 여기서 이 점을 검토하거나 반복하고자 하는 것은 아니다.

임상 사례들과 심리학적·사회학적 조사 연구 그리고 우리 자신의 삶을 돌아보면 20세기의 대다수 여성들은 오르가슴을 느끼지 못했거나, '제대로 된' 오르가슴 혹은 그 어떤 형태의 오르가슴도 흔히 또는 쉽게 경험하지 못했음을 알 수 있다. 낭만적 일부일처제, 법적인 매춘, 자기 비하 속에서만 오르가슴을 느꼈거나, 아니면 의도적으로 많은 '학습'[17]을 한 후에야 비로소 오르가슴을 느꼈다고들 한다. 심리학자 마리 로빈슨(Marie Robinson)은 여성의 적절한 오르가슴을 최대 3분 동안 무아지경이 될 수 있는 상태로 특징지었다. 중세의 마녀 사냥꾼과 근대의 과학자들은 여성을 성적으로 '만족할 줄 모르는' 존재로 간주했다. 한편 여성은 오르가슴보다는 사랑이나 모성, 아름다운 은식기를 더 필요로 한다고들 했다.[18] 그럼에도 (즉각적인 쾌락에 점차로 탐닉하는 경향과 결합한) 정신분석학적 전통은 여성의 '신경증'과 심지어 '정신병'마저 성적인 억압에서 기인한 것으로 간주해왔다. 결과적으로 대다수 임상의들은 여성 환자들이 이성애 중심 오르가슴에 '도달하도록' 열심히 도와주려고 했다. 대체로 남성에 의해 강화되고 상상된 여성의 역할을 — 아내와 어머니로서 성모마리아 혹은 지상의 여신으로서의 막달라 마리아처럼 — 즐겁게 혹은 철학적으로 수용하도록 충고해줌으로써 말이다. 심지어 성 해방의 선구자인 빌헬름 라이히(Wilhelm Reich) 같은 사람마저 질 에로티시즘(vaginal eroticism)을 최고로 여기고, 양성애나 여성 동성애를 '퇴행적'이거나 '유치한' 것으로 간주했다.

대부분의 임상의들은 여성의 성적 자기규정에 필요한 사회정치적(심리적) 조건에 관해 깊이 생각하지 않았다. 남성들이 생산과 재생산의 수단을 통제하고 있는 한 여성들은 결코 성적으로 자신을 실현할 수 없을 것이다. 여성들은 자신의 성(또는 성적 쾌락을 위한 그들의 능력)을 경제적인 생존 및 모성과 맞바꾸어왔다. 익히 알다시피 여성의 불감증은 그와 같은 맞교환이 없어져야만 없어질 것이다. 매춘, 강간, 가부장적인 결혼이 혼외 임신, 강요된 모성, 비모성적인 부성, 나이 든 여성의 성적 박탈과 같은 개념(관행)과 더불어 존재하고 있는 한, 여성들은 '성적'일 수가 없다. 정신분석학적인 관점에서 볼 때 여성의 불감증은, 여자아이들이 불감증을 겪지 않고 있는 여자 어른에게 돌봄을 받고, 그런 어른들을 보고 자랄 때 없어지게 될 것이다.

이 책을 처음 쓴 이후로 몇몇 사실들이 변했다. 자신과 자녀들에게 가해지는 폭력으로부터 자유로워지기를 원하는 여성들, 성적인 친밀감을 포함한 동반자적 친밀감을 원하는 여성들이 이혼을 택하는 경우가 점점 더 많아졌다.

역사적으로 왕족이나 지배계급의 여성도, 가난한 여성도, 혼외정사나 쾌락을 위한 섹스를 했다. 오늘날의 많은 중산층 여성들 또한 마찬가지다. 오르가슴에 도달하는 데 있어서 전희의 중요성과 클리토리스의 역할을 잘 이해하고 있다. 게다가 페미니즘 시대 그리고 포스트 페미니즘 시대의 여자아이들과 여성들은 자신보다 어린 남성 또는 여성과의 동성애, 양성애, 다자간 이성애, 그리고 섹스를 경험했다.

같은 시기에 미국과 제3세계에서 에이즈 감염자를 포함한 많은 남성들이 점점 더 어린 여성 그리고 어린아이들과의 무방비적인 성관계를 고집해왔다. 그들은 자신의 상대에게 무시무시한 에이즈 바이러스를 감염시켰다.

남성의 성욕과 탐욕이 전 세계적으로 여자아이들과 여성에 대한 끔찍한 인신매매를 조장해오고 있다. 1970년대 초 방글라데시에서 강간은 — 공공연한 장소에서 자행되어 비디오에 녹화된 윤간을 포함해 — 전쟁의 무기가 되었다. 1990년대 보스니아와 알제리에서, 가장 최근에는 르완다와 수단에서도 마찬가지다. 그곳에서 여성들은 생식기를 훼손당하고, 질이 꿰매어졌다. 이는 곧 윤간이 매우 심각한 결과를 초래할 수 있는 물리적 고문과 마찬가지라는 의미이다.

기독교 공동체는 금욕, 순결, 결혼생활을 통한 성생활만을 설교해오고 있다. 무슬림 공동체는 일부다처제, 축첩제도, 여성 할례, 성노예를 포함한 노예제를 허용하고 있다. 유대교 공동체는 거의 천 년 전부터 일부다처제를 금하고 있지만, 매춘을 하거나 간통을 한 남성을 처벌하지는 않는다. 반면 독실한 유대교 여성이 그와 같은 일을 행하거나 그러한 혐의를 받는 것만으로 이혼을 당할 수도, 자녀의 양육권을 잃을 수도 있으며 공동체에서 배척당할 수도 있다.

『여성과 광기』를 쓰고도 30년이 넘도록 동성애 혐오가 존재해왔지만, 정신건강 전문가들은 동성애, 양성애, 여성 동성애는 정신적인 질병이 아니고, 어떤 경우에는 성전환수술이 심리적 고통을 완화시켜줄 수 있다고 결론을 내렸다. 근친상간, 강간, 알려진 치유책이 없는 소아성애증에 대해서도 이전보다 더 많은 사실이 밝혀졌으며 많은 남성 성범죄자들이 어린 시절, 주로 자신의 아버지에게 물리적·성적 트라우마를 겪었다는 사실 또한 폭넓게 공유되고 있다.

일부 성인 여성들이 그렇듯, 십대 여자아이들도 오르가슴을 느끼는 데 어려움을 겪고 있다. 성적 트라우마를 겪거나(특히 전쟁 지역에서) 지독하게 학대당한(특히 이슬람 국가에서) 여성들에게 자살은 일상화되어 있다.

자살 시도

나는 그 일을 또다시 감행했다.
10년에 한 번씩
나는 그 일을 했다.

[…]

죽어가는 것은
다른 모든 것과 마찬가지로 예술이 아닐까.
나는 그 일을 유난히 잘한다.

그것을 하면 지옥처럼 느껴진다.

그것을 하면 진짜처럼 느껴진다.

아마 당신은 내가 부름을 받았다고 말할 수도 있겠지.

독방에서 그 일을 하는 건 너무 쉽다.

그 일을 하고 그대로 있는 건 너무 쉽다.

그건 연극적이다.

대낮에 되돌아오길

— 실비아 플라스[19]

　과거에는 남자들은 행동을 하는 반면 여자들은 제스처를 취했다. 남성과 여성 모두 분리된 어휘에 갇혀 있었다. '남자답게' 남성은 자신을 죽이거나 아니면 다른 사람을 죽인다, 실제로. 여성은 남성에 비해 훨씬 더 자주 물리적으로 자신을 죽이려고 시도하지만 훨씬 더 자주 실패한다. 자살은 비정치적인 사건이 아니다. 계급(성별과 인종의 계급)의 정치가 미국의 자살 패턴을 형성하고 있다. 미국에서 자살 시도의 69퍼센트는 여성이지만 자살 성공률의 70퍼센트는 남성이 차지한다는 연구 결과가 있었다.[20] 또한 가정주부가 '자살 기도와 자살 성공'이라는 단일 항목에서 가장 높은 비율을 차지하는 것으로 밝혀졌다. 게다가 배우자를 잃었을 때 여성의 경우 자살 성공이 자살 미수에 비해 5배(20퍼센트 대 4퍼센트) 많은 데 반해 남성의 경우는 2배(6퍼센트 대 3퍼센트)였다. 「청소년 및 청년층 자살 실태」라는 정부 발행 팸플릿에 의하면 학생 연령의 자살 시도는 여성이 남성보다 훨씬 빈번하지만 성공률은 남성이 월등히 높다.[21] 15세에서 25세 사이의 비백인 남성들이 가장 높은 자살률을 기록했다.

물리적인 행동 — 심지어 자기 생명을 빼앗는 아주 절묘하게 사적인 행동 — 은 여성들에게 대단히 힘들다. 여성의 조건화된 행동은 정신적이고 정서적인 자기파괴에서 보다 편안함을 느끼도록 규정되어 있다. 여성은 혼자서 혹은 여성(스스로)의 손으로보다는 다른 사람이 있는 가운데서 혹은 남성의 손으로 자신의 육체성을 경험하도록 — 그것이 폭력적이고 파괴적이거나 즐겁거나 간에 — 조건화되어 있다. 여성의 자살 시도는 현실적으로 '도움을 요청'하거나 적개심으로 다른 사람을 불편하게 만들기보다는, 무력한 목을 드러내놓음으로써 자기희생을 위한 제례의식을 준비하고 있음을 보여주는 신호이다. 여성의 눈물과 마찬가지로 여성의 자살 시도는 체념과 무기력을 구성하는 근본적인 행동이다. 이것만이 일시적인 구원 아니면 부수적인 보상을 얻어낼 수 있기 때문이다. 그런데 스스로를 죽이려고 시도한 여성들이 반드시 친절한 대우를 받는 것은 아니다. 자살 시도는 '여성성'의 숭엄한 제례의식이다. 이상적으로 말해 여성은 '이기기' 위해 '지는' 것으로 여겨지기 때문이다. 자살에 성공한 여성은 비극적인 방식으로 자신의 '여성적' 역할을 넘어서거나 거부하는 것이다. 어떤 대가를 치르고서라도 말이다. 심지어 죽음까지 불사하면서.

세 가지 연구가 밝힌 정신분열증

정신분열증이나 광기는 우울증이나 불안증과 같은 여성적 증상과 본질적으로 다르다. 남녀 모두에게 있어 정신분열증은 언제나 자신의 성별과 반대되는 행동까지도 보이게 만든다. 예를 들어 여성 정신분열증 환자는 여성 우울증 환자에 비해 적대적이거나 폭력적인 행동을 서슴없이 드러내고, 공공연하게 성적 쾌락(양성 쾌락)을 드러내기도 한다. 하지만 자기 자신의 지각을 불신하고, 열등감과 무력감을 느끼고, 의존적이라는 점에서는 두 집단 모두 '여성적' 특성을 공유한다. 정신분열증이 여성을 위한 권력의 입구가 아닌 것과 마찬가지로, 우울증, 편집증, 난혼, 불감증, 식이장애, 자해, 공황 발작, 자살 시도와 같은 '여성적' 질병 역시 그렇지 않다. 이러한 '장애'는, 입원을 하든 하지 않든 여성의 역할 의식이 되고, 대다수 여성들이 그 의식을 수행한다. 앞으로 살펴보겠지만 '치료' 여부나 방식과는 별개로 이러한 의식들은 나이, 계급, 인종과 상관관계에 있다.

30~40년 전에 심리학자들은 매우 흥미로운 방식으로 '정신분열증'을 논의했다. 성역할의 소외 또는 성역할의 거부와 관련해서 말이다. 셜리 앵그리스트(Shirley Angrist)는 정신병원에 입원 후 퇴원했다가 재입원한 여성 환자와 그러지 않은 여성 환자를 비교 분석했다.[22] 그 결과, 재입원한 여성들은 청소, 요리, 자녀 돌보기, 장보기와 같은 '가사'를 수행하기를 거부했다는 점을 밝혀냈다. 그들은 여행, 사교활동, 유흥 같은 여가활동을 기꺼이 즐기려고 한다는 점에서는 이전에 정신질환을 앓았던 환자들과 전혀 다를 바 없었다. 앵그리스트의 말에 따르면, 재입원한 여성은 그러지 않은 환자에 비해 비교적 "중산층에 가깝고 결혼 횟수가 많았다". 게다가 아내를 재입원시킨 남편들은 아내가 정상적으로 생활하는 것에 대한 기대가 상당히 낮은 것으로 나타났다. 그들은 최소한의 집안일이 유지되는 한에서라

면 극도로 어린아이 같고 의존적인 아내의 태도—끝없는 불평과 비일관성—를 잘 견뎌내는 편이었다. 그런 남편들은 아내의 '욕설'과 '저주', 그리고 폭력으로 이어질 수 있는 '분노발작'에 대단히 불안해하고 못마땅해했다.

앵그리스트는 『치료 후의 여성들Women After Treatment』이라는 책에서 퇴원 초기와 후기에 재입원한 환자들을 이른바 '정상'이라고 불리는 가정주부 통제집단과 비교했다.[23] 정신건강에 관한 이중적인 기준은 '정상적인' 여성을 '비고용 상태의' 가정주부로 정의하는, 방법론적이고 이데올로기적인 관행을 설명해준다. 앵그리스트는 가사노동의 수행 면에서는 정신병원으로 되돌아온 여성과 되돌아오지 않은 여성 사이에 근본적인 차이가 사라졌음을 알아냈다. 재입원 여부와 관계 없이 이전에 정신질환자였던 여성 모두가 '정상적인' 가정주부들에 비해 가사를 제대로 수행하지 못했다. 보다 정교한 데이터를 위해 앵그리스트는 연구 대상자들의 교육 수준, 나이, 인종, 사회적 지위, 결혼 여부 등의 조건을 제어함으로써 가사노동 수행 면에 있어서 차이를 제거했다. 이전에 환자였던 여성과 '정상적인' 가정주부 사이의 차이를 '심리적인' 영역으로 한정한 것이다. 적어도 앵그리스트가 제공한 정보에 따르면 말이다. 이전에 환자였던 여성은 재입원 여부와 관계 없이 정상적인 가정주부보다 욕설을 자주 퍼붓고, 공격적인 행동을 좀 더 자주 시도하며, 술에 취하고, 사람들을 '만나지' 않으려 하고, '성적으로' 방정하지 못했다. 즉 '여성적'이기보다는 좀 더 '남성적'이라고 간주되는 행동을 했다. 그와 더불어 피로감, 불면, 알약 복용과 일반적인 '무기력'과 같은 '여성적인' 행동 또한 보여주었다.

흥미롭게도 이전에 환자였던 여성과 가정주부 모두 공통되게 특정한 행동(부정적으로 간주되는 행동)을 보였다. 앵그리스트는 다음과 같은 점에 주목한다.

통제집단인 정상적인 가정주부 중 다수가 실험집단인 이전에 환자였던 여성들과 유사한 행동을 보인다는 보고는 대단히 놀랍다. 46퍼센트가 불안해하고, 59퍼센트가 탈진 상태이며, 60퍼센트는 긴장되고 초조하다고 했고, 57퍼센트는 '불만이 많다'고 했다.

두 집단의 남편과 어머니들은 그 여성들을 다음과 같이 묘사했다.

이야기할 때 말도 안 되는 소리를 한다. 걷거나 앉거나 서 있는 것이 어색하다. 주위를 초조하게 맴돈다. 환청을 듣는다고 한다. 자해하거나 자살하려고 한다. 옷을 입을 때 거들어주어야 한다. 성질이 사납다. 자기 주변에서 무슨 일이 벌어지고 있는지 모른다. 그곳에 없는 사람을 본다고 말한다.

프랜시스 치크(Frances Cheek)는 '뜻밖의 결과물: 성역할과 정신분열증'이라는 제목의 매우 흥미로운 연구 결과를 발표했다.[24] 치크는 15세에서 26세 사이의 남녀 '정신분열증 환자'를 '정상인'과 비교하면서 수동성, 틀어박히기, 감정적으로 부자연스러운 행동 등 정신분열증의 전형적인 특징이 관찰되리라 기대했다. 그는 주로 환자와 그의 부모가 나누는 대화를 관찰하고 평가했는데, '지배적'이거나 '공격적'이라고 평가했던 과제 행동에는 대화의 주제에 대한 해명이나 의견이 제시되었다. 여성 정신분열증 환자는 부모와의 관계에서 정상 여성(남성)이나 남성 정신분열증 환자보다 지배적이고 공격적이었다. 남성 정신분열증 환자는 수동적인 행동, 즉 보다 '여성적인'(혹은 정신분열증인) 행동을 보였는데, 정상 남성들에 비해서는 물론이고 심지어 여성 정신분열증 환자보다도 더욱 여성적이었다.

중요한 것은 남성 정신분열증 환자는 적대감이나 견해 차이를 드러내는 것과 같은 부정적인 사회 정서적 행동을 표현하는 데에서는 정상 남성과 대단히 흡사했다는 점이다. 일례로, 이전에 정신분열증 환자였던 한 남성은 다양한 정신병 환자 해방 프로젝트에 참가했다가 여성에 대한 지나친 적대감이나 무관심을 의식하고 그로 인해 고통받았다. 반면 여성 정신분열증 환자는 정상 남녀 또는 남성 정신분열증 환자들보다 정서적으로 덜 '부정적이었다'. 그럼에도 불구하고 여성 정신분열증 환자는 그들의 부모로부터 모든 집단 중에서 '가장 순응시키기 힘들다'고 인식되었다. 부모는 그들이 어린 시절 (여자애치고) 유별나게 '활동적'이었다고 기억했다. 여기서 '활동적'이라는 것은 단지 신체적 혹은 공격적 행동뿐만 아니라 인식적, 지적, 언어적 태도까지를 포함하는 것일 수 있다. 즉 정신분열증 여성들은 여성적 역할의 한 측면을 구체적으로 거부함으로써 가족 내 갈등을 야기했고 결국 정신분열증이라는 꼬리표와 함께 감금당하게 되었던 것이다.

치크는 르타이외르(M. Letailleur)의 초기 연구를 언급했다. 이 연구에서 르타이외르는 "지나치게 활동적이고 지배적인 여성과 지나치게 움직임이 없고 수동적인 남성은 문화적인 변종이며, 따라서 입원시켜야 한다"고 말한다.[25] '수동적인' 여성 정신분열증환자는 '활동적인' 남성 정신분열증 환자들처럼 어린 나이에 입원하지 않았다. 르타이외르는 '역할 전도'가 이 질병이 진행되도록 기능한다고 생각한다. 치크 박사가 '역할 전도'나 '역할 거부'라고 부른 것은 '미쳤거나' '부분적으로 미쳤음'을 의미할 것이다. 하지만 '역할 거부'는 적절한 용어가 아니다. 남성 정신분열증 환자는 여러 면에서 정상 남성과 유사했다. 여성 정신분열증 환자는 '정상' 여성과 유사했으며 심지어 정상 여성보다 더욱 '여성적'이었다. 따라서 '역할 거부'보다는 '성역할 소외(sex role alienation)'가 보다 적합한 용어인 것 같다. 성역할 소외는 데이비드 매컬랜드(David C. McClelland)와 노먼 와트(Norman F. Watt)의 연구에서 사용된 바로 그 용어이다.[26]

매컬랜드와 와트는 '정상' 통제집단과 20세에서 50세에 이르는 남자 스무 명, 여자 스무 명의 정신분열증 입원 환자를 비교하는 실험을 진행했다. '정상' 통제집단에는 '고용된' 남성과 여성 그리고 '비고용된' 전업주부가 포함되었다. 이 연구는 의식적인 태도와 선호도, 자기 몸에 대한 태도, 환상, 이야기 전개 방식, 추상적이고 기하학적인 형상에 대한 선호도를 측정했다 (이 척도의 대부분은 이미 '정상인' 사람들을 표준으로 삼았으며, 성차가 분명하게 부각된 것이었다). 연구 조사자들은 여성 정신분열증 환자에게서 보다 '남성적인' 행동과, 남성 정신분열증 환자에게서 보다 '여성적인' 행동의 일반적인 패턴을 발견했다.

이 연구의 방법론에 대해서는 비판의 여지가 많지만, 연구의 결과물은 근본적으로 타당하다. 예를 들면 여성 정신분열증 환자는 대체로 정상 남성들이 좋아하는 추상적이고 기하학적인 형상에 '개입하고', '이해하는' 것을 상당히 선호했다. 반면 그들은 정상 여성 통제집단에 비해 '자상함'과 '친화력'이 부족

　　　　　　　　　　　　　　　　　2장 정신병원

했다. 이런 관점에서 볼 때 여성 정신분열증 환자는 정상 혹은 정신분열증 남성과 그다지 다르지 않았다. 여성 정신분열증 환자는 역할극에서 '남자' 역할을 선택했다. 그들은 '마녀'보다는 '악마'가 되기를 좋아했으며, '비서'보다는 '경찰관'이 되기를, '암소'보다는 '황소'가 되기를 원했다. 안타깝게도 매컬랜드는 전업주부 통제집단 역시 가정의 역할극에서 상대 성역할(남성 역할)을 상당히 선호한다는 점은 간과했다. 이 실험에서 투우장에서 투우하는 사진을 보여주었을 때, 여성 정신분열증 환자는 '정상' 남성과 같은 반응을 보였다. 가령 그들은 투우를 죽이고 싶다고 말했다. 한편, 남성 정신분열증 환자는 '정상' 여성과 같은 반응을 보였는데, 그들은 투우장에서 달아나고 싶다고 말했다.

무엇보다도 이 연구의 가장 의미심장한 결과물은 자신의 다양한 신체 부위, 즉 입술, 얼굴, 팔꿈치, 체모, 손 등과 같은 신체 부위에 대한 만족 혹은 불만족에 관한 평가이다. 여성 정신분열증 환자는 정상 여성이나 남성 정신분열증 환자와 비교했을 때, 자신의 '여성적인' 외모에 그다지 민감하게 반응하지 않았다(3장에서 살펴보게 되겠지만, 이 점은 그들이 정신병원에서 퇴원하게 되는 것과 관련해 대단히 중요한 사실이다). 정상 남성의 50퍼센트가 자신의 남성적인 혹은 '힘 센' 신체 부위에 만족하는 것과 달리, 여성 정신분열증 환자는 69퍼센트가 자신의 신체에 만족했다. 이 점은 여성 정신분열증 환자가 정상 남성보다 (언어적으로) 훨씬 더 '지배적'이었다는 치크의 연구 결과와 비교해봐야 한다. 매컬랜드와 와트는 여성 정신분열증 환자의 행동 결과를 언제나 남성 정신분열증 환자의 행동 결과와 비교하지는 않았다. 여성 정신분열증 환자는 '여성적' 역할의 특정 지위를 버렸을 뿐 아니라, 정상 남성보다 더욱 대담하게 특정한 '남성적' 지위를 선택했기 때문에 얼마나 많은 여성 정신분열증 환자가 '위협적인지' 평가하기가 어렵다. 주목해야 할 점은 남성 정신분열증 환자는 정상 남성처럼 자신의 남성적인 신체 부위에 '만족'하는 한편 정상 남성에 비해 자신의 여성적인 신체 부위나 외모에 좀 더 '만족'해했다는 것이다. 여성 정신분열증 환자는 자신의 몸에 관해 ─ 적어도 언어상으로나 환상 속에서, 혹은 검사를 하는 동안 ─ 눈에 띄게 '남성적인' 방식으로 이야기했다. 매컬랜드와 와트는 몸에 대한 관심이 "정체성을 표현하는 원초적이고 무의식적인 방식"이며, 여성 임금노동자의 '고용'이나 '지적인 자기주장'과 같은, 보다 부차적인 성역할 전도 행동보다 앞서는 것으로 봤다.

연구 조사자들은 자신의 모든 신체 부위에 관해 정신분열증 남성들보다 정신분열증 여성들이 훨씬 더 '무관심'하다는 사실 앞에서 혼란스러워한다.

그 자체만 놓고 볼 때 그와 같은 무관심은 장기간의 입원 탓이라고 할 수 있다. 하지만 이런 설명은 정신분열증 남성들에게서 나타난 다른 결과를 설명할 수 없다. 정신분열증 여성의 무의식적인 자기 이미지의 일정 부분은 무감하거나 더 남성적인 반면, 정신분열증 남성의 자기 이미지의 일정 부분은 민감하고 더 여성적이라는 결론을 내릴 수 있을 것 같다. 이런 차이가 그들이 정신병원에 입원하기 전부터 있었는지에 대해서는 좀 더 연구가 필요하다.

대다수 여성들은 병적일 정도로 '외모'에 관심을 가지면서도 다른 한편 '만족'이라든가 '자신감', '활동성'과 관련해서 볼 때 자신의 몸으로부터 사실상 상당히 유리되어 있다. 이런 현상이 여성 정신분열증 환자들에게서도 나타나고 있다는 것은 하등 놀라운 사실이 아니다. 그들 역시 결국 여성이지 않은가. 여기서 중요한 것은 정신병원 감금의 본질적으로 여성적인 속성이, 어떤 의미에서, 남성보다는 병원에 감금되기 전부터 이미 그와 비슷한 것을 겪어왔고 그로 인해 미쳐버린 여성들을 격분하게 한다는 사실이다. 정신병원이 자신의 성역할로부터 벗어나기 위해 가는 곳이라면, 가능한 한 그런 역할로부터 벗어나려고 행동하는 것이 낫다. 정신병원 외에는 그렇게 할 수 있는 곳이 없다. 따라서 여성 정신과 병동이 남성 병동보다 전반적으로 '소란스럽다'는 사실은 그리 놀랍지 않다.[27] 여성 병동은 '무감각한' 남성 병동보다 훨씬 '격해지기 쉬운' 곳일 뿐 아니라,[28] 보다 감정 기복에 좌우되며, 더 호전적이고 권위적이며, 대인관계에서 돌발적인 행동이 많다.[29] 또한 여자 병동은 잠재적으로 더 '폭력적'이다.[30] 하지만 우리가 기억해야 할 것은 그와 같은 '남성적인' 저항이 여성 입장에서는 비효율적일 뿐 아니라 실질적으로는 처벌을 받으며 결국은 자기파괴적이라는 사실이다. 여성 병동의 환자들은 전반적으로 효율적인 결정을 내리지 못하거나 추상적인 사고를 할 수 없으며, '자아 강도(ego strength)'*가 심하게 낮다고 간주되어왔다.[31] 이런 특징은 종종 장기적인 정신과 입원의 원인이 되기도 한다.

오늘날 많은 정신분열증 환자들이 통원 치료를 받고, 거리

---

* 자신을 안정적으로 유지하고자 하는 힘 혹은 자아를 위협하는 스트레스에 대처할 수 있는 능력.

나 집에서 자유롭게 생활한다. 가능하다면 약물치료만으로 환청, 악몽, 불면, 극도의 공격성, 자살이나 살인 충동을 조절할 수도 있다. 하지만 때때로 극도로 불쾌하거나 굴욕적인 부작용이 뒤따르고, 환자들은 빈번하게 복용을 중지한다. 그러면 정신분열증이나 조울증이 다시 시작된다. 정신질환 치료를 위해 남용되지 않는다는 전제하에, 복용량을 조절하거나 약을 바꿀 때, 또는 약물중독 치료가 필요할 때 단기 입원이 때때로 유용하다고 생각한다.

이론적인 제안

진짜 미친 여성이든 조건화된 여성적 행동으로 인해 입원한 여성이든 그들은 위력적인 혁명가가 아니다. 그들의 통찰과 행동은 심오한 만큼이나 (사회적인 이유로 인해) 쇠약하다. 그런 여성들은 문화적 규율과 상반되는 '말이 안 되는' 규율에 따라서 혼자 행동한다. 그들의 행동은 '미친' 것이다. 왜냐하면 그런 행동은 사회적으로 힘없는 개인이 신체와 감정을 통합하려는 시도를 재현한 것이기 때문이다. 예를 들어 『스컴 선언문*The SCUM Manifesto*』*의 저자 밸러리 솔라나스(Valerie Solanas)는 영화 제작자인 앤디 워홀을 총으로 쏘았는데, 그녀는 '미쳤'을 뿐 아니라 '범죄자'로 인식되었다. 대다수의 사람들이 그저 '욕'하고 비판

---

* 스컴(SCUM)은 'Society for Cutting Up Men'의 약자로, 밸러리 솔라나스는 이 책에서 남성 중심 사회를 전복하고 남성을 제거하는 모임인 스컴을 만들자고 제안했다.

하는 것으로 만족하는 것을 실제 행동으로 옮겼기 때문이다. 말하자면 가부장제 문화에 존재하는 여성 혐오를 실제로 단죄하는 행동에 나섰기 때문이다.

'광기'라는 것은, 남자에게 나타나든 여자에게 나타나든 간에, 과소평가된 여성 역할을 수행하거나 혹은 개인에게 부과된 상투적인 성역할을 총체적 혹은 부분적으로 거부하는 것이다. 조건화된 여성의 역할을 완전히 수행하는 여성들은 임상적으로 '신경증적'이거나 '정신병적'이라고 간주되었다. 그들이 입원당하는 것은 우울증, 자살 시도, 불안신경증, 편집증, 식이장애, 자해 또는 난잡한 성교 등과 같은, 대체로 여성적인 행동을 보이기 때문이다. 여성의 역할을 거부하거나 혹은 이에 대해 양면적인 태도를 취하는 여성은 자신뿐 아니라 사회를 경악하게 하는 만큼, 그들에 대한 추방과 자기파괴는 매우 이른 시기에 이루어진다. 이런 여성들은 또한 '정신질환적'이라고 분류된다. 이들이 만약 입원을 한다면 정신분열증, 동성애, 난잡한 성교 등과 같이 비교적 덜 여성적인 행동을 보이기 때문이다. 불감증과 마찬가지로 난잡한 성교는 '여성적인' 동시에 '비여성적인' 특징이다. 단지 한쪽은 '여성성'으로 도피하는 것이고, 다른 한쪽은 '여성성'으로부터 도피하는 것의 차이가 있을 뿐이다.

여성적인 역할을 수행하는 남성, 즉 의존적이고 수동적이며, 성적·신체적으로 두려워하거나 혹은 무기력한 남성들, 혹은 여성처럼 남성을 성적 파트너로 선택하는 남성들은 '신경증적'이거나 '정신병적'으로 간주된다. 그들은 대체로 '정신분열자'나 '동성애자'로 분류된다. 하지만 일반적으로 그들은 여성에 비해 스스로 '병든' 것으로 간주하지 않으며, 정신병원에 입원하지 않고서도 상투적인 성역할을 좀 더 오랫동안 거부할 수 있다. 우리는 이 사실에 주목해야 한다. 여성은 남성에게 봉사하도록 조건화가 너무 잘되어 있기 때문에 '수동적이고', '의존적이며', '실직한' 남성을 보다 기꺼이 돌봐준다. 남성들이 '지배적이고', '독립적이며', '취직한' 여성들을 전혀 돌봐주지 않는 것에 비하면 그렇다는 말이다. 이것이 의미하는 것은 남성(남편)을 섬기지 않고 임상적으로 '우울하거나' '자기파괴적인' 여성은 정신분열증적이거나 '적대심을 가진' 여성과 마찬가지로 종종 남성으로부터 거부당하기 때문에 상대적으로 가난해질 수밖에 없거나, 생명을 위협하는 불법적 매춘에 빠져들지 않을 수 없다는 말이다. 기혼 남성은 기혼 여성이나 미혼 남성보다 정신과의 도움을 구하는 빈도가 낮고, 정신병원에 입원하는 기간도 훨씬 짧다.[32] 남성 동성애자는 비록 정신병자라고 낙인찍히고 법적으로 박해를 받지만, 여성 동성애자에 비해 도움을 청하는 횟수가 훨씬 적다. 그들은 남성 정신분열증 환자와 마찬가지로 여성 동성애자나 여성 정신분열증 환자에 비하면 (평가절하되는) 여성적 특징을 보다 덜 드러낸다.[33]

남성적인 역할에 충실한 남성 ─ 그러면서 너무 어리거나 너무 가난하거나 흑인인 경우 ─ 은 정신분열증이나 신경증 환자로 진단되어 감금되기보다는 대체로 범죄자 혹은 반사회적 성격이상자로 분류되어 수감된다. '남자'가 되기 위해 힘없는 우리 사회의 남성들은 힘센 남자들이 '살 수 있는' 것을 '훔친다'(그리고 그 행위로 인해 처벌받는다). '범죄'나 '정신질환'으로 간주되는 행동은 성별에 따라 유형화되어 있다. 물론 그런 행동들은 인종과 계급에 의해서도 유형화된다. 남성에 비해 여성이 더 많은 도움을 요청하며 '정신질환자'로 분류되어 입원한다. 이들 정신질환자들이 어떤 치료를 받고 있는가를 아는 것은

2장 정신병원

중요하다. 정신질환과 관련하여 얼마나 많은 의사들이 있으며, 그들이 근거로 삼는 이론은 무엇이며, 정신과의사와 심리학자들이 자기 환자를 어떻게 보고 있는지를 우리는 알아야 한다.

3장

정신과의사

빌헬름 라이히가 미국에 온 지 얼마 되지 않은 1939년 10월, 나는 그를 만났다. 나는 그의 아내이자 비서, 실험실 조수이자 경리원, 가정주부이자 모든 것을 도맡아 하는 잡역부가 되었다. 그로부터 얼마 지나지 않은 1944년, 나는 그 사람 아들의 어머니가 되었다. [⋯] 나는 계속해서 일을 해야 했다. 그 시절 그곳에서 내가 할 일이란 주로 라이히의 원고를 타자로 치는 것이었다. 나는 아기까지 돌봐야 했다. 아기를 조용히 시키려고 한 발로 요람을 앞뒤로 밀면서 동시에 원고를 타이핑했던 기억이 아직도 또렷하다. 왜냐하면 라이히가 아기 울음소리를 견딜 수 없어 했기 때문이다. 어쩌다 라이히는 대단히 황송하게도 자기가 아기를 돌볼 테니 늦은 오후 잠깐 외출해 호숫가로 나가서 낚시라도 하라고 했다. 그리고 불과 30분 후 그가 미친 듯이 나에게 손짓을 했다. 그에게 감당할 수 없는 시련, 즉 아기 기저귀 갈아줄 때가 온 것이었다.

— 일제 올렌도르프 라이히[1]

집에서 [프로이트의] 가족은 그와 그의 작업을 중심으로 움직였다. [⋯] "내가 아무래도 독재적인 성향이 있는 것 같소"라고 그는 여러 번 시인했다. [⋯] 정신분석학 분야에서 그가 선택한 [지적인] 딸들과의 관계는 성공적이었던 반면, '아들들'과는 어려움을 겪었다. 특히 남자들에게 그렇게 천재적인 남자를 위해 일한다는 것은 절망적일 수 있다. 그 일이 남성의 자율성을 침해하지 않을 수 없었기 때문이다. [⋯] [헬레네 도이치의] 경력은 그녀가 자신의 책에서 상술한 프로이트의 여성성 이론과 상충하는 것처럼 보인다. 집착하고 의존적이기는커녕 정신분석가로서 그녀는 능동적이며 독립적이었다. 하지만 그녀가 대중화시킨 프로이트와 그의 개념에 관해서는 끝까지 수동적이고 수용적인 태도를 보였다. [⋯] 프로이트는 헬레네 도이치의 '오이디푸스적인 상황'을 분석하면서 그녀에게 그녀의 아버지와 프로이트 자신을 지속적으로 동일시하라고 말했다.

— 폴 로잔[2]

프로이트는 페미니즘이 치료를 목적으로 삼은 것을 단지 진단한 의사에 불과하다. [⋯] 페미니즘의 언어로 프로이트를 완전히 다시 진술한다면 가치 있는 책이 될 것이다.

— 슐라미스 파이어스톤[3]

우리가 사용하고, 탐구하고, 비판하고, 수정할 수 있는 학문을 가지게 될 때, 여성해방운동은 여성에 관한 엉터리 시에 탐닉하지 않을 것이다. 정신분석학은 다른 모든 학문과 마찬가지로 닫힌 것이 아니라 열려 있기 때문이다.

— 줄리엣 미첼[4]

인간을 이해하는 데 주요한 공헌을 했던 무의식과 유아 성욕에 관한 이론을 만든, 위대한 선구자[프로이트]의 발견들은 비극에 가까운 아이러니에 의해 시간이 경과함에 따라 근본적으로 보수적인 관점을 야기시켰다. […] 프로이트의 작업과 그의 추종자들 그리고 무엇보다도 그의 작업을 대중화시킨 이들의 작업은 성별 사이의 불공평한 관계를 합리화하고 전통적인 역할을 비준하고 기질적인 차이를 확인하는 결과를 낳았다. […] 조잡한 프로이트주의의 불행한 결과가 프로이트가 애초에 의도한 것으로부터 크게 벗어났다고 할지라도 그런 조잡한 프로이트주의가 보여준 반(反)페미니즘의 근거가 프로이트의 저서에 전혀 없었던 것은 아니다.

— 케이트 밀릿[5]

정신과의사와 심리학자가 정치가, 군인, 시인, 물리학자, 아니면 바텐더를 능가하는 여성 혐오자들은 아니다. 그렇다고 해서 이들보다 덜한 것도 아니다. 정신과의사와 심리학자들이 개별 여성에 관해 갖고 있는 다소 특수한 관심과 여성들에게 행사할 수 있는 권력에 비추어봤을 때 말이다. 우리는 여성적인 '히스테리'에 익숙할 뿐 아니라 그런 행동이 보편적이고 '정상적'인 것인지 아니면 보편적이되 '비정상적'인 것인지에 대한 양면적인 태도까지 과학의 탓으로 돌린다. 나는 어떤 특정 사회 집단이나 전문가 집단이 이런 태도에 '책임이 있다'거나 사회적 현실의 전체 구조를 바꿔놓을 수 있다고는 생각하지 않는다. 물론 특정 시기에 각 집단이나 개인이 그런 현실이라는 구조를 누비듯이 통과하지만 말이다. 나는 개인적인 예외가 존재하고, 그것이 가치 있다고 믿지만 더불어 그런 예외는 그 개인에게만 국한된 것임을 믿는다. 개인적인 예외는 그들이 이의를 제기하는 규칙과 힘을 이해하는 것과는 무관하다.

이번 장에서 나는 정신과의사들에 관한 일반적인 사실을 제시하고자 한다.

첫째, 미국에서 정신의학 및 심리학 분야의 전문직에 얼마나 많은 수의 남성이 포진해 있는가?

둘째, 그들이 특정 정신분석학 이론이나 심리학 이론의 추종자들이건 아니건 간에, 우리 시대 대다수의 남녀 의사들이 '비정상성', '상투적인 성역할', '여성의 열등함' 등에 관한 전통적인 신화를 얼마나 공유하고 있으며, 그런 신화에 어느 정도 반응하는가?

셋째, 대다수의 전통적인 정신분석학 이론과 실천은 여성과 상투적인 성역할에 관한 여성 혐오적 견해를 얼마만큼 '과학적인' 혹은 '치료적인' 것으로 받아들이는가?

넷째, 가부장적인 문화에서 정신병원 제도처럼 여성 경험의 거울 역할을 하는 심리치료 제도 안에서 근대적인 이데올로기와 전통적인 이데올로기는 어느 정도의 영향을 미치고 있는가?

미국에 정신과의사는 얼마나 있는가?

빈민가 학교의 교사들과 마찬가지로 의사들은 신경증적인 환자나 '문화적으로 박탈당한' 학생들에 관해서는 그들의 동기, 개성, 가치 등에 관해 쉽게 그리고 흔히 공개적으로 발표하거나 연구하면서도, 자기 자신에 관해서는 그러지 않는다. 대부분의 의사들은 설문지나 실험 주제에 응답하기에는 너무 바쁜 데다 그런 것을 매우 싫어하거나 그런 일을 하기엔 너무 '중요한' 사람들이다. 과거 10년 동안 정신과의사와 심리학자들이 설문지에 응답한 비율은 낮은 편이다. 그들은 기꺼이 질문에 응하는 피실험자가 아니다.[6] 그럼에도 불구하고 관련 분야의 주요 기관은 회원들의 명단을 발표하고, 정부 조사국은 정신병원 직원 유형의 판단 척도를 발표한다. 심리학자와 정신과의사들은 자신들의 직업적인 태도, 행동, '개인적인' 생활방식에 관한 연구를 발표해왔다. 정신분석학 이론가들과 의사들은 사례연구와 이론을 발표해왔고, 이들의 제자들은 스승의 전기를 종종 출판하기도 했다.

과거에 미국정신의학회 회원은 총 11,083명이었는데, 그중 남성이 10,100명, 여성이 983명이었다. 시간이 흘러 협회의 회원 수는 17,298명으로 증가했는데, 그중 남성이 14,267명, 여성이 1,691명이었으며 나머지 1,340명의 성별은 불분명했다. 즉, 1960년대에서 1970년대 사이에 정신과의사의 90퍼센트가 남자였다는 말이다. 정신과의사는 개업의든 병원 소속이든 상관없이 권위나 보수 면에서뿐 아니라, 정신의학 분야 정책에 있어서 정신질환과 관계된 직업 중 가장 '궁극적'인 통제력을 가지고 있다. 의료상으로, 그리고 법적으로, 정신과의사는 누가 제정신이 아닌지, 그 이유가 무엇인지를 판단하는 사람이다. 또한 정신과의사는 그런 사람들에게 무엇을 해야 하는지, 그런 사람들이 퇴원해야 한다면 언제 해야 하는지를 결정하는 사람이다 (앞으로 살펴보겠지만, 정신과의사들은 그들이 받은 의학적인 훈련과 자신들이 져야 하는 법적인 책임으로 인해 대부분 모든 곳에서 '병적인 증후'를 진단하는 경향이 있다. 특히 비전문가들이 보지 못하는 곳에서 그들은 그런 병리현상을 찾아낸다).

　　　　　　　　　　　　　　　　　　　3장 정신과의사

앞에서 나는 '궁극적'이라는 단어를 강조했는데, 왜냐하면 정신과의사가 막강한 힘을 가지고 있으면서, 동시에 매순간 모든 정신과 병동에서 그들의 의견을 실행하기에는 의사들의 숫자가 터무니없이 부족하기 때문이다. 예를 들어 1970년대에 국립정신건강연구소는 단기 정신건강 치료시설(병원)에 근무하는 직원들의 분포 형태를 조사했다.[7] 1970년 1월의 표본을 토대로 살펴본다면 정신과의사는 직원의 5퍼센트를 넘지 않았다. 그리고 직원의 대다수가 시간제로 고용되어 있었다. 이런 시설에서 상근 직원의 68퍼센트와 시간제 근무 직원의 37퍼센트가 '비전문인'이었다. 사회복지사는 상근 직원과 시간제 근무 직원의 10퍼센트였고, 심리학자는 직원의 2퍼센트를 차지하고 있었다. 지역 정신건강 치료시설에서 정신과의사는 상담 및 교육을 담당하는 직원의 14퍼센트를 차지하는 것으로 나타났다.[8]

정신병원에서 대다수 정신과의사는 높은 보수를 받는 관리자이다. 이들은 가장 적게 등장하면서도 주역을 담당한 채, 과학적이고 법적인 효율성을 지닌 아버지 같은 분위기를 풍긴다. 심지어 병원에 있지 않을 때에도 이들의 의지는 시행된다. 이들 '전문가'의 견해는 비전문가 직원들에게 영향을 미친다. 실상 이들 전문가의 입장은 덜 계몽된 것으로 간주되는 이들의 입장과 그다지 다르지 않으며, 사회복지사, 간호사, 영양사, 병원 잡역부들이 수행하는 일과도 그다지 다르지 않은데도 말이다. 한편 덜 유명한 병원의 전문가들은 주로 여성인데 이들은 자기 판단을 알리기도 전에 남성 정신과의사에게 봉사하고 그의 마음에 들려고 하며 미리 알아서 행동하려는 경향이 조건화되고 강화되어 있다.

1960년 미국심리학회(American Psychological Association)의 회원

은 총 18,215명이었다. 1970년에는 30,839명으로 증가했다. 학회는 회원들의 정확한 성비를 발표하지는 않았지만, 대략 25퍼센트가 여성인 것으로 추정된다(미국심리학회 사무실에 근무하는 제인 힐드러스와의 대화에서 추정해낸 수치다). 추산해보건대 1960년대에 약 4,580명, 1970년대에 약 7,500명의 여성이 '전문가'로서 심리학회 회원이었음을 뜻한다. 우리는 모든 심리학자가 반드시 의사는 아니라는 점을 기억해야 한다. 그들중 다수는 학생을 가르치면서 연구를 수행한다. 말하자면 가르치고 연구하는 일만 한다(대다수 정신과의사는 임상적인 책임과 더불어 연구와 가르치는 일을 병행한다). 어떤 경우든지 임상 심리학자들은 병원의 위계질서 속에서 정신과의사보다 낮은 지위를 차지한다. 여성이 전체 임상 심리학자의 15퍼센트를 차지하는 것으로 추정해봤을 때, 여성 정신과의사와 더불어 이들 여성 심리학자는 미국에서 가장 막강한 두 임상 전문가군에서 겨우 12퍼센트를 넘지 못한다.

이 책의 25주년판 서문에서 밝혔듯이 오늘날 더 많은 여성들이 정신의학과 심리학 분야에 몸담고 있다. 그중 많은 이들이 페미니스트이지만 그렇지 않은 이들도 많다. 또한 새로운 서문에서 언급했듯이 남성 정신의학 전문가들처럼 여성들 또한 성차별주의적인 견해를 내면화하지만 이를 항상 염두에 두고 있지는 않다.

페미니스트 사상이 많은 임상의에게 영향을 끼쳤지만 여전히 상당수의 임상의들은 이런 사실을 무시하거나 페미니즘을 혐오한다.

물론 미국정신의학회와 미국심리학회에 회원으로 등록된 것보다 많은 수의 남녀 임상의들이 있다. 낮은 지위를 차지하는 이들의 숫자는 지난 10년 동안 엄청나게 증가했는데, 여기에는 지역사회의 정신건강과 약물중독 프로젝트에 관여하고 있는 사회복지사, 아마추어 정신분석가, 행동 치료사, 전통적인 또는 반(反)전통적인 인카운터그룹(encounter group)* 전문가, 결혼 및 가족 상담사, 학교와 직장 내 상담사, '훈련받은' 그리고 훈련받지 않은 보조 전문 직원까지 포함된다. 이들은 모두 정신과의사와 심리학자에게 종속되어 있고 그들로부터 정보를 취한다. 이 직업의 일부에서는 다른 분야에 비해 남녀가 평등한 대우를 받는다. 하지만 이 분야의 여성들 역시 충분히 예측 가능한 일이지만 지나치게 '여성의 일'에 쏠려 있다. '문제가 있는' 사춘기 남자아이는 (사춘기 여자아이는 물론이거니와) 대체로 아버지와 같은 역할 모델을 하는 남자 치료사에게 맡겨진다. 그들 역시 남자 치료사를 선호한다.[9]

오늘날, 여성 또는 페미니스트 지향적인 임상의의 존재 유무는 심리치료나 약물치료, 빈곤 노동자나 가난한 환자의 입원을 포함한 치료를 보장해줄 수 있는 보험보다 중요하지 않다. 병동은 늘 만원인 데다 침상은 부족하고, 도움이 필요한 사람들은 입원이 허락되지 않거나 빠르게 퇴원당한다. 병동에서는 소수의 환자들만 높은 질의 치료를 받거나 전문가의 보살핌을 받는다.

윌리엄 스코필드(William Schofield)는 미국정신의학회와 미국심리학회 소속 회원들과 전국사회복지사협회(National Association

---

* 미국의 심리학자 칼 로저스(C. R. Rogers)가 처음으로 제창했다. 자기인식을 높이고 대인관계를 개선하기 위해 소수의 사람들이 집중적인 상호작용을 하는 심리치료 방법.

of Social Workers) 회원들을 무작위로 선택해 기본적인 정보를 조사하기 위한 설문지를 보냈다.[10] 제대로 답한 설문지의 응답자를 보면 140명이 정신과의사, 149명이 정신과 사회복지사, 88명이 임상 심리학자였다. 임상 심리학자의 남녀 비율은 2 : 1로 남성이 많았으며, 정신과의사의 경우 90퍼센트가 남성이었다. (세 직업 중에서 명망이나 보수 면에서 가장 낮은) 사회복지사는 2 : 1의 비율로 여성이 훨씬 많았다. 스코필드는 정신과의사와 심리학자들이 거의 비슷한 나이(평균 44세)이며 기혼(정신과의사 중 2퍼센트, 심리학자 중 10퍼센트가 이혼)이라는 것, 정신과의사와 심리학자 두 집단 모두 '사회적 신분 상승에 대한 압박감'이 있음을 알아냈다. 또한 가장 '이상적인' 환자로는 젊고 매력적이며 학사 학위 이상을 소지하지 않은 여성 환자를 꼽았다. 이런 선호도는 충분히 수긍할 만하다. 남성 치료사('부드럽고', '도움을 주는' 직업에 종사함으로써 그들은 자신의 '남성성'과 이미 어느 정도 타협하고 있다)는 여성 환자들로부터 심리적인 '서비스'를 받고 있는지도 모른다. 말하자면 자신의 의존성, 감정, 주관성이라는 금지된 갈망을 투사할 수 있는 여성 환자를 조종하면서 우월감을 경험하고, 전문가이자 의사로서 아내나 여자친구에게서는 얻을 수 없는, 보호받는다는 느낌을 얻을 수 있기 때문이다. 이런 선호도에 관해서는 다른 이유도 물론 있겠지만, 이 문제는 나중에 논의하도록 하겠다.

미국에서 압도적으로 많은 남성 전문가들에 의해 압도적으로 많은 여성 정신질환자가 진단과 정신분석을 받고, 입원 치료를 받아왔다는 것은 분명하다. 물론 개인차는 있었지만 이들 남성 전문가 중 대다수는 직업적·문화적으로 '전통적인 가부장제 이데올로기'와 '우리 시대 가부장제 이데올로기'에 경도되어 있었다. 그들이 이런 이데올로기를 심리치료나 정신병원과 같은 가부장적인 의료기관 내에서 어느 정도 실천하고 있는 것이다.

성역할과 여성에 관련된 전통적인 심리학적·정신분석학적 이론과 실천을 살펴보기 전에, 이들 의사들이 어떤 종류의 '전통적인 이데올로기'를 배워왔는지와는 별개로 '우리 시대의 의사들이 믿고 실천하는 것'에 관해 먼저 이야기를 하고자 한다.

오늘날의 임상 이데올로기

오늘날 (대부분의 비전문가와 마찬가지로) 대부분의 전문가들은 무분별하게도 여성에게 일어난 일보다 남성에게 일어난 일을 더 중요한 것으로 간주한다. 남성의 정신적 질환이나 '장애'는 여성의 질환보다 좀 더 심각한 '불능 상태'로 여겨진다. 남성이 여성보다 정신장애로 진단받는 경우가 적은데도 불구하고 말이다. 여성은 소모품이자 '아웃사이더'라는 인식이 알게 모르게 정신의학 및 심리학 관련 논문 구석구석에 흐르고 있다. 심지어 여성의 질환을 논문의 주제로 삼은 경우마저도 그렇다. (남성의) '덕목'은 여성에게 거의 기대조차 되지 않는다. 여성들이 그런 덕목을 전혀 드러내지 않는다고 해서 큰일이 나는 것도 아니며, 심지어 별로 놀랄 만한 일도 아니다. 이런 덕목의 결여로 인해 여성이 사회적으로 평가절하되고 신경증이나 정신병으로 진단받게 되는데도 말이다.

1960년대와 1970년대에 피실험자로서 여성은 대다수의 심리학 실험, 그중에서도 특히 학습이나 성취 동기화 영역에서

'아웃사이더'로 남아 있었다. 여성의 수행 능력은 공개적으로 발표할 만한 남성적인 현상으로서 연구할 만한 가치가 있다고 하기에는 너무 변동이 심하거나 '미미하다'고 판명되었다.[11] 여성은 — 대학교 2학년생 피실험자라고 해도 — 골치 아픈 '오류'와 '잡음'을 일으키는 요인으로 인식되어 배제당했다. 불행하게도 이러한 실험은 그 개념 정의상 여성이 성취할 수 없는 학습이나 '수행' 기준을 세우게 하는 결과를 낳았다.

이러한 분위기 중 일부는 변했다. 지난 30~35년 동안 여성 심리에 대한 연구가 좀 더 활발해졌다. 하지만 우리가 목격했듯이 이러한 연구들은 대학교, 대학원, 의과대학, 법학과, 신학교의 교육과정에서 전혀 다뤄지지 않았다. 정신건강과 관련한 페미니스트적인 접근에 대한 학문적이고 문화적인 혐오는 여전히 만연해 있다. 특히 이른바 명문 대학교라는 곳에서 말이다.

따라서 정교하고, 유의미하며, 종종 목숨을 구하거나 삶의 질을 높여줄 수 있는 페미니스트적 연구와 임상 실천을 전파하려는 노력은 여전히 현재진행형이다.

임상에 관한 전통적인 연구 조사 문헌은 대다수 임상의학자들이 공유하고 있는 특정한 편견을 기록하고, 이에 이의를 제기하거나 또는 그대로 드러내고 있다. 여기서 나는 다섯 가지 주요한 편견을 논의하고 싶다. 이 다섯 가지 편견은 내가 심리학을 공부할 때 직간접적으로 '가르침'을 받았던 것들이다.

편견 1 사람은 누구나 '병들었다'

일반적으로 대다수의 의사(이론가)들은 모든 곳에서 '병리현상'을 찾아내도록 배워왔다. 즉 그들은 여성, 어린아이, 남성,

국가, 역사적인 시대 모두에서 병리현상을 찾아내도록 훈련받는다. 이것은 얼마나 위험한 일인가. 왜냐하면 인간의 본분으로부터 선과 악의 개념을 추방하는 꼴이 되기 때문이다. 이 편견은 쉽게 공격받아왔으므로 이에 대해 길게 말하지는 않겠다. 모리스 테멀린(Maurice K. Temerlin)은 오클라호마에서 진행한 실험에서, 정신과의사와 심리학자들은 비전문가들에 비해 모든 걸 훨씬 더 심각하게 '병적인 증상'으로 진단하는 경향이 있음을 보여주었다. 그리고 명망 있는 권위자들이 병원 내에서 내린 진단이 얼마나 큰 영향을 미치는지도 보여주었다.[12] 테멀린은 일군의 정신과의사와 심리학자, 그리고 임상심리학과 대학원 학생들에게 녹화한 인터뷰 장면을 보게 한 다음 그 자료에 기초해서 '정신병적', '신경증적', '건강함' 등 세 가지 상태로 구분하여 진단을 하도록 했다(인터뷰이는 남자 배우였는데, 그는 무엇이 '정상'이고 무엇이 '건강'한지에 관해 합의된 내용에 따라 준비된 대본을 외웠다). 이 인터뷰를 보기 직전에 세 전문가 집단은 각자 자기 분야에서 '권위 있는' 사람으로부터 그 남자가 "대단히 흥미로운 사례다. 왜냐하면 겉보기로는 신경증 환자로 보이지만, 사실은 대단히 정신병적으로 판단된다"는 말을 들었다. 이 실험에서 정신과의사의 60퍼센트와 심리학자의 28퍼센트, 대학원생의 11퍼센트가 그를 '정신병'으로 진단했다. 그에 반해 명망 높은 권위자의 암시를 듣지 않은 전문가 통제집단(대조군)은 아무도 그에게 정신병이라는 진단을 내리지 않았다. 여기서 중요한 것은 지방법원의 배심원석에서 무작위로 선택한 비전문가 통제집단에게 그 인터뷰를 보여주자, 그들은 만장일치로 그 남자가 '제정신'이라고 했다는 점이다(이 배심원들은 법정이 정신감정 절차를 진행하고 있다는 설명을 들었다). 테멀린은 권위 있는 전문가의 판단과 평가를 그대로 따르고자 하는 경향과 더불어 진찰 결과가 의심스러운 경우에는 '병'으로 판단하는 의료 수련의 관점에서 이 실험의 결과를 해석했다. 이 실험의 대상 중 정신과의사들은 '모든 사실을 알고' 난 뒤에도 여전히 자신이 내린 진단을 이렇게 옹호했다. "물론 그는 건강해 보였다. 하지만 젠장, 사람은 누구나 약간은 신경증적이지 않은가. 그리고 겉모습을 액면 그대로 받아들이는 사람이 대체 어디 있단 말인가?"

편견 2 오직 남성만이 정신적으로 건강하다

많은 의사들은 자신의 환자가 '미친'(문제가 있고, 자기파괴적이고, 불안정한) 상태지만 그중에서도 여성 환자를 '더 미친' 상태로 생각한다. 정신과 치료에서 여전히 수많은 이중 기준이 존재한다. 흑인에게 적용하는 기준과 백인에게 적용하는 기준, 가난한 사람에게 적용하는 기준과 부자에게 적용하는 기준, 원주민에게 적용하는 기준과 이주민에게 적용하는 기준이 각각 다르며 물론 여성에게 적용하는 기준과 남성에게 적용하는 기준이 별도로 존재한다. 잉게 브로베르만(Inge K. Broverman) 외 다수가 시행한 연구에 의하면, 우리 시대의 의사들은 프로이트가 이해한 관점과 비슷한 수준에서 여성 환자를 이해하고 있는 것으로 드러났다. 그들은 정신건강에 관한 이중 기준을 여전히 유지하고 있었다[13](이 연구는 35년 전에 이루어졌지만 그 결과는 여전히 유효할 것으로 짐작된다). 79명의 의사들(남성 정신과의사 46명에, 나머지는 여성 정신과의사와 심리학자와 사회복지사들로 구성)이 성역할 고정관념에 관한 설문지에 답했다. 설문은 122개의 대립항으로 구성되었는데, 각각의 항목은 특정한 행동이나 특성을 기술하는 것이었다. 예를 들면 다음과 같다.

매우 주관적인	매우 객관적인
전혀 공격적이지 않은	매우 공격적인

설문은 건강한 남성의 행동, 건강한 여성의 행동, 혹은 (성별 불특정의) 건강한 성인의 행동을 나타내는 특성에 표시하는 방식으로 이루어졌다. 그 결과는 다음과 같았다.

(1) 건강한 성인 남성, 건강한 성인 여성, 성별 불특정의 건강한 성인을 특징짓는 속성에 관해서 의사들은 대단히 일치되는 의견을 보였다.

(2) 남성 의사와 여성 의사 사이에 의견 차이가 전혀 없었다.

(3) 의사들은 남성과 여성에 대해 각기 다른 건강 기준을 가지고 있었다. 건강하고 성숙한 남성에 관한 개념은 건강하고 성숙한 일반 성인에 관한 개념과 그다지 다르지 않았다. 하지만 건강하고 성숙한 여성에 관한 개념은 남성과 일반 성인에 대한 기준과 상당히 달랐다. 그들의 견해는 건강한 여성이 보다 순종적이며, 덜 독립적이고, 사소한 위기에 보다 잘 동요하며, 덜 공격적이고, 덜 경쟁적이며, 보다 쉽게 상처 입고, 보다 감정적이며, 자신의 외모에 보다 자만심을 보이고, 덜 객관적이며, 수학과 과학에 흥미가 덜한 존재라는 의미에서 건강한 남성과 다르다고 여기는 듯 보였다.

이로써 여성이 건강하려면 여성이라는 자기 성별에 합당

한 행동 규범에 '적응하고' 그것을 (심지어 사회적으로 그다지 바람직하지 않은 행동 유형일지라도) 받아들여야 한다는 것이 분명해진다. 실험 결과에 대한 연구자들의 분석에서 드러나듯 "(성별에 따른 이와 같은) 배치는 성숙하고 건강한 개인을 기술하기에는 대단히 부적합한 방식처럼 보인다". 우리 문화의 정신건강 윤리는 남성적이다. 이와 같이 성별에 따라 정신건강에 관해 이중잣대를 들이대는 탓에 인간의 정신건강에 관해서는 오로지 남성적 기준만이 존재하고, 이는 사회와 의사 모두에 의해 강화된다. 비록 대다수 여성들의 제한적인 '자아 자원(ego resources)'과 무제한적인 '의존성'과 두려움이 사회와 그 사회의 행위자(의사)들에 의해 혐오와 동정의 대상이 되고 있지만, 그렇다고 해서 여성들에게 허용되는 다른 행동 유형이란 없다! 여자아이들에게 나타나는 불안한 '순종', '수줍음', '속좁음' 등은 결코 문제의 대상이 되지 않는다. 그런 특징은 오히려 여자아이들이 남자아이들에 비해 훨씬 빨리 '성장하는' 증거로 간주된다. 남자아이들의 '공격적인' 행동이 문제가 되는 유일한 이유는 가부장제가 그들이 좀 더 나이가 들 때까지 기다렸다가 '남성성'을 실천하도록 원하기 때문이다.

중요한 것은 전통적으로 성 고정관념은 여자아이들과 여성들을 정확하게 파악하는 데 걸림돌이 되었다는 사실이다. 학교 교사나 사회복지사 또는 심리학자들은 여자아이들 사이에서 벌어지는 잔혹함(집단 괴롭힘, 조롱, 배척, 비방)을 거의 눈치챌 수 없었다.

이와 유사하게 여성 간의 공격성과 경쟁도 거의 논의되지 않았다. 여성 간 폭력이 남성 간의 폭력보다 덜 인상적이고 덜 치명적이기도 하고, 여성들이 서로에게 어떤 행동을 취하는지

　　　　　　　　　　　　　3장 정신과의사

에 대해 어느 누구도 많은 관심을 기울이지 않았기 때문이기도 하다. 정신건강 전문가를 포함해서 대중은 여성들이 남자아이와 남성을 상대로 하는 폭력에만 관심을 기울였다.

사춘기의 여자아이와 성인 여성이 '남성적인' 행동을 고집할 때 여전히 그들은 심각한 위험을 감수해야 한다. 물론 그 반대의 경우도 마찬가지다. 그들의 부모와 남편은 그러한 행동을 싫어할 것이며 심하면 정신과에 감금하려 들 것이다. 정신과의사도 물론 그들이 '여성성'을 제대로 보일 때까지 그들을 병원에 수용할 것이다.

덜 교육받고 더 '매력적인' 여성들은 정신병원에서 보다 빨리, 보다 쉽게 풀려난다. 그들은 병원에서 더 많은 성적 유혹을 받았을 것이다(이것이 축복일지 저주일지는 각자의 관점에 따라 다를 것이다).**14** 확실히 '여성적인' 가사노동(남성의 일과 대립되는 노동)은 정신병원에서 여성들에게 주어진 강제 노역과 같다.

「화내는 여성 증후군*The Angry Woman Syndrome*」이라는 네이선 리켈(Nathan Rickel)의 연구는, 중년 아내의 분노와 남자 같은 행동을 '참는' 남편들이 아내에 대한 '직업 열등감'으로 고통받고 있었음을 보여준다.**15** 리켈은 "남자들은 화를 내는 주체이고 여자들은 수동적으로 그런 분노를 수용한다. […] 우리 사회는 이런 상황에 익숙해져 있기 때문에 예상되는 남성적·여성적 역할의 과장된 형태도 쉽게 수용할 수 있다"는 사실에 주목한다. 리켈의 '화내는' 여성들은 직업상 대단히 성공했고, 다음과 같은 '남성적인' 행동을 드러내기 때문에 '신경증적'이다.

비판이나 경쟁을 못 참음, 도무지 통제할 수 없는 분노의 폭발,

욕설, 소유욕과 질투, 술과 약물의 복용, 그런 행동을 받아들이는 배우자와의 결합.

앵그리스트와 매컬랜드가 연구한 여성 정신분열증 환자들과 마찬가지로(2장 참조), 이들은 자살 위협, 자살 시도, '사소한 것에 대한 탁월한 기억력'과 같은 여성적인 행동 또한 드러낸다. 그들의 '남성적'인 행동이 '신경증적'이거나 '자기파괴적'이라면, 그런 행동은 양성 모두에게 해당하는 것으로 이해되어야 한다(여성이 남성과 똑같은 행동을 하게 될 때―물론 그런 행동은 완전히 다른 의미와 완전히 다른 일련의 결과를 초래한다―치료를 필요로 하는 사람은 다름 아닌 아내일 뿐, '여자처럼' 그 모든 고통을 감내하고 있는 남편들이 아니다).

돌이켜보건대, 리컬을 비롯한 다른 많은 연구자들이 남성의 가정폭력에 전혀 주의를 기울이지 않았다는 점은 실로 놀랍다. 이 분야와 관련된 연구와 임상실습 그리고 법과 기소가 변하고 있는 것은 확실하다. 매 맞는 여성들을 위한 쉼터는 여전히 충분하지 않고, 이들을 위한 교육, 고용, 주택, 정신건강 관리를 포함하는 의료 서비스 지원 프로그램도 부족하지만 그럼에도 이전과는 다른 세상인 것이다.

정신건강 관리 면에서 매 맞는 여성들은 흔히 스스로 그런 상대를 선택했다는 이유로, 또는 그들을 떠나지 않는다는 이유로 비난을 받는다. 아니면 자신을 때린 사람을 버렸을 때 그가 더 위험해질 것을 '알면서' 그를 떠났다는 이유로 비난받는다. 얻어맞는다고 여성에 대한 호감이 커지지 않는다. 불면증, 플래시백, 음주 문제, 공황 발작, 욱하는 성질 등으로 인해 극도로 예민한 여성 참전용사가 있다고 생각해보라.

과거에는 성역할 고정관념을 위반할 때마다 의사들은 정신건강의 이중 기준을 강화했다. 일례로, 한 보고서는 남성 정신과의사인 허버트 모들린(Herbert Modlin)이 일군의 '편집증' 여성들을 어떻게 '여성적'인 건강 상태로 '관리했는지'를 보여준다. 말하자면 그는 이 여성들이 남편과 다시 관계를 하도록 도와주었다.[16] 모들린의 치료법은 그의 목표만큼이나 비난받을 만한 것이었다. 그는 '편집증' 환자들에게는 결혼생활에서건 병원에서건 '강력한' 남성적 통제가 필요하다고 생각했다.* 모들린은 여성 편집증 환자의 남편 중 다수가 너무 '수동적이며 유순하다'는 사실에 주목했다. 그는 남편들에게 아내들이 남성으로서 그들의 도움을 필요로 하므로 아내를 위해서 보다 강력한 태도를 취하라고 충고했다. 정신과의사들은 병원 안에서 단호하고 권위적인 태도를 취해야 하고, 여성들이 왜곡된 인식에 바탕해 자기 환경을 해석하고 반응하며 조작하려는 경향을 주의해야 하며, 그런 태도를 믿어서는 안 된다고 교육받는다.

프랭클린 클래프(Franklin Klaf)의 연구에 의하면, 여성 편집증 환자의 대다수는 남성이 자신을 '박해한다'고 보고했다. 그들의 인식이 완전히 '왜곡'된 것만은 물론 아닐 것이다. 그들은 현실에 대해 상당히 공포에 질린 반응을 나타낼 수도 있다. 예를 들어 모들린은 모든 '편집증' 사례에서 '상태를 급속하게 악화시

---

* 모들린이 백인 중산층 남성도 이와 같은 방식으로 치료했을지 의심스럽다. 분명한 것은 빈민을 진료하는 시립병원의 많은 정신과의사들이 약물중독 환자, 흑인, 라틴계 남성 혹은 여성 환자들을 비슷한 방식으로 치료하고 있다는 사실이다. 전문직업인으로서의 이들 의사의 능력 또는 남자다움은 '뱀처럼 조종하려는' 환자들을 어느 정도로 경멸하고 그들과 얼마만큼의 거리를 두는가에 따라 측정된다.(저자 주)

키는 요소'로 종종 성교의 빈도 감소 또는 중단을 들고 있다. 그들의 남편들은 대부분 결혼생활보다는 '더' 중요한 일에 몰두했다. 오랫동안 집을 떠나 있었고, 집에 있을 때마저도 성적으로 인색했다. 이 여성들은 성적으로 박탈당했을 뿐만 아니라 거의 실직 상태였다. 그들의 '편집증'은 앞으로 다가올 결과를 두려워하면서 그 결과를 충족시키는 동시에 회피하는 방법이었다. 다시 말해 정신적, 재정적 실업이 바로 그런 결과였다.

허버트 모들린이 환자들의 말에 귀를 기울였는지는 모르지만 그들이 하는 말을 알아듣지는 못했다. 그의 환자 중 한 사람은 성적으로 박탈당한, 아마 일부일처제에 충실한 편집증 환자였던 모양인데, 그는 '악마와의 대화' 같은 '망상'의 의미를 깨끗하게 무시하고 넘어갔다. '악마'가 자신에게 '창녀'가 되라고 유혹했다는데 우리 문화에서 성적인 것과 연루된 유일한 이미지는 창녀의 이미지다. 그녀(환자)는 바람을 피우고 싶었던 것이다. '부정'(不貞)에 대한 비난은 스물한 번의 전기충격치료를 받아 자기 "두뇌가 파괴되었다"고 한 모들린 박사의 여성 환자의 불평만큼이나 '망상'으로 간주되었다. 리쿨 또한 프로이트의 도라와 비슷한 환자가 '포로'처럼 대접받은 사실을 (간과하지는 않았지만) 다소 과소평가했다. 이에 대해 네이선 리쿨은 다음과 같이 말한다.

어느 정도 근거를 대면서 그녀는 어머니와 오빠가 자기를 어딘가에 집어넣고 싶어 한다는 두려움을 줄곧 하소연했다. 사실상 그녀의 오빠는 마음속에 그런 생각을 품고 내게 전화를 했다.

또 다른 심리학자는 여성 심리학을 연구하면서 저자가 "무

203   3장 정신과의사

의식적인 매춘 공포"라고 칭한 것과 관련하여 자신의 '불감증'을 설명하는 여대생들의 인식을 그럴듯하게 얼버무리고 지나간다.[17] 그와 같은 공포가 그렇게까지 무의식적일(왜곡될) 이유는 전혀 없다. 수천 년 동안의 가부장제 사회, 그리고 최근의 정신의학 및 심리학 잡지들은 남성들이 사랑과 섹스를 분리시키고, 여성의 욕망과 행동을 비난하고, 금지하고, 처벌할 수 있게 했다.

메리 제인 셔피(Mary Jane Sherfey)가 여성 섹슈얼리티에 관한 논문의 마지막에 이르러, '문명'은 기껏해야 여성의 성적 해방으로 인해 훼손당하게 될 것이라고 결론 내린 것처럼, 전통적인 가부장제적 주제들은 여성 심리학과 여성 섹슈얼리티를 설명하는 무수한 출판물에서 나쁜 꿈처럼 되풀이해 등장했다.[18] 주디스 바드윅(Judith Bardwick)은 미국에서 2세대 페미니즘 운동이 일어난 이후로 여성 심리학에 관한 최초의 학술적인 저서를 쓴 인물이다.[19] 바드윅은 다양한 연구 성과물을 합리적이고 사려 깊고 포괄적으로 검토함으로써, 자신의 연구 결과가 객관적이고 정치적으로 중립적임을 선언한다. 미국 여성들이 '자아'나 '독립성'을 발전시켜본 적이 결코 없었다는 사실을 분명히 이해하고 있음에도 불구하고, 그녀는 헬레네 도이치(Helene Deutsch)-에스더 하딩(Esther Harding)의 전통을 가장 잘 따르는 공손한 딸이다. 그녀는 정신건강에 관한 이중 기준을 분명히 인정하면서 남성이 아니라 여성을 위한 '여성적인 덕목'을 칭송한다. 여성에 관한 프로이트의 견해를 비판하기는 하지만, 그러면서도 '해부학적 구조는 운명'이라는 편견 속에서 프로이트와 손을 잡는다. 카렌 호나이(Karen Horney)와 마찬가지로 해부학적 구조는 운명이라는 바드윅의 해석은 "나의 질이 너의 페니스보다 크다"

는 것이다. '전문가'인 그녀의 이런 견해는 지금까지의 인습적인 견해와 너무나 흡사하다. 그녀는 여자아이들이 남자아이들보다 늦게 섹슈얼리티를 발전시킨다고 선언한다. 클리토리스는 해부학적으로 너무 작기 때문에 여자아이들은 자위를 하지 않고, 성적인 좌절로 인해 '고통받지' 않으며, 사춘기 이전에 질의 자극으로 인한 성적 흥분을 경험하지 않는다는 것이다. 또한 바드윅은 남자아이들은 여자아이들보다 가혹한 사회화를 거친다, 여성에게 섹스는 남성에 비해 훨씬 더 사랑이라는 감정과 연결되어 있다, 여성에게 가장 기본적인 즐거움은 모성의 즐거움이다, 질 오르가슴은 '심리학적으로' 존재하며 사랑하는 남성과의 결합을 통해 느낄 수 있다는 등의 주장을 했다.

여기서 여성이 오르가슴을 경험하는 강도나 혹은 오르가슴을 경험하는지 여부를 따지려는 것이 아니다. 내가 묻고자 하는 것은 여성의 '보다 큰' 성적 흥분과 감각이 생물학적으로 미리 결정된 것인지, 아니면 문화적·경제적으로 결정되는 것인지 하는 것이다. 하지만 그녀는 흥미로운 지점을 지적한다. 여성은 "어머니나 여자친구와의 관계에서 겪는 무관심(혹은 적대감)으로 인해" 다른 여성에게 의존하는 것보다 남성에게 더욱 의존적이라는 것이다. 호나이는 이런 견해들에 관해 페미니즘적 입장에서 해석하지 않는다. 이것들은 대단히 익숙하지만 '증명할 수 없는' 견해이다. 그럼에도 불구하고 '증명할 수 없다'는 점에서는 마찬가지인 그와 반대의 견해보다 훨씬 더 많은 사람들이 받아들이고 있다.

편견 3 '진정한' 여성은 어머니, 그런데 잘못된 것은
모두 어머니의 탓

임상의(이론가)들은 말한다. 여성은 어머니가 되어야 하며, 아이들의 정신건강을 위해서 헌신적이며 배타적인 어머니 노릇을 해야 한다고. 반면 아이러니하게도 이런 어머니 역할에 대한 절대적인 확신 이면에는 어머니들이 대체로 '불행하고', 미숙하고, 아이들이 경험하는 신경증, 정신병, 범죄의 원인 제공자가 된다는 강한 확신이 있다. '정신분열증을 유발하는 어머니'에 관한 연구 논문과 마찬가지로 아동 발달에 관한 교재는 이런 견해들로 넘쳐난다. '난잡한' 딸, '동성애'에 빠진 아들, '범죄'를 저지르거나 '신경증적인' 아이들을 낳는 어머니.

조지프 라인골드(Joseph Rheingold)는 저서 『어머니, 불안, 죽음 The Mother, Anxiety and Death』에서 "많은 여성이 어린아이를 학대하고, 강간하고, 난도질하여 죽이고 싶은 욕망이 있다는 사실을 아무렇지도 않게 인정하는 것에 충격을 받았다. 아이들에게 이처럼 냉혹한 적의를 가진 '남자'는 본 적이 없었다"[20]고 주장한다.

모친에 의한 아동 학대가 존재하고, 이는 가난, 약물중독, 실업 그리고 미혼모의 과중한 육아 부담에 의해 더욱 악화되기도 하지만, 대부분의 어머니는 성적으로나 신체적으로 아이들을 학대하거나 방임하거나 버리거나 살해하지 않는다. 대부분은 '충분히 좋은' 어머니들이다. 한 연구 결과에 따르면 여성들에 비해 많은 아버지 또는 동거 중인 남자친구가 아기나 아이에 대해 인내심이 적고, 일상적으로 아이들과 경쟁하거나 아이들을 때리고, 버리고, 심지어 죽인다.

한편, 지난 30~35년 사이에 결혼 기간 동안 혹은 이혼이나 배우자와의 사별 이후에도 직접 양육을 하는 서구 남성은 점점 더 많아졌다. 동성애 커플과 독신남 역시 아이들을 입양하고, 세대간 가족을 만들기 위한 권리를 위해 싸워왔다. 비폭력적인 아버지들은 또한 단독 친권을 위해 싸웠고 그 권리를 얻었다.

아버지들은 어머니와는 다른 방식으로 양육하는 경우가 많지만 어쨌든 대체적으로 부모 노릇은 한다.

편견 4 레즈비어니즘과 동성애는 질병이다

대다수 임상의들은 레즈비어니즘과 동성애를 '병리적인' 것으로 간주하며, 고작해야 '차선책'으로 간주한다. 양성애가 아니라 이성애가 규범이다. (남성) 동성애자와 (여성) 레즈비언을 구분하는 임상의는 거의 없다.

앞서 언급했듯이, 동성애와 레즈비어니즘은 더 이상 정신 질환으로 간주되지 않는다. 연구자에 따라 성적 선호는 유전적으로 미리 결정된다고 본다.

하지만 임상적으로나 가부장제 문화적으로 편견이 존재하듯 동성애 혐오 또한 여전히 존재한다. 어린이와 사춘기 청소년들은 '여성적인' 소년과 '남성적인' 소녀들을 부자연스럽다고 생각하고 받아들이지 못하는 보수적 부모의 손에 이끌려 치료사에게 온다. 사춘기 청소년들은 때때로 양성애적, 동성애적 또는 레즈비언적인 성향을 고친다는 명목으로 혹독한 사관학교나 사이비 '재교육' 센터로 보내진다.

3장 정신과의사

편견 5 어떤 임신은 불법적이다, 어떤 여성은 난잡하다

임상의(이론가)들은 일단 가부장제적인 관념을 수용한다. 그들은 '불법적인' 임신이 있으며, 여성들을 난잡하고, 상대를 유혹하려는 성향을 지닌 한편, 역설적이게도 성적인 욕망이 없다고 말한다.[21] 그들은 여성 스스로 이러한 성향이 있다고 믿게 만들거나, 아니면 이러한 여성들을 정신병원에 감금하는 등 다소 강력한 방식으로 그러한 견해에 따라 행동한다. 특히 사춘기 여성과 아내가 성적으로 '난잡'하다는 이유로 감금된 예가 많다. 1971년에 한 정신과의사로부터 직접 들은 바로는, 1950년대에 한 중년 미국 여성은 애인을 가졌다는 이유로 남편과 정신과의사에 의해 정신병원에 감금되었으며, 10년 뒤 그곳에서 죽었다.

다음은 한 변호사로부터 들은 이야기다. 한 남성이 삼십대의 아내를 비공개적으로 입원시켰다. 1969년 그의 아내는 정신병원에서 연하의 남성과 성적·정서적인 관계를 맺었다. 두 사람 모두 전보다 훨씬 행복해 보였는데, 병원 측은 강제로 그들을 떼어놓았다. 결국 두 사람 모두 '재발'하여 변호사로부터 이야기를 들은 시점에 여전히 병원에 있는 상태였다. 아버지에게 강간을 당한 여자아이는 '꼬리 치는' 성격으로 간주된다. 아니면 근친 강간을 미연에 방지하지 못했거나 은밀하게 '방조했다'는 이유로 어머니가 비난받는다.[22] 어떤 경우든지 그 바탕에 '어쨌거나 아이에게 그다지 대단한 상처는 아니었다'는 인식이 깔려 있다. 반면 드문 경우이기는 하지만 어머니가 남자아이를 유혹하거나 강간하는 경우, 이는 결과적으로 남자아이에게 '정신분열증'을 일으키는 원인으로 간주된다.[23] 직업적인 매춘은 여성의 '복수 행위'와 '공격성'으로 간주될 뿐, 결코 여성의 희

생으로 여겨지지는 않는다.[24]

예외가 있기는 하지만, 대다수의 매춘부는 빨리 늙고 일찍 죽는 육체노동자들이다. 그들 대부분은 근친상간이나 가족의 학대로부터 도망쳐 나왔다. 그들은 엄청난 심리적·신체적·성적 폭력에 끊임없이 희생당한 자신의 삶을 견디기 위해 술과 약물에 의존한다. 게다가 미성년자를 상대로 한 남성들의 성매매 수요는 10억 달러 규모의 산업으로 성장했다. 자신의 아이들을 섹스 관광을 비롯해 사창가에 팔아넘기거나 여자아이를 납치 또는 유인해 성매매 산업에 종사하게 만들기도 한다. 그러나 노예 같은 생활에서 벗어나려는 매춘 여성들을 돕는 보호소나 프로그램은 전 세계적으로 매우 적다.

오늘날의 임상 이데올로기와 관련한 이상의 다섯 가지 편견은 전통적인 이론가의 저술이나 직업적인 훈련을 받은 의사들의 저술을 통해 퍼질 수도 있고 그러지 않을 수도 있다. 어떤 경우든 이런 편견과 이 밖의 유사한 편견들은 전통적인 임상 문헌에서 많이 언급되는 주제임이 분명하다.

전통적인 임상 이데올로기

우리 사회에서 정신건강의 윤리와 지표는 남성적인 것이다. 하지만 대부분의 정신분석가들은 주로 여성을 관찰했다. 그 이유가 남성이 여성을 '구원하고자' 하기 때문인지, 아니면 여성을 만들어내려는 욕망 때문인지, 혹은 여성 환자들이 상대적으로 훨씬 더 많고 그들이 보다 협조적이기 때문인지는 불분명하다.

어쩌면 보다 뿌리 깊은 어떤 것이 지난 세기 동안 남성 정신과 의사들로 하여금 미쳐버린 여성의 본질에 대해 무언가 쓰고 싶 게 자극했을지도 모른다. 남성 정신과의사들은 여성에 관해 쓰 는 것은 안전하며, 동시에 '치료적인' 것이라고 생각한다. 여성 을 연구하면서 그들은 위협을 느끼지 않고 편안하게 광기를 연 구할 수 있었다. 그들은 돌이나 돼지로 변할까 봐 두려워하지 않아도 되었다. 밸러리 솔라나스(앤디 워홀을 쏜 여성)는 메두 사가 아니었고, 젤다 피츠제럴드는 키르케가 아니었다. 미친 여 자들은 그런 힘을 가지고 있지 않다.

그렇다고 메두사와 키르케가 미쳤다는 것은 아니다. 그와 반대로 메두사와 키르케는 막강한 힘을 가졌고, 그로 인해 경멸 적이고 두려운 이미지가 되었다. 한편, 많은 '미친' 여자들은 적 대적이고 예측 불가능하지만 그래도 여전히 여자이다. 그런 만 큼 미친 남자들보다 물리적으로 덜 위험하다. 물론 어떤 경우에 는 미친 남자들만큼이나 위험하기도 하고 두려움의 대상이 되 기도 한다. 중요한 것은 학문(예술)을 하는 남자들은 찰나적이 고 낭만적인 순간을 제외하고는 여성 주체와 자신을 강력하게 동일시할 수 없다는 점이다. 그들의 제정신은 두 다리 사이에 단단히 정박해 있기 때문이다.

여성이라는 주제는 정신분석학 문헌에서 전통적으로 가장 감상적이면서도 권위 있는 발언을 이끌어왔으며, 그 발언들은 모두 정신건강 또는 정상성에 관한 이중 기준을 시사하고, 수용 하며, 지향한다.

[여성은] 거세되었다는 사실을 받아들이려고 하지 않는다. 모 든 사실에도 불구하고 그들은 언젠가 남근을 획득할 수 있으리

라는 희망을 가지고 있다. […] 나는 (비록 표현하기가 망설여지지만) 남성에게 윤리적으로 정상인 수준과 여성에게 윤리적으로 정상인 수준이 다르다는 개념에서 벗어날 수가 없다. 그 가치와 위치에 있어서 양성이 완전히 평등한 것으로 간주하도록 우리에게 강요하는 페미니스트들의 주장에 영향을 받아 이와 같은 결론으로부터 벗어나는 일은 없어야 한다.[25]

또한 여성들의 사회적인 관심사는 남성들의 그것보다 약하다고 할 수 있으며, 자기의 이해관계를 승화시키는 능력 또한 남성에 비해 떨어진다고 말할 수 있다. 여성성에 이르는 어려운 성장 과정이 개인의 모든 가능성을 전부 고갈시키는 것처럼 보인다.[26]

— 지그문트 프로이트

여성을 이해하는 데 있어 핵심적인 시기는 어린 시절에서 성숙으로 이행하는 단계이다. 이 단계의 여성은 낯선 사람과의 사랑에 몰입하기 위해 그리고 그 사람과의 사이에서 난 아이들을 보살피기 위해 정작 자신이 부모와 가족으로부터 받던 보살핌을 포기한다. […] 젊은 여성들은 종종 결혼하여 가정을 꾸리기 이전에 '자기 나름의 정체성'을 가질 수 있는지를 묻곤 한다. 젊은 여성의 정체성 속에 있는 무엇인가가 앞으로 자신과 결합하게 될 남성과 자녀의 특성에 대해 열려 있어야 한다는 점은 인정한다고 하더라도, 젊은 여성의 정체성 중 많은 부분이 이미 그녀의 매력과 그녀가 어떠한 남성으로부터 선택받고 싶어 하는지에 이미 규정되어 있다고 생각한다.[27]

— 에릭 에릭슨

여성은 훌륭한 과학자나 엔지니어가 되고 싶어 하는 만큼이나 남성의 여성다운 동반자가 되고 싶어 하고 어머니가 되고 싶어 한다.[28]

— 브루노 베텔하임

여성은 길러진다. […] 해부학적 구조는 여성의 운명을 결정짓는다. […] 여성이 생물학적인 기능에 두려움을 느끼지 않고 성장할 때, 페미니즘에 전복당하지 않고 제대로 성장하여 훌륭한 인생의 목표를 획득하고 살아가야 할 세계를 확보하게 될 때, 비로소 그들은 이타적인 감정과 더불어 모성을 맞이하게 된다.[29]*

— 조지프 라인골드

남성적인 방식으로, 남성적인 소명을 받아들이며 남성적인 연구와 일을 하게 될 때, 여성은 직접적으로 손상을 받지는 않는다 하더라도 자신의 여성적인 본성과 완전히 일치하지 않는 일을 한다는 사실을 누구도 부정할 수 없다. […] [여성의] 심리는 에로스, 즉 위대한 구속자이자 구원자인 에로스의 원리에 기초해 있다. 반면 오래된 지혜는 남성의 지배적인 원리를 로고스라고 규정한다.[30]

— 칼 융

---

* 해부학적 구조는 선페스트(bubonic plague)와 마찬가지로 운명이 아니라 역사다. 물론 성별 사이에 생물학(해부학)적인 차이가 있다. 이제 문제는 이런 차이, 또는 그 차이로부터 도출된 문화적 판단이 필수적인 것이냐 아니면 바람직한 것이냐로 귀결된다.(저자 주)

여성은 개인적인 동기에 의해 자신의 영혼을 잃어버리지 않고
서도 단조로운 일들을 무한정 수행할 수 있다. 예를 들면, 여성
은 자기 집에 특별한 공간을 꾸미기 위해서 한 땀 한 땀 끝없이
수를 놓을 수 있다. 아니면 남편이나 아이들을 위해 끝없이 스
웨터를 뜨고 양말을 뜰 수 있다. […] [여성의 진정한 목표는]
남성과의 관계 속에서 정신적이거나 심리적인 가능성을 창조
하는 것이다. […] 남성과 성공적으로 관계를 맺는 여성에게 있
어서 그녀가 더 이상 남성의 눈을 똑바로 바라볼 수 없다는 것
을 깨닫게 되는 순간이야말로 의미심장한 전환점이 된다. 왜냐
하면 공개적으로 드러내 보일 수 없는 감정이 싹터 그 여성을
뒤흔들어놓고 있다는 의미이기 때문이다. 자기보다 훨씬 어린
남성에게 연상의 여성이 관심을 보이는 이유 중 하나는 자신의
정서적인 미성숙함 때문이라고 할 수 있다. 이런 여성은 자신
의 모든 에너지와 관심을 개인적이고 직업적인 역량에만 쏟아
부은 나머지, 정작 여성적인 가치를 계발하지는 못했기 때문이
다. […] 그래서 여성 자신의 타고난 정서가 미성숙한 이상, 그
런 여성은 다른 사람으로 하여금 자신에게 의존하게 함으로써
성취감을 얻고자 하고, 자기 내면의 유치함을 자신이 끌리는
남성에게 투영하거나 반영하려고 한다.[31]

— 에스더 하딩

하나같이 여성에 대한 익숙하며 상투적인 동시에 꽤나 그
럴듯한 견해들이다. 이처럼 확신에 찬 전문가들의 견해는, 간접
적으로는 남성들에게 강한 영향을 미치며, 보다 직접적으로는
여성에게 횡포를 부리게 된다. 지난 세기에는 누구나 피할 수
없는 공통된 경험이었으며 결코 낭만화되지 않았던 결혼과 출

산 같은 사건은 이제 이들과 같은 전문가에 의해 여성이 추구해야 할 영혼의 호사로 과대 포장된다. 과거에 (가난, 질병, 요절 등과 마찬가지로) 선택의 여지 없이 불가피했던 것들은 정신분석가들에 의해 20세기 여성의 구원 신화로 부활되었다. 미국 중산층 여성들은 정신과 치료 제도와 건강한 아동의 성장을 위해 어머니의 중요성(그리고 단독 책임)을 강조하는 출판 전문가들의 횡포에 의해 '유혹에 넘어가자마자 내팽개쳐졌다'. 대다수 산아 제한 연구와 마찬가지로 대부분의 아동 발달 연구는 여성을 중심으로 진행되어왔다. 왜냐하면 이것은 '여성의 일'이기 때문이다. 이 일에 여성은 전적인 책임이 있으며, 그런 여성의 일은 '결코 끝나지 않고', 임금노동 시장에서도 결코 임금으로 지불되지 않았다. 프로이트 외 다수 이론가들의 저술에 따르면 여성은 이런 일을 사랑으로 수행하는 것이며 그로 인해 충분히 보상받는다는 것이다.

여성에 관한 프로이트의 입장은 스스로 혼란스럽다고 밝힌 바 있지만 그의 피분석자이자 제자였던 헬레네 도이치, 마리 보나파르트(Marie Bonaparte), 마리 로빈슨(Marie Robinson), 메리니아 파넘(Marynia Farnham)과 같은 여성 이론가들에 의해, 그리고 프레데리크 룬드베리(Frederick Lundberg), 에릭 에릭슨, 브루노 베텔하임(Bruno Bettelheim), 조지프 라인골드 등과 같은 남성 이론가에 의해 종종 헌신적이고도 낭만적으로 수용되었다. 프로이트의 입장은 칼 융과 그의 제자인 에스더 하딩에 의해 보다 미묘하게 옹호되었다. 인간 심리학에 관한 이들의 접근방식은 프로이트보다 훨씬 '영적'이며 보다 인류학적이다. 하지만 이상적인 여성에 관한 그들의 견해는 근본적으로 '모성으로서의 여성'이었다.

여성은 남성과 생물학적으로 다르고, 따라서 심리적으로 다르다. 이 다름은 좋은 것이다! 여성이 안고 있는 진짜 문제는 사랑과 모성의 삶을 위한 대단히 고유하고 영광스러운 능력에 저항하는 데서 비롯된다. 물론, 현대 사회는 그와 같은 삶을 평가절하하고, 그래서 더 안타깝다. 여성은, 융의 여성 제자들처럼 잘 교육받은 부유한 여성일수록 한 개인으로서 이와 같은 평가절하를 초월해야 한다.

프로이트식 관점에서는 여성을 본질적으로 "종족의 양육자이자 열매 맺는 자"이며 잠재적으로 따스한 가슴을 가진 피조물로 보지만, 그보다는 흔히 자궁을 가진 변덕스러운 아이이며 남성의 생식기와 남성적인 정체성을 상실한 것에 대해 영원히 애도하는 자로 본다. 프로이트가 자신의 여성 환자들에 대해 그토록 정밀하게 기록했던 두통, 피로, 만성적인 우울증, 불감증, 편집증, 압도적인 열등감은 이보다 더 정확한 용어로 해석된 적이 없었다. 프로이트는 여성의 '증상'을 노예 심리의 특징인 간접적 의사소통으로도 보지 않았다. 오히려 그런 증상을 '히스테릭'하고 '신경증적'인 산물로 여겼으며, 악의에 가득 차 있고 부조리한 집안의 독재자, 심술궂고 퉁명스럽고 자기 연민에 찬 여성에게서 나타나는 것으로 간주했다. 여자로서 행복해질 수 없는 이런 여성들의 무능력은 해소되지 않은 남근선망, 해소되지 않은 엘렉트라 콤플렉스(혹은 여성 오이디푸스 콤플렉스)에서 기인하거나, 일반적으로 도무지 고치기 힘들고 종잡을 수 없는 여성의 고집에서 비롯되는 것으로 보았다.

여성 '히스테리 환자'에 관한 프로이트의 초기 사례 연구 중에서도 특히 '도라의 사례'를 다시 읽어보면, 여성 '히스테리 환자'에 대한 그의 탁월한 분석이나 연민 때문이 아니라, 오히

3장 정신과의사

려 그의 논조 때문에 놀라게 된다. 프로이트의 논조는 냉담하고 지적이며 탐문하고 통제하려는 태도에다 빅토리아시대만큼이나 보수적인 성 관념을 드러낸다.³² 프로이트는 도라라는 '지적인' 열여덟 살짜리 환자를 좋아하지 않았다. 그는 다음과 같이 기록한다.

여러 날 동안 그녀는 사소한 증상과 특이한 태도로 자신을 어머니와 동일시했다. 그것을 기회 삼아 그녀는 참기 어려운 행동을 하는 방면에서 놀랄 만한 재능을 보였다.

프로이트는 만난 적도 없는 도라의 어머니를 '가정주부 정신병'으로 진단내렸다.

레너드 사이먼(Leonard Simon)은 도라가 처한 곤궁을 살핀다. 도라는 아버지에 의해 다양한 빅토리아풍의 '증상'에 대한 치료를 구한다는 명목으로 프로이트에게 온 것이었다.³³ 사이먼은 프로이트의 사례 연구에서 다음과 같은 사실에 주목한다.

프로이트의 사례 연구는 도라의 인생과 관련된 유일하고도 중요한 문제만 없었더라면 모범적인 성과로 남을 수도 있었다. 치료를 위해 도라의 무의식을 고찰하는 과정에서 프로이트는 도라의 아버지가 끔찍한 성적 거래에서 도라를 미끼로 삼았음을 알아냈다. 이 남자(도라의 아버지)는 젊은 시절 매독에 걸렸으며 분명 그것을 아내에게 전염시켰다. […] 이제 그는 K의 부인과 불륜관계에 빠져 있었다. 도라의 아버지가 K를 무마하려고 도라를 이용했던 분명한 증거가 있다. 그리고 프로이트도 이 사실을 충분히 알고 있었다. […] 이 지점에서 프로이트는 "도라의 아버지는 딸이 현재 처해 있는 위험에 일부 책임이 있다. 왜냐하면 그는 자신의 연애행각의 이해관계에 따라 낯선 남자에게 딸을 넘겨주었기 때문이다"라고 진술한다. 하지만 도라 아버지의 행위에 대해 충분히 알고 있음에도 불구하고, 프로이트는 그녀의 아버지가 도라를 이용한 태도를 무시하고, 도라의 정확한 상황 인식을 부정하면서 도라의 문제를 철저히 그녀의 정신 속에서 고찰할 것을 고집했다. […] 프로이트는 이들 남자들이 자기 주변에 있는 여성들을 성적으로 이용하는 것을 기꺼이 받아들이는 듯하다.

결국 프로이트는 그녀의 가족 상황에 대한 그녀의 통찰이 정확했음을 수긍하고 인정하지만(도라에게 수긍하지는 않았다), 그래도 그는 이런 통찰이 그녀를 '행복하게' 만들어줄 수 없다는 결론을 내렸다. 프로이트 자신의 통찰 — 주변 사람들에 대한 도라의 책망보다는 자책에 근거한 — 은 도라의 인생에 있어서 유일한 대안인 가정주부 정신병에 적응하거나, 아니면 적어도 그것을 받아들일 수 있도록 돕는 것이었다. 도라가 치료를 중단하고 떠나지 않았다면(프로이트는 도라의 치료 중단을 복수로 생각한다) 짐작건대 (자포자기와 자기 최면이라는 수단을 통해서) 치료는 가부장적인 아버지에 대한 감사와 존경심을 회복하는 것으로 귀결되었을 것이다. 혹은 이후로도 오랫동안 아버지를 사랑하고 그에게 봉사하거나 혹은 결혼하여 남편이나 대리 가부장에게 그런 기능을 수행하도록 하는 것이 치료의 목적이었을 것이다.

도라를 싫어한 사람은 프로이트만이 아니었다. 24년 후 마흔두 살의 기혼여성이 된 도라는 '히스테리' 증상으로 인해 정신과의사 펠릭스 도이치(Felix Deutsch)를 찾게 된다. 도라에 관한 그의 묘사를 인용해보자.

그런 다음 환자는 자신의 헌신에 대한 남편의 무관심에 관해 장광설을 늘어놓기 시작했다. 그녀의 결혼생활이 얼마나 불행했는지 [⋯] 이로 인해 자신의 좌절된 삶과 불감증을 말하는 방향으로 나아갔다. [⋯] 원망에 가득 차서 그녀는 남편이 부정을 저질렀으며 [⋯] 눈물을 흘리면서, 남성이란 일반적으로 이기적이며 요구가 많고 주는 데 인색하다고 몰아붙였다. [⋯] [그녀는] 자기 아버지가 어머니에게 부정했음을 기억해냈다. 어머니의 지나친 결벽증으로 인해 [⋯] 어머니가 자신에게 애정을 주지 않은 탓에 자신의 어린 시절이 불행했다고 말했다. [⋯] 마침내 그녀는 오빠의 생애에 관해 자랑스럽게 말했다. 하지만 자기 아들이 오빠처럼 될 희망은 거의 없다고도 했다. [⋯] 내가 도라의 병상을 방문한 지도 30년이 넘었다. [⋯] 한 제보자로부터 그녀의 운명이 어떻게 되었는지 듣게 되었다. [⋯] 그녀는 원망스럽게 요구하면서 남편에게 매달렸던 것과 마찬가지로 아들에게 매달렸다. 남편은 병으로 죽었다. 그런데 이상한 것은 그 남편은 도라의 거의 편집증적인 행동에 시달리고 무시당하면서도 그녀와 이혼하지 않고 죽었다는 점이었다. 의문의 여지 없이 도라는 이런 유형의 남자였기 때문에 그를 남편으로 선택했을 것이다. 정신분석 치료 당시 그녀는 "남자란 하나같이 너무나 혐오스러운 존재들이기 때문에 난 차라리 결혼하지 않겠다. 그것이 나의 복수다!"라고 딱 잘라서 말했다. 따라서 그녀의 결혼은 오직 남성에 대한 혐오감을 감추는 데 이바지했을 따름이다.[34]

토머스 사즈는 일명 '안나 오'로 불리던 브로이어와 프로이트의 또 다른 여성 환자의 '히스테리'에 관해 논평한다. 안나 오는 아버지를 간호하다 '병'이 났다.[35]

　　따라서 안나 오는 내키지 않지만 따라야만 하는 입장에 있었기에 히스테릭한 게임에 뛰어들었다. 그녀는 억압받고, 무보수에다 병간호하는 역할을 담당했다. 프로이트 시대의 젊은 중산층 여성은 병든 아버지를 돌보는 것을 딸의 의무로 간주했다. […] 이것이 우리 시대의 많은 여성이 아버지와의 관계에서가 아니라 자신의 어린 자녀와의 관계에서 보여주는 딜레마와 얼마나 유사한지 주목해보라. 오늘날 기혼여성은 일반적으로 자녀를 돌보는 존재로 간주된다. 이 일은 다른 사람에게 넘겨질 수 없는 것이다.

　　하지만 브로이어와 프로이트에게 안나 오의 '엄청난 슬픔'은 그녀가 더 이상 "간병을 계속할 수 없는" 상황에서 기인한 것이다. 안나 오의 정체는 1953년 프로이트 전기 작가 어니스트 존스(Ernest Jones)에 의해 처음으로 밝혀졌다. 그녀의 본명은 베르타 파펜하임(Bertha Pappenheim)이었다. 그녀는 미혼모와 사생아, 매춘부의 권리를 위해 투쟁한 페미니스트였다.

　　내 생각에 베르타 파펜하임은 실제로 심각한 신경쇠약을 앓았고, 몇 년간 정신병원을 들락거려야 했다. 그녀는 존재하지 않는 것을 보고 들었고, 말도 안 되는 헛소리를 하거나 알아들을 수 없는 언어로 말했다. 또한 오랫동안 긴장증을 앓았다. 하지만 그녀는 '대화치료'를 고안한 환자였고, 그밖에도 위대한 일들을 계속 해냈다. 멜린다 기븐 거트만(Melinda Given Guttmann)

이 이 놀라운 여성에 관해 상세히 기록한 『안나 오의 수수께끼: 베르타 파펜하임 전기 *The Enigma of Anna O.: A Biography of Bertha Pappenheim*』 또한 매우 훌륭하다.

여성에 관한 프로이트의 전체 혹은 일부 견해가 카렌 호나이, 클래라 톰슨(Clara Thompson), 마거릿 미드(Margaret Mead)에 이어 시몬 드 보부아르, 베티 프리단(Betty Friedan), 케이트 밀릿, 슐라미스 파이어스톤, 에바 피지스(Eva Figes), 저메인 그리어(Germaine Greer) 등의 여성 이론가들에 의해 광범위하게 검토되고 비판되고 반박되었다. 브로니슬라브 말리노프스키(Bronislaw Malinowski), 알프레드 아들러(Alfred Adler), 해리 S. 설리번(Harry S. Sullivan), 빌헬름 라이히, 로널드 랭(Ronald Laing), 데이비드 쿠퍼(David Cooper), 토머스 사즈와 같은 남성 이론가들도 프로이트를 반박한 바 있지만 여성에 관한 그의 견해 때문은 아니었다.

1926년 카렌 호나이는 「여성다움으로부터의 도피 *The Flight from Womanhood*」라는 제목의 논문에 이렇게 썼다.

여성 발달에 관한 현재의 분석적인 그림은(그것이 정확하든 아니든 간에) 소년이 소녀에 대해 전형적으로 가지고 있는 생각과 거의 비슷하다. 우리는 소년과 같이 생각하는 것에 대단히 익숙하다. 그러한 생각을 여기에 간략히 정리하겠다. 이와 비교해볼 수 있도록 여성 발달에 관한 통념도 나란히 소개하고자 한다.

소년의 생각
- 소녀도 남근을 소유하고 있다는 순진한 생각
- 소녀에게는 남근이 없다는 자각

- 소녀는 거세되고 절단된 소년이라는 생각
- 소녀가 처벌을 받았고 그 처벌이 자신에게도 위협이 된다는 믿음
- 소녀는 열등한 존재라는 생각
- 소녀가 남근에 대한 상실감이나 부러움을 어떻게 극복할 수 있는지 상상할 수 없음
- 소녀의 질투를 두려워함

여성의 발달에 관한 정신분석학적인 생각
- 양성 모두에게 오로지 남성 성기만이 특정한 역할을 담당함
- 남근의 부재를 슬프게 자각함
- 소녀는 한때 남근을 가졌지만 거세당해 그것을 상실했다고 믿음
- 여성은 스스로를 열등하다고 인식함
- 거세는 처벌이라는 시련으로 인식함
- 남근을 선망함
- 소녀는 결핍감과 열등감을 결코 극복하지 못하며, 남자가 되려는 욕망을 끊임없이 새롭게 극복해나가야 함
- 소녀는 자기에게 없는 것을 가진 남자들에게 평생 복수하고 싶어 함[36]

프로이트는 1931년에 발표한 논문 「여성의 섹슈얼리티*Female Sexuality*」에서 이 문제에 관해 다음과 같이 간접적으로 답한다.

페미니즘에 동조하는 남녀 분석가들 또한 그와 같은 개념이 남성의 '남성성 콤플렉스'에 기원을 두고 있으며, 여성을 억압하

고 경멸하려는 남성들의 선천적인 경향을 이론적으로 정당화하기 위한 개념이라는 사실에 반대할 수밖에 없다는 것을 충분히 짐작할 수 있다. 하지만 이런 종류의 정신분석학적인 주장은 도스토옙스키의 유명한 '양날의 칼', 즉 양도논법을 떠올리게 한다. 그런 추론에 반대하는 사람들은 여성 구성원이 남성과의 평등에 반박하는 것처럼 보이는 개념을 수용하려 들지 않을 것이라고 생각할 것이다. 논쟁의 무기로서의 분석은 아무런 결정에도 이르게 하지 못한다.[37]

이 지점에서 나는 네 명의 프로이트에 대한 비평가의 견해에 대해 논의하고 싶다. 이들은 '혁명적인' 이론가로, 또는 대단히 혁신적인 의사로 평가받은 이론가들이다. 카렌 호나이, 클래라 톰슨과 같은 초기 이론가들은 특히 프로이트의 여성관을 비판했다. 하지만 그들은 '급진적인' 이론가 혹은 의사로 간주되지 않는다. 넓은 의미에서 보자면 그들은 그다지 급진적이지 않다. 정치적이거나 사회적인 비전을 제시하지 않았으며 남성과 여성 모두에게 해당하는 정신건강의 단일한 기준을 발전시키지도 않았다. 이들 이론가 ─ 또한 멜라니 클라인(Melanie Klein), 안나 프로이트, 이디스 제이콥슨(Edith Jacobson) 등도 ─ 를 꼼꼼하게 검토한다면 심지어 나 같은 사람도 그들의 '급진성'에 놀랄 정도이다. 하지만 아직까지 그들을 충분히 파악할 만큼 그들의 작업을 연구하지는 못했다.*

---

* 이제는 이들의 연구에 대해 좀 더 잘 알고 있다. 어머니와 유아의 초기 유대와 이로 인해 파생된 결과, 특히 어머니와 딸, 여성과 여성의 관계에 대한 클라인의 해석에 감탄한다.(저자 주)

나는 '인간'이란 무엇인가에 대한 이론가의 준거의 틀이 여성인지 아닌지에 주목하며, 이 문제에 대해 무관심하거나 그런 관심에 반대하는 임상적인 이론이나 실천은 여성과 남성 모두에게 철학적으로 제한적이며 사회적으로 억압적인 것이라고 느낀다.

빌헬름 라이히, 로널드 랭, 데이비드 쿠퍼, 토머스 사즈. 이들은 모두 남성이다. 프란츠 파농의 '제3세계 여성'은 8장에서 논의하게 될 것이다. 이 네 명의 이론가는 공통적으로 비정상성뿐 아니라 정상성에 관심을 가지고 있으며, 또한 개인뿐 아니라 사회에 대한 관심도 가지고 있었다. 이 모든 것이 전부 다 '중요하다'. 성적·정치적 자유에 대한 라이히의 비전, 정신분열증에 대한 랭의 기술과 정서적인 무장에 대한 임상적인 요청, 가족이라는 마귀에 대한 쿠퍼의 푸닥거리와 페미니즘에 대한 그의 공감대, 권력관계의 심리학에 대한 사즈의 분석과 윤리적·법적 감수성, 이 모든 것이 다 중요하다. 이들의 모든 저술을 바탕으로 한 명 한 명을 자세히 소개하거나 비교할 생각은 없다. 이들의 저술 중 오직 일부와 관련하여 각 이론가에 대한 나의 생각을 공유하고 싶다.

빌헬름 라이히

물론 나는 그의 질투심을 알고 있었다. 그 당시 나는 그에게서 그가 대체로 다른 사람을 공격할 때 드러내는 윤리적인 태도를 발견했다. 성적인 행동에 관한 이중적인 기준은 그의 공격에서 분명히 드러났다. 그 기간 동안 '그가 나에게 충실했는가'라는 질문은 허용되지 않았다. 하지만 그가 나에게 기대하는 것

3장 정신과의사

과 동일한 기준을 자신에게 적용하지 않는다는 것만은 분명한 사실이었다. 사실 나는 그가 스스로 고백하지는 않았지만 다른 관계를 맺고 있었다는 것을 알았다.

오슬로에서 나는 그레타와 긴 이야기를 나눴다. 그레타는 라이히와 함께 생활하고 있었다. 라이히와 살았던 마지막 3년 동안 내가 경험했던 무수한 고뇌가 그녀의 경험에서도 반복되고 있었다. 그들의 관계가 거의 끝장날 무렵 함께한 마지막 몇 개월 동안의 부정(흥미롭게도 그가 나를 비난하면서 거론했던 남자들과 똑같은 남자들을 그녀에게도 거론하면서)을 비난하면서 자백을 요구하고 종종 폭음을 하여 그녀를 놀라게 만들었다.

한번은 하브레볼 박사가 […] 대단히 훌륭한 전문가를 훈련시키라면서 맡기려고 했지만 라이히는 그 사람이 동성애자라는 사실을 알고는 받아들이길 거부했다. "난 그런 쓰레기랑 상대하고 싶지 않아"라고 그는 말했다.

— 일제 올렌도르프 라이히[38]

이론가로서 빌헬름 라이히는 페미니스트였다.[39] 그는 가부장제 가족이야말로 성적, 정치적 억압의 핵심이며, 특히 여성을 노예화하는 제도라고 끊임없이 비판했다. 그는 매춘과 '강제 결혼'과 소외된 노동에 격렬하게 반대했다. 그는 여성과 남성 모두에게 적용되는 단일한 (성적인) 정신건강 기준을 추구했다. 의사로서 그는 환자 개인의 성적·정신적 건강이라는 '돌파구'의 중요성을 고집하면서도, 정신건강은 여성의 가난과 억압을 제거하지 않는 한 존립할 수 없다고 확신했다. 이상적인 정신건강은 자유와 마찬가지로 그것이 모든 사람을 위해 존재할 때라야만 한 사람을 위해서도 존재한다.

그는 '정신적인 역병'을 제거하기 위해 '예방적인 사회 조처'의 중요성을 강조했다. 그는 무료 성교육 클리닉을 운영했으며, 동료들이 중산층 고객을 끌어들이기 위해 명망을 얻으려고 애쓸 때 빈곤층에 대한 치료의 중요성을 강조했다. 그는 억압의 심리를 낭만화한 적이 거의 없었다.

유복한 시민은 점잔 빼며 신경증을 앓고 있거나 이런저런 방식으로 신경증을 견뎌낸다. 하지만 노동계급에게 신경증은 실제보다 훨씬 더 기괴한 비극이다.

라이히는 중산층 여성들이 평생 동안 섹스에 입문하지 않는 반면, 가난한 여성들은 흔히 일찌감치 상처투성이의 야만적인 방식으로 섹스에 입문하는 것을 민감하게 받아들였다. '오르가슴 능력'(건강한 오르가슴)의 본질과 중요성에 관한 라이히의 생각은 '훌륭한 섹스가 인간을 해방시킨다'는 것을 입증하는 것으로 쉽게 오해될 수 있고 오해되어왔다. 오르가슴이 무엇이며 무엇이 건강한 오르가슴을 구성하는가에 대한 라이히의 반복적이고 상세한 설명은 독실하고 히스테릭한 종교 교리, 고정관념의 모습을 일부 띠고 있다. 이런 사실이 종종 파시즘, 가난, 가족, 광기 등에 관한 라이히의 분석을 괴상하게 망쳐놓는다. 유아 성욕, 억압, 죽음에 관한 프로이트의 견해와 조건화된 학습에 관한 스키너의 견해 역시 이와 유사하다.

'오르가슴 능력'에 대한 라이히의 정의는 다음과 같다.

어떤 거리낌도 없이 생체 에너지의 흐름에 자신을 내맡길 줄 아는 능력이자, 무의식적이고 쾌락적인 몸의 수축을 통해 막혀서 고여 있던 모든 성적 흥분을 완전히 배설하는 것.

라이히는 페미니스트들, 즉 '블루 스타킹'*인 대다수의 남녀 '도덕가'들이 남성 중심의 '프리섹스'나 성 해방의 개념을 왜 참을 수 없어 했는지 (왜 지금도 참을 수 없어 하는지) 그 이유를 분명히 이해했다. 라이히는 자신의 임상적인 경험을 토대로 평범한 남성들이 섹스를 저열하고 타락한 행위로 경험하면서 그 행위를 통해 자기의 힘과 지배욕을 표현해야 한다고 생각하게 되는 과정을 (너무나 솔직하게) 묘사한다. 남성 환자에게는 음란하고 가학적인 자위행위와 그 밖의 성적 환상이 보편적이라면, 여자 환자에게는 수동적이고 피학적인 환상이 보편적이라고 기술한다. 그리고 남성의 환상은 남근을 '치명적인 무기', 정력을 '과시하는' 수단이자 강박적으로 마치 돈 후안처럼 '혐오감이 뒤따르는 사정'과 연관시킨다. 얼마나 많이 오르가슴에 도달하든 간에 라이히는 그런 성욕을 '변태적인' 것으로 간주한다.

이런 성욕은 자연스러운 사랑을 병적으로 부각시킨 것이다. 성욕에 대한 통상적인 평가는 이렇게 부각된 특징을 참조하며, 이에 대한 비난은 정당하다. 따라서 성욕에 관한 찬반식의 논쟁은 무의미하고 아무런 소득도 없다. 그런 식의 논쟁에서는 도덕군자들이 승리할 것이고, 또 승리해야만 할 것이다. 이런

---

*   18세기 여성 문학 애호가들이 청색 양말을 신은 데서 유래한 말로, 겉멋 든 여자들이 문학 하는 것을 얕잡아 말하는 것에서 비롯하여 페미니스트들을 경멸하여 부르는 말.

식으로 성욕을 부각시키는 것을 관대하게 넘겨서는 안 된다. 사창가에서 벌어지는 성행위는 혐오스러운 것이다.

라이히는 자신의 남성 환자들이 '오르가슴 능력'을 일단 갖게 되면 벌어지는 일을 이렇게 설명한다.

더 이상 매춘을 하러 가지 않을 수 있게 되고, […] 아내들이 일단 오르가슴에 이르는 능력을 갖게 되면, 사랑하지 않는 남편과의 관계나 자신이 성적으로 흥분되지 않는 관계에 더 이상 굴복하지 않을 수 있게 된다.

프로이트와 달리 라이히는 '문명'을 위해 성욕을 '승화'시켜야 한다고 주장하지 않는다. 그와는 완전히 상반된 입장이다. 라이히는 일단 환자들이 건강한 성기를 회복하게 되면 일과 사랑에서 훨씬 의미 있는 관계를 찾을 수 있다고 주장한다. 그는 (프로이트의 증거보다 덜할 것도 더할 것도 없는 증거로) 만약 환자들을 충분히 꿰뚫어볼 수 있다면 모든 환자들에게서 '점잖은 본성decent nature'을 발견할 수 있다고 주장한다. 언제나 '성 경제Sex-economy'는 강박적인 도덕보다 우월한 자연스러운 도덕으로 조정된다.

광기를 이해하고 '수호'하고자 하는 모든 이론가들과 마찬가지로 라이히는 딜레마에 사로잡힌다. 한편으로는 "위중한 상태의 정신질환자는 민족주의적 이상으로 가득 찬 속물적인 배빗(Babbitt)*들보다 인간적인 관점에서 훨씬 더 가치가 있다"고

---

* 　1922년에 발표된 해리 싱클레어 루이스(Harry Sinclair Lewis)의 소설 『배빗*Babbitt*』

말하지만, 다른 한편으로는 미친 사람이란 우리 사회 내에서 억압받으며 '잘못된' 것을 엄청난 고통과 더불어 그로테스크하고도 치명적으로 '표출하는' 사람으로 간주한다. 그래서 미친 사람은 영웅이면서 동시에 희생자이며 용감하면서도 불운한 운명이다. 불운한 것은, 분명 미치지 않은 사람들이 그들을 대하는 방식 때문이다.

라이히에게 정신분열증이 정신분열증적인 이유는 쾌락을 느끼는 성기와 몸의 감각이 '돌파구'를 찾을 때, 그런 쾌락을 느끼지 못하도록 조건화되어 있는 감각들이 어찌된 일인지 (그렇게 느끼도록 조건화되었던 것처럼) 불안에 압도당하기 때문이다. 라이히가 광기 상태에서 몸의 중요성을 강조한 것은 절대적으로 옳다. 사실 나는 어떤 사람이 자기의 생각과 느낌을 몸으로 표출할 때, 자기 스스로 그리고 다른 사람에 의해 미친 것으로 간주된다고 생각한다. 어떤 사람이 이런 행동을 공동체의 지지나 동의 없이 홀로 행할 때, 그 사람은 '미친' 것으로 간주된다. 앞에서 언급했다시피, 밸러리 솔라나스는 '미쳤다'(동시에 '범죄를 저질렀다'). 왜냐하면 그녀는 대부분의 사람들이 생각만으로, 또는 활자로 비판하는 데서 그칠 일을 실행에 옮겼기 때문이다. 즉 앤디 워홀의 여성 혐오에 관해 못마땅해하거나 글로 비판하는 것에 만족하지 않고 몸소 단죄에 나섰기 때문에 미친 것이다. 전통적으로 여성 혐오나 여성에 대한 증오는 너무 광범위하게 퍼져 있기 때문에 거의 알아차릴 수 없을 지경이다. 바꿔 말하면 여성 혐오는 대단히 가시화될 때에야 이해할 만하고 수용할 만한 것으로 여겨진다.

의 주인공으로, 이후 순응적이고 속물적인 중산계급의 대명사로 쓰였다.

프로이트와 마찬가지로, 라이히도 모든 신경증과 정신병의 핵심에는 성적 억압이 자리하고 있다고 생각했다. 성적 억압의 목적은 궁극적으로 개인을 가족에, 국가에, 노동에 완전히 복종시키는 것이었다. 유아 성욕의 억압과 더불어 시작된 성적 억압은 가족에 '고착'되는 방향으로 (그리고 가족과 유사한 관계의 필요성을 한 개인에게 평생 동안 고착시키는 방향으로) 유도된다. 라이히가 근친상간 금기를 깨야 한다고 진지하게 권장했는지, 하지 않았는지는 분명하지 않다. 예를 들어 가부장제 사회에서 여성은 이미 손상되었으므로 근친상간 금기를 깨도록 부추김을 당하고 있는 것인지, 아닌지를 분명히 밝히고 있지 않다. 또한 라이히는 유아 성욕의 유형과 단계 그리고 유아 성욕이 어떤 방식으로 억압되어 있는지에 관해서도 분명히 밝힌 바가 없다. 사춘기 성욕에 대한 억압은 이제는 두 번 억압된 아이들을 '순종적'으로 만들며 '강박적으로 결혼'하게 만든다.

라이히는 성 에너지가 성기에서만이 아니라 몸 전체에서 작동하는 것으로 본다. 그는 변태적인 성욕과 건강한 성욕을, 성욕과 생식(임신과 출산을 위한 성욕으로서의 생식)을 조심스럽게 구분한다. 그는 경멸하는 마음 없이, 진지한 태도로 여성들이 평생 동안 경험하는 성적인 불행의 결과를 관찰한다. 그리고 몸의 역할과 몸과 마음의 통합이 얼마나 힘든지에 집중한다. 그는 '자신도 의식하지 못한 굴복'이 '건강한' 이성애 성교의 본질임을 이해한다.

하지만 라이히는 가부장적인 문화에서 이성애 중심 성교에 대한 여성의 '굴복'을 지나치게 많이 언급한 측면이 있다. 여성 권력의 중요성에 관해서는 전혀 언급하지 않고 여성의 성적인 행복의 중요성에 관해서만 지나치게 거론하는 것은 너무 낭만적이다. 약물처럼 섹스 역시 스스로를 규정할 수 없는 사람들에게는 아편과 같은 강제적인 진정제가 될 수 있다.

라이히는 범성적인(pan-sexual), 정상(normal) 심리학을 창조하려는 열망(그리고 남성에 대한 동정)으로, '순종'과 '성적인 일부일처제' 사이에 양적, 질적으로 존재하는 방대한 남녀 차이를 강조하지 못한다. 가족은 남자아이와 여자아이 모두를 억압하고 있지만 여자아이를 보다 더 많이 억압한다. 라이히가 성욕의 병적인 부각이라고 부른 것이 사실은 남성의 성욕일 가능성을 고려해야만 할 것이다. 때문에 남성은 여성만큼 성적으로 불만족스럽지 않을 수도 있다. 아니면 남성은 성적인 행복을 위해 특정한 변화를 시도하는 데 열려 있을 수도 있다(남성은 성적 행복의 여성적 개념 정의에 사실상 그다지 관심이 없을 수도 있다).

라이히는 여자아이들에게 원초적인 질 오르가슴이 있는데, 이 오르가슴은 여자아이들 사이에서 '사회화'된다고 보았다. 여성의 성욕에서 클리토리스의 중요성에 대해 지나치게 침묵한 사실로 미루어보건대, 이런 그의 생각은 문제가 있다. 양성애와 동성애를 모두 '불건강'하며 '퇴행적'이라고 선언한 사람이 성해방의 선구자라는 점은 그야말로 경악스럽다(물론 그는 남성 동성애와 레즈비어니즘을 선명하게 구분하지 않는다).

그의 추종자들이 인간의 다른 활동을 배제하면서까지 성욕을 낭만화할 때, 혹은 그들이 다소 순진하게 어린아이들처럼 자아, 자기 자신, 평화, 사랑이 단순하고도 '자연스럽게' 오르가슴의 파이프를 따라 흘러나올 것으로 가정할 때, 라이히는 대단히 위험하고 분명한 한계를 지니게 된다. '성적인 행복'에 대한 권리는 가장 진보된 과학기술 파시즘 국가에서나 존재하는 것인지도 모른다.

로널드 랭

우리가 '정상'이라고 부르는 것은 억압, 부정, 분열, 투사, 내사, 그리고 경험에 파괴적인 영향을 미치는 여러 행동 형태의 산물이다. […] 만약 우리의 경험이 파괴되고 우리의 행동이 파괴적이 된다면, 정상이라는 것은 존재의 구조로부터 철저히 소외될 것이다.

잭은 질에게 여러 면에서 영향을 미칠 수 있다. 잭은 끊임없이 '어떤 것을 환기시킴으로써' 질에게 죄책감을 느끼도록 만들 수 있다. 그는 그녀의 경험을 철저하게 무화시킬 수도 있다. 그는 이런 경험은 그녀에게 중요하지 않고 사소한 것이며 저런 경험은 중요하고 의미 있는 것이라고 단순히 말할 수도 있다. 좀 더 나아가 그는 그녀의 경험 양태를 기억에서 상상으로 바꿔버릴 수도 있다. "이 모든 게 당신 상상 속에서 나온 것이야"라는 식으로 말이다. 그러고는 그 내용마저 무화시킬 수 있다. "그건 그런 식으로 일어난 게 절대 아니야"라고. 마침내 그는 의미, 양태, 내용뿐 아니라 그녀의 기억력 자체를 무화시키며, 덤으로 그녀에게 그렇게 한 것에 대해 죄의식까지 느끼도록 만들 수 있다.

이런 예는 보기 드문 경우가 아니다. 사람들은 그런 일을 서로에게 언제나 저지르고 있다. 사람들 간에 그와 같은 무효화 현상이 작동하려면, 고색창연하고 신비로운 분위기로 두껍게 덧칠하는 것이 필요하다. 예를 들어 이것이 그 사람이 하고 있는 짓이라는 사실을 부정함으로써, 한 걸음 더 나아가 "아니, 당신이 어떻게 그런 걸 생각할 수가 있지?"와 같은 설교의 말을 덧붙임으로써 그것이 행해지고 있다는 인식을 무효화한다. "당신은 편집증에 틀림없어" 등등.

겉으로 보기에 너무 갑작스럽고 불가사의한 자살은 희망의 동녘이 너무나 끔찍하고 괴로워서 견딜 수 없는 것으로 이해되어야만 한다.

존재로부터 '정상적으로' 소외되어, 우리가 존재로 간주한 것(삶과 죽음 등으로 간주되는 고질적인 망상에 대한 사이비 소망, 사이비 가치, 사이비 현실)이 비존재라는 위험한 인식을 하게 된 사람은 이 시대에 우리가 경멸하면서도 갈망하는 그런 창조 행위를 우리에게 가져다준다.

석기시대의 아기가 20세기의 어머니와 대면할 때, 탄생의 순간부터 그 아기는 자신의 아버지와 어머니 그리고 이들에 앞서 존재했던 이들의 부모들이 그랬던 것처럼 사랑이라고 하는 폭력적인 힘에 복종해야 한다. 이런 힘은 주로 아기의 잠재력을 파괴하는 것과 관련이 있으며, 이런 시도는 대체로 성공한다.

우리는 사랑이라는 가면을 쓰고 폭력을 행사함으로써 우리 자신을 효과적으로 파괴하고 있다.

— 로널드 랭

『온전한 정신, 광기, 가족 *Sanity, Madness and the Family*』이라는 책에서 랭은 프로이트와 마찬가지로 여성을 피실험자로 선택했다.[40] 프로이트처럼 그도 자기 환자인 영국인 여성 '정신분열증 피실험자들'에게 '연민'을 가진다. 인터뷰라는 저널리즘적인 임상 방법은 대단히 성공적이지만 프로이트와 유사하게도 랭은 그런 현상의 중요성을 이해하지는 못했다. 그러면서도 정확하게 기술은 하고 있다. 여성 억압이라는 보편적이고 객관적인 사실과 그런 억압이 여성의 광기와 특수한 관계를 맺고 있다는 사실을 인식하지는 못하고 있지만 말이다.

랭이 묘사하는 '정신분열증적인 소인'을 가진 대부분의 가족들은 딸을 대하는 데 있어서 전형적인 태도를 보인다. 모든 가족은 다음과 같은 연관성을 갖고 있다. (1) 딸을 성적·지적으로 억압한다. (2) 남몰래 혹은 공공연하게 아버지의 독재와 근친상간의 패턴을 취한다. (3) 어머니와 딸 사이에 감정의 골이 깊다. 어머니의 입장에서 볼 때, 딸에 대한 스킨십은 없으면서 강박적으로 딸을 '단속하고' 감시한다. 어머니와 딸 양쪽의 입장에서 볼 때, 이들은 아버지(남편)를 좋아함으로써 가족의 안정이나 일시적인 안녕을 위해 서로를 희생한다.

(1) 이런 억압은 랭이 심도 있게 인터뷰한 열한 가족 모두에게서 나타난다. 그들 중 루비 이든은 열일곱 살 때 임신을 하게 되었다. 어머니와 이모는 그녀를 "헤픈 년"이라고 부르면서 그녀가 몰고 온 '소동'과 '치욕'을 비난하고 임신중절을 권유함으로써 괴로운 시련을 안겨주었다. 남성 지배 사회에서 모성은 이런 방식으로 실체화되었다. 여기서 진지하게 묻고 싶다. 육체가 그처럼 야만적으로 부정당할 때 여성은 어떻게 대처해야 하는가? 루시 블레어라는 또 다른 여성은 여자아이를 낳은 뒤 불임이 되었다. 그녀의 가족과 정신과의사 모두 그녀를 '성적으로 방종한' 여자로 취급했다. 아버지는 그녀가 순수하고 순결한 성처녀이자 '고상한 독신녀'가 되기를 바랐다. 마야 애벗의 가족은 그녀에게 '청결과 정리정돈'을 강박적으로 강요했다. 헤이즐 킹의 어머니는 성에 관해 아는 바가 거의 없었다. 랭은 킹 부인을 이렇게 기록했다.

3장 정신과의사

자기가 오르가슴을 느끼는지 아닌지도 모르고, 남편과 성교를 제대로 하고 있는지 아닌지, 남편이 피임도구를 사용하고 있는지 어떤지도 모르며, 남편이 체내사정을 하는지 체외사정을 하는지도 모른다.

킹 부인은 결혼한 후로도 "자기 어머니 또는 아버지와 동행하지 않고는 집 밖으로 외출한 적이 거의 없었다".

딸과 아내에 대한 지적·예술적 억압은 랭이 인터뷰한 열한 가족 모두에게서 대체로 상당히 나타났다. 인터뷰한 가족의 딸들 중에서 루스 골드는 예술가가 되고 싶다고 말했다. 그러나 그녀는 오빠와 달리 소망이 좌절되었고 그런 소망을 품은 것으로 인해 처벌받았다. 예술가가 되려고 시도한 것만으로도 식구들은 그녀가 "심하게 앓고 있다"고 생각했다. 이런 가족 대부분은 자기 딸들이 바깥세계에서 천한 직업을 갖고 일하지 않아도 될 것처럼 행동한다. 자기 계발이라는 보다 교양 있는 형태의 일조차 말할 것도 없다. 루시 블레어는 이렇게 말한다.

아버지는 여성 해방을 믿지 않아요. 아버지는 여자들이 자기 밥벌이를 해야 한다는 걸 믿지 않는 분이죠.

그녀는 또한 자신이 "진정으로 원하는 그 어떤 것도 지지받은 적이 없다"고 말한다. 예술가가 되고 싶다는 루스 골드는 랭의 질문에 이렇게 대답한다. "대다수 사람들이 믿는 것에 동의해야 한다고 생각하나요? 그런데 만약 동의하지 않는다면 난 그냥 병원행이겠죠." 여성은 자신과 밀접한 관계에 있는 사람들이 규정하는 '여성성'을 거부하면 종종 정신병원에 감금된다.

그리고 그들이 여성성을 회복할 때에야 풀려나거나 병세가 '호전된' 것으로 간주된다.

(2) 루시 블레어의 아버지는 딸에 대한 (성적인) 소유욕에 있어서 광적인 인물이다. 그는 그녀에게 혼자 외출하면 '강간 당하거나 살해당할 수 있다'고 끊임없이 말했다. 루시의 '사생아'(그녀의 아버지가 상상조차 못했기에 사생아로 취급당했다)는 집 안에서 언급조차 할 수 없었다. 또 다른 가정의 아그네스 로슨은 열네 살이 될 때까지 (어머니의 무릎이 아니라) 아버지의 무릎에 앉아서 아버지가 읽어주는 동화를 들었다.

(3) 랭의 피실험자 전부가 극단적인 '여성성'을 보이는 어머니 밑에서 성장했다. 그 어머니들은 정신적으로 불안하고, 성적으로 억압되고, 교육도 제대로 받지 못했으며, 경제적으로는 의존적이었다. 그들은 가정이 평가절하되는 시기에 가정의 수인이자 간수였다. 그런 어머니의 딸들이 과연 누구로부터 여성임과 동시에 인간임을 배울 수 있었겠는가. 랭에 따르면 블레어 부인은 스스로를 "남편으로부터 40년이라는 오랜 세월 동안 핍박당한 하녀로 간주"한다. 그녀는 남편을 떠나지 않았던 이유는 바깥세상도 핍박이 심하기는 마찬가지기 때문이라고 말한다. 바깥의 핍박이 더 심하지 않더라도, 유일한 해결책은 핍박받는 위치에서 자신의 무기력을 받아들이는 것뿐이다. 그것 말고는 달리 아무런 방도가 없다.

블레어 부인의 경우처럼 기형이 된 영혼과 마주하면서 우리(그리고 랭)는 그녀가 '정신적으로 앓고 있다'고 간주하고 싶은 유혹을 느끼겠지만, 잠시 차근차근 생각해보자. 사태에 관한 블레어 부인의 분석은 근본적으로는 타당하다. 그녀는 정신병원이나 '바깥' 세계에서의 핍박보다 오히려 가족 안에서의 핍박이라는 차악을 선택했다. 아버지의 독재에도 불구하고 대부분의 딸은 전형적으로 결국 어머니보다는 아버지를 좋아했다. 적어도 일정한 시기까지는 말이다. 열한 가족의 딸들 중에서 거의 폭력에 가까운 행동으로 유일하게 보고된 사례는 마야 애벗이 칼을 들고 어머니를 찾아간 것뿐이었다.

랭의 피실험자 가족의 대다수가 여성을 다루는 데 전형성을 보이고 있다 하더라도 의문은 남는다. 왜 이 열한 명의 딸들이 입원을 하거나 혹은 '정신분열증'을 경험했는가? 대부분의 가정에 존재하는 것이 정신분열증 환자 가족에는 극단적인 형태로 존재하기 때문이라고 말할 수도 있겠다. 아마도 광기는 '거기서 거기'일 것이다. 딸들이 정신병원에 입원해 있는 것과 마찬가지로 그들의 어머니는 집 안에 '입원해' 있는 것이며, 조만간 대부분의 여성은 미치게 되거나 미쳤다고 여겨지거나 스스로 미쳤다고 생각할 것이라고 말할 수도 있겠다. 랭이 '정상'(입원하지 않은) 통제집단을 대상으로 실험했더라도, 동일한 패턴을 발견했을 것이다. 그가 '정상' 통제집단을 장기간에 걸쳐 추적했다면, 그 집단의 '딸들'도 마침내 정신질환자로서의 삶에 접어드는 것을 목격했을 수도 있다.

전반적으로 볼 때, 랭이 정신분열증의 과정을 사회적 환경에 배치시킨 것은 타당하다. 또한 우리 사회가 고집스럽게 주장해온 것이 본질적으로 비상식적이었다는 것을 이해한 점도 옳다. 이상적으로는 이것이 모든 정신과의사들이 해야 할 일이다. 하지만 '정신건강'에 관한 그의 기준은 프로이트의 기준만큼이나 부재에 가깝거나 모호하다. 그가 가끔, 그러나 점차 빈번하게 대중의 정치 혁명이나 예술 형식을 광기와 동일시한 것은 부정확하며 혼란만 야기한다.

광기와 예술은 여러 형태의 억압에 저항하는 동시에 그런 억압으로부터 도피하는 수단일 수 있는데, 이 두 가지 모두 고통과 차별과 연관이 있다. 하지만 완전히 개인적이고 비가시적인 광기의 양태와, 잠재적으로 공적이며 구체적인 예술 양태 사이에는 여전히 '차이가 있다'.

랭은 자신에 대한 최고의 비평가이다.『온전한 정신, 광기, 가족』의 최신판 서문에서 그는 '가족병리학'이 혼란스러운 개념이라고 지적한다.

> 이것은 개인 행동의 이해 불가함을 집단의 이해 불가함으로까지 확장한다. 이제 이것은 한 사람에게가 아니라 다수의 개인들에게 적용된 생물학적인 유추이다. [⋯] 이것은 '범임상주의'의 한 형태인데 [⋯] 그런 임상주의에서 모든 사회는 심리적으로 '치료'를 필요로 하는 것으로 보인다.

이와 같은 범임상주의의 위험은 가공할 낙관성에 있다. 토머스 사즈는 이것을 "정신분석학적인 제국주의"라고까지 부르고 있다. 실제로 사회가 '치료'를 필요로 할 수는 있겠지만, 통찰이 있건 없건 간에 개인의 자유라는 환상에 기초한다. 전통적인 정신분석학적 방법은 그와 같은 '치료'를 할 수 없다. 특히 주요한 사회제도가 전혀 '치유되지 않고' 그대로 남아 있다면 더더욱 치료될 수 없다. 더군다나 환자가 오랜 세월 동안 그들의 사회화 과정으로 인해 고통받아 왔다면 말이다.

데이비드 쿠퍼

'편집증'은 가족과 다른 사람의 침범에 대한 시(詩)적인 저항이
다. 시는 사회에서 인정받지 못하고, 너무 큰 소리로 말하면 정
신질환 치료의 대상이 된다. [⋯] [편집증은] 해소될 수 있는
환상이 아니다. [⋯] 우리는 박해 불안을 해소하지 말고 이용해
야 한다.

— 데이비드 쿠퍼

데이비드 쿠퍼는 『가족의 죽음*The Death of the Family*』이라는
저서에서 핵가족, 성적 억압, 광기에 대한 사회의 오해와 잔혹
성에 대한 라이히와 랭의 격렬한 비난을 시적으로 압축하여 제
시한다.[41] 그는 여성의 사회화에 관해 다음과 같이 훌륭하게 서
술한다.

어린 여자아이는 자기가 아기인데도 아기 인형부터 가지고 논
다. [이 인형은 '완벽'할수록 비싸다.] 그렇게 여자아이는 출생
과 성장 과정에서의 경험을 망각하는 법을 배우게 되고, 자기
스스로 아이가 되는 것이 아니라 아이처럼 굴게 된다. 그래서
나중에라도 이때로 되돌아가고 싶어지면, 그녀는 [퇴행적이고
신경질적인 행동 등으로] 유치하게 굴게 될 수 있다. [⋯] 아이
는 자기 어머니와 같은 어머니가 되도록 교육받았다. 다른 모
든 어머니와 마찬가지로 자기 자신이 아니라 '어머니처럼' 되
도록 교육받았다.

이처럼 상당히 페미니즘적인 의식을 갖고 있는데도 불구

하고 쿠퍼는 자신이 이상적으로 여기는 '비지도자적' 지도자 ('non-leader' leader)와 치료사-예언자(therapist-prophet)를 '여성 대명사'보다는 '남성 대명사'로 거론한다. 쿠퍼가 '그' 대신 '그녀'라는 대명사를 사용하는 경우는 주로 환자나 어린아이들을 언급할 때이다. 그렇다 하더라도 그는 확실히 다른 어떤 이론가보다 언어학적으로, 그래서 심리학적으로 훨씬 진보적인 편이다. 가족의 해악에 대한 책임이 어머니에게 있다고 비난하면서도, 쿠퍼는 아버지보다 어머니와 자녀의 관계를 훨씬 더 많이 논의한다. 이것은 쿠퍼가 여성을 독점적인 모성 대리인으로서 낭만화하고 인정한다는 의미다.

종종 쿠퍼는 자신을 정신의학 분야의 피리 부는 사나이(Pied Pier)로 묘사한다. 그는 자신을 언어의 마술사이자 거룩한 바보, (백인) 남성의 성적·문화적 탐닉의 예언자로 자처한다. 남성에게 철저한 일부일처제를 벗어던지라고 말하는 것은 그다지 혁명적이지 않다. 사랑이나 성에서 일부일처제 윤리를 철저히 지키는 남성은 거의 없다. 대다수 여성에게 결혼과 매춘이 심리적으로나 경제적으로나 유일한 생존양식으로 남아 있는 한, 여성들이 재생산 수단을 통제할 수 없는 한, 여성들은 이런 윤리와 관습을 벗어던질 수 없다. 백인 남성들에게 전 세계의 다양한 인종, 즉 흑인종, 갈색인종, 황인종이 자신들을 위해 (그들의 혈통과 몸으로) 성취하게 될 구조적인 혁명에 문화적으로 '대비'하라고 말하는 것은 전혀 '혁명적이지' 않다. 여기서 쿠퍼는 자기모순적이다. 그는 독재자이자 대량 학살범인 마오쩌둥과 카스트로를 '지도자 원칙'을 구현한 인물로 추앙한다. 이들 두 사람은 미친 사람들과 거룩한 바보들과는 달리 평생 동안 몸소 지행일치를 실천했으며, '전쟁에서 승리한' 인물들이다.

문제는 쿠퍼가 생물학이나 신체를 이해하지 못했다는 점이다. 이 지점에서 실패한 사람으로 쿠퍼가 유일한 것은 아니다. 예를 들어 그는 (부정확하게) '제1세계'의 영혼의 굶주림과 '제3세계'의 물리적인 굶주림이 유사하다고 본다. 그는 동성 간의 관계가 바람직하다고 강조하지만, 라이히와 마찬가지로 다소 신경질적이고 말만 번지르르하게, 우리가 동성과 (성적으로) 사랑을 나누건 나누지 않건 간에, 그것은 중요하지 않다고 주장한다. 그는 특히 여성 억압과 관련한 육체의 역할에 관해 가장 위험한 오해를 드러내 보인다. 그가 가장 공감하려고 하는 바로 그 지점에서 그는 치명적인 오해를 한다.

우선 쿠퍼는 경험 일반을 통합시키려는 전형적인 남성의 탐욕스러운 갈망을 가지고 있었으며, '여성 원리'를 식민화하거나 그의 경우 특히 이를 '구현'하려는 욕망이 있었다. 여성은 '경험'이나 모험을 자신들의 '비자아적 자기(non-self selves)'에 파괴적인 것으로 간주하여 피하도록 조건화된다. 반면 남성은 그들 자신의 비자아적 자기를 발전시키기 위해 경험과 모험을 축적하도록 조건화된다. 그가 자유주의 관점에 따라 '행하는 것'(남성적인 것)뿐만 아니라 '존재하는 것'(여성적인 것)에 관심을 가진 점은 높이 살 만하다. 그는 남성이 '여성', '어린아이'와 '현명한 나이 든 여성'(남성)의 현실을 살아내야 한다고 선언한다. 하지만 남성은 여성의 현실을 그저 살아낼 수 없다. 여성의 현실은 애초에 여성 스스로 선택할 수 있는 것이 아니라 그렇게 살도록 정해진 것이기 때문이다.

여성 원리를 실천하기 위해 쿠퍼는 남성 원리의 특권과 심리를 포기해야만 했을 것이다. 하지만 그것은 불가능했다. 쿠퍼는 그의 (문자 그대로) 허리 아래에 이미 '남성성'을 소유하고 있기 때문에 '여성성'을 욕망하고 실험할 수 있었던 것이다. 쿠퍼가 남성 동성애자를 멀리한 것은 결코 우연이 아니다. 어떤 의미에서 남성 동성애는 극단적인 여성 혐오의 표현이지만, 우리 문화, 즉 다른 남성들이 그들을 경멸하고 잔인하게 대한다는 점에서 '여성 현실'을 경험하는 데 가장 가깝다.

쿠퍼는 여성의 현실보다 여성적인 존재의 영적인 측면에 더 많은 관심을 가진다. 그가 남자 모성의 무수한 신화(아테나의 어머니로서 제우스, 이브의 어머니로서 아담, 우리 모두의 어머니로서 교회)가 암시해온 것, 즉 여성의 동일한 행동에 대한 평가절하 또는 왜곡과 쿠퍼가 암시하는 것이 과연 얼마나 다른가?

여성이 행동할 수 있을 때에야 비로소 남성은 존재할 수 있다. 남녀 사이의 생물학적인 차이에 기초한 문화적 차별이 완전히 제거된 후라야 비로소 양성 모두 존재함과 동시에 행동할 수 있다. 게다가 존재가 행동보다 낫다는 문화적인 혁명의 어법은 여성을 오히려 보다 익숙한(불리한) 곳에 위치시킨다. 이제 여성은 맨발이며, 임신하고, 심리적으로 의존적이며, 교외보다는 오히려 공동체에 버려진다. '현명한 나이 든 여성'(남성 원리)처럼 여성이 생물학적으로 나이 들어갈 때라야만 가치 있게 되고 (이상적인) 남성이 나이 들어갈 때처럼 (성적인 권력과 정치적인 권력으로 인해) 보상받는다. 오로지 그럴 때라야만 쿠퍼가 제시한 바로 이곳에서 의미 있는 존재가 될 것이다.

"우리는 고통과 더불어 노는 법을 배워야 한다"는 것이나, "아이러니는 그 모든 것 중에서 가장 혁명적인 것"이라는 쿠퍼의 말에서 체호프의 단편「제6병동」에 나오는 라긴 박사가 떠오른다. 라긴 박사는 정신병 환자가 되기까지 받는 '고통', 다시 말해 바로 자기 자신이 될 때까지의 고통을 철학화한다. 그러다가 쇠창살 뒤에서 공포와 절망과 솟구치는 분노와 철저한 무기력에 사로잡힌다. 흠씬 얻어맞고 난 뒤에는 비철학적인 분노로인해 '돌아버리게 되며' 그다음 날 죽는다.

쿠퍼가 여성의 억압에서 몸의 역할을 얼마나 결정적으로 오해하고 있는지는 그가 (누구에게나 뭐든지 해주고 시간당 요금을 받는다는 측면을 놓고) 전통적인 남성 심리치료사와 창녀를 비교하는 데서 드러난다. 창녀와 남성 심리치료사 사이에는 대단히 분명하고 중요한 차이가 있다. 매춘은 사회로부터 멸시당하고 처벌받는다. 여성은 일단 팔린 자신의 몸을 통해 다름아닌 모멸감을 느끼게 된다. 선진 자본주의 사회에서 사람들은 모든 것, 즉 시간, 기술, 노동력 등을 '팔도록' 권장되고 강제된다. 하지만 여성의 매춘은 이와 같은 '판매'와는 어느 정도 분리된 범주에 속한다.

심리치료사는 (적어도 어떤 범주 안에서는) 우리 사회의 사제와도 같다. 그들의 환자는 굴욕감을 받으려고 돈을 지불하는 것이 아니다. 심지어 그들이 자신의 여성 환자와 성관계를 가질 때마저도 심리적인 역학 관계에는 성역할의 역전이 결코 수반되지 않는다.

쿠퍼는 라이히의 주장 중 많은 부분과 '반(反)문화' 신화 혹은 보다 현실적으로 보자면 희망을 신봉한다. 그것은 이렇다. (1) 프로이트의 염세주의, 즉 부르주아 개념과는 대조적으로 우리는 우리 안에 무한한 에너지를 가지고 있다. (2) 우리는 많은 사람을 '사랑'할 수 있다. (3) 사람들 사이에 형성된 자발적인 '집단'은 핵가족 중심의 일부일처제 가족과는 분명히 다르며, 그보다 분명 나은 것이다. 다른 모든 사회제도와 달리 자발적으로 형성된 집단은 제도를 반영하지 않을 것이며, 개인의 자유 위에 군림하는 가족이나 국가와 같은 독재를 강제하지도 않을 것이다. (4) 카리스마가 있는 반지도자적인 지도자들은 지도자가 아니다. 역으로 말하자면 지도자들의 '지도력'은 본질적으로 해악이다. (5) '광기'는 다소 '혁명적인' 것이다. 사실상 우리 문화에서 광기는 무자비하게 처벌받는 무기력한 외침이다.

토머스 사즈 : 마녀와 광기

인간의 삶에서 가장 기본적인 갈등은 서로 진위를 다투는 사상들 사이의 갈등이 아니라 오히려 권력을 장악하고 그런 권력을 가지고 다른 사람을 억압하는 데 사용하는 자들과 권력에 억압당하면서 그런 억압으로부터 자유를 추구하는 자들 사이의 갈등이다.

마녀와 정신병을 앓는 환자는 사실상 억압자와 피억압자 사이의 사회적인 상호작용을 통해 만들어진 것이다. 관찰자가 억압자와 공감하면 마녀는 '미친' 사람이다. 만약 관찰자가 희생자와 공감한다면, 억압자가 '미친' 사람이다. 이 두 가지 설명 모두 지나치게 단순하지만 여기서 중요한 사실은 인간이 다른 인간에게 가하는 비인간성[나는 여기에 여성에게 가하는 비인간성을 추가한다]을 간과하고, 은폐하고, 변명하면서 교묘하게 발뺌한다는 것이다. [⋯] 기동성의 상징인 무장을 한 기사의 이미지와 악행의 상징인 검은 마녀의 이미지는 여성에 대한 성차별적인 혐오의 구현이다. [⋯] 기사는 언제나 남성이고 마녀는 시대를 초월하여 모든 동화와 신화에서 언제나 여성이다.

제도화된 정신의학에서 남용이란 있을 수 없다. 왜냐하면 제도화된 정신의학은 그 정의상 이미 언제나 남용이기 때문이다.

어떤 형태든지 사회적인 억압과 그런 억압의 표명은 다양한데, 그 가운데서 가난, 인종, 종교 혹은 성차별이 모든 종류의 직접적인 의사소통(예를 들어 히스테리아)을 결정하는 으뜸가는 결정인자로 간주되어야 한다.

— 토머스 사즈

토머스 사즈는 '정치'가 정신의학적으로 '치료 불가능한' 의학적·윤리적 결과를 초래하는 정도에 대해 관심을 가져왔다. 『정신병의 신화*The Myth of Mental Illness*』에서 그는 '노예 상태'로서의 (여성) 히스테리의 심리를 분석하면서 프로이트의 가부장적이고 권위적인 이론과 실천을 비판한다. 『법, 자유, 정신의학*Law, Liberty and Psychiatry*』에서는 법률과 헌법에 명시된 '정신질환자'의 권리에 대한 침해, 정신이 나간 것을 인도적 차원에서 옹호하는 것의 잔인한 아이러니, 가난과 정신병원 감금 사이에 만연한 상호관련성을 비판한다. 『광기의 공장*The Manufacture of madness*』에서는 엘리자베스 패커드가 유추해낸 제도화된 정신의학과 종교재판 사이의 유사성을 발전시킨다. 그는 마녀에 대한 박해를 '성별 살해(sexocidal)'로 명명하면서 마녀와 정신질환자를 비교한다.[42]

마녀에 관한 우리의 지식은 기껏해야 추측에 불과하다. 마녀 사례 연구사는 사회적으로 보다 힘 있는 남성 가해자들 손에 보관되어 있었다. 그것은 마치 병원 기록이 환자에게 있는 것이 아니라 정신과의사와 심리학자의 손에 보관되어 있는 것과 흡사하다. 마녀들은 정말로 문화적이고 정치적인 혁명가들이자 여족장이자 아마존 여전사여서 교회와 싸우려고 되돌아온 인물이었는가? 그들은 부유하고 막강한 힘을 가진 여성이어서 그들의 재산이 탐욕의 대상이 된 것인가? 그들은 아름다운 여성들이어서 그들의 섹슈얼리티는 두려움과 동시에 욕망의 대상이었는가? 이 모든 것이 다 맞는 말일 수도 있고 아닐 수도 있다. 쥘 미슐레(Jules Michelet)는 『악마주의와 마법: 중세 미신에 관한 연구Satanism and Witchcraft: A Study in Medieval Superstition』[43]에서 대다수 마녀가 산파이자 의사 역할을 담당했음을 암시한다. 진통제, 임신중절, 약초와 '신앙요법'에 관한 그들의 지식은 교회의 반과학적이고, 반성애적이고(anti-sexual), 반여성적인 교리를 위협했다.* 사즈는 말한다. "약자를 도와줌으로써 백인 마녀는 지배의 기존 위계질서 — 수도사가 고해성사를 하는 신자보다 우월하며, 영주가 농노보다 우월하며, 남성이 여성보다 우월하다는 기성질서 — 를 무너뜨리려고 했다. 마녀가 가진 위협이란 바로 이것이다. 이로 인해 교회는 마녀를 궤멸시키려고 했다." (좋은) 마녀는 '흰색'으로 (나쁜) 마녀는 '검은색'으로 지칭한 것은 다시 한번 기독교 문화의 뿌리 깊은 인종차별주의를 드러낸 것이다. 이것은 미국의 산업화에서 나타난 노예제도에 앞선 것이었다.

우나 스태너드(Una Stannard)는 「남성의 모성본능The Male Maternal Instinct」이라는 논문에서 여성의 출산 능력을 교회가 찬탈함(교회는 세례를 통해 아이에게 진정한 '탄생'을 부여한다)과

---

* 나는 마녀와 여성을 낭만적으로 동일시하는 것을 의심쩍게 본다. 결국 마녀는 고문당하고 순교당했다. 그런 마녀들이 '정말로' 어떤 사람들이었든지 간에 마녀는 패배했다. 그들의 심리적인, 종교적인 신념이 무엇이었든지 간에 그들은 물질적인 힘을 거의 획득하지 못했다. 게다가 그들은 (추정에 따르면) 여전히 남성 악마를 숭배했으며 남근 대체물과 종교적인 성교를 했다.(저자 주)

동시에 이 능력을 평가절하한 과정(예수는 동정으로 탄생했다)을 기술한다.[44] 남성의 '영혼'은 거룩하거나 악마적인 자신의 씨앗을 심으려고 여성이라는 '그릇' 안으로 들어올 수 있다. 따라서 여성은 실제로 '소유될' 수 있었으며, 더 기가 찬 것은 피임을 통해 누구에게 소유되고 싶은지, 그리고 '소유될'지 말지 여부를 통제할 수 있었다.*

존 퍼트넘 데모스(John Putnam Demos), 캐럴 칼슨(Carol F. Karlsen) 등은 마녀는 혼자 살고, 어떤 남성의 제재도 받지 않으며, 교회가 탐낼 만한 규모의 재산을 갖고 있었다고 말한다. 한편 몇몇 역사학자들은 마녀로 몰린 여성들은 매 맞는 여성이었다고 말한다.

한편 미슐레는 봉건제 하의 가난과 기독교 신앙이 결합하여 여성을 너무나도 야만적으로 대했기 때문에, 여성 중 일부는 '이상하게' 변했다고 주장했다. 그러한 여성들은 남편에게 속하지 않고 혼자 또는 그들끼리 함께 살았다. 미슐레는 여기서 한 걸음 더 나아가 마녀들이 아마도 (혹은 실제로) 근친상간, 레즈비어니즘, 동성애, 집단성교를 포함한 섹슈얼리티를 제례의식화했기 때문에 박해당한 것으로 본다. 교회가 금지했던 것을 찬양함으로써 ― 교회의 금지는 어떤 방식으로든지 발생했다 ― 마녀 숭배는 강력한 적대 세력이나 보완적인 종교 구실을 했다. 사즈는 이렇게 언급한다.

---

* 말레우스, 즉 일종의 남성 우월성을 주장하는 종교적인 교본에 의하면 "여성 산파들(낙태시술을 종종 했다)은 사악하다는 점에서 모든 사람을 능가했다. […] 모든 마술은 지칠 줄 모르는 여성의 육욕에서 기인한다". 또 다른 설명에 의하면 이들은 위험한 존재였으며 그로 인해 남성 중심의 교회로부터 박해당했다.(저자 주)

마녀는 마치 자신도 모르게 정신질환자가 된 것처럼 자신의 의지에 반해 타락하고 비정상적인 역할을 하게 된다. 그녀는 실제로 마녀인지 아닌지를 확증하는 특정한 진단 절차에 복종하고, 마침내 자유를 잃고, 종종 생명까지 박탈당하게 된다. 그것도 마녀 자신을 위한 조처라는 그럴듯한 명분 아래서.

물론 많은 마녀들 — 여성 정신질환자들 — 은 이런 일이 일어나게끔 본인 스스로가 조장하기도 한다. 그들은 자살을 갈망하지만 자기 손으로가 아니라 다른 사람의 손에 의해 그렇게 되고 싶어 했다. 사즈는 한 영국인 마녀를 인용한다. 그녀는 (화형대) 말뚝으로 끌려갈 때 군중들에게 재판관을 비난하지 말라고 부탁한다.

난 죽고 싶어요. 내 가족은 날 피합니다. 남편은 저와 인연을 끊었어요. 내가 살아 있으면 내 친구들을 수치스럽게 만들 뿐이에요. 그래서 난 죽기를 갈망했고 목적한 바를 얻으려고 거짓말을 했어요.

마녀 — 정신질환자 — 의 역할은 종종 자살과 흡사하다. 자살은 여성으로 태어난 것에 대한 유일한 해결책(치료)이었다. 정신과의사와 종교재판 심문관은 여성(마녀)에 대한 특정한 견해를 공유하고 있다. 여성(마녀)은 남성이 아니기 때문에 미스터리하고 따라서 위험한 존재라는 견해를 말이다. 그들은 또한 여성은 실제로 열등한 존재이지만 감춰둔 힘이 있거나 남성의 성적 공격성을 야기시킨 책임이 있다고 보는데, 왜냐하면 그들의 '죄악에 찬' 유혹적인 본성으로 인해 남성이 유혹당하기 때문이다. 여성은 '힘'을 가지고 있다. 사탄의 대리자이기 때문이 아니라 정신과의사의 어머니이기 때문이다. 그리고 어머니는 아들인 그들을 지배하는 '힘'을 가지고 있었고 아직도 가지고 있다. 마녀 사냥꾼들은 흔히 자위행위를 '마법'의 증거로 간주했다. 19세기의 정신과의사들은 자위행위가 '제정신이 아니게' 만들며, 음핵절제술을 통해 치료할 수 있다고 생각하기도 했다.

사즈는 종교재판 심문관들이 자신의 희생자들의 성적인 환상과 성행위에 관해 갖고 있는 정신의학과 유사한, 만족할 줄 모르는 호기심을 기술한다. 격리, 사회적인 추방, 수치료법(hydrotherapy), 구타, 충격요법 — 모두 정신질환 치료법들이다 — 은 마녀 사냥꾼들에 의해 최초로 시행되었다. 구속복, 독방 감금, 뇌수술, 체계적인 물리적 폭력 등과 같은 전통적인 정신질환 치료법들은 진정제, 항우울증 치료제, 전기충격요법 등으로 대체되고 있다. 종교재판에서 보다 뚜렷하게 드러난 폭력적인 방법은 더 이상 여성들을 복종시키는 데 쓰이지 않게 되었지만, 그렇다고 해서 장기간의 약물 투여에서 비롯된 심각한 부작용을 비폭력적인 것으로 치부하지 말아야 한다.

20세기의 정신질환자들은 기둥에 묶여 화형을 당하거나 '물의 시련(water ordeal)' 재판 — 마녀로 지목된 여성이 익사하면 그녀의 '결백'이 입증된다 — 을 당하지 않아도 된다. 그러나 많은 환자들이 성적, 육체적으로 모욕당한다. 그들의 아내로서의 생계 능력을 비롯한 다른 능력들은 범죄 수감자보다 훨씬 더 심각하게 훼손된다. 그들이 '제정신이 아니고 무능하다'는 선언이 내려지면 그들의 재산과 돈은 남편과 자식에게 양도된다. 마녀와 마찬가지로 이들 정신질환자들은 공공연하게 지속적으로 모멸당하며, 성적 일탈과 그 밖의 잘못한 행동들을 '자백'하도록 강요당한다. '악마의 표식'을 찾아낸다는 이유로 온몸의 털이 다 깎이지는 않더라도, 많은 (남성) 환자들은 수염을 깎이고, 남녀 환자들은 공히 병원에서 정한 제복(환자복)을 입고 남녀 구별 없는 짧은 머리와 '무개성적인' 모습으로 관리된다.

사즈는 종교재판 심문관과 정신과의사가 마녀와 정신질환자를 사냥하고 분류하거나 진단하는 데 있어 유사한 집착을 가지고 있음에 주목한다(나는 정신과의사치고 투영검사법 결과에 토대해 '정상' 또는 '건강함'이라는 진단을 내리는 의사를 거의 본 적이 없다. 또 의료 종사자들의 모임에서 '건강한' 사례연구를 발표하는 정신과의사는 더더욱 본 적이 없다). 질병과 사악함에 대한 공포의 지식으로 무장한 거룩한 아버지(종교재판 심문관)와 과학적인 아버지(정신과의사)는 모두 여성의 '영혼'을 구원하는 데 관심이 많다. 그들이 여성의 영혼을 구원하는 데 사용한 방법은 자백, 철회, 처벌 등이었다. 물론 현대의 정신과의사는 '불행한' 여성이 여성적인 역할을 받아들이도록 '돕는 것'이 마녀가 그리스도에게 되돌아가도록 '돕는 것'과 유사하다고는 생각하지 않을 것이다.

사즈는 시민의 자유에 굳은 의지를 가진 도발적이며 정치적인 사상가이며 대단히 격조 높은 도덕적 감수성을 지닌 사람이다. 하지만 심리치료가 대단히 '사적'이라거나 다양한 사회적 권력 남용으로부터 개인을 반드시 자유롭게 하리라는 그의 생각에는 문제가 있다. 나는 '광기'가 존재하지 않는다고 생각지는 않는다. '광기'는 '억압'과 '조건화'와 관련해 이해될 수 있다는 점에는 동의하지만 이런 이해만으로 억압이 초래했던 것을 변화시킬 수 있을 만큼 충분하다고 확신하지도 않는다. '광기'에 대한 우리의 치료 자체가 비윤리적이며 억압적이라는 사즈

3장 정신과의사

의 말은 분명히 옳다. 하지만 사즈는 뿌리 깊게 조건화되어 있는 문자 그대로의 자기희생과 심리적인 자기희생에 순응하는 여성들의 본성을 과소평가하고 있다. 대다수의 여성 정신질환자들은 자신을 '병들'거나 '나쁜' 사람으로 여기며, 대단히 자발적으로 정신병원에 몸을 맡긴다. 경제적·육체적·성적 박탈이나 처벌에 대한 공포가 여성들에게 자기희생을 대단히 고귀한 가치로 여기게끔 가르치기 때문에 그들은 대단히 '자연스럽게' 자기희생을 수행한다. 이 자연스러운 자기희생에 관한 여성들의 분노가 스스로를 '미치게' 만들고 나면, 병원의 관행이 그들의 희생을 어쨌거나 강요할 것이다.

내가 논의했던 '혁명적이고', 동시대적이며, 전통적인 이데올로기와 실천은 결국 하나같이 정신건강에 대한 이중 기준 그리고/또는 '여성성'에 관한 무수한 가부장제 신화들을 따른다. 앞에서 언급했다시피, 미국의 모든 의사가 반드시 이런 믿음을 가지고 있거나 이런 믿음을 바탕으로 의료 행위를 한다고는 생각지 않는다. 하지만 의사들은 아마도 그중 상당 부분을 믿고 있을 것이다. 게다가 모든 의사는 개업의 제도에 연관되어 있다. 정신병원과 마찬가지로 이 제도는 구조적으로 결혼제도와 가부장제 가족을 모델로 하고 있다.

심리치료의 제도적 성격

심리치료의 암묵적이거나 공공연하게 가부장적이고 독재적이며 고압적인 가치와 치료법에 관한 글은 무수히 많았다. 프로이트는 정신분석학자와 환자의 관계는 "우월한 자와 열등한 자"

의 관계가 되어야만 한다고 믿었다.[45] 심리치료사는 비평가나 환자들에 의해 대리부모(아버지 혹은 어머니), 구원자, 연인, 전문가, 스승으로 이해되었다. 이런 역할은 환자의 복종, 의존성, 어린아이 같은 행동을 강화시키면서 심리치료사의 전지적이고 자애로운 우월함과 환자의 열등함을 은연중에 암시한다. 토머스 사즈는 환자를 그와 같이 대하는 심리치료사의 역할을 수상쩍어 하면서도 그들의 '조력자'로서의 '부정할 수 없는' 가치에 주목해왔다.[46] 심리치료사들은 불행을 질병으로 취급한다고 비판받아왔다(꽤 큰 언어적, 재정적 부담이 따를 때마다 그랬다). 또한 심리치료의 철학이나 방법이 윤리적, 정치적 문제를 치료할 수 있다는 듯이 행동해 비판받아왔다. 여기에 사람들의 불행(혹은 신경증)은 집단적인 노력보다는 오히려 개인적인 노력을 통해 치료될 수 있다(혹은 인간의 조건이 '비극적'이기 때문에 치료될 수 없다)고 가르치고, 도시 중산계급의 도덕적인 무책임과 수동성을 북돋고 정당화한다는 이유로, 정서적으로 박탈감을 느끼는 사람들이 '우정과 같은 보다 정상적이고 접근 가능한 경로를 통해 받아들여지고 의존하고 안정을 찾는 것'을 방해했다는 이유로 비판받아왔다.[47] 심리치료 제도는 비용을 지불할 수 있는 사람들에게 일시적인 위안과 자유에 대한 환상과 자기 인식이라는 자기 탐닉을 제공하여 사회적·정치적으로 통제하는 형식으로 간주될 수도 있다. 또한 이 제도는 그와 같은 환상에 비용을 지불할 수 없는 사람들의 불행을 어쩔 수 없이 정신병적이라거나 위험하다고 낙인 찍고, 사회가 그들을 정신병원에 넘기도록 도와줌으로써 그들을 처벌하는 제도라고도 할 수 있다.

심리치료 제도는 임상의가 여성이든 남성이든 상관없이 가부장적인 것이다. 그렇기 때문에 대다수의 임상의는 우리 문화의 다른 누구보다 더 신성한 영감을 받거나 자기 자신의 감정과 접촉하지는 않는다. '전문가'를 대하는 우리 문화의 판단 척도는 엔지니어나 영혼의 치료사나 동일하다. 객관성, 합리성, 비인격성. 드물게 예외가 있기는 하지만 임상의는 신화적 인물, 여사제, 예언자, 부족의 샤먼이 아니다. 임상의는 알 수 없는 것과 무의식을 가지고 환자를 위해 사적인 중재를 하지 않는다. 과학자로서 그들은 아마도 알 수 없는 것 자체는 믿지 않을 것이다. 설사 믿는다 하더라도 그것을 정복하고자 할 것이다. 임상의들은 그들이 쉽게 접촉할 수 없고 인간미가 없을수록 선생이나 동료와 환자들로부터 더욱 존경받고 신뢰받는다. 불행하게도 이런 비판에 동의하는 많은 남성 임상의들이 자기 환자와 자기 계시적이고 '감동적인' 관계 혹은 성적인 관계에 연루되어 왔다. 우리 문화를 감안할 때 그와 같은 행동은 특히 여성 환자들에 대한 학대이다.

정신병원과 심리치료를 비교하거나 분석하는 것은 전통적으로 계급에 기초한 분석이자 비교일 수 있다. 가난한 사람은 입원하지만, 중산층과 상류층은 입원하지 않거나 단기간 동안 비밀리에 입원하거나 개인적인 치료를 쉽게 받는다. 그럼에도 불구하고 정신과 외래환자 클리닉과 지역 정신건강센터의 증가와 사회사업기관과 학교의 '치료 지향적인' 케이스워크로 가난한 사람과 유색인종, 특히 여성들이 심리치료를 보다 많이 받고 있다. 남성보다도 훨씬 많은 여성이 개인 환자로서 그리고 외래환자로서 심리치료를 받고 있다.

(중산층 중심의) 대다수 여성에게 심리치료상의 대면은 불평등한 관계의 또 다른 예에 불과하다. 우울을 표현함으로써 보

상을 받을 수 있는 또 한 번의 기회와, (전문적으로) 피지배자가 됨으로써 '도움'받을 수 있는 또 한 번의 기회를 얻는 것에 불과하다. 심리치료 그리고 백인 또는 중산층의 결혼은 여성을 서로 격리시킨다. 이 둘 모두 여성의 불행에 관해 집단적인 해결보다는 개별적인 해결을 강조한다. 양쪽 모두 강한 남성 권위자에게 여성을 의존하게 만들고 무기력하게 만든다. 사실상 이러한 사례는 가부장제 사회에서 어린 소녀가 아버지와 맺는 관계를 다시 재현한 것으로 볼 수도 있다. 둘 다 여성을 억압하고 통제한다는 점에서 비슷하다. 그와 동시에 여성들에게 거의 대안을 제공하지 않는(설사 있다손 치더라도 거의 없는) 사회에서 중산층 여성들에게 가장 안전한(가장 인정받고 가장 친숙한) 안식처이기도 하다.

심리치료와 결혼은 분노를 정서적인 질병의 형태로 경험하게 하고, 불감증, 만성우울증, 공포증, 불안, 식이장애, 공황발작 등과 같은 히스테리 증상으로 바꿈으로써 여성들이 자신의 분노를 표현하고 가라앉히도록 해준다. 환자로서 여성들은 이런 증상이 자기에게만 있는 고유한 현상으로 간주하고 그것을 자기 탓이라고 생각한다. 이제 그녀는 '신경증'에 걸린 것이다. 이런 여성은 자기가 원하는 것을 심리치료사로부터 얻고자 한다. 다시 말해 남편으로부터 얻어낼 수 없는 관심과 이해와 위안과 개인적인 해결책을 심리치료사의 카우치에서 얻고자 한다. 심리치료와 결혼 제도는 서로를 되비추고 있을 뿐 아니라 서로를 지탱한다. 이것은 아마도 우연의 일치가 아니라 지리적·심리적 유동성을 필요로 하는 미국 경제 체제의 현상이다. 예를 들면 젊고 출세지향적인 '부부'가 외떨어진 익명의 도시를 전전하며 그럭저럭 제정신을 유지하면서 '살아남기' 위해, 그러면서 다른 한편으로는 자녀를 사회화시키고 돈벌이하는 기능을 수행하기 위해 필요한 것이다. 대다수 치료사들은 핵가족 중심의 이 사회에서 재정적·심리적 기득권을 누린다. 남편들은 남성으로서의 부담과 쾌락 또는 양심에 자기 아내가 적어도 방해가 되지 않거나 아내의 태도가 '양호'해지기를 바란다.

심리치료 제도는 나쁜 결혼을 어쨌거나 유지하는 방편으로, 아니면 좋은 결혼을 하기 위해 나쁜 결혼을 끝내기 위한 수단으로 사용될 수 있다. 일부 여성, 특히 젊은 독신의 여성들은 남성 치료사와 상담을 진행하면서 남편감을 잡는 법을 배우는 방편으로 심리치료를 받을 수도 있다. 여성들은 아마도 치료 과정에서 자신의 독자적인 정체성이나 다른 여성들과의 관계 부족에 대해서보다는 남편이나, 남자친구에 대해 혹은 이들이 없음에 대해 훨씬 더 많은 이야기를 할 것이다.

하지만 남성 환자들처럼, 여성들도 흔히 자신의 아버지에 대해 이야기하기 전에 어머니에 대해 먼저, 꽤 오래 이야기한다. 그리고 여성들은 높은 임금을 받는 직업인이 되었을 때야 고용인, 피고용인, 의사, 판사, 변호사, 심리 상담가로 종사하는 여성들을 만나게 되고, 상담 세션에서 점점 더 그들에 대해 이야기하게 된다.

중산층 중심의 심리치료와 결혼 제도는 여성들에게(수동적인 여성으로서 혹은 환자로서 그들에게 이미 할당된 사회적인 역할을 행하는 것을 제외한다면) 행동하기보다는 — 종종 끝없이 — 말하도록 권장한다. 결혼생활에서 대화는 대체로 간접적이고 다소 불명료한 성격을 띤다. 분노를 공개적으로 드러내는 것은 고립되어 있고 경제적으로 의존하고 있는 여성들에게 너무 위험하고 비효과적이다. 대개 그와 같은 '부엌' 선언은 눈물과 자기비판으로, 나아가 남편으로부터 그녀가 '제정신'이 아니었다는 데 동의를 얻어내는 것으로 끝난다. 대부분의 아내들은 남편을 포함해 다른 남성들이 있을 때는 단순한 — 하지만 진지한 — 대화마저 대체로 불가능하다. 아내(여성)들은 자기들끼리 이야기하거나, 남성들이 이야기할 때 조용히 듣는 편이다. 반면에 여성들이 이야기할 때 조용히 그들의 이야기에 귀기울이는 남성은 거의 없다. 심지어 많은 여성이 있는 자리에 유일하게 참석한 남성일지라도 그는 여성들에게 질문할 것이며, 혹 참을성 있게 듣는다 하더라도 아마 우월한 입장에서 대화를 통제하기 위해서일 것이다.

심리치료를 받는 환자(여성)는 우월하고 객관적이라고 여겨지거나 혹은 적어도 그럴 것이라고 기대되는 심리치료사로부터 이야기해보라는 권유 — 사실은 지시 — 를 받는다. 심리치료사는 미묘한 보상체계(관심, 해석 등)나 보상의 철회를 통해 궁극적으로 환자가 말하는 것을 통제하는 것으로 볼 수 있다. 하지만 궁극적으로는 심리치료사가 환자에게 여성의 역할과 타협하도록 시도한다는 의미에서 통제하는 것으로 볼 수 있다. 예를 들어 치료사는 여성 환자가 '사랑'에 대한 욕구를 인정하고 받아들이고 '해소'하기를 원한다. 하지만 다른 사람이나 '사랑'에 대한 인간적인 욕구의 그와 같은 수용은 여성은 이미 '수용자'이고 남성은 '거부자'인 우리 문화에서 성별에 따라 대단히 다른 의미를 지니게 된다. 그런 수용은 '사랑'에 대한 여성의 욕구의 경제적 성격 때문에 더욱 혼란스러워진다.

전통적으로 심리치료사는 여성 억압의 객관적 사실을 무시해왔다. 여성 환자는 아직까지 남편이나 치료사와 '진정한' 대화를 하지 못하고 있다. 여성을 억압함으로써 직접적인 혜택을 누리는 그런 사람들과 어떻게 진정한 대화가 가능하겠는가? 여성이 자기 본업(비서로서, 아내로서, 심지어는 환자로서의 역할)을 마다하고 계속해서 진정한 대화를 고집한다면 비웃음을 사고 어리석거나 '미친' 여자로 간주되기 십상이다.

심리치료 과정에서의 대화는 여성이 자기 자신의 현실을 직접적이거나 궁극적으로 대면하지 않게 한다는 점에서 간접적이다. 상담료를 지불하지 못하는 사태처럼, 어떤 중요한 행위들이 배제되는 한 무슨 말이든지 다 허용된다는 의미에서도 간접적이다.

아직까지 정신분석이나 심리치료는 그런 치료를 살 수 있는, 다시 말해 그런 분석과 치료에 돈을 지불하도록 도와줄 수 있는 아버지와 남편과 남자친구를 가진 여성들만 이용 가능한 상품이다. 칼뱅주의의 선택받은 사람들처럼 치료받을 수 있는 여성은 이미 '구원받은' 것이다. 심지어 그들이 결코 행복한 적도, 자유로운 적도 없다 하더라도, 남성에 대한 심리적·경제적 의존에 대한 저항은 대단히 느리게 진행될 것이다. 보다 특혜를 덜 누리는 (가난하고, 흑인이고, 나이 들고, 그리고/또는 비혼의) 여성은 좀 더 쉽게 침묵시킬 수 있다. 약간의 노력만으로도 충분히 다소간 감사해하면서 줄을 이탈하지 않도록 할 수 있다. 특권을 덜 누리는 여성은 자신의 불행을 감추고 부드럽게 감싸줄 진짜 실크도 심리적인 실크도 가지고 있지 않다. 그들보다 '더 낮은 계급'은 없기 때문이다. 그들이 공장에서, 사무실에서, 사창가에서, 슬럼가 아파트에서, 정신병원에서 면벽하면서 내릴 수 있는 한 가지 결론은 미국에서 '행복'은 판매 중이라는 점이다. 하지만 판매 중인 행복조차 그들은 살 수 없다. 그들은 가난하므로.

여성에 대한 전통적이고 현대적인 심리학적 이데올로기 및 그것이 실행되는 제도의 가부장적 성격을 감안할 때, 여성들은 어떤 방식으로 그런 이데올로기나 제도를 이해해야 할까? 어떤 치료가 여성들을 '도울 수' 있을까? 여성 치료사들은 남성 치료사들과는 다른 방식으로 여성 환자를 '도울 수' 있을까? 페미니스트나 '급진적인' 치료사들은 특별하고도 신속한 방식으로 여성 환자를 '도울 수' 있을까? 전이에 기초한 치료나 오이디푸스 갈등의 해소에 토대한 치료법 — 예를 들자면 성욕에 대한 강간-근친상간-생식 모델의 낭만화 — 은 바로 이런 성적 모델로부터 여성을 벗어나게 할 수 있을까? 인간 심리학에 대한 페미니즘적 분석 방법으로부터 새로운 '치유'법이 나올 수 있을까?

현대의 많은 임상의들이 여성을 '돕고자' 한다(페미니즘에 관련된 현대 임상의들의 견해는 9장에서 논의될 것이다). 하지만 아직까지도 그들 대다수는 페미니즘에 관해 직업적·문화적 편견을 가지고 있거나, 양면적인 태도를 지니고 있다. 어쨌든 많은 이런 임상의들이 새로운 치료법으로 이어질 새로운 관점을 개발하려고 노력하고 있다. 그들은 프로이트 심리학이 최초에 지니고 있었던 혁명적인 의미를 되돌리려고 노력하고 있다. 페미니스트와 반페미니스트들 모두에게 헌신하고 있는 많은 여성이 여전히 어떤 종류의 '도움'을 원하고 있다. 나는 환자와 임상의 모두와 함께 몇 가지 생각을 공유하고 싶다.

첫째, 비판에 혈안이 된 사람들이 생각하는 것과는 반대로 이런 임상의들은 성급한 허무주의 극단론자가 아니다. 집단적으로 볼 때 그들은 대개 젊은 백인 중산층 남성이다. 그들은 '사회 개혁'에 경도되어 있으며 개인을 중시한다(이중 어느 것도 나쁜 것은 없다). 집단으로서 그들은 아무런 실권이 없으며 결과적으로 지나치게 무반성적이고 비현실적이며 관념주의적이다. 종종 기성 집단만큼이나 이데올로기적으로 경직되는 경향도 있다. 치료 공동체와 환각 센터와 같은 '급진적인' 프로젝트는 단명할 수도 있다. (임상의들이 거의 통제할 수 없는) 보다 큰 사회 세력이 변하지 않는다면 이런 프로젝트는 진통제에 불과하다. 대중적인 정신의학 프로젝트뿐만 아니라 급진적인 프로젝트의 또 다른 역설이나 위험은 안정과 의사소통에 대한 인간의 기본적인 욕구를 정상적인 인간의 욕구이자 권리로 이해하기보다 오히려 '치료'의 대상으로 간주한다는 점이다.

둘째, 행동 및 감정 변화에 영향을 미치는 통찰력은 역사에 미치는 사상의 효과와 마찬가지로 과학적인 증거에 의해서라기보다 신념과 경험에 의해 보다 잘 발휘된다. 자기 자신이 억압당하고 있다는 '정치적인' 통찰은 '개별적인' 통찰이 개인적인 행복을 보장해주지 않는 것과 마찬가지로 지상에서 낙원으로 이르는 길을 보장해주지 않는다. 그렇다고 집단적으로 규정되고 성취된 통찰이나 '대안적인' 작업 및 생활 방식이 개인적인 해법보다 초기에 조건화된 학습이나 주변 사회 세력의 영향력에 더 취약하지 않다는 증거는 어디에도 없다. 불행하게도 현실은 프로이트나 기독교, 혹은 자유주의 신화와 같은 비극적인 이데올로기나 라이히나 이교도 신화와 같은 낙관적인 이데올로기에 의해 그처럼 쉽게 포착되지도, 분명히 보이지도 않는다. 사람과 사회구조는 천천히 변한다. 많은 사람들이 혁명적인 변화를 경험하기보다는 이어받는다. 이 신화가 새로운 질서의 정당한 이미지가 되기 전에 신화에 의해 바뀌는 사람은 극히 드물다. 대다수 사람들은 그들이 낡은 신화에 어쩔 수 없이 복종했던 것과 마찬가지로 새로운 신화에도 그저 복종한다.

급진적인 또는 페미니즘적인 심리치료의 사상과 대안 조직들은 나를 자극하는 동시에 혼란스럽게 한다. 하지만 어떤 사상을 치료적인 행동으로 전환할 때 초래되는 어려움은 전통적인 이데올로기를 따르건 페미니스트건 간에 임상의와 일반인들에게 문제로 남는다. 예를 들어 어린 시절 가족 안에서 겪은 것을 심리적으로 '해소'하기란 대단히 힘들다. 가장 좋은 상태의 또래집단에서, 치료사와 환자, 집단과 개인 사이에 맺은 가장 신중한 '계약' 관계에서 겪은 것 또한 마찬가지다.

3장 정신과의사

4장

―――――

여성의 정신과 환자로서의 병력

> 여성성은 필연적으로 좌절된 남성성에서 진화한다는 주장은
> 여성성을 '정상적인 병리현상'으로 만든다.
>
> — 주디스 바드윅[1]

환자나 피실험자와 마찬가지로 임상의와 연구자 역시 정신 건강의 남성적인 기준에 집착하기 때문에 개념 정의상 여성은 단순히 그들이 여성이라는 이유로(그들이 여성의 역할을 받아들이건 거부하건 간에) 정신적으로 손상됐다고 간주한다. 이런 사실로 미뤄본다면 다수의 연구에 의해 국적, 결혼 여부, 나이, 인종, 사회적 계급에 상관없이 남성보다 여성에게 '신경증'이나 '정신병'이 훨씬 많다고 보고되는 것은 그리 놀랄 만한 일이 아니니다. 지금까지 심리학자나 사회학자들은 여성을 그들의 남편과 아버지가 속한 사회계급의 일부로 간주해왔다. 이는 심리학적이거나 경제학적 관점에서 봤을 때 타당한 분류가 아니다.

과거에 여성은 스스로를 '문제가 많'거나 '불안정하다'고 여겼다. 그들의 친척들도 정신건강 종사자들도 여성들을 그렇

게 간주했다. 30~40년 전, 미국, 영국, 캐나다, 스웨덴에서 여성은 그들의 남성 상대보다 마음의 '동요'가 심한 것으로 간주되었고, 여성 스스로도 그렇게 생각했다. 미국 보건교육복지부가 발표한 연구에 의하면 미국에서 흑인과 백인 모집단 모두에서 여성이 남성보다 신경쇠약에 많이 걸렸으며, 신경쇠약증에 임박했거나 심리적 무기력, 현기증을 느꼈던 것으로 보고되었다.[2] 흑인과 백인 여성 모두 신경증, 불면증, 수전증, 악몽, 기절, 두통과 같은 증상이 남성보다 높게 나타났다.

한번도 결혼한 적이 없는 백인 여성은 결혼했거나 별거 중인 백인 여성보다 증상이 적었다. 이런 결과는 앞서 정신 보건 및 질병에 관한 공동위원회가 발표한 연구와 근본적으로 일치한다.[3] 이 위원회는 입원하지 않은 미국 성인을 위해 다음과 같은 정보를 발표했다.

(1) 모든 적응 영역에서 보다 많은 우울증이나 '증상'이 남성보다 여성에 의해 보고된다. 여성들은 일반적인 적응과 자기인식과 결혼과 부모 역할 영역에서 보다 많은 장애를 느낀다고 보고된다. 이와 같은 성별의 차이는 보다 젊은 연령대에서 두드러지게 드러난다.

(2) 신경쇠약에 임박한 느낌은 남녀를 통틀어 어떤 그룹보다도 이혼한 여성과 별거 중인 여성에게서 더 빈번히 보고된다.

(3) (미혼·별거·이혼·사별로 인한) 독신 여성은 기혼 여성보다 심리적인 고통을 겪을 가능성이 훨씬 높은 것으로 나타난다. 이것은 대단히 논쟁적인 이슈다. 예를 들어 맨해튼 지역사회의 정신 보건 연구에 의하면 기혼 여성과 비교했을 때 독신 여성보다, 기혼 남성과 비교했을 때 독신 남성에게서 정신적인

'장애'가 높다는 결과가 나왔다. 기혼자들 가운데서는 정신적으로 '장애가 있다'고 분류된 비율이 성별에 따라 다르지 않았다.[4] 한편 1970년 보건교육복지부의 한 문서는 전반적인 모집단 중에서 독신 백인 여성이 결혼했거나 별거 중인 백인 여성보다 심리적인 고통을 적게 느낀다고 보고했다. 스웨덴 모집단 연구에서 올레 항넬(Olle Hagnell)은 독신 여성보다 기혼 여성이 정신질환 발병 가능성이 높다는 사실을 발견했다. 아마도 직업이 있는 독신 여성은 여러 측면에서 기혼 여성보다는 남성처럼 행동하는 경향이 있기 때문에 기혼 여성보다 어느 지점까지는 '건강하게' 보이는 듯하다.

(4) '불행'하다고 보고했던 빈도에 있어서 성별 차이는 없지만 여성들이 신경쇠약을 더 걱정하고 두려워하며 도움을 필요로 한다고 했다.

영어권 캐나다인과 프랑스어권 캐나다인을 비교한 연구에서 도러시 레이턴(Dorothy Leighton) 외 다수의 연구자는 모든 연령대(20세에서 70세까지)에 걸쳐서 여성이 남성보다 '정신질환'에 걸릴 위험이 높았으며 나이가 들수록 '종합적인 증상'이 증가되었다는 사실을 밝혀냈다.[5] 올레 항넬은 스웨덴에서 남성보다 여성의 정신질환 발병률이 훨씬 높다는 점을 밝혀냈다.[6]

1960년과 2005년 사이, 남성이 ─ 여성이 아니다 ─ 역기능적 행동 또는 반사회적 행동으로 수감되었을 때, 이에 대해 반드시 병리학적 진단을 받지는 않은 게 확실해 보인다. 약물중독자와 알코올중독자를 포함해 남성 범죄자는 스스로를 '정신질환을 앓고 있다'고 생각하지 않고, 다른 사람들도 그들을 그렇게 보지 않는다.

4장 여성의 정신과 환자로서의 병력

이와 같은 시기, 또한 이전보다 많은 여성이 약물이나 공격성과 관련된 범죄로 수감되었는데 이들은 빈번하게 전과자가 아니라 '정신질환자'로 간주되었다. 수감된 많은 여성들은 어린 시절에 매를 맞고 강간을 당했고 성인이 되어서는 구타를 당하거나 성매매를 해야 했다. 그들에게 감옥은 삶을 통틀어 처음으로 폭력으로부터 해방된 삶을 살 수 있었던 장소였다. 이들은 감옥의 치료 그룹 활동에 매우 열성적인 편이다.

2000년에 엘리자베스 클로노프(Elizabeth A. Klonoff), 호프 랜드린(Hope Landrine), 로빈 캠벨(Robin Campbell)은 남성보다 여성이 좀 더 "우울해하고, 불안해하고, 신체적 증상을 보이"는데 그 이유가 여성이 "남성은 경험하지 않는 해로운 스트레스 요인, 즉 성차별적 대우"를 경험했기 때문임을 밝혀냈다. 사실, 이렇게 "잦은 [또는 폭력적인] 성차별"(강간, 구타)을 경험한 여성은 남성이나 이런 차별을 덜 겪은 여성보다 "현저하게 더 많은 증상"을 겪는다. 따라서 그들의 의견에 따르면 "한쪽 성에 국한된 스트레스 요인"은 "여성의 정신질환적 증상"에 일정 역할을 하며 또한 "이런 증상에서 익히 알려진 젠더 차이"에 대한 설명이 될 수 있다.

다른 말로 하면, 젠더 폭력은 고통이나 진단 가능한 정신질환적 증상으로 이어진다. 따라서 정신질환의 진단 및 통계 편람의 진단 방식에 대해서는 비판할 것이 많지만, 일반적인 상황에서나 젠더 폭력의 상황에서 벌어지는 억압과 폭력이 다양한 "정신질환"을 초래한다는 것은 명백한 사실이다. 그리고 이로 인해 여성들이 진정으로 고통받고, 아울러, 다양한 방식으로 병리학적 진단을 받는다는 것 또한 사실이다.

2000년에서 2001년 사이에, 세계보건기구(WHO)는 전 세계적으로 남성보다 많은 여성이 젠더 폭력으로 고통받고 있고 이 때문에 특별한 종류의 "정신질환"을 앓고 있다고 발표했다. 세계보건기구는 또한 다양한 여성적 증상을 "성역할, 스트레스 요인, 부정적 삶의 경험 [⋯] 젠더 폭력, 사회경제적인 불이익, 낮은 소득과 소득 불평등 [⋯] 돌봄 노동에 대한 끊임없는 책임감"과 연관시켰다. 또한 성폭력은 전 세계적으로 여성에게 매우 높게 일어났고, 여성은 "상대적으로 높은 비율로 외상 후 스트레스 장애(PTSD)"로 고통받았다고 밝혔다. 세계보건기구는 "여성에 대한 폭력의 평생 발생률이 16~50퍼센트에 이르"며, 여성의 다섯 명 중 한 명은 강간 또는 강간 미수를 겪는다고 추정했다.

2001년, 국립정신건강연구원(NIMH)은 미국인의 22퍼센트(또는 5천만 명)가 진단 가능한 정신질환으로 고통받고 있으며, 미국과 다른 선진국에서 장애의 주요 원인 열 개 중 네 개가 우울증, 양극성장애, 강박장애, 불안장애, 식이장애, 외상 후 스트레스 증후군과 같은 정신질환이라고 보고했다. 국립정신건강연구원의 통계에 따르면, 조사 해당 년도에 1,880만 명에 가까운 미국인이 우울하다고 답했다. 흥미롭게도, 국립정신건강연구원은 식이장애가 주로 여성의 문제라고 지적하면서도 가장 자주 진단되는 질병들의 성별 분석을 제공하지는 않는다.

2003년, 배드리 리키(Badri Rickhi) 외 연구자들은 많은 캐나다 여성들이 다양한 이유로 자신들의 남성 상대보다 더 많이 "보완적인 치료"를 찾는다고 밝혔다.

정신건강에 대한 이중 기준은 (물론 여성 혐오와 여성의 도움 추구 행동 및 고통 호소 역할과 결합되어) 여성에 대한 비교적 호의적이지 않은 학문적 연구 결과보다 여성들에게 훨씬 더

4장 여성의 정신과 환자로서의 병력

심각한 영향을 미친다. 앞에서 언급한 연구 중 불과 몇 건만이 '심리적으로 고통받는' 여성들이 어떤 식으로 여러 형태의 정신 과 치료와 심리치료를 받고 있는지에 관심을 보인다.

이미 논의된 바 있는 많은 요인들은 상당히 많은 여성이 정신과 시설에 연루되어 있을 것이라고 시사하거나 예측한다. 이를테면 현실에 존재하는 여성에 대한 억압이 여성들을 실제로 고통스럽고 불행하게 만든다. 이어서 도움을 구하고 고통을 호소하는 여성의 조건화된 역할은 이러한 평가절하된 행동으로 인해 공공연하고 교묘한 처벌을 초래하고, 이는 자연스럽게 '병력'으로 이어진다. 대다수 의사들이 갖고 있는 정신건강에 대한 이중적이거나 남성적인 기준은 고통받는 여성들이 '아프다'는 인식으로 이어지도록 유도한다. 여성들이 여성 역할의 핵심적인 측면을 수용하든 거부하든 간에 말이다. 남성은 남성적인 역할을 충분히 수행한다면 대체로 '아프다'고 간주되지 않는다. 물론 그들이 '남성성'을 놓고 경쟁할 때 상대적으로 무력하지 않다면 말이다. 여성은 여성적 역할을 수행할 때(우울해하고, 무능하고, 무감하고, 불안해할 때)도 여성적 역할을 거부할 때 (적대적이고, 성공 지향적이며, 성적으로 적극적일 때 — 특히 다른 여성에게)도 '아프다'고 간주된다.

한편 여성의 행동 가운데 상당 부분이 상대적으로 '용납될 수 없는' 사회적 행동으로 제한받고 있다는 사실을 감안하면 많은 여성들이 정신과 시설과 연루되어 있을 것이라고 예측된다. 이런 상황은 여성의 사회 적응을 강요하거나 여성을 신경증자 또는 정신질환자로 판정하게 하는 사회적·정신의학적 압력으로 이어진다. 여성의 역할에서 좀 놓여나고 싶은 욕구와 한편으로는 의존과 돌봄에 대한 여성적 욕구 그리고 무엇보다 심리치료와 병원 기관의 여성적 속성으로 인해 정신과 시절은 남성보다 여성에게 훨씬 더 잘 받아들여진다. 이런 사실들은 또한 여성 내 정신질환자 수가 점차 크게 늘어날 것임을 예보한다. 여성의 긴 수명은 상대적으로 짧아진 양육 기간과 여성의 젊음을 강조하는 사회 분위기와 맞물려 많은 여성을 때이른 실업 상태에 빠뜨린다. 여성에 대한 고용차별과 직업훈련과 기회의 부족으로 인해 대다수 여성이 모든 연령에서 '실업' 상태가 되는 것과 마찬가지다. 가정생활 외에는 대안이 거의 없는 것이다.

자료는 미국에서 정신과 및 심리치료를 받는 여성이 매우 많다는 것을 일관되게 보여주고 있으며, 1964년 이후로 그 수가 상당히 증가하고 있음을 보여준다. 1960년대에는 성인 남성보다 훨씬 더 많은 성인 여성이 개인병원, 공공병원, 외래 진료소, 지역사회 정신건강 센터 등에서 정신과 치료를 받았다.[7]

장기 입원뿐 아니라 자주 입퇴원을 반복하는 패턴은 정신질환자로서 여성의 '병력'을 특징짓는 듯하다.[8] 정신의학적으로 동일한 병명의 진단을 받은 남성보다 여성이 훨씬 오랜 기간 입원하며 빨리 사망한다는 증거가 있다. 장기 입원 '환자'의 성격적 특성이 본질적으로 '여성적'이라는 증거도 있다.[9] 여성보다 많은 남성이 주립 및 시립 병원에 입원하지만, 기간으로 따지면 여성이 훨씬 오랜 기간 입원해 있다. 35세 이상 여성의 경우 특히 더 그렇다.

미국에서 정신과 환자로서 여성의 '병력'은 연령, 결혼 여부, 사회적 지위, 인종, 특히 '매력'에 따라서 특정한 패턴을 따르는 듯하다. 물론 매력이라는 마지막 항목은 문서로 증명하기가 어렵다. 많은 사람이 '정신지체'보다는 '정신질환'으로 인해 입원한다는 것을 기억할 필요가 있다. 정신지체는 유전적이고 생물학적인 현상이기 때문에 입원 환자의 수는 비교적 안정된 비율을 보인다. 반면 '정신질환'은 주로 문화적인 현상이기 때문에 때에 따라 증가하기도 하고 감소하기도 한다. 또한 미국에서는 많은 사람이 범죄행위보다는 '정신질환'으로 정신병원에 수감되거나 진단을 받고 치료를 받는다.

30~40년 전, 정신과 외래진료 여성 환자의 연령대는 20세부터 34세 사이에 가장 집중되어 있었다. 찰스 카두신(Charles Kadushin)은 그가 조사한 모든 환자 중에서 "젊은 가정주부가 가장 불평이 많았다"고 언급했다.[10] 20세에서 34세에 이르는 여성은 가장 '예쁘고' 출산 가능한 시기의 여성들이다. 그들이 '불행하'거나 역할을 제대로 하지 못한다 하더라도, 그들의 양육 책임 혹은 성적으로 젊은 외모가 결혼과 정신과 치료 같은 '외부' 가부장제도에 그들을 가둔다. 일반 정신병원과 개인병원(여성 정신과 환자의 수가 압도적으로 많은 기관) 모두에서 가장 많은 수를 차지하는 환자는 35세에서 44세에 해당하는 여성이다. 남성도 이 연령대의 환자가 많은 것은 마찬가지지만, 그래도 여성에 비하면 상당히 적은 편이다. 개인병원에 있는 백인 또는 부유한 여성이든 일반 정신병동에 있는 흑인 또는 가난한 여성이든 혹사당하는 것에 그리고 역설적이게도 성적으로도 모성적으로도 '소모품'이 되기 시작한다는 신호에 민감하게 반응한다. 병원은 이들이 이런 상황에 가능한 덜 저항하도록 경고성 치료(투약이나 충격요법, 혹은 모멸감을 주는 치료)를 한다. 그럼에도 불구하고 이들이 계속해서 우울해한다거나 '적대' 반응을 보이면 반복되는 장기 구금 상태가 이들을 기다리게 되는 것이다. 주립 및 시립병원은 '늙은' 여자들이 최종적으로 가는 곳이다.

정신과 환자로서 여성의 '병력'은 통계나 표본연구보다 훨씬 더 정밀하고 사려 깊은 분석을 요한다. 나는 정신과 병력이 있는 여성들과 이야기를 나눠보고 싶었다. 전국적인 통계가 제시하는 정신과 '병력'의 유형이 보통 사람들 차원에서 어느 정도까지 존재하는지 알고 싶었다. 또한 '광기'에 대한 나의 이론적 접근이 여성의 정신병원 입원이나 치료를 둘러싼 환경을 얼마나 잘 기술할 수 있는지, 3장에서 개괄했던 임상적인 편견 중에서 얼마나 많은 부분이 '순진한' 여성들에 의해 저절로 모습을 드러내는지도 알고 싶었다.

인터뷰

생애의 대부분을 남성과 함께 보내는 여성의 삶은 극적이고 연극적이다. 여성은 '여자 놀이'를 한다. 아빠 마음에 들려고 엄마처럼 옷을 입고, 무대 위의 다른 여자가 되려고 노력한다. 즉 '아름다운' 여자, '행복한' 여자, '보수가 높은' 여자가 되고자 한다.

　남자가 아니라 여자와 함께 사는 삶은 덜 극적이다. 싫든 좋든 '놀이'는 오래전에 끝났고, 여자는 여자와 더 많이 이야기한다. 남자들은 시간이 없고, '여자들 이야기'에 관심을 갖거나 들어줄 마음도 없다. 여자들의 이야기는 아무런 '지향점'도 없고 때로는 말이 안 되는 것처럼 보인다. 바로 그렇기에 여자들 사이의 대화, 단어, 인터뷰는 시험 점수나 통계가 보여주는 것보다 많은 것을 드러낸다.

　나는 개인병원과 일반 정신병원에서 치료받은 60명의 여성과 이야기를 나눴다. 나이는 17세에서 70세까지 다양했다. 집단적으로 볼 때 그들의 경험은 사반세기에 걸쳐 있으며 공간적으로는 전미 대륙(로드아일랜드에서 캘리포니아까지)을 아우른다. 60명 중 2명은 영국의 개인병원과 일반 정신병원에서 치료를 받았으며, 대부분은 뉴욕, 뉴저지, 일리노이, 캘리포니아 주에 있는 대도시에서 치료받았다.

인터뷰는 비공식적으로 진행했다. 집에서 종종 만나 커피나 한잔 하는 것으로 시작했다. 인터뷰 내용은 상대방의 동의 하에, 대화를 방해하지 않는 선에서 녹음했다. 그들이 하는 그 어떤 질문에도 대답해주었으며, 내가 왜 이런 '인터뷰'를 하고 있는지 설명해주었다. 물론 표준화된 설문지를 가지고 있었지만, 그런 설문지에 얽매이지 않았다. 우리는 세세한 것까지 터놓고 이야기하고자 했다. 나는 대화에 대단히 적극적으로 임했으며, 대화가 한 시간쯤 지나면 내 견해를 말하곤 했다.

물론 생각이 잘 통하는 사람도, 그렇지 않은 사람도 있었다. 한밤중에 전화를 걸기도 하고 받기도 했다. 어떤 때는 진이 빠지고 우울하기도 했다. 이들과 이야기하면서 종종 희망이 일기도 했다. 일례로 한 여성은 스스로 놀라워하면서 "내 치료사에게도 말하지 않았던 것을 당신에게 말하고 있어요!"라고 했다. 다른 여성들이 같은 의사와 병원에 관해 말해주었을 때는 아마추어 탐정이 된 것처럼 신이 났다. 그들은 저도 모르게 서로 닮은 경험을 공유하고 확인함으로써 내가 심리치료사로서 또는 병원에서 근무하면서 보낸 몇 년을 다시 생각해보게 했다. 그들 중 몇몇은 처음에는 나와 개인적으로 이야기하는 것조차 꺼리더니, 4개월 후에는 뉴욕에서 열린 정신의학 및 심리학 전문가 회의에 참석해 그들의 경험에 관해 소리 높여 분노하고 사려 깊게 이야기했다. 그럴 때는 정말 신이 났다.

그렇기는 해도 슬픔, 분노, 무기력, 죄의식과 마주치는 날들이 더 많았다. 한 여성과 그녀가 '미친' 것인지 아닌지를 놓고 논쟁한 때가 생각난다. 6년 동안 치료를 받다가 두 군데 병원에 수감되고 난 후 그녀는 자신이 미쳤다고 생각했다. 그러나 나는 그녀가 미치지 않았다고 말했다. 기억에 남아 있던 공포가 그녀를 침묵시켰지만, 서서히 그녀는 내 생각 — 물론 체슬러 박사로서의 내 생각 — 에 깊이 동의하기 시작했다(그런 식의 '실험자 효과'가 내가 깨닫지 못하는 사이에 인터뷰를 거듭하면서 발생했을 수 있다. 그러나 인터뷰에 관한 나의 보고서는 여타의 과학적, 예술적 보고서와 마찬가지로 나의 감성과 진정성과 기본 전제가 허용하는 한 '진실한' 것이다). 또 어느 독신 여성이 원하지 않는 강제 입원을 당하지 않도록 도와주기도 했다. 그 후에 그 여성은 충분히 이해할 만한 일이었지만 '당분간' 나와 함께 지내기를 원했다. 나는 돈과 임시거처를 제공했지만 그녀는 둘 다 거부했고, 그 후 다시 그녀를 보지 못했다. 변호사, 의사, 고용주, 지주, 치료사, 베이비시터를 알아봐달라는 부탁도 끊임없이 받았는데 그런 요청을 들어주지 못한 때가 많았다. 나는 기질상으로 '사회복지사'는 아니다. 나의 장단점을 보건대 나는 '위기 중재자'나 조직가보다는 지식인이나 예술가에 가깝다. 다만 내게 도움을 요청한 여성들도 '사회복지사'보다는 언더그라운드 레일로드(underground railroad)*의 정거장과 같은 존재를 필요로 했다.

나는 이미 '과잉 분류된' 여성들을 또다시 분류하고 싶지는 않았으나 애초에 이들을 그들의 경험 면에서 다섯 범주로 나누

---

* 19세기 초, 미국에서 흑인 노예들의 탈출을 돕기 위해 결성된 비밀 조직.

　　　　4장 여성의 정신과 환자로서의 병력

어 탐색했다. 이들은 무작위적인 표본이 아니다. 왜냐하면 저마다 다음과 같은 특정한 상태를 경험했기 때문이다.

- 심리치료사와 성관계를 가진 여성(Women who had sexual relations with their therapists, SWT)
- 정신병원에 입원했던 여성(Women who had been hospitalized in mental asylum, MA)
- 레즈비언(Lesbians, L)

'레즈비언'이라는 단어는 문제가 있다. 이 단어는 '여성'이라는 단어만큼이나 여성을 성적인 행위 면에서 엄격하게 정의하기 때문이다. 또한 이 단어는 불행하게도 역사적으로 부정적인 평가를 받고 있다. 하지만 많은 레즈비언은 이 단어를 '존중할 만한' 것으로 생각한다. 그렇게 생각하지 않는 사람들은 그렇게 만들기 위해 긍정적으로 자주 사용해야 한다고 생각한다.

- 제3세계 여성(Third World women, TW)
- 심리치료를 받은 페미니스트(Feminists, F)

이러한 범주화는 결코 간단하지 않았다. 심리치료를 받은 적이 있는 레즈비언과 이야기하는 과정에서 예전에 그녀가 정신병원에 입원했고 그 후로 페미니스트가 되었다는 사실이 명백해졌다. 제3세계 여성이자 페미니스트, SWT인 여성들이 정신병원에 입원한 적이 있기도 했다. 그들 모두가 여성이었기 때문에 자연스럽게 그들의 '정신과 병력'은 다소 광범위했다.

다음의 표는 총 54명의 여성을 이들의 정신과 병력의 특정한 측면들과 관련하여 다섯 그룹으로 나누어 서로 비교한 것이다. 원래 60명을 인터뷰했는데 그중 5명은 치료사의 관계 요구를 거부했으므로 여기에 포함하지 않았다. 레즈비언이면서 심리치료를 받은 적이 없었던 흑인 여성 1명도 제외했다.

표 여성 54명의 정신병원 입원 및 심리치료 경험과 관련한 비교 자료

(1945~1971년)

		SWT (총 11명)	L (총 9명)	MA (총 11명)	TW (총 9명)	F (총 14명)
최초 입원 시 나이	여성(명)	4	6	11	3	–
	평균(세)	25	21	29	26	–
입원 기간	여성(명)	4	6	11	3	–
	평균(일)	103	320	476	428	–
개입병원 입원 기간	여성(명)	2	4	6	–	–
	평균(일)	131	245	60	–	–
일반병원 및 주립병원 입원 기간	여성(명)	2	4	9	3	–
	평균(일)	75	190	550	428	–
주립병원 입원 기간	여성(명)	1	1	6	2	–
	평균(일)	90	730	722	575	–
상담받은 심리치료사	여성(명)	11	8	8	7	14
	치료사(명)	35	21	29	18	33
	가장 많이 나온 수*	3.0	3.0	4.0	3.0	2.0
상담받은 남성 심리치료사	여성(명)	11	5	5	6	10
	치료사(명)	23	9	21	10	15
	가장 많이 나온 수*	2.0	2.0	3.0	2.0	2.0

상담받은 여성 심리치료사	여성(명)	8	7	8	3	10
	치료사(명)	12	12	29	8	15
	가장 많이 나온 수*	2.0	2.0	4.0	2.0	2.0
심리치료 기간	여성(명)	11	9	8	7	14
	평균(개월)	51	44	40	25	39
남성 심리치료사와 상담한 기간	여성(명)	11	5	8	6	10
	평균(개월)	40	39	35	17	30
여성 심리료사와 상담한 기간	여성(명)	8	7	5	3	10
	평균(개월)	14	21	8	24	19

* 대답에서 가장 많이 나온 치료사의 수

표에서 나타난 것처럼, 각 경험 범주 내의 특정한 변수에 대한 평균은 다른 범주집단의 수를 기초로 한다. SWT 여성이 전부 정신병원에 입원했던 것은 아니다(11명의 MA 여성과 비교할 때 불과 4명만이 입원 경험이 있었다). 이 다섯 범주에 속한 모든 여성이 여성 치료사와 상담한 적이 있었던 것도 아니다. 따라서 어떤 특정 범주집단의 평균과 비교할 때 대체로 비율상 불균형적이고 적은 수만 있는 경우도 있다. 이런 이유로 — 이보다 중요한 이유로 — 통계 검증은 하지 않기로 했다. 중요한 동향은 누구에게나 보이게 마련이다. 무수히 많은 전국 단위 통계에서 발견된 동향은 통계학적인 '건강' 진단서보다는 개별 인터뷰를 통한 지적인 토론에 의해 보다 잘 이해될 수 있을 것이다. 이들 54명은 저마다 이야기할 경험의 우주를 가지고 있다. 그 우주는 다른 여성들이 거주할 수 없는 세계다. 이 그룹 전체에 일어났던 일은 정말 일어난 일들이다. 하지만 이들의 경험은 기존에 인용된 연구와 통계에 비추어볼 때 유사점을 갖고 있으며 그것들로부터 인간에 대한 이해를 만들어낸다.

성차별과 마찬가지로 미국의 인종차별은 뿌리 깊고 복합적인 폐단이어서 나는 표의 제3세계 여성을 그들의 출신 계층, 교육적 배경, 정치적 신념, 성적 선호도, 정신의학적 경험 유형에 상관없이 하나의 독립된 그룹으로 간주하기로 했다. 비슷한 이유로 표에서 보여준 모든 (백인) 레즈비언도 이들의 출신 계층, 정치적 신념, 정신의학적 경험의 유형 등과 상관없이 분리해 파악했다. 이 두 가지는 사전에 정했는데, 이데올로기적 이유로 엄밀히 따졌을 때 유익한 결정이었다.

표에서 보이듯, 54명의 여성은 '정신질환' 분야에 대해 잘 알고 있는 사람들이다. 절반에 가까운 여성(26명)이 법적으로 적어도 한 번 이상 결혼했고 전체 여성의 5분의 1에 가까운 여성이 자녀가 있었다(12명). 페미니스트 범주 외의 여성 40명 중에서 12명이 페미니스트적인 인식을 드러내거나 자신을 페미니스트로서 정의했다(SWT 여성 중 1명, 레즈비언 여성 중 7명, MA 여성 중 2명, 제3세계 여성 중 2명). 이들은 총 136명의 심리치료사와 대면했으며, (범주에 따라) 1인당 평균 3~4명의 치료사를 만났다. 범주에 따라 그들은 약 2년에서 4년이 조금 넘는 기간 동안 심리치료를 받았다.

이들은 또한 정신병원에 관한 전문가였다. 24명의 여성이 적어도 한 번은 정신병원에 수감되었으며, 10명은 자살 기도를 했고, 5명은 우울증을 앓았다. 이들은 최소 4개월에서 16개월까지 입원했다. 병원에 입원한 경험이 있는 24명의 평균 입원 기간은 약 1년이었지만, 개인적인 편차는 대단히 컸다. 단 한 번 입원해 비교적 짧은 기간 동안 머문 여성이 있는가 하면(2~3개월 정도), 장기간(5년 혹은 그 이상)에 걸쳐 수차례 입원한 여

4장 여성의 정신과 환자로서의 병력

성도 있었다. 범주에 따라 개인병원에 입원했던 여성(백인 중
산층과 상류층 여성)들은 최소 약 2개월에서 최대 약 8개월 동
안, 일반 종합병원과 주립병원 둘 다에 입원했던 여성들은 최소
2개월 반에서 최대 약 10개월까지, 주립병원 한 군데에만 입원
했던 여성들은 최소 3개월에서 최대 2년에 이르는 기간 동안 병
원에 있었다.

심리치료 기간 동안 이 여성들은 남성 치료사만큼 여성 치
료사들도 만났다. 하지만 치료 시에는 여자 치료사보다 남자 치
료사와 적어도 2~3배 정도 길게 대면했다. 여기서 중요한 예외
는 제3세계 여성들인데, 이들은 남성 치료사보다 여성 치료사
에게 더 오랜 기간 치료를 받은 한편, 치료 기간은 다른 어떤 그
룹보다도 짧았다. 백인 여성 중 평균 가장 긴 기간 동안 여성 치
료사들에게 치료받은 그룹은 레즈비언이었다(21개월). 페미니
스트들은 평균 19개월 동안 여성 치료사들에게 치료받았다. 하
지만 레즈비언과 페미니스트 그룹 역시 여성 치료사들과 만난
기간의 2배가 넘는 기간 동안 남성 치료사들에게 치료를 받았다.

표는 정신과 환자로서의 여성 병력이라는 개념과 관련하
여 살펴볼 수도 있다. 이 병력의 형태는 여성의 나이(또는 '소모
성'), 인종, 계층, 결혼 여부뿐 아니라 '여성적' 역할을 받아들이
느냐 거부하느냐에 영향을 받는다. 예를 들어 여성이 최초로 정
신병원에 입원한 나이를 살펴보자. 가장 어린 나이에 정신병원
을 찾은 그룹은 레즈비언들이었다(평균 21세). '여성적' 역할에
대한 여성의 극단적인 거부는 우리 사회에서 여성의 모든 위반
중 가장 극적으로 처벌받는 행위에 속한다. 여성 중에서 가장
'비여성적인' 정신질환자(레즈비언)의 병력과 가장 '여성적인'
SWT 여성(여기서 '여성성'이라는 것은 남성에 대한 의존도와

관련하여 정의한다)의 병력을 비교해보자.

SWT 여성들에 대해서는 아버지와 딸의 근친상간(가부장
적 사회에서 '여성성'의 필수 불가결한 조건)이라는 극적인 해
석을 적용할 수 있다. 11명의 SWT 여성 중 9명이 치료 이전에
이미 적어도 한 번은 법적으로 결혼했다. 반면 9명의 레즈비언
중에서는 오직 1명이 이성애 결혼을 했다. SWT 여성의 정신과
병력은 여러 측면에서 그들의 '여성성'을 반영한다.

(1) SWT 여성들은 다른 어떤 그룹보다 오랜 기간 정신병
원에 있었다(평균 51개월로, 레즈비언보다 7개월 오래 있었다).
SWT 여성들에게 치료를 받으러 간다는 것은 그들의 '여성적'
역할에 문제가 생겼음을 반영하는 것이며, 그래서 그런 역할을
수행할 다른 방식이 제공되는 것을 의미한다. 레즈비언이 다섯
그룹 중에서 두 번째로 오랜 기간(평균 44개월) 동안 치료를 받
았다는 사실은 치료가 '여성적' 역할을 수용하는 여성과 거부하
는 여성 모두를 위한 문화로 기능하며 두 유형의 여성이 얼마나
유사하게 사회화되었는지를 강조한다.

(2) SWT 여성은 정신병원에 입원한 경험이 있더라도 소
수에 불과하다. SWT 여성 11명 중 4명(3분의 1 가량)이 입원
경험이 있는 반면 레즈비언 여성 9명 중에서는 3분의 2인 6명
이 입원했다. 입원한 4명의 SWT 여성 중 2명은 의사와 '관계'
를 한 직후에, 1명은 관계를 유지하는 동안에 입원했다는 사실
에 주목하자. 정신병원이나 사회는 모두 '여성성'에 대한 임상
적 편견과 사회적 편견을 (어떤 지점까지는) 가지고 있는데, 즉
여성들이 젊고 매력적인 동안에는 여러 측면에서 어느 정도 보
상을 하고 있다. 말하자면 정말로 매력적이고 '여성적인' 여성
은 좀처럼 입원당하지 않는다(그런 여성은 '우울해하거나' '불

안해한다'고 해서 입원당하지는 않는다).

(3) 레즈비언은 어린 나이에 정신병원에 입원했을 뿐 아니라 SWT 여성이 입원했던 기간보다 평균 세 배 이상 오래 병원에 있었다(SWT 여성이 평균 3개월 반을 입원한 데 비해 레즈비언은 평균 10개월을 입원했다).

혹자는 SWT 여성들이 단지 환자 '병력'의 초기 단계에 있었던 것으로 볼 수 있지 않느냐고 말할 수도 있다. 나이가 들어가면서 그들의 병력은 MA 여성과 유사해질 수 있으며 레즈비언보다도 입원 기간이 더 길어질 수도 있다. SWT 여성은 너무 '우울'하거나 '초조'해져서, 그런 식으로 '여성성'을 극단적으로 표출하는 것으로 인해 치료를 받아야 할 수도 있다. 하지만 이것은 사실이 아니라고 생각한다. 내가 인터뷰한 SWT 여성들의 연령대는 25세에서 50세까지였던 반면, MA 여성들은 19세부터 70세에 걸쳐 있었다. 나는 서로 다른 두 부류의 여성을 다루고 있다고 생각한다. SWT 여성은 '불행'하지만 평생에 걸쳐 '여성적인' 이상에 매달려 있다. 그렇기 때문에 그들은 레즈비언과는 달리 정신병원 입원에 대해 처벌받는다고 느끼거나 스트레스를 받지 않는다. 한편, 레즈비언은 여러 가지 이유에서 MA 여성들만큼 정신과 입원 병력이라는 함정에 잘 걸려들지 않는다. 여기서 우리는 기혼 여성보다 미혼 여성이 훨씬 더 '정신건강'을 잘 유지하고 있다는 연구 결과를 떠올릴 수 있다. 물론 '정신건강'이라는 것은 대체로 남성의 특질로 여겨지며, 경제적 독립을 갖춘 여성(또는 남성으로부터 독립적인 여성)은 경제적으로 의존 상태에 있는 여성보다 정신적으로 건강할 수 있다.

표에서 보면, MA 여성은 어느 그룹보다도 가장 나이가 많을 때(평균 29세) 정신병원에 입원했다. 11명의 MA 여성은 미국 여성들이 삼십대에 이르러 일반 정신병원, 주립병원과 개인 병원을 채우기 시작하는 전국적 경향을 반영한다. 그들은 이미 이십대에 개인병원이나 외래 환자 전문 클리닉에서 치료받은 경험이 있었다. 이제 더 이상 '젊지' 않은 그들은 보다 절망적이고, 그런 만큼 더욱 '소모품'에 가깝다. 이 나이에 이르면 결혼 생활이나 아이들로 인해 스트레스를 받거나 거꾸로 결혼하지 않았거나 아이가 없는 이유로 스트레스를 받는다. 11명의 MA 여성들 중 4명은 법적으로 결혼한 상태였고 2명은 아이들이 있었다. 가장 오랫동안 입원했던 2명의 MA 여성 중 1명은 독신의 백인이었고, 다른 1명은 여러 번 결혼한 푸에르토리코인 여성이었다. 정신병원 입원은 그들에게 자포자기와 불행 같은 것으로부터 하나의 도피처이자 마땅히 받아야 할 처벌이기도 했다.

제3세계 여성들은 다른 어떤 그룹보다 짧은 기간 동안 치료를 받았다(평균 25개월). 또한 남성 치료사보다 여자 치료사와 더 많은 시간을 보낸 유일한 그룹이었다. 그것은 그들이 가난하기 때문이다. 이들은 아버지 숭배라는 백인 중산층의 '여성적인' 사치를 쉽게 누릴 수 없었다. 이들이 남성 치료사를 만나고 싶어 하지 않았거나, 장기간의 치료를 원하지 않은 것이 아니다. 인터뷰한 9명의 제3세계 여성 중 6명은 남성 치료사를 만났으며(만나고자 했으며), 오직 여성 치료사만을 만난 사람은 1명뿐이었다. 2명은 남성과 여성 치료사를 모두 만났다. 여성 치료사들을 만난 3명의 여성은 특정 단체나 병원의 사회복지사혹은 아직 박사과정 전의 심리학자를 만났다. 그것이 그들이 할수 있는 전부였다. 무료였기 때문이다. '빈곤' 말고 제3세계 여성들의 치료 기간이 비교적 짧은 이유는 제3세계 여성들이 싫

　　　　　　　　4장 여성의 정신과 환자로서의 병력

든 좋든 백인 여성들만큼 정신과 환자로서의 병력을 쌓기에 '훈련'이 잘되어 있지 않다는 것이다(물론 제3세계 남성들보다는 잘되어 있지만 말이다). 그들을 치료해줄 수도 없고 그들에게 우호적이지도 않은, 대체로 위협적이기까지 한 전문직의 세계에 접근하기도 쉽지 않을 뿐 아니라, 그 세계에 두려움과 불신을 가지고 있기 때문이다. 게다가 가족과 친구에 대한 욕구는 그들이 속한 빈곤층 문화 안에서 어느 정도 충족될 수 있다. 그들이 그런 문화 안에 나름의 방식으로 남아 있고자 하는 한.

내가 인터뷰한 제3세계 여성 중 정신병원에 입원한 사람은 오직 3명뿐이었다. 인종과 성별에 따른 정신병원 입원의 빈도와 횟수에 관해 어떤 결론을 내리기에는 너무 적지만, 이 수치를 통해 여성의 정신과 환자로서의 병력은 백인 그리고 중산층 위주라는 결론을 내리는 것이 가능하다. 한편 제3세계 여성은 많은 다양한 방식으로 병원에 입원당하거나 통제받거나 자살을 했다. 감옥에 구속되고, 의학 실험 대상으로 학대받거나 방치되었다. '백인'으로 취급받으려는 비운의 시도 속에서 벌어진 일들이었다. 이 점에 관해서는 8장에서 보다 상세하게 논의할 것이다.

표는 정신병원에 입원한 적이 없는 여성들이 곧 페미니스트임을 시사하는 듯하다. 슐라미스 파이어스톤이 『성의 변증법 *The Dialectics of Sex*』에서 프로이트가 묘사한 여성의 질병들에 대한 치료제로 페미니즘을 제시한 것처럼 말이다. 실제로 24명의 페미니스트 중에서 6명만이 입원한 경험이 있다. 이들 중 5명은 레즈비언으로 입원을 경험한 후에 페미니스트가 되었다. 그들은 표에서는 페미니스트로 분류되지 않았다. 14명의 입원하지 않은 (백인) 페미니스트들은 20세에서 45세에 걸쳐 있었으며, 주로 심리치료를 받았다. 그들은 평균 3년 이상의 기간 동안 심리치료사를 만났다. 백인 여성 중 페미니스트들은 두 번째로 긴 기간 동안 여성 심리치료사들에게 치료를 받았다(평균 19개월).

이 밖에도 표에 나타난 정보에서 이끌어낼 수 있는 의미는 많다. 그러나 나는 어떤 결론도 내리지 않을 것이다. 그 대신 각각의 인터뷰를 더 심도 있게 논의하고자 한다. 앞에서 나눈 다섯 범주의 여성 중 이론의 여지 없이 가장 '여성적인'(심리치료사와 성관계를 가졌던) SWT 여성들로부터 이야기를 시작하겠다.

2부　　　　　　　　　　　　　　　여성

심리치료사와 성관계를 가진 여성

과거에는 아빠의 딸들이었지만 지금은 더 이상 아빠의 딸들이 아닌 여성들에게 이 시와 이 장을 바친다.

빌려온 것, 우울한 것

최근 들어
내 카우치에서
여자친구나 아내 이야기를
늘어놓는 남자가 있다.

나는 언제나
여자들로부터
뭔가 빌리기를 좋아했다,
도서관의 책, 향수, 담배, 숄,
기분 좋은 것들
아빠를 위해 이런 것들로 단장하는 것은

잠자리에 들기 전에
끝나게 될
연극에서
연기를 하는 것만큼이나
안전하다.

이제 나는 듣는다
몹시도 호기심 많은
어린 소녀의 말을,
한 여자가 그 속에서
조용히
익사할 수 있을 만큼
그처럼 말간 눈으로.

— 필리스 체슬러, 1970년

스승이 조용히 말했다.

"난 영혼의 의사요, 난 보잘것없는 당신의 육체 따위엔 전혀 관심이 없소. […] 내 가르침 아래 당신은 감각을 다스리는 법을 배우게 될 것이오. 그러면 당신은 내 명령에 따라 즉각적으로 오르가슴에 도달하게 될 것이오. […] 나의 발기를 비개인적인 것으로, 다시 말해 사랑의 대상이 아니라 영적인 고양으로 간주하시오."

스승은 캔디에게 여러 가지 요가 수련법을 가르친다. 그중에는 외설적인 것으로 간주될 법한 동작도 있었다. 캔디는 성적인 것을 연상하는 자신을 오히려 비난하면서, 그것을 자신의 불안정하고 미숙한 영혼 탓으로 돌렸다. 캔디의 생리가 지나자 스승은 캔디에게 티베트행 비행기 티켓을 준다. 티베트 사원에서 캔디는 성자를 만난다. 캔디는 온 정신을 오직 한곳, 부처의 코 끝에 집중한 채 명상을 시작했다. 경이로운 순간이었다. 평생 동안 그녀는 다른 사람이 필요로 하는 대상이었다. 그들 대부 분은 남자였다. 그런데 이제 그녀는 자신이 필요로 하는 대상 을 찾았다. 부처였다!

번개가 사원을 때렸다. 똥이 눌어붙은 성자가 그녀 옆에 앉아 있었다. 그들은 거대한 부처가 사원 바닥으로 곤두박질하여 폭 발하듯 거꾸로 처박히는 것을 지켜보았다. 부처가 바로 그들 위로 무너지는 듯했지만 캔디와 성자는 기적처럼 멀쩡하게 살 아남았다. 그들은 함께 웅크렸다. […] 사실 그녀는 성자의 팽 팽하게 긴장된 남근이 자신의 꽉 조여진 생식기 속으로 1~2인 치 정도 느긋하게 들어오는 것을 느꼈다. 그런데 그녀를 밀어 붙이는 것은 그녀가 사랑한 부처의 코였다! 그러자 정말 믿기 힘든 일이 일어났다. 그 코가 캔디의 멋진 엉덩이 속으로 미끄 러져 들어왔다. […] 그제야 그녀는 깨달았다. […] 놀랍게도 부처 역시 그녀를 필요로 한다는 사실을! 그녀는 자기 우상에 게 온몸을 맡긴 채 그의 뺨을 쓰다듬으면서 비법의 4번 동작을 시작했다. 잠시 후 그녀는 이 동작이 벌집 속 같은 그녀의 상황 에 결정적인 영향을 미치고 있으며, 성자의 그것이 깊숙이 들 락날락하게 만들었다는 것을 비로소 깨달았다. 그녀는 그에게 로 얼굴을 돌리고 이것은 결코 자신이 원했던 것이 아니라고 말하고 싶었지만 눈앞의 광경에 놀라 입이 얼어붙고 말았다. 따뜻한 여름비가 기적을 행했다. 성자의 몸에 눌어붙은 똥덩어 리와 땟국이 씻겨나가자 그의 두 눈이 섬뜩 빛났다. 엄청나게 억눌린 경련의 절망적인 황홀경이 시작되었다. 캔디의 달콤한

5장 심리치료사와 성관계를 가진 여성

목소리가 착잡한 감정을 싣고 노래하듯 사원에 울려 퍼졌다.
"이런 세상에, 당신은 아빠잖아요!"

— 테리 서던, 메이슨 호펜버, 『캔디 *Candy*』

만약 [자기를 치료한 심리치료사와 성관계를 가졌던 여성들이
남긴] 특별한 이야기 중 25퍼센트만이 사실이라 하더라도, 이
분야의 전문가들이 간과할 수 없는 압도적인 쟁점이 될 것이다.

— 윌리엄 마스터스, 버지니아 존슨

극적이고 극단적인 형태의 착취가 있다는 것은 이보다 덜
극적인 형태의 착취는 만연해 있음을 의미한다. 잔혹 행위와 추
문은 일상적인 사건이다. 미국 주립 정신병원과 감옥에서 가해
지는 물리적인 잔혹성은 '바깥' 사회에서 잔혹성이 일상화되어
있음을 보여준다. 성매매,[1] 강간,[2] 근친상간, 성인 남성에 의한
여아 성추행 등은 너무나 일상적이 되어서, 선정적인 부분에 집
중해 왜곡한 경우를 제외하고는, 그다지 특별한 사건으로 눈에
띄지도 않는다.[3]

여성 매춘과 하렘은 유사 이래로 인종과 대륙을 불문하고
모든 시대에 걸쳐 존재해온 것으로, 유대교, 가톨릭교, 산업자
본주의에 앞선다. 이것은 항상 여성의 위치가 상대적으로 무력
하고 여성에 대한 성적 억압이 광범위하다는 것을 의미한다. 또
한 대체로 여성들이 경제적·정치적·종교적·군사적 체제 안에
종속되거나 그것으로부터 배제됨을 의미한다.

여성 환자와 그들의 남성 심리치료사 사이의 '성관계'는 여
비서나 가정부와 그들의 남성 고용주 사이에 일어나는 '성관
계'만큼이나 흔하다. 재정적인 관점에서 보면 피고용인은 환자

가 아니라 심리치료사이다. 하지만 심리적으로 보면 여성은 병원 밖의 다른 곳에서와 마찬가지로 (그보다 심하지는 않다 하더라도) 의존적이고 매달리는 존재이다.[4] 이런 사례에는 일반적으로 나이 많은 남성과 젊은 여성이 관계되어 있다.[5] 이때 남성은 '무의식적인' 권력·사랑·지혜·보호의 신호를 보내며, 여성은 이런 신호에 자동적으로 응답하도록 자라왔다. 환자와 심리치료사 사이의 이런 거래는 '유혹' 혹은 '치료과정의 일부'로 표현된다. 그러나 이는 법적으로는 강간, 심리적으로는 근친상간의 한 형태이다.[6] 가부장제 사회에서 '여성적인' 정체성의 필수조건이 바로 근친상간 금기의 위반, 즉 아빠 '선호'를 시작하고 유지하는 것이며 뒤이어 강력한 아버지 같은 사람과 결혼하거나 사랑에 빠져드는 것이다.

남성도 어머니 같은 사람과 결혼할 수 있지만, 그런 경우 어머니 같은 사람은 무기력해야 한다. 아내들은 남편들에 비해 일반적으로 어리고 기동성이 떨어지며 신체적으로 작다. 남편의 어린 시절 어머니의 모습과 비교해도 마찬가지다. 남성은 근친상간 금기를 위반하지 않는다. 그들은 어린 시절의 핵심이 되는 특정 조건을 결혼생활에서 재연출하지 않기 때문이다.

심리치료에서 '여성적인' 정체성 자체는 전혀 문제시되지 않는다. 다만 여성적인 정체성에 적응하라고 흔히 (말로 혹은 성적인 방법을 통해) 설교할 따름이다.

뉴욕과 캘리포니아에는 자기 환자와 '성관계'를 하라고 10년 이상 체계적으로 가르치고 실행해온 심리치료사와 그러한 '무리'가 많다. 이런 사례는 결코 최근에 와서야 생겨난 것이 아니다. 심지어 자기 환자와의 성관계 때문에 '죄의식'이나 '갈등'을 느끼는 심리치료사를 전문적으로 치료하는 심리치료사도 있다. 프로이트 시대의 많은 정신분석가들이 비교적 짧은(3~6개월) 치료 과정이 끝난 뒤 자기 여성 환자와 '연애'에 빠지거나 결혼했다. 폴 로젠(Paul Roazen)의 보고서에 따르면, 빌헬름 라이히의 첫 번째 부인, 지크프리트 베른펠트(Siegfried Bernfeld)의 마지막 부인, 샨도르 러도(Sandor Rado)의 세 번째 부인, 오토 페니헬(Otto Fenichel)의 여러 부인 중 한 명이 그들의 환자였다. 프로이트의 제자인 빅토르 타우스크(Victor Tausk)는 자신보다 열여섯 살 어린 여성 환자와 염문을 뿌렸다. 프로이트는 저명한 미국 분석학자에게 그의 옛 환자와 결혼하라고 권유하기도 했다.[7]

카를 융이 그의 환자 사비나 시필레인과 연인 관계였다는 사실은 잘 알려져 있다. 저드 마머(Judd Marmor)에 따르면 W. 베란 울프(W. Beran Wolfe)는 천재적인 정신과의사였는데, 자신이 "치료 중이던 소녀의 도덕을 짓밟은" 것 때문에 1930년대에 미국으로 달아나지 않을 수 없었고 이후, "비극적인 말로"를 맞이했다.[8] 고인이 된 제임스 L. 매카트니(James L. McCartney)는 남성 치료사와 여자 환자 사이에 (필요하다면) '성관계'를 권장했는데, 잘 알려진 정신과의사 중 다수(해들리, 설리번, 알렉산더, 라이히 등)가 그에게 말하길 "자신들의 저서에서 주장했던 것과 달리 환자들에게 육체적인 욕망을 표현할 수 있도록 허용했다"[9]는 것이다. 마머가 인용한 바에 따르면 프로이트는 환자들에게 키스하는 샨도르 페렌치의 습관을 책망했다.

키스로 시작하면 격정적인 순간을 감수해야만 할 것이다. […] 페렌치는 스스로 연출한 그 순간을 바라보게 되면 "모성애 기법을 멈췄어야 했는데"라고 중얼거릴 것이다.[10]

나는 의사와 환자 사이의 일체의 접촉을 비난하는 청교도들을 옹호하려는 것이 아니다. 또 사람들 사이, 특히 심리치료사와 환자 사이에 직업적으로 엄숙하고도 엄청난 거리를 두어야 한다고도 생각하지 않는다(오히려 많은 '정신분열증' 환자들은 특별한 신체적 접촉을 필요로 하고 그런 접촉으로 접근해야 한다). 청교도주의는 통상적으로 '여성적인 죄악'이라는 신화를 수용하고 있다. 예를 들어 리언 J. 솔(Leon J. Saul)은 환자와 심리치료사 사이의 성적인 접촉을 비난하는 논문에서 환자의 취약성보다는 분석자의 취약성에 더 민감한 태도를 보인다.[11] 그는 말한다. "분석자들은 명심해야 한다. 성적인 사랑의 필요성과 직면할 때는 로렐라이, 데릴라, 그 밖에 겉모습이 반드시 실제는 아니라는 사실을 드러내주는 여러 미인들을 상기해야 한다. […] 분석자가 페렌치를 따라 에로스를 실험하고 싶은 유혹을 느낀다면 에로스가 아무리 명백해도 적대감은 피할 수 없는 중간 고리임을 분석자가 분명히 깨닫도록 해야 한다."

성적인 거리가 아니더라도 심리치료사와 환자 사이를 매개하는 많은 종류의 '거리'가 있다. 하지만 성적 접촉이 반드시 다른 형태의 의사소통을 보장하지는 않으며 오히려 종종 방해한다. 중요한 것은 이런 접촉의 대부분이 중년의 남성 심리치료사와 젊은 여성 환자 사이에서 발생한다는 사실이다.[12] 여성 심리치료사와 남성(혹은 여성) 환자 사이에 그런 접촉은 대체로 일어나지 않는다. 또한 심리치료사가 동성애자가 아닌 이상 남성 심리치료사와 남성 환자 사이에서도 대체로 발생하지 않는다.[13] 찰스 달버그(Charles Dahlberg)는 남성 동성애 심리치료사가 환자를 유혹하려다 실패한 사례를 보고한 바 있다.[14] 남성 환자 역시 동성애자였는데, 그는 심리치료사의 유혹을 거절했다. 아마도 남성은 자신이 주도하지 않거나 제어할 수 없거나 쾌락을 얻지도, 그렇다고 이익이 되지도 않을 성적인 만남을 거절하기가 여성보다 훨씬 쉬운 듯하다.

문제는 성적으로 유혹하는(공격적인) 심리치료사는 대체로 비윤리적인 경우가 많다는 점이다. 그들은 급진적인 듯이 위장해 사회의 비판을 받는지 몰라도 실제로는 그다지 급진적이지도 않다. 예를 들어 그들은 기본적인 가설과 사회적인 행위를 인식하지도 그런 것에 도전하지도 않는다.* 말하자면 이런 심리치료사들은 동성애와 레즈비어니즘을 극단적으로 반대한다. 매카트니는 '명시적인 전이'를 공개적으로 인정하면서 미국정신의학회로부터 추방되었는데, 그는 전이를 명시적인 이성애주의 전이로 제한한다.[15] 그는 성적으로 흥분한 남성 환자들을 여성 심리치료사에게 '보내도록' 권장하거나, 집으로 보내 아내나 여자친구를 '이용'하게 했다. 매카트니는 "[남성 피분석자

---

* 성욕, 어린 시절, 가정생활의 문제는 매우 중요하다. 어린 시절의 친척들과 성적 쾌락을 경험해서는 안 된다는 사실 — 낯선 사람은 괜찮다 — 은 의심할 여지 없이 우리의 성욕을 제한한다. 그럼에도 성인을 위한 교정적 심리치료가 이러한 특정한 도덕적 미스터리를 풀기 위한 장소, 시간 또는 방법이라고 생각하지 않는다. 나아가 매카트니가 부모와 자식 사이의 본질적으로 해로운 거리, 그리고 성적인 억압의 해로운 효과를 비난하는 것은 옳다고 하더라도, 그는 어린 시절 성욕을 다루는 데 남성과 여성의 차이를 근시안적으로 이해했다. 여자아이들은 자신의 아버지와의 관계에서 이성애적 성욕에 이미 (과하게) 노출되어 있는 반면 모성적으로 잘 양육받은 남자아이들은 어머니와의 관계에서 자신들의 이성애적 성욕을 혹독하게 억압하도록 강요받는다. 성숙한 이성애에 이르는 남성은 거의 없다. 그리고 나는 여성 심리치료사와의 성교가 이러한 문제의 해결책이라고 생각하지 않는다. 또한 남자아이와 여자아이 모두 자신들의 동성 부모에 대한, 또는 동성 양육자에 대한 성욕을 박탈당한다. 나는 이러한 박탈이 성인이 된 후 심리치료에서 '행동화'를 통해 치료될 수 있을지 의문이다.(저자 주)

와 마찬가지로] 여성 피분석자가 성적인 대리물을 찾기가 용이하지 않기 때문에, 분석자는 이 미숙한 피분석자가 [이성애자로서] 완전한 성숙에 이를 때까지 객관성을 유지하면서 동시에 적절하게 대처해야 한다"고 말했다. 매카트니는 여성 환자의 치료 성공 여부를 차후의 그녀의 결혼 혹은 모성과 관련시켜 측정한 듯하다. 게다가 매카트니는 '명시적인 전이'를 필요로 하는 여성 환자를 마치 어린아이처럼 다룬다. 그는 성적인 접촉이 일어나기 전에 여성 환자의 부모나 남편의 허락을 요청했다. 무엇보다 중요한 사실은 그가 심리치료사는 전형적인 바람둥이처럼 감정적으로 얽히지 말고 위험부담에서 벗어나 '성과' 지향적으로 행동할 것을 권했다는 것이다.

그는 '전이 사랑'과 '낭만적인 사랑'의 구분을 강조하면서 심리치료사의 역할을 수동적이고 비감정적이며 환자의 주도에 따라 그저 '반응하는' 것이라고 기술한다. 어쩌면 남성 심리치료사들은 남성 예술가와 흡사하게 회사의 중역이나 군인 혹은 정치가들에 비해 자신이 '여성적'으로 보일까 봐 두려워하는지도 모른다. 따라서 훨씬 남성적인 것처럼 보이는 군인이나 정치가들보다 더 많은 여성들을 '소유'할 수 있는 능력이 있음을 과시하려는 것이 아닐까. 남성 시인과 소설가들은 광적이고 성적인 이기심으로 여성을 이용하는 것으로 악명 높다(이들의 그런 점은 '용서받는다'). 일부 심리치료사들 역시 그런 예술가들과 유사한 행동을 한다.

달버그는 1930년에서 1945년 사이에 심리치료를 했던 남성 심리치료사 중 환자를 유혹하는 부류를 다음과 같이 묘사한다.

내성적이고 내향적이며 세심하고 수동적이며 수줍어하는 […]

      5장 심리치료사와 성관계를 가진 여성

육체적으로 과감하기보다는 지적이며 […] 무엇보다도 이런 성격 탓에 그들은 이성에게 그다지 인기가 없다. 이런 성격을 가지고 있다고 해서 성적으로 여성을 정복하겠다는 환상이 없는 것은 아니다. 이런 측면들은 오히려 성적인 환상을 부추기는 타당한 이유가 된다.[16]

이처럼 전형적으로 '뒤떨어진' 남성들은 이제 많은 젊은 여성들이 자신들에게 성적 욕망에 대한 환상을 표현할 수 있는 직업적인 위치에 올라섰음을 깨닫게 된다. 심리치료사들은 이런 상황에 의해 '우쭐해지지' 않을 수 없다. 그들은 자신의 목적에 따라 상황을 이용할 수도 있고 도움을 거절할 수도 있다.

환자와 심리치료사의 '성적인' 접촉을 분석한 아홉 가지 사례를 제시하면서 달버그는 유혹하는 심리치료사를 이렇게 묘사한다. 우선 그들은 "모두 마흔이 넘었으며, 환자보다 열 살에서 많게는 스물다섯 살 이상 나이가 많은 남성이었다. 한 명의 예외가 있었는데, 그는 동성애자였다. 환자는 모두 젊은 여성이었다." 달버그가 연구한 아홉 명의 심리치료사 중 대다수는 기혼자였으며, 환자와의 성교 시 조루를 경험했다. 그들 중 일부는 남성 환자의 아내를 '유혹하는' 경우도 있었다. 일단 성적인 접촉이 시작되면 일부 환자는 치료를 관두거나 치료비를 지불하지 않았지만 치료와 지불을 계속하는 환자도 있었다.

달버그의 표현대로라면 이런 심리치료사들은 대개 '거만한' 인물이다. 달버그는 두 가지 사례를 인용한다. 하나는 결혼한 여성 환자에게 '불감증' 치료를 위해 2주간의 휴가를 함께 떠나자고 제안한 심리치료사의 사례이다. 그 여성 환자는 질겁을 하여 남편에게 그 사실을 말했고, 부부는 법적인 조치를 취

294

하고자 했다. 하지만 끝내 소송하지 않았는데, 이유는 환자의 '편집증적'인 성향 때문이었다. 변호사는 그녀의 말을 사람들이 믿지 않을 것이고 따라서 재판에서 질 것이라고 했다. 또 다른 심리치료사는 여성 환자에게 최면을 걸고는 성적인 접촉이 자신과의 '전이적인' 사랑으로의 진행을 향상시켜줄 수 있다고 암시했다. 그러나 결국 그녀가 그에게 치료비를 지불하지 않고 다른 심리치료사를 찾아보려고 하자, 그는 그렇다면 '성관계'를 위해 계속 만나자고 하면서, 그녀에게 '치료비를 지불'하라고 하지는 않겠지만 더 이상 그녀의 '문제점'을 듣지는 않겠다고 했다. 달버그가 치료 도중 일어난 환자와 심리치료사의 성적인 접촉을 분석한 아홉 가지 사례 중 논문에 소개한 것은 이 두 건에 불과하다. 나머지 사례 중 네 건은 치료가 종료된 직후에 발생했고, 세 건은 성적인 유혹이 있었지만 불발로 끝났기 때문이다.

나는 치료 기간 중에 심리치료사와 성적 접촉을 가진 여성들과 대화를 나눴다. 또한 심리치료사의 성적인 유혹을 거절했던 여성들 다섯 명과도 이야기를 나눴다. 인터뷰를 했던 열한 명의 여성 중에서 열 명이 치료하는 동안 심리치료사와 '성관계'를 경험했는데, 그중 다섯 명은 진료실에서 관계를 시작하고 지속했다. 일곱 명은 성관계 이후에도 같은 심리치료사로부터 계속 치료를 받았고, 평균 4개월간 치료비를 지불했다. 이런 성적 접촉은 하룻밤에 그치기도 했지만 18개월 동안 지속되기도 했다.

당시 여성들의 나이는 22세에서부터 45세에 이르렀고, 평균 31세였다. 네 명은 기혼이었고, 네 명은 이혼했거나 별거 상태였으며, 세 명은 독신이었다. 기혼 여성 네 명의 남편들은 성

5장 심리치료사와 성관계를 가진 여성

적인 접촉이 있던 바로 그때 동일한 심리치료사에게 아내와 함께 치료를 받고 있었다. 열 명의 심리치료사는 환자보다 열다섯 살 이상 나이가 많았으며, 평균 47세였다. 심리치료사 중 일곱 명은 기혼이었고 두 명은 별거 상태였거나 이혼했으며, 한 명은 독신이었다. 일곱 명은 정신과의사였고 세 명은 심리학자였다. 내가 인터뷰한 여성 중 두 명은 같은 심리치료사에게 치료받았는데, 두 사람은 서로에 대해 전혀 몰랐고, 또 그 치료사가 다른 여성 환자와도 성접인 접촉을 했다는 사실을 몰랐다.

열 명의 심리치료사 중에서 아홉 명은 전반적으로 성적인 접촉을 하는 동안 스스로 '선교사'가 된 것처럼 생각했다. 여성 환자 중 일곱 명은 처음에는 오르가슴을 경험하지 못했으며, 네 명은 치료 기간을 통틀어 전혀 경험하지 못했다. 일곱 명의 여성이 마침내 오르가슴을 경험한 것은 첫 성관계 이후 한 달 이내에서 9개월 사이였다. 심리치료사 중 네 명은 성관계 때 발기를 유지하기 힘들었다. 피상적이라는 비난을 무릅쓰고 이런 정보를 종합해보면 '유혹하는' 치료사들은 형편없는 애인이라는 단순한 결론을 내릴 수 있다.

이 여성들은 내가 만난 그룹 중 인터뷰하기를 가장 꺼렸다. 하지만 어쨌거나 성관계를 했던 모든 여성들과 이야기를 나눌 수 있었다. 그들은 나를 만나는 것에 대해 마음을 정하지 못했으며 약속을 어기기도 했고 시간을 한정하기도 했다. 하지만 일단 이야기를 시작하고 나면 시간 가는 줄을 몰랐다. 그들은 할 말이 많았고 인터뷰 내내 아우성을 쳤다. 인터뷰 중 그들은 수없이 많은 전화를 받았다. 아이들과 애인들의 전화였다. 애인의 아이들 역시 그들에게 전화했다. 그럼에도 불구하고 그 폭풍의 중심에서 매우 조용하고 절망적인 눈으로 나를 바라보았다.

심리치료사와의 첫 성관계 때 35세 이상이었던 여성들은 보다 '세속적'이었다. 세련됨이 그들의 갑옷이었고 동정심이 그들의 방패였다. 그들은 심리치료사에 대해서 그리고 모든 남성에 대해서 '연민'을 느꼈고, '이해'를 했다.

멀리사   난 남자들한테 동정심과 측은지심을 엄청나게 많이 느껴요. 내 경험으로 볼 때 남자들에겐 더 많은 위안과 사랑과 애정과 연민이 필요하다고 생각해요.

필리스(나) 그들이 당신에겐 베풀지 않을 경우에도요?

멀리사   그래요. 사실 사람들은 주는 방법을 거의 몰라요. 자기 고통에 너무나 사로잡혀 있거든요. 그(심리치료사)는 발기를 유지하느라 애를 먹었어요. 아마 60대라 그렇겠죠. 그는 한참이나 주물럭거렸어요. 그게 약간 놀라웠고, 또 약간 걱정스러웠어요. 난 그를 위로하기 시작했어요. 평생 남자들을 위로해온 익숙한 패턴대로요. 내가 오르가슴을 느끼고 말고는 상관없었어요. 그 사람과 같이 있다는 게 행복했어요. 하지만 그 사람은 그다지 노련하진 못했어요.

필리스   그 말을 그에게 했어요?

멀리사   아뇨. 사실 그건 전혀 문제가 아니었거든요. 지금이라면 그게 문제일 수도 있겠지만. […] 하지만 그 사람이 말하더군요. 내가 너무 사랑스럽고 아름답다고

요. 자기는 늙은 남자라고도 했어요. 그는 나를 인형
이나 어린아이가 아니라 매력적이고 성숙한 여인이
라고, 지적이고 유쾌하다고 했어요.

이 다소 슬프고 대단히 '인간적이며' 나이 든 남자 심리치
료사는 기혼자였다. 그는 멜리사의 남편도 수년 동안 결혼과 성
관계 문제로 치료해오고 있었다.

35세 이상의 이들 '세상에 밝은' 여성 중 세 명은 심리치료
사의 이름을 (내가 묻기도 전에) 밝히기를 거부했는데, 이유인
즉 '심리치료사의 명성에 먹칠을 할까 봐' 두려워서였다. 그들
은 자신의 탓이라고 고집했다. 유혹을 한 사람은 상대가 아니라
자신이라는 것이었다.

멜리사   내 생각에, 그 사람은 더 버틸 수 없었다고 봐요. 내가
            너무 밀어붙였거든요. 처음부터 내가 접근했어요.

도나   난 멋지게 선탠을 했죠. 그러자 기분이 좋아졌어요.
            기분이 좋을 때 난 대단히 매력적이죠. 거의 사람을
            녹이는 매력이 있거든요. 난 진료를 받는 동안 멋지
            게 보이고 싶었어요. 그래서 외출하기 전에 언제나
            안경을 벗고 머리 손질을 했죠.

로즐린   어떤 면에서 보자면 내가 그를 유혹하고 있었던 셈이
            죠. 무의식적으로 말이에요. 그걸 느끼지 못하고 있
            었을 뿐이죠. 우리 집에서 열렸던 파티에 그 사람이
            오기 전까지 말이에요. 난 언제나 모든 남자를 유혹

해야 했거든요.

마사 　그 사람은 정말로 내게 빨려들었어요. 그리고 나도
　　　그 사람에게 이끌렸고요. 그 사람이 내게 꽃을 주었
　　　던 그날 밤, 그와 사랑을 나누고 싶었죠. 하지만 당시
　　　엔 그걸 의식하지 못했어요.

　하지만 이 여성들은 자신을 담당한 심리치료사에 대한 사
랑과 결혼에 관한 무수한 환상을 묘사하면서도, 그들로부터 배
신당했을 때, 보다 어리고 덜 '세상에 밝은' 여성들이 그랬던 것
과 마찬가지의 감정을 느꼈다. 엘런은 성관계가 시작되기 6년
전부터 치료를 받고 있었다.

엘런 　난 그 사람과 결혼하고 싶었지만 그 사람은 그럴 생
　　　각이 없었어요. 아내와 자녀들, 자기의 명성, 점차 나
　　　빠져가는 건강 등이 그렇게 하기 힘들게 만들었거든
　　　요. 난 그 관계를 떨쳐버릴 수가 없었어요. 그리고 8
　　　개월이 지났죠. 그 사람은 이제 전혀 날 만나려고 하
　　　지 않아요.

마사 　20년을 함께 살던 남편을 떠난 직후였어요. 얼마나
　　　우울증에 시달렸는지! 난생처음으로 혼자가 되었으
　　　니까요. 난 모든 게 필요했죠. 정서적인 뒷받침, 위안,
　　　인정, 친구, 좋은 직장 등 모든 것이 말이에요. 난 남
　　　편도 또 필요했나 봐요. 그때까지도 안정을 위한 낭
　　　만적인 사랑을 찾고 있었거든요. 훨씬 나중에 안 일

이지만 그 사람은 나 말고도 적어도 한 사람 이상의 또 다른 여성과 동시에 관계를 맺고 있었어요. 그걸 알았을 때 제 기분이 어땠겠어요!

로즐린   그 사람이 아내와 이혼하고 나와 결혼해주리란 환상을 가졌던가 봐요. 그 사람이 자기 삶을 포기하고 나와 새로운 인생을 함께할 것이란 환상 말이에요. 그가 날 사랑했을 때 난 너무 행복했어요. 뭘 더 바라겠어요? 내가 얼마나 대단한 존재처럼 느껴졌는지. 난 그에게 말했죠. "당신 아내를 떠날 필요는 없어요. 그럴 것까진 없어요. 그냥 날 만나만 주세요." 하지만 그 사람은 그것마저도 지속하지 않았어요. 그 사람은 더 이상의 관계를 원하지 않았죠.

스테퍼니   마침내 난 그 사람에게 나와 결혼할 생각이 있느냐고 물어보았죠. 그 사람은 그냥 웃더니 아니라고 대답하더군요. 난 그 사람이 곧 정말 늙을 것이고 그래서 누군가 돌봐줄 사람이 필요하게 될 거라고 생각했어요. 난 내가 그를 사랑한다고 생각했죠. 그리고 그 사람 힘이 닿는 범위 안에서 섹스를 하더라도 난 충분히 행복할 거라고 생각했고, 하려고만 하면 그 사람이 섹스를 할 수 있을 거라고 생각했어요. 하지만 그 사람은 이런 문제보다는 내가 해주는 타이핑에 더 관심이 있었죠.

도나   나는 완전히 그에게 빠졌어요. 서른 살이나 먹은 똑

똑한 여자가 한 남자에게 그처럼 빠른 속도로 빠져들 수도 있다면, 그건 사랑이 분명하다고 생각했죠. 난 남편 곁을 떠났어요. 심리치료사는 나 자신을 찾는 출입구였거든요. 그의 집으로 옮긴 이후로 한번도 따로 잠을 잔 적이 없었어요.

조이스 나는 그 사람이 절실하게 필요했어요. 그 사람이 신처럼 보였죠. 그 사람은 날 홀대했지만 그 사실을 인정하고 싶지 않았어요. 그 사람이 너무나 필요했고 사랑했기 때문이죠. 그 무렵 그가 나에게 타이핑하는 일자리를 주었는데, 더 이상은 잠자릴 원하지 않았어요. 난 너무 우울했고 상심했어요. 난 도움이 필요했고 조금 신경질적으로 전화를 걸었죠. "제발 전화 끊지 말고 얘길 좀 해요." 그가 말했어요. "지금은 얘기할 수 없으니까 나중에 다시 전화할게." 그러고는 결국 전화를 하지 않았어요. 난 완전히 버림받고 혼자가 된 느낌이었죠. 이 얘길 할 때면 눈물이 나요.

이 여성들은 심리치료사의 감정적·성적 냉담함이나 어리석은 행동으로 인해 모욕을 당하고 좌절했지만, 정작 그들의 '관계'를 끝장낸 쪽은 심리치료사인 경우가 더 많았다. 여성들은 버림받음으로써 훨씬 더 많은 상처를 입었다. 여성들은 '고통받도록' 길들여져 있다. 그 고통이 남성들과의 관계를 유지시켜주는 한 그렇다. '고통'을 받더라도 '관계'를 유지하는 것이 더 중요하기 때문이다.

심리치료사가 떠난 뒤 한 여성은 자살을 시도했다. 다른 두 여성은 심각한 우울증에 빠져들었다. 또 한 여성의 남편은 아내와 같은 심리치료사에게 치료를 받았는데, 아내와 심리치료사의 관계를 알았기 때문만은 아니겠지만 어쨌거나 그 사실을 알고 난 직후에 자살했다. 어떤 여성은 '불감증'을 치료해주겠다며 거드름을 피우며 가학적인 방식으로 접근하는 심리치료사로 인해 1년 동안이나 가라앉지 않는 '두통'을 경험했다. 이 심리치료사는 체계적으로 많은 여성 환자들과 '성관계'를 했다. 그러면서 이들을 베이비시터, 비서, 요리사, 심부름꾼, 운전사 등으로 '고용'했다. 그의 행동은 맥이 빠질 만큼 전형적이었다.

실라   난 풀밭 위에서 돌처럼 굳어 있었어요. 너무 겁이 났거든요. 그는 옷을 벗지도 않았어요. 그저 바지춤만 내렸어요. 저는 관계를 가질 땐 보통 위에 있는데 이번에는 관계라는 느낌도 들지 않았어요. 그가 나에게 꽉 막혀 있는 부분이 있다더군요. 내게 아버지와 풀어야 할 것이 있는데, 이제 자기를 믿기만 한다면 비언어적인 차원에서 그 문제를 풀 수 있다고 말했어요. 자기를 신뢰해야 할 거라고 하더군요. 그 사람이 별로 매력적이지도 않고 조금 이상해서였는지 몰라도 내가 이성애자처럼 느껴지지 않았어요. 그런데 세상에! 그 사람이 벌떡 일어서더니 바지를 내린 다음 말했어요. "팬티 벗어요"라고 했나, 아무튼 무신경하고 무감각한 그런 말투였죠. 그는 곧장 내 위로 올라탔고 곧 오르가슴에 이르렀지만 난 아니었어요. 내가 말했죠. "내가 당신 위로 올라가고 싶은데요." 그러자 그는 그게 내 문제라고 지적했어요. 내 멋대로 하고 싶어 하는 게 문제라고요.

신디   그 사람은 내가 말하는 모든 걸 자기에 대한 '전이 사랑'이나 성적인 욕망으로 해석했어요. 하지만 우리 사이에 애정은 거의 없었어요. 우리는 치료가 끝나면 함께 술을 마셨죠. 그러던 어느 날 밤 그는 내 그곳이 어떤지 보고 싶다고 했어요. 그러더니 그가 옷을 모두 벗었고, 우린 함께 잠자리에 들었죠. 그런데 정말 이상했던 건 어떤 다정함이나 전희도 없었는데 내가 "정말 대단했어요" 아니면 "정말 좋았어요" 같은 정신 나간 말을 하고선 실은 별로 안 그랬는데, 라고 속으로 생각한 게 기억나요. 갑자기 그가 말했어요. "미안해요. 지금 난 기차를 타야 해요." 그의 아내가 아이를 데리고 브롱크스에서 기다리고 있다는 거였죠. 그때까지 난 결혼한 남자랑 자본 적이 없었어요. 아마도 내 인생에서 가장 냉담한 관계였을 거예요.

스테퍼니   한 10분 정도 걸렸어요. 그 사람은 벌떡 일어나 화장실에 가서 샤워를 한 다음 다시 자기 타자기 앞으로 돌아갔어요. 난 그가 샤워를 하고 다시 내게로 와서 새벽까지 얘기를 나눌 거라고 생각했어요. 심리치료사가 하는 일이 뭔지 생각해본다면요. 여기서 내가 오르가슴을 느끼지 못한다면, 그건 바로 제 탓이 되는 셈이죠.

조이스   그 사람은 언제나 내 위에 있었어요. 이런 말을 하는

                                     5장 심리치료사와 성관계를 가진 여성

것도 그 사람이었죠. "내 자지를 네 보지에 넣고 싶어." 그러고는 나도 그런 말을 해주길 원했죠. 난 그럴 수가 없었어요. 너무 자극적이었거든요. 나는 음탕했어요. 난 타락했고 그는 짐승이었어요. 그는 내가 여태껏 들어본 어떤 동물의 신음보다 더 크게 으르렁거렸어요. 그가 물었어요. "다른 부부가 당신을 쳐다보고 있다고 생각하면 흥분되지 않아?" 그러고는 말했어요. "엉덩이 쪽으로 들어가볼까?" 아프지 않게 하겠다고 뒤에서 말했어요. 난 겁에 질리기 시작했어요.

희생자들은 우리를 불편하게 만든다. 불편한 마음이 가책으로 이어지다가 마침내는 화가 난다. 동정심은 분노로 바뀐다. 그들의 고통과 상처는 어느 정도 스스로 자초한 것임에 분명하다. 누더기를 걸친 거지는 자기 불행에 대해 스스로 책임져야 한다. 거지 옆을 지날 때는 뒤도 돌아보지 말고 지나가야 한다. 지금이 무슨 빅토리아시대도 아니고, '이용당하는' 여성이라니. 아직까지도 유혹당할 만큼 어리석은 여성들이 있단 말인가? 스스로를 보호하는 방법을 배울 수 없다면, 그들은 '순진한 캔디'처럼 무슨 짓을 당하든 그래도 마땅하다…. 열한 명 중 단 한 명을 제외한 나머지 여성들의 돈벌이 능력과 교육 수준은 심리치료사에 비하면 정말 보잘것없었다. 성적인 접촉을 할 무렵 두 명은 학생이었고, 두 명은 비서였으며, 다른 두 명은 가정주부, 한 명은 웨이트리스, 한 명은 레크리에이션 강사, 한 명은 외판원, 한 명은 개인 비서, 한 명은 사회학자였다. 그렇다. 이들 여성들은 기막히게 '순진했다'. 그들의 순진함은 '무기력'으로

이어졌다. 그런 무기력함 때문에 그들은 '은인', '구세주', '아버지'와 같은 인물과 관계를 맺게 되었는지 모른다.

4장에서 주목했다시피, 이 열한 명의 여성은 공공연하게 또는 겉으로는 확실히 '여성적인' 태도를 보였다. 그들은 모두 전통적인 기준에서 보자면 굉장히 '매력적'이었다. 한편, 경제적으로는 무능했고 지적으로는 불안정했다. 또한 성적인 것에 대해서는 두려워하는 동시에 강박적이었다. 고독한 현실과 그것에 대한 두려움, 자기 비하가 그들을 무력하게 만들었다. 그들 모두 남자들에게 당한 '부당한 대우'를 자기 탓으로 돌렸다. 그들 모두 경제적이고 자기 중심적인 요구들을 낭만적인 '사랑'과 혼동했다. 그리고 분노를 표현하는 데 느렸다(분노는 힘이 없다고 느끼는 사람들, 실제로 힘이 없는 사람들이 드러내기에는 고통스럽고 위험한 감정이다).

이들 '세상에 밝은' 여성 중 한 명은 처음부터 자기를 치료한 심리치료사가 '정말로 멋진 남자'라고 운을 뗐다. 그리고 그 사람과의 경험을 자기 '잘못'으로 돌리면서 그런 실수를 그다지 '중요한 것이 아니라고' 했다. 하지만 한 시간 가량(그동안 나는 비교적 잠자코 있었다) 이야기를 계속하더니 그녀는 그 당시 '자신이 겪은 것은 가장 처절한 고통'이었다고 묘사했다. 그때의 기억에 치를 떨면서 그녀는 갑자기 분노했다.

마사　　난 정말로 약했고 그 사람에게 의존했어요. 그는 그 상황을 어쩜 그렇게 오산하고 그처럼 이기적으로 행동할 수 있었을까요? 그 사람은 내 의존 욕구를 오히려 강화시키고 있었어요. 나의 의존 욕구를 충족시키면서요.

말을 마치자마자 그녀는 대단히 잽싸게 다른 이야기로 화제를 돌려버렸다. 그다음에 만난 심리치료사를 얼마나 싫어했는가 하는 주제로 말이다. 그런데 그 심리치료사가 하필이면 여자였다.

나는 동일한 심리치료사와 '성관계'를 했던 두 명의 여성과 이야기를 나눌 수 있었다. 한편, 또 다른 한 심리치료사에게 성적인 유혹을 받은 많은 여성들과 이야기를 나눌 수 있었다. 그 여성들 중 심리치료사의 유혹을 거부한 사람은 단 한 명뿐이었다. 또한 동일한 이 심리치료사에게 유혹을 받지 않은 여러 남녀 환자들과도 이야기를 나눴다. 이 인터뷰를 토대로 상황을 요약하면 다음과 같다.

이 정신과의사들 중 한 명은 뉴욕 센트럴파크 웨스트에, 다른 한 명은 어퍼 이스트 사이드에 진료실을 열었다. 이들은 의사 자격증과 박사학위를 가지고 있고 정신분석 임상 수련을 거쳤을 뿐 아니라 '이름이 널리 알려진' 유명한 전문가였다. 기반을 확실하게 다진 개업의로서, 어퍼 이스트 사이드, 어퍼 웨스트 사이드, 그리니치 빌리지의 값비싼 건물에 진료실을 두고 있었다.

두 의사 모두 한 명의 남자 스승(자기 자신)과 다수의 '아내'(여성 환자, 법적인 아내, 정부 등)로 구성된 원시적 가부장제 가족과도 같은 제국을 이루고 있었다(프로이트는 자기 환자와 '성관계'를 한 적은 분명히 없었지만—알려진 바에 따르면 법적인 아내와도 자주 성관계를 하는 편은 아니었다—그럼에도 불구하고 그는 일부다처제를 주장했다. 로젠에 따르면 프로이트의 아내와 처제는 한집에 살면서 가사를 돌보고 그의 정서적 욕구를 충족시켜주었다. 프로이트의 많은 여성 제자들은 충실한 딸처럼 그를 보살폈다[17]). 이들은 여성 환자들을 비서, 타이피스트, 베이비시터, 성적 파트너, 심부름꾼, 정원사, 치료 '보조원' 그리고 전천후 기쁨조로 이용했다. 이들은 대단히 희한하게 진료 시간을 운영했다. '진료 시간'은 10분에서부터 4시간까지 제각각이었다. 그래서 시간에 맞춰 온 다른 환자들은 장시간 기다려야 하는 번거로움을 겪기도 했다. 두 사람 모두 결혼했으나, 자기 아내를 '미쳤다'고 여기거나 '가망 없으며', '의존적'이고 '너무 나이 들었다'고 생각했다. 이들은 성적 파트너이자 애인으로서도 냉정하고 부적당한 인물이었다. 둘 다 가능한 한 많은 여성 환자와 '성관계'를 했음에 분명하다. 그러면서 그런 성적인 접촉을 '치료'에 필수적인 것으로, 혹은 '사랑'의 독특한 사례로 제시했다.

두 의사 모두 모든 환자들에게 어떤 이유로든 약을 처방했다. 또한 환자의 일상생활까지 지시하고 명령했다는 점에서 대단히 권위적이었다. 심지어 누구와 언제 잠자리를 해야 하는지까지 일러주었다. 그들은 환자들에게 어떤 직장을 그만두고 어떤 직장을 택할 것인지, 어디에서 누구와 살아야 하는지까지도 말해주었다. 성적인 접촉을 꺼리는 여성 환자에게는 성적 억압이 얼마나 '불건강한' 것인지 강조하며 큰소리로 꾸짖었으며, 심리적인 장애 요인들을 없애고자 한다면 '당장이라도 많은 성교를 하는 것이 좋다'고 충고했다. 그들은 오직 자신만이 환자를 '구할' 수 있고 '도울' 수 있다고 했다. 또 불만을 품거나 반발하는 환자들에게는 위험을 감수하고 떠나라고 경고했다. 이렇게 하여 떠나는 환자와 보호자들에게, 그들은 대단히 가혹했다. 한 여성은 치료사와의 잠자리를 거부하고는 함께 치료받고 있던 남편에게 의사의 유혹 사실을 말했다. 그리고 앞으로는

'치료'를 받지 않겠다고 결심했다.

샌드라   난 마크(남편)에게 의사에게 가서 이 문제를 따져야
         한다고 말했어요. 그래서 우린 그곳으로 갔죠. X의사
         와 그의 조수가 앉아 있더군요. 단박에 모든 상황이
         불리하단 걸 알게 되었어요. X의사가 말했어요. "자,
         자, 무슨 일이 일어났는지 말해봐요." 그래서 내가 그
         이야기를 다시 반복했죠. 그러자 의사는 내가 얼마
         나 도발석이었는지를 사람들에게 늘어놓기 시작했어
         요. 내가 얼마나 짧은 미니스커트를 입었는지 말이에
         요. 하지만 그건 내가 평소에도 늘 입는 것이었어요.
         그는 내가 진료를 받기 위해서가 아니라 마치 자기를
         유혹하려고 온 것처럼 만들어버렸어요. 그러고는 내
         가 치료를 받지 않으려고 이런 거짓말을 한다고 말
         했어요. 내가 한때 다녔던 직장에서도 사장이 추파를
         던졌다고 해서 내가 직장을 그만두지는 않았다는 것
         까지 들먹이면서요. 그러더니 의사는 갑작스럽게 이
         런 얘길 꺼내기 시작했어요. "샌드라, 당신이 얼마나
         표리부동한지, 남편인 마크에게 얼마나 정직하지 못
         했는지, 잊지 않았죠? 당신이 남편에게 하지 않은 얘
         기가 있지 않아요?"(그녀가 한때 가졌던 짧은 외도
         를 말하는 것이었다.) 그 순간 나는 "여기서 벗어나고
         싶어요"라고 소리쳤어요. 그건 마치 인민재판 같았
         어요. 거기서 나왔을 때 마크가 물었어요. "당신, 나
         한테 말하지 않은 게 뭐지? 당신 무슨 짓을 한 거야?"
         남편은 X의사가 내게 잠자리를 요구했다는 사실은

까마득히 잊어버렸어요. 모든 게 꼬여버리고 말았죠.

심리치료사의 성적인 유혹을 거절한 또 다른 여성은 함께 치료를 받고 있던 그룹 내 사람에게 그 사실을 말했다. 그러나 심리치료사는 모든 것을 부인했고 같은 치료 그룹 사람들에게 그녀가 '미쳤다'고 말했다. 그녀와 남자친구는 둘 다 '의식화' 그룹에 속해 있었다. 그 그룹은 그녀의 분노에 공감했고 그룹의 남자들이 합심해서 그 심리치료사를 '두들겨패'주었다. 그녀는 이 일화를 자랑스럽게 말하면서 나의 맥 빠진 모습을 이해하지 못했다(여성의 영토를 보호하는 데 남성들이 개입했다. 여성은 여전히 스스로를 지킬 수 없었다).

지금까지 소개한 두 심리치료사는 모두 여성을 '건드리는' 60대 이상의 특정 남성들 사이에서 흔히 보이는 또 다른 특성을 드러낸다. 그것은 전통적으로 '정신분열증적 소인을 가진' 어머니에게서 기인한다고 여겨지는 특성인데, 무슨 말을 해놓고는 자기가 한 말을 부정한다. 사실 그들은 반쯤은 농담인 척, 반쯤은 떠보는 척을 하지만 실은 진지하게 유혹을 하고서는 자신의 행위를 부정했다. 그 의사들은 '죄의식'을 느끼고 있었고 거절 당할까 봐 두려워했다.

조이스   그런 다음 난 그와 함께 잠자리에 드는 꿈을 꿨어요. 그러자 "아하, 드디어 전이가 왔군" 하며 그 사람 특유의 말투로 말했어요. 그 몇 주 전에 그 사람은 나를 자기 무릎에 머리를 대고 눕게 했어요. 마치 어린 시절 심한 두통이 왔을 때 아버지가 그랬던 것처럼 말이에요. 그가 내 머리카락을 쓰다듬었어요. 무척 따스했어요. 난 꼬마 소녀이고 의사는 나의 아버지였죠. 그때 그의 손이 미끄러져 내려갔어요. 다음 진료 시간에 그는 외투를 입혀주면서 나를 돌려세우고는 격렬하게 키스를 했어요. 난 상당히 충격을 받았고, 울음을 터뜨렸죠. 제가 좀 감상적이긴 하지만 어쨌거나 정말로 당황했어요. 어떻게 해야 할지 모르겠더라고요. 내가 말했죠. "왜 그랬죠?" 너무 어리석은 질문이었죠. 그러자 그가 말했어요. "무슨 말이죠? 무엇을 했단 겁니까? 지금 무슨 말을 하고 있는 겁니까?" 그래서 내가 말했죠. "저한테 키스한 거 말이에요." 그랬더니 그는 "뭔 말인지 모르겠군" 하며 시치미를 뗐어요. 그는 실제로 내 심리적인 장애에 기여하고 있었어요. 내 부모가 나에게 했을 법한 말을 나에게 똑같이 했기 때문이죠. 어머니가 어떤 행동을 하거나 어떤 말을 할 때면 난 이렇게 물었죠. "왜 그랬어요?" 그러면 어머니는 이렇게 되물었거든요. "뭘? 난 아무 것도 안 했다."

단언하건대 이 여성들 중 어느 누구도 이런 유혹하는 심리 치료사로부터 '도움'을 받지 못했다. 이들 심리치료사는 환자가 스스로 정체성·자존감·독립성을 회복하도록 도와주지도 않았고, 환자들의 조건화된 무기력을 보호해주거나 받아주지도 않았다. 이 여성들이 '영혼의 의사'와 성적인 접촉을 함으로써 얼마나 상처입었는지 측정할 도리는 없지만, 다음 두 명의 여성을 통해 미루어 짐작해볼 수 있다. 32세의 이 여성들은 스스로 생계를 책임져야 하는 상태다. 사립학교 교사인 조이스는 열두 살 된 딸이 있지만 양육비를 보조받지 못하고 있다. 스테퍼니는 비서이다. 조용한 말투에 상당히 매력적인 두 사람은 지금 심리치료 중이다. 성적인 접촉은 둘 다 처음 치료를 받을 때 일어났다. 두 사람은 심리치료사에게 깊이 빠져서 성적인 접촉을 즐겼다(조이스는 성적인 접촉이 있자마자 즐겼고, 스테퍼니는 최초 접촉 후 9개월이 지나서 즐길 수 있게 되었다). 두 사람은 성적인 접촉 이후에도 한동안 치료비를 계속 지불했다. 스테퍼니의 '관계'는 치료가 시작된 지 10개월 후에 시작돼 거의 1년 동안 지속되었고, 조이스의 '관계'는 1년 이상 치료가 지속된 이후에 시작되었으며 그 후로 5개월간 지속되었다.

조이스는 스물한 살에 처음으로 그 심리치료사를 만났고, 3개월간 치료를 받았다. 그 후 스물네 살에 다시 치료를 시작했는데, 이때 그 심리치료사는 50대 후반이 되어 있었다. 스테퍼니는 서른한 살에 치료를 시작하면서 조이스가 치료받았던 바로 그 심리치료사를 만났다.

스테퍼니 난 언제나 고립되어 있었어요. 오빠 한 명은 알코올 중독이었고 또 다른 오빠는 자살했어요. 총명했던 여동생은 결혼하겠다고 학교를 관뒀죠. 그런 다음 일에 치여 지냈어요. 아니, 사실 난 가족들과 얘길 나눈 적이 거의 없었어요. 오래전에 가족을 떠났고 혼자 힘으로 고등학교를 졸업했거든요.

조이스 부모님은 언제나 날 정신병원에 집어넣겠다고 협박했어요. 내 첫 남자친구가 다른 여자와 결혼하겠다고 했을 때 너무 크게 충격을 받아서 울면서 집으로 돌아왔죠. 정말이지 미친년처럼 울고 비명을 질렀어요. 부모님은 나한테 울지 말라고 을러댔죠. 우는 게 허락되지 않았어요. 부모님은 내 뺨을 때리면서 제지했어요. 입 다물지 않으면 정신병원 앰뷸런스를 부르겠다고 했죠. 언젠가 내가 류머티즘에 걸렸을 때는 앞으로 아무도 날 원치 않을 거고, 결코 결혼도 못할 거라고 했어요. 부모님은 일부러 몇 마일이나 떨어진 곳까지 가서 내 약을 사 왔어요. 왜냐하면 그 사실을 쥐도 새도 모르게 하고 싶었던 거죠.

스테퍼니 너무 우울해져서 치료를 시작했어요. 너무 많이 잤고 체중이 늘었어요. 사는 게 의미가 없었거든요. 처음 진료받으러 다닐 때는 고작 회당 10분간 그 사람[심리치료사]을 만났어요. 좀 이상하다고 생각했지만 그 점에 관해서 물어본 적은 한번도 없어요. 그 사람은 내 우울증과 비만 치료용이라면서 약을 엄청나게 많이 처방해주었어요. 그는 내가 누구와도 잠자리를 하지 않는데도 피임약을 먹어야 한다고 고집했어요.

조이스 난 그 의사를 두 번 찾아갔어요. 처음 간 건 남자친구가 딴 여자랑 결혼하고 난 뒤였죠. 난 학교를 자퇴하고 일을 해야 했어요. 부모님이 치료비를 주지 않았기 때문이죠. 얼마 후에 치료를 중단했어요. 그 당시 나는 임신한 상태였는데 동거하고 있던 남자가 "정신과의사야? 아니면 나야? 둘 중 하나를 선택해. 내가 당신과 아이를 돌봐주길 원한다면 정신과의사 만나는 건 그만둬"라고 말했거든요. 그래서 그렇게 했죠. 하지만 그는 결코 나와 결혼하려고 하지 않았어요. 3년 뒤 그 남자는 떠났고, 난 치료를 받으러 다시 진료실을 찾았죠.

스테퍼니 난 언제나 내가 추하고, 평범하다 못해 평균 이하라고 생각했어요. 의사가 나를 추켜세울 때 난 그 사람이 미쳤다고 생각했죠. 때때로 의사는 내가 말하는 동안 내 의자에 기대어 서 있곤 했어요. 한번은 그가 탈의실까지 따라 들어왔어요. 3개월쯤 지난 뒤에는 자연스럽게 내 어깨에 팔을 두르고 이마에 키스를 했어요. 그러고는 말하더군요. "당신을 사랑해요. 당신을 행복하게 해주고 싶소." 그 말은 고마웠지만 그를 믿지는 않았어요.

조이스 처음 치료를 시작한 건 스물한 살 때였어요. 그때 그 의사는 이렇게 말했어요. "이 공간에선 당신 하고 싶은 대로 뭐든 해요. 빈말이 아니에요. 당신이 하고 싶은 게 있으면 뭐든 펼쳐봐요. 어떤 환상이든 상관없어요. 어떤 여성은 옷을 벗고 싶어 하고, 어떤 여성은 주위를 뛰어다니기도 해요. 당신도 뭐든 할 수 있어요." 하지만 난 옷을 벗고 싶지도, 주위를 뛰어다니고 싶지도 않았어요. 몇 년 후 다시 치료받으러 갔을 때 난 웨이트리스로 일하고 있었어요. 그는 나더러 자기 비서로 일하라더군요. 하지만 그러지 않았어요.

5장 심리치료사와 성관계를 가진 여성

스테퍼니 진료가 끝나고 나면 그 의사는 언제나 작별 키스를 했어요. 하지만 애정 없는 거친 키스였죠. 내가 뭐라 말하려 들자 그는 짜증을 내면서 말했어요. "그냥 즐기듯이 해요." 난 집으로 돌아와서 울었어요. 치료를 시작했을 당시에 난 3년 가까이 누구와도 잠자리를 한 적이 없었어요. 내 결혼생활은… 하여튼 그 사람은 내가 함께 잔 최초의 남자였어요. 우리 관계는 6개월 후에 끝났죠. 난 성적으로 만족해본 적이 없었어요.

조이스 처음 격렬한 키스를 당한 이후 난 정말로 기분이 나빴어요. 친한 친구에게 그 얘길 했더니, 그 친구가 날더러 정신과 레지던트에게 상담해보라더군요. "정말로 그런 일이 있었어요?" 하고 레지던트가 물었어요. 물론이라고 그랬더니 그 레지던트가 이러더군요. "글쎄요, 의사가 여러 번 당신 뺨에 가볍게 키스했을 수 있어요. 당신이 그걸 머릿속에서 부풀렸을 수 있고요." 그래서 내가 말했어요. "아뇨, 전 그러지 않았어요." 그러자 그가 말했죠. "내가 당신에게 말해줄 수 있는 건 당사자와 문제를 해결하라는 겁니다." 우습게도 나는 친구인 또 다른 젊은 정신과의사에게 이 문제에 관해 얘길했어요. 그가 내게 충고했죠. "전문직업인으로서 내가 말해줄 수 있는 건 더 이상 그 사람과 만나지 말라는 겁니다." 난 그 충고를 따랐어야 했지만 그의 말이 당혹스럽기도 했고 또 내 담당 의사와의 관계를 포기하고 싶지도 않았던 것 같아요. 그래서 결국 그와 잠자리에 들었어요.

스테퍼니 그 의사는 언제나 진료 카우치에 나와 함께 눕고 싶어 했어요. 난 원하지 않았고요. 마침내 내가 허락하자 의사는 내 옆에 눕곤 했죠. 난 그와 자는 걸 좋아하지 않았어요. 성관계 후에 대단히 우울해졌거든요. 그때 '그래, 내가 잠자릴 좋아하면 내게 좀 더 애정을 줄지 몰라' 하는 생각이 들기도 했어요. 그 사람은 관계가 끝나면 벌떡 일어나 타자기 앞으로 갔죠. 그 사람은 내가 슬퍼하고 있다는 걸 전혀 눈치채지 못하는 것 같았어요. 그때까지 오르가슴에 이른 적은 없었어요. 그가 한 말이라고는 고작 "집까지 바래다주지 않는다고 섭섭해하진 마. 난 할 일이 너무 많거든"이 다였죠.

조이스 진료를 시작했는데 갑자기 의사가 내 카우치 옆에 누워 있단 걸 알았어요. 난 그때까지 진료비를 지불하고 있었고 그래서 내가 앞으로도 계속 진료비를 지불해야 하느냐고 머뭇대며 물었죠. 우린 사실 그 문제를 끝까지 해결하지 못했어요.

스테퍼니 오르가슴에 이르지 못했던 건 내 탓이었어요. 그 사람은 정신분석가였고 자신이 뭘 하고 있는지 분명 알았을 테니까요. 게다가 내가 다른 사람의 연애에 대해 뭐라고 말할 입장이 아니었으니까요. 난 여자와 한 번 잠자리를 한 적이 있었는데 그때 대단히 실망했고 고독했어요. 그 말은 도저히 의사에게 할 수가 없었죠. 한번은 내가 비명을 질렀는데, 그건 정말 고

5장 심리치료사와 성관계를 가진 여성

뇌에 찬 울부짖음이었어요. 그러자 그는 나를 밀치면서 벌떡 일어나 옷을 주섬주섬 주워 입고서 묻더군요. "나한테 설명을 해줘야 한다고 생각하지 않아?" 그러더니 이렇게 덧붙였어요. "우리 관계에서 잘못된 것은 하나도 없어. 의사와 환자로서도, 일로서도, 애인으로서도, 완벽한 관계라고." 그는 나에게 편지를 타이핑하는 일을 시켰어요. 수백 명에게 보내는 똑같은 편지 있잖아요. 그 사람은 편지 한 통당 최소 백 달러는 벌면서 그것을 쳐준 대가로 내겐 3달러를 주더군요.

조이스   난 여러 번 오르가슴을 느꼈어요. 심지어 그가 매우 빨리 절정에 도달했어도 그랬어요. 그는 내 환상 속에서처럼 날 창녀처럼 다뤘어요. 그게 성적으로 효과가 있었다고 봐요. 심리적으로는 날 갈가리 찢어놓았지만요.

스테퍼니   난 정말로 미칠 것 같아서 그에게 전화를 했어요. 그는 전화를 자주 끊었거든요. 내가 한 줌의 수면제를 먹었을 때 그가 말하더군요. "당신 잠재의식이 당신을 괴롭히는 것뿐이야. 크게 신경 쓰지 마."

그 후에 그는 아내와 헤어져 독신자 숙소로 옮겼어요. 처음 그곳에 들렀을 때 난 정말 모멸감을 느꼈어요. 이불에는 정액 같은 것이 묻어 있었고, 화장실에는 피임 기구도 있었죠. 어쩜 그럴 수가 있느냐고 그에게 따졌더니 "내 아파트에서 딴 여자의 우산, 심지어 피임 기구를 봤다 한들, 그걸 가지고 어떻게 내가 딴 여자랑 잤다고 비난할 수 있어?" 하고 되묻더군요.

조이스   난 그에게 가서 더 이상 진료받지 않겠다고 했어요. "당신은 잔인하고 비열하며, 우리 사이는 건전한 관계가 아니야" 하고 말했죠. 그러자 그는 내 말문을 막으려고 했어요. 자기가 날 이용한 건 아니었다, 내가 읽었던 심리학 책은 낡은 것이다, 현대적인 사고를 하는 사람들은 자기가 한 방식을 믿는다는 식의 말을 늘어놓았어요. 내가 정말로 떠날 작정이라는 걸 알고는 "경고하건대, 널 도와줄 수 있는 사람은 아무도 없을 거야. 널 도와줄 수 있는 의사는 세상천지에 나밖에 없어"라고 하더군요.

스테퍼니   난 그가 전화하길 기다리곤 했어요. 그는 전화하지 않았죠. 한번은 주말 내내 기다린 적도 있어요. 월요일 아침에 그가 전화를 해왔는데, 용건은 그저 자기가 시킨 편지 타이핑을 다 했는지 확인하기 위한 거였죠. 난 도무지 일이 손에 잡히지 않았어요. 거의 발작을 일으킬 것만 같았으니까요. 나를 데려가겠다고 약속을 해놓고선 여름 내내 주말마다 그는 어디론가 가기 시작했어요. 난 내가 할 수 있는 한 오랫동안 그의 곁을 떠나 있었어요. 그런 다음 내가 돌아갔을 때 그는 더 이상 나와 잠자리를 하고 싶지 않다고 하더군요. 하지만 자기 책을 타이핑하는 데 내가 필요하다고 했어요.

                                 5장 심리치료사와 성관계를 가진 여성

조이스   우울증과 공포심 같은 감정들이 점점 더 격해졌어요. 제정신을 잃고 미쳐버릴지도 모른다는 공포가 가장 심했어요. 난 창녀였어요. 왜냐하면 성욕을 느꼈으니까요…. 제가 더 안 좋아질수록 그는 더 많은 양의 신경안정제를 주더군요. 나는 "내 기분이 우울해지는 건 우리 관계 때문이야"라고 말하곤 했어요. 그는 곧 성관계를 중단했고, 난 상처 입었어요. 그와의 관계를 그렇게 원한 것은 아니었는데도, 막상 그가 중단하자 엄청나게 상처 입었죠. 왜냐하면 그가 더 이상 날 원하지 않을지 모른다는 두려움 때문이었죠. 그가 마침내 이런 관계가 나한테 너무 큰 부담인 것 같다고, 내가 감당할 수 없을 거라고 말했어요.

스테퍼니   한번은 그의 진료실에서 벌거벗은 채 함께 있었어요. 문은 잠겨 있었죠. 벨 소리가 울리기 시작하더니 도무지 그치지 않았어요. 거의 20분 가까이나요. 하지만 그는 대답하지 않았어요. 난 호기심이 발동해서 창밖을 내다보았죠. 한 여자가 울면서 그곳에 서 있더군요. 그때 나 혼자 중얼거렸어요. "내년에는 내가 저러겠지."

조이스   그 의사를 떠나고 몇 달 뒤 주말 휴가차 시골로 갔어요. 사람들을 건사하는 데 난 너무 익숙해 있었죠. 지인들이 우리 집에 오면 내가 15인분의 음식을 요리하고 청소를 하는 거예요. 래리(딸의 친부)의 친구들은 우리 집에서 자고 가곤 했는데, 이번 주말도 마찬가

318

지였어요. 다른 사람들은 바깥으로 나가 재미있는 시간을 보내고 있는데 난 설거지를 하고 있었어요. 정말 그러고 싶지 않았어요. 하지만 정신을 차리고 보면 언제나 그러고 있죠. 그게 어떻게, 왜 거기에 있었는지 모르겠는데, 하여튼 싱크대 위에 안전 면도기가 있더라고요. 얼마 후, 난 내가 마루에 누워 손목을 긋고 있단 걸 깨달았어요. 상처는 나지 않았어요. 그냥 손목을 간질이는 수준이었죠. 그러다가 아버지 면도칼로 손목을 그으려고 하는 바람에 결국 병원으로 실려갔죠. 난 그[심리치료사]에게 전화를 걸어서 병원에서 날 빼내달라고 애걸했어요. "내가 여기에 온 건 바로 당신 때문이야"라고 하면서요. 그러자 그가 대답했어요. "그래, 내가 당신을 크리드무어 정신병원에 집어넣어주지."

스테퍼니 난 그 생각에서 벗어날 수가 없었어요. 그래서 마침내 그에게 전화해서 돈을 돌려달라고 요구했죠. '치료'에 들어간 모든 돈 말이에요. 그가 나에게 설명하더군요. 외과의사가 수술에 실패해도 환자는 비용을 지불하는 법이라고요. 그래서 내가 말해주었죠. 당신이 외과의사였더라면 난 분명 죽었을 거라고요. 하지만 천만다행으로 당신이 외과의사가 아니라서 목숨을 건졌다고요. 그러니 내 돈을 돌려받고 싶다고 했죠.

조이스 그 후로 그 사람[심리치료사]을 딱 한 번 더 봤어요. 난 임신했다고 생각했고 그래서 낙태 주사를 맞으려

5장 심리치료사와 성관계를 가진 여성

고 그를 찾아갔죠. 그는 자기에 관한 얘길 떠들고 다녔다고 날 비난했어요. 맨 처음 그 사람에게 가보라고 권해주었던 여자친구에게 그동안의 일을 털어놨거든요. 이렇게 말했던 것 같아요. "내 돈 돌려줘." 그러자 그가 "못해"라고 했어요. 그래서 "당신을 공갈협박으로 고소하겠어"라고 했죠. 그러자 그가 "넌 그렇게 못해. 증명할 수 있는 게 없으니까. 너는 미쳤어"라고 말했어요. 벌써 5년 전 일이네요. 한동안 정말 우울증에 시달렸어요. 화가 나면 전화기를 쉽어 들고 그에게 전화를 걸어 히스테리를 부리며 비명을 질렀죠. "나한테 왜 그랬어? 당신은 날 죽이려고 했어. 왜? 왜 그랬냐고!"

이 책을 처음 출간했을 때 일부 학자와 임상의들이 나를 공격했다. 그들은 이번 장에 소개된 내용의 정확성 혹은 중요성에 이의를 제기했다. 그들은 말했다. "물론 그런 일이 일어날 수도 있죠. 하지만 결코 빈번한 일은 아닙니다." 그들은 나의 동기에 의문을 제기하기도 했다. 몇몇 썩은 사과들로 대다수 훌륭한 의사들의 명성을 더럽히고 싶었나? 페미니스트들이 그 정도로 남자들을 싫어하나? 한 정신과의사는 소송을 걸기도 했다. 하지만 재판 하루 전날 1달러에 합의를 했다.

이 책이 처음 출간된 1972년 이후로 정신과 환자 또는 심리치료를 받는 환자와 심리치료사 사이의 성관계를 밝힌 많은 책과 기사가 쏟아져 나왔다. 그들은 단지 숫자를 조금 조정했을 뿐, 내가 이번 장에서 말한 것의 많은 부분을 확인시켜줬다.

예를 들어, 1979년에 케네스 S. 포프, H. 르벤슨(H. Levenson),

L. R. 쇼버(L. R. Schover)는 『아메리칸 사이콜로지스트*American Psychologist*』에 「심리 훈련에서 성적인 친밀감: 국가 조사의 결과 및 시사점*Sexual intimacy in psychological training: Results and implications of a national survey*」을 발표했다. 1980년에 J. C. 홀로이드(J. C. Holroyd)와 A. M. 브로드스키(A. M. Brodsky)는 「환자에 대한 신체 접촉이 성교로 이어지는가?*Does touching patients lead to sexual intercourse?*」를 발표했다. 그리고 1983년 J. C. 홀로이드는 「성 편향 치료 사례로서의 성적인 접촉*Erotic contact as an instance of sex-biased therapy*」이라는 논문을 발표했다.

1980년대 중반, 내닛 가트렐은 이 분야에서 좀 더 심도 깊은 작업을 시도했고, 이로 인해 미국심리학회의 거센 반발에 부딪쳤다. 당시 그녀는 정신과의사이자 국가여성의원회(National Women's Committee)의 의장이었다.

1985년에 가트렐이 독자적으로 조사한 결과, 조사에 참가한 정신과의사 중 6퍼센트만이 환자와의 성적인 관계를 인정한 반면 65퍼센트는 정신과의사에게 성적인 학대를 당해온 환자를 치료한 적이 있고 이러한 학대가 환자들을 완전히 파괴했다고 밝혔다. 1986년 가트렐은 허먼, 올라르테, 펠드스타인, 로칼리오와 함께 이러한 연구 결과를 발표했다. 또한 1986년에 R. D. 글레이저(R. D. Glaser)와 J. S. 소프(J. S. Thorpe)는 「비윤리적 친밀감: 심리학 교육자와 여학생 간의 성적 접촉과 접근에 대한 조사*Unethical intimacy: A Survey of sexual contact and advances between psychology educators and female graduate students*」라는 논문을 발표했다.

1988년 미국심리학회는 자신의 환자 멀리사 로버츠 헨리를 성적으로 학대했다는 사실을 인정한 콜로라도의 정신과의사 제이슨 리히터(Jason Richter)를 옹호했다. 리히터는 로버츠 헨

5장 심리치료사와 성관계를 가진 여성

리를 감시하기 위해 사설탐정을 고용했으며, 가트렐이 밝혀낸 바에 따르면, "이후에 로버츠 헨리의 치료를 담당한 여성 정신과의사의 명성을 손상시키려"고 시도했다. 이 여자 정신과의사는 진료를 그만두고 콜로라도주를 떠나야 했다. 1989년 가트렐은 미국심리학회를 탈퇴했다.

1989년, C. M. 베이츠(C. M. Bates)와 A. M. 브로드스키는 『치료 시간의 성관계*Sex in the Therapy Hour*』를 출간했다. 1990년, 케네스 S. 포프와 S. 펠드먼 서머즈(S. Feldman-Summers)는 「치료사-환자 간의 성관계: 연구 검토*Therapist-patient sexual involvement. A review of the research*」라는 논문을 발표했다. 그리고 1993년 케네스 S. 포프와 J. K. 손(J. K. Sonne), J. C. 홀로이드는 「심리치료에서의 성적인 감정: 치료사 및 예비 치료사를 위한 탐색*Sexual Feelings in psy-chotherapy: Explorations for therapists and therapists-in-waiting*」을 발표했다. 이 분야에서의 연구는 계속되었다. 안타깝게도 문제가 해결되지 않았기 때문이다.

나는 또한 심리치료를 받거나 일상적으로 성적 학대를 받은 정신과 환자들이 이로 인한 과실 또는 손해에 대해 고소를 제기한 수많은 사례에서 증언이나 자문을 요청받았다. 그중에는 정신과 병동에서 담당 의사에게 강간을 당해 임신을 한 경우도 있었다. 또 다른 환자는 병동에서 다른 환자에 의해 반복적으로 강간을 당했지만 병원 직원들은 그 사실을 믿지 않고 오히려 피해자를 처벌했다. 확실히 그들은 강간 희생자로서의 환자들을 직업적 책임감을 갖고 대하지 않았다(이 점에 대해서는 개정판 서문에 자세히 밝혔다).

최근 30~35년 동안, 나는 격리된 상황에서 여성 심리치료사들 또한 자신의 남성 그리고 여성 환자들과 성관계를 맺는다는 사실에 주목했다. 표면상으로 그들은 자신의 남성 파트너와는 덜 관계를 맺었다. 하지만 나는 1970년대부터 '치료사-치유자'를 리더로 삼아 활동하는 레즈비언 페미니스트 컬트 집단에 대해서 여러 차례 들은 터였다.

콜로라도주 볼더에 거주하고 있는, 무면허 '치유자'이자 유명 페미니스트 작가인 앤 윌슨 샤에프(Anne Wilson Schaef)와 관련된 사건이 있다. 비슷한 위치에 있는 남성들이 그러하듯 그녀는 남성, 여성 가리지 않고 자신의 '내담자'들과 잠자리를 함께했을 뿐 아니라, 그들에게 빨래, 집 청소, 쇼핑, 운전, 심부름 등을 시키며 비서처럼 대했다. 그녀는 또한 어마어마한 양의 현금과 땅을 선물로 받았다.

몇 년 후, 페미니스트 치료사를 포함해 많은 여성들이 내게 들려준 바로는, 샤에프가 여전히 그러고 있고, 피해자 중 한 명이 마침내 컬트 집단과 결별하고 그들을 만나러 왔다는 것이었다. 나는 예전부터 샤에프를 알았고 함께 작업도 했지만 1970년대 중반에 바로 이 문제로 그녀와 결별했다. 그 당시 나는 그녀에게 그런 활동을 중단하라고 조언했다. 나는 이에 대한 기록을 잘 보관하고 있다.

샤에프의 연인으로서 그녀와 함께 살던 여성 환자 보나 무디(Vonna Moody)는 마침내 의료 과실과 이후에 자신을 보호시설에 감금한 혐의로 샤에프를 고소했다. 1992년, 나는 무디를 위해 증언했다. 다음 날 샤에프는 그녀와 합의를 했다.

남성이 했을 때 잘못된 일이라면 여성이 했을 때 또한 잘못된 일이다. 정상적이고 도덕적인 치료사라면 누군가를 '도와주려' 할 때 잠자리를 함께하거나 어떤 식으로든 착취를 하지는 않는다.

6장

정신병원에 입원했던 여성

여러 해 동안 여기저기 책방을 전전했다. 어느 날 그리니치 빌리지에 있는 책방에 갔는데, 내 옆에 머리를 꼬불꼬불 볶은 여자가 서 있었다. 그녀는 쇼핑백을 옆에 끼고 큰 소리로 중얼거렸다. 한 교수는 그런 중얼거림을 '단어 샐러드'라고 표현하곤 했다. 그녀의 혼잣말은 심오한 금언이었고, 그것은 끝없이 이어졌다. 그녀의 말은 경이로웠다. 어떤 지점에 이르러 나는 "아멘" 혹은 "그래, 맞아요"와 같은 말로 맞장구를 쳤다. 그녀가 놀라며 의심스러운 눈초리로 나를 쳐다보았다. 사람들은 이미 그녀의 정신 상태를 비정상으로 여겨 본체만체하고 있었는데, 나는 어디쯤에서부터 그녀를 진지하게 대하게 되었을까? 나 역시 그녀 못지않은 환상의 희생자였다면 내 자리로 돌아가 자리나 지키고 있어야 하지 않았을까? 그녀는 나를 보고 말 그대로 으르렁거리다가 책방의 한산한 구석으로 가버렸다. 그러자 그 자리에 있던 사람들이 일시에 불쌍해하는 시선으로 그녀를 쳐다보았다.

— 자매들이여, 어디에 있든, 이 장을 여러분에게 바칩니다

16~17세기에는 많은 사립 정신병원들이 우후죽순처럼 생겨났는데, 그중에서도 특히 '런던 근방에' 많이 생겼다. 이런 정신병원들은 돈벌이를 위해 문을 열었으며, 비교적 비싼 입원비를 지불할 능력이 있는 사람들을 입원시켰다. 오래지 않아 이런 시설을 악용한 증거들이 세상에 드러났다. 부유한 남편들은 규제를 피해 성가신 아내들을 비교적 싼값으로 정신병원에다 수감했던 것이다. 대니얼 디포는 1687년경 이런 사실에 주목하고, 세인의 관심을 환기시키기 위해 이렇게 말했다.

"사악한 관행이 너무나 만연해 있다. 사람들은 개중 나은 것이라고 하지만 사실 그것은 최악의 관행이다. 말하자면 아내가 변덕을 부린다고 해서, 또는 아내에게 싫증이 나서 아내를 정신병원으로 보내버리는 것이 바로 그런 관행이다. 그리하여 남편들은 방해받지 않고 방탕한 생활을 즐길 수 있게 된다. 이것은 야만의 극치이며 불법행위이고, 은밀한 종교재판이다. 아니, 그보다 더 심한 경우다. 얼마나 많은 신사, 숙녀들이 이런 정신병원으로 보내졌는가. 나중에 말하겠지만 이런 정신병원들은 규제를 하거나 아니면 적어도 매일 조사를 받도록 해야 한다. 이런 저주받은 정신병원에 들어가면, 미치지 않았더라도 조만간 미치게 될 것이다. 남편을 전혀 사랑하지 않거나 가족에 관심이 없다는 이유로 이렇게 정신병원에 갇힌 여성들이 이해할 수 없고 비합리적인 감금과 격리 속에서 얌전히 앉아 있을 수만은 없을 것이다. 갑자기 마구 때리면서 옷을 벗기고 회초리로 내려치며 제대로 먹이지도 않고 혹사까지 시킨다면, 누구든 미치지 않고 배겨날 수 있을까?"

그는 이렇게 덧붙인다.

"글을 쓸 수 있는 모든 수단을 빼앗기고, 친척이나 친구에게 편지를 전해 달라고 부탁하는 것마저 금지되어 있다. 이런 포악한 심문을 받다 보면 이전에 온전한 정신을 가졌던 사람이라도 충분히 미치게 되지 않겠는가. 말문이 막힐 지경이다."

— 앨런 M. 더쇼비츠[1]

20세기에, 미국에서 유색인종 여성은 진단만 받는 데서 그치지 않고 입원되는 경우가 대다수였다. 도움을 받고자 할 때 그들은 심리치료를 받지 못했다. 아마도 그들의 증상이 더 심각했기 때문일 것이다. 그들이 성차별적인 진단 기준의 피해자이자 인종차별의 피해자였기 때문일 것이다. 그들이 심리치료를 받을 여유가 없거나 심리치료를 원하지 않았기 때문일 것이다.

하지만 일반적으로 20세기의 여성 환자들은(때때로 남성 환자들 또한) 자신의 의지와 상관없이, 경우에 따라 30~40년 넘게 입원당했다. 자신의 의지에 반해서 약물치료를 받았고, 뇌 절제술을 받았고, 전기충격요법과 인슐린 혼수치료를 받았다. 그리고 이후에 일자리나 집을 구하거나 또는 법적인 조치를 취하려고 할 때 '정신병 환자'라는 낙인이 찍혔다.

청소년기의 레즈비언과 동성애자는 보통 극단적으로 보수적인 가족에 의해서 특히 끔찍한 보호시설에 보내졌다. 그들은 고립되고, 물리적 폭력을 당하고, 세뇌와 언어적 학대에 시달리고, 협박당하고, 독방에 감금되었다. 이런 일들이 미국을 비롯해 전 세계에 걸쳐 일어났다.

이런 유의 사건에 연루된 적이 있다. 어머니와 그녀의 새 남편이 십대의 딸을 감금했는데, 계부는 성적으로 딸을 학대해왔다. 어머니는 딸의 '레즈비언 같은' 자기주장을 엄청난 위협으로 받아들였다. 또한 자신의 새 남편이 딸을 괴롭혀왔다는 사

6장 정신병원에 입원했던 여성

실을 인정하려 하지 않았다. 다행히도 1년 후, 정신적으로 크게 충격을 받은 딸의 친부가 양육권 소송에서 승소했다.

20세기에 결혼하지 않고 임신한 십대는 정신적으로 질환이 있다고 여겨졌고, 강제로 신생아와 격리되었다. 1970년대 초 영국에서는 많은 여성이 '불법적으로' 아기를 낳았다는 이유로 50년 동안 정신병원에 감금되었던 사실이 밝혀졌다. 또한 아일랜드에서는 수년간 성적으로 왕성한 십대들이 수녀원에 보내졌으며, 그들 중 대다수가 남은 생을 그곳에서 보내기도 했다. 그들은 매우 가학적인 수녀들의 감독을 받았는데, 수녀들은 성적인 죄를 씻게 한다는 명목으로 고된 노동을 시켰다.

앞에서 살펴보았듯이, 정신병원에 입원한 대다수의 여성은 '미치지' 않았다. 그중 다수의 여성은 여성적인 조건을 나타내는 정신적·신체적 표현에 딱 들어맞는 특성을 지니고 있다. 즉 그들은 우울하고 자멸적이며 불감증을 겪고 초조하고 편집증적이며 공포에 시달리고 자책하고 우유부단하며 활발하지 않고 희망적이지 않다. 이중 소수는 그런 특징이 없거나, 그런 특징과 더불어 남성적인 특징이라 할 수 있는 신체적인 공격성이나 성적 능력을 가지고 있다. 아주 소수의 여성들만이 환각이나 환청을 경험하는 정신질환자이다. 어쨌거나 정신병원에 갇힌 이들 여성은 잘못된 투약이나 강제 감금을 당했고, 여성 혐오적이거나 광기에 대한 공포를 가지고 있는 병원 관계자들에 의해 거칠게 다루어졌으며, 치료에 별다른 도움도 받지 못했다.

나는 정신병원에 입원한 적이 있는 스물네 명의 여성과 대화를 나눴다. 그중 열두 명은 분노, 저주, 공격성, 여성에 대한 성욕, 성욕의 증가, 집안 살림이나 감정 노동을 거부하는 등 남성적인 특성을 분명히 드러냈다. 이들 중 네 명은 헛것을 보았

328

고, 나머지 여성들은 우울증, 자살 시도, 두려움, 무기력 등을 경험했다.

이 여성들의 나이는 19세부터 65세까지 걸쳐 있다. 이들이 입원한 횟수는 총 70회였으니, 1인당 평균 3회씩 입원한 셈이다. 이들의 입원 기간은 일주일부터 거의 10년에 이르기까지 다양했다. 이들 중 다섯 명은 우울증으로 10회 입원했으며, 열 명은 자살 시도로 14회 입원했다. 처음 병원에 수용되었을 때 다섯 명은 결혼했으며, 두 명은 이혼했고, 한 명은 미망인이었으며, 열여섯 명은 독신이었다. 그들 중 두 명은 흑인이었고 한 명은 푸에르토리코인이었다.

이 여성들은 평균 약 50개월간 심리치료를 받았는데, 43개월은 남성 심리치료사에게, 14개월은 여성 심리치료사에게 치료받았다. 또한 이들은 입원 직전과 직후에 대략 세 명의 다른 심리치료사를 접했다. 여기서 '대략'이란 전체 집단의 정확한 '평균'을 의미한다. 스물네 명의 이 여성들 중에는 제3세계 여성, 레즈비언 그리고 심리치료사와 성관계를 맺은 여성들도 포함되어 있다. 다시 말해 4장에서 제시한 여성 그룹과 중복된 여성도 있다.

이들 중 두 명은 고등학교를 중퇴했으며, 네 명은 고등학교를, 여섯 명은 대학을 중퇴했다. 한 명은 학사 과정을, 다섯 명은 대학원 과정을 마쳤다. 스물네 명 중 열여덟 명은 외동이거나 장녀였다.

일부이기는 하지만 자발적으로 입원한 경우도 있었다. 왜냐하면 삶에 아무런 희망이 없는 것처럼 보였고, 그렇다고 그런 삶을 대신해줄 수 있는 것도 없다고 판단했기 때문이다. 게다가 이들의 부모와 남편들은 처음부터 '협조'하는 것이 그들에게 더

6장 정신병원에 입원했던 여성

나을 것이라고 주장했다. 이처럼 자발적인 경우도 있었지만 대개는 이 여성들의 뜻과는 전혀 상관없이 감금이 이루어졌다. 말하자면 물리적인 힘과 속임수에 의해 혹은 혼수상태와 연이은 자살 기도로 인해 억지로 수용된 것이다.

카르멘   딸을 출산하고 난 뒤 난 너무 슬프고 지쳤어요. 집 안을 제대로 돌볼 수도 없었죠. 남편은 나보단 하녀가 차라리 낫겠다고, 내가 미쳤다고 말했어요. 남편은 관찰인지 뭔지를 해보겠다면서 날 병원으로 데려갔어요.

캐스린   남편이 나와 아이를 떠나고 나서 나는 너무 우울해 아무것도 할 수가 없었어요. 난 스물한 살에 아이 엄마가 되었고 친정으로 돌아가 부모에게 의존하는 신세가 되었죠. 대학에는 가지 않았어요. 어머니는 내가 대학에 다닐 정도로 영리하다고 생각하지 않았거든요. 아버진 대단히 폭력적이었어요. 가족이라면 정말 진절머리가 났어요. 그 끔찍한 가족에게서 벗어나고 싶어 결혼했는데. 어쩔 수 없이 집으로 돌아와 "나 왔어요"라고 하니 어머니가 "빌어먹을 것. 네 누울 자린 네가 알아서 해"라고 대꾸하더군요. 그래서 동정심을 사려고 자살하겠다고 협박을 했죠. 어머니는 눈 하나 깜짝하지 않고 "좋아, 맘대로 해. 네가 미치면 정신병원에 처넣어버릴 테니까. 우울하다면 이유가 뭔지 검사를 해보든지"라고 했어요. 아버지가 아는 사설 미치광이 수용소 감독이 있었어요. 모두 나더러 서명을 하게 하고 고마워하라더군요.

루스   결혼하고 8년쯤 지나서 갑자기 남편이 나와 아이들
       에게 싫증을 내기 시작했어요. 남편은 매일 밤 모임
       을 가졌는데, 남자들과 어울렸고 대단히 인기가 있었
       어요. 난 무시당했다고 느꼈죠. 그래서 화가 났고요.
       남편에게 가끔씩 집에서 나와 아이들과 지낼 수 없느
       냐고 물었더니, 남편은 문을 꽝 닫고 나가면서 내가
       정상이 아니니 의사나 만나보라더군요. 난 그 말을
       믿고 남편이 추천한 의사에게 갔어요. 의사는 나에게
       문제가 뭔지 묻지도 않았어요. 의사가 한 것이라고는
       주사를 주고 재우는 게 고작이었죠. 그런 다음에 전
       기충격요법을 받았어요. 몇 번씩이나요. 그것 때문에
       난 언제나 잠만 잤어요. 결과적으로 아이들은 내 보
       살핌을 받을 수 없었고 남편은 아무런 죄의식 없이
       자유를 누렸죠. 전기충격요법은 6년 가까이 계속되
       었어요. 나는 죽 고분고분한 채로 아무것에도 반대하
       지 않았어요.

소피   남편은 너무 까다로운 남자였어요. 걸핏하면 직장 상
       사와 싸우고 일을 그만뒀죠. 난 남편의 다음 직장을
       따라 좋은 직장을 관두고 이 직장 저 직장으로 옮겨
       야 했어요. 그러던 중 남편이 여자친구를 사귀었어
       요. 난 불평하지 않았어요. 결혼이 뭐 장미 화단은 아
       니잖아요. 당시 다발경화증이 시작됐어요. 남편은 전
       기충격요법을 받아보라고 했어요. 내 증상이 머릿속

331   6장 정신병원에 입원했던 여성

에 있다면서요. 우리가 전기충격요법을 받을 만한 형편이 못 된 게 다행이었달까요. 하지만 남편은 정신과의사를 집으로 데려왔고 그들이 날 위협했어요. 나 스스로 입원하지 않으면 강제로 입원시킬 텐데 그래 봤자 좋을 게 없을 거라더군요. 그래서 병원에 입원하게 되었죠.

바버라   열세 살 때 어머니가 날 정신병원에 집어넣었어요. 날 키울 수가 없었거든요. 아버지가 떠난 뒤로 어머니는 늘 술을 마시고 울었어요. 그래서 난 고약한 위탁가정에 맡겨졌는데, 늘 거기서 도망을 쳤거든요. 마침내 어머니가 날 병원에 집어넣어버렸어요.

워싱턴 통신: 소비자연맹의 랠프 네이더는 정신과 환자에게 강력한 '화학약품으로 처리된 구속복'을 입히는 것이 파킨슨병을 야기할 수도 있다는 사실을 의사들이 제대로 인식하지 않고 있다고 말한다. 미국식품의약국의 한 관리는 가벼운 불안이나 사소한 불평을 하는 환자를 치료하는 데 이 약물(스텔라진)을 장기간 사용하면 파킨슨병을 야기할 수도 있음을 인정했다.
—『뉴욕 포스트』

빗자루와 대걸레로 만들어진 창살 뒤에 여성이 갇혀 있는 광고에서 보여지듯이 제약산업은 여성의 노예 상태를 공공연하게 인정한다. 광고 문구는 이렇다. "여러분은 이 여성을 자유롭게 할 순 없지만 덜 불안하게 할 수는 있다." 또 다른 광고에 나오는 여성은 석사학위까지 받은 재원이지만, 지금은 학부모 회의와 가사에 만족해야 하는 주부로만 그려진다. 만약 그들에게서 불평이라도 터져나온다면, 약물로 치료해야 한다고 충고하고 있다.

— 의학박사 로버트 세이덴버그

이 그룹에 속한 여성들은 모두 지금까지 엄청나게 많은 양의 약물을 복용했으며(소라진·클로로프로마진·스텔라진·멜라릴·리브륨), 다수가 전기충격요법을 받았고, 정기적으로 인슐린 혼수치료를 받았다.

로라   그들은 제일 먼저 모든 사람들에게 전기충격요법을 실시했어요. 대상이 누구든 상관없었죠. 일단 걸어 들어가면 일주일에 세 번은 받아야 했어요. 어떤 병동에다 집어넣을지를 결정하기 전에 전기충격요법을 몇 번이나 시행했죠. 난 무서워서 죽는 줄 알았어요. 이제 죽는구나 하는 생각뿐이었죠. 병원에 있는 동안 나를 만나러 온 사람은 딱 한 명뿐이었어요. 조금 우습겠지만, 그 사람은 아이큐 테스트를 하러 날 찾아온 거였어요.

정신병원에서 많은 여성이 물리적으로 구타를 당했다. 바깥세계와 접촉하게 해달라는 그들의 요구는 묵살되었고, 편지는 검열당하거나 심지어 아예 부쳐지지도 않았다. 한 여성의 일기는 부분적으로 파손되었다. 의학적으로 합당한 항의는 거의 들으려고도 하지 않았다. 환자의 항의는 '주목을 끌려는 것'이라거나 '보복'의 형태로 간주되어 묵살되었다. 정신과 환자가 정신병원을 상대로 구금 기간 동안 입은 신체적 상해에 대해서는 소송을 제기하여 이길 수 있지만, 정신적 손상에 대해서는 소송할 수 없다는 것은 아이러니하다. 또한 병원 측이 의학적으로 주의를 기울이지 않았다거나, 의료 서비스가 열악했다는 이유로는 결코 승소할 수 없었다.

> 바버라 난 여러 번 구타를 당했어요. 그러다 요령을 터득했죠. 그들은 내게 말 안 듣는 아이들이 있으면 때리는 일을 담당하게 했어요. 그들은 대여섯 살짜리 아이들도 때렸어요. 거기에 대해서 항의하면 나 역시 맞았죠.

> 소피 몸에 뭔가 문제가 생긴 걸 알았어요. 걷기가 힘들었거든요. 하지만 그들은 내 말을 믿으려 들지 않았어요. 내가 절뚝거리거나 넘어질 때마다 그들은 날 비웃었어요. 그리고 내가 좋은 약을 요구했다는 이유만으로 날 걷어찼어요. 일단 발길질을 하고 난 다음에는 벽장보다 작은 방에 나를 밀어 넣었어요. 그리고는 옷도 주지 않고 마룻바닥에서 그날 밤을 보내도록 했죠.

주립 정신병원에 재입원한 이 여성들은 성별에 따른 강제 노역에 투입되었다. 그들은 무보수 가정부, 세탁부, 병동 보조원, 요리사, 구내매점 판매원 등으로 일했다. 만약 이들이 그런 일을 하지 않겠다고 거부하면 '미쳤'거나 '비협조적'으로 간주되어 약물, 충격요법, 구타, 야유를 당해야 했고, 더 오랜 기간

병원에 남아야 했다. 한편 이들이 그런 일을 받아들이고 잘해도, 병원 직원들은 이들의 퇴원을 달가워하지 않았다.

수전   감자 껍질 벗기는 일을 거부했어요. 그러자 직원들은 날 며칠 동안 독방에 감금했어요.

카르멘   난 X박사의 집안일을 개인적으로 맡게 된 것이 자랑스러웠어요. 청소하고 요리하고 아이를 돌보고 장도 보고 심지어 그 의사의 아들에게 스페인어를 가르치기까지 했거든요. 내가 싫었던 건 그들의 속옷을 빠는 일이었어요. 그건 정말 싫었어요.

프리실라   병동을 걸레질하는 것도 싫고 장기 입원환자의 똥을 작은 커피 깡통에 넣는 것도 싫다고 했죠. 그러자 직원들이 우르르 몰려와서 이불을 뒤집어씌워 마루에 눕혀놓고는 마구 차고 때리기 시작했어요.

내가 그곳에 있는 동안 많은 환자가 들어왔다가 퇴원했다. 정신병원에 있는 동안 그들이 의사와 나눈 대화는 5분도 채 되지 않았다. 가끔 신참자는 "언제 검진을 받을 수 있을까요?"라고 묻곤 했다. 그러면 나는 "일단 여기 들어오고 나면 검사 같은 건 없어요. 왜냐하면 의사는 당신이 이곳에 머물러 있길 원하는 사람들을 대표해서 당신을 이곳에 받아들였으니까요"라고 대답하곤 했다.

— 엘리자베스 패커드, 『현대의 박해』

이들 여성 중 심리치료를 받은 이들은 불과 몇 명뿐이다. 치료 그룹(그리고 심리치료사들)은 정보 공개에 대한 그들의 요구를 정신역학적으로 해석하거나, 그들에게 보다 '여성적'이고 '협조적'으로 굴라고 충고했다.

로라   "좀 꾸며봐요"라고 직원들이 말했죠. 그래서 매일 아침 인슐린 혼수치료를 받은 후 오후엔 다른 여자들과 함께 미용실에서 시간을 보냈어요. 물론 비용은 내가 지불해야 했죠. 내 감정을 숨기고 모든 것이 너무나 좋은 것처럼 가장해야 했어요. 그곳에서 풀려나려면 말이에요.

조이스   나를 계속 인터뷰한 의사가 있었어요. 그 의사는 똑같은 이야기를 하고 또 했어요. 난 내 모습이 얼마나 끔찍했는지 기억해요. 머리는 빗질을 하지 않아 산발했고 화장도 하지 않았거든요. 그 의사가 말하더군요. "왜 자신을 가꾸지 않습니까? 당신같이 멋진 여자가!" 그래서 난 대답했어요. "또 다른 남자가 날 쳐다보는 일이 절대 없도록 하려고요."

레이번   마침내 터득했죠. 화를 내선 안 된다는 걸 말이에요. 세상에, 직원들이 날 가두고 열쇠를 던져버리는데도 미소를 짓고 간호사들을 칭찬하며 마치 모자란 아이처럼 구는 것, 그게 내가 그곳을 벗어나기 위해 한 일이에요.

캐럴　　난 정말 공격적이었어요. 난 법적 권리를 알고 있었고 그래서 미친 듯이 싸웠어요. 난 정말 인간 변기 같은 강제수용소에 있었어요. 도저히 빠져나올 수가 없었어요. 직원들은 날 미워했고 대졸이라는 내 학력도 좋아하지 않았죠.

이들 여성 중 다수는 정신병원에 있는 동안 성적인 유혹이나 희롱을 당했다. 하지만 자발적으로 선택한 이성애 특히 동성애 성교는 금지되었다.

바버라　　한 직원에게 강간당한 여자가 있었는데, 간호사가 그 직원에게 따지러 갔지만 쉬쉬하고 대충 넘어간 일이 있었어요. 얼마 후 내가 부인과 검진을 받으러 갔는데, 의사가 날 강간하려 했어요. 그래도 난 항의할 수가 없었어요. 말해 봤자 그들은 내가 거짓말을 한다거나 미쳤다고 할 게 뻔했고, 전기충격치료나 하지 않을까 두려웠던 거죠.

마샤　　병원에서 어떤 여자와 사랑에 빠졌는데 그건 '병적'인 것으로 취급되었죠. 토요일 밤 댄스파티에 가는데 여자와 춤을 춰선 안 되고 남자하고만 춤을 춰야 하는 거예요. 그렇다고 그 남자랑 함께 밤을 보내는 것도 안 되는 거죠.

사회복지연금으로 생활하는 볼티모어 출신 흑인 여성 도리스 앤더슨의 이야기가 출판되자, 전화벨이 울려대고 우편물이 밀려들기 시작했다. 전화를 건 사람들은 멀쩡하고 건강한데도 관료적인 정신의학에 걸려들어 정신병원에 끌려가게 된 사례들을 쏟아내며, 이것이 단지 도리스 앤더슨 같은 흑인 여성들의 이야기만이 아니고 백인 중산층 여성들에게도 일어난 일이라고 강조했다. 남성의 경우에 이런 사례는 보고된 적이 없었다. 희생자는 모두 여성이었으며, 그 가운데 병원을 상대로 소송을 제기한 사례는 한 건도 없었다. 일부는 침묵했다. 정확히 어떻게 대응하며 싸워야 할지 몰랐기 때문이다. 그들은 변호사를 구할 수 없거나 변호사를 어떻게 선임해야 하는지 모르거나 정신병원에 있었다는 사실만으로 자신의 정신 상태를 의심받을까 봐 두려워했다.

— 니콜라스 폰 호프만, 『워싱턴포스트』

다른 사람의 이익을 위해 내가 대신 하소연했다. 다른 사람의 비통에 대해 내가 대신해 항의했다. 그들의 이익을 위해 나는 정신병원이 총애하는 인물의 자리에서 내려와 의도적으로 정신병원의 죄수가 되었다. 그 후 2년 8개월 동안 나는 거의 죄수나 다름없었고 단 한 번의 예외를 제외하고는 정신병원 밖으로한 발자국도 나가지 못했다. 의사가 정신병원의 교묘한 고문들을 이용해 나를 미치광이로 만들려고 했음을 나는 믿어 의심치않는다.

— 엘리자베스 패커드, 『현대의 박해』

정신병원에 입원한 인터뷰이 여성 중 오직 두 사람만이 자신의 법적 권리를 인식하고 있었다. 하지만 법정 투쟁에서 두 사람 모두 당연히 패소했고 결과적으로 좀 더 오랜 기간 정신병원에 갇히는 '처벌'을 받았다. 스물네 명 중 단 한 명만이 자신에게 '광기'가 있음을 수긍했다. 또한 그들 중 오직 한 명만이 자신이 '미치지' 않았다고 주장했다. 대부분의 여성은 정신병원에 입원한 사실과 그 이유에 관해 무지했다. 그들은 모욕감을 느끼고 혼란스러워했다. 그들 대다수는 야만적인 대우를 (말로) 축소하고 자신을 비난함으로써 그런 상황에 대처했다. 그들은 '병들었다'. 왜 그러지 않았겠는가?

로라   처음에 난 전혀 약삭빠르질 못했어요. 그러다 보니 그대로 상처를 받았어요. (웃음) 도망치려 들면 세 곱절의 처벌이 기다리고 있던 걸 몰랐거든요. 직원들은 내게 구속복을 입혔어요. 정말 잔인하죠. 그런 다음 독방에 24시간 감금했어요. 난 거의 움직일 수가 없었죠. 몸이 완전히 뻣뻣하게 굳었어요. 그들은 심지어 화장실 가는 것도 허락하지 않았어요. 대신에 변기 비슷한 것을 내 엉덩이 밑으로 밀어 넣어주었죠. 하지만 내가 정말 아팠단 걸 이해해야만 해요. 그걸 거짓으로 꾸밀 순 없잖아요. 난 꾀병이 아니었어요. 내가 정말 아팠단 걸 이해해줘야 해요.

조이스   엄청나게 큰 방이 있었던 게 기억나요. 휴게실이었죠. 모두가 그곳에 모여 있었어요. 수백 명의 사람들이요. 어떤 사람들은 방을 이리저리 뛰어다니면서 온갖 괴상한 짓들을 하고 있더군요. 난 너무 겁에 질려서 울기 시작했어요. 이런 생각이 들기 시작했어요. '이런 세상에, 정말 내가 미쳤나 봐. 내가 여기 있는

걸 보니까 난 정말 미쳤나 봐.' 난 정신과의사에게 반
문했어요. "난 정신분열증이죠, 맞죠?" 그러자 의사
는 "아뇨, 당신은 정신분열증이 아니라 히스테리와
신경증 환자입니다!"라고 대답했어요. 난 그 말을 믿
을 수 없었죠. 그래서 내 병명은 정신분열증이라고
우겼어요.

루시   직원들이 한 짓에 대해 질문이나 비판을 하면, 특히
다른 환자에게 그들이 한 짓에 관해 묻거나 비판을
하면 직원들은 고함을 지르면서 날 독방에 감금했어
요. 그러면 난 감정적이 되면서 흥분했어요. 난 그런
식으로 병든 거예요. 직원들이 뭘 생각하는진 분명치
않아요. 어쨌거나 그들이 싫어하는 소리들을 너무 많
이, 너무 큰 소리로 떠들게 되면 감금된다는 걸 알게
되었죠. 난 병들었어요. 그건 의문의 여지가 없어요.

이 여성들은 '병들었는가?' 의학적으로 '병든 것' 이상으로
'병들었는가?' 그들의 병은 그들이 병들었다고(우리 문화에서
여성의 특권인 병든 역할을) 받아들였기 때문이 아닐까? 아니
면 이 여성들이 전형적인 성역할을 거부했기 때문에 처벌을 받
은 것인가? 거꾸로 전형적인 성역할을 너무 지나치게 수용했기
때문인가? 그들이 정신병원에 입원한 것은 우연인가? 어떤 경
우든 그들은 결국 '치료받았어야' 했는가?
    이런 질문에 대해 모든 사람이 만족할 만한 대답은 과연 있
는가? 모든 여성들에게 맞는 대답이 있는가? 많은 여성들은 입
원 기간 동안 혹은 입원 이전에 그들의 성역할에 대해 양면적인

태도를 보였다. 로라의 사례가 이를 대변한다. 인터뷰를 통틀어 볼 때 로라에게서는 '여성적인' 감정이나 행동과 더불어 '남성적인' 감정이나 행동이 공존하고 있는데, 나는 그런 부분을 굵은 글씨로 처리했다. 우리 문화에서 여성이 정신적·심리적·성적으로 양성적이거나 '남자'같이 행동하는 것을 적극적으로 옹호해주는 곳은 거의 없다.

로라는 두려워하면서도 호기심에 차서 용기를 내어 어느 일요일 오후에 나와 이야기를 나누었다.

"어머니가 조심하라더군요. 하지만 로이스[친구]는 괜찮을 거라고 그랬어요."

서른다섯 살인 로라는 어머니에게 '방을 하나 빌려서' '바깥에 나가지' 않고 집에만 틀어박혀 닥치는 대로 책을 읽고 시를 쓰면서 일주일에 세 번씩 남성 정신과의사와 상담했다. 석사학위를 가지고 있으면서도 그녀는 비서로 일했다. 그녀는 페미니스트가 아니다. 로라는 정신질환적 문제로 두 번 입원했고, 한 번 결혼한 적이 있다. 그녀는 자신이 '정신적으로 아팠다'고 주장한다.

로라   어떻게 할 수가 없어요. 정말 아팠거든요. 그러다 환각에 빠져들기 시작했어요. 난 정말 사람들이 나에게 적대적이라고 상상했어요.

필리스   정말 사람들이 그랬나요?

로라   **아뇨.**

필리스   당신 어머니가 경찰을 불렀을 때 당신은 어땠나요?

로라   그때 당시 처음엔 어머니가 나한테 적대적이고 잔인하다고 느꼈죠. 물론 어머니가 한 짓은 **잔인했어요.** 알다시피 난 생계를 꾸려갈 돈이 없었거든요. 난 글을 쓰고 있었어요. 대학원을 졸업했지만 직장을 잡을 수가 없었어요. 그래서 어머니께 돈을 좀 달라고 했죠. 어머니는 거절하시더군요. 왜냐하면 이젠 어른이 되었으니까 자기 앞가림은 스스로 해야 된다는 거였죠. 아니면 결혼이라도 하라고 하셨죠. 우린 이 문제로 끔찍하게 싸웠고 어머니가 경찰을 불렀어요. 그렇지만 그들이 날 가둘 것이라고는 생각지 못했어요. 어머니가 엄포를 놓는 줄로만 알았거든요. 어머니가 경찰을 부른 건 **내 난폭한 성질 때문이었어요.** 어머니도 영리한 분이라 뭔가 잘못되었다는 걸 눈치챘죠. 경찰은 나에게 수갑을 채우고 킹스 카운티로 데려갔어요. 그들은 내 옷과 반지를 가져갔고, 대신 진정제를 주었어요.

필리스   정신과의사를 만났나요?

로라   그래요. 운이 나빴죠. 정신과의사는 내 상태를 실제보다 훨씬 더 심각하게 판단했던 것 같아요. **내가 울부짖고 고함을 치기 시작했거든요.** 모든 게 너무 끔찍했어요. 그런데 그게 잘못이었어요. 의사는 그걸 심각한 정신장애의 징후로 간주했어요. 왜냐하면 그 당시 난 스스로를 도저히 억제할 수가 없었거든요. **난 골칫거리였어요. 도망치려 했죠.** 더 이상 갇혀 있고 싶지 않았으니까요. 그들은 날 붙잡아 센트럴 아이슬럽으로 이송했어요. 그곳에서는 곧바로 일주일에 세 번씩 전기충격요법을 실시하더군요. 난 죽는 줄만 알았어요. 한 달 동안 나를 면회하러 오는 사람은 아무도 없었어요. 날 만나러 왔던 유일한 사람이 아이큐 테스트하러 온 사람이었다니까요. 그때 잘했어야 했는데. 왜냐하면 그들이 날 '요주의' 인물에게 '더 맞는 건물'로 이송했거든요. 거기서는 전기충격요법에다 인슐린요법까지 병행했어요. 아침나절 인슐린을 맞고 나면 약효가 지속되는 동안 완전히 녹초가 되어 죽은 듯이 누워 있어야만 했어요. 직원들이 날 깨우려고 설탕이나 에그노그 같은 걸 주었지만 하루 종일 완전히 늘어져 있었죠. 저녁에는 카드놀이를 했는데, 대체로 나는 졸고 있었어요. 그들이 석방시켜주기 전에 내 상태가 좋아졌다고 판단하도록 만들려면 나 스스로 아프단 걸 인정해야 해요. 그래서 난 **병들어 있었어요.**

필리스   아무도 당신과 대화를 나누지 않는데 당신이 아프다는 걸 그들이 어떻게 알죠?

로라   그러니까, 그 사람들을 다루는 법에 점차 익숙해졌어요. 난 이전과 다르게 느끼게 되었어요. 그 사이에 내 젊음이 사라진 것처럼요. 그뿐만은 아니었어요. 충격

6장 정신병원에 입원했던 여성

요법은 정말 강력하죠. 충격요법을 받으면 이전과 동일한 생각을 유지할 수 없어요. 충격요법은 사고작용을 방해해요. 그러면 새로운 생각을 하게 되죠. 부모님은 오래전에 이혼했어요. 누군가 날 돌봐줄 사람만 있다면 병원에서는 기꺼이 날 풀어주려고 했어요.

필리스   아버지와 함께 지내는 건 생각해보지 않았나요?

로라   아버지는 나를 받아들이려고 하지 않았어요. 아버지는 어떤 자식하고도 가까이 지내는 걸 원하지 않았거든요.

필리스   친구들은 어땠어요? 애인은요?

로라   글쎄, 아무도 날 면회하러 오지 않았어요. 각자 나름의 생활이 있었을 테니까요. 솔직히 친구들은 내게 관심이 없었어요. 그런 점에서 내 경험이 특이한 것은 아니라고 생각해요. 친구들이야 원래 하룻밤 놀러 올 수는 있어도 금세 자기 생활로 돌아가잖아요. 난 다른 지역에서 교사직을 얻었고 그곳에서 남편을 만났죠. **이런저런 이유로 남편은 나와 결혼하길 원했어요. 모든 사람의 이유를 일일이 다 분석할 순 없잖아요.** 그래서 1년 후에 그 사람과 결혼했어요. 나랑 진심으로 결혼을 원했던 사람은 남편이 처음이었어요. **사랑이요? 글쎄, 그게 뭔지는 잘 몰라요. 당신은 날 대단히 괴상한 사람으로 볼지 모르겠군요.** 결혼하기 전에 **그는 자기가 박사학위를 딸 때까지 먹여 살릴 수 있겠느냐고 묻더군요. 바보같이 전 그렇게 하겠다고 했죠.** 그래서 난 가르치는 일을 했어요. 남편은 학교에 다녔고요. 결혼하고 1년 반쯤 지나면서 난 또다시 상상하기 시작했어요.

필리스   뭘 상상했는데요?

로라   이번엔 남편이 외도를 하고 있다고 상상을 했어요. 사람들이 나에게 적대적이라고 상상했고요. 병이 재발한 거죠. 남편은 대부분의 시간을 집 밖에서 보냈어요. 집에서는 식사와 잠만 해결했죠. 우린 잠자리를 함께한 적도 거의 없었어요.

필리스   당신에게 애인은 없었나요?

로라   **애인이라뇨? 없었어요.** 상상이 부풀려지다 보면 **발작적인 성질이 폭발해서** 물건을 부수고 남편에게 고함을 지르곤 했어요. 남편은 몇 번인가 호텔에서 잠을 잤어요. 남편에게 결혼생활을 상담할 카운슬러를 만나보자고 제안했죠. 결혼생활이 깨질까 봐 두려웠거든요. 그는 심리치료사에게 갔고 이번엔 남편이 날 병원에 집어넣었어요.

필리스   그 사람 독단으로요?

로라   그래요. 남편이 건장한 남자들과 함께 왔어요. 그 사
         람들이 날 뭘로 묶더니 전화를 끊었어요. 어머니랑
         전화를 하고 있던 중이었거든요. 난 히스테릭해졌지
         만 그들은 내가 누구와도 얘길 하지 못하게 했어요.
         심지어 내 심리치료사하고도요. 남편은 그냥 그곳에
         서 있기만 했어요. 남편은 내가 전기충격요법과 병원
         을 죽도록 무서워한다는 걸 알고 있었어요. 내가 처
         음 입원했을 때 이야기를 자주 해주었거든요. 하지
         만 남편은 개인병원은 다를 거라고 생각했어요. 지난
         해에 난 의학 교재에서 내 병명을 찾아보았죠. 그 교
         재에 의하면 난 치료 불능이더군요. 난 상심해서 심
         리치료사를 만나기로 했죠. 내가 정말 희망이 없는지
         알고 싶었거든요.

필리스   당신은 왜 자신이 정신분열증이라고 생각하나요?

로라   글쎄요, 그게 언제나 내 진단명이었고 예후가 좋지
         않으니까요. 내 담당 의사는 날 안심시켜주었어요.
         때때로 그는 내가 결혼한 여성들을 부러워하지 않는
         것에 놀라더군요. 의사는 내가 그런 여성들을 시샘할
         줄로만 알았나 봐요.

'비여성적' 행동, 즉 골치 아프거나 궁색한 행동뿐 아니라
나이 역시 여성이 정신병원에 입원하는 데 한몫한다. 바버라와
캐럴은 자살 시도를 했다. 바버라는 열세 살 때였고, 캐럴은 마
흔다섯 살 때였다. 두 사람 모두 정신병원에서 지냈다. 가족이

그들을 부양할 수 없었거나 부양하려 하지 않았거나 그런 가족마저 없었기 때문이다. 두 사람 모두 '투지'가 있었다. 그런 기질은 가족에게서나 정신병원에서나 환영받지 못한다. 나는 여기서도 대단히 전형적으로 '여성적'이거나 '남성적'인 행동이 이들 두 여성에게서 나란히 드러나는 대목을 굵은 글씨로 표시할 것이다.

캐럴은 예순다섯 살이다. 그녀는 뉴욕시에서 제공하는 임시 숙소에서 혼자 살고 있다. 잠긴 문 너머 좁은 방에는 법률 서류와 신문에서 오려낸 기사로 가득 찬 트렁크와 사용 금지된 2구짜리 버너와 끝없는 도시의 소음이 가득 들어차 있었다. 그녀는 뉴욕에 있는 정신병원에서 10년을 보냈다. 그녀는 미소가 고혹적이었으며 신비스러운 기운을 내뿜었다. 그녀의 직업은 배우이다. 본디 있는 집안에서 태어나 제대로 가정교육을 받았고 확실한 이성애주의자였지만 그녀는 결혼하지 않았다.

캐럴 어린 시절부터 배우가 되고 싶었어요. 열여섯 살 무렵부터 우리 가족은 나를 약혼시키려 들었죠. 내가 돌려준 약혼반지만도 여덟 개나 됐어요. 크고 아름다운 반지들이었어요. **난 그냥 결혼하고 싶지는 않았어요.** 내 말은 카드놀이와 마작에 빠져드는 것처럼 결혼으로 빠져들 수가 없었단 뜻이에요. 가족들은 날 가둘 수 있는 모든 수단을 동원했어요. 그러다가 약혼이란 사업을 벌이기 시작한 거죠. 부잣집 자제들이 수도 없이 '중매'를 넣어서 헤아릴 수조차 없었어요. 하지만 약혼반지는 두세 달 후면 어김없이 돌려보냈죠. 우리 가족은 날 엄하게 대했는데, 이때 내게 많이

6장 정신병원에 입원했던 여성

실망했죠. 부모님은 오빠가 있는 여자친구네서는 하룻밤 자는 것도 절대 허락하지 않았어요. 그들의 소중한 망나니를 누가 겁탈이라도 할까 봐서요. 한번은 약간 늦게 집에 돌아왔더니 온 집 안에 불이 켜져 있더군요. 그 광경이라니! 당신은 젊어서 그런 구경거린 이미 사라진 시대에 자랐겠지만요.

필리스   저도 비슷한 경험을 했어요.

캐럴   하여튼 부모님은 친구인 정신과의사에게 날 보냈어요. 정신의학은 교과서를 통해 배우는 건 아니잖아요. 정신과의사는 문제가 있는 사람을 따스한 마음으로 대하며 치료하는 것이니까요. 난 그 의사를 좋아했어요. 모든 정신과의사가 벨뷰에 있는 망할 놈들 같지는 않거든요. 그처럼 많은 책을 가지고 있는 사람을 여태껏 본 적이 없어요. 마침내 그는 부모님께 전화를 걸어 말했어요. "난 이 애가 할리우드로 가는 걸 원치 않아요. 이 앤 그 치열한 경쟁사회에 맞지 않아요. 할리우드는 그랜트 장군이 리치먼드를 점령한 것처럼 이 애를 집어삼킬 테니까요. 본론부터 말할게요. 난 이 애를 의과대학에 보냈으면 좋겠어요." 어머니는 웃기 시작했죠. "아니, **이 애가** 의사가 되었으면 한다고요? **이 앤 아기 기저귀 가는 것도 못 견딘다고요.**" 내가 스물다섯 살이 될 무렵, 부모님은 머리카락을 쥐어뜯고 있었어요. "넌 노처녀에다 평판까지 나쁘니 대체 뭐가 되려고 그러니?" **난 부모님과 완전히**

인연을 끊기로 했죠. 그래서 여기 할리우드로 오게된 거예요.

필리스   어떻게 정신병원에 들어가게 됐죠?

캐럴   할리우드는 날 완전히 '집어삼키지는' 않았어요. 할리우드는 거친 세계였지만 약간의 돈을 모을 순 있었어요. 하지만 모든 사람이 내게 "뉴욕으로 가서 단역이나마 무대에 서도록 해봐. 그러면 저들이 너를 다시 붙잡을 테니까"라고 했어요. 그래서 뉴욕으로 왔어요. **그때 오디션에서 그 남자를 만났죠. 선량한 아버지 같은 얼굴을 한 땅딸막한 사내였죠.** 그가 내 매니저가 되고 싶다더군요. 난 '가치 있는 재산'이었으니까요. 난 당연히 경계했어요. 내 말은, 할리우드에선 뭐든 섹스와 연결되어 있다는 뜻이에요. 정말 그는 점점 성관계로 유도해갔어요. 그는 내 매니저가 되었고, 나에게 단역을 주선해주었어요. 난 수표를 그에게 넘겼고 그는 약속했죠. "당신이 필요로 할 때 즉시 주겠소"라고요. 그런데 그가 내 돈을 모두 탕진했어요! 나는 그에게 "자, 당신이 보관하고 있던 돈을 돌려줘요" 하고 요구했지만, 그에겐 땡전 한 푼 없었어요. 마침내 난 필사적인 마음으로 그의 사무실로 찾아갔어요. 그는 내 어깨를 잡아 흔들면서 크고 억센 주먹으로 내 머리를 때렸어요. 그러곤 고함을 질러댔어요. "저 여자 쫓아내! 저 여잘 쫓아내라니까! 경찰을 불러." **난 너무나 수치스러웠어요.**

필리스   그 사람이랑 잔 적이 있었나요?

캐럴   네다섯 번 정도요. 난 너무 수치스러워서 소리를 지
         르면서 그곳에 서 있었죠. "그래 좋아. 경찰 불러. 모
         든 사람이 다 알게." 그는 미친 사람처럼 사무실 안
         을 이리저리 서성였어요. "난 창녀가 아니야. 일을 찾
         고 일한 대가를 받기 위해서 왔을 뿐이야." 이렇게 맞
         고함을 쳤죠. **난 그에게 대본을 읽어주었죠, 무료로.**
         "아니, 넌 창녀야, 창녀라고." 그가 고함을 지르면서
         주먹을 허공에 휘둘렀어요. "그래, 너같이 더럽고 치
         사한 놈이 날 창녀로 만들었어." 나는 그곳을 뛰쳐나
         왔어요. 그리고 집에 돌아와 며칠을 울면서 누워 있
         었어요. 친구 몇 명이 그를 찾아가 흠씬 두들겨 패주
         려고 했어요. **나는 말렸어요. 너무 치욕스러웠거든
         요.** 집세도 밀렸고 몸도 완전히 녹초가 되었어요. 아
         무것도 제대로 할 수가 없었죠. 난 디플로마 호텔에
         투숙했고 선불로 이틀치를 지불했어요. 그리고 호
         텔 종업원에게 부탁해뒀죠. 너무 피곤하니 어떤 전화
         도 연결시키지 말라고요. '방해 금지' 팻말을 방문 앞
         에 걸어두고 페노바비탈과 세코날을 삼켰어요. 내 기
         억에 마지막으로 시계를 보았을 때가 5시 25분이었
         어요. 나는 그대로 곯아떨어졌어요. 그리고 닷새가
         지나서 깨어나보니 한밤중 벨뷰였어요. 병원 직원들
         이 내게 질문을 마구 퍼부었어요. "왜 그런 짓을 했어
         요? 지금 당신이 어딨는지 알겠어요?" 몸이 심하게
         망가졌죠. 걸을 수도 없었고 시야가 흐려졌어요.

캐럴은 의학적으로 손상을 입고 방치되었다. 그녀에 대한 법원의 정신 감정(그녀가 고집했다)에서 판사는 돌봐줄 사람이 있는지 물었다.

캐럴 없다고 대답했죠. 이모나 어머니에게 이런 꼴을 보이는 게 싫었거든요. 판사가 말했어요. "그럼, 당신은 좀 더 치료를 받아야 할 겁니다." 그러자 그 망할 놈(정신과의사)이 일어나서 말했어요. "어느 주립병원에서든 의학적인 치료를 받을 수 있습니다." 그들은 나에게 퇴행기 정신병과 정신분열적 성격이라는 딱지를 달아주었죠. 난 제대로 걸을 수조차 없었어요. **그럼에도 난 공격적이고 비협조적으로 대응했어요.** 그게 결정적이었어요. 비협조적인 것은 미친 것이 되죠. 주립 정신병원에선 적절한 치료를 받을 수 없단 걸 알고 있었어요. **그래서 날 풀어주지 않을 거면 죽여달라고 판사에게 요구했어요.** 음, 결국 그렇게 된 거예요. 난 "제발 이러지 말아요" 하고 판사에게 애걸했지만 판사는 날 주립 정신병원으로 보냈어요.

바버라는 열아홉 살이다. 전통적인 기준으로 본다면 굉장한 미인이다. 그녀는 히피 스타일로 옷을 입었다. 그녀는 마치 살아 움직이는 인간 모빌처럼 가냘픈 몸매에 가죽과 스웨이드와 놋쇠와 은을 주렁주렁 달고 있었다. 얼마 전 그녀는 엄마가 되었다. 처음 그녀를 만났을 때는 그다지 오래 이야기를 나눌 수가 없었다. 그녀의 남편이 가능한 한 빨리 집으로 돌아오기를 원했기 때문이다. 그녀는 줄담배를 피웠고 커피를 마시며

6장 정신병원에 입원했던 여성

비눗방울 같은 가벼운 농담만을 날렸다. 그러다가 대단히 진지해졌다.

필리스   어떻게 병원에 들어가게 됐어요?

바버라   **내가 자살을 시도했기 때문이죠.** 나를 짓누르는 압력이 너무 엄청났어요(그때 그녀는 열세 살이었다). 아빠는 우릴 버렸고, 엄마는 우릴 사랑했지만 너무 문제기 많았어요. 엄마는 제 역할을 하지 못했어요. 결국 난 위탁가정에 맡겨졌고 아빠가 가끔 보러 오곤 했어요. 아빠는 엄마가 날 사랑하지 않는다고 말했어요. 난 끝내 울음을 터뜨렸어요. 위탁부모는 먹을 것도 제대로 주지 않았어요. 난 내게 벌어지는 일들을 믿을 수가 없었죠. 나이가 들어 가톨릭 학교에 들어갔는데, 그 무렵 난 정말 이상했어요. 나는 평범한 행복한 아이가 아니었으니까요. 그곳에서 수녀에게 매를 맞곤 했어요. 왜냐하면 엄마가 그 수녀에 관해 나쁜 소문을 퍼뜨리고 다녔는데 그걸 들었나 봐요. 친구라곤 없었고 늘 혼자였어요. 엄마는 술을 마시고 잊을 만하면 한 번씩 자살을 시도했어요. 난 나대로 엄마를 힘들게 했죠. 열세 살 무렵엔 **새벽 네다섯 시까지 바깥으로 나돌았거든요.** 마침내 난 크리드무어의 어린이 병동으로 이송되었어요.

필리스   거기에 얼마 동안 있었나요?

바버라   5개월에서 6개월쯤 있었던 것 같아요. 그곳엔 수간호
사가 있었는데, 여자애들이 자기를 너무 힘들게 하면
조치를 취했죠. 그 조치라는 건 아이들이 누리는 혜
택을 철회하거나 때리는 거였죠. 수간호사의 말을 잘
듣지 않으면 병원에서 지내기가 얼마나 힘들었는지
몰라요. 나도 몇 번 맞았어요. 한 애가 내 마스카라를
가져가고선 자기가 잃어버렸던 거라고 우기는 거예
요. 그러자 수간호사가 물었죠. "네 마스카라를 쟤가
가져가도록 내버려둘 셈이니?" 우리는 여자애 하나
를 놓고 어깨를 마구 때리는 게임을 했어요. 누군가
그 애의 어깨를 붙잡고 있으면 나머지 애들이 그 애
어깨에 주먹질을 했어요. 정말 진저리 나는 짓이었어
요. 직원들은 환자들 이상으로 엉망이었어요.

난 크리드무어를 두 번이나 탈출했어요. 하지만 병원
에서 사람을 풀어 금방 다시 찾아냈어요. 한번은 병원
을 탈출한 뒤 병원에서 알게 된 어떤 사람 집에 머물
고 있었어요. **그 애(내 여자 친구)의 삼촌이 날 강간
하려 해서 내가 그 남자 손가락을 부러뜨렸어요. 그
런 다음 크리드무어에 있는 수간호사에게 전화를 걸
어 날 데려가달라고 부탁했죠.** 그 뒤로는 의사나 수
간호사, 사회복지사들과 문제를 일으키지 않았어요.
잘 지냈어요. 병동을 엉망으로 만들지도 않았고요.

필리스   그곳에 있을 때 학교에 다녔나요?

바버라   아침 10시부터 12시까지요. 그 시간을 우린 청소년학

교라고 불렀는데 사실 엉망이었어요. 선생들은 힘들게 만들지 말고 협조해라, 그런 얘기만 했어요. 치약이나 뭐 그런 것들을 타기 위해 줄을 서 있기도 했죠. 우리가 줄을 서서 지나가면 직원들은 액상 소라진하고 뭔가 다른 것들을 큰 컵에다 따라주었어요. 당시엔 그게 뭔지 몰랐어요. 나중에야 알게 되었지만 소라진을 너무 많이 먹으면 일시적인 기억상실이나 의식상실을 겪을 수도 있더군요. 난 침대에서 일어나 기분이 좀 나아지도록 뭔가 달라고 간호사에게 말했죠. 그러자 간호사는 "침대로 돌아가. 그러지 않으면 주삿바늘로 엉덩이를 찔러버릴 테니까"라고 말했어요.

장기 입원환자들은 화장실에 주로 갇혀 있었어요. 직원들은 그들의 옷을 갈아입혀주지도 않았고, 어떨 때는 그들에게 오줌을 갈기기도 했죠. 방문객이 오면 직원들은 그런 환자들을 목욕시키고 "잘 지내고 있습니다"라고 말했어요. 난 그들이 내게 필요 이상으로 **많은 약물을 투여하고 있다고 항의했죠.** 그러자 한번만 더 주둥이를 놀리면 영원히 못 쓰게 만들어놓겠다고 위협했어요. 정말 끔찍했죠. 공식적인 감사가 나오면 우린 2주일 전부터 청소를 했어요.

직원들은 환자에게 변기나 요강 같은 것도 주지 않은 채 격리시켜놓고는 **우리더러 그걸 치우라고 명령했는데, 정말이지 그 일은 하고 싶지 않았어요.** 직원들은 설사똥을 커피 깡통에다 담으라고 했죠. 정말로 미치지 않았다면 견디기 힘든 곳이죠. 하지만 달리 갈 데가 없어서 그냥 그곳에 오래도록 머물러 있어야 하는 사람들도 있었어요.

난 그곳에서 어떤 여자애랑 어울렸어요. 그러니까 성적으로 말이에요. 열일곱 살 때였는데, 그들이 내게 해주는 거라곤 아무것도 없었어요. 내가 필요로 하고 그 애가 필요로 하는 상담 프로그램 같은 것도 없었고요. 직원들은 그 애를 데려가서 내가 정말 오르가슴에 도달했는지를 물어보았고 그 애가 그렇다고 대답했죠. 난 정말 오르가슴을 느꼈으니까요. 그건 정말 병든 관계였고 정상적이지 않았어요. 열일곱 살의 나로서는 내가 동성애자였는지 아닌지 전혀 알 수가 없었어요. 그런 것에 관해 말할 사람이 아무도 없었어요.

내가 크리드무어에서 겪은 모든 일을 영어 선생님에게 이야기했더니 선생님은 못 믿더라고요. 직원들이 구타를 하고 사람을 무기력하게 만들려고 엄청난 양의 약물을 투여한다고 얘기하자 선생님은 내가 거짓말을 한다고 생각했어요. 사람들은 자기와 다른 사람을 두려워하잖아요. 내가 갈 곳이 있었더라면 크리드무어에 있을 필요는 없었겠죠.

7장

레즈비언

내 어머니를 계산에 넣지 않는다면, 최초의 레즈비언 경험은 여덟 살 때 일어났다. 방과 후 앤은 우리 집에 놀러 오곤 했다. 앤은 전날 밤 몇몇 사내아이들이 자기에게 했던 짓을 신비한 이야기처럼 엮어나갔다. 나는 많은 질문을 했다. 그러자 앤은 나에게 직접 보여주겠다면서 키스에 키스를, 애무에 애무를 거듭하고서는 그런 일이 전날 밤 실제로 일어났다고 말했다. 물론 우린 둘 다 사내아이를 '졸업'하고 '어린 시절의 게임'을 기억 저편으로 밀쳐놓았다.

2년 전 앤을 만났을 때, 나는 은행 출납원으로 일하고 있었다. 앤은 만삭이었는데, 자기 남편의 직업, 남편이 목장주 집을 계약하면서 들인 계약금, 여름 휴가에 대한 남편의 계획 등 오로지 남편에 관한 얘기만을 쉴 새 없이 늘어놓았다. 나는 묻고 싶었다.

"있잖아, 앤, 그 키스 기억하니?"

하지만 차마 물어볼 수 없었다. 나는 입을 다물었다.

— 여성들 사이의 침묵을 깨는 데 이번 장을 바치고 싶다.

동성에 대한 여성의 사랑은 […] 남성 간의 사랑에 버금간다. 여성 동성애의 유일한 목적은 차원이 낮은 관능을 초월하는 것이며, 육체적인 미를 정화하여 정신적인 미로 변형시키는 것이다. 동성(여성)을 고양시키려는 사포의 노력을 살펴본다면 […] 사포가 그중 한 가지 미에만 관심이 있었던 것은 아니다. 에로스는 사포에게 영적인 미 역시 창조하도록 몰아붙였다. 이런 생각과 마주하면서 사포는 젊은 여성으로서 그녀가 가치 있는 것으로 보았던 모든 것에 무관심하게 되었다. 즉 부, 보석, 외모를 아름답게 치장하기 위한 장신구 등에 대한 관심이 사라지게 되었다.

— J. H. 바흐오펜[1]

다른 여성과 사귄 적이 전혀 없었던 여성은 동성애가 혐오스러울 뿐 아니라 상상조차 할 수 없다는 반응을 대체로 보인다. 그러나 한두 번의 파티를 통해 여성들이 서로 즐기고 있음을 확인하고 나면 입장을 약간 수정하면서 말한다.

"다른 여성이 나에게 다가오는 것을 즐길 순 있지만 내가 먼저 다른 여성에게 적극적으로 다가갈 수는 없어요."

그 후 여러 달에 걸쳐 열애를 하고 파티에 다니다 보면 또 달라진다.

"난 여성과 모든 걸 즐길 수 있어요. 그 여성이 원하는 방식대로 말이에요."

우리가 관찰한 공개적인 파티에서 여성들은 대체로 동성애적 행위를 통해 분명히 만족을 얻었고, 젊은 사람들이 있으면 특히 더 그랬다.

— 길버트 바텔[2]

대다수 정신분석 이론가들은 레즈비어니즘을 심각하게 오해하거나 가차없이 비난한다. 일부는 오해와 비판을 동시에 하기도 한다. 그들은 (레즈비어니즘의) '조건'이 생물학적 천성 혹은 호르몬 분비에 기초해 있다고 말한다. 혹자는 환경의 영향으로 일어나는 현상이라고 주장하기도 한다. 어떤 경우든 이들은 모두 한결같이 레즈비어니즘은 부적응증이며 퇴행적이고 유아적인 것이라고 본다. 그렇지 않다고 주장하는 경우에도 레즈비어니즘은 부정할 수 없는 고통을 받는 방향으로 나아가게 될 것이며, 따라서 결국 부적응증을 경험하고 퇴행하게 될 것이라고 한다.

　　다소 중도적인 입장에서는 레즈비어니즘은 유아적인 것이 아니라 단지 제한적인 것이라고 본다. 인간은 누구나 본성적으로 양성애적이라는 것이다. 그런데 (사회나 가부장적인 가족이라는) 조건화가 여성과 남성 모두를 이성애자로 기형화시키거나 강제한다는 것이다. 보다 급진적인 입장에서는 이에 반대한다. 여성은 본성적으로 남성보다 더욱 양성애적이고 감각적이다. 생리학적으로 볼 때, 여성들은 가부장적인 남성보다 성적으로나 정서적으로 서로에게 훨씬 더 나은 파트너가 될 수 있다. 그보다 더욱 대담한 논자들은 양성애라는 상당히 '진보적인' 시각마저 거부한다. 그들의 주장에 따르자면, 그건 말도 안 된다. 우리 문화에서 여성의 양성애는 제한적일 뿐 아니라 타협이자 속 보이고 비겁한 '책임 회피'로 받아들여진다. 샬럿 울프(Charlotte Wolff) 박사는 『여성들 간의 사랑*Love Between Women*』에서 의도치 않게 이 마지막 관점을 다음과 같이 부분적으로 설명한다.

　　어머니의 사랑에 대한 레즈비언의 갈망은 언제나 남성의 존재로 인해 위험에 처하게 된다. […] 사람들은 왜 레즈비언이 남성과 여성으로부터 그처럼 원망의 대상이 되는지 의아하게 생각한다. 남성은 자부심과 허영심 때문에 레즈비언을 심각한 경쟁 상대로 생각하려 들지 않는다. 레즈비언에 대한 남성들의 혐오는 근본적으로 심리적 원인으로 거슬러 올라간다. 말하자면 여성에게서 어머니를 요구하는 것이다. 남성은 여성이 '먹여주기'(사랑하기)를 원한다. 남성은 평생 동안 자아의 지원을 필요로 한다. 다른 여성을 '먹여주는' 레즈비언은 남성의 세계를 혼돈 속으로 몰아넣는다. 레즈비언은 경쟁 상대인데, 왜냐하면 레즈비언은 여성의 것이 아니라 남성의 것이어야 하는 모성의 지지를 빼앗아 가기 때문이다.[3]

남성과 여성을 모두 '먹여주는' 여성은 가부장적인 사회에서 오래 굶주린(가끔은 배가 부어오른) 여성들을 성공적으로 '먹여줄' 수 없다. 심리적인 관점에서 볼 때, 오로지 여성들만이 서로의 결핍된 모성을 '보상할 수' 있다. 지금 시점에서 오직 여성들만이 (그럴 수만 있다면) 여성을 인류로 편입, 재편입할 수 있게 도와줄 수 있는 것이다. 여성들이 '여성적인' 조건화를 파괴하기 위해서는 다른 사람으로부터 정서적·성적·경제적·지적 지원을 받아야 한다. 남성들이 받는 그런 지원을 자기보다 어린 여성이나 나이 많은 여성 모두로부터 받아야 한다. 그렇다고 페미니즘의 수단이나 목표가 반드시 레즈비언이 '되거나' 페미니스트에 앞서 레즈비언의 가치나 생활양식을 따르는 여성들에 의해 성취되어야 한다고 말하려는 것은 아니다.

많은 연구자(의사)들은 여성 동성애를 남성 동성애와 혼동하거나 동일시해왔다. 그들은 전자보다는 후자에 속하는 '환자'

집단을 많이 연구하고 그들에게 좀 더 공감대를 표시한다. 물론 대다수는 전혀 '공감대'를 가지지 않는다. 작가 멀 밀러는 1971년 『뉴욕타임스』를 통해 '커밍아웃'했다. 정신과의사로부터 그가 받은 편지 중 일부는 다음과 같다. "나는 밀러 씨가 그런 질병으로부터 치유되지 않은 것에 동정을 표하는 한편 […] 동성애자 역시 어느 누구와 다를 바 없는 시민권을 가지고 있다고 생각합니다. 그들 역시 '질병'을 치료받을 권리를 가지고 있습니다." 또 다른 정신과의사는 밀러에게 '무료'로 치료해주겠다고 제안하면서, "왜냐하면 당신의 어조로 볼 때 당신은 너무 절망적인 데다 절박한 도움을 필요로 하는 것이 분명하기 때문입니다"라고 했다.

물론 남자들이 하는 짓은 그게 무엇이든 여자들이 하는 짓보다 중요하다고 간주되기 때문에, 확실히 남성 동성애자가 레즈비언보다 사회적·법적·경제적으로 보다 공공연하게 처벌받아왔던 것은 사실이다. 아마도 여기에는 남성의 성적인 공격성에 대한 두려움과 더불어 남성의 신체적인 힘에 대한 두려움이 주요 요인으로 작용했을 것이다. 남성 동성애는 이 두 가지 형태의 힘이 강력하게 결합된 것으로 인식되고 있다. 말하자면 남성 동성애자는 보다 허약하거나 어린 남성에게 이런 힘을 이용하는 것으로 인식된다는 것이다. 하지만 이와 마찬가지의 위협이 대다수 여성에게는 일상적인 요소로 자리 잡고 있다. 이성애자 남성은 그들의 신체적인 힘과 '성적'인 힘을 이용해 모든 여성, 그중에서도 특히 어린 여성을 위협한다. 하지만 우리 문화에서는 이성애자 남성들이 그런 위협을 가한다고 해서 그들을 처벌하거나 두려워하지는 않는다. 똑같은 행동도 남자에 의해 수행되느냐 여자에 의해 수행되느냐에 따라, 그리고 그런 행동

7장 레즈비언

의 수용자의 기능이 무엇이냐에 따라 전혀 다른 의미를 지니게
된다.

　심지어 남성 동성애는 여성 동성애보다 훨씬 더 '영광스러
운' 전통을 가지며 종종 보다 합법적이거나 소중한 의미가 있
다고 인식된다. 예를 들어 역사적으로 많은 남성 동성애자들은
'영웅적인' 전쟁을 함께 치렀으며, 정치와 교회와 산업에서 앞
장서왔고, 예술적이고 지적인 걸작을 창조해왔다. 일각에서는
남성 동성애를 서구 문화의 파수꾼이라고 여기기도 한다. 어떤
면에서는 그들의 생각이 옳다. 그러나 이것이 의미하는 바에 대
한 나의 느낌은 그들의 생각과 다르다. 무엇보다도 이는 우리
문화가 반여성적이고 독선적이며 호전적임을 의미한다.

　남성 동성애는 종종 아름다움, 사랑, 폭력, 죽음 등에 대해
문화적으로 귀중한 관심을 구현하는 것으로 비친다. 토마스 만
의 소설 『베네치아에서의 죽음』에 등장하는 주인공처럼, 남성
동성애자는 생물학적 재생산이라는 명분보다는 훨씬 더 영적
이고 성적인 명분을 위한 순교자로 간주된다. 남성에 대한 남성
의 사랑은 여성과 아이들이 얽혀 있는 딱하고 구차스러운 가정
의 대소사보다 훨씬 실재적이고 고양된 것으로 보인다. 플라톤
식 '유심론'과 그것이 암시하는 모든 것('사랑' 없는 섹스와 섹
스 없는 사랑에서부터 현대 과학에 이르기까지)은 서구 문화의
기본적인 가치이다.

　레즈비언은 그처럼 영광스럽게 확장시킬 만한 역사와 선조
들이 없다. 레즈비언 어머니와 할머니는 이성애자 여성들과 마
찬가지로 남자와 생활했으며, 생산수단을 통제하지 못했다. 레
즈비언은 여성이다. 그렇기 때문에 그들 대다수는 전통적으로
남성 동성애자보다 훨씬 가정적이고 관습적이며 성적으로 일

부일처제에 순종한다. 여성들은 이런 특성을 안고 살아가야 하지만 그로 인해 가치를 인정받는 것도 아니다. 내가 생각하기에 젠더는 인종, 계급, 혹은 성적 지향보다도 근본적인 가늠 기준으로 작용한다.

여성 동성애는 남성 동성애만큼 법적 처벌을 받지는 않았다. 그 대신 대다수 여성은 그 존재 자체가 법적으로 완전히 배제되는 '처벌을 받았다'. 그 수에 있어서는 아마도 레즈비언보다는 남성 동성애자들이 보다 많을 것으로 추정된다.[4] 여성은 성적인 측면과 경제적인 측면 모두에서 훨씬 크게 억압된다. 따라서 그들은 동성애 남성이나 이성애 남성들보다 경제적으로 무력할 뿐 아니라 성적으로도 훨씬 더 소심하다. 어떤 면에서 보면, 남성이 동성애자로서 살아남는 것보다 여성이 레즈비언으로 살아남기가 훨씬 더 힘들다. 예를 들어 남성은 경제적으로 생존하기 위해 여성의 도움이 필요하다고 생각하지 않는다. 반면 대다수 여성은 경제적으로 생존하기 위해 남성의 도움을 필요로 하고 또한 그럴 수밖에 없다고 생각한다. '심리적으로'도 마찬가지다(결혼한 아버지들 중 다수가 적극적인 동성애자이다). 여성들은 남녀 모두가 정말로 존경할 만한 자매애를 제도화하지 않는다. 여성들의 자매애는 여성의 자기 희생과 남편, 아이 혹은 남성 신에게 봉사하는 것을 근간으로 한다. 심지어 특정한 종교의 종파에서 여성은 남성 신의 '신부'이자 남성 고위 성직자의 파출부가 된다.

1969년, 『뉴욕타임스』에는 다음과 같은 기사가 실렸다.

레즈비언이 아이를 데리고 사는 것에 반대하는 법은 없다. 하지만 이혼 소송의 경우, '가정'에서의 도덕적 분위기를 일반적으로 명시한 조항은 있다. 커뮤니티 서비스 소사이어티의 변호사인 칼 저커먼에 따르면 "대부분의 판사는 레즈비언이 아이를 데리고 살도록 판결하지 않는다. 하지만 다른 대안이 없다면 아이는 남성 동성애 부모와 함께 살게 될 것이다."

1973년, 미국정신의학회는 (남성) 동성애가 더 이상 정신 질환이 아니라고 선언했다. 1960년대 후반에 동성애자 해방운동이 시작되었다. 에이즈의 비극적인 확산(그리고 계속되는 성적 문란)이 운동에 참여한 남성 동성애자들의 기세를 꺾었다. 처음에 레즈비언 해방운동가들은 주로 이성애자 페미니스트들의 동성애혐오에 맞서 싸웠다. 오래지 않아 그들은 레즈비언의 고용과 차별 문제, 그리고 레즈비언 사이의 구타 및 자녀 양육권 박탈과 같은 문제에 주목했다.

대부분의 레즈비언과 레즈비언 공동체는 레즈비언 또한 이성애자 남성 또는 여성과 마찬가지로 자신의 파트너를 때릴 수 있음을, 그리고 그들 역시 성차별적 가치를 내면화했음을 인정하지 않았다. 게다가 여성 동성애는 가족이나 학교, 직장, 군대 내에서 처벌을 받고 배척당하기 때문에 레즈비언은 수치심과 낙인으로 고통받는다. 때때로, 알코올중독과 약물중독은 의식되지 못한 채 그들 삶의 일부로 남았다.

1980년대 후반까지 동성애자 해방운동가들은 또한 군대 내 동성애자, 동성 결혼, 동성애자 입양, 동성애자 양부모 입양, 동성애자의 자녀 양육권과 같은 쟁점을 중심으로 활동을 펼쳐왔다.

수년간 나는 자신의 성별 또는 정신질환 및 심리치료 환자로서의 '병력' 때문에 양육권 소송에서 불리한 입장에 처한 여성들을 위해서뿐 아니라 레즈비언과 남성 동성애자들의 양육권 소송에서 상담을 하거나 증언해왔다.

1986년 출간된 양육권을 다룬 나의 첫 책 『재판정에 선 어머니들: 자녀와 양육권을 위한 싸움』에서 소개한 바와 같이 양육권을 놓고 싸웠던 (내가 인터뷰한) 대다수의 레즈비언 어머니들은 양육권을 잃었다. 내 생각에 그들은 모두 '충분히 좋은' 어머니였다. 1960년대부터 1970년대를 거쳐 1980년대 중반까지, 정신건강 관련 전문가, 변호사, 판사들은 여전히 여성 동성애를 정신질환으로 바라보고 있었던 게 분명하다.

사실, 레즈비언 어머니들은 심리학적으로 한 가지 장점을 가지고 있다. 그들은 문젯거리를 예상할 줄 안다. 이성애자 어머니들은 양육권에 위협을 받을 때 놀라움을 금치 못하고, 양육권을 빼앗겼을 때는 엄청난 충격을 받는다.

많은 사람들이 동성애자의 시민권을 믿지만, 그러지 않는 사람도 많다. 동성애자의 시민권을 위한 싸움은 아직 승리하지 않았다.

남성이 아버지가 되고 싶다는 욕망이나 필요에 조건화되는 것보다 여성이 어머니가 되고 싶다는 욕망과 필요에 조건화되는 강도가 훨씬 더 크다. 전통적으로 '독신남' 생활은 어머니가 되지 못한 '노처녀'보다 훨씬 덜 비극적인 것으로 여겨진다. 그리고 독신 생활은 종종 타고난 계급이나 인종에 따라서는 기동성이나 대안 면에서 그렇게 비극적이지도 않다.

어떤 면에서는 남자가 남자를 사랑하는 것보다 여자가 여자를 사랑하는 것이 이론상으로는 훨씬 쉽다. 이른바 여성의 '남성화'가 남성의 '여성화'보다 쉽게 받아들여진다. 여성적인 모든 것은 경멸당한다. 여자가 바지를 입고 집 밖에서 일을 하는 것이 남자가 앞치마를 두르고 부엌에 머물러 있는 것보다 훨씬 쉽다. 그렇지만 나는 궁금하다. 누가 자진해서 자기 발을 묶겠다고 하겠는가? 만약 그렇게 한다면 남자들을 더 잘 끌어들이고 지지하고 치켜세우는 것이 아닐까? 흥미롭게도, 남성에서 여성으로 성별을 바꾼 많은 트랜스젠더들이 자신의 정체성을 레즈비언으로 여기고, 레즈비언 파트너를 찾는다고 들었다.

우리의 어머니는 여성이었다. 미켈란젤로를 제외한다면 우리 사회에서 대다수 성적 또는 미학적인 아름다움의 대상은 여성이나. 또한 내나수 여성은 다른 사람에게 어떻게 하면 부드럽게 대할 수 있는지 알고 있다. 전통적으로 남자들은 대개 동성애자건 이성애자건 상관없이, 침대에서나 전쟁터에서나 오로지 유혹, 강간, 약탈하는 법만을 알고 있다.

'전쟁의 신'이라는 남성성의 이상은 너무 막강하기 때문에 그런 이상형의 갑옷과 투구를 감히 벗어던질 수 있는 남성은 거의 없다. 다른 남성과의 관계에서는 특히 그렇다. 반면, 여성과의 관계에서는 갑옷과 투구를 벗어던지기가 보다 쉬운데, 왜냐하면 '안전'하기 때문이다. 이성애자 여성이 남성과 굶주린 여성을 '먹여준다'는 사실이 레즈비언들에게 고통스러운 만큼이나 이 같은 사실은 남성 동성애자들에게 고통스러울 것이다.[5] 20세기의 레즈비언과 남성 동성애자들은 모두 적어도 지난 3백 년 동안 각인된 가부장제 가정생활이라는 비슷한 꿈, 말하자면 제도적으로 부부로 인정받고, 귀가할 집이 있는 중산층 가정생활이라는 꿈 때문에 '고통받고' 있지 않을까 생각한다. 현실에서 레즈비언과 남성 동성애자 모두의 꿈이 부정당하고 있기 때문이다.

레즈비언과 남성 동성애자, 레즈비언과 이성애자 여성들을 각각 비교 연구한 사례가 있다.⁶ 두 연구에 따르면 레즈비언과 이성애자 여성 모두 유사한 빈도로 심리치료를 받는 것으로 드러났다. 두 집단의 여성 모두 빈번히 우울증(여성적 '장애')에 빠져들었다. 한편, 레즈비언이 이성애자 여성보다 훨씬 더 많이 자살을 시도하고 술에 빠지고 대학에서 중도 탈락했다는 사실을 밝혀냈다.

레즈비언은 남성 동성애자보다 훨씬 빈번히 심리치료를 받았으며, '정신적 장애의 수준이 심각하고 심하게 만연해' 있는 것으로 간주되었다. 레즈비언의 여성적인 조건화는 자신뿐 아니라 전문가들에 의해 아직까지는 정신건강의 남성적 기준에 따라서 이해되고 있다. 레즈비언의 경우, 남성 동성애자에 비해 자살 기도, 약물 복용에 있어 높은 빈도를 보였다.

오직 소수의 레즈비언만이 성적으로 '공격적'이며 '비일부일처제적'이고 '반낭만적'이며, 언어와 행동에 있어서 로마의 목욕탕 학파처럼 통 크게 성적인 광란에 빠져들었다. 이런 현상은 이해할 만하다. 왜냐하면 그와 같은 심리적 태도와 관행이 남성 동성애자와 남성 이성애자 모두를 특징짓기 때문이다. 모든 사람에게 성적 자유가 중요하다는 의견은 마땅히 존중하고, 더군다나 나는 남성 동성애자가 아니기 때문에 더더욱 정중하게 말하지만, 가부장제 사회에서 남성 동성애는 남근 숭배, 여성혐오, 특정 여성 혹은 '여성적인' 기능을 식민화하는 기본적이고도 극단적인 표현이라고 말할 수밖에 없다.

남성 동성애자는 남성 이성애자와 마찬가지로 (그리고 여성 이성애자와 마찬가지로) 여성보다 남성을 선호한다. 레즈비언은 남성 동성애자가 여성과 성적인 관계를 경험하거나 경험하고자 하는 것보다 훨씬 더 많이 남성과 성적인 경험을 했으며(혹은 경험을 원해왔으며) 그런 경험을 종종 즐기기도 한다. 말 그대로 너무나 간단하다. 어떤 의미에서 대다수 남성 동성애자는 남성 이성애자보다 여성과의 관계에서 정직하고 보다 '친절하다'. 남성 이성애자가 이런 속성을 가지고 있으면 바로 그점 때문에 당연히 처벌받는다. 이성애자와 달리 대다수 남성 동성애자는 그들이 두려워하거나 싫어하거나 질투하거나 아니면 경멸하는 그런 사람, 즉 여성을 유혹하지도, 그들과 약속하거나 결혼하지도 않는다. 물론 일부 남성 동성애자가 일부 여성에게 진심이 담긴 우정과 존경을 보낸다면 그것은 매우 소중한 것이며, 여성들에게도 특별한 경험이 될 것이다. 하지만 그것은 여성의 섹슈얼리티 또는 친구 사이에서 성적 친밀감의 가능성을 희생한 대가로 얻을 수 있는 것이다. 여성은 '두뇌' 아니면 '성기', '가슴' 아니면 '성기', '어머니' 아니면 '성기'라는 양자택일을 할 때라야만 남성에 의해 받아들여진다. 여성은 정서적이고 지적인 동시에 성적인 존재로 받아들여지는 경우가 드물다. 여성이 이 세 가지 능력 모두를 발전시키기는 대단히 힘들다는 점은 그다지 놀라울 것도 없다. 여성은 정서적이고 지적이며 성적인 능력을 누구와 공유할 수 있는가? 자기 비하, 성적 소심함, 이성애를 모델로 한 역할놀이를 극복하려고 하는 레즈비언, 특히 페미니스트 레즈비언들은 지금 시점에서 인간으로서의 여성에게 산파·어머니·언니·딸·애인이 될 수 있다.

한 정신분석학자가 레즈비어니즘에 관한 견해를 밝혔는데, 이는 내가 이미 쓴 논문의 견해와 일치한다. 바로 샬럿 울프가 『여성들 간의 사랑』에서 제시한 것으로, 울프는 레즈비어니즘의 본질을 '어머니와의 정서적인 근친상간'으로 규정한다. 그녀는 역사와 신화에 드러난 레즈비언 심리학의 특정한 측면을 이렇게 정리한다.

> [레즈비언의] 활기와 남성 욕망의 대상이라는 속박으로부터의 해방, 이들 사이의 유사성은 동성애 여성들을 모계 시대의 여성 이미지와 흡사하게 만든다. 광범위한 활동 범위와 남성에게 의존하지 않고 자기 생활을 꾸려나갈 수 있는 능력은 동성애 여성의 이상이다. 여성 동성애는 역사의 초기 단계에서 여성의 특권이었던 바로 그런 자질과 분리시킬 수 없다. 이런 여족장이 역사의 특정한 시기에 존재했는지 여부는 그다지 중요하지 않다. 나는 물론 그런 시대가 있었다고 믿는다. 적어도 신화시대에는 있었다고 본다. 신화는 역사이며, 구체적인 자료를 초월하여 그런 자료들의 진정한 의미를 드러낸다.

울프는 '사랑'은 '동일한 것과의 조화'라는 맥락에서 크게 일어나며 '낯선' 맥락에서는 불가능하다고 말한다.

> 낯선 대상은 존경, 흥분, 심지어 흠모의 감정까지 불러일으킬 수 있다. 하지만 사랑의 감정을 불러일으킬 수는 없다. 자기 아버지(남자 일반)를 잘 극복해낸 성공한 여성들은 여성적 술수에 의존하지 않고서도 만족감과 승리감으로 충만할 수 있다. 하지만 그러한 여성이라도 이 전체 과정에서 사랑의 실재에 관해서는 거의 배운 바가 없을 것이다.

그리하여 울프는 '여성적인' 이성애자 여성의 고립과 양육 박탈에 대단히 예민한 반응을 보인다.

남성이 여성에게 주는 사랑은 본질상 부족한 것이다. 부족하지 않은 사랑은 어머니만이 제공할 수 있다. 충만한 사랑을 줄 수 있는 사람은 오로지 어머니뿐이다. 어머니는 남성과의 관계에서 소유할 수 없었던 존재가 되어야 한다.

울프는 특수한 사회적 배척과 일반적인 여성 억압, 레즈비언의 야심 찬 특질과 관련하여 레즈비언들의 '불행'을 이해한다. 레즈비언들은 정서적으로 이성애자 여성이 남성에게 요구하는 것보다 더 많은 것을 서로에게 요구한다.

여성들은 남성과의 관계에서 엄청 많은 것을 인내하도록 조건화되고 있으며 앞으로도 그럴 것이다. 왜냐하면 남성은 자녀의 아버지이자 부양자이기 때문이다. 여성은 서로에게 사랑, 친절, 인내, 이해, 성관계를 아주 많이 요구한다. 요구한 것들을 얻고 있다는 생각이 들지 않으면 그런 관계를 아주 쉽게 벗어나버린다.

이러한 견해에 나는 더 보탤 말이 없다.

인터뷰

나는 아홉 명의 백인 레즈비언과 두 명의 흑인 레즈비언을 인터뷰했다. 두 명(한 명은 흑인, 다른 한 명은 백인)은 심리치료를 받거나 정신병원에 입원한 경험이 없었다. 여섯 명은 대략 스물한 살에 정신질환과 관련하여 처음으로 입원했으며, 총 입원 기간은 대략 320일 정도 되었다(여기서 '대략'은 그룹 전체의 '평균'을 의미한다). 이들 중 아홉 명은 대략 44개월 동안 개인병원에서 치료를 받았다. 남성 심리치료사에게서는 39개월간, 여성 심리치료사에게서는 21개월간 치료받았다.

인터뷰 당시 이들의 나이는 17세에서 44세에 걸쳐 있었다. 이들은 9세에서 24세의 나이에 심리적·성적으로 레즈비언이 '되었다'. 한 명은 고등학교를 끝내 마치지 못했고 네 명은 대학을 다니다 그만두었다. 다섯 명은 대학을, 한 명은 대학원을 졸업했다. 이들 여성 중 일부는 여성과의 성적인 관계에서 '불감증'을 겪었지만, 대다수는 그렇지 않았다. 이들 중 적어도 절반은 남자와 성관계를 가진 적이 있었다.

이들 중 대다수가 이성애에 기초한 역할연기를 하고 있는 것처럼 보이지는 않았으며, 옷차림, 몸가짐, 습관에 있어서도 대단히 '여성적'이거나 대단히 '남성적'이지는 않았던 반면, 이성애 여성들과 마찬가지로 '낭만적'이고 '일부일처제적'인 관계를 유지하고 있었다. 각각 열일곱 살과 서른일곱 살의 여성 두 사람만이 단호하고도 열광적으로 비일부일처제주의자들이었다(스스로를 설명하는 말에서는 적어도 그랬다).

열일곱 살 소녀는 그녀가 속한 '생활집단'에서 네 명의 여성과 함께 나의 집에 들이닥쳤다. 그들의 웃음은 전염성이 있었다. 그들은 머리띠에다 요란한 화장을 하고 프리스비 원반과 요요를 가지고 왔다. 그들은 웃으면서 서로서로 "관계를 한다"고 말했다.

입원한 적이 있는 여섯 명의 레즈비언 중에서 다섯 명은 다양한 방식으로 다양한 시기에 페미니스트가 되었다. 이 인터뷰는 1971년에 이뤄졌는데, 그 무렵 내가 만난 열한 명의 레즈비언 중에서 여덟 명은 페미니스트가 되었다.

개인병원에서 치료를 받았던 레즈비언은 모두 예외 없이 '병든' 것으로 간주되었다. 한 여성은 열 살이었을 때 여자친구와 레즈비언 놀이를 했다고 자기 어머니에게 이야기를 했더니 어머니가 그녀를 정신과의사에게 데려갔다. 의사는 치료의 일환으로 전기충격요법을 실시했다.

로이스 여자 심리치료사는 내가 '동성애자'가 되었다고 했을 때 질겁을 했어요. 그녀는 "난 동성애자는 치료할 수 없어요. 어떻게 손쓸 도리가 없거든요"라고 마치 그게 말기 암이라도 되듯이 말했어요. 남자 심리치료사는 내가 동성애자가 아니라고 고집스럽게 우겼죠. 그러면서 그는 내가 앞으로 그것에 흥미를 잃게 될 것이라고 말했어요. 결국 내가 혼자가 될 것이며 동성애자가 된 것에 이를 갈게 될 것이라는 등의 말을 했지만, 그런 말이 나에겐 와닿지 않았어요. 아직도 그렇지만. 또 다른 여자 심리치료사는 이렇게 말하더군요. "남자랑 자는 게 훨씬 끝내주는데! 레즈비어니즘은 필요없어. 그건 말도 안 돼!" 어떤 면에서 정신과에 입원한 게 내겐 도움이 됐거요. 난 바닥을 쳤거든요. 이제 난 레즈비언이 될 수 있어요. 그게 미치는 것보단 나으니까요.

마샤 열두 살 이후로 자살하려고 별짓을 다 했어요. 가스를 마시기도 하고 약을 먹기도 했죠. 잔뜩 화가 나서 거리를 쏘다녔어요. 그리고 벨뷰에 갇혀 있다가 개인

병원으로 이송됐는데 그곳에서 만난 의사가 내 동성
애에 충격을 받더라고요. 몇 달 동안 그 의사와 상담
을 했어요. 의사는 엄마에게 면담을 제의했고(엄마를
만나면 나를 더 잘 이해할 수 있을 거라고 생각했나
봐요), 엄마와의 인터뷰 중간에 내가 레즈비언이며,
그 여자, 즉 내 애인과 멀리하는 게 좋겠다는 얘길 했
어요. 엄마는 발끈했어요. 내 애인의 부모와 가족에
게 전화를 해서 그 집 딸이 내 딸을 망치고 있다고 퍼
부었죠. 그 소동이 벌어질 당시, 난 엄마 집에 머물고
있었거든요. 난 집을 나왔고, 2년 동안 엄마랑 말도
하지 않았죠.

캐럴   난 첫 번째 심리치료사에게 신물이 났어요. 여자 심
리치료사였는데, 레즈비어니즘은 질병이라고 했죠.
그 여자는 내가 레즈비언이 아니라고 말했어요. 그
당시에 음식을 거부해서 몸무게가 40킬로그램까지
빠지는 바람에 난 긴 머리를 한 소년처럼 보였죠. 그
곳의 남자 심리치료사도 누구나 그런 감정을 가질 수
있다면서 내가 레즈비언이 아니라고 우겼어요. 그러
면서 그런 감정을 없애야 한다고 고집했어요.

필리스   레즈비언이 뭐가 잘못된 거냐고 물어보았나요?

캐럴   아뇨. 그냥 병동의 전체적인 분위기로 봤을 때 그건
잘못이다, 나는 레즈비언이 아니다, 그 정도만 알았
죠. 심리치료사는 내가 여자에게 호감을 가지는 걸

여성에 대한 선호로 받아들이기보다는 남성에 대한
반감으로 받아들였어요.

마샤　　그다음에 1년간 여자 의사를 만났어요. 의사는 남자
와 관계를 해보라고 권했어요. 더 이상 마음먹은 대
로 할 수 없었고, 그래서 힐사이드(개인 정신병원)로
스스로 들어갔어요. 그곳에서 1년 있었는데, 점점 말
도 못하게 불안해졌어요. 그러다 병원에서 한 여자
와 사랑에 빠졌어요. 그런 일은 '병든' 것으로 간주되
었죠. 토요일 저녁이면 댄스파티가 있었는데, 여자와
춤을 출 수는 없었어요. 반드시 남자와 춰야 했죠. 의
사들은 데이트를 하고 영화를 보러 외출하라고 권했
어요. 토요일 밤마다 영화를 볼 수 있었거든요. 의사
들은 남자 병동과 연대하여 활동하길 권장했죠.

　　의사들은 이들을 '병들었다'고 추정했음에도 이들이 스스
로를 레즈비언이라고 생각하지 못하게 막으면서 남성과 데이
트를 하고 성관계를 갖도록 권장했다. 한 의사는 어머니 같은
심정에서 그야말로 좋은 뜻으로 끔찍하게 수줍음을 타는 여러
환자들에게 '이성애' 데이트를 주선하기도 했다.

프랜시스　스물네 살 때 처음으로 여자와 사랑에 빠졌어요. 그
때 난 클리닉(벨뷰)에서 치료받고 있었어요. 심리치
료사가 휴가에서 돌아왔을 때 그 사실을 말했죠.

필리스　　심리치료사의 반응이 어떻던가요?

374

프랜시스 　완전히 흥분했어요. 그러면서 나에게 고함을 지르기 시작했어요. "당신이 이런 짓거릴 하는 건 날 당신 아버지로 생각하기 때문이야. 당신 아버지를 괴롭히고 싶은 거지. 버르장머리 없는 애처럼 내가 자릴 비운 틈에 이런 짓을 하다니. 꺼져! 나가서 하고 싶은 대로 해봐. 그 위험한 짓거리를." 기절할 노릇이었죠. 그전 까지는 치료받는 동안 정말 행복했거든요. 나는 원하는 걸 했을 뿐이고, 또 내가 만난 그 여자는 정말 사랑스러웠어요. 난 정말 행복했고요. 하지만 치료사의 반응에 정말 기겁했어요. 기본적으로 그는 내 행동이 동성애자 수준에 갇혀 있다고 말했어요. 내가 하고 있는 짓은 대단히 불행한 것이며 결국 가슴앓이를 하게 되리라는 걸 이해시키려 했어요. 그의 말을 이해했어요. 그래요, 정말로요. 시스템 안에서 사는 게 훨씬 나았어요. 이 시스템이 개떡 같기는 하지만요. 심리치료사는 어떻게 보면 내 여자친구는 그다지 매력적이지 않다고도 했어요. 그러면서 세상에, 내 여자친구도 치료를 받으러 벨뷰에 와 있는 게 그 증거라나요. 그래서 내가 말했죠. "아니, 그게 무슨 말이에요? 나도 여기 있어요." 그러자 심리치료사가 말했어요. "그걸 어떻게 견딜 수 있죠? 여자들한테선 지독한 냄새가 나지 않나요?" 내가 대답했죠. "안 나요. 씻는다면." 심리치료사가 말했어요. "저런, 아무리 깨끗한 여자라도, 아무리 깨끗해도 여자에게선 냄새가 나요." 그래서 내가 말했어요. "잘 모르겠어요. 하지만 그게 거슬리진 않아요." 심리치료사가 물었어요.

　　　　　　　　　　　　　　　7장 레즈비언

"한번이라도 다비드 조각상을 본 적 있나요? 남자의 몸이 여자의 몸보다 훨씬 더 아름답다고요!" "당신 미쳤군요." 내가 대꾸했죠. "내 가치관만 옳다고 우기려는 건 아녜요. 하지만 좀 더 생각해보는 게 좋겠네요. 선생님이 자신의 눈이 잘못됐는지도 좀 확인해보시고요. 생각할 거리가 생겼잖아요."

필리스   그가 남자랑 데이트하라고 권했나요?

프랜시스 그래요. 그랬어요. 그래서 내가 말했죠. "그 짐승들과 사귀길 바라는 거예요? 그들이 페니스를 가지고 있단 이유만으로? 남자들은 멍청해요. 나한테 해줄 얘기도 없고요. 남자들과는 토론할 거리도 없어요. 그들이 할 수 있는 게 섹스 말고 더 있냐고요. 그들은 여자와의 축복받은 생활에서 나를 끄집어낼 뿐이죠. 선생님은 남자들이 어떤 인간인지 전혀 상관하지 않는군요. 남자들은 최악이고 더럽고 뒤틀린 망나니들이에요. 그래도 남자이기만 하면 아무 상관 없다 이건가요? 저한테 지금 그렇게 말씀하시는 건가요?" 심리치료사가 대답했어요. "글쎄, 남자랑 얘깃거리를 찾을 수도 있다고 말하는 겁니다." 내가 말했죠. "자, 보세요. 저도 노력했어요. 하지만 남자랑 얘기할 건 아무것도 없어요."
      심리치료사는 남자 중 일부는 짐승이란 걸 인정했어요. "그래, 맞아요. 몇몇 질 나쁜 인간들이랑 데이트를 한 모양인데. 글쎄, 하지만 모든 남자가 다 나쁜 건 아니에요. 찾아보면 괜찮은 남자를 만날 것이고, 그럼 그 남자랑 사귀는 거죠. 어쨌거나 여자도 남자만큼이나 거칠고 위험한 건 마찬가지 아닌가요?"

그가 계속 말했어요. "남자가 당신을 만지게 해봐요. 남자의 손길에 당신은 너무 민감하게 굴어요." 사실 그랬어요. 난 남자와의 신체적 접촉에 매우 엄격했거든요. 남자들은 대단히 친근한 방식으로 다가와서 마치 여자가 무슨 기계 장비의 부품이나 되는 것처럼 만져요. 내 몸이 내 것이 아닌 것처럼요. 알잖아요. 남자들이 다가와서 만지면, 여자들은 무슨 신세라도 진 것처럼 그들에게 부드럽게 대하고 호응해줘야 돼요. 그게 정말 짜증스러웠어요. 내가 그런 말을 하자 치료사가 말하더군요. "자신을 설득해봐요. 다른 사람의 손을 만져봐요. 남자의 손길이 닿는 걸 받아들여봐요. 남자들이 당신을 죽이기라도 하겠어요? 남자들이 당신을 죽이진 않아요!"그래서 내가 대답했어요. "난 정말로 남자들이 무서워요. 알잖아요, 난 남자들에게 당했다고요. 내 인생에서 정말 고통스러운 사건이었어요." 심리치료사가 설득했어요. "그래도 남자들이 당신을 죽이진 않아요, 그들이 당신을 죽이진 않는다고요." 의사가 내게 말하고 싶었던 말은 바로 이거였어요. 음, 내가 그에 대해 말하는 방식이 정말 끔찍하게 들리네요. 무슨 말인가 하면, 그 당시 난 그 심리치료사를 사랑했어요. 그러니까 여자하고만 관계를 가졌단 건 아니란 말이죠. 여자하고만 관계하는 게 좋은 건 아니라고 생각하니까요. 난 여자들이 좋

7장 레즈비언

은 사람을 찾아 관계해야 한다고 생각해요.

조앤   난 치료에 들어갔죠. 왜냐하면 세상을 바라보는 방식
이 너무 우울했거든요. 난 열두 살 때 이미 지금의 키
인 178센티미터까지 자랐어요. 그때까지는 데이트를
해본 적이 없었어요. 문학과 음악에 흠뻑 빠져 있었
죠. 철저하게 혼자였어요. 스스로 그런 방식으로 나
자신을 소외시켰으니까 대가를 치렀던 거죠. 열여덟
살이 되었을 때 여자친구랑 애인 사이가 되었어요.
우린 오페라도 보러 가고 도서관에도 함께 다녔어요.
우린 서로 손을 잡곤 했는데 그건 정말 아름다웠고
의미로 충만했어요. 하지만 난 동성애자가 되길 원하
지 않았고 경계를 넘고 싶지도 않았죠. 독실한 가톨
릭 신자가 되고 한참 후에 나는 자위를 시작했어요.
그러고 나니까 더 이상 내가 신을 믿지 않는단 생각
이 들더군요.

B박사는 마흔다섯쯤 되었는데, 카리스마가 대단했어
요. 악마로 느껴질 정도였죠. 그는 나더러 자위를 하
라고 했는데 내가 했다고 해도 믿지 않았어요. 자기
사무실에서 내가 자위하는 걸 보고 싶어 했어요. 세
번째 데이트까지 여자를 자빠트리지 않는 사내는 게
이라고도 했어요. 그래서 난 남자들이랑 자기 시작했
죠. B박사는 나더러 불감증에다 얼굴엔 가면을 쓴 것
같다더군요.

필리스   그게 스무 살 무렵이었나요?

조앤   그래요.

필리스   첫 남자를 사랑했나요?

조앤   아뇨, 경멸했어요. 그 남자는 캐딜락 같은 새 차를 손
        에 넣어야만 직성이 풀리는 인물이었는데, 베토벤의
        이름조차 제대로 발음할 줄 몰랐어요. 그 사람은 나
        보다 열 살은 많았고 지독한 물질주의자였어요. 나는
        다른 남자하고 자기 시작했어요. 그 남자도 일주일에
        다섯에서 많게는 열 명의 여자랑 잠을 잤어요. 난 대
        학에서 15학점을 신청했고 주당 20시간씩 일을 했어
        요. 그리고 동시에 두 개의 관계를 끌고 나가다 보니
        정신을 차릴 수가 없더군요. 곧 우울증에 빠졌어요.
        하지만 스스로 추스르고 학교 공부를 했어요.

필리스   뭘 느꼈나요?

조앤   나 자신을 잃을까 봐 걱정됐어요. 스스로를 학대하고
        있었거든요. 처녀성을 잃었기 때문이 아니라 에너지,
        집중력, 자기 조절 능력 같은 걸 잃어가고 있었기 때
        문이죠.
        B박사는 일기 쓰는 걸 허락하지 않았어요. 내가 너무
        내성적이고, '지나치게 나 자신에게만 매몰되어 있
        다'는 이유로 말이에요. 내가 언제나 듣는 소리지만
        요. 아무리 피곤하고 아무리 상처를 입어도 섹스는
        대단히 가치 있었어요. 심지어 이런저런 질병에 걸려

7장 레즈비언

도 말이에요. 그가 내게 "넌 동성애자가 아니다, 넌
그럴 수 있는 사람이 아니다"라고 했어요. 나는 "동
성애자가 어떤데요? 만나본 적이 없어서 몰라요"라
고 되물었어요. 하지만 그는 내가 그냥 동성애자처럼
보이지 않는다고 확신시키려 들 뿐이었어요. 그게 이
상했어요. 왜냐하면 난 분명히 동성애자가 되기 시작
했거든요.

난 아이를 원치 않는다고 했죠. 아이보다는 개인적
성취를 원했어요. 그 사람은 그에 대해 그다지 심각
하게 생각하지 않았어요. 그는 온 사회가 너무 엉망
이어서 아이를 갖는 게 아무 의미가 없다고 생각했어
요. 그는 결혼을 별로 중시하는 것 같지 않았어요.

그리고 집단치료에 참여했는데, 거기서 난 찢어발겨
졌어요. 거기서는 모두가 그렇게 찢어발겨졌죠. 거기
사람들은 내 모습을 싫어했어요. 난 화장을 하지 않
았고 진지하게 데이트하지도 않았거든요.

필리스   함께 집단치료를 받던 다른 여성들이 당신에게 고함
이라도 질렀나요?

조앤   질렀죠.

필리스   그 집단에 레즈비언은 없었나요?

조앤   없었어요.

필리스 남성 동성애자는 있었어요?

조앤 있었어요.

필리스 그들을 어떻게 다루던가요?

조앤 좀 더 신중하게 대했어요. 그들은 그럴 권리가 있었
거든요. 하지만 나는 그곳에서 그럴 권리가 없었어
요. 집단치료 요법은 모든 사람의 방어기제를 찢어버
렸어요.

위의 두 인터뷰를 통해 살펴보자면 레즈비언(혹은 치료를
받고 싶어 하는 레즈비언)이 이성애자 여성과 마찬가지로 얼마
나 순진하고 두려움에 떨며 '남의 영향을 쉽게 받는지'가 고통
스러울 정도로 잘 드러난다. 어쩌면 이성애자 여성들보다 더욱
그렇다. 그들의 성적 경험은 개별적이고 '개인적인' 현실로 남
아 있다. 그들의 경험은 어머니, 고용주, 학급 친구, 어린아이들
과 함께 나눌 수 없으며 심지어 심리치료사와도 공유할 수 없
다. 그들이 느끼는 현실감각, 그들이 인지하는 쾌락은 마치 존
재하지 않는 것처럼, 혹은 기껏해야 차선이며 위험한 것으로 취
급된다(나는 심리치료사가 환자의 이성애 경험에 관해 적극적
으로 물어본다든가, 조심스럽게든 공공연하게든 레즈비언의
경험을 '규정'하는 것에 관해 들어본 적이 전혀 없다).
"인생이 스스로 말하게 하라"라는 샬럿 울프의 경구와 함
께, 내가 레즈비언 여성들과 나눈 이야기는 이쯤에서 마칠까 한
다. 이어지는 인터뷰는 심리치료를 받은 적이 전혀 없는 흑인

레즈비언 여성과 나눈 것이다. 인터뷰는 도리스라는 흑인 여성이 맡았다.

도리스　결혼하지 않았나요?

메리　결혼이라고요, 내가요? 내 여자친구를 말하는 모양인데, 내 팔자 고치자고 결혼할 순 없어요. 진심으로 말하는데 결혼한 여자들은 대부분 병든 거라고요! 그들은 정말 병들었다니까요.

도리스　당신 말은, 모든 전업주부가 정신적으로 앓고 있다는 의미인가요? 그렇다면 당신은 그들이 미쳤다고 말하고 싶은 것 같네요.

메리　잠깐만요. 가정주부들이 개 같은 인간들한테 엉덩이를 대주면서 일주일에 98~99시간씩 일한다는 걸 알고 있나요?

도리스　당신도 언젠가는 일해야 하잖아요.

메리　이봐요, 자기. 그건 말도 안 되는 시스템이라고요. 그 속에 들어간 사람은 미친 거라니까요. 좋아요, 좋아. 이 문제를 더 짚어보자고요. 자, 당신도 집에 가죠, 안 그래요?

도리스　그래요, 그렇죠.

메리　　집에 가면 요리를 해야죠. 그런 다음 청소를 해야 하고, 그런 다음 설거지를 해야 하고, 남편의 더러운 셔츠를 세탁해야 하고요, 그렇죠? 남편이 아이들이나 때리지 않으면 천만다행이지, 안 그래요? 어쨌거나 남편이 그 알량한 직장에서….

도리스　　그런 이유로 여기 오신 건 아니지 않나요?

메리　　자, 자, 잠깐만. 말은 마저 끝내야죠. 남편은 하루 종일 책상을 지키고 있다 집에 돌아오면 저녁을 먹죠.

도리스　　그게 그 사람 일이잖아요.

메리　　그러니까 기함할 노릇이죠. 난 설거지를 해요. 남편은 마음이 내키면 그런 잡동사니 속에서 나를 올라타죠. 난 정말 이해할 수가 없어요. 자, 이제 다시 물어봐요. 난 레즈비언이에요. 그래요, 레즈비언이 왜 남자를 사랑해야 하죠? 그들과 섹스할 필요가 없어요. 그들에게 의존할 필요가 전혀 없어요. 그건 자유죠. 내 짐이 아무리 무거워도 자유롭기 때문에 기꺼이 그 짐을 떠맡을 거예요. 난 정말 자유롭다고 느껴요!

도리스　　남자를 혐오하는 여자처럼 보이는군요.

메리　　아니, 난 남자를 싫어하는 게 아니에요. 전혀 그렇지 않아요. 그저 좋아하지 않을 뿐이에요.

　　　　　　　　　　　　　7장 레즈비언

도리스   아이 키우는 건 어때요? 언젠가 출산 경험에 대한 보
         상이 있다는 건 부정하지 않죠?

메리   농담도 잘하시네. 아이를 갖는 게 멋진 경험이라고
         대체 누가 그러던가요? 아홉 달 동안 부풀어오른 배
         를 하고 걸어다니는 여자가 아름답다 뭐 그 따위 헛
         소리를 하려거든 관둬요. 내 말인즉 당신이 거짓말
         쟁이란 거죠. 산고가 그처럼 멋진 경험이라 생각한다
         면….

도리스   보상이 있는 경험이라고 말한 건 그런 뜻이 아니에
         요. 난….

메리   잠깐.

도리스   아이를 말하는 거예요. 아이를 가지면 그건 당신 소
         유란 말이죠. 당신 자신의 것. 난 지금 산고를 말하는
         게 아니에요. 산고가 무슨 보상받을 만한 경험이겠어
         요? 그래요, 그 점에선 당신 말에 동의해요. 산고를
         경험한 적이 있었나요?

메리   잠깐. 말 좀 합시다, 말 좀. 당신은 두 다리를 쩍 벌리
         고 철제 테이블 위에 누워 있고 빌어먹을 백인 남자
         의사가 차가운 집게를 당신 속으로 쑤셔넣는다고 생
         각해봐요.

도리스   흑인 의사도 있잖아요.

메리   그건 내 알 바 아니죠. 흑인 산부인과 의사가 많던가
          요? 그래요? 망할 놈의 남편은 아마 어딘가를 돌아다
          니면서 눈에 보이는 대로 섹스나 하고 다니겠죠. 난
          그걸 견딜 수 없고 이해할 수도 없어요. 누구든 그런
          걸 참고 견디면 미친 거예요. 남자는 여자를 느끼고
          흥분시키고 싸우고 섹스하고 그런 다음 잊어버려요.

도리스   언제든지 조산사를 구할 수도 있어요.

메리   남편이 돌아와서 말하겠죠. "정말 큰일을 해냈어, 자
          기." 그런데 큰일인데 왜 그랬대.

도리스   동성애 성향을 보인 지는 얼마나 됐나요?

메리   동성애 성향이라. '만천하에 드러난' 것이 얼마나 되
          었는지를 묻지 그래요. 적극적이 된 지는 6년이라고
          해야겠네요. 6년쯤요.

도리스   설마, 지금 날 놀리는 거예요?

메리   음, 아뇨. 적극적이 된 지는 6년이에요.

도리스   적극적이라니, 그게 무슨 뜻이죠? 적극적, 적극적이
          라니. 그게 무슨 의미인가요? 계속 이 사람, 저 사람

만난다는 의미인가요?

메리　　아뇨. 그러니까, 적극적이라는 말은…. 나는 지금껏 계속 동성애 성향이었던 것 같아요. 난 남자랑 어떤 가치 있는 경험도 해본 적이 없었으니까요. 음, 남자랑 사귀다가 헤어지곤 했어요. 내가 남자를 떠난 건 남자가 전혀 내 흥미를 끌지 못했기 때문이에요. 내 인생에서 여자친구에서 남자친구로 큰 전환을 해야 했던 그 시기에 나는 잠을 잤던 것 같아요. 그래서 그런 전환은 이뤄지지 않았어요. 그러니까 무슨 말이냐면, 스물두 살이 될 때까지 동성애 경험을 한 적이 없었단 거죠.

도리스　　왜 굳이 스물두 살이었나요? 그럴 수 있는 기회는 얼마든지 있었을 텐데요. 더 어린 나이에도 가능했을 텐데 말이에요.

메리　　그러니까 무엇보다….

도리스　　숨기고 있었나요?

메리　　아니에요! 무슨 그런 말을. 무엇보다도 실제로 내가 어디에서 유래했는지 정말 혼란스럽고 두려웠거든요.

도리스　　'유래했다'는 게 무슨 의미죠?

메리　그러니까, 내가 이 세상에서 가장 심각하게 병들어
　　　있다고 생각했어요. '레즈비언'이란 단어조차 생각하
　　　기가 두려웠어요. 난 정상이라고 스스로에게 말하면
　　　서 그런 상황에 대처했어요. 이해하겠어요? 내 정상
　　　성을 앗아갈 수 있는 것이라곤 실제로 동성애 경험을
　　　하는 것이라고 생각했죠. 그러니까 그런 행동을 하지
　　　않으면 괜찮은 거라고 스스로 다독였어요. 그래서 난
　　　동성애 행위를 하지 않았어요. 미친 짓은 어떤 것도
　　　하고 싶지 않았어요. 그래서 남자애랑 드레스를 좋아
　　　하는 척했고 파티에 가고 뭐 그딴 짓거리를 했죠.

도리스　그럼 스스로를 속이고 있었다는 건가요?

메리　아뇨, 아니에요. 나 자신을 속이지는 않았어요. 난 멀
　　　쩡한 정신으로 살고 싶었어요. 그래서 사내들과 어울
　　　려 그들이 나를 따먹게 내버려뒀어요.

도리스　그런데 여자이고 싶지 않았다면 왜 그랬어요?

메리　지금 그걸 말하고 있잖아요. 남자들과 그 짓을 하면
　　　할수록 난 더욱 그게 싫어졌죠. 정상인 것처럼 굴수
　　　록 점점 더 미쳐갔어요. 점점 더 정신이 나가고 있었
　　　단 말이죠. 엄마가 돌아가신 후부터 그런 척하지 않
　　　게 됐어요. 세상 자체가 그렇게 질서정연한 것만은
　　　아니라고 생각하니 마음이 편해졌어요. 정말이에요.
　　　그러자 조금씩 빠져나간 정신이 돌아오더군요. 동성

애자가 아닌 척하면서 서서히 빠져나갔던 정신이 돌아왔어요. 난 분명 동성애자입니다. 그리고 내가 병든 것이 아니란 걸 깨닫게 되었어요. 세상엔 바보들이 너무 많잖아요. 언제 죽을 줄도 모르고 자기 인생을 남의 손에 넘겨버리는 가정주부들을 보세요. 그들은 결혼서약을 하면서 죽음서약을 한 거예요. 가정주부들은 자기 무덤을 파고 있는 거라고요. 조금 전에도 말했지만 난 자유로워요. 완벽하게 자유롭다고요.

도리스   가족사를 조금만 들려줄래요? 부모와의 관계라든지, 뭐 그런 것들요. 기억할 수 있는 한 거슬러 올라가서 말이죠. 어땠어요?

메리   부모와의 관계라….

도리스   네, 그래요.

메리   그 자체가 소설감이죠. 우리 아버지는 정말 '인간 말종'이었어요.

도리스   오호, 궁금하네요.

메리   엄마는 멍청이였어요. 그런 망나니와 멍청이가 될 때까지 함께 살았으니까요.

도리스   망나니라니, 무슨 뜻이죠?

메리   그게, 그러니까, 아버지는 엄마가 정말로 똥을 지릴
        때까지 때렸어요. 금요일마다 죽도록 두들겨 팼다고
        요. 알잖아요, 금요일은 주급을 받는 날인 거. 곧장 술
        집으로 날아가서 거나하게 취해 집으로 돌아왔어요.
        그때쯤이면 땡전 한 푼 남지 않았죠. 이 짓을 엄마가
        죽을 때까지 계속했거든요.

도리스   어머니는 어떻게 돌아가셨나요?

메리   의사 말로는 심장마비랬죠. 그건 의사 말이고, 내 생
        각엔 엄마는 그냥 사는 것을 포기한 것 같아요. 엄마
        의 인생은 지옥이었으니까요. 엄마는 백인 여자의 부
        엌에서 12년 동안 일했죠. 돌아가신 곳도 바로 그곳
        이었어요.

도리스   엄마가 '그냥 사는 것을 포기'했다니 그건 무슨 뜻인
        가요? 엄마가 말씀하셨나요? "자, 난 죽을 것 같다",
        그렇게? 그런 다음에 계속 사셨나요? 도대체 그냥 사
        는 것을 포기했다니 그게 무슨 의미죠?

메리   더 이상 살아야 할 목적이 아무것도 없을 때 우린 그
        냥 사는 걸 포기하죠. 당신 인생이 아무런 의미가 없
        다면 사는 게 무슨 의미가 있겠어요?

도리스   잠깐만, 그러니까 어머니가 자살이나 뭐 그런 걸 하
        셨다고 생각하나요?

메리   아뇨. 내 말을 이해하지 못하는군요.

도리스   네, 잘 모르겠어요.

메리   인생을 포기하면 그냥 포기하는 거예요. 특히 서방인
       지 남방인지 뭐 그런 썩어빠진 인간들로부터 얻는 게
       아무것도 없다면 말이에요. 당신은 이해하지 못해요.
       단지 그뿐이에요. 엄마가 돌아가시기 2~3주 전에 나
       한테 말했어요. 조만간 당신이 자유로워질 거라고요.
       엄마는 그러니까 곧 죽을 걸 알았던 거죠. 그래서 그
       렇게 말했던 거고요. 엄마가 즐겨 하던 말이었죠. 조
       만간 자유로워질 거라는 말 말이에요. 그러면서 나한
       텐 결혼하고 정착해서 살라고 하면서 사랑하고 의지
       할 사람을 찾으라고 했죠.

도리스   남자를 말하는 건가요, 여자를 말하는 건가요?

메리   물론 남자죠. 엄마는 이성애자였으니까. 독실한 신자
       였고.

도리스   엄마가 당신 경험을 알고 계셨나요?

메리   말도 안 돼요! 엄마는 당연히 전혀 몰랐어요.

도리스   확신해요?

메리   당연하죠. 엄마는 노예가 되지 마라, 나보단 나은 삶을 살아라, 라고 말하고 싶어 했어요. 하지만 엄마가 진짜로 말하고 싶었던 건 노예가 되진 마라, 하지만 자유노예가 돼라, 그거였죠. 당신처럼 개망나니와 결혼하지 말란 뜻이죠.

도리스   노예가 되지 마라, 하지만 자유노예가 돼라. 참 말이 안 되는 것 같은데요. 그게 무슨 뜻이죠?

메리   말하자면 괜찮은 남자랑 결혼하란 소리죠. 엄마처럼 개망나니랑 결혼하지 말고요. 엄마의 인생은 처절했어요. 엄마가 자유를 얻은 유일한 방법이 죽음이었으니까요. 엄마가 돌아가셨을 때 '난 엄마처럼 살진 않아, 그 유일한 방법을 깨달았으니까' 하고 생각했죠.

도리스   그게 무슨 말이죠? 어머니가 자기 인생을 즐기지 못했단 걸 당신이 어떻게 알죠? 어머니는 한 남자랑 그토록 오랫동안 살았잖아요.

메리   바로 그거예요. 엄마가 끝까지 남편 곁에 남아 있던 이유는 부양해야 할 자식들이 있었기 때문이죠. 내가 자유로워질 수 있는 유일한 방법은 내가 원하는 대로 사는 거예요. 그래서 난 내가 아닌 채로 살아가는 걸 관뒀죠.

도리스   내가 말했던 것이 바로 그거예요. 당신은 당신 어머니가 겪었던 것과 똑같은 일을 겪고 싶지 않았어요. 그래서 다른 삶을 선택했고요. 좋아요, 한 가지만 더 질문하죠. 대다수 여성들이 앞으로 나아가는 데 있어서, 현재의 생활방식을 대체할 대안의 삶이 있다고 생각하나요?

메리   여자들의 현재 생활방식을요?

도리스   네, 맞아요.

메리   수백 년간 지속돼온 것을 어떻게 손쉽게 해결할 수 있겠어요. 어느 날 구세주 그리스도가 나타난다면 모를까. 내가 만약 왕이신 예수가 된다면 살아 있는 모든 남자에게 저주를 내릴 거예요. 남자들이 별것도 아니라고 생각하는, 열두 달 동안 임신해서 딸을 한 일곱 명쯤 낳도록 하는 저주를 남자들에게 내릴 거예요.

도리스   왜 일곱 명이죠? 아하, 일곱 명!

메리   그래요, 요일마다 한 명씩이죠. 그러면 이 세상에 애인이나 같이 이야기하고 애정을 나눌 사람이 없는 여성은 아무도 없겠죠.

8장

———

제3세계 여성

내가 여섯 살, 브루클린에서 살 때였다. 셜리는 나의 가장 친한 친구였다. 셜리는 흑인이었고 그 애의 어머니는 아프리카라고 불리는 나라에서 불에 타서 죽었다. 셜리는 지하실에서 아버지랑 함께 살았다. 아버지는 청소부였는데 언제나 웃고 있었다. 셜리와 나는 매일 오후 밖에 나가 놀았다. 우리는 최고의 펀치볼 팀 공동 주장이 되기로 작정했다. 하지만 우리의 계획은 저녁식사 초대로 인해 끝장났다.

"뭐라고?"

부모님은 나에게 소리를 버럭 질렀다.

"밤중에 지하실로 내려가겠다니. 걔 아빠도 있는데. 남자랑 카드랑 도박이랑 술이 있는 곳에… 세상에, 그게 뭔 줄이나 알아?"

"걔 아빤 거기서 살아요."

내가 설명했다.

"청소부거든요. 하지만 우린 귀찮게 굴지 않겠다고 약속했는데…."

하여튼 나는 여섯 살 때 아프리카 음식을 맛볼 수 없었다(그날 셜리네 집에 갔더라면 먹었을 텐데 말이다). 그 후로 오랫동안 나는 바다로 나갈 때마다 넘실거리는 파도 속에서 위험스럽게 나를 보고 웃고 있는 흑인 남자들을 보았다(뉴욕 시내를 배회하는 적의에 찬 흑인 젊은이 한 무리가 격분에 휩싸여서 '젖통과 엉덩이'를 움켜잡는 걸 봐도 그런 것이 나에겐 아무런 도움도 되지 않았다).

가끔씩 나는 어른이 된 셜리에게 과연 어떤 유니폼이 주어졌을까 생각한다. 생활보호대상 어머니, 교외의 시민, 흑인 투사, 아니면 후송 중 사망 환자였을까?

> ─ 셜리, 우리 사이에 있었던 모든 일들 그리고 혁명이 무엇을 바꾸든 평범한 일이 될 수 없었던 일들에 이 장을 바친다.

한 인터뷰에서 힐 박사는 흑인 여성이 가장인 가정은 경제적 질병과 사회적 질병에 상당히 취약했음을 인정했다. 그 주된 이유는 여성 가장이 남성보다 수입이 훨씬 적기 때문인 것으로 보인다. […] 보고서에 따르면 전국 가계 수입 통계가 '대다수 저소득 흑인 가정에서 아내의 수입이 남편보다 높은 경우가 많다'는 통념과 다르다는 것을 알 수 있다. 소득 3천 달러 미만인 흑인 가정의 85퍼센트에서 남편의 수입이 아내의 수입을 넘어섰다.

> ─『뉴욕타임스』, 1971년 7월 28일자

이와 관련한 최초의 전국 단위 비교 연구에서 인구조사국은 교육수준이 낮은 스페인어권 출신 집단이 흑인보다 훨씬 수입이 많다는 점을 밝혀냈다. 게다가 통계학자에 따르면 두 집단의 수입이 여전히 백인의 수입에 훨씬 못 미치지만 스페인어권 집단의 수입이 흑인 집단보다 다소 빠르게 증가하고 있다는 증거를 제시한다.

—『뉴욕타임스』, 1971년 10월 18일자

여성 해방은 흑인 여성과 무관한가? 지적한 바와 같이 흑인의 절반은 여성이다. 그런데 흑인운동은 과연 흑인 여성과 관련이 있었는가? 지금까지 흑인운동은 주로 흑인 남성을 위한 방향으로 전개되었고 흑인 남성의 요구에 응해왔다. 적어도 여성의 참여가 3분의 1은 되어야 한다는 1966년의 의회법 제정 이전까지만 해도 공단 직원은 거의가 남성이었다. 1968년에 시행된 인력 개발 및 훈련 법안에 따라 12만 5천 명의 훈련원생이 배출되었지만 그중 여성은 32퍼센트에 불과했다. 1968년 사업 분야 프로그램 취업기회에서는 고용된 인구의 불과 24퍼센트만이 여성이었다. 전국사업동맹의 훈련 프로그램은 흑인 남성에게만 국한된다.

— 낸시 헨리[1]

흑인 여성들은 여성해방운동에 관해 어떤 감정을 느낄까? 불신이다. 그 운동의 대상이 백인이기 때문이다. […] 흑인 여성은 백인 여성을 적으로 간주한다. 왜냐하면 인종차별은 백인 남성에 국한되는 것이 아니라는 것을 잘 알고 있기 때문이다. 이 나라에는 백인 남성보다 많은 백인 여성이 있다. 인구의 53퍼센트인 여성들은 가장 힘든 시기에도 침묵을 유지했다. […] 대다수 흑인 여성의 문제는 노동 시장 진입이 아니라 노동력 향상에 있고, 의과대학에 진학하는 것이 아니라 성인 교육을 받는

8장 제3세계 여성

데 있으며, '집안의 가장'으로부터 어떻게 자유를 행사하는가
가 아니라 어떻게 가장 역할을 해나가는가에 있다. […]

오랫동안 이 나라에서는 흑인 남성이 흑인 여성을 제외하고는
어느 누구에게도 분노를 발산할 수 없었다. 흑인 여성들은 그
들의 분노를 감수해왔다. 심지어 달갑지는 않지만 감당해야 할
의무로까지 간주했다. 그렇게 하면서 흑인 여성들은 자주 느
긋하게 휴식을 취했다. 그들은 백인 여성들이 자기네 역사에서
본 그런 '노예'였던 적이 전혀 없었던 것처럼 보였다. 물론 흑
인 여성들은 가사노동, 허드렛일을 했다. 물론 아이도 키웠다.
그것도 흔히들 혼자서 말이다. 그 모든 집안일을 하면서 한편
으로 바깥일까지 해야 했다. 남편은 얻을 수 없거나 자존심상
받아들일 수 없는 그런 일을 해냈다. 흑인 여성이 의지할 것이
라고는 하나도 없었다. 남성성도, 백인성도, 숙녀다움도, 그 어
느 것에도 그들은 기댈 곳이 없었다. 처절하게 황량한 자신들
의 현실에서 흑인 여성들은 스스로를 만들어냈다. […]

[…] 흑인 여성들은 언제나 백인 여성들보다 자신들이 우월하
다고 생각하면서도 백인 여성들을 부러워했다. 그들의 외모,
편안한 삶, 남성들로부터 받는 관심을. 동시에 흑인 여성들은
백인 여성들을 두려워했다. 흑인 여성의 삶을 조종할 수 있는
백인 여성의 경제적 능력을. 그러면서도 백인 여성들을 사랑했
다. 유모, 가정부로서. 하지만 흑인 여성들은 백인 여성들을 도
저히 존경할 수 없음을 깨달았다. 다시 말해, 흑인 여성들은 흑
인 남성들이 백인 남성들을 존경했던 것처럼 그렇게 백인 여성
들을 대할 수 없었다. 말하자면 흑인 여성들은 백인 여성들이
이룩한 것에 경외감을 느낄 수 없었다는 것이다.

— 토니 모리슨[2]

불행하게도 누가 누구를 억압해왔는지에 관해서는 약간 혼란이 있는 듯하다. 흑인 인권의 출현 이후 흑인 남성은 정의를 위한 투쟁에서 두드러진 지도자 역할을 해왔다. 하지만 흑인 남성들은 많은 문제에서 그런 이슈들의 가치와 관습을 거부하면서도 여성 문제만 나오면 마치『레이디스 홈저널』에서나 보일 법한 태도를 취한다. 일부 흑인 남성은 자신들이 사회로부터 거세되었지만 흑인 여성들은 그런 박해를 다소 피할 수 있었고 심지어 자신들을 거세시키는 데 가담했다고까지 주장하고 있다. 그러나 지금 이 자리에서 천명하건대, 미국에서 흑인 여성은 '노예의 노예'라는 것이 가장 정확한 표현이다.

흑인 여성들에게 가정적이고 순종적인 역할을 강요함으로써 자신의 '남성성'을 과시하려는 사람들은 반혁명적인 입장에 있다. 이처럼 흑인 여성은 체제에 의해 학대당해왔다. 이제 우리는 모든 형태의 억압을 제거하는 것에 관해 이야기해야 한다. 강력한 국가를 건설하기 위해 논의하고자 한다면, 자본주의적 억압의 멍에를 벗어던지고 싶다면, 우리는 모든 남성과 여성, 어린아이들의 총체적인 진화에 관해 말하고, 각자가 고도로 발전된 정치의식을 가지는 문제에 관해 논의해야 한다. 우리 바깥에 있는 적에게 맞서기 위해서는 군대의 절반이 아니라 전체가 필요하다.

— 프랜시스 빌[3]

흑인 여성들이여, 우리가 전혀 걱정할 필요가 없는 것이 집단학살이다. 사실 우리는 이 점을 잘 활용할 수 있을 것이다. 최근 백 년 동안 우리에게 일어났던 일을 살펴보자. 우리는 용감하게 선전해오고 있지만 우리가 얻은 것이라고는 호된 처벌과 악

명뿐이다. 반면 글레이저와 모이니한처럼 모권제를 시행하고
자 하면서 우리가 이미 충분히 오래 그 일을 망쳐왔으며 우리
가 무엇인가를 하겠다고 고집하려면 가족 내에서 우리 자신은
남자의 등 뒤로 물러나 그를 전면에 내세워야 한다고 암시하는
사람들도 있다. 어쨌거나 자기들이 오래전에 이미 우리의 고추
를 따내버렸다고 놀리면서, 그러니 한쪽으로 비켜 서 있으라고
말하는 남자 형제가 있지 않은가. 우리는 그런 상황에서 흔히
그렇듯이 얼굴을 붉히면서 무기력하게 쳐다보고 서 있다.

— 조애너 클라크[4]

남성과 여성은 사회제도 안에서 함께 살아가는 것처럼 보이지
만, 실제로 남성이 제도를 규정하고 통제하는 반면 여성은 그
규칙 안에서 살아간다. 정부, 군대, 종교, 가족은 남성문화 안에
서 여성 식민지 규칙을 지정하는 제도들이다. […] 여성문화는
존재한다. 그것은 종속의 문화이며 전 세계에 걸쳐 남성문화의
식민주의적이고 제국주의적인 규칙 아래 있다. 모든 국가적,
민족적, 인종적 문화의 표면 아래에 세계를 구획하는 이 두 가
지 원초적인 문화가 분열된 채 가로놓여 있다. 말하자면 남성
문화와 여성문화 사이의 분열이 그것이다.

국가적 문화는 여성문화의 억압의 정도에 따라 대단히 다양하
다. 아랍 문화에서 여성의 베일과 여성의 격리를 비롯한 총체
적인 여성차별은 여성들 사이에 차이를 만들어낸다. 스웨덴을
예로 들어보자. 스웨덴 여성은 아랍 여성의 억압된 삶을 견딜
수 없을 것이다. 그중에서도 민감한 여성이라면, 스웨덴에서
여성으로서 겪는 억압도 견딜 수 없을 것이다.

국가의 경계를 가로질러 한 사회에서 여성의 위치에 관한 이해

가 종종 각성된다. 우리는 제임스 볼드윈처럼 당분간 계급제도를 피해 파리나 다른 나라로 갈 수도 없다. 우리가 도피할 곳은 어디에도 없기 때문이다.

—『제4차 세계선언문』,[5] 1971년 1월 13일

여기 소개한 목소리와 관점은 모두 놀랍다. 내가 이 책에서 이들을 인용한 이래, 토니 케이드 뱀버라(Toni Cade Bambara), 벨 훅스, 앨리스 워커(Alice Walker), 미셸 월리스(Michelle Wallace) 같은 아프리카계 미국 여성 작가들은 페미니즘의 또 다른 버전으로 '우머니즘(womanism)'이라는 개념을 발전시켰다. 그사이 영예로운 토니 모리슨은 노벨문학상을 받았다.

아프리카계, 히스패닉계, 그리고 아시아계 미국 정신의학 연구자와 임상의들, 가령 테레사 베르나르데스(Teresa Bernardez), 진 시노다 볼렌, 릴리언 코마스 디아스(Lillian Comas-Diaz), 올리바 에스핀(Oliva Espin), 클래리사 핀콜라 에스테스(Clarissa Pinkola Estes), 베벌리 그린(Beverly Greene), 레슬리 잭슨(Leslie Jackson), 웬딜린 케이타(Gwendolyn Keita) 같은 이들은 유색인종 여성과 다문화적 관점에서 페미니스트 심리학을 연구하고 가르쳤다.

정신건강 전문의는 아니지만 벨 훅스는 페미니스트 해방운동이 "정신건강의 개념을 급진화했다"고 인식했다. 그리고 인종차별, 성차별, 가난의 참화를 감안할 때, 아프리카계 미국 여성들은 스스로에게서 "자아를 공격하고 마음을 위협하는 독과 거짓말을 제거"해야 한다고 믿었으며 '자기 치유'와 '영혼의 치유'를 주장했다. 그녀는 아프리카계 미국 여성들을 '상처 입고', 소외되고, 치료를 거부하는 존재로 보았다. 훅스는 이렇게 썼다. "지배를 끝내려는 해방 투쟁은 근본적으로 정신건강의 혁

　　　　　　　　8장 제3세계 여성

명에 관한 것이다."

　시노다 볼렌과 핀콜라 에스테스는 모든 여성에 내재해 있는 심리적 원형과 '여신' 원형에 대해서 썼고, 정신건강에 중대한 영적 발달을 구상했다. 만약 신을 백인 남성으로 상정한다면, 모든 여성은 심리적으로 문제를 안게 되고, 유색인종 여성은 더더욱 그렇다.

　흥미롭게도 우리는 맥신 홍 킹스턴(Maxine Hong Kingston)의 『여전사*The Woman Warrior*』(황금가지, 1998), 에이미 탠(Amy Tan)의 『조이 럭 클럽*The Joy Luck Club*』(문학사상사, 1990), 라우라 에스키벨(Laura Esquivel)의 『달콤 쌉싸름한 초콜릿*Like Water for Chocolate*』(민음사, 2004)과 같은 문학작품 덕분에 아시아계와 히스패닉계 미국 여성의 현실에 대해 많은 것을 알고 있다. 『드래곤 레이디: 아시아계 미국 페미니스트들이 불을 뿜다*Dragon Ladies: Asian American Feminists Breathe Fire*』를 쓴 소니아 샤(Sonia Shah)와 『패치워크 숄: 미국 남아시아 여성의 연대기*Patchwork Shawl: Chronicles of South Asian Women in America*』를 쓴 샤미타 다스 다스굽타(Shamita Das Dasgupta)가 편집한 선집도 매우 유용하다. 캘리포니아대학교 데이비스 캠퍼스의 아시아계 미국인 정신건강 국립연구센터는 1990년경부터 2004년까지 이 지역에 대한 연구의 중요한 참고문헌 목록을 제공하고 있다.

　지난 45년간 페미니스트 이론가와 유색인종 임상의들은 유색인종 여성과 남성을 연구하고 치료해왔다. 그들은 우울증, 자살, 식이장애부터 가정폭력까지 생각할 수 있는 모든 문제들을 연구했고, 더불어 유색인종 여성에 대한 영적·종교적 접근에 대한 필요성까지 탐구했다.

　예를 들어, 우리는 대부분의 미국 원주민 여성들이 혹독한 가난, 인종차별, 성차별의 온갖 모욕을 다 겪었다는 것을 알고 있다. 이는 그들이 심한 가정폭력, 예방 가능한 질병, 알코올중독 등으로 인해 고통을 겪었다는 것을 의미한다. 그들은 또한 치유를 위해 부족에서 전해 내려오는 영적인 접근을 시도했다.

우리는 또한 많은 아프리카계 미국 여성들이 종종 근친상간, 구타, 언어폭력, 살인을 포함한 가혹한 가정폭력의 피해자라는 사실을 알고 있다. 그들은 가난, 치료받지 못한 질병, 낮은 임금, 막다른 고용으로 고통을 받고 있다. 살해는 15~34세의 아프리카계 미국 여성들을 죽음에 이르게 하는 주요 원인 중 하나이다. 논란의 여지가 있기는 하지만, 유럽계 미국 여성이 천 명당 30명꼴로 구타를 당한다면, 아프리카계 미국 여성은 천 명당 113명꼴로 구타를 당한다고 추정한 자료도 있다. 이는 빙산의 일각에 불과하다. 왜냐하면 경찰 및 형사 사법제도가 인종차별적인 것을 감안해 많은 아프리카계 미국 여성들이 가정폭력을 드러내기 꺼리기 때문이다.

리바 L. 헤런(Reva L. Heron)과 다이애너 P. 제이컵스(Diana P. Jacobs)는 낮은 임금에 시달리며 매를 맞거나 자살 충동을 느끼는 아프리카계 미국 여성들에게 유용한 '대처 기술'에 대해 상세하게 논의를 했다. 그리고 문제를 해결하는 새로운 대처 기술, 집단치료, 파트너와 함께하는 치료, 직업훈련, 다수의 지원 서비스를 제공하는 프로그램을 추천했다.

다이앤 J. 해리스(Diane J. Harris)와 수 A. 쿠바(Sue A. Kuba)는 유색인종 여성의 식이장애를 "내재화된 억압"의 표출과 "아름다움과 수용에 대한 상반된 문화적 요구들"에 대한 반응으로 간주했다. 그들은 45~54세의 아프리카계 미국 여성들 사이에서 식이장애 발병률이 최고로 높다는 것을 밝혀냈다.

테레사 베르나르데스, 릴리언 코마스 디아스, 올리바 에스핀과 같은 히스패닉계 미국 이론가들과 임상의들은 특히 소수민족, 가톨릭 공동체의 강점과 위험성을 명확하게 보여줬다.

점점 더 많은 이슬람 여성들이 서구에 살고 있다. 나는 『페미니즘의 죽음』에서 이슬람 여성 심리에 대해 썼다. 정신분석가이자 아랍어 연구가 낸시 코브린(Nancy Kobrin)은 이 분야에서 매우 중요한 저작을 썼다. 이주, 가난, 인종차별 문제에 더해, 그들이 가족 안에서, 그리고 더 넓은 세상에서 마주하고 있는 성차별은 만만치 않다. 물론 많은 예외가 존재하기는 하지만 많은 이슬람 여성들은 '자아' 또는 개인성을 발전시키는 것이 허락되지 않았다. 그들은 종종 병리학적으로 낮은 자아 존중감으로 고통받았고, 점점 더 자기 자신을 감추려고 했으며 통상적으로 중매결혼을 해야 했다. 그리고 전통적으로 명예살인의 희생자였다. 내가 아는 한, 아직까지 이 특정 집단의 절박한 요구를 해결한 페미니스트 임상 사례는 없었다.

미국에서 살고 있는 나는 제3세계 여성의 심리를 설명할 만한 이론을 제시할 수 없다. 어떤 하나의 이론만으로는 아프리카인, 라틴아메리카인, 멕시코인, 중국인 그리고 미국 원주민 후손의 여성들을 정당하게 제대로 기술할 수 없을 것이다. 게다가 심리학자이자 페미니스트로서 나는 다양한 예외와 변형들을 탐구하기보다는 여성의 심리법칙을 탐구하는 데 보다 관심이 있다.

미국에 사는 백인 여성들과 제3세계에 사는 여성들 사이에는 성차별의 경험과 영향에서 차이가 있다. 예를 들어 제3세계여성들은 중산층 백인 여성들보다 집 밖과 가족이라는 '친족'

체계 안에서 더 많이 일하고 있다. 한편 많은 백인 여성들은 대다수 제3세계 여성들보다 더 많이 교육받고도 이를 덜 활용하고, 남편과 아버지에게 경제적으로 더 많은 지원을 받는다. 하지만 공적으로 고용된 제3세계 여성들이라 해도 공적으로 고용되지 않은 백인 여성과 마찬가지로 심리적 혹은 경제적으로 기동성을 가지고 있지는 않다. 빈민가의 '친족' 체계는 중산층 가정에서의 여성의 고립과 마찬가지로 가혹하게 필연적인 구조이다. 남자들에 대한 의존에서 벗어나려는 페미니스트들의 욕망은 제3세계 여성들에게 공유될 수 없다. 인종차별과 계급전쟁으로 인해 제3세계 여성들은 그와 유사한 의존조차 허용된적이 없었기 때문이다(비록 제3세계 여성들이 그와 같은 의존을, 그리고 그것이 제시하는 특권과 안전을 갈망한다 할지라도말이다).

내가 보기에 아프리카, 아시아, 중동 혹은 남아메리카에서여성은 전통적으로 남성만큼 대접받은 적이 결코 없었다. 이들지역에서 산모와 유아 사망률은 대단히 높다. 전통적으로 아프리카의 대다수 여성들은 억척스럽게 아이를 낳고 키우며 생업에 종사하면서도 남성들처럼 정치적·군사적·종교적 지도자가되지 못했다. 또한 그들은 일부다처제만큼이나 흔하게 일처다부제로 살았던 적이 없었다. 물론 '선사시대'의 아시아, 아프리카, 남아메리카, 유럽에는 많은 여왕과 여성 군사 전문가와 모권제 문화가 있었다. 그러나 일단 유럽의 침입 후 아프리카 여성의 지위는 남성의 지위에 비해 더욱 열악해졌다. 아프리카 남성들은 교육, 현대적인 영농과 토지 소유, 공장노동 등을 하도록 강요받거나 권유받았지만, 여성 전사들은 완전히 사라지게되었다. 현재에 이르기까지 대부분의 아프리카 혁명 지도자나 전통적인 민족 지도자, 군사 전문가, 법률가, 종교 지도자는 여성이 아니라 남성이다.

어떤 의미에서든 정치적으로 활동할 수 있는 제3세계 여성들이 페미니스트가 아닌 많은 이유 중 하나가 바로 이것 때문이다. 여성의 권리를 위해 투쟁하거나 여성의 권리를 대표하려는 여성과의 동맹은 과거가 아니라 미래에 속한다. 예를 들어 남성은 여성보다 지적·신체적으로 훨씬 강하다고 간주되어왔다. 엄격한 이성애 여성에게는 남성만이 유일한 성적 파트너이다. 이런 이유만으로도, 제3세계 여성들은 대다수 백인 여성들처럼 자신이 원하는 남자가 '되기' 전에는, 즉 스스로 '남성적' 또는 모든 인간적 특성을 구현하기 전에는 곁에 있는 남자를 떠나지 않을 것이다. 진정한 성혁명은 다른 어떤 혁명보다도 더욱 어렵고 양성은 물론 모든 계급과 인종에게 더 위협적이다.

나는 흑인이나 히스패닉 또는 아시아계 미국 노동자 여성이 "그만 일하고 싶다, 아이들과 함께 집에 머물러 있을 수 있다면 좋겠다, 나를 보살펴줄 수 있는 남자가 필요하다"라고 말할 때 그들이 뜻하는 바와 느끼는 바를 이해한다. 그녀는 두 직장을 겸업하기보다 한 직장에 전념하고 싶다고 말하고 있는 것이다. 그녀는 백인 여성과 마찬가지로 어머니와 '가정주부'로서의 그들의 노동 없이는 남편이(혹은 정부가) 먹고살 수 없다는 점에서 자신의 노동이 무한히 소중하다는 점을 깨닫지 못하고 있다. 모든 계급과 인종의 여성들이 가족을 공적인 제도 혹은 여성에게 특히 억압적인 제도로 파악할 수 있도록 사회화되어 있지 않기 때문이다.

내가 가정하는 이 제3세계 여성은 미국에서 백인으로 사는 무수한 특권, 그중에서도 특히 중산층으로서 소득을 누릴 수 있는 무수한 특권에 관해 말한다. 또한 주택, 교육, 고용에 있어서의 인종 차이에 관해서도 말한다(저소득층의 백인 여성들 역시 이런 비극을 겪고 있다). 그녀는 거리와 집에서의 신변 안전에 관해서도 말한다. 실제이건 아니건 간에 대다수 백인 여성들역시 도시에서 언제나 신변에 위협을 느낀다(하지만 백인 여성들보다는 제3세계 여성들이 보다 많이 강간당한다는 보고가 있다). 그녀는 또한 심리적인 의존과 물질적인 안정이라는 특권에 관해서도 말한다. 비록 이런 특권들이 일시적인 것이라고 할지라도, 인간의 품위와 자유를 희생한 대가로 얻어낸 것이라고할지라도, 그와 같은 여성적 특권이 주는 즐거움은 현실적인 것이고 우리를 살아가도록 버티게 해준다. 심리적인 관점에서 볼때, 어떤 특정 집단이 불우한 이들의 불행으로부터 여전히 '이익'을 얻고 있는 한, 불우한 이들에게서 자기 희생과 고상함을기대하는 것은 어리석은 만큼이나 잔인하다. 모든 남자들(백인들)로 하여금 그들의 모든 권력과 특권을 우선 포기하도록 하라. 그들이 아내, 비서, 창녀, 모성으로부터의 평안, 정보, 특권적인 어린 시절 등을 먼저 포기하도록 해보라. 그런 다음에라야 비로소 여성이나 유색인종은 '선'이나 '평등'의 구원적 특징을 고려하기 시작할 것이다. 그때까지 여성과 유색인종은 모든 공짜술과 악수와 트로피와 내부 정보와 '살인'을 원할 것이다. 억압받는 집단은 다른 집단에 못지않게 권력의 가치를 내재화한다.

실제로 부유한 남자의 노예가 가난한 남자의 노예보다 나을 것이다. 권력자의 자비가 권력 없는 자의 자비보다 나을 것이다. 힘은 종종 자비를 베풀 수도 있다. 약한 자는 그런 자비마저 베풀 수 없다. 한 사람의 노예가 되는 것, 다시 말해 남편의노예가 되는 것이 알지도 못하는 여러 남자, 가령 의회나 산업에 종사하는 뭇남성들의 노예가 되는 것보다 나을 것이다.

많은 유색인종 남성 이론가들이, 그리고 최근 들어서는 유색인종 여성 이론가들이 미국이나 제3세계에 사는 '제3세계' 여성들에 관해서 써왔다. 웅변적이고 탁월한 흑인 남성 정신과 의사인 프란츠 파농은 유감스럽고 당혹스러우며 고통스럽게도 알제리 여성에 관해서 대단히 성차별적이다. 1969년 나는 미팅 장소로 가는 버스 안에서 그의 책을 읽었다. 나는 『알제리 혁명 5년 *L'An V de la Révolution Algérienne*』(인간사랑, 2008)에서 실망과 분노를 느끼는 한편 강력한 인상을 받으면서 거의 모든 문장에 밑줄을 쳐가며 읽었다.[6] 한 무리의 페미니스트 역시 나와 같은 버스에 있었던 것이 분명했다. 왜냐하면 다음과 같은 그들의 결론 역시 나의 결론과 어느 정도 유사했기 때문이다.[7]

프랑스인들이 알제리 [남성] 문화를 파괴하려 했으며 이것은 한 남성문화 대 다른 식민화된 남성문화의 전형적인 식민화 전술이라고 말한 점에서는 파농이 옳다. 하지만 파농은 남성이 여성을 야만적으로 식민화하는 것을 보지 못하는 전형적인 남성의 무능력을 보여준다. 프랑스가 파괴하려던 알제리 문화의 상징으로서 베일 사용을 사례로 꼽음으로써 파농은 남성으로서 자기 자신이 저지른 죄를 인식하지 않기 위해 그리고 알제리 여성의 억압받고 비하된 문화에 대한 알제리 남성의 잘못과 책임을 인정하지 않기 위해 문제를 지나치게 단순화시킨다.

파농이 보다 정직했더라면 남성문화로서의 프랑스 사람들이 알제리 여성의 자유에 관심이 없는 것과 마찬가지로 알제리 남성 역시 알제리 여성의 자유에 관심이 없었다는 점을 깨달았을 것이다. 하지만 프랑스 식민주의자들에게 그처럼 격렬하게 분노했던 파농이지만 알제리 여성들을 위한 정의를 요구할 정도로 자기 비전을 확장하지는 못했다. 사실상 그는 알제리 여성들이 억압받고 있다는 사실을 '말도 안 된다'는 식으로 경멸했다. 그는 자신이 드러내고 있다는 사실을 깨닫지 못하는 경우를 제외하고는 알제리 여성이 남성에 의해 억압받고 있는 사실을 인정하지 않는다.

여성들에게 하녀의 위상을 강조함으로써 여성문화는 '자기 희생'의 완전한 노예윤리를 정교하게 만들어냈다. 여성문화의 주요한 윤리로서 자기 희생은 여성들이 공개적인 반란을 일으키고 자결권을 주장하는 데 가장 효과적인 심리적 장애요인이었다. 자기 희생은 또한 남성이 여성을 조종하는 주요한 도구였다.

아브람 카디너(Abram Kardiner)[8]와 대니얼 P. 모이니한(Daniel P. Moynihan)[9]은 파농보다 훨씬 말주변이 없는 백인 남성 전문가들이다. 미국에서 흑인 여성과 흑인 '모권제'에 관한 그들의 저술은 통찰을 보여주기는커녕 인종차별주의적이고 성차별주의적이다. 윌리엄 H. 그리어(William H. Grier)와 프라이스 콥스(Price M. Cobbs)는 흑인 남성 정신과의사인데, 그들은 기껏해야 흑인 여성들을 이류 인간으로 묘사한다. 그 방식마저 평범한 수준이다. 그들의 공저 『검은 분노Black Rage』에서 '여성다움 성취하기'와 '결혼과 사랑'이란 제목이 붙은 장을 인용해본다.[10]

짧은 악전고투 끝에 흑인 여성은 그 시절에 정의된 여성성을 자신들은 성취할 수 없다는 점을 깨닫게 될지도 모른다. 흑인 여성은 날마다 상심하기보다는 차라리 그런 투쟁을 체념하고 자기 관심을 다른 곳으로 돌린다. 그녀는 명예롭고 매력적인 성적 대상으로서 받았을 수도 있는 지극히 개인적인 만족도 얻어낼 수 없었다. 여성의 성적 기능이 활짝 꽃피고 그것을 즐길 수 있는 능력은 본인 스스로에게 달려 있다. 만약 스스로 자신을 특히 가치 있다고 생각한다면, 그런 여성은 애인에게 기꺼이 순종할 수 있고, 애인이 자기를 소중하고 귀하게 대할 것이라는 점을 안다. 성적 만족은 남자에게 멸시당한다는 느낌으로 인해 손상받지 않는다. 힘센 애인에게 스스로 굴복하면서 상대를 소유하고 추가적으로 '자기애적 보급품'을 확보하는 것은 여성의 자연스러운 경향이다. 여성이 스스로를 높게 평가하면 남성 역시 당연히 따라서 그녀를 높이 평가하게 돼 있다. 만약 여성의 자기애가 훼손된다면 성적인 행위는 자신을 소중하게 여기지 않는 남자에 대한 굴욕적인 복종이다. 그로 인해 여성은 개인적으로 고양되기보다는 자존감의 상실을 느끼게 될 것이다.

젊은 시절 자기애가 짓밟히고 성생활이 왜곡됨에 따라 흑인 여성은 삶의 원초적인 표현 수단으로서의 성(性)을 포기하게 된다. 젊음도, 섹스도 방관하게 되면서 흑인 여성들은 가장 본질적인 여성적 기능(모성, 양육, 돌봄)으로 자신의 시선을 좁히게 된다. 그러한 역할을 함으로써 흑인 여성은 많은 가족을 구출해왔다. 많은 이들이 그랬듯, 그와 같은 가모장제의 요구는 본질적인 모성 기능을 모호하게 하고, 권위 자체를 위한 권위를 제안하는 셈이다. 그래서 우리는 흑인 여성들이 모든 면에서 잔인함에 시달려왔으며, 그 결과 여성성의 가장 본질적인 특성에 관심을 집중하게 되었다고 주장하고 싶은 것이다.

'정신질환'을 선별하고 치료하는 데서 인종차별적 관행의 증거를 찾기란 어렵다. 첫째, 유아학대나 강간과 같은 경우 통계학적인 접근이 그다지 용이하지 않다. 둘째, 대다수 제3세계 사람들은 개별적인 심리치료를 받기에는 그야말로 너무 가난하다. 그들은 사회적으로 통제받을 뿐 아니라, 보다 직접적이고 물리적인 측면에서 좋지 않은 상황에 처해진다(낸시 헨리는 여성들이 흑인들과 마찬가지로 마약 중독에 쉽게 빠지지만 생명에 치명적인 마약보다는 진정 효과가 있는 마약을 투여하는 경향이 있음에 주목한다. 이것은 아마도 지배적 문화의 관점에서 볼 때 흑인들이 여성들보다 소모품에 더 가깝다는 것을 시사한다고 할 수 있다).[11] 셋째, 정신의학적 진단과 치료에서 인종차별은 대체로 계급 및 성별에 따른 편견에 의해 좀 더 복잡해진다. 그렇다고 하더라도 흑인 여성과 남성들이 정신의학계에서 차별당하고 오해받아왔음을 부인할 수 없다. 정신질환 관련 시설에 고용된 사람들, 즉 간수, 병원 잡역부, 간호사, 그중에서도 특히 주립 정신병원이나 지방의 정신병원처럼 저임금으로 고용된 백인뿐 아니라 흑인들은 인종을 막론하고 입원 환자들에게 잔인하다는 것 역시 부인할 수 없다. 사람들은 억압적인 가치를 내재화한다. 그들은 또한 자신이 하기로 되어 있다고 생각하는 것을 행한다. 게다가 자신이 폐기할 수도 있는 것을 오히려 행하기도 한다.[12]

흑인, 히스패닉계, 아시아계 또는 이주민 여성의 '치료'는 백인 여성의 치료와 흡사할 것이다. 치료는 가정적이고 '모성적인' 과제들로 이루어지거나, 혹은 가정적이고 모성적이며 이성애적인 과제를 위한 심리적인 준비로 채워진다. 정신병원에 입원한 흑인 남성이 부당한 대우를 받는다 하더라도 이런 방식으로는 아니다. 흑인 여성, 푸에르토리코 여성, 백인 여성 사이에 차이가 있음에도 불구하고 그들은 여성이기 때문에 극도로 남성적인 정신건강 기준 아래 한결같이 취약한 상태에 놓이게 된다. 또한 그런 차이에도 불구하고 여성 역할이라는 핵심적인 (평가절하된) 측면은 모든 인종과 계급의 여성들에게 공유되고 있다. 일례로, 최근 연구에 의하면 백인과 흑인 모두에게서 남성보다 여성이 더 많이 신경쇠약에 걸렸거나 신경쇠약에 임박했고 정신질환적 무기력증과 현기증을 경험하는 것으로 보고되었다. 흑인과 백인 여성 모두 남성보다 높은 비율로 신경증·불면증·수전증·악몽·숨가쁨·두통 등의 증상을 보였다.[13]

인터뷰

나는 아홉 명의 제3세계 여성과 인터뷰를 했다. 여섯 명은 아프리카계 흑인 여성, 세 명은 라틴아메리카 여성이었다. 이들의 나이는 27세에서 48세에 이르렀다. 두 명은 고등학교를 다닌 적이 있었고, 네 명은 대학을 다닌 적이 있었다. 두 명은 대학을 졸업했고 한 명은 대학원을 다닌 적이 있었다. 다섯 명은 법적으로 독신이며 한 명은 법적으로 결혼했고 두 명은 이혼했으며 한 명은 사별했다. 학교 교사인 한 명을 제외하고는 이들 중 어느 누구도 수입이 연봉 5천 달러를 넘지 않았다. 이들은 대체로 비서나 서기와 같은 직업을 갖고 있었다. 세 명은 실업 상태이거나 복지수당으로 연명했다. 아프리카계 여성 중 두 명은 페미니스트였다.

세 명의 여성은 정신과에 입원한 적이 있었다. 그중 한 명은 자살 시도를 했다가 단기간 입원한 적이 있었으며, 또 다른 한 명은 '편집증적인 정신분열증'으로 인해 여러 번 입원한 적이 있었다. 나머지 한 명은 '갱년기 정신분열증'으로 인해 총 5년에 걸쳐 수차례 입원했다. 이들 중 어느 누구도 개인병원에 입원한 적은 없다.

인터뷰 여성 중 일곱 명은 대략 세 명의 심리치료사에게 약 25개월 동안 개별적인 치료를 받았다. 평균 17개월은 남성 심리치료사로부터, 24개월은 여성 심리치료사로부터 치료를 받았다. 이들 여성은 총 열 명의 남성 심리치료사와 여덟 명의 여성 심리치료사에게 치료받았다. 두 명의 흑인 남성 정신과의사와 한 명의 푸에르토리코인 여성 사회복지사를 제외하면 이들이 만난 심리치료사는 전부 백인이었다.

제3세계 여성 중 다섯 명과의 대화에는 다른 제3세계 여성이 동석했다. 두 번의 인터뷰는 내가 없이 제3세계 여성 혼자서 인터뷰를 진행했다. 한 사람과는 백인 친구와 이전에 그녀를 담당한 심리치료사가 동석한 가운데 진행했으며, 다른 한 명과는 그녀의 요구에 의해 나와 단둘이서 인터뷰를 했다.

왜 이들 여성은 남성 심리치료사를 원하며, 그들과 있는 것을 보다 편안하다고 느꼈을까? 너무 순진해서? 인종적인 증오심 때문에? 동성에 대한 적개심 때문에? 아니면 그들을 돈으로 사거나 유혹하지 않는 백인 남성과 함께할 수 있기 때문에? 혹은 그 남성들이 그렇게 하더라도 '점잖게' 할 것이라서? 전반적으로 내가 만난 대다수 제3세계 여성들은 백인 여성들과 마찬가지로 이성애, 사랑, 결혼 등에 완전히 '사로잡혀' 있었다.

월마   난 남자 없이 견딜 수 없었거든요. 남자가 내 곁을 떠날 때마다 난 세 가지 중 한 가지를 한 셈이죠. 자살할

것 같아 두려워하거나 심리치료사에게 달려가기, 아
니면 가능한 한 빨리 다른 남자친구를 찾기.

캐럴라인 B박사는 무척 잘생긴 흑인 의사였어요. 대단히 매력
적이고 성격이 정말 좋았어요. 훌륭한 의사였죠. 그
는 할 수 있는 건 다 했어요. 그런데도 날 괴롭히는 게
정말로 무엇인지 털어놓을 수가 없었어요. 그는 날
이해할 수 없었고 난 그에게 이야기를 할 수 없었죠.
정말 끔찍했어요. 내가 뭘 느끼고 있는지 한마디도
하지 않은 채 그곳에서 그와 6개월간 마주 보고만 있
었으니까요. 내가 아무 말도 하지 않으면 의사도 가
만있었어요. 그는 말이 없는 편이었거든요. 나는 대
단히 내밀한 이야기는 잘 하지 않게 되더군요. 그러
다 보니 의사와 정해진 면담 시간 25분 동안 서로 멀
거니 바라보고만 있고 나는 그냥 비참하게 앉아만 있
었죠. 그곳에 앉아 있는 게 정말 비참했어요. 그런 식
이었어요. 난 저항하고 있었던 거예요. 그게 뭐였는
지 모르겠어요. 의사가 다만 내 입을 열게 하지 못했
을 뿐이죠. 그건 정말 긴 시간 낭비였어요.

필리스 그래도 그 의사를 비난하지는 않는 거죠?

캐럴라인 네. 난 그 의사를 좋아했어요. 그 사람은 대단히 점잖
아서 마치 멋진 꽃병 같았어요. 감상하기 위해 서가
에 놓아두는 꽃병 있잖아요. 난 그곳에 뛰어 들어가
내 내밀한 이야기나 경천동지할 말로 그 꽃병을 깨고

싶지 않았던 거죠. 사실 진료실 밖의 사무실에 있는 꽃병에 꽃을 사다 꽂아놓고는 했어요(의사는 완전히 모르는 척했어요). 정말 그 의사를 좋아했지만 말을 할 수는 없었어요. [자살 시도 직후에] 백인인 L박사 에게도 치료를 받았는데, 그 의사도 무척 좋았어요. 그 의사는 정말로 내게 도움이 되었어요. 하지만 내 가 무슨 말을 해도 결국은 다 내 문제로 돌려놓았죠. 림프절 페스트에 걸렸다고 해도 결국 내 잘못이라고 했을 거예요. 정말이지 오르가슴이나 그런 것에 관해 선 말할 수가 없었어요. 너무 당혹스러웠거든요.

에벌린   잠시 관계를 가졌다가 돌아선 남자 때문에 치료를 시 작했어요. 난 정말로 치욕스러운 전화를 했어요. 내 인생에서 그런 일은 정말 처음이었어요. 그 남자와 말로나마 정면으로 맞선 건 그게 처음이었는데, 그 나마도 보드카 한 병을 4분의 3쯤 비우고서야 가능 했죠. 머리를 쥐어짜내 기회를 노려서 전화를 걸었어 요. "왜 날 버렸어?" 그러자 그 남자는 과거에 떠났 던 사람이 되돌아왔다고 했던가, 아무튼 말도 안 되 는 소릴 지껄이더군요. 난 우울증으로 제정신이 아니 었어요. 심리치료 따위는 아픈 사람들이나 받는 거라 고 생각했어요. 아픈 사람이나 입원하는 것이지 나처 럼 아프지 않은 사람은 그런 게 필요없단 생각이었 죠. 난 정말 건강했어요. 그리고 어떤 사람도, 아무것 도 필요하지 않았어요. 처음에는 어떻게 그곳에 가야 하는지조차 몰랐어요. 결국 가기는 했지만요. 난 그

남자에게 끌렸던 것 같아요. 그는 백인 남성에다 못
해도 스물한 살은 넘었거든요. 그래서 난 그가 미혼
이고 결혼 상대일 수도 있다고 생각했죠. 그가 정말
로 독신이었는지 어땠는지는 몰랐지만 말이에요. 어
쨌거나 그 의사와 성관계를 하거나 뭐 그런 식의 환
상을 품기도 했어요. 그러다가 세상에, 의사를 유혹
하려고 했어요. 의사는 대단히 친절하기는 했지만 유
혹에 넘어오지는 않더군요. 그가 내 유혹에 넘어오지
않아서 무척 화가 났던 게 기억나요.

인종차별적이고 성차별적인 사회에서 흑인이자 여성은 폭
력과 자기파괴와 편집증 사이를 끝없이 비틀거리며 걷는 위치
에 있다. 나는 흑인 여성들에게 나타나는 이런 증세를 연구했
다. 흑인 여성은 흑인 남성이 흑인 여성을 좋아하지 않고 백인
여성을 선호하며 돈이라고는 벌어 오지 않고 아내나 흠씬 두들
겨팬다는 점을 전 생애에 걸쳐 분명히 깨달았다. 흑인 남성은
딴 여자들과 놀아나지만, 흑인 여성은 백인 남성으로부터 결코
'받아들여질 수' 없는 존재라는 점 또한 분명히 알고 있었다. 흑
인 여성들의 눈에 백인 여성들은 굴러먹은 여자들이고 유치하
고 부유하며 인종차별적이다. 가장 가난한 백인 여성들마저 자
신들에 비해서는 부자이다. 어쨌거나 요조숙녀라는 것이 중요
한 것이 아니다. 백인 여성은 사랑할 수 없고 강하지도 못하다.
세상에! 그런데도 뭐가 좋아서 남자들은 백인 여성에게 안달하
는가. 반면 흑인 여성은 강하지만 그들 역시 굴러먹었고 가난하
고 인종차별적이고 백인 남성이나 '좋은' 흑인 남성을 얻는 데
목을 맨다. 나에게 물어보라. 나는 안다. 나는 흑인 여성이니까.

백인 남성은 묻지 마라, 그냥 아무것도 묻지 마라.

점잖은 백인 치료사의 '언어 치료'가 실제로 끝없는 나락처럼 보이는 이 비극에 얼마나 도움이 될지를 짐작하는 것은 내 능력 밖의 일이다.

나와 이야기를 나눈 대다수 여성들은 자녀가 있었고 결혼생활에서 신체적인 폭력과 청교도적인 이중 기준과 성적 불만족을 경험했다. 그렇다고 제3세계 남성들이 백인 남성들보다 성적으로 소극적이라는 의미가 아니다. 하지만 어쨌든 20세기의 가난과 인종차별, '남자다움' 또는 '원초적인' 자부심을 과시하는 주의 주장들은 제3세계 여성의 성적·감각적 해방에 도움이 되지 않는다. 흑인 여성들은 백인 가부장제 문화의 영향으로 인해 이미 성적으로 억압받고 있기 때문이다.

윌마   난 백인 남자에게 매력을 느낀 적이 전혀 없었어요. 같은 흑인하고만 잠자리에 들었어요. 잠자리에선 흑인 남성이 우월하다는 신화에 사로잡혀 있던 거죠. 그래서 계속 흑인 남자들하고만 잠자리를 했죠. 근데 사실이 아니더라고요! 실제로 어느 누구도 제대로 섹스할 줄 몰랐어요. 내 말은, 그들이 무능했다는 거죠. 그게 무슨 말인고 하니, 그들은 상대방 여성은 안중에도 없었어요. 스스로 타고난 정력가인 줄 착각하고 있지만 자연스러운 섹스는 어떤 여자한테나 좋아야 하는 것 아니겠어요? 세 명 빼고 나머진 다들 금세 식고 어설펐어요. 그러면서 뭔가 배우고 싶어 하지도 않았죠. 참다못해 결국엔 내가 뭘 원하는지 설명을 해주곤 했죠. 하나하나 짚어가면서요. 그것마저도 먹

혀들지 않았어요. 그들은 정말로 무능해요. 남자들은
성적으로 무능할 따름이에요.

필리스   그렇다고 젠더나 인종에 따라 성적으로 열등하다는
         신화를 전파하고 다니지는 마세요. (웃음)

윌마   물론이죠. 그렇다고 백인 남자가 나에게 뭔가 해쳤단
         말도 아니거든요. 모든 남자들이 그건 내 잘못이라는
         느낌이 들게 만들었고, 난 죄의식을 느꼈어요. 그래
         서 마치 느낀 것처럼 굴어야 될 것 같았거든요. 흑인
         남자들이 백인 여자들하고는 다르게 관계를 갖나요?
         아니면 백인 남자들은 어때요?

레이번   열다섯 살 때 그 남자랑 잠자리를 했어요. 그가 원한
         건 오직 섹스뿐이었어요. 그는 내게 말 한마디 하지
         않았죠. 그 남자는 다른 여자랑 나가면서 나더러 걱
         정 말라더군요. 나랑 결혼할 테니까 걱정 말라는 거
         였죠. 난 딴 여자가 갈보이거나 난잡한 여자라고 생
         각했죠. 때로는 그 남자를 위해 내가 여자를 구해준
         적도 있어요. 정말 멍청하고 천박한 인물로 말이죠.
         그 남자랑 정말로 섹스를 즐기게 되기까지 거의 2년
         이 걸렸어요.

캐럴   스물다섯 살 때 처음으로 남자랑 섹스를 했어요. 그
         는 흑인이었고 기혼이었으며 나보다 다섯 살 많았어
         요. 차가운 관계였어요. 하지만 마침내 누군가가 나

를 침대로 데려가준 것에 고마워했죠. 오르가슴에 도달하지 못한 건 내 잘못이라고 자책했어요. 그날의 일은 여자가 첫 경험에서 기대할 법한 것과는 거리가 멀었어요.

리타 난 대단히 엄한 교육을 받으며 자랐어요. 결혼식 날 내가 처녀가 아니면 교회의 전등이 꺼져버리는 줄로만 알았거든요. 남자란 숫총각이 아니어도 상관없고 심지어 결혼 후에 다른 여자랑 어울려도 아내와 아이들을 보살펴주기만 하면 괜찮다는 식으로 가르침을 받았어요. 또 나는 어딜 가든지 나가기 전에 남편에게 먼저 허락을 받아야만 했어요. 한번은 여자친구랑 춤추러 갔다가 정말 혼이 났어요. 남편은 날 죽이겠다고 엄포를 놓았죠. 죽이진 않았지만 말이에요. 어쨌거나 그때 이후로 두 번 다시 나가지 못했어요. 아마 용기가 없었기 때문이겠죠.

흑인 또는 히스패닉 남성(또는 여성) 공동체에서 특별히 존경받는 위치와는 거리가 먼 이들 여성은 흑인 또는 히스패닉 남성들의 자연스러운 '먹이'가 되는 것을 당연한 것으로 묘사했다. 메나햄 아미르(Menacham Amir)의 연구에 따르면, 강간 범죄자와 희생자가 모두 흑인인 경우가 필라델피아에서 행한 표본사례 연구의 77퍼센트를 차지했다. 물론 흑인 범죄자들은 언제나 백인 범죄자들보다는 좀 더 많이 추적을 당한다. 백인 남성들이 백인 또는 흑인 여성들을 얼마나 많이 강간하는지 우리는 알 길이 없다.[14] 이 여성들은 백인 남성들의 '먹잇감'에서 놓여날 방법이 없다. 하지만 흑인 혹은 페미니스트로서의 의식 수준에 비추어볼 때, 백인 남성의 사회적이고 성적인 유혹에 대해서는 분노와 두려움이 덜한 편이다. 왜냐하면 사회적으로 좀 더 '수용할 만하고' 경제적으로 (잠재적) 보상이 있기 때문이다. 하지만 이것은 많은 흑인 남성들에 대한 쓰라린 그러나 여전히 성차별적인 관점이다. 남자로서 그들은 백인 남성이 그러는 것처럼 여자를 소유하고 싶어 한다. 혹은 아프리카의 남성들이 그러는 것처럼 여성들을 소유하고자 한다. 우리는 대다수 백인 남성들이 흑인(백인) 여성들을 어떻게 야만적으로 사는지 그냥 눈감고 넘어갈 수 없다. 미국에서 가난한 흑인 남성들은 부유한 남성들이 산 것을 훔치거나 경멸한다. 강간은 가부장제 계급사회에서는 언제나 존재할 것이다. 내가 인터뷰한 여성 중 대다수는 '보다 나은' 남성(혹은 백인)과 결혼할 경우 결국엔 백인 여성들 때문에 자신이 버림받게 될 것이라는 두려움 속에서 성장했다. 대다수 여성들은 (충분히 하얗지 않은) 피부색 때문에, 혹은 결혼, 사회적 지위, 성적 행동으로 인해 어머니와 적대적인 관계였다고 말했다.

에벌린　　흑인 남성들이 우리를 대하는 것과 똑같은 태도로 백인 여성들을 대하는지 궁금해요. 말하자면, 마치 내가 자동적으로 그들의 소유물인 것처럼 대하는 태도 말이에요. '우린 모두 적으로 둘러싸여 있으니까 우리 동족끼리는 누구든 함께해야 한다, 우리는 함께해야 하고 우린 친구니까 넌 내 것이야'라는 태도 말이죠. 이 일[비서]을 처음 시작했을 때 그런 것들이 절대적인 분노처럼 보였기 때문에 흑인 남성들의 유혹에 어떤 반응도 보일 수가 없었어요. 복도를 따라 걸어가면서 이런 소릴 듣거나 아니면 이러쿵저러쿵 평하는 소리를 들었지만 아무런 반응도 보이지 않곤 했죠. 그건 분노 자체였어요! 그들은 이런 분노를 인정하려 들지 않았죠. 난 그들과 맞서고 또 맞서면서 그들에게 거듭 말했어요. 난 그들과 어떤 형태의 교제도 원치 않는다고요. 그게 사회적인 것이든 뭐든 간에요. 그들이 좋아하든 싫어하든 상관없이 내가 누구랑 교제하든지 그건 내 마음대로 하겠다는 거였죠. 내가 그들로부터 괴롭힘을 당하지 않을 권리가 있단 걸 그들에게 이해시키는 데 3개월이 걸리더군요. 그들은 나에게 소릴 질렀죠. "내가 백인 남자라면 네가 그렇게 대하진 않았을걸!"가 관이었죠. "내가 백인 남자였더라면 네가 말을 걸고 싶어 했을 거야"라는 소리를 대여섯 번은 들었어요. 그들은 날 전혀 몰랐어요. 하지만 그들의 반응은 거의 편집증에 가까웠어요. 난 다른 점을 세 가지쯤 발견했어요. 백인 남자들은 수작을 걸어오다가도 내가 콧방귀를 뀌면 그것으로 끝이었어요. 백인들은 이렇게 생각하는 것 같았어요. '그래, 흑인 여자는 흑인 남자를 더 잘 이해할 테니까'라고요. 백인 남자들은 나를 다른 남자의 부속물로 간주할 따름이었어요. 다른 남자의 소유물쯤으로 말이죠.

필리스　　백인 남성들도 많이 유혹하던가요?

에벌린   아뇨. 모든 걸 전체적으로 고려해본다면 그랬다고 볼
         수도 있지만요. 하루에 길거리에서 내게 접근하는 남
         자를 따져보면 백인이 훨씬 더 많았죠. 인구상으로
         볼 때 백인이 흑인보다 훨씬 많으니까요.

필리스   직장에서도 백인 남성들이 유혹했나요?

에벌린   아뇨. 종류가 달랐어요. 백인 남성들이 하는 짓은 내
         가 일하는 사무실 앞을 괜히 왔다 갔다 하는 것이었
         죠. 눈치채이지 않고 눈에 띄지 않을 수 있다고 생각
         하는 선에서 오로지 말로만 그렇게 하죠. 한번은 백
         인 남자가 문간에 들어서면서 쌍스러운 소리를 했던
         게 기억나요. 자기가 곧 안 보이게 될 거니까 그랬던
         거죠. 백인 남성들에게도 분노가 있어요. 도대체 누
         구와 교제를 할지 정할 수가 없는 거예요. 만약 우리
         가 다가가 당신과 같은 백인과 친구로 지내고 싶다는
         뜻을 보이면 당장 이래요. "이 망할 검둥이들, 그래서
         너희들이 고마운 줄도 모르는 인간들인 거야."

캐럴라인   전 지금 스물일곱 살인데, 할머니와 이모할머니들은
         절 좀 괴상한 인간 보듯이 해요. 쟤는 왜 저럴까, 하고
         요. 사촌들은 전부 결혼해서 아이들이 있거든요. 자
         라면서 저는 흑인 남자들을 진심으로 경멸했어요. 사
         회적 지위를 성취하기 위해 신분 상승을 하려는 노력
         을 해야 하고 그래서 사회적 신분을 격상시켜야 하는
         거 아니에요? 전문 직업도 없는 평범한 샐러리맨은

생각조차 할 수 없어요. 그리고 사회적 지위를 위해 선 적어도 대학 졸업장은 따야겠죠. 그게 제 가족이 추구한 방향이에요. 엄마도 그런 식으로 결혼했고요. 하지만 신분 상승을 꿈꾸는 흑인 남자들은 지속적인 신분 상승을 위해 백인 여성을 얻고자 하더군요. 엄마의 이복형제 중 몇몇도 백인 여성과 결혼했어요. 잘나가는 흑인 남자를 얻게 되면 그가 출세가도를 달리기 위해 백인 여성을 원하게 되고 그러면 버림받을지도 모른다는 느낌이 언제나 들어요. [자살 시도로까지 이어진] 끔찍한 고립감을 남자들에게 털어놓을 순 없다고 생각해요. 저는 사회적으로 인정받을 만한 남자를 집으로 데려올 수가 없었어요. 그럴 생각도 별로 없었고요. 그게 제가 점점 더 고립된 이유 중 하나죠. 나이는 점점 들어가고 결혼도 못했고 그렇다고 뚜렷한 전문 직종에 종사했던 것도 아니고, 정체되어 있었고 해놓은 것도 많지 않았죠. 그게 결국 자살 시도로 이어졌어요. 결국 흑인 남자 편에 서야 한다고 느껴요. 그들은 고통받고 있으니까요.

필리스　흑인 여성은 고통받고 있다고 생각하지 않나요?

캐럴라인　물론 그래요. 하지만 그런 고통으로부터 벗어나려면 혁명에서 승리하도록 우리 남자들을 돕는 수밖에 없잖아요. 아이들을 돌보느라고 눈코 뜰 새 없는데 어떻게 투쟁을 하겠느냐는 의구심이 가끔씩 들거든요.

8장 제3세계 여성

정신병원에 입원했던 제3세계 여성 중 두 명은 정말 '미쳤'거나 '정신분열증'을 겪은 경험이 있었다. 서구문화에서의 많은 백인 여성들과 마찬가지로 제3세계 여성들은 십자가 수난 혹은 성모 마리아의 처녀 수태(또는 그것의 의미)를 다시 체험했다. 이런 경험을 하는 동안 그들은 징역살이와 같은 가사노동이나 성적인 수동성과 같은 '여성의 일'에 대단히 적대적이거나 모호한 태도를 보였다. 이들 여성의 '정신질환 병력'이 백인 여성의 병력과 얼마나 다른지 나는 알지 못한다. 그것은 독자 여러분의 판단에 맡겨두겠다.

나는 심리학자로서 스패니시 할렘 지역에 '의료 서비스'를 제공하던 뉴욕 시립병원에서 인턴 생활을 했다. 그곳에서 처음으로 카르멘을 보았지만 개인적으로 만나지는 않았다. 카르멘은 검은 머리에 체격이 큰 사십대 중반의 여성으로, 정신과 병동에서 '소란'을 일으켰다. 바나나 껍질을 바닥에 던진 그녀는 협박과 애원을 되풀이해도 바나나 껍질을 줍지 않았다. "여긴 정신병원이죠, 안 그래요?"라고 그녀는 유창한 영어로 되물었다. "난 하고 싶은 대로 할 거야. 아니면 내가 여기 있어야 할 이유가 없잖아." 그곳에서 단속 역할을 맡은 사람으로서는 보기 드물게, 나는 웃으면서 그녀를 지나쳐 갔다.

그 후 3년이 지났고, 나는 카르멘의 거실에 앉아 있었다. 그녀는 정부 보조 아파트를 대단히 깔끔하게 꾸며놓고 살고 있었다. 거실은 플라스틱 십자가, 플라스틱 조화, 비닐 소파 커버, 플라스틱 꽃병받침 따위로 가득 차 있었고 바깥에선 진짜 경찰 사이렌 소리가 들렸다. 나의 친구인 주디스는 카르멘이 입원했던 정신과 병동의 심리치료사였는데 카르멘과 서로 친구가 되었다. 그들은 서로 연락을 주고받았다.

주디스가 도와준 덕분에 카르멘은 나의 인터뷰 요청에 응했다. 그날 오후 카르멘이 몇 번이나 울 때마다 주디스는 그녀를 꼭 안아주고 그녀의 손과 내 손을 꽉 잡았다.

필리스　　왜 정신병원에 가게 되었나요?

카르멘　　맨 처음은 딸이 태어나고 나서였어요. 그때 서른이었는데, 난산으로 대단히 고생했어요. 그 전에는 그렇게 힘들지 않았어요. 첫아들을 열일곱 살 때 낳았거든요. 딸을 낳고는 완전히 신경쇠약에 걸려 집으로 돌아왔어요. 그때부터 아프기 시작했죠.

필리스　　어떻게 아팠나요?

카르멘　　그러니까, 무엇보다 우선 먹질 못했어요. 잠도 잘 수 없었고요. 친구들이 보러 왔지만 말도 하기 싫었어요. 난 멀거니 천장만 바라보았어요. 자리에 누웠어도 천장만 쳐다보았다니까요. 그런 다음 먹는 걸 완전히 중단했어요. 2주 동안이나요. 사람들이 몰려와서 대체 무슨 일인지 알아내려고 야단이었죠. 젖먹이가 젖을 달라고 보채는데도 그냥 침대에 드러누워 담배만 피웠어요. 그냥 아무것도 하고 싶지 않았어요. 손가락 하나 까딱하기 싫어서 침대보는 거들떠보지도 않았어요.

필리스　　갓난아기를 돌볼 수 있도록 당신을 도와주는 사람들은 없었나요?

카르멘 없었어요. 대관절 뭐가 잘못된 건지 알 수가 없었으니까요. 마침내 누가 의사를 불렀어요. 의사는 내가 "끔찍한 신경쇠약에 걸렸어요!"라고 했답니다. 그래서 사람들은 날 벨뷰로 데려갔어요. 증세가 너무 심해서 아무도 알아보지 못했어요. 거기서 신앙심이 대단히 깊어졌어요. 그래서 모든 사람의 축복을 빌었죠.

필리스 벨뷰에서는 무슨 일이 있었죠?

카르멘 그곳은 끔찍했어요. 항상 사람을 묶어두었어요. 아니면 독방에 가둬두든지요. 한번은 샤워를 하고 싶었어요. 하지만 욕조 안에 들어가고 싶진 않았어요. 간병인들은 환자들을 일렬로 세운 다음 모든 사람이 보는 앞에서 벌거벗고 줄을 서서 욕조로 들어가도록 했거든요. 그곳엔 욕조가 두 개밖에 없었는데, 어쨌든 난 욕조에 들어가고 싶지 않았어요. 바로 얼마 전에 수술을 해서 더 그랬죠. 알다시피 제왕절개를 했거든요. 불결한 것이 내 몸속에 들어가게 하고 싶지 않았고 그래서 간병인과 대판 싸웠어요. 그러고는 그 요법을 받게 되었죠. 그때부터 전기충격요법이라면 질겁하게 되었어요. 정말 끔찍한 느낌이더라고요. 특히 전기가 통하는 금속이 몸을 관통하는 느낌이 들 땐 정말 그랬어요. 망치로 머리를 두들겨대는 느낌이었으니까요. 전기 충격이 두려웠어요.

424

필리스   전기충격요법을 원치 않는다고 말하지 않았나요?

카르멘   물론 거부하려고 버텼죠. 하지만 강제로 시켰어요.

필리스   누가 전기충격요법을 허락한다는 동의서에 서명을
        했나요?

카르멘   남편이었죠. 남편이 의사에게 "도대체 손가락 하나
        까딱하려 들지 않으니, 전기충격요법이라도 써봅시
        다"라고 말했어요.

필리스   당신이 아무것도 하려 들지 않는다고 판단 내리기 전
        에 의사가 당신과 얼마나 얘기를 나눴나요?

카르멘   글쎄, 의사랑 얘기를 한 기억은 없어요. 3주가 지난
        뒤 난 뭐든 잘하게 되었어요. 정상으로 돌아왔죠. 딸
        아이도 돌보고 모든 걸 잘했어요. 재발할 거라고는
        생각하지 않았죠. 그런데 혹이 생기더니 하혈을 하기
        시작했어요. 그래서 의사에게 말했죠. 난 더 이상 아
        이를 원치 않으니 이 혹이 다른 것으로 바뀌기 전에
        자궁절제술을 해달라고 말이에요. 병원에서 난 신앙
        에 매달렸어요. 그러니까 자궁절제술 이후에요. 의사
        가 내게 다가왔어요. 정신과의사였는데 내 침대로 다
        가와서 주사를 놔주면서 뭐가 잘못된 거냐고 물었어
        요. 그에게 내가 한 말이라고는 "벨뷰엔 두 번 다시
        가고 싶지 않아요"가 전부였어요. 그러자 의사가 남

편에게 말했어요. "원한다면 아내를 데려가서 집에
서 간호하세요!" 그러니까 남편이 내 옷을 가져왔는
데, 검은 옷인 거예요. 난 그 옷을 걸치다가 말했죠.
"초상난 것도 아닌데, 상복 같은 검은 옷을 왜 입어야
해?" 그러면서 그 옷을 벗어던졌죠.

필리스   자궁절제술 이후에 아마 상심했겠죠.

카르멘   아뇨. 난 아홉 번이니 임신중절을 했어요. 그것 때문
에 죄의식을 느꼈어요. 임신중절은 그야말로 신에게
대죄를 저지르는 것이죠. 하지만 아이들을 낳아놓고
굶주리게 하는 것보단 나아요, 안 그래요?

필리스   검은 옷을 입지 않겠다고 버틴 뒤엔 무슨 일이 있었
나요?

카르멘   또 벨뷰로 보내졌죠. 벨뷰에선 나를 또다시 록랜드
주립 정신병원으로 보냈고요. 정신병원에 또다시 들
어와 있는 걸 알고 얼마나 울었는지. 하룻밤 새 머리
가 허옇게 세더라고요. 그곳에 도착해서 정신병원 정
문을 보면서, '세상에, 이건 교도소잖아'란 생각이 들
었어요. 다른 환자들에게 물어봤어요. "여긴 어떤 병
원이죠?" 그러자 그 환자가 "아니, 자기가 정신병원
에 있단 것도 몰라?" 하더군요. "아뇨, 난 몰랐어요.
여기가 정신병원이라고요?" "맞아요. 당신은 정신병
원에 들어와 있는 거라고요." 그러면서 그들은 웃기

시작했죠. 내가 어디에 와 있는지도 모르고 있었으니까요. 세상에, 얼마나 끔찍한 생각이 들었는지. 그곳에서 재발하지 않으려고 어떻게 노력했는지 기억도 안 나요.

상태가 호전될 때까지 그곳에 있어야 했죠. 대부분의 여자들이 상태가 악화되면 자기 자신을 돌볼 수 없잖아요. 그래서 난 즉시 머리에 빗질을 했어요. 그건 상태가 호전된 것임을 보여주는 행위죠. 말하자면 미치지 않았단 걸 말이에요.

필리스   록랜드 주립 정신병원에선 무슨 일이 있었죠?

카르멘   무슨 일이 있었냐고요? 무슨 일이 일어날 수 있을 것 같아요? 간수들이 하루 종일 사람을 가둬두는데. 일할 때만 밖에 나갈 수 있었어요.

필리스   어떤 일을 했는데요?

카르멘   아, 그러니까 마루 걸레질이랑 침대 정돈, 창문 훔치기, 마루닦기 등이요.

필리스   그런 일을 하고 돈을 받았나요?

카르멘   아뇨. 유일하게 돈을 주는 곳이 매점이었죠. 식비로 한 달에 10달러를 줬어요. 난 거기서도 일을 했어요. 또 정신과의사의 개인적인 하녀 노릇을 한 적도 있어

요. 여자 의사였는데, 그 의사는 내가 영어와 스페인
어를 둘 다 할 수 있단 걸 알았죠. 그래서 "좀 도와줘
요. 내 아들이 스페인어를 배우고 싶어 하거든요. 학
교에서 스페인어를 배우고 있는데, 당신과 함께 이야
기를 하다 보면 스페인어를 좀 더 잘 배울 수 있을 테
니까요"라고 하며 부탁했어요.

필리스   그 여자 의사가 대가를 지불했나요?

카르멘   주당 3달러를 지불하기로 했지만 남편이 주당 5달러
를 내 앞으로 영치해두었기 때문에 의사가 나에게 대
가를 지불한 적은 한번도 없었어요. 난 먼지 떨고 진
공청소기 돌리고 이불보 갈고 심지어 던져놓고 나간
옷가지까지 정리했어요. 팬티까지 빨곤 했다니까요.
의사 팬티까지 빨아야 했다고 생각해보세요. 더할 수
없이 비천한 존재가 되었던 거죠.

필리스   그 의사에게 왜 그런 얘길 하지 않았죠?

카르멘   말을 했어야 했는데. 그래도 그 일을 하는 동안에는
병동에서 빠져나올 수 있다는 것만으로도 얼마나 좋
았는지. 다른 곳은 그보다 훨씬 못했으니까요. 병원
세탁소 같은 곳에선 더 고달프게 일해야 했거든요.

필리스   세탁소에선 누가 일했나요?

카르멘   많은 여자들이요. 아침마다 마치 죄수들처럼 줄지어
         가곤 했어요.

필리스   그들은 일한 대가를 받았나요?

카르멘   아니요. 일한 대가를 지불하는 곳은 매점뿐이었어요.
         난 여러 번 록랜드를 들락거렸어요. 그러면서 신앙심
         이 아주 깊어졌죠. 사람들에게 축복을 빌고 그들이
         잘되기를 바랐어요.

필리스   그랬을 수도 있을 거예요.

카르멘   이제 남편은 나를 기다려주지 않아요. 내가 하룻밤
         만 잠을 자지 않아도 부엌 창가에 앉아 있는 나를 찾
         아내서는 병원으로 즉시 데려가요. 남편은 내 상태가
         나빠지는 걸 시간을 두고 지켜볼 생각이 없는 거예
         요. 바로 데리고 가죠.

필리스   창가에 앉아서는 생각을 했나요?

카르멘   네, 생각을 했죠. 중요한 것들을요. 록랜드에 두세 달
         이상 머물렀던 적은 없었어요. 남편한테 정부가 생기
         기 전까진요. 남편은 좋은 사람이었어요. 월급도 전
         부 가져다주었죠. 정부가 있을 때마저도요. 남편은
         내가 부족한 걸 모르도록 해주었어요. 집세도 내주
         고, 식료품 살 돈도 주고 심지어 선물도 사다주곤 했

어요. 남편은 다른 여자와는 아무 일도 없는 것처럼 내게 그렇게 잘해줬어요. 하지만 내가 마지막으로 록랜드에 들어가 있었을 때는 그 여자랑 짜고 날 떼버리려고 하는 것 같았어요. 남편은 날 그곳에 10개월, 그러니까 1년 가까이 내버려뒀어요. 그 정부도 내게 상처를 많이 줬어요. 특히 그 여자 존재를 처음 알았을 때 그랬어요. 세상이 끝장나는 줄 알았죠. 남편을 무척 사랑했거든요. 참 좋은 사람이었으니까요.

필리스   어떻게 그 사실을 알았죠?

카르멘   익명으로 전화와 편지를 받기 시작했어요. 그 여자였죠. 그 여자는 광분했어요. 남편 말에 의하면 그 여자가 질투를 했다나, 뭐 그랬대요. 그건 사실이었어요. 그런 일이 내 상태를 악화시키진 않았어요. 그건 정말 웃기는 일이었으니까요. 정말로 이해할 수 없는 건 남편이 그렇게 잘해줬는데도 자꾸 내 병이 도지는 거였어요. 마지막 10개월을 빼고는 언제나 잘해줬어요. 남편이 면회를 오지 않자 정말 미치겠더군요. 남편을 괴롭히는 유일한 방법은 나와 결혼하고 싶어 안달하는 남자가 있다고 믿게 하는 거였죠. 그러자 남편은 펄쩍 뛰었어요.

필리스   남편에게 정부가 있다는 사실을 알고 난 뒤로 병원에 있으면서 몹시 상심했나요? 누군가 그 사실을 눈치챘나요?

카르멘   아니오. 그래도 상처를 많이 받기는 했어요. 딸이 그 사실을 눈치챘으니까요. 딸애가 전혀 얘기를 하지는 않았지만.

필리스   당신이 상심하지 않게 하려고 그랬겠죠, 아마.

카르멘   아마 그랬겠죠. 딸애는 너무 어렸어요. 어쨌거나 그 여자가 집에 와서 살림까지 한다는 사실에 체념할 수밖에요. 그래, 그렇다면 내가 병원에서 편히 쉬고 있을 동안 그 여자가 청소하고 요리하도록 내버려두자. 그 전에는 일주일 정도 병원에서 집에 돌아와 있을 때마다 한 일이라고는 청소하고 요리하고 청소하고 빨래하고 청소하는 것뿐이었어요. 그러다가 병원으로 돌아갔죠. 그런 식으로 묶여 있는 게 싫었던 것은 사실이지만 스스로 위로했죠. 그래, 누군가가 집 안을 청소하고 요리를 한다고요.

필리스   일종의 하녀군요.

카르멘   그래요. 그 여자는 일종의 하녀였던 셈이죠. 내가 정말 이해할 수 없었던 것은 남편이 면회하러 오면서 싸가지고 온 음식까지 그 여자가 장만해서 보내줬다는 거예요. 대관절 두 사람이 어떤 조홧속으로, 어떤 편리를 위해 그렇게 했는지, 둘이 무슨 계획을 세웠는지 이해할 수가 없었어요.

필리스   남편으로서는 더할 수 없이 편리했겠군요.

카르멘   그야, 물론이죠. 남편은 그걸 즐겼던 거죠. 그게 날 미
          치게 만든 게 아니라 남편이 날 록랜드에 내버려두려
          고 한 게 날 미치게 만들었어요. 알다시피 날 그곳에
          묶어두려면 법적 절차에 따라 남편의 서명이 있어야
          하잖아요. 남편이 그곳에서 날 빼내려고 한 것은 사
          실이에요. 두 아들도 날 데려오려고 했고요. 그런데
          의사가 내보내려고 하지 않았어요. 아버지가 말했죠.
          "내 딸을 집으로 데려가겠소." 의사는 동의하지 않았
          어요. 대관절 그 의사가 뭘 원하는지 모르겠더군요.
          마침내 날 그곳에서 빼내기 위해서는 어머니와 아버
          지가 나와 함께 그곳에서 사는 방법밖에 없다는 결론
          이 났어요.

필리스   결국 어떻게 나오게 됐나요?

카르멘   앞에서 말했다시피 두 아들이 날 만나러 왔어요. "너
          희들이 날 여기서 벗어나게 해주렴. 의사가 도무지
          서명을 하지를 않는구나." 두 아들이 내 옆에 앉아서
          의사에게 말했어요. "이만하면 충분합니다. 저희 어
          머니는 여기서 10개월이나 보냈어요. 어머니는 건강
          해요. 더 이상 어머니를 여기 붙잡아두려고 하지 마
          세요. 당신이 좋아하든 싫어하든 어머니를 내보낸다
          는 데 서명을 하세요." 내 아들 중 한 녀석은 덩치 큰
          권투선수예요. "정 그렇다면 한번 맞아보실래요, 정

말 맞고 싶어요?"라고 협박을 했어요. 마침내 아들들이 의사에게서 서명을 받아냈어요.

필리스 그런 다음엔 무슨 일이 있었나요?

카르멘 남편이 날 집으로 데려왔어요. 우리는 한집에서 마치 동료처럼 살았어요. 성관계도 하지 않고 어떤 대화도 하지 않고요. 직장에서 남편이 돌아오면 난 스토브에 음식을 올려놓고는 내 접시를 들고 텔레비전을 보았어요. 우리 두 사람 사이엔 어떤 대화도 없었어요. 내 신경을 거슬리게 만든 건 오직 남편의 정부뿐이었어요. 남편이 그 여자를 완전히 사랑한 건 아니었어요. 난 그녀에게 경고했어요. "난 남편을 날이면 날마다 차버리고 싶어요. 그런데 남편이 영 떨어지려고 하질 않네요. 그건 내 잘못이 아니죠." 그러면 그 여자는 얼굴이 붉으락푸르락했어요. 난 남편을 원치 않는다고 할 뿐, 두 사람이 내게 얼마나 큰 상처를 줬는지는 절대 말하지 않았어요. 그 대신 이렇게 말했죠. "나에겐 지금 서른여덟 된 남자가 있는데 남편 때문에 그 남자랑 결혼을 못하고 있어요. 그러니 당신이 내게서 남편을 떨어지게 해준다면 정말 고맙겠네요." 난 심장이 찢어지는 것 같았지만 그 여자가 그 사실을 눈치채지 못하게 했어요. 그 여자가 그러더군요. 남편이 자기를 이용한다고요. 그래서 내가 "그건 당신 문제지 내 문제가 아니잖아"라고 대꾸했더니 여자가 대답했어요. "당신을 비난하는 게 아니에요. 일은 우리

두 사람이 먼저 시작했으니까요." 그래서 내가 말했어요. "당신이 날 성가시게 한 건 전혀 없어요. 난 이미 남편에게 오래전부터 싫증이 나 있었으니까 말이에요. 사실 난 이 남자와 이미 3년 전부터 만났어요. 남편은 아직 그 사실을 모를 뿐이지만요."

그 여자는 이곳에 와서 날 흔들어놓을 심산이었던 거예요. 내 병이 재발되길 바랐으니까요.

나는 남편과 딱 한 번 싸웠어요. 남편이 경찰을 불렀지만 경찰은 단지 가정불화로 간주했어요. 그러자 남편은 경찰을 따로 불러 내가 정신질환 병력이 있다고 말했어요. 그래서 벨뷰에 다시 들어가게 됐죠.

남편은 내가 자기를 떠나지 않으려고 기를 쓴다고 생각했겠지만 내가 문 열쇠를 바꿔버리자 그게 아닌 걸 알았죠. 지금 내 남자친구는 길 건너편에 살아요. 그 남자는 정말 낙천적이죠. 그는 느닷없이 이렇게 말해요. "영화 보러 갑시다. 요리고 뭐고 집어치우고." 그러면 난 이렇게 대답하죠. "오, 너무 좋아요. 얼른 가요."

레이번은 이십대 중반이다. 그녀는 대학에 다니며 파트타임으로 비서 일을 한다. 그녀는 나만큼이나 말이 빠르다. 때로 흥이 나면 말이 더 빨라진다. 그녀는 대단히 영리하고 그보다 곱절로 격정적이다. 그녀는 6년 동안 심리치료를 받으러 병원을 들락거렸으며 세 번 입원한 경험이 있었다.

필리스　정신병원에 왜 가게 되었나요?

434

레이번　어느 날 파티가 끝난 뒤였어요. 정말 울적한 마음으로 귀가했어요. 그날, 당신은 못 믿겠지만, 환각을 겪었어요. 나는 성모마리아였어요. 그냥 성모마리아가 아니라 또 다른 성모마리아. 난 연달아 세 번의 절정을 경험했고 또 다른 예수를 낳았어요. 흑인 예수 말이에요. 동정 출산이었어요. 난 누구하고도 성관계를 한 적이 없었으니까요. 그런데 아기가 없는 거예요. 아기가 사라져버렸어요. 이제 그 어머니는 자신을 추슬러야 했어요. 아기가 사라지면 내가 뭘 잘못했단 거잖아요. 내가 예수의 어머니라면 그것에 맞춰 보다 나은 행동을 해야 한다고 느꼈고 그래서 목욕을 했어요.

그러고는 엄청나게 전화를 해댔어요. 록펠러 재단에도 전화를 했죠. 흑백 관계 개선을 위해 뭔가 보람 있는 일을 하고 싶었거든요. 난 흑인들이 서로 사랑하기를 원했어요. 흑인들이 서로 사랑하지 않는다는 걸 알았죠. 흑인들은 성적으로 너무 문란했어요. 정말이에요. 록펠러 재단에 전화를 걸 무렵 진정이 되어서 막 잠에 빠져들었어요. 하지만 엄마가 이웃에 전화를 막 돌렸어요. 엄마는 내가 무서웠던 거죠. 엄마는 갈보였어요. 그래요! 내게 추근대던 엄마의 남자친구가 있었어요. 엄마는 단박에 그 사실을 부인했지만요. 엄마는 이웃에게 전화를 걸어 밤새 함께 있자고 했어요.

그때 환각이 또다시 시작되었죠. 사람들이 벽을 통과해서 나에게 다가오는 것 같았어요. 젠장!

난 미국 인디언처럼 되고 싶었어요. 본능 말이에요. 본능 그 자체 있잖아요. 그래서 레코드 플레이어를

들고 집 안을 돌아다니면서 춤을 췄어요. 난 어둠을
내쫓았어요. 모든 사람들이 날 보기를 원했죠. 엄마
가 문을 잠갔어요. 난 조용히 망치를 들고 나와 내 방
문의 자물쇠를 부수었어요. 엄마 방 자물쇠, 오빠 방
자물쇠, 응접실 자물쇠 모두를요. 난 집 안에서 춤
을 추며 돌아다녔어요. 그러자 사람들이 우리 집 안
을 들여다보기 시작했어요. 난 그들에게 소리쳤어요.
"당신네들 뭐 하고 있는 거야!"

그때 경찰이 왔어요. 그들은 날 보더니 완전히 겁에
질리더군요. "뭘 두려워해요? 쿨 에이드 좀 마실래
요?" 내가 말했죠. 한 경찰이 말했어요. "오, 하느님."
"지금 무슨 말을 하고 있는 거예요? 하느님은 내 아
버지죠. 내가 또 다른 아기 예수를 낳았으니까." 하지
만 난 예수에 관해서는 말하지 않았어요. 날 미쳤다
고 생각할 테니까요. 내가 뭘 하고 있는지 자신도 없
었고요…. 그래서 침착해지기로 했죠.

경찰들은 보호자가 누구냐고 물었어요. "엄마죠." 내
가 대답했어요. 그런데 엄마는 이미 일을 나가고 없
더군요. 경찰은 증인으로 이웃 사람을 데려왔어요.
난 그 사람을 붙들었어요. 겁에 질려서 애걸했죠. "제
발 날 보내지 말아요. 그들이 날 해칠 거예요." 하지
만 그 여자는 내게서 몸을 빼더라고요. 정말 병원에
가고 싶지 않았어요. 병원에 가면 어떻게 되는지 알
고 있었거든요.

필리스   병원에서 무슨 일이 있었나요?

레이번　그들이 주삿바늘을 찔러댔어요. 강제로 음식을 먹이고요. 강제로 말이에요. 거부하면 벗어날 수 없어요. 간수들은 내게 구속복을 입혔어요. 그들은 정신과 의사와 면담도 허락하지 않았어요. 그러다 면담을 하게 되었을 때 의사에게 너무 많은 약물을 주입한다고 항의했죠. 그러고는 울었어요. 그러자 간수들은 더 많은 약을 투여했어요. 왜냐하면 내가 화를 막 냈거든요.

필리스　어떤 종류의 약이던가요?

레이번　소라진이었어요. 그 약이 발작을 일으키자 다른 약을 주더라고요. 하지만 이번에는 동공에 문제가 생겼어요. 그래서 스텔라진으로 바꾸었는데, 그 약은 괜찮았지만 너무 강했어요. 그러자 또다시 소라진을 주더라고요.

필리스　전기충격요법을 받았나요?

레이번　아뇨, 아뇨. 간수들이 그렇게 했더라면 난 의사에게 알렸을 테고 음식에 침을 뱉었을 거예요. 전기충격요법은 위험해요. 난 그게 어떤 건지 알아요. 그걸 받고 나면 건망증이 생겨요. 난 환자들에게 말했어요. 그런 치료를 받아도 어쨌거나 또다시 우울증에 빠져들 거라고요.
　　　　석 달이 지나자 간수들이 날 감시하지 않았어요. 어쨌거나 난 조용해졌고 고래고래 악쓰는 일도 없어졌어요. 그런 다음에 아무 말도 하지 않았죠. 다른 환자들이 "바깥으로 나가고 싶으면 그렇게 해"라고 말해 줬어요. 그래서 그 말을 따랐죠. 난 간호사들을 도와 주고 그들에게 귀엽다고 아첨을 떨었어요. 마루를 물 걸레질하기도 했어요. 집에서는 마루를 닦은 적이 한 번도 없었는데 말이에요.

필리스   어쩌다가 다시 입원하게 되었나요?

레이번   맞아, 결혼을 했어요! 남편을 학교에 보내려고 일을 하고 있었어요. 남편은 밤늦게 집에 돌아와서는 그가 본 예쁜 여자에 관해 얘길 했어요. 그러곤 "당신은 화장하지 않으면 너무 못생겼어. 세상에, 너무 못생겼어"라고 말하는 거예요. "당신 가슴은 너무 작아"라고도 했어요. 그러고는 나와는 대화하려고도 하지 않았어요. 단지 성관계만 원했죠. 그런 다음에 돌아누워 곯아떨어졌어요.

어느 날 우린 파티에 갔어요. 난 남편이 다른 사내에게 말하는 걸 듣게 되었죠. 그는 내가 귀엽지만 멍청하다더군요. "그럼 대체 뭘 바라는 거야, 그거?", "바로 그거야"라고 남편이 대답했어요. 이런 젠장! 내가 열세 살 때부터 그는 언제나 그 짓만 원했어요! 총이 있었다면 쏴 죽이고 싶더군요. 하지만 총을 쉽게 구할 수가 없었죠. 오빠는 직장을 가져보라고 하더군요. 아이들과 함께 일해보는 게 어떻겠냐고요. 그래서 남편을 떠나 집으로 돌아와서 엄마랑 함께 살게 되었어요. 엄마랑 나는 도무지 사이좋게 지낼 수 있는 사이가 아니었어요. 당연히 자주 싸웠죠. 엄마는 날 사랑하지 않았어요. 엄마는 내가 대학에 가기에는 너무 멍청하다고 했어요.

엄마는 내가 병원에서 썩길 원했죠. 정말 갈보예요. 엄마한테 직접 그렇게 말했어요. 그게 엄마를 격분시켰죠. 엄마는 날 또다시 병원에 집어넣었어요. 엄마는 자기 남자친구한테 전화를 했고 그 남자가 날 두들겨 팼어요. 내가 엄마를 경멸했기 때문이라나요. "이 나쁜 새끼, 날 병원에 넣기만 해봐, 죽여버릴 거야!"라고 악을 썼죠. 의사에게 전화를 하려고 했지만 그럴 때마다 그 남자가 주먹을 날려 날 마룻바닥에 쓰러뜨렸어요. 그들은 날 묶더니 구속복을 입혀버렸어요.

병원에서 하는 질문이 이거예요! "대체 문제가 뭔가요?" 의사는 뭐가 문제인지 알고 싶어 했어요. "전쟁 악취, 창녀 악취, 당신 악취"가 문제라고 했더니 의사가 "우리는 당신을 여기서 썩게 만들 수도 있어"라고 경고했어요. "놀고 있네!" 이번에 나는 중앙아메리카 출신의 아름다운 여자 의사를 만나게 되었어요. 그 의사는 내가 퇴원할 수 있도록 많이 도와줬어요.

그들은 내게 엄청나게 많은 심리 테스트를 실시했어요. 그 결과, 아시겠지만, 난 남성적인 것으로 밝혀졌죠. 그게 대체 무슨 의미죠? 어떤 테스트에서는 이런 걸 묻더군요. "결혼해서 행복하길 원합니까, 아니면 부유한 싱글을 원합니까?" "이런 젠장! 그걸 말이라고 묻나. 당연히 부유한 싱글이지"라고 대답했죠.

9장

———

페미니스트

우리 어머니들, 할머니들, 증조·고조할머니들은 우리가 패배
했거나 혹은 결코 싸워본 적도 없는 전쟁이 무엇이었는지, 우
리의 패배가 얼마나 전면적이었는지, 종교와 광기와 불감증에
대해 우리가 얼마나 애통해야 하는지에 대해 왜 우리가 이해할
만하게 말해주지 않았을까?

우리 어머니들은 강간과 근친상간과 매춘과 우리 자신을 위한
쾌락의 부재 등에 관해 왜 그토록 침묵했을까? 우리 어머니들
은 그렇게 많은 단어들을 가지고 있었으면서 왜 우리에게 여주
인공을 말해주지 않았으며 페미니스트들과 여성참정권론자들
과 아마존과 위대한 어머니들에 관해 말해주지 않았을까?

— 필리스 체슬러

나는 여성이 제발 자기 삶을 살기 바란다. 그렇게 할 때 불완전
한 남자를 자신의 신으로 만들어 우상 숭배에 빠지는 일이 없
을 것이다. 그렇게 할 때 여성은 자기에게 알맞지 않은 것을 자
기의 약점이나 부족으로 받아들이지 않을 것이다. 그리고, 그

렇게 구현된 인간에게서 필요로 하는 것을 찾게 된다면 여성은 어떻게 살아야 할지, 어떻게 사랑받을 가치를 가질지 알게 될 것이다.

자기 중심적인 여성은 어떤 관계에도 매몰되지 않을 것이다. 여성에게 남자는 경험일 뿐이다. 사랑, 그것도 오직 하나의 사랑만이 여성의 전 존재라는 주장은 천박한 오류이다. 여성 역시 보편적인 에너지 속에서 진리와 사랑을 위해 태어난다. 여성이 자신에게 이어져 내려온 유산을 받아들이기만 한다면 마리아가 오직 유일한 성모만은 아닐 것이다.

— 마거릿 풀러[1]

남성들은 극단적으로 절망적인 상황에서도 여자가 되었으면 하고 바라지 않는다는 것을 나는 일찌감치 깨달았다. 그와는 반대로 남성들은 조금이라도 나약함의 징조가 보이면 서로 그것을 조롱하고 놀릴 태세를 갖춘다.

"그대, 여자처럼 되지 말지어다." 이 구절은 화자의 상황과 수사에 따라서 다양한 방식으로 끝맺는다. 남성들은 어떤 여성을 존경하게 되면 그런 여성을 '여자치고는 우월하다'고 말하는 경향이 있다. 나는 이런 점을 말없이 관찰했으며, 이 구절이 뿌리 깊은 회의주의를 드러내는 것이 두려웠다. 이러한 회의주의는 오랜 세월 사람들의 마음에 단단히 들러붙었기에 오직 기적의 시대만이 그것을 근절할 수 있을 것이다. 나는 여태껏 대단히 진지한 대접을 받아왔기에 이러한 경향의 신호가 되는 순간이라고 생각하는 일이 있는데 그것은 바로 격렬한 논쟁의 순간에 나의 절친한 이성(남자) 친구가 나더러 "다른 별에서라면 남자로 대접받을 만하다"고 말한 일이다. 하지만 내가 여성적인 측면, 즉 사랑과 아름다움과 성스러움의 측면이 이제 충분히 발휘되어야 할 때라는 신념을 밝히면서, (여성 혹은 남성 중에서) 어느 쪽이 되는 것이 낫겠느냐는 질문에 이제는 여성이 되는 것이 낫다고 말할 때 그 친구는 대단히 놀라워했다. 아주 작은 선의 성취라도 우리 시대의 특별한 성과로 이어질 수 있기 때문이다. 그는 못 믿겠다는 얼굴로 미소를 지으며 '이 여자는 주어진 상황에서 나름의 최선을 다하겠지'라고 생각했다. "유태인은 유태인의 자부심을 믿도록 내버려두라. 하지만 나는 더 나은 인간이고 더 잘 안다."

— 마거릿 풀러[2]

여성이 자기 작품에 따라 대접받는 곳은 어디에도 없다. 여성은 오히려 여성이라는 점만으로 평가받는다. 따라서 여성은 어떤 노선을 택하든 그곳에서 존재할 권리를 얻고 지위를 유지하기 위해 필연적으로 성접대를 해야 한다. 그러다 보니 여성이 자신을 한 남성에게 파는가, 아니면 결혼제도 안팎에서 많은 남성들에게 파는가 하는 것은 그저 정도의 문제가 되고 만다. 개혁론자들이 그 사실을 인정하든 인정하지 않든 간에, 여성은 경제적·사회적으로 열등한 입장인 탓에 매춘을 한다. [⋯] 여성은 성상품화 대상이면서도 섹스의 의미와 중요성에 대해서는 완전히 무지하도록 양육되고 있다. 해블록 엘리스는 말한다. "매춘과 비교해볼 때 돈 때문에 결혼한 여성이야말로 정말 멍청하다. 결혼한 여성은 보다 적은 보수를 받으면서 노동과 보살핌은 더 많이 주어야 한다. 결혼은 여성을 주인에게 완전히 묶어둔다. 그러나 매춘은 자신 자신으로 남아 있을 권리를 결코 남에게 완전히 양도하지 않는다. 창녀는 자신의 자유

9장 페미니스트

와 개인적인 권리를 보유하고 있으며, 남자의 포옹에 언제라도
복종하도록 묶여 있지도 않다."

— 엠마 골드만[3]

나는 여성이 신체적·심리적·정신적으로 남성과 똑같이 평등
한 투표권을 가지지 못할 이유를 전혀 찾을 수 없다. 그렇다고
내가 남자들이 실패해온 곳에서 여성들만은 성공할 수 있을 것
이라는 맹목적인 헛소리를 주장하려는 것은 아니다. 여성들이
어떤 사태를 악화시킬 수 없다면 그런 사태를 개선시킬 수도
없을 것이다. 따라서 정화가 가능하지 않은 어떤 것을 여성들
이 정화시키는 데 성공할 것으로 가정한다는 것은 초능력을 인
정하는 것이다. 여성의 가장 큰 불행은 그들이 천사 아니면 악
마로 간주되어온 사실이다. 여성의 진정한 구원은 이 지상에
굳건히 발붙이는 것이다. 말하자면 인간으로 대우받는 것이며
모든 인간이 저지를 수 있는 어리석음과 실수를 여성 역시 범
할 수 있다는 점을 받아들이도록 하는 것이다. 한두 번 실수하
고 나면 그 뒤에는 제대로 할 수 있지 않겠는가? 여성들이 정치
적인 경기장에 들어가게 되면, 이미 정치의 장에 내재하고 있
는 독소가 감소하게 될 것으로 가정하는가? 가장 격렬한 여성
참정권론자들도 그런 어리석은 생각은 하지 않을 것이다.

— 엠마 골드만[4]

이 공동체의 결속력은 페미니즘이다. 우리는 서로에게 역할 모
델이 되어준다. 말하자면 페미니즘 전문가로서의 역할 모델이
다. 이는 우리의 일상적인 일터에서는 거의 얻기 힘든 것이다.
우리는 서로의 성공을 동일시할 수 있다. "남성지배 사회에서

여성에게 좋은 일이 일어난다면, 나에게도 희망이 있을 수 있다."

우리 공동체는 개인적인 위기와 불확실성의 시기 동안 서로에게 지지 체계로 기능한다. 우리는 남성 전문가들이 정규적으로 이용하고 있으며 그럼으로써 여성 동료들을 체계적으로 배제해왔던 필수적이고도 일상적인 커뮤니케이션 채널을 서로에게 제공한다. 남자들은 만나서 식사를 하거나 커피를 마시면서 가치 있는 정보를 교환한다. 하지만 그런 장소에 낄 만큼 '운이 좋은' 여성 동료가 있다면(우리 회원 중 한 사람에게 일어난 일이다), 남자들은 "우리가 너무 떠들었군요. 미안합니다"라고 말하면서 즉시 비전문적인 사소한 이야기를 시작한다.

우리 공동체는 우리 모두에게 우리가 편안하게 우리 자신일 수 있는 장소를 제공해왔다. 우리가 말하는 그런 장소는 우리가 '공격적'이라는 이유로 매도당하지 않는 공간이다. 말하자면 일을 장악하고, 생각을 명료하게 말하고, 의견을 달리하고, 정면으로 맞서는 공간을 뜻한다. 우리는 서로의 능력을 진정으로 소중하게 여긴다.

— 심리학공동체 산하 시카고 여성공동체

왜 미국에서 페미니즘이 다시 부상했는가? 여성 인권, 혹은 평등, 패권, 권리와 같은 그토록 위험한 사상들이 잠재적인 대중운동으로 부상했는가? 현대 페미니즘은 근본적으로 산아제한 기술과 전 지구적 인구 과잉과 같은 물리적 현실 위에 나타난 부산물인가? 현대 페미니즘은 변화하는 자연 그리고 농산품과 공산품의 감소에 대응하기 위한 수많은 생존반응 중 하나인가? 전쟁과 기아, 생태적 재앙을 제외하면 보다 많은 사람들이 좀 더 오래 살게 된 이 마당에? 이런 관점들은 여성이 가사노동과 정서적 영역을 남성과 '공유'하도록 장려되고 심지어 강요되기까지 하는 이유에 대한 설명이 될 수도 있다. 남성을 '남성'으로 만들어주고 여성을 '여성'으로 만들어주는 그런 일은 사라지고 있다.

페미니즘이 개인적인 이데올로기라기보다 공동체적인 이데올로기로 인식되는 한, 개성적이고 영웅 지향적인 것이 아니라 오히려 집단적이고 쾌락 지향적인 것으로 인식되는 한, 남성들뿐 아니라 여성들도 페미니즘을 '야만적'이고 '원시적'이며 '파시즘적'인 것으로 여기고 두려워한다. 페미니즘의 '의례'가 진실되고 대담하지 않다면, 개성과 다양한 행동과 상상력의 작업이 아니라 평범함과 순응을 강요한다면, 그런 페미니즘은 나 역시 두렵다.

미국 페미니즘 운동은 '억압된 것의 회귀'인가? 과거의 종교, 과거의 정치조직이 비밀리에 회귀한 것인가? 아니면 기술적으로 이루어져 그 결과를 아무도 알 수 없는, 진정 새로운 신화인가? 여성이 성(性) 전쟁에서 '승리'한다면, 즉 여성들이 직접적으로 생산과 재생산의 수단을 통제한다면 인간심리의 구조는 변치 않고 남아 있을 것인가? 남성들이 사회적이고 생물학적인 어머니가 된다면 어떻게 될까? 아니면 여성들이 탄생의 정신-생물학적인 표상이기를, 따라서 결과적으로 죽음의 표상이기를 그만둔다면 어떻게 될까? 혹은 여성이 생물학적인 어머니이자 사회적인 아버지가 된다면 어떻게 될까? 혹은 젠더가 더 이상 중요한, 정체성의 차원으로 존재하지 않게 된다면 어떻게 될 것인가?

여성이 지배적인 성이 되지 않고도 성 전쟁에서 '승리'하거나 그와 같은 전쟁을 완전히 추방할 수 있을 것인가? 여성이 지배적이 되면 생물학적 남성은 생물학적 여성이 억압받아왔던 것처럼 억압당할 것인가? 만약 그렇다면 이것이 여성들에게 문제가 될 것인가? 여성 억압이라는 불평등이 남성들에게는 추방하려고 노력할 만한 문젯거리가 된 적이 없었던 타당한, 혹은 적어도 압도적인 이유가 분명 있을 것이다.

인종, 계급적 노예, 자본주의, 청교도주의, 제국주의, 전쟁과 같은 주요한 악의 근원에 성 전쟁이 있는가? 만약 그렇다면 그런 악들은 오직 비폭력적이고 페미니즘적인 방법으로만 인간 조건으로부터 영원히 추방될 수 있는가(그렇다면 페미니즘적인 방법은 무엇인가)? 여성으로서 정해진 조건 안에서, 레즈비언이 되지 않고도 페미니스트 혁명가(또는 인간)가 될 수 있는가? 과연 여성들은 남성과 결혼과 육아에 심리적으로 얽매인 상태에서 혁명을 치를 수 있는가? 남성들은 여성, 결혼, 육아에 있어서 여성보다 훨씬 덜 구속받는 조건에서도 혁명가가 되지 못한다. 하지만 단순히 복수나 권력 쟁취가 목적이라면 왜 그런 투쟁을 치러야 하는가? 우리가 '승리'해서 많은 남성들이 그런 것처럼 감정과 섹슈얼리티에서 멀어지면 어떻게 될 것인가?

집단으로서의 여성은 이런 질문을 비롯한 수많은 질문을 대단히 강도 높게 제기하고 있다. '의식화' 집단에서 여성들은 20세기의 어머니와 딸들 사이에 놓인 침묵을 깨기 시작했다. 소규모 집단들이 여성들 스스로 자신의 역경을 명명할 수 있는 방법과 장소를 제공했다. 이들 집단은 또한 확대가족이나 여성 친족과 여러 동거 형태 혹은 진정한 협동에 대한 경험이 미미한 여성들에게 협동적인 사회, 확대가족의 모델이 되어주었다.

상대적으로 특권을 누리는 백인 중산층 여성들은 특권이

자유는 아니라는 사실을 깨달았다. 사랑은 생존자가 거의 없는 낯선 나라였다. 여성의 몸은 빈민가나 제3세계만큼이나 식민화되어 있다. 그들은 남성이건 여성이건 여성을 좋아하지 않으며, 그중에서도 특히 강하고 행복한 여성을 좋아하지 않는다는 사실을 깨달았다. 사람들은 불만족스럽고, 불평 많고, '허약한' 여성을 싫어할지는 몰라도 자기만족을 알고 힘 있는 여성에 비해서는 훨씬 더 쉽게 받아들인다. 강한 여성은 위험한 존재로 간주되며, 힘 있는 남성보다 훨씬 신속하게 추방되거나 '살해'당한다. 특히 이들 여성이 성적인 지식이 많고 독립적이거나 '공격적'이라면 더욱 그렇다.

소규모 페미니스트 집단에서 여성들의 성적 오르가슴에 관해 토론한 적이 있는데 이야기는 끝날 줄을 모르고 계속됐다. 그들은 정보를 제공하면서도 코믹했고, 때로는 안도했고 때로는 분개했으며 또한 유쾌했다. 그러면서 그 여성들은 자신의 몸을 되찾기 시작했다. 여성이 자기 몸을 인정하고 즐기는 것은 자기발전에 필수적이다. 미국의 기계적인 '성매매'나 남성 중심적인 그룹섹스나 프리섹스와 같은 환상에 관해 말하는 것이 아니다. 내가 제시하고자 하는 바는 여성들이 완전한 섹슈얼리티를 경험할 수 있는 것은 그들의 어머니들이 생산수단과 재생산수단을 통제해왔을 때라는 것이다.

'오르가슴에 관한 토론'은 처음에는 부르주아적이고 자기탐닉적이며 '인종차별주의적'이라고 조롱받았지만, 실은 여성들에게 '필요'했던 것을 이제는 '준다'는 의미에서 매우 유효한 예가 된다. 또는 '정치적 의견'을 말하는 한 방법이기도 한데, 여성의 성적인 오르가슴도 빈민가의 아침 식단도 그 자체로 올바른 방향으로 나아가는 데 필수적인 첫걸음임은 말할 필요가 없기 때문이다. 하지만 나는 여성 안에서 어떠한 변화가 일어나도록 이끈 것은 여성을 인정하는 분위기에서 분노를 표현하는 것과 더불어 바로 이 '오르가슴에 관해 토론하기'가 아니었나 생각한다.

그 변화는 신나고도 미심쩍은 상황에서, 미리 짜여진 것처럼 대단히 급속하게 일어났다. 한동안은 종말에 가까운 변화가 일어난 것처럼 보였다. 말하자면 모든 잘못된 것이 바로잡히고, 천국의 문이 이성과 자매애에 의해 강제로 열린 것처럼 보였다. 미국 여성들이 20세기에 정치적으로 직접 입문하는 데는 한참 시간이 걸렸다. 매스컴의 관심은 광고가 그렇듯이 변화의 대체물, 즉 가치 있는 것이 아닌 타협적인 제안이라는 것을 깨닫기까지는 상당한 시간이 걸렸다. 여성들이 그야말로 얼마나 분열되어 있었는지, 또 얼마나 깊이 조건화되어 있었는지, 이런 조건들을 변화시키는 것이 얼마나 힘든지를 깨닫는 데 한참이나 시간이 걸렸다. 그러기까지 어지럽고 좌충우돌하는 사건들을 겪었지만 결코 실패하지는 않았다.

하루아침에 여성들은 시위, 소송, 기금, 낙태 서비스, 임금 인상 파업, 국가 및 국제 단위 회의, 전당대회, 잡지, 전단, 간담회, 논쟁, 록밴드, 극단, 여성 연구 프로그램, 자기방어 프로그램, 여성 전용 무도회를 이야기했고, 미국의 주요 도시에 레즈비언 및 여성 센터를 조직했다. 정도의 차이는 있었지만 여성운동은 결혼, 사랑, 심리치료라는 제도에 맞서고 그것들을 대체하거나 강화했다. 이런 지점에서 보면, 여성해방운동이 결혼이나 심리치료보다 훨씬 더 '치료적'이었다. 여성해방운동은 여성을 보다 행복하게, 보다 분노하게, 보다 자신감 있게, 보다 모험적으로, 보다 윤리적으로 만들었다. 여성해방운동은 일련의 행동 변화를 가져다주었다.

　일부 여성들은 직장을 그만두면서 소외 노동이나 억압적인 노동을 거부했다. 또 다른 여성들은 직업훈련을 시작했고 대학이나 대학원에 들어갔으며 처음으로 직업적인 경력을 진지하게 고려했다. 여기서 주목할 점은 이런 일들은 재정적으로나 심리적으로 그럴 수 있는 능력이 있는 사람만이 택할 수 있었다는 것이다. 대다수 여성, 특히 아이가 있는 삼십대 이상의 여성들은 어머니로서, 주부로서, 공장 노동자로서, 비서로서의 자기 직업을 간단히 그만둘 수가 없다. 그들은 고작해야 임금 인상이나 보다 나은 근무환경을 요구할 수 있을 뿐이다.

　어떤 여성들은 함께 살기 시작했다. 또 다른 여성들은 난생 처음으로 혼자 살기 시작했다. 일부 여성들은 가사노동과 육아를 남편과 평등하게 분담해야 한다고 주장했다. 다른 한쪽에서는 이런 목적에 기여하기 위해 여성으로 구성된 협동단체를 조직했다. 어떤 여성들은 낙태를 했다. 어떤 여성들은 예전에는 하지 않았을지도 모르는 낙태거부운동을 했다. 어떤 여성들은 남편을 떠났고, 어떤 여성들은 이전과 다르게 덜 주눅 든 상태로 남성과 함께 살기 시작했다. 어떤 여성들은 '이혼 수당'을 거부했고, 어떤 여성들은 소급 차원에서 그리고 대비하는 차원에서 이혼 수당을 주장했다. 어떤 여성들은 약물을 끊었고, 어떤 여성들은 호기심과 절망감에 약물로 눈을 돌렸다. 많은 여성들이 눈을 피하면서 길을 걷는 것을 그만두었다. '듣지' 않고 '반응하지' 않는 것을 그만두었으며 남성들의 언어적인 성희롱에 여성적인 방식으로 반응하는 것도 그만두었다. 어떤 여성들은 자신이 더 강해지고 더 많이 알게 될수록 일부일처제 '파트너'가 더 '필요'하다고 느꼈다. 그런 관계에서 자신의 것을 지킬 수 있다고 생각했기 때문일 수도 있고 자신이 알고 있는 것이 두렵고 전통적 역할 구분이 주는 눈면 안락함이 필요해서였을 수도 있다. 여성들의 조건화는 너무 강했고 여성운동은 아직 너무 미약해서 여성들이 특정한 지점 이상으로 넘어서는 데 그다지 도움이 되지 못했다.

많은 여성들이 '정치적'이고 '과학적'인 책을 소설 읽듯이 열심히 읽기 시작했다. 그렇게 어쨌든 이해 — 설령 이해한다고 해도 성과 왕궁을 절대 물려받을 수는 없다는 인식에 다다르는 이해 — 를 흐릿하게 하는 '어리석음'의 유약이 벗겨지기 시작했다. 백인 남성이 절대 다수를 차지하는 성별 통합 교실에서 여성(흑인)의 태도에 공통적으로 배어 있던 권태와 패배감이 호기심과 성공에 대한 기대로 바뀌기 시작했다. 소규모 집단 혹은 여성들만의 석상에서 여성들은 남성들의 주목과 인정을 얻기 위해 서로 경쟁하거나 낄낄거리거나 '패배하지' 않았다. 성적인 문제로 주의가 흐트러지는 경우 역시 전혀 없었다. 대다수 여성은 서로에게로 '이끌리지' 않았기 때문이다. 많은 여성들은 자신이 생각할 수 있고 그런 생각이 스스로에게 즐거움을 준다는 사실을 깨달았고, 그들의 사고능력을 다른 사람들이 필요로 한다는 사실을 알게 되었다.

일부 여성들은 미용실에 가지 않게 되었고 화장을 그만두었으며 '섹시'하거나 '유행을 따르는' 옷을 더 이상 (자주) 사지 않게 되었다. 여성들은 자기 시간을 소중하게 생각하기 시작했다. 이제 여성스럽게 보이기 위해 '화장'하면서 꾸미는 것을 덜 하게 되었다. 여성으로서 나는 사상의 측면에서나 옷차림에서나 청교도주의를 좋아하지 않는다. 그렇다고 값비싼 옷을 입거나 변화무쌍한 의상을 시도하는 엘리트 계층의 천박성에 손을 들어주고 싶은 마음도 없다. 그와 같은 의상은 모든 사람들이 손쉽게 입을 수 있지도 않거니와, 무엇보다 여성뿐 아니라 남성의 수동성과 의존성이 커져가는 것을 의미하는 듯하기 때문이다. 남성들도 화장과 유행을 따르라는 광고는 성평등의 신호라기보다는 자본주의적인 시장 확장이자 탐욕의 신호처럼 보인다. 역사적으로 한 시대에서 다음 시대 사이에 의복문화가 크게 변화하는 것은 '가보지 않은 길'을 가보려는 집단적인 욕망을 의미하는지도 모른다.

하지만 미국에서 여성들이 의식적으로 소비행위를 중단한다고 해서 가난과 인종차별과 성차별과 환경오염이 '해결'되리라 기대하는 것은 정치적으로 너무 순진한 발상이다. 의복, 화장품, 합성세제 관련 산업보다는 워싱턴과 디트로이트의 군수산업과 결탁한 정치 복합체가 그런 문제에 훨씬 더 결정적이다. 더욱이 '구매'할 능력이 없는 여성들이 '불매'를 권력의 한 형태로 합리화하는 것이 훨씬 더 용이하지 않겠는가. 하지만 이것은 경제적인 불매운동이 아니라 문화적이고 윤리적인 제스처이다. 구매할 권리를 위한 투쟁이나 고용 거부에 따른 절도는 힘없는 집단이 취할 수 있는 보다 현실적인 행동이다.

어떤 여성들은 양성성이나 레즈비어니즘을 긍정하고 발견하거나 탐구하기 시작했다. 어떤 여성은 장기간 독신생활을 해도 눈에 띌 만한 불안이나 고통 없이 살았다. 또 다른 여성들은 우발적이건 지속적이건 간에, 남녀 모두에게 따뜻한 태도와 성적인 친밀함을 가지는 것이 중요하다고 생각했고, 자위행위를 통해 처음으로 오르가슴에 도달하거나 그런 행위에 대해 처음으로 죄의식을 느끼지 않기도 했다. 어떤 여성들은 아이를 갖고자 하거나, 반대로 아이를 갖는 것에 확고하게 반대하기로 결심했다.

미국의 심리학자들과 정신과의사들은 페미니즘을 어떻게 생각하고 느껴왔는가? 그들은 페미니즘에 대해 어떤 태도를 보여왔는가? 이데올로기로, 운동으로, 혹은 그들의 여성 환자들에게 영향을 미쳐온 어떤 것으로? 공적으로 볼 때 이들 역시 다른 집단들과 같은 태도를 보여왔다. 정신과의사와 심리학자들은 신경질적으로 웃음을 터뜨리거나 의도적으로 오해하거나 사소한 것을 가지고 꼬투리를 잡거나 악의적인 잔인함을 발휘하거나 잘못된 동정심을 가지거나 지루함이나 적대감 혹은 자만심을 내보이거나 상업적이고 학술적인 자본주의의 태도를 보였다.*

일부 의사들은 진정한 호기심과 공감대와 지원을 보내왔다. 그들 중 소수는 여성운동에 합세했다. 여러 전문 저널들은 여성에 관한 '특집호'를 냈다. 그들은 여성을 새로이 조명되는 그러나 이국적인 소수이자 다수인 집단으로 바라보았다.『래디컬 테라피스트』라는 '언더그라운드' 저널 공동체는 여성과 성차별에 관한 기사들을 매 호마다 실었다. 여성 심리학자와 심리치료사와 '환자' 집단은 페미니스트 심리치료사에 관한 알음알

---

* 1969년 우리 일행이 여성심리학회를 만들었다. 1970년, 나는 미국심리학회 회의에서 연설을 했다. 나는 여성 정신질환자에 대한 배상을 요구했다(소송 비용, 교육비, 주거비 등등). 필요한 자금은 여성 심리학자들이 5년 동안 회비로 지불한 돈과 동일했다(그 회비는 상대적으로 특권을 가진 이들 여성 전문가들의 직업 안정이나 발전 기회를 위해 결코 사용된 적이 없었다). 이 요구는 요란하고 적대적인 비웃음을 샀고, 관료주의적 '절차주의'의 적대적인 정책으로 이어졌다. 말할 것도 없이, 이 목적을 위해서 사용된 돈은 없었다. 하지만 이러한 요구에 동참한 대부분의 여성들은 이듬해인 1971년 회의에 연설자로 초대되었다.(저자 주)

9장 페미니스트

이 조직망을 조직했다. 하지만 여전히 인간의 성격에 대한 이론을 페미니즘 이데올로기에 기초하여 새롭게 발표한 사람도, 페미니즘을 정신분석학적으로 연구한 사람도 없었다.

말로만 페미니즘에 '공감하는' 많은 남성 심리학자들은 아직도 여전히 중년의 여성 환자를 '걸'(girl)이라고 부른다. 아직도 그들은 자신의 여성 환자들이 얼마나 '매력적인지' 열심히 묘사한다. 이들은 아직도 일방적이고 의존적인 방식으로 아내 혹은 여자친구와 관계를 맺고 있다. 많은 심리학자들이 페미니즘에 공감하는 이유는 페미니스트들에게 성적으로 '매력을' 느꼈기 때문이다. 이들이 보기에 페미니스트들은 자기 아내들보다 훨씬 '흥미로운' 여성이다.

대다수의 정신과의사들은 지방 정신병원이나 군립 정신병원 등에 성별에 따라 정형화된 노예 노동이 공공연하게 존재한다는 사실을 부인한다. 그들은 의학적이고 심리적인 '실험'이 자기 환자들에게 미치는 효과를 축소해 말한다. 그들은 직원회의에서 '지저분한 농담'을 하고 페미니스트들의 불평을 조롱한다. 여성들을 존경하기보다는 기꺼이 동정하려고 하며 분노하는 여성보다는 불행한 여성을 좀 더 편안하게 느낀다.

대다수의 남녀 의사들은 정서적·재정적으로 부르주아 가족 로맨스에 묶여 있다. 중년의 의사들 중에는 남자건 여자건 간에 계급의식을 가지고 있는 경우가 드물다. 최근의 한 전문가 회의에서 어떤 여성 의사가 동경 어린 시선으로 제2차 세계대전 이전에는 빈의 모든 여성이 "진정으로 자유롭고 해방되어" 있었다고 회상했다. 그래서 나는 가난하고 교육받지 못한 여성들도 빈에서는 그처럼 "자유롭고 해방되었느냐"고 물었다. 개인적으로 나는 프로이트의 부유하고 효심 깊은 딸들은 '해방'되었다기보다 '특권'을 가진 계층이라고 정의하고자 한다. 그러자 그 의사는 이 문제를 "그런 식의 어휘"로는 생각해본 적이 없었다고 대답했다.

의사들은 페미니스트들의 편집증과 분노를 싫어하면서 또한 동정하는 것 같다. 의사들은 교활하고 자신만만하게도 페미니스트들에 대해 이런 의문들을 갖는다. 페미니스트들은 '불쌍한' 뭇 남성들이 그들에게 성적인 매력을 느낀다고 해서 왜 그렇게 '신경질적'으로 구는가? 페미니스트들은 거리에서 남자들의 언어적인 성희롱에 왜 그처럼 화를 내는가(하층계급은 언제나 떠들썩하고 즐겁게 소란스럽다. 생각해보면 그렇지 않은가? 하지만 정도 이상을 넘어서면 언제라도 경찰이 나타나 이들을 통제할 수 있다)? 갑자기 불평이 많아진 여성들이 '무의식적으로' 추근거림과 강간을 유도하는 것은 아닌가? '무의식적으로' 그런 희롱을 즐기는 것 아닌가? 게다가 여성해방의 요점은 여성이 권력을 장악한다는 것이 아니라 남성 역시 해방시킨다는 것이 아닌가? 자본주의야말로 페미니즘의 진짜 적이 아닌가? 페미니즘 진영의 분열과 응석받이 백인 중산층 여성들이 진짜 적이 아닌가?

이런 물음에 대한 내 생각은 이렇다. 첫째, 이런 질문은 대체로 사전지식도 없고 진지함이나 존중하려는 마음도 없이 던지는 것들이다. 둘째, 성차별은 자본주의와 식민주의 이전에도 있었으며 사실은 성차별이 그런 것을 유도했을 수도 있다. 셋째, 조롱과 오해는 가능한 한 피해야 할 폭력의 한 형태이다. 특히 의사들이나 교구 사제들이라면 더욱 피해야 할 것이다.

대다수 동시대의 의사들은 다른 많은 사람들과 마찬가지로 페미니즘에 관해 적대적이거나 혼란스러워한다. 나는 여성의 심리와 페미니즘에 관한 토론 자리에 패널로 참석할 정도가 되거나 그런 주제에 관해 글을 발표할 정도의 관심을 갖고 있는 의사들에 국한하여 거론하고자 한다. 1970년대 초반, 대부분의 여성 의사들은 모성과 직업상 커리어를 결합시키는 것이 얼마나 필요하고 바람직한 일인지 열변을 토했다. 다른 주제가 자세히 논의 중이어도 그랬다. 그들의 남성 동료들은 토요일 밤의 점잖은 난상토론 자리에서 대체로 안전한 침묵을 지키고 있었다. 여성 전문가들은 자기들이 정치적으로 다른 속셈이 없다는 점을 우선적으로 밝힌다. 그런 다음 잽싸게 자신이 정치적으로 결백하다는 증명서를 내보이는데, 자신에게는 두서너 명의 아이들이 있다는 것이 바로 그 증명서다. 우리가 만약 여성 중심적인 문화에서 살고 있다면, 혹은 다른 행위보다 아이 낳는 일에 대해 다소 미심쩍은 '보상'을 주지 않는 문화에서 살고 있다면 그들의 이런 주장을 받아들여줄 만할지도 모른다.

모성에 대한 신념을 옹호하고 난 뒤 이 여성 의사들은 심호흡을 하고는 자기 환자들의 어머니가 얼마나 '끔찍하고 상처를 주는 어머니'인지에 관해 장광설을 늘어놓기 시작한다. 이 끔찍한 어머니들이야말로 페미니스트들이 모성의 책임이라는 족쇄로부터 벗어나게 하려고 애쓰는 바로 그 어머니들 아닌가! 여성 의사들은 대체로 그리스도의 시체를 무릎에 안고 슬퍼하는 피에타 상의 성모마리아와 같은 어조로 자신의 남성 환자들을 묘사하면서 연설을 끝마친다. 남성 동료들의 인정을 받기 위해서다. 그 대가로 남성 동료들은 직장에서 그들을 해고하지 않을 것이며 그들을 대화의 채널에서 배제하지도 않을 것이다. 여성 의사들은 이처럼 모성적이고 여성적이며, '다른 여성들'처럼 분노하는 남성 혐오가들이 절대 아니다.

여성 의사들은 전반적으로 다른 여성들과 마찬가지로 여성에 관해 양면적인 태도를 보인다. 특히 집 바깥에서 제한적인 '성공'을 하기 위해 고통스러운 대가를 지불해야만 했던 만큼 그들은 자아에 관한 진보적인 정의를 마음속에 빠르게 그려내지 못한다. 학문적으로 성공한 어느 여성은 나에게 낮은 목소리로 말했다.

"필리스, 물론 그건 조건화 맞아요. 하지만 그런 조건화는 효과적으로 작동한단 말이에요. 그처럼 끔찍한 조건화를 견디고 나면 대다수 여성들은 끔찍하게 조건화되죠. 당신은 그들과 일하고 싶어요? 그러려면 더 많은 힘을 필요로 할 텐데. 난 그건 못하겠어요."

전문 패널로 참석한 일부 의사들은 페미니스트 참가자들에게 다소 신경질적이고도 야만적으로 고함을 치기도 했다. 그들은 페미니스트들에게 신경증적이고 범죄적이며 이기적이라는 둥 온갖 소리를 다 퍼부었다. 종종 그들은 페미니스트들이 성차별이 여성에게 주는 상처보다는 남성에게 주는 상처에 관해 발표하기를 원한다. 나는 언젠가 이런 회의 자리에서 어느 흑인 남성 심리학자에게 물은 적이 있다. 흑인의 권력과 평등과 자결권에 관한 회의에서, 인종차별이 백인 인종차별주의자들에게 얼마나 많은 상처를 주었는지를 이렇게나 크게 공감하면서 곱씹을 일인지 생각해봤느냐고 말이다. 그러자 그는 웃었다.

내가 말하고 싶은 것은 페미니즘에 가장 공감하는 남성 전문가들조차 가부장적인 남성처럼 행동한다는 사실이다.

9장 페미니스트

인터뷰

오늘날 미국에서 페미니스트가 된다는 것은 무엇을 의미하는가? 우리는 왜 치료를 받고 우리는 왜 정신병원에 입원하는가? 페미니스트가 되기 전이나 치료받는 환자가 되기 전에 우리의 삶은 과연 어떠했는가? 그때 이후로 우리의 삶은 어떻게 변화했는가?

나는 나 자신까지 포함해 스물여섯 명의 페미니스트와 '공식적으로' 대화했다. 그들의 나이는 17세에서 58세 사이에 걸쳐 있었다. 이들 여성의 68퍼센트가 외동딸이거나 장녀였으며, 90퍼센트가 백인 미국인이었다. 한 명은 고등학교를 다닌 적이 있고, 일곱 명은 대학 교육을 받은 경험이 있으며, 열두 명은 학사학위를 갖고 있고, 여섯 명은 대학원을 다녔거나 졸업했다. 이들 중 네 명은 실업 상태에서 복지연금으로 생활하고 있었고, 다른 네 명은 수입이 없는 학생이었으며, 또 다른 네 명은 최소임금을 받고 여성운동 단체에서 일하는 여성들이었다. 두 명은 사무직 노동자였으며 열두 명은 전문직업에 종사하고 있었는데, 예를 들면 교사, 저널리스트, 사회사업가 등이었다. 이들 중 오직 세 명만이 연봉 8천 달러 이상의 수입이 있었으며 대다수는 2천 달러에서 7,500달러 사이의 연봉에 머물러 있었다.

이들 중 스물한 명은 약 2년 동안 자신이 페미니스트였다고 생각했다. 다섯 명은 비교적 최근에 페미니즘 활동에 전념하게 되었다. 세 명은 이성애 결혼을 했고, 여섯 명은 이혼했으며, 열세 명은 법적으로 미혼이며 혼자 살고 있었다. 세 명은 여성 공동체에서 살고 있었고 한 명은 남자와 살고 있었다. 일곱 명은 레즈비언이었다.

이들 중 스물다섯 명은 심리치료를 받은 적이 있었다(혹은 아직도 받고 있다). 전체 총 평균 치료 기간은 41개월이었다(4장의 표 참조). 페미니스트들은 남성 심리치료사로부터 약 31개월, 여성 심리치료사로부터 약 19개월 동안 치료를 받았다. 페미니스트 일곱 명 중에서 다섯 명은 레즈비언이었는데 이들은 정신병원에 강제 입원되었다. 그들이 병원에 머문 평균 기간은 158일이었다.

몇 가지 예외를 제외한다면 내가 인터뷰한 모든 페미니스트들은 어떤 식으로든 성역할이 엄격하게 정해진 가정에서 성장했다. 이들의 어머니들 대부분은 자녀 양육과 가사를 목적으로 집 안에 머물러 있었다. 적어도 딸들이 다섯 살이 될 때까지는 그랬다. 이들 가족은 월경은 다소 수치스러운 것이라고 여기는 반면 처녀성은 그렇게 생각하지 않았다. 이들은 자라면서 여성의 인생에서 사랑, 결혼, 모성보다 더 소중한 것은 없다고 지겹도록 주입받았다. 이들 중 대다수는 어머니와의 관계가 '원만하지 않았'으며 또한 자신감, 자아감, 끈질김, 주도권, 성욕, 광범위한 관심사, 다른 여성과 '연하'의 남성에 대한 깊은 호의와 관심, 자신이 선택하지 않았거나 주도하지 않은 것에 대해 단호하게 거절하는 능력 등을 제대로 발달시키지 못한 탓에 고통받았다.

이들 대다수가 직장과 관련해 (직장을 얻거나 유지하는 데) '문제'가 많았다. 그런 문제들은 그들이 페미니스트가 되고 난 뒤에 더욱 증가했다. 그들이 가정주부든 어머니든, 아니면 학생, 페미니스트 운동가, 자본가 계층의 전문직 종사자든 문제는 더욱 심해졌다. (여성으로서의) 각성이 즉각적으로 쉽게 행복을 가져다주지는 않는다. 하지만 그것은 지혜의 한 측면인 선택하는 능력으로 이어질 수 있다.

앨리스   당신은 못 믿겠지만, 아니 믿을 수도 있겠네요, 내가
첫 부서회의에 들어갔을 때 여자라고는 오직 나 혼자
였어요. 남자들은 내가 '잡다한' 일을 할 것으로 생각
했어요. 그냥 그렇게 생각하더라고요. 나는 회의 도
중에 박차고 나오면서 당신들에게 커피를 끓여다 바
치는 일은 하지 않겠다고 말했어요. 그 이후로 내겐
'까다롭고', '편집증적'이란 말이 따라붙었죠. 물론 비
서들은 남자를 위해 일하는 걸 더 선호했어요. 그들
은 그런 일을 감수하고 받아들이는 것에 익숙해 있
죠. 그러다 그 남자들과 노닥거리고, 결혼도 하게 되
고요. 비서들은 여자를 위해 일하는 걸 싫어했어요.
남자 동료들은 내가 비서에게 편지 쓰기 업무를 지
시하면 당장 이렇게 말하죠. "아니, 이런 현장을 목격
하다니. 지금 같은 여성 자매를 억압하고 있는 거예
요?" 그러면서 자기네들은 아무렇지 않게 비서들에
게 계속해서 편지를 쓰게 했어요. 나도 그들만큼이나
내 직업에 책임을 지고 있었어요. 그러면서도 당연하
다는 듯 그들보다 적은 임금을 받았기 때문에 도무지
그들과 친하게 지낼 수 없었죠. 한 남자랑 '관계'를 가
질 수도 있었어요. 그의 소유물로서 그로부터 얼마간
보호받을 수도 있었어요. 일과 관련된 이런저런 것들
을 알아내기 위해 남자랑 놀아날 수도 있었고요. 마
치 일을 위해서라면 그런 것들이 아무것도 아닌 것처
럼 굴면서요. 나도 남들 하듯이 다른 여자를 싫어하

는, 이름만 여자인 그런 사람인 척 굴 수도 있었어요. 그러나 그런 짓은 절대 하지 않았어요. 오로지 위로 올라서기 위해 싸웠죠, 오로지. 집에 돌아가면 밤에 날 위로해줄 아내도 없잖아요. 나에겐 오직 남자친구만 있었는데, 그 남자는 위로가 필요하다고 생각했고 실제로 그랬어요. 그렇지만 그는 답례로 나를 위로할 때는 '거세당한' 느낌을 받았죠. 처음으로 나갔던 의식화 집단에서는 내가 너무 성공했다면서, '남성과 동일시된' 여성으로 간주하더군요. 그들 역시도 나를 위로하거나 지지해주려고 하지 않았어요. 성취 지향적인 여성은 정말 따돌림받아요. 아무리 비싼 대가를 지불하더라도 목적을 달성하고 나면 결국 혼자 남게 되죠. 남자들은 여태껏 그런 적이 없잖아요.

디드러　난 정말 좋은 여성 정신분석가를 만났어요. 그 덕분에 나 자신이 보다 강해졌고 자신감을 가지게 되었다고 봐요. 남자랑은 어떤 게임도 할 필요가 없다고 생각했고, 내가 사디스트를 골랐던 거라고 더는 생각하지 않게 되었죠. 그래서 임신도 했고요. 그게 여자의 일이라고 생각했으니까요, 아닌가요? 그런데 남자친구는 짜증을 부리고 다른 여자가 생기면서 내게서 멀어져갔어요. 우리는 모든 걸 털어놓고 얘길 했어요. 아이를 가진 것까지요. 여기에 이르자 남자친구는 덫에 걸린 짐승처럼 굴더군요. 울고불고 애걸하고 약속하고 거짓말하기에 내 자의식은 너무 커져 있었어요. 그래서 남자친구를 떠났죠. 난 너무 분했어요. 남자와 여자 관계는 아무리 잘 유지하려고 노력해도, 제 아무리 남다르고 예외적인 사람이라고 하더라도, 결정적인 문제 상황에서 지배와 복종의 관계가 표면으로 부상한다는 걸 알게 됐어요. 여성이 순종적인 역할을 하지 않는 한 남성은 절대 굴복하려고 하지 않을 테니까요. 난 내게 일어날 일 때문에 무척 겁을 먹었어요. 고통 속에 혼자 남겨져 전적으로 아이를 책임져야 하는 여자. 법적·경제적으로 남자가 있건 없건 이런 상황이 여자들에게는 보편적이라는 사실을 깨달았을 땐 특히나 더 그랬죠. 얼마나 겁을 먹었는지 배 속 아이가 죽을 정도였죠. 결국 유산을 했어요. 바로 그때 내가 페미니스트가 되었다고 생각해요.

이들 페미니스트들 대다수는 개인 심리치료사도 고립된 의식고양 집단도 원인 또는 '치료' 측면에서 어떻게 할 수 없는 중산층의 문제와 실존적인 문제를 이야기했다. 하지만 이런 문제들이 현실적이고 외적인 것이며 개별 여성 혼자 힘으로는 감당할 수 없다는 것을 전반적으로 더 잘 인식하고 있었다.

매릴린　그[심리치료사]는 나에게 섹스 그 자체를 즐기는 것도 괜찮다고 여러 방법으로 안심시켰어요. 데이트 상대가 내가 자기를 성적 대상으로만 취급한다면서 나와 자려고 하지 않았을 때 그 심리치료사는 나 대신 크게 화를 내주기까지 했죠. 어떤 면에서 보면 그 남자가 옳았어요. 난 그 남자를 사랑하지도 않고 결혼하고 싶어 하지도 않으면서 잠자리만 함께하기를 원했으니까요…. 그 남자가 날 거절했을 땐 정말이지 '하, 어떻게 이럴 수 있지' 믿기지가 않았어요. 그 남자를 성적 대상으로 취급한 것에 죄의식을 느꼈어요. 물론 나 자신도 상처를 입었고요. 하지만 생각해봐요. 그 남자는 사랑을 나누다가 그만뒀어요. 내가 아무것도 하지 못하게 했죠.

도나   남편 곁을 떠나면서 '안정된' 커리어를 포기했죠. 나는 내 남자친구가 성차별을 극복하려고 애쓰는 것을 고맙게 생각해요. 그 사람은 정말 노력하고 있으니까요. 노력하지 않는 남자들보다는 노력이라도 하는 남자친구에게 좀 더 많은 빚을 졌다고 생각해요. 영원히 고마워하는 것, 그게 바로 저예요, 모성이 가득한 여자랄까. 어쩔 수 없어요. 그런 게 좋은걸요. 그런 걸 느끼는 게 좋아요.

남자친구는 나더러 도자기나 홀치기염색 같은 것에 재미를 들여보는 게 어떻겠냐고 해요. "직업적인 커리어 같은 건 엿먹으라고 해." 하지만 남자친구 자신은 그만두지 않더군요. 그 친구는 자본가의 수레바퀴 속에 자신의 노동력을 내던져요. 그래서 난 도자기를 배울 수가 있죠. 그러면서 요리도 하고 청소도 하고 무엇보다 내가 가장 사랑하는 모성 가득한 여자가 될 수 있어요.

글쎄, 그다지 나쁜 생활은 아니에요. 그는 다른 남자들보다는 섬세해요. 하지만 심리적으로 그렇단 거죠. 변한 것이 아무것도 없어요.

캐스린 우리 문화에서 여성으로 산다는 것은 오랫동안 축적
되었고 지금도 계속되는 변함없는 손해인데 어떻게
심리치료사 한 명이나 사랑하는 사람이나 어떤 한 집
단이 날 '도와줄' 수 있겠어요? 난 존재하지 않는 것
으로 되어 있죠. 비존재로서 행복해야 하는 거예요.
예를 들어 그러니까 과거에 페미니스트가 되기 전에
는 거리에서 남성들이 모욕적인 말을 해도 반응하지
않거나 모르는 척해야 해요. 하지만 은밀하게는 그
런 걸 즐기는 것처럼 돼 있어요. 창백한 유령처럼 반
듯이 누워 꼼짝하지 않고 결혼이 허용하는 강간을 당
하고 있어야 하죠. 그러면서도 그걸 좋아하는 것처
럼 굴어야 하잖아요, 안 그래요? 내가 거기 없는 것
처럼, 존재하지 않는 것처럼요. 또 다른 예를 들어볼
게요. 레스토랑에 가면 '데이트' 상대 아니면 '남편'
이 내 식사를 주문하죠. 난 웨이터에게 직접 말하지
않아요. 그처럼 공공연하게 비가시적인 비존재로 존
재하면서도 난 사랑받고 보호받고 안전하다고 느끼
죠. 또다시 레다와 백조 이야기예요. 강간을 당하면
서 쾌락을 얻기로 돼 있으니 말예요. 난 그렇게 해왔
다고 생각해요. 미용실에 다니고 하이힐을 신고 짧은
스커트를 입고 화장을 했으니까요. 이젠 너무 슬프고
끔찍한 일로 느껴지네요. 그런 조건화가 너무나 뿌리
깊어서 그것을 떨쳐버리는 것이 얼마나 힘든지 잘 알
아요.

이제 지금의 나는 페미니스트예요. 레스토랑에선 언
제나 스스로 계산을 하죠. 가끔 나보다 가난하고 어

린 동료와 함께 밥을 먹으면 그 사람이 남자건 여자건 내가 음식값을 내요. 만약 함께 간 동료가 남성이라면 웨이터는 거스름돈을 그에게 건네며 고맙다고 인사를 하죠. 심지어 돈을 가지고 있는데도 난 여전히 존재하지 않아요. 또 다른 예를 들어보죠. 어떤 이에게 길을 묻거나, 뭘 어떻게 고쳐야 하는지 내가 묻는데도 들리는 범위 내에 남자 동료가 있으면 그 사람에게 가르쳐줘요. 지난 주었어요. 시골 슈퍼마켓에 들어가 가장 가까운 주류 판매점이 어디 있냐고 남자 점원에게 물었더니 그 점원은 내 옆에 있던 남자에게 길을 가르쳐주더군요. 심지어 내가 알지도 못하는 남자였는데 말이에요. 정말 그래요. 남자들은 정말로 오롯한 존재로 존중받고자 하는 여자를 보면 대단히 냉담하고 악의에 차서 이렇게 굴죠. "그래, 당신은 남자가 되고 싶은 거지? 좋아. 그럼 어디 한번 견뎌봐"라는 식이에요. 여자는 턱을 곱절로 세게 얻어맞아도 씩 웃으면서 야만적인 취급을 당하는 것을 참아야 해요. 그러면 남자들은 이렇게 말할 거예요. "남자라면 이 정도는 견뎌야지. 당신이 여자라면 그대로 참고 있거나 아니면 조심해야 할 거야."

대부분의 페미니스트들은 다른 여성들과 마찬가지로 이성애 관계와 오르가슴에 관심이 많았다. 그리고 남자 없이 사는 것과 일부일처제 관계 없이 사는 것에 두려움을 느꼈다.

마리아   내 생각에 페미니즘은 성별 사이의 보다 개선된 관계를 의미한다고 봐요. 말하자면 보다 나은 성관계 말이에요. 내 말은 성적인 관계는 더 이상 나빠질 게 없지만 그런데도 더 나빠질 수 있거든요. 그럴 수 있어요. 그게 사실인 것 같아요. 하지만 난 그렇게 생각하고 싶진 않아요. 남자들은 여자가 성적으로 존재하는 것을 별로 좋아하지 않아요. 자기들이 통제할 수 없는 상황이고 그래서 정서적으로 '안전'하다고 느끼지 못하면 대체로 정서적인 거리를 유지하죠. 사랑으로 당신과 함께 잠자리에 들지 않아요. 혹은 '사랑하는' 척도 하려 들지 않아요. 이럴 경우가 사실은 훨씬 더 많죠. 운 좋으면 그들은 와서 달리겠죠. 문자 그대로뿐 아니라 비유적으로 얘기해서요. 하지만 남자들이 너무 빨리 절정에 도달하거나 아니면 발기가 안 되거나 오럴 섹스를 좋아하지 않거나 두 번 다시 당신을 만나고 싶어 하지 않으면, 당신은 죄의식을 느끼게 돼요. 엄밀히 말하면, 우리 여자들이 죄의식을 느끼려 하지 않는다는 사실을 받아들이지 못하죠. 그러고는 겁을 집어먹어요. 남자들은 여자들이 만족해하는 것처럼 보이면 두려워해요. 마치 자기네들을 무슨 함정에 빠뜨린 것처럼 두려워하죠. 근데 여자가 자기를 함정에 빠뜨리지 않으면 빠뜨리지 않는다고 또 두려워해요. 여자가 함정에 빠뜨리려고 하지 않았다는 바로 그 이유 때문이죠. 그렇게 되면 완전히 새로운 게임을 해야 하거나 아니면 전혀 게임이 되지 않아요. 남자들은 자기 역할을 알려고 하지 않을 뿐 아니라 그럴 '여유'도 없어요. 그들은 그저 취약성의 심연으로 굴러떨어지죠. 겁에 질려서 자기의 두려움을 우리가 익히 보아온 잔인함으로 뒤바꿔버려요. 우리는 그때까지도 이해와 연민의 보따리를 붙잡고 남아 있게 되는 거고요. 남자들은 우리가 '혼란스러워하고' '불행해하지' 않으면 우릴 '이해하지' 못해요. 여자들이 자기가 원하는 것을 분명하게 생각하게 된다면? 말해 뭐 해요!

앨리스   난 언제나 나보다 나이가 많은 남자랑 만났어요. 다른 여자들과 마찬가지로 아빠의 딸이었죠. 나의 생활이나 페미니즘, 혹은 돈을 좀 더 많이 벌게 된 덕분에 이런 점들이 약간 변했어요. 연하 남자와의 관계에 보다 개방적이 되었죠. 젊은 여자가 나이 든 남자랑 사귀게 되면 남자가 여자에게 대가를 지불하죠. 그 대신 여자는 남자의 자아를 위해 존재하게 되고요. 젊은 여자는 성적으로, 정서적으로, 가정적으로 그 남자를 뒷받침해요. 이런 점에 대해서 여자도 어느 정도까지는 만족할 수 있어요. 받아들여지죠. 그들은 어디든지 함께 다녀요. 다 괜찮아요. 어린 남자와 사귄다면 물론 여자가 남자에게 대가를 지불하는 것이 당연하죠. 그럴 때도 남자의 자아는 여전히 누군가로부터 격려를 필요로 해요. 특히 연하의 남자가 다른 남자들로부터 놀림을 당하거나 사회적으로 불편한 상황에 놓이면 더욱 그렇죠. 왜냐하면 그는 '남자'로 조건화되었기 때문에 여자를 성적·정서적·가정적으로 어떻게 뒷받침해주어야 할지 사실상 아무것도

9장 페미니스트

모르거든요. 그렇게 해야 한다는 생각을 하기만 해도 남자들은 끔찍해해요. 심지어 '여성적'이고 반문화적이며 정치적이고 혁명적인 부류의 남자마저도 여성을 '받들어' 주진 못하죠. 정말 충격이에요. 개인적인 성공에 몰두하지 않으려고 조심하는 여성이라면 집단으로부터 더 많은 지원을 받겠죠. 집단이나 개별적인 사랑 관계에 전념할 때, 특히 문제점에 봉착했거나 불행해지거나 실패했을 때, 그 여성은 다른 여성들이나 남성들로부터 동정을 받을 수도 있을 거예요. 달리 표현하자면 '남자'보다는 '여자'로 남아 있을 때 생존하기 훨씬 더 용이하단 얘기죠.

이 페미니스트들도 다른 여성들과 마찬가지의 치료를 받았다. 그들은 대개 여성보다는 남성 심리치료사에게 더 오랜 기간 치료받았다. 페미니스트들 역시 모든 여성들에게 적용되었던 구태의연한 정신건강의 이중 기준에 따라 '치료'를 받았다.

도나　　의사가 언제나 "왜 자신을 꾸미지 않습니까? 당신은 부랑자같이 보여요. 혹시 남자를 두려워하는 건 아닌가요?"라고 물었죠. 우리가 대관절 왜 두려워하는지에 관해선 한마디도 하지 않았어요. 운동선수, 레즈비언, 정치, 불변의 영혼과 같은 주제에 대해서도 마찬가지였고요. 내가 정신적으로 건강하다는 증거를 보여주려면 그냥 '아빠가 좋아하는 옷으로 차려입으면' 됐어요.

빅토리아 두 번째로 심리치료를 받게 되었을 때가 열여덟 살이
        었어요. 2년 동안 일주일에 두 번씩 여자 의사에게 받
        았죠. 의사는 내가 진정으로 원하는 것은 결혼해서
        아이를 갖고 '안정된' 생활을 하는 것이라는 점을 내
        가 인정하도록 끊임없이 노력했어요. 의사는 내가 어
        떤 옷차림을 하는지에 집요한 관심을 보였어요. 꼭
        엄마처럼요. 엄마는 내가 단정하게 입지 않으면 나무
        라곤 했거든요. 머리를 풀고 다녀도 나무랐어요. 의
        사는 내가 화장을 하고 미용실에 가서 머리 손질을
        하기 시작하는 게 정말로 좋은 징조가 될 수 있다고
        말하곤 했어요. 그 의사처럼 금발로 염색을 하고 스
        프레이를 뿌리는 것이 좋은 징조라는 거죠. 난 바지
        입는 게 더 좋다고 했더니 의사는 내 성역할에 혼란
        이 있다고 하더군요. 그 의사를 처음 찾아갔을 때가
        내 친구들이 섹스에 대해 여러 가지 실험을 시작했을
        때였어요. 그때 나는 잘할 수가 없었어요. 나와 절친
        했던 여자친구들이 섹스 상대로 날 거부했거든요.

디드러   난 여섯 명의 남성 정신분석가와 상담을 했어요. 그
        들은 하나같이 내가 결혼은 했는지, 아이는 원하지
        않았는지, 왜 아이를 갖지 않았는지, 왜 이혼을 했는
        지 같은 질문으로 날 몰아붙였어요. 시선은 노트북에
        고정한 채로 말이에요. 그때 이후 두 번 다시 찾아가
        지 않았죠.

수전   난 무지무지 많은 심리치료사를 찾아다녔어요. 당신

은 내가 오랫동안 고독하고 불행했을 거라고 생각할 수 있겠네요. 처음 심리치료사는 여자였어요. 심리치료사는 다면적 인성검사(MMPI) 결과를 보여줬는데, 그에 따르면 내 자아가 대단히 강한 것으로 나타났다는 거예요. 심리치료사 말이 그건 좋지 않은 거라더군요. 자아 수치가 높다는 건 경직되었다는 것을 뜻하니 안 좋다는 것을 알았어요. 하지만 여자들이 학교생활을 잘하려면 강한 자아가 대단히 중요해요. 난 우정 대신에 심리치료를 이용하고 있다고 생각해요. 두 번째 심리치료사는 남자였어요. 그는 자기가 만난 사람 중에서 불행히도 내가 제일 차가운 여자라고 말했어요. 거세시키는 여자래요. 심리치료사의 전문적인 판단에 의하면 내가 어떤 관계든 오래 지속할 수 없을 거라더군요. 심리치료사는 나와 관계를 맺은 남자를 동정했어요. 나를 치료한 것이 그의 인생에서 최악의 경험이라더군요. 내가 자리를 박차고 나오기까지 10분 사이에 그는 그런 얘기만 떠들어댔어요. 나는 이런 식의 치료는 필요없다고 스스로 결론을 내렸죠. 한 달 후 한 사내가 내 아파트에 침입했어요. 뭘 훔치러 온 것이 아니라 날 덮치려고 들어온 거였어요. 나는 겁을 줘서 가까스로 그 사내를 내쫓았어요. 경찰은 내 얘기를 전혀 믿으려 들지 않았어요. 내가 사내를 끌어들였다고 생각하더군요. 내가 긴 머리에 샌들을 신고 침실 커튼을 빨간색으로 달았기 때문이라나요. 그러면서 경찰은 나더러 커튼을 열어두고 나체로 침대에 누워 있지는 않았냐고 묻더군요. 모든 게 너무 두렵게 느껴졌어요. 그래서 남자친구에게 그 얘길 했더니 자기가 상담 받는 정신과의사를 만나보는 것이 어떻겠냐고 제안하더군요. 그래서 그렇게 했죠. 그 의사는 계속해서 나더러 머리를 뒤로 돌려 묶는 대신 길게 늘어뜨리고 있어야 한다고 주장했어요. 그게 좀 더 여성스럽게 보인다나요. 하지만 만나고 15분 만에 꼬이기 시작하면서 도저히 참을 수가 없었어요. 의사는 나더러 남자친구에게 압력을 가하지 말라고 했어요. 변화를 위해 그냥 '주도록' 해보라고 하더군요. 그때 난 의사 말이 사실일까 봐 두려웠어요. 물론 그 앞에서는 반박했지만요. 여자가 자기 주장이 강하고 지적이고 능력이 있으면 뭔가 문제가 있을 거라고 생각하잖아요. 내가 바로 그런 여자였고, 그래서 아무도 날 그다지 사랑하지 않았고, 그래서 몹시 불행했어요.

그런데 말이에요, 우연하게도 1년 후 어떤 사교모임에서 그 심리치료사를 만났어요. 때마침 나는 여성해방을 격렬하게 옹호하고 있었고요. 그의 부인이 "계속해봐요"라고 말했어요. 그때 그가 뭔가 제동을 걸려고 하면서 "나도 많이 거들지 않나?"라고 말했죠. 그러자 그의 아내가 "당신은 집 안을 돌아다니면서 뭘 하지? 이것도 하지 마라, 저것도 하지 마라 그러면서 돌아다니잖아"라고 하더군요. 정말 희한한 저녁이었어요.

일부 페미니스트들은 자기 스스로 변화함으로써 여성운동

과 의식화 집단에 기여했다. 다른 페미니스트들은 심리치료가 주요한 성격 변화를 가져왔다고 보았다. 페미니스트로 전향한 것도 그 변화에 포함된다. 일부 여성들은 동시에 일어난 이 두 경험이 모두 변화에 핵심적이었다고 느꼈다. 또 다른 여성들은 페미니스트 집단과 심리치료 경험의 장점뿐 아니라 한계와 위험까지도 예리하게 인식하고 있었다.

매릴린   페미니즘은 내 인생에서 처음으로 어머니와 가까워지는 데 도움을 줬어요. 내게 아비지는 언제나 완벽한 존재였죠. 아버지를 사랑하고 서로 즐겁게 지냈지만 어머니하고는 그럴 수가 없었어요. 이제 난 예전에는 미처 보지 못했던 점을 제대로 보게 되었어요. 사실 아버지는 내가 어머니와 가깝게 지내는 것을 막았던 셈이죠. 아버지는 어머니와 자식들 사이를 사실상 분리시켰어요. 놀랍게도, 이제 난 어머니와 자매처럼 가깝게 지내요. 요 며칠 전 저녁 식사 자리에서 내가 어머니와 이야기를 하려고 할 때마다 아버지가 어머니를 무시하고 우리 앞에서 어머니를 바보로 만드는 걸 알게 되었어요.

실비아   현대 남성들은 여성들보다 훨씬 더 집단과 잘 어울리죠. 남성들은 스포츠나 뭐 그런 것으로부터 보다 많은 경험을 얻었으니까요. 바로 그런 이유 때문에 여성들도 기꺼이 집단을 형성해야 한다고 생각해요. 하지만 일부 페미니스트 집단의 규칙은 정말 파괴적이에요. 예를 들자면 성장하고 행동으로 옮기고 그러는 대신 가만히 앉아서 쓸데없는 수다나 늘어놓는 여자들을 비판할 수 없는 분위기가 그래요. 그런 여성의 두려움이 날 위협하고 입 다물게 하고 절망스럽게 만들죠. 어쨌거나 제가 한 모임에서 우리 모두가 남성에게 보내는 부드러운 태도를 여성들끼리 서로 보내는 것으로 전환시켜야 한다는 이야기를 꺼낸 적이 있었는데, 어느 누구도 그 문제에 관해 곰곰이 생각하는 사람이 없더군요! 그리고 보면 대다수 페미니스트들은 여전히 바로 자신들이 폐기했으면 하고 바라는 방식 그대로 또는 비슷하게 생활하고 있는 것 같아요. 우리는 우리 자신을 위한 어떤 구조에 관해서도 얘기해본 적이 없어요. 우리는 아직도 우리의 작은 아파트 안에 머물러 있으면서 일대일의 관계만을 원해요. 또 다른 모임에서는 일부일처제를 화두로 꺼내면서 일부일처제란 것이 여성에게 불리하게 작용하며 그야말로 남성을 위한 제도라는 얘길 했죠. 그러자 남자들과 밀접한 관계를 맺고 있는 여성들이 그말을 대단히 위협적으로 받아들이더군요.

적극적인 페미니스트들은 대부분 심리치료사가 남성이건 여성이건, 현재의 심리치료사를 떠나지 못한다. 정치적인 충성과 폭력이 급변하는 이 세계에서 페미니스트들이 심리치료 외에 그처럼 친밀한 피드백과 관심을 받고 있음을 확신할 수 있는 기회가 어디 또 있겠는가? 일부 페미니스트들은 과거의 남성 심리치료사(또는 남편)의 행동에 대해 분노조차 하지 못한다. 심지어 심리치료사나 남편의 행동이 그들에게 상처를 주었다는 사실을 알게 되었는데도 말이다.

리디아   자, 들어봐요, 필리스. 재미있는 얘기를 할 텐데, 그 전에 먼저 약속해요. 이 얘기를 듣고 어떤 결론도 내리지 않겠다고 말이에요, 오케이? 이것에 대해 거창한 어떤 것도 갖다붙이지 않기로 약속해요. 대단한 것도 아니니까. 내 담당 정신과의사 기억나죠? 그래요, 그 사람은 물론 남자였어요. 그는 내게 정말 도움이 됐어요. 그런데 페미니즘이 미래의 물결처럼 터져 나온 뒤 그 의사는 내게 대단히 흥미를 갖게 됐어요. 대단히요. 의사는 이것저것 물어보면서 늦은 밤에도 전화를 했어요. 그 의사는 천생 정신과의사였거든요. 그래도 이전에는 그런 식으로 행동한 적이 없었어요. 그러더니 집까지 나를 찾아오고 급기야 그다음 단계로 넘어가게 됐어요. 아니, 약간 꼬였어요. 의사는 나더러 자기와 자기 아내와 함께 잠자리를 하자고 했어요. 그게 아내에게 좋을 것으로 생각했나 봐요. 우린 좀 미쳤던 것 같아요. 하지만 이런 일이 시작되기 전까지는 그는 정말 많은 도움을 줬어요.

매릴린   난 아직도 남자 정신과의사에게 다녀요. 그리고 여성운동에 상당히 적극적이고요. 그 의사는 매우 달라요. 심지어 여성 억압에 관해 내가 알기 전부터 그 사람이 먼저 여성은 억압받고 있다고 할 정도였으니까요. 난 그 의사에게 계속해서 상담받을 필요가 있어요. 때때로 난 편집증적이 되고 매우 화가 나는데, 그러면 뭔가 잘못된 게 틀림없다는 생각이 들면서 겁에 질리기 때문이죠. 사실 날 위해서 이런 문제를 다뤄 줄 수 있는 여성 집단은 어디에도 없잖아요. 가끔씩 그 의사는 내가 남자들을 엿 먹인다고 생각해요. 그리고 사실 그래요.

필리스   당신이 남자들을 어떤 식으로 엿 먹인다는 말인가요? 열등한 상태나 노예 상태에서 벗어나고자 그러는 건가요? 남자들이 보통 그런 식으로 하니까?

매릴린   (웃음) 알았어요, 알았어. 그러니까 지난번에 내가 그 사람을 의식화시켰다고 생각해요.

필리스   의사가 그에 대한 대가를 지불했어요?

매릴린   제발 말도 안 되는 소린 그만하고. (웃음) 그 의사는 심리치료사가 다른 사람을 진정으로 존중한다면 의식화 같은 건 필요없다더군요. 그는 단지 여성을 억압하지 않겠다고 했어요. 난 그 점엔 사실상 동의하지 않지만요. 난 X박사에게 한 가지 예를 들었어요. X박사는 개인 정신병원에서 원장을 지낸 사람이에요. 그는 인간을 대단히 존중하고 자율적인 존재로 이해하며 인간 스스로 선택할 능력이 있다고 생각하는 사람이었어요. 그리고 사람들을 입원시키기를 정말 꺼렸어요. 그런데 그런 유형의 사람도 내 담당 수퍼바이저에게 이렇게 말하더라고요. "매릴린이 왜 여성해방을 위해 싸우는지 대체 알 수가 없어. 저렇게 예쁘고 영리하고 여성스러운데 말이야."

일부 페미니스트들은 심리치료의 한계를 인식하고 있지만 그렇다고 해서 심리치료를 대신할 만한 제도적 대안이 있다고 는 생각하지 않는다. 특히 결혼과 모성을 더 이상 심리적이고 정서적인 주요 안식처로 삼을 수 없는 상황에서 그들은 심리치 료를 대신할 만한 대안을 아직 찾지 못하고 있다.

필리스   심리치료사와 좋지 않은 경험이 있는 당신의 입장에
        서 본다면 여성들이 심리치료를 중단해야 한다고 보
        나요?

수전   그렇게는 생각하지 않아요. 지금 당장은요. 많은 사
        람들은 심리치료를 우정 대신으로 생각하죠. 당신이
        너무 스트레스가 심한데 의논하러 찾아갈 만한 사람
        은 없어요. 왜냐하면 당신이 낯선 곳에 있거나 알고
        있던 사람들이 모두 떠났거나 아니면 당신이 알고 있
        는 그 사람들이 바로 당신 문제의 일부가 되어 있는
        경우가 살다 보면 있을 수 있잖아요. 그러면 누군가
        다른 사람을 찾아가야 하는데, 옛날 같았다면 자연스
        럽게 찾아갈 수 있는 형제나 친족도 지금은 없잖아
        요. 그런데 심리치료사는 있으니까 그들을 찾아가게
        되는 거죠.

필리스   그 점엔 나도 동의해요. 하지만 우리가 상처를 입고

있는데 심리치료에서 위로받지 못한다면, 위로나 조언을 얻을 공간이나 사람을 찾아내기가 점점 더 힘들어지게 될 수도 있다고 생각해요.

수전   그건 사실이에요. 그렇다고 심리치료를 폐지하거나 피한다고 해서 도움이 될 것 같지는 않아요. 왜냐하면 도움이 필요한 사람은 너무 많고 그걸 대체할 만한 것은 아직 없으니까요. 의식화 집단이 나서서 여성들이 나쁜 심리치료사에게 등을 돌려 떠날 수 있도록 도와주고 좋은 치료사를 찾을 수 있는 힘을 줄 수 있다고 생각해요.

필리스   우울해지거나 초조해져서 '도움'을 원할 때, 당신은 페미니스트 집단에 의존할 수 있나요? 특히 목적 지향적인 페미니스트 집단이 당신을 '도울' 수 있다고 생각하나요? 치료사가 그러듯이 그들이 당신 문제에 귀 기울여줄 수 있다고 생각하나요? 만약 돈을 지불한다면요?

실비아   아뇨, 불행히도 그렇다고 생각하진 않아요. 다른 사람들이 자기 문제를 늘어놓는 걸 듣고 있으려면 지겹죠. 페미니스트 집단에서 한 여자가 나보다 더 심각한 우울증에 사로잡혀 있었어요. 그 여자가 자기 우울증에 관한 얘길 하고 나면 집단 사람들 모두가 그런 얘길 더 이상 듣고 싶어 하지 않았어요. 그렇다고 남자 치료사와 함께 하는 치료는 완전히 구닥다리고

요. 여자 치료사에게 치료받는 경우, 그녀가 페미니스트가 아니라면 정말 고통스럽죠. 난 다른 여성들에게 좋은 어머니나 현명한 여신과 같은 환상을 가지고 있진 않아요.

　　나는 여성 심리치료사와 좋은 관계를 맺고 있는 페미니스트 한 사람을 소개하는 것으로 이번 장을 마무리하고자 한다.

앨리스　　난 이 심리치료사에게 정말 매력을 느꼈어요. 그녀는 유럽 사람이에요. 말도 많고 어머니 같고 인간적이죠. 어떤 중요한 이야기를 해도 서로 오해 없이 소통이 된다는 느낌을 받아요. 페미니스트는 아녜요. 하지만 내면이 평화롭고 지혜롭죠. 그리고 가장 중요한 것은 스스로 여성이라는 사실에 행복해한다는 게 느껴진다는 점이에요. 하지만 그녀는 성차별과 내가 개별 남성들에게 느끼는 분노를 진정으로 이해하진 못해요. 그녀는 나를 꾸짖기도 하고 나에게 몰입하기도 하고 혹은 실망하고 연민을 느끼기도 하죠. 그렇게 심리치료사와 나 사이에 여러 감정이 교차해요. 어떤 남자가 직장에서건 거리에서건 아니면 개인적인 관계에서건 내게 '접근'을 할 때, 화가 났다거나 아니면 두려웠다거나 하는 식의, 내가 보일 법한 반응을 심리치료사는 이해하지 못해요. 예를 들어 제가 전문직 종사자로서 사업 회의에 참석했을 때인데요. 그중 한 사람이 내 나이가 몇인지 대뜸 물어봤어요. 그러고는 내가 얼마나 매력적인지 칭찬하면서, '데이트'를 한

다면 정말 멋질 거라고 했어요. 난 화가 났지만 티를
내진 않았죠. 그리고 치료 예약 때문에 그 자리를 떠
났는데, 기분이 무척 안 좋았어요. 심리치료사는 내
가 '섹스와 권력 문제'에 너무 사로잡혀 있다면서 이
렇게 말하더군요. "그런 강박증이 생산적일 수도 있
죠. 하지만 너무 극단적이 되면 힘들어져요. 극단주
의는 그다지 성숙하고 교양 있는 사람의 태도는 아니
에요."

그때, 마음 깊은 곳에서 난 딸들이 어머니와의 관계
에서 경험할 법한 것을 그 심리치료사와의 관계에서
경험했다고 생각했어요. 그녀가 날 '어른' 남성의 세
계에 내다버렸다는 느낌 있잖아요. 심리치료사는 말
했어요. "당신은 여성 이성애자예요. 그걸 감사하게
받아들여요. 나가서 정말 예외적인 단 한 명의 남자
를 찾아봐요. 한 명의 특별한 '여성적인' 남자를요.
혼자만의 정원을 가꾸면서 바깥으로 시선을 돌려요.
너무 많은 악마들을 유혹하진 말고요." 선량하고 견
실하며 철학적이고 겸손하며 동정적인 충고이긴 하
지만, 에덴동산에서 쫓겨난 기분이 좋을 리 없죠.

그 심리치료사는 내가 여성의 세계에 머무를 수 없다
고 진심으로 말하고 있어요. 내가 그녀나 어머니, 아
니면 다른 여성들과 계속 머물러 있을 순 없단 거죠.
난 바깥으로 홀로 나가 남자의 아이를 가져야 하는
거예요. 궁극의 대상관계는 양성 사이의 관계라고 그
심리치료사는 생각하죠. 그녀는 자신은 그렇게 믿고
있다고 말해요. 우리 모두가 똑같이 평등하게 양육받

　　　　　　　　　　　9장 페미니스트

았다 하더라도 생물학적인 차이로 인해 양성 사이에
는 여전히 강하게 끌어당기는 자력이 있을 것이라고
요. 그 점에 관해선 사실 잘 모르겠어요. 설혹 그게 사
실이라 해도 그런 자력이 인류나 문명의 가장 '높은'
차원인지는 의문이고요. 그건 너무 관습적이고 지배
적인 사고방식이잖아요. 물론 대단히 유혹적인 생각
이긴 하지만요. 확실한 건 그 심리치료사가 내 열정
과 분노와 용기를 가라앉힌단 점이죠. 다만 저는 궁
금해요. 그 심리치료사(그리고 내 어머니)가 그와 같
은 분노를 인정하거나 아니면 페미니스트들이 갈망
하는 그런 비전을 가지게 된다면 이 세상은 과연 어
떻게 될지, 그런 세상은 어떤 것일지 정말 궁금해요.

이 책을 쓴 이후로, 나는 2세대·3세대 페미니즘, 그리고 지
금의 페미니즘에 대한 자료를 정리한 책과 논문을 발표해왔다.
바뀐 것은 무엇이고, 해결할 수 없어 그대로 남아 있는 것은 무
엇일까? 우리 시대의 많은 페미니스트들은 여전히 변화를 일으
키고 있다. 여기서 언급하기에는 너무 많을 정도로 이정표가 될
만한 획기적인 일들을 많이 이뤄냈다.
　　하지만 나조차도 2세대 페미니스트 어머니로부터 교육받
은 딸들이 어느 정도까지 모성을 여성의 '권리'라고 받아들이고
낙태권을 당연하다고 여길지 예상할 수 없었다. 싱글이건 커플
이건 간에 젊은 이성애자, 동성애자 그리고 양성애자 여성들은
그들의 어머니 세대들이 한때 사적인 가족생활을 뒤로하고 싶
어 했던 것과는 대조적으로 생물학적인 자녀 혹은 입양된 자녀
로 구성된 세대 간의 가족을 만드는 데 점점 더 관심이 많아졌

480

다. 자신을 페미니스트로 정의하는 것에 대한, 이 세대의 공포증에 가까운 두려움도 나로서는 예상할 수 없었다. 하지만 수많은 젊은 여성들이 감탄스럽고 실용적인 방법으로 직업과 사생활 모두를 추구하고 있다.

오늘날, 페미니스트는 페미니스트 심리치료사를 포함해 스스로를 '유색인종 페미니스트', '포스트모던 앤드 글로벌 페미니스트', '퀴어 앤드 레즈비언 페미니스트', '제3세대 페미니스트'라고 정의한다. 학계의 페미니스트들은 점점 '비활동가' 또는 '반활동가'가 되어가거나 '활동주의'를 주로 미국에 반대하는 것으로 규정한다(이와 관련해 더 깊은 논의는 내 책 『페미니즘의 죽음』을 참고하길 바란다).

나는 현재 이십대 혹은 삼십대 초반의 젊은 페미니스트들과 아주 좋은 경험을 나눴다. 물론 가슴 아픈 경험도 있었다. 그들 중 『젊은 페미니스트에게 보내는 편지Letters to a Young Feminist』의 첫 독자이자, 현재 매우 중요하고 혁신적인 교육자로 활동 중인 샌드라 밸러번(Sandra Balaban)이 두각을 나타내고 있다. 극작가이자 작가인 동시에 『여성과 광기』에서 다룬 주제들로 석사학위를 받은 코트니 마틴(Courtney Martin)도 마찬가지다.

(20세~45세의) 젊은 페미니스트들은 자매살해와 같은 서로 간의 싸움에 대해, 그리고 영아살해 또는 모친살해를 방불케 하는 나이 든 여성들과의 어려움에 대해 이야기했다. 그들은 다른 여성에게 모함받고 따돌림당하는 것에 대해 말하고 썼다. 일반적으로 젊은 페미니스트들은 우리 세대의 여성들이 그랬던 것과 달리 다른 여성에 대한 환상이 적다. 그들은 여성들이 경쟁적이고, 잔인하고, 시기심이 많다는 사실을 당연하게 받아들인다. 실제로 어떤 이들은 이 주제에 대해 유용하고 실용적인

9장 페미니스트

책을 쓰기도 했다.

그들 모두가 계속해서 승승장구하기를.

10장

여성 심리학: 과거, 현재 그리고 미래

우리 문화에서의 여성 심리학: 개별 여성

여자들은 말한다. 부끄러운 줄 알라고. 당신은 마치 농장 뒤뜰
에서 몸을 불리며 사육되는 거위처럼 길들여졌다고 한다. 주인
이 건네는 것을 즐기는 것 말고는 아무것에도 관심이 없으면서
거들먹거린다고, 그 주인은 얻을 게 있는 한 당신의 안녕을 세
심히 배려할 것이라고, 그들은 말한다. 노예 상태에 만족하는
노예들을 지켜보는 것만큼 고통스러운 일은 없다고 한다. 당신
들은 야생조류만큼의 자존심도 가지고 있지 않다고 한다. 갇히
게 되면 부화를 거부한다고 하는 야생조류 말이다. 여성들은
말한다. 권태와 무료함을 달래기 위해 수컷과 교미는 하더라도
자유롭지 않은 한 생식을 거부하는 야생조류를 거울 삼으라고.
— 모니크 비티그[1]

여자들은 맹세하듯 말한다. 그가 다름 아닌 속임수를 써서 지
상낙원으로부터 당신을 추방했으며, 넌지시 당신 옆에 다가와

굽실거리면서, 독수리에게는 날개이자 올빼미에게는 눈이며 용에게는 발에 해당하는, 기록된 지식을 향한 열정을 당신에게서 강탈해가버렸다고. 그가 속임수를 써서 노예로 만들기 전, 당신은 한때 위대하고 힘센 무사였다. 그는 당신에게서 지혜를 훔쳐 갔다. 그는 당신이 과거에 어떤 존재였는지 알지 못하도록 당신의 기억을 없애버렸다. 그는 당신을 말하지 않는 존재로, 소유하지 않는 존재로, 쓰지 않는 존재로 만들었다. 그는 당신을 영락하고 타락한 피조물로 만들었다. 그는 당신에게 재갈을 물리고 학대하고 배신했다. 그는 계략을 꾸며 당신의 이해를 무력화시켰다. 당신의 결함에 관한 긴 목록을 작성하여 그것이 당신 본성과 당신의 안녕에 본질적인 것이라고 선언했다. 그는 당신의 역사를 지어냈다. 그러나 당신이 발뒤꿈치 아래에 있는 뱀을 짓뭉갤 시간이 다가오고 있다. 울고 있던 당신이 열정과 용기로 가득 차서 일어나게 될 시간이 다가오고 있다. 낙원은 기다란 칼의 그림자 아래에 있다.

— 모니크 비티그[2]

현대 여성 심리학은 무기력하고 박탈된 조건을 반영한다. 본질적으로 가치 있는 여성의 많은 특질들, 즉 직관력이나 동정심과 같은 특질들은 생물학적인 경향이나 자유로운 선택에 따른 것이라기보다 어떤 결함이나 가부장제가 부과한 필요를 통해 개발되어왔을 것이다. 여성의 정서적인 '재능'은 성차별에 의해 발생한 전반적인 비용의 측면에서 바라볼 필요가 있다. 자신의 자유와 위엄을 판 대가로 사들인 특질들을 낭만화하는 것은 비논리적이고 위험하다. 그런 특질이 비록 '훌륭한' 것이며, 노예 상태를 조금이나마 견딜 만한 것으로 만들어준다고 하더라도, 압제자의 분노와 슬픔을 달래어 하루 정도 더 그의 손을 붙들어둘 수 있다 하더라도 그렇다.

이 책의 도입부에서 나는 대지의 여신 데메테르와 그녀의 겁탈당한 딸 페르세포네 신화를 이야기했다. 데메테르는 신성한 처녀인 페르세포네를 구출하여 자신의 생물학적 모성의 숙명에 다시 통합시켰다.[3] 우리 문화에서 거의 모든 여성은 자신의 삶 속에서 이 신화를 다시 체험하고 있다. 이 신화의 의미는 아직도 여성의 조건을 이해하는 데 강력한 지침이 되고 있다.

페르세포네는 자기 어머니와 마찬가지로 고유성과 개별성과 문화적인 잠재력을 부정당한다. 데메테르나 페르세포네는 '여주인공'이 되지 못한다. 데메테르는 대지를 나타내며 페르세포네는 대지로 되돌아가는 것을 나타낸다. 그들의 단일한 운명은 문화적으로 평가절하되는 생물학적 생식의 수레바퀴에서 개별 여성의 필연적이고 끝없는 파괴를 상징한다. 가부장적인 조건에서 살고 있는 여성은 일정한 특질에 의해 규정되거나 또는 어떤 특질이 없다고 규정된다. 예를 들어 오늘날의 대다수 여성들은 대담하고 힘 있고 지식이 있고 신체적으로 강하고 능동적이며 성적으로 막강한 능력을 가지고 있지 않다. 페르세포네가 그랬듯이 말이다. 페르세포네와 데메테르처럼 여성들은 아직도 순진하며, 무기력하고, 반발하는 희생자이다.* 여성의 성욕은 남성에 의해 생식 목적을 위한 근친상간 행위로 규정된다. 신화에서 페르세포네는 망각의 꽃을 따서 모으던 도중에 납

---

* 남성은 종종 자연의 희생물이지만 여성은 '자연'이다. '자연적인' 것이 아닌 무언가가 되고자 할 때, 여성은 일반적으로 인간 남성의 손아귀에서, 보통 세속적이지 않은 — 또는 신성한 — 환경을 통해서 자신의 한계 또는 희생을 경험한다.(저자 주)

치되어 겁탈을 당한다. 대부분의 여성은 결혼과 동시에 개별성의 꿈을 '망각'한다. '결혼'은 신화에서의 겁탈에 해당하는 현대적 대체물이다.

불행하게도 대부분의 여성에게는 데메테르와 같은 어머니가 없다. 여성의 생물학적 특성과 본성은 우리 문화에서 점점 더 평가절하되어 왔음에도 여성은 생물학적인 용어로 정의되는 것에서 자유롭지 못한 형편이었다. 따라서 현대의 페르세포네는 더 이상 품위 있지도 않고 신성하지도 않으며 어머니에 의해 '구출'되지도 못한다. 데메테르는 더 이상 존재하지 않는다. 딸에게 그런 어머니는 결코 존재하지 않는다. 대지의 어머니로서의 여성이 어떤 특질을 지니고 있든 그것은 거의 오로지 아들과 남편에게만 베풀어진다. 페르세포네는 신데렐라가 되었으며 계모로 바뀐 데메테르에 의해 묵묵히 살림살이를 떠맡게 된다. 이것이 바로 지상낙원으로부터 추방된 여성의 이야기이다. 동화 속 왕자는 여성을 추방으로부터 구출해줄 수 없으며 어머니는 이제 계모가 되었다. 이런 이유로 인해 딸과 (의붓)어머니의 관계는 페르세포네와 데메테르와는 달리, 자기혐오와 상호불신을 특징으로 한다. (의붓)어머니들은 딸들에게 순례, 정복, 성찰과 같은 것들을 준비시키지 않았다. 계모들은 딸들의 손에 빗자루를 쥐여주고 머릿속에는 낭만적이고 도피주의적인 환상을 불어넣었다. 딸들은 여성이라는 자기 성에 자부심을 가질 수 없으며 이로 인해 가정생활에 기대어 생존하거나 몸을 불리며 살아가는 것처럼 보인다.

우리는 원래 데메테르는 자유로웠으며 실질적인 권력이 있었음을 기억해야 한다. 데메테르는 끔찍한 죽음의 여신이 아니라 위대하고 풍요로운 대지를 관장하는 생명의 여신이었다. 마지못해 하데스의 아내가 된 연약하고 창백한 페르세포네야말로 가부장제 신화에서 죽은 자의 여왕이라는 사실을 기억해야 한다. 고대 신화는 여성이 진정으로 엄청난 힘을 가지고 있었다는 사실을 알면서도 언제나 인정하지 않았고 그런 여성의 힘을 두려워했다. 현대 동화에서 대체로 계모와 마녀 이야기는 패배로 끝난다. 그들 역시 자신들의 분노 또는 권력을 진정으로 용인받지 못한다.

오늘날 여성들은 데메테르 같은 힘을 가지지 못한 여성들 밑에서 성장한다. (의붓)어머니들은 여성의 노예 상태를 미화하고, 여성의 성욕과 지적 능력을 다른 방향으로 돌리면서, (의붓)딸이 그런 역할에 반란을 일으키면 앞장서서 처벌한다. 이런 조건은 특정한 심리적 특성이 계발되는 데에 이른다. 예를 들어 이런 특성이 딸을 희생시킬 때 어머니는 딸을 구출하지 않으며 여성은 굴종적이 된다. 딸들은 어머니가 살아남는 방식을 보고 살아남는 법을 배운다. 자기희생을 통해, '안락한' 물질주의를 통해, '행복'해야 한다는 사회적 단언을 통해.

신성한 처녀의 가장 순수한 이미지인 페르세포네는 무수한 신화에 반영되어 있다. 1장에서 다루었던 에로스(큐피드)의 아내 프시케는 이런 신화의 중요한 변형이며 페르세포네와는 다른 방식으로 현대 여성과 연관되어 있다. 우리는 페르세포네가 남편인 하데스에게 어떤 감정을 가졌는지, 그 관계가 어떠했는지에 관해 아는 것이 별로 없다. 알려진 것은 확고한 무관심과 철저한 소외감뿐이다. 페르세포네는 자기 어머니와의 동일시와 어머니에 대한 사랑을 통해 우리에게 알려져 있다. 반면 프시케는 남편인 에로스 혹은 남자의 사랑을 사랑한다. 이 이야기에서 프시케는 문자 그대로 자기 어머니와 자매들로부터 버림

받았고 깜깜한 어둠 속에서 (무지한 상태로) 결혼했다.[4]

페르세포네와 달리 프시케는 남편과 영원히 행복하게 재결합하여 '기쁨'이라 불리는 딸의 어머니가 된다. 프시케는 가톨릭의 마리아의 전신이며 오늘날 많은 여성이 가지고 있는 특질을 구현한다. 여성의 낭만주의, 부드러움, 동정심, 이타주의 말이다. 여러 연구와 상식에 의하면 우리 문화에서 개인적인 '이타주의'는 자유나 자기애보다는 죄의식, 두려움, 낮은 자존감에서 비롯된다(마거릿 애덤스는 여성의 이른바 '동정심이라는 함정'이 가지는 명백한 사회적 기능과 기형적인 한계를 논의한 바 있다).[5] 이런 특성이 남녀 어느 한쪽에 의해서 평가절하되는 것은 아니다. 하지만 남성은 이런 특성으로부터 거의 전적인 혜택을 누리면서 보답은 거의 하지 않는다. 동정심이 많은 사람은 공적인 행동 영역에 참여하는 데 곤란을 겪을 것이다. 정치나 과학의 요구는 무자비하지만 그 신봉자들은 이런 요구에 의해 완전히 파괴되지 않는다. 이들 신봉자는 남성이고, 매일 밤 개별 가정에서 여성의 동정심을 먹고 되살아날 것으로 기대하기 때문이다. 그러나 항상 기대대로 될 수는 없는데 그런 경우, 여성들은 고통받는 남편에게 매달린 잔소리꾼이자 음험한 계집으로, 배은망덕하고 배후조종하는 골칫거리로 비난받는다. 이것은 사실일 수도 있다. 하지만 이제는 동정심이나 예의 같은 것을 고립된 사적 장소로 추방시켜버린 공공영역을 비난하고 점검해볼 시간이다. 여성들에게 풀타임으로 '동정심' 서비스를 제공하도록 강제하는 무자비함에 대해서도 마찬가지다.

표면상으로 '이타주의' 혹은 '동정심'은 정치적이고 군사적인 공간에서는 설 자리가 없다. 심리적인 관점에서 볼 때 '동정심을 베푸는 자'로서의 여성이 받는 훈련은 효과적으로 그들을 집 안에 머물도록 만든다. 20세기의 상류층 아내들은 가난한 자들을 위한 자선사업을 했다. 중산층의 아내들은 평화나 생태계를 위한 시위를 조직하며 사회복지사, 간호사, 교사, 심리학자로 일했다. 서민층의 아내는 비서, 도우미, 창녀로서 자기 자녀와 남편과 자기 가족을 돌보고 남의 아이들과 남편을 보살폈다. 하지만 가난은 사라지지 않는다. 전쟁도 환경오염도 인종차별도 사라지지 않는다. 임신, 출산과 양육이라는 보편적인 여성의 속박은 예나 다름없이 여전히 남아 있다.

페르세포네-프시케라는 복합적인 심리학적 초상은 이성애 중심적 낭만주의의 순진한 희생자이자, 두려움에 떠는 개별화되지 않은 보수적인 존재를 보여준다. 이들의 가장 큰 자부심은 임신과 동정심, 아니면 대지의 어머니로 되돌아가는 데 있다. 신데렐라와 같은 처녀는 이런 특성을 거의 다 보존하고 있지만 그로 인한 영광도, 돌아갈 곳도, 자신을 '구출'해줄 왕자나 어머니도 없다.

신데렐라-페르세포네-프시케는 또한 많은 여성이 아직까지도 가지고 있는 분명하게 '여성적인' 다른 특성을 구현하고 있다. 남성들이 평가절하하거나 하찮은 것으로 간주하는 (따라서 여성들도 그렇게 간주하는) 특성들이다. 예를 들어 어떤 종류의 '분별 없음'이나 '천박함'이 많은 여성에게 존재한다. 실은 분별 없거나 천박하지 않음에도 남성들은 그렇게 간주한다.

두 명의 여성이 대화할 때 그들은 각자 독백을 하고 있는 것처럼 보인다. 그들은 상대방의 말에 진정으로 귀 기울이거나 '판단하지' 않는다. 두 사람의 고백이나 감정은 서로 평행선을 달리는 듯 보이며 다소 '무심하게', 아무런 '목적' 없이 흐른다. 사실상 여성들이 하고 있는 것은, 혹은 여성들이 '가고' 있는 곳은 일종의 정서적인 해소와 위안을 향해 있다. 여성들은 각자 대단히 예민하게 서로의 감정을 조화시키는 과정을 통해 다른 사람의 감정을 반영하면서 거기에 기대어 말한다. 두 여성은 자신들의 느낌이 새겨져 있는, 그 느낌이 도무지 '추출'되거나 '요약'될 수 없는 경험 전체를 서로 번갈아 되풀이해 말함으로써 자신들의 감정을 공유한다.

여성들의 이야기 주제, 방법과 목표는 비언어적이거나, 비언어화되어 있다. 얼굴 표정, 대화 도중의 침묵, 한숨 등과 같이 어떤 이야기에 대해 겉으로는 전혀 관련 없어 보이는 혹은 '비관념적인' 반응이 대화의 핵심적인 수단이다. 여기에 대단히 특수한 통찰력이 작동한다. 가장 일상적인 차원에서 이런 통찰력은 여성들로 하여금 정서적인 현실을 가능할 수 있도록 해주며, 남성에게서는 얻을 수 없을 뿐 아니라 남성들은 서로 나눌 수 없는 일종의 위안을 준다. 가장 고차원적인 측면에서 볼 때 이런 감정들은 예술과 심령 의식의 기본적인 도구가 된다.

따라서 개별적이고 무기력한 여성의 심리적인 초상은 순진함, 강박적인 이성애, 생식에 대한 '자부심', 두려움, 자기혐오, 다른 여성에 대한 불신으로 구성된다. 그리고 동정심, 열정, 이상주의로 구성되어 있기도 하다. 집단으로서의 여성을 고찰함으로써 사회적인 맥락에서 이런 개별적인 주제들에 어떤 일이 일어나는지 살펴보도록 하자.

우리 문화에서의 여성 심리학: 집단으로서의 여성

진보를 위한 모든 노력, 계몽을 위한 모든 노력, 과학과 종교적이고 정치적이고 경제적인 자유를 위한 모든 노력은 소수로부터 나오는 것이지 대중으로부터 나오는 것이 아니다. 오늘날까지도 이들 소수는 오해받고 쫓기고 투옥되고 고문받고 살해당한다. […] 빽빽하게 들어차서 미동도 없이 졸고 있는 다수이자 대중인 러시아 농부들은 한 세기 동안의 투쟁과 희생과 이루 다 말하지 못한 비참함을 경험하고 난 뒤에도 여전히 '손이 하얀 사람들[지식인들]을 교살한' 밧줄이 행운을 가져다줄 것으로 믿고 있다. […] 내가 억압받은 자, 대지로부터 뿌리 뽑힌 자들에게 공감하지 않기 때문이 아니다. 내가 민중들이 겪어온 수치심과 공포와 모멸을 모르기 때문이 아니다. 나는 다수 대중이 정의나 평등을 위한 창조적인 세력이라고 보지 않는다. […] 나는 이들 대중에 구멍을 뚫어 분리하고 쪼개는 과정을 통해 그들에게서 개인을 이끌어내는 작업 이외에는 그 어떤 것과도 타협하고 싶지 않다.

— 엠마 골드만[6]

모든 정치적인 행동과 사회적인 사상의 목적은 어느 정도의 환경을 마련한 다음, 사람들을 그 안에 내버려두는 것이다. 어느 정도의 환경이란 대단히 간결한 것이다. 인생에서 가장 중요한 부분은 언제나 우리가 속한 작은 집단에서 우리 스스로 행하는 것들이다. 예술, 과학, 섹스, 신, 동정심, 낭만적인 사랑이 바로 그런 것들이다. 이러한 것들은 풍요롭고 복합적이어야 한다. 이 모든 문제에 대해 사회는 당신을 도와주지 못한다. 사회가 하는 것이라고는 그런 것을 성취하는 데 적어도 방해는 하지 않겠다는 것이 고작이다.

— 폴 굿맨[7]

3년 반 전에 나는 여성들이 언제나 서로 분열되어 있으며 자기 파괴적이고 무력한 분노로 가득 차 있다는 사실을 알게 되었다. 나는 여성운동이 이 모든 것을 변화시킬 수 있을 것으로 생각했다. '친여성적'이라는 깃발 아래에서 사이비 평등주의적 급진주의의 가면을 쓴 이런 분노가 놀랍게도 악의에 찬 좌파의 반(反)지성주의적인 파시즘으로 변질되어 여성운동 내부에서 다른 자매들을 쓰러뜨리는 데 이용될 줄은 꿈에도 생각지 못했다. 물론 나는 개인적인 공격을 언급하고 있다. 이것은 애를 써서 가까스로 성취를 이룬 여성들이 여성운동 내부에서 공격을 받아왔음을 말하는 것이다.

당신이 만약 첫 번째 범주(성공한 사람)에 든다면 당신은 즉각적으로 스릴을 추구하는 기회주의자이자 무자비한 용병이라는 딱지를 달게 된다. 당신은 페미니즘이라는 보다 큰 영광을 위해 자신의 야망을 희생하고 자신의 능력을 매장시켜온 사심 없는 자매들의 무덤으로부터 명성과 행운을 갈취해 간 자이다. 생산성은 중대한 범죄인 것처럼 보인다. 그러나 당신이 불행하게도 드러내놓고 직설적으로 명료하게 말하는 사람이라면 권력에 미친 엘리트주의자이자 파시스트가 되며, 마침내는 최악의 욕설을 듣게 된다. 바로 '남성과 동일시하는 자'이다!

상처입지 않고 이런 공격을 헤쳐 나오기란 불가능하다. 그로 인한 결과를 내가 관찰한 바에 비추어 몇 가지만 언급해보면 다음과 같다. 생산성이 점차 감소하거나 급격하게 감소한다. 자기 회의가 급증하며, 과거로부터 구출되었거나 혹은 여성운동의 초기 단계 동안 회복되었던 자아의 힘이 고갈된다. 걷잡을 수 없는 (완전히 정당화된) 편집증과 더불어 무능력과 수동성이 증가한다. 자신감이 급격하게 떨어지고 자기 능력에 대한 신념이 심각하게 저하된다. 현실의 죄와 상상의 죄에 대해 상세하고도 강박적인 자기 점검이 증가했으며 이는 온갖 사기가 객관성을 파괴한 이후 완전히 쓸모없어졌다.

마지막으로 간청한다. 우리 여성이 자기연민과 자기파괴와 우리가 기억하는 한 우리의 유산이었던 무기력으로부터 빠져나오려면, 서로의 실패와 약점을 이해하고 동정하는 것보다는 서로의 성취와 성공과 능력을 지지하는 것이 훨씬 더 중요할 것이다.

— 안셀마 델올리오[8]

미국의 어린이들은 지나칠 만큼 경쟁적이고 공격적으로 양육되어왔지만, 이제는 남보다 '앞장서기' 위해 다른 사람과 '잘 지내'고 '사랑받기'를 기대받고 있다. 모든 세대의 사람들이 점점 더 '비슷해 보이는' 경향이 있으며 잠재적으로 파괴적이며 피상적인 개인주의에도 불구하고 개인적인 행동을 하기보다 오히려 순응적인 태도를 보인다. 미국에서 '개인'은 다른 곳에서와 마찬가지로 배척, 고독, 심각한 자기 회의, 그리고 유폐의 위험을 무릅써야 한다.

줄리엣 미첼은 '자본주의사회에서의 가족의 이데올로기적인 기능'을 탁월하게 분석하여 짚었다. 미첼은 "자본주의가 겉으로는 보존을 요구하면서도 실제로는 파괴하고 있는 것이 다름 아닌 '가족'이며, 또한 사유재산과 개인주의이다"라고 지적한다. 하지만 정확히 말해 여성에게 개인주의는 자본주의 이전 시대에서도 허용되지 않았다고 본다.[9]

많은 면에서 서로 유사하기는 하지만 여성들은 집단과 관련해서 볼 때 남성들보다 훨씬 더 많이 고립되어 있다. 여성들은 공적인 집단이나 권력집단으로 통합되지 않는다. 어머니로서 여성들은 (성장하고 나면 어머니를 떠나는) 아이들과 '집단화'되어 있으며, 일시적이고 피상적으로만 다른 여성들과 연결되어 있다. 공원에서, 여성이 보조적인 기능을 하는 곳에서, 이성애주의자들의 파티 등에서만 서로 뭉친다. 이처럼 여성들은 필수적인 임금 노동보다는 '자유롭게' 선택한 사적인 생활에서 연결될 때 서로 일시적으로 친구가 될 뿐이다.

만약 당신이 '일하고 있다'고 느끼지 않는다면 보다 개선된 노동조건을 위해 조직을 만들 필요성을 느끼지 못할 것이다. 혹은 여성을 위한 노동의 개념 정의가 남성의 그것과는 다르고, 달라야 한다고 느낀다면 보다 나은 노동조건을 위한 조직은 필요치 않을 것이다. 비서, 가사 도우미, 웨이트리스, 창녀, 공장 노동자로서의 여성은 제대로 된 노동조합을 결성하고 있지 않다. 이런 일들은 주로 여성의 직업이고 그런 만큼 여러 이유에서 '조직화'되기가 쉽지 않다. 여성은 가정에서 또 다른 직업을 유지하고 있기 때문에 피곤하고, 기술과 용기가 부족하다 보니 지속적으로 낙관적이기가 힘들다. 남성의 반대를 두려워하고 성매매 여성의 경우에 신체적인 보복뿐 아니라 법적인 보복까지도 두려워한다. 게다가 성매매의 경우 다른 직업에서 그만한 보수를 받는 것이 쉽지 않다는 것도 잘 알고 있다. 이런 이유들은 여성의 조직화를 어렵게 만든다.

전문직에 종사하거나 중간 수준의 수입이 있는 직업 여성은 전문직 남성 조직 내부에서 지도자도 아니고 '형제 같은 동지'도 아니다. 예를 들어 전문직 여성으로서 나는 화장실에서 남자 동료와 중요한 대화 또는 뜻밖의 대화를 지속할 수 없다. 하지만 여자 동료들과는 그렇게 할 수 있고 그것이 엄청난 차이를 만든다. 사업하는 여성으로서 나는 남자 동료나 고객과 스포츠클럽이나 동업자 모임이나 사창가나 남자들만 모이는 파티에서 '비즈니스'를 할 수 없다. 그렇다고 이와 유사하게 관여할 수 있는 여자 동료도 거의 없다. 여성으로서 우리는 그와 같은 제도를 즐길 만큼 사회화되어 있지 않다. 심지어 그런 제도들이 우리의 발전을 촉진시키는 것이라 할지라도 말이다. 직업이 있는 여성으로서 나는 남성들처럼 스포츠나 휴가를 함께 즐기기 위해 남자 동료들과 여행을 떠날 수 없을 것이다. 그렇게 한다면 남편은 과연 뭐라고 할까? 아내가 없는데 아이와 가정을 벗어나 내 시간을 어떻게 가질 수 있겠는가? 사적으로 접근하는 남자 동료들 때문에 전문직업인으로서 맺은 관계가 끊길 위험을 무릅쓸 수는 없지 않은가? 이런 것들 때문에 내가 일일이 걱정하고 쭈뼛거려야 한다면, 남자 동료들이 자연스럽게 공유하는 정보와 지원에 어떻게 접근할 수 있겠는가? 남자 동료들과 비교해볼 때 내가 실권을 장악할 수 있는 기회가 너무 희박하다면, 동료들이 나와의 우정을 가꾸고 나의 성장을 격려하고자 하는 욕망을 불태우지 않으리라는 것은 불 보듯 뻔하다. 물론 나는 조력자로서, 비밀을 토로할 절친한 친구로서, 정부로서, 아내로서 나 자신을 '연마'할 수는 있다. 그러나 경쟁 상대나 부하로서의 경험은 할 수 없을 것이다. 나는 진짜 경쟁 상대에게 대항하기 위한 수단으로 이용되거나 다른 남자 동료를 도와 그의 위치를 강화하고 유지해줌으로써 이름뿐인 지위를 얻을 수 있다(직장 내 결혼은 여성들이 집 밖에서 생존하는 흔한 방식이다).

여성해방운동 이후부터 비로소 미국의 일부 전문직(특히 대학 내) 여성들은 여성으로서 조직되기 시작했다. 극히 최근에 와서야 비로소 전문직 여성들, 특히 비여성적인 직업에서의 전문직 여성들이 다른 여성들을 동료·고객·피고용인으로서 받아들이고 있고, 페미니스트 여성은 지적·경제적·정서적·정치적·사회적 목적을 위해 집단으로 뭉치기 시작했다. 지난 시절, 의식화 집단은 여성들에게 성적·경제적 발전과 해방을 위한 분노와 욕망을 여성 스스로 받아들이도록 제안했다. 이제 그런 집단은 존재하지 않는다. 일부 북클럽이나 섭식장애 모임이 존재하기는 하지만 말이다.

페미니스트 공동체를 통해 많은 여성들은 적대적이거나 무관심한 가족, 학교, 임금노동 환경으로부터 외떨어질 수 있는 임시 피난처를 제공받았다. 페미니스트 공동체 경험은 무기력함에 기초하거나 가부장제적 현 상황에 복무하지 않는 자매애라는 새로운 이데올로기를 제도화하려는 시도였다.

페미니즘의 혁명적인 성격과 비전으로 인해, 그리고 여성의 기본적인 순진무구함으로 인해, 많은 여성들은 처음의 패배에 대해 대단히 경악하면서 고통스러워했다. 페미니스트 공동체는 이런 과업이 얼마나 힘든 것인지 아직 제대로 인식하지 못하고 있었다. 줄리엣 미첼은 "한편으로 여성의 잠재력을 과소평가하는 데 결코 죄의식을 느낄 필요는 없지만 그렇기 때문에 우리는 우리가 처한 위치의 어려움을 인식하는 데 결코 게을리해서는 안 된다"고 강조했다. 다른 맥락(군사적인 투쟁)에서 마오쩌둥은 어려움을 혼자서 해결하고 그런 어려움을 과소평가하는 것을 '좌파 분파주의'로, 자기의 잠재력을 과소평가하면서 투쟁을 두려워하는 것을 '우파 기회주의'라고 불렀다. 우리의 억압 조건이 우리를 바로 조건화한다. 그런 조건화에 굴복하지 않으려면 정치적인 세력으로서의 여성의 약점을 제대로 볼 수

있어야 한다.[10]

미국의 페미니스트 집단에서 갈등을 다루는 '여성'의 규칙, 즉 간접적인 의사소통, 눈물, 회피와 같은 것들에 대해 여성들은 대단히 비판적이었다. 그들은 또한 갈등을 다루는 남성의 규칙, 즉 위계질서에 따른 의사결정, (합의에 의해 의사결정을 도출하는 것과는 정반대인) 타협, 폭력에 의한 문제 해결에도 마찬가지로 비판적이었다. 갈등이 발생하면, 대결은 노골적이었고 여성들은 '남성'과 '여성'의 해소 방식 둘 다에 의도적으로 저항했다. 그와 같은 (여성 집단의) 순결주의는 대다수 남성 지배 집단을 특징짓고 있는 신랄함 또는 편집증과 똑같은 결과에 이르게 만들었다.

'중산층'의 노동 지향적인 집단은 비교적 덜 힘들었다. 그들은 특수한 과제와 목표를 가지고 있었으며 조직화나 갈등 해소에서 '남성'의 규칙을 행사하는 데 반감을 표출하지 않았다. 중산층 여성에게 일은 소중했고 지금도 그러하다. 이들의 비전은 그리 낭만적이지 않으며, 이들은 현재 우리의 문화에서 상당히 성공적으로 기능한다. 여성을 위한 의학적, 법적, 경제적, 정치적 개혁은 어디까지나 '개혁적'이니 쓸모없는 짓이라고 가볍게 무시하면서 넘어갈 수 있는 것이 아니다. 어떤 개혁은 매우 중요하며, 그것이 발생하는 맥락에 따라 혁명적일 수도 있다.

불행하게도 자신의 민족적 혹은 생물학적 역사를 벗어나거나 변화시키기가 쉽지 않은 것처럼 사람의 심리 또한 변화하기 쉽지 않다. 이런 현상들을 '혁명적으로 변화시키려는' 시도는 대체로 오래된 신화, 가치, 구조의 엄격한 연속을 따르거나 아니면 약간 수정된 형태로 재출현하게 된다. 공통적으로 경험하는 역경(억압)을 인식한다고 해서 그런 역경이 즉각 제거되

것은 아니다. 그런 인식은 무수히 많은 어려움의 첫 단계일 뿐이다.

따라서 미국의 페미니스트 운동은 조건화된 여성의 특질들을 가치 있는 것으로 인식하고, 이 세상에서 여자로 살아가는 새로운 방식을 탐구해온 만큼이나 본질적으로 가치 없는 존재로 조건화된 여성의 특성들에 순응해왔다. 예를 들어 많은 페미니스트들이 여성들이 서로를 싫어하고, 서로 경쟁하며, 다른 여성들로부터 배신당했다는 느낌을 떨쳐버릴 수 없었다. 그들이 열거하는 이런저런 이유는 한없이 다양하다. 즉 경제적으로 직업적으로 성공한 여성은 공격적인 엘리트이다, 이성애에 헌신하는 여성은 겁쟁이이고 탈선자이다, 행복한 어머니는 바보이고, 마르크스주의 여성들은 제5열(후방을 교란하는 간첩행위를 하는 자)이다, 레즈비언은 정상이 아니며, 백인 여성은 인종차별주의자이다, 흑인 여성은 흑인 남성에게 순종을 하지 못해 안달이 났다, 중년 여성은 (귀족이나 되는 것처럼) 모자를 쓰고 장갑을 낀다, 젊은 여성은 시한폭탄이다. 이런 인식은 과거에도 그랬고 지금도 여전히 어느 정도 타당한 측면이 있다. 하지만 심리적으로 만족되는 것은 다른 여성이 성공하거나 권력을 장악했다고 해서 그로 인해 자신이 보호받거나 고양될 수 있는 것이 아니라는 여성의 믿음이다. 여기서 심리적으로 작동하는 기제는 차이에 대한 절대적인 공포인 것이다.

1장에서 살펴보았듯이 대지의 어머니 데메테르가 딸 페르세포네에게 자기 이미지를 통합시킨 것을 기억할 것이다. '차이'와 '고유성'의 희생은 생물학적인 재생산과 문화적인 무능이라는, 여성에게 끝없이 반복되는 순환과 단단히 묶여 있다. 이것이 가족 그리고 페미니스트 집단에서 여성이 여성을 서로

'감시 단속'하게 하는 신화적인 지층이 된다. 어머니들은 딸들이 살아남도록 하기 위해서만 딸들에게 불만이라는 신성한 자매애를 준 것이 아니다. 어머니들 역시 고독하고 보살핌을 필요로 한다. 자기 어머니나 남편으로부터 받지 못했던 보살핌 말이다. 어머니들 역시 데메테르처럼 딸들로부터 무엇인가를 받기를 원한다. 따라서 '반란을 도모하는' 딸은 어머니로부터 가혹한 처벌을 받을 수밖에 없는데, 왜냐하면 어머니가 딸에게 기대할 법한 연인이자 친구의 역할을 딸이 저버렸기 때문이다. 여성들이 서로를 '감시 단속'하는 현상은 무력함이라는 고뇌와 뿌리가 닿아 있다.

따라서 신화적으로 볼 때 어머니(성인 여성)의 성공이나 권력이 딸에게는 자유와 고유성의 상실을 의미했다. 가부장제 사회에서 심리적으로나 정치적으로나 여성의 이름뿐인 혹은 일시적인 '성공'은 대체로 다른 여성을 희생한 대가로 사들인 것이다. 오늘날 '성공한' 여성은 권력이나 개별성이라는 비생물학적 기반의 이미지로 나아가도록 다른 여성들을 보호(혹은 교육 혹은 통합)할 수 없다. 이런 이미지들을 성취한 '성공한' 여성은 찾아보기 힘들다. 또한 이들 성공한 여성들에게 강제되는 예외적인 요구는 이들이 생물학적인 어머니가 되지 못하게 하거나 개별 남성(남편·아들·고용주)에 대한 이들의 헌신과 다른 여성들로부터의 고립을 필수적인 것으로 만들어버린다.

여성들이 가부장제 가족 안에서 모성의 부담을 홀로 견뎌내는 한 어머니와 통합되거나 아니면 자기 의지를 포기하는 운명을 받아들이는 이런 양자택일의 역학은 사실인 듯하다. 또한 어머니와 딸 사이의 복잡한 상호작용은 떨쳐버리기에는 너무 강력하고 집요하다. '어머니들(motherhood)'과 '딸들(daughterhood)'

이라는 단어를 선택하기보다 페미니즘이 '자매들(sisterhood)'라는 단어를 선택한 데에는 여성들 사이의 위계질서화된 장벽을 해체하려는 시도와 더불어 그들 간의 관계에 내재된 고통이 반영되어 있다.

남성들 사이에서도 '차이'는 분명히 존재하지만, 그런 차이를 경험하고 해소하는(혹은 해소하지 못하는) 모든 과정은 (여성과) 다르다는 점에 주목하고자 한다. 남성들에게 남성 역할(신의 형상이나 혹은 오이디푸스적인 아버지)로의 통합이나 입문은 공적인 힘과 기동성, 그리고 고유성의 발전에 대한 이상적인 요구이다(이것은 또한 '안전한' 조건을 제외하고는 이성애를 단념한다는 의미이기도 하다). 이미 주목했다시피, 남성의 순응은 행동, 투쟁, 사고, 기동성, 쾌락과 같은 것에 동조하는 것을 의미한다. 여성의 순응은 무기력, 체념, 감성, 불행과의 동조를 의미한다. 자연히 오이디푸스적인 아버지로의 통합은 엄청난 정서적 희생을 대가로 삼는다. 다른 남성들에 대한 남성들의 '감시 단속'은 권력의 고통에 뿌리를 두고 있다. 그렇기 때문에 남성들의 단속은 여성들의 단속보다 즉각적이고 물리적이며 공적이다. 남성은 남녀 모두를 단속한다. 반면 여성은 이런 방식으로 남성을 단속할 수 없다.

페미니스트 집단을 포함해 여성은 개별 여성이건 아니면 집단 속의 여성이건 남녀 행동에 대한 유해한 이중기준을 버리기가 힘들다. 역설적으로 여성은 '성공'해서는 안 되지만 어떤 일에서든 성공한다면 그런 여성은 모든 면에서 성공하지 않는 한 여전히 실패한 것이 된다. 여성은 완벽한 존재(여신)여야 한다. 그렇지 않으면 실패자(창녀)다('티끌 하나 없는 완전무결'이라는 폭력적인 조건화는 '불결'이라는 감각과 함께 묶여 사실상 어린 여자아이들에게까지도 깊숙이 새겨져 있다). 만약 여성이 중대한 과업을 성취한다 하더라도, 여성은 남성과 달리, 그런 성취를 이루기 위해 자녀를 돌보고 자기 외모를 가꾸는 것을 포기한다면 여전히 실패자에 속한다. 여성이 법적이고 지적인 투쟁에서 승리한다 하더라도, 그 과정에서 다른 여성 혹은 다른 남성의 마음을 아프게 했다면 그 여성은 실패자가 되고 만다.

남자들에게는 그들을 어머니처럼 돌봐주고, 구겨진 감정을 어루만져주고, 저녁을 차려주고, 선물을 사주고, 기분이 안 좋거나 어수선할 때 전화를 대신 받아주는 아내나 여자 비서가 있다. 여자들은 그렇지 않다. 남자들은 또한 그다지 '상냥'할 필요가 없다는 보편적인 통념에 의해 어느 정도 보호받는다.

또 다른 예를 들어보자. 어머니들은 자녀를 양육한다는 점에서 대단히 칭송받지만 자녀나 자신의 결혼생활이 조금이라도 '잘못'되면 다른 사람들에 의해서, 혹은 정신과의사에 의해서, 아니면 자기 자신으로부터 혹독하게 비난받는다. 아이러니하게도 어머니들은 종종 '실패자'로 간주된다. 남편에 의해서, 직장 여성들에 의해서, 그리고 페미니스트들에 의해서. 왜냐하면 어머니들은 가족으로부터 독립적이지도 못하고 자신의 커리어를 성취하지도 못했기 때문이다.*

전통적으로 남성뿐 아니라 여성은 남성의 희생이나 협력보다는 다른 여성의 도움이나 희생을 보다 쉽게 기대하고 요구하는 경향이 있다. 객관적으로 볼 때 그런 기대가 비교적 안전하고

---

* 남편은 아내가 20년간 집안일을 한 후 더 이상 '젊거나' '재미있지' 않다면 아내가 집에서 '나가'는 것을 원할지도 모른다. 페미니스트들은 여성들로부터 돌봄과 동지애를 원하지만 여성들이 가부장적인 가족들과 맺고 있는 관계가 이를 어렵게 만든다.(저자 주)

성공 확률이 높다. 이는 심리적으로 우리 문화가 남성에게 보다 높은 가치를 매기면서 남성이 최고가 되는 데 이바지할 수 있도록 여성들끼리 서로를 '감시 단속'하는 역할을 부여했음을 나타낸다. 심지어 페미니스트 운동에서도 여성은 남성으로부터 특정한 지원을 요구하거나 강요하지 않는다. 자신들이 알고 지내는 남성으로부터도, 혹은 자선 기관이나 산업체, 정부와 같은 공적이고 남성적인 관계당국으로부터도 지원을 요구하지 않는다. 특정한 지점을 넘어서면 여성은 남성에게 무엇을 하도록 강제할 수가 없다. 남성들의 신체적·성적 보복이나 더 나아가 경제적으로 버림받는 것에 대한 공포가 너무나 크기 때문이다.

또한 여성은 '개별적'이고 개인적인 영역 안에서만 머물도록 조건화되었기 때문에 공적인 행동과 권력의 본성에 관해 그야말로 혼란을 느낀다. 따라서 미국에서는 미 육군이나 제너럴모터스사나 교황청처럼 개별 여성이나 여성 집단보다 훨씬 많은 자원을 가지고 있는 제도들보다 베티 프리단이나 글로리아 스타이넘이나 케이트 밀럿 같은 페미니스트들이 여성의 대의명분을 위해 헌신해주기를 기대받았다(엄마는 여전히 아빠보다는 부려먹고 비난하고 증오하기에 안전한 대상이다. 아빠는 두려움의 대상이고 '착한 소녀' 톤으로 부르거나 아예 입에 올리지 말아야 한다). 또 다른 사례를 들어보자. 대다수 전통적인 페미니스트 보육원이나 협동조합은 남성이 아니라 여성 직원으로 가득하다. 아이 돌보기는 대체로 할아버지가 아니라 할머니가 하는 일로 딸(어머니)들은 생각한다. 지난날 여성 단체는 직업이 있는 남편들이 결혼생활에서 가사노동이나 자녀 양육, 연민 어린 경청에 책임이 있다고 생각하도록 만드는 데 성공하지 못했다(페미니스트든 페미니스트가 아니든 여성들이 그

502

런 일이 발생하지 않기를 원한 데는 물론 여러 가지 이유가 있었다. 우선은 자신들의 정체성을 잃고 싶지 않은 것과 자신들의 고용 자원과 이런 분야에서의 남성들의 능력에 대한 합법적인 불신이 사라질 것을 원치 않은 것이 명백한 이유였다).

남성들뿐 아니라 여성들도 자주 미소 짓지 않는, 역설적으로 말해 그다지 불행해하지 않는 여성들로부터 대단히 위협을 느낀다. 여성들은 적어도 자신을 희생하는 데 관심이 없는 여성을 불신하고 남성들은 그런 여성을 파괴한다. 페미니스트를 포함하여 많은 여성들은 카이사르의 권력 전부를, 혹은 적어도 절반 정도는 성취하려고 노력하는 대신 완전히 카이사르의 손아귀에 남아 있기를 선호한다. 이들 여성은 자신의 그런 행동을 '고상한' 행위로 간주하거나, 생물학적인 자녀나 지친 남편이나 아니면 자기보다 운이 좋지 못한 제3세계 민중 등을 위해 자신의 발전을 희생한다고 착각한다. 달리 표현하자면 아직까지도 대다수 여성에게는 특별히 다른 사람을 위해 자기를 희생하는 짓(희생하고 싶다고 말하는 것)을 중단하기가 대단히 어렵다. 아직까지도 대다수 여성은 정치적이거나 과학기술적인 권력이 자신을 포함한 주변 사람들의 고통이나 불평등을 조금이라도 완화하는 데 잠재적으로 유효한 수단임을 인식하지 못한다.

여성들은 소음으로 가득 찬 세상에서 이미 그들이 산업체를 손에 쥐고 있다고 말한다. 그들은 공장의 소형 비행장 관제탑에 있다. 그들은 통신을 관제한다. 그들은 항공학 전자탄도 데이터 프로세싱 공장을 소유해왔다. 그들은 엄청난 주물화로 해군 기지창 무기고 제련소를 소유하고 있다. 그들은 펌프 프레스 레버 압연기 윈치 풀리 크레인 터번 착암기 아크용접기 블로

10장 여성 심리학: 과거, 현재 그리고 미래

램프를 소유하고 있다. 여성들은 힘차고 행복하게 그런 활동을
하는 자신의 미래를 상상한다고 말한다.

— 모니크 비티그[11]

예를 들어 '지도력' 혹은 권력을 회피하는 여성들은 아마도
우리 문화에서 '지도력'이 지니는 무자비한 측면을 알고 있기
때문이라기보다 여성의 조건화가 그런 것을 회피하도록 시켰
기 때문이다. 앞으로 살펴보겠지만, 이것은 원칙적으로 여성들
이 폭력이나 자기방어를 행할 수 없을 때 그것을 회피하는 것과
유사하다. 회피는 선택이나 도덕성보다는 필요에 기초한다. 남
성들의 '폭력'이 축하할 만한 것이 못 되는 것과 마찬가지로 여
성들의 '평화주의'도 축하할 만한 것은 못 된다.

여성은 원래 여성에게 있는 특성이나 '남자' 같은 특성에
남성보다 더 위협을 느끼는 듯하다. 반면 남성들은 위협을 덜
느낄 수 있는데, 왜냐하면 그런 특성을 드러내는 여성은 거의
없는 데다 그런 특성을 드러낸다고 해도 쉽사리 견제당하고 남
성에게 봉사하는 방향으로 변형되기 때문이다. 예를 들어 많은
페미니스트를 포함해 여성들은 여성의 현재 상황을 재규정하
거나 철폐하려고 시도하는 대신 현 상황의 부담을 완화하는 방
향으로 적극적인 반응을 한다. 모성에 대한 부담을 덜어주고 낙
태법 개혁을 지원하는 것은 필수 과제지만, 두 과제에는 힘없는
여성들이 자녀 양육과 피임을 계속해서 책임져야 한다는 의미
가 담겨 있다. 공적인 노동 부문에 있어서도, 여성은 공장 노동
자로서든 아니면 전문직 종사자로서든 간에 보다 높은 임금과
(자신 혹은 남편에게) 개선된 작업환경 조건과 공적인 보육시
설을 원한다. 대다수 여성이 아직까지는 생물학적인 재생산이

나 가족과의 연결을 끊어낼 수 없다.

예를 들어 많은 여성은 남성이 가족이나 자녀를 물리적 · 정서적으로 저버리는 것을 잔인하다고 여기면서도 불가피한 것으로 받아들인다. 남자는 '기생충'일 수 있지만 가혹한 직업 현실의 '희생자'일 수도 있는 것이다. 남자의 행동은 인간적이지만, 이와 유사한 경우에 여자가 가족을 저버리는 것은 (목적이 무엇이든 간에) '부자연스럽'고 '비극적'인 것으로 간주된다. 여성의 사회적인 역할은 아직도 생물학적인 것이다. 그렇기 때문에 여성이 자신의 사회적인 역할을 변화시키려고 노력하면 본성에 위배하는 것으로 간주된다. 남성은 사회적 역할 수행에 실패할 경우 여성에 비해 정상참작의 여지가 훨씬 많다. 남성들은 공적 · 경제적으로 성취하도록 기대되고는 있지만, 그들이 실패하거나 거부했을 때에도 그들의 행동은 반드시 '부자연스러운' 것으로 여겨지지는 않는다. 오히려 우리의 동정심과 이해와 지원을 받을 영웅이나 희생자로 간주되기도 한다.

힘없는 여성의 순응적이고 융통성 없는 태도, 그리고 정서적인 유치함과 비현실적인 의존성을 미화하는(그리고 그것을 지혜 혹은 권력의 한 형태로 혼동하는) 경향은 페미니스트이건 아니건 상관없이 많은 남성과 여성 사이에 아직도 존재한다. 여성들은 집단적으로 공적인 문제를 해결해본 경험이 거의 없으며, 가치 있는 역할모델도 거의 없다. '권력'과 '공적 행동'은 사실상 남성의 것이기에, 여성에게는 낯설다. 집단으로서의 여성이 행동보다는 개인적인 감정에만 집중하고, '결과'보다는 '과정'을 중시하는 만큼, 여성은 생물학과 성역할 조건화의 희생물로 남게 된다. 여성이 개인이 스스로 결정하기보다는 다른 사람들이 내려준 결정이나 분석에 따르는 것을 더 편안하게 여기는

10장 여성 심리학: 과거, 현재 그리고 미래

한, 단지 '여성'으로서 편안하게 남아 있게 될 것이다. 이 말은 오직 '지도자'만이 (의사결정의) 타당성과 권위를 가진다는 의미가 아니다. 이상적으로 말하자면 이것은 각자가 자신의 의사 결정을 '타당하다'고 느낄 수 있어야 하며, 청중이 무지와 두려움 때문이 아니라 이해를 통해 동의한다면 '자신들을 위해' 누군가가 대신 말하도록 허용해야 한다는 의미이다.

페르세포네-프시케-신데렐라로서의 여성은 특정한 것을 성취할 수 없다. 여성이 여성의 자격으로서 세계 평화나 보편적인 개인의 행복과 같은 목적을 남성이 성취하는 것보다 쉽고 빠르게 성취할 수 있으리라 기대하는 것은 어리석다. 그와 반대로 힘없는 인간으로서 여성은 남성보다 더욱 힘들고 어려운 시간을 보내야 할지도 모른다. 특히 남성은 사회계급상 상대적으로 힘이 있기 때문에 '여성적' 특성이 공적인 영역으로 흡수되는 것에 반대하는 것은 물론이고, 여성이 공적 영역에 참여하기 위해 '남성적' 특성을 갖추도록 장려하는 것에 반대할 것이다. 여성이 처음으로 조직화해 성취를 이룬 것은 '여성'의 영역으로 여겨지는 자녀 양육, 낙태, 피임과 같은 이슈와 관련된 것들이다. 집단으로서, 이익집단으로서 혹은 개인으로서 여성들은 이제야 경제·종교·전쟁·평화·과학·예술 등의 보다 '중대한' 이슈들을 다루기 시작하고 있다.

무엇이 '이상적인' 집단이 될 것인가? 페미니스트이자 무정부주의자로서 나는 안타깝게도 다소 모호한 일반론적 대답을 내놓을 수밖에 없다. 내가 보기에 이상적이라고 할 만한 집단은 가부장적 가족과는 달리 개인적인 자유와 안정과 성취와 사랑에 대한 여성들의 깊은 갈망을 뒷받침해줄 수 있어야 한다. 개인의 영혼을 죽이고, 개인의 영혼이 갈망하는 것을 경멸하고 박해하고, 순응과 평범함과 보수주의를 강요하고, 각 개인을 '다루기 힘든' 고유한 수준으로 고양시키고 지원해주는 대신 '다루기 쉽고' 익숙한 수준으로 축소시키고자 하는 집단(이데올로기·종교·계획에 따른 '해결책'). 이와 같은 '집단'은 지겹도록 잘 알려져 있고 순교와 억압이라는 오래된 양식을 질질 끌면서 되풀이할 것이 분명하다.

(힘 있는) 남성들은 그들이 평화와 사랑을 설파하고 실천할 때 순교당하고 희생당한다. 여성들 혹은 힘없는 남성들은 전쟁을 설파하고 실천할 때 순교당하고 희생당한다. 심지어 순교의 사악한 법칙마저도 성역할 고정관념의 법칙에 복종한다.

성역할 고정관념에 충실한 집단은 여성들에게 권력을 획득할 힘과 권력·섹슈얼리티·일을 재정의할 힘을 제공할 수 없다. 그와 같은 집단이 어떻게 불평등과 불의의 문제를 해결할 수 있을지 솔직히 모르겠다.

페미니스트이자 심리학자로서 나는 전혀 다른 방식으로 '이상적인' 집단과 관련된 문제를 논의해보고자 한다. 여성이 생물학적인 조건 때문에 문화적으로 무력하게 되었다면 바로 그들의 생물학적인 조건 때문에 문화적으로 우월한 위치를 점하게 된 사회를 논의해보는 것은 유용할 것이다. 그런 사회가 바로 아마존 사회이다.

아마존 사회: 비전과 가능성

전설적인 처녀들의 나라, 즉 말 탄 악마들이 세상의 끝에서 얼음과 황금모래를 흩뿌리면서 내달리던 나라가 정말로 있었을까? 치렁치렁한 머리에 경이로운 풍습을 가지고서 '남성을 혐오한 군대'가 있었을까? [⋯] 실제로 아마존 왕국은 본질적으로 모권제라는 극단주의적인 목표로 구성될 뿐 아니라 그들 자체가 출발점이자 목표였다. 방랑하는 딸들의 왕국 [⋯] 그들은 인류만큼이나 오래된 조용히 참고 견디는 어머니 씨족과는 현저하게 다르다. 그들은 족외혼을 통해 이제 막 사내로 성장하려는 남자들을 평화롭게 추방했다. 아마존들은 위대한 어머니들에 의해 분열되었던 조화로운 낙원의 두 가지 근본적인 삶의 형태를 결합하기 위해 남성들의 원칙을 흉내내지 않고 부정했다. [⋯] 어머니 씨족에서 위대한 어머니들이 좀 더 위대한 어머니들을 낳는 진보가 지속되었다. 하지만 아마존들은 딸의 형태만 재생산했다. 딸들은 사실상 한 세대를 건너뛰었으며 완전히 다른 형태가 되었다. 그들은 정복자였으며 말 조련사이자 사냥꾼이었고, 아이를 낳지만 키우지는 않았다. 그들은 극단주의자였으며, 인류 초창기에 출현한 페미니스트 진영이었다. 이들과 또 다른 극단주의 진영은 엄중한 가부장제를 구성했다.

— 헬렌 다이너[12]

아마존이라는 발상은 단위생식에 있어 여성적 작용의 무효화 그리고 능동 원리와 이를 통해 남성이 형성되는 과정의 분리와 형성이다. 아마존은 능동 원리와 관련한 별도의 존재를 인정하지 않고 이를 재흡수하며 스스로 양성적인 방식으로 발전시킨다. 다시 말해 왼편에 여성을, 오른편에 남성을 위치시킨다. 그들의 탈모성화는 대담한 스타일의 상징적인 조처로서 오른쪽 가슴을 수축시키거나 제거하는 것에서 시작한다. 아마존 사회의 모든 변형태는 제대로 자격을 갖춘 인류의 종자로서 여자아이만을 길렀다는 특징을 공유한다.

— 헬렌 다이너[13]

신화이자 역사이며 남성의 보편적인 악몽인 아마존 사회는 여성이 여성이라는 젠더 때문에 문화적으로 최고 자리에 군림하는 문화를 대표한다(남성이 남성이라는 성정체성 때문에 문화적으로 최고 자리에 군림하는 것처럼 말이다). 아마존 사회가 중요한 이유는 짐작건대, 여성들이 군사적으로뿐 아니라 여러 다양한 측면에서 전사로 키워졌기 때문이다. 아마존은 자기 영토를 갖고 있었으며 그곳에서 함께 살았다. 이것은 우리 시대 여성들이 함께 사는 모습과는 대단히 다르다. 우리 시대에 여성들이 함께 사는 곳이라곤 교도소, 빈민가, 퍼다(purdah)*, 아직 '자라고 있는' 여학생들이 모인 학교뿐이다. 여성들은 부끄러운 결함이 있거나 절대적인 필요가 있을 때에만 모여서 산다. 이미 알려진 것처럼 여성의 자기희생은 아마존 사회에서는 존재하지 않았다. 예를 들어 아마존 어머니가 된다는 것은 여성과 그녀의 생물학적인 자녀 사이의 지속적인 상호작용을 필수적으로 여기는 문화적 행동을 의미하지 않는다. 자녀 양육에 관해 수많은 찬사가 쏟아지지만, 사실 그것은 (얼마나 따분하고 얼마나 매여 있어야 하든지 간에) 전통적으로 비교적 힘이 없는 성별에 할당된 역할이었다.

아마존 사회에서 여성들은 어머니이자 유일한 전사였다. 어머니이자 유일한 사냥꾼이었고, 어머니이자 그들 사회에서

---

* 이슬람 국가들에서 여자들이 남자들의 눈에 띄지 않도록 집 안의 별도 공간에 살거나 얼굴을 가리는 것.

유일한 정치적·종교적 지도자였다. 그런 사회에서는 성별에 기초한 분업이란 존재하지 않았던 듯하다. 비록 그 사회에도 지도자는 존재했고 여왕이 선출되기도 했지만, 아마존 사회에는 계급이 없었던 것으로 보이며, 적어도 어떤 여성이든지 인간으로서 자신을 온전히 드러내기를 갈망하고 성취할 수 있었던 것으로 보인다.

아마존 사회에 머물러 있어도 좋다고 허락받은 남성들은 정도의 차이는 있었지만 대체로 무력하고 억압당했다. 다이너가 주목한 바와 같이 "(성적인 영역에서) 남성에 대한 여성의 압제는 여성에 대한 남성의 압제와 달리 전혀 완벽하지 않았다. 남성 성매매와 비슷한 사례가 있기는 하다. 그러나 그런 사례가 드문 까닭은 남성의 기관이 여성에게 있어 성매매의 가능성을 매우 제한하기 때문이다." 헬렌 다이너는 다음과 같이 말한다.

아마존의 가장 가벼운 형태의 남성혐오로 인해 그들은 매년 봄마다 이웃 부족 남성들과 원칙상으로는 완전히 무차별적으로, 신속히 만나 관계를 가졌다. 그렇게 해서 태어난 아이가 여자아이이면 남겨졌으며 남자아이이면 멀리 떨어져 있는 아버지들에게 보내졌다. 집행부가 급진적이면 새로 태어난 사내아이를 생명에는 지장이 없을 정도로 한 손을 뒤틀어놓거나 엉치뼈를 탈구시켜 불구로 만들어 보냈다. 불구가 된 노예는 경멸의 대상이었기 때문에 아마존 여성들이 성적인 대상으로는 결코 접촉하지 않았다. 대신, 아이들을 키우고 실을 잣고 가사를 돌보는 데 이용되었다. 가장 극단적인 아마존 사회의 경우, 남자아이를 죽여버리거나 아이의 아버지까지 한꺼번에 죽여버렸다. 모든 아프리카 아마존 가운데 오직 고르곤족만이 순수한 아마존 상태를 유지한 것으로 보인다. 다른 아마존들은 군대를 여성으로만 구성했지만 자기 진영에 남성들을 거느리고 있기는 했다. 리비아 아마존들은 오른쪽 젖가슴을 도려냈는데, 이들은 모든 여성에게 몇 년간 의무적으로 군복무를 하도록 했고 군복무 기간 중에는 결혼을 금지했다. 군복무를 마친 후에는 예비군이 되며 짝을 만나 자식을 낳는 것이 허락되었다. 여성들이 정부와 여타 영향력 있는 지위를 독점했다. 후대의 테르모돈족(Thermodontines)과는 대조적으로 이들은 섹스 파트너와 영속적인 관계를 맺으며 생활했다. 남성들은 은퇴한 삶을 살아갈지언정 공직을 가질 수 없었고 사회의 통치에 간섭할 권한도 없었다. 암말의 젖을 먹여서 키운 아이들은 남성들에게 양육이 맡겨졌다. 바로 이런 관습은 이집트인, 캄차카인과 일부 북미 인디언 사이에서도 볼 수 있다.[14]

아마존 사회는 아마도 여성의 몸과 정서의 발달에 그 어떤 남성지배 사회보다 훨씬 더 나았을 것이다. 또한 여성의 지성과 예술을 발전시키기에 좀 더 좋은 사회였을 것이다. 물론 이 모든 것은 전적으로 추측으로 남는다. 아마존 사회는 여타의 초기 '원시사회'와 마찬가지로 현대 서구사회에서처럼 경쟁적인 형태의 예술과 지성은 가치를 두지 않았을 것이다. 다이너는 이오니아 지방 전체의 전통이 테르모돈 아마존들을 도시와 성소의 설립자로서 언급하고 있다는 점에 주목했다.

승리할 때까지는 흉포했지만 나중에 그들은 로마인들처럼 회유적이 되었다. 부드러움과 선견지명으로 피정복민들의 존경을 받게 되었다. 그들의 전통은 사원, 무덤, 도시, 국가 전체에

10장 여성 심리학: 과거, 현재 그리고 미래

서 중단 없이 유지되었다. 스미르나, 시노페, 사임, 그라인, 피타니아, 마그네시아, 클레테, 미틸렌, 아마스트리스 등의 많은 주요 도시들이 아마존을 자신들의 창시자이자 어머니신으로 내세웠다.[15]

일찍이 리비아 아마존(모로코인과 아프리카인)은 이집트를 '평화롭게' 정복하고 지나갔다.

시리아, 프리기아 해안을 따라 카이쿠스강에 이르는 모든 영토 [⋯] 사모스섬, 레스보스섬, 파트모스섬, 사모트라케섬은 '미리나'라는 리비아 아마존 여왕이 정복해 거주했다.[16]

만약 여성들이 자기 몸을 중시한다면(그래야 하는 것이 이상적이다) 여성이 생산 및 재생산 수단을 통제할 때 쾌락·모성·체력 등과 관련한 전체 표현들은 훨씬 더 나아지는 것으로 보인다. 이런 관점에서 볼 때 가부장제를 뒷받침하거나 심지어 남성과의 전설 속 '평등'을 지지하는 것은 여성에게 전혀 이익이 되지 않는다. 여성들이 가부장제를 지지하는 것은 생물학적 관점에서 볼 때 '우월한' 지혜에서라기보다는 무력함의 표시라는 견해가 훨씬 더 타당하다.

여성의 희생은 그것이 자기희생이든, 처녀 제물로서의 희생이든, 매춘이든, 어머니가 되기 위해 자아를 희생하는 것이든 간에, 인간의 생물학적인 조건에 불변의 것으로 뿌리박혀 있는 것은 아닐 것이다.

남성에 대한 억압에 기반을 둔 여성 지배적인 사회나 아마존 사회가 여성에 대한 억압에 기반을 둔 남성 지배적인 사회보다 좀 더 '정의롭다'고 말하려는 것이 아니다. 다만 그런 사회가 어떤 측면에서 여성에게 좀 더 나은지를 지적하고자 할 따름이다.

언젠가는 다양한 형태의 불평등 가운데서 꼭 하나를 선택하지 않아도 될 날이 올 것이다. 게다가 남성이 여성의 출산에 대해 부당한 대가를 지불하면서 강요해왔다는 이유로 출산 행위를 포기하는 것이 여성에게 이익인지 잘 모르겠다. 남성 지배적인 사회에서 피임법이 특히 여성에게 좋은 것인지도 잘 모르겠다. 강제된 임신과 출산에 대한 두려움으로부터 벗어난다고 해서 그것이 반드시 여성의 성적 '불감증' 해소나 성매매 근절로 이어진다는 보장도 없다. 피임 '기술' 그 자체만으로는 비소외노동의 시대나 대안적인 가족 형태로 나아가리라는 보장이 없으며, 그것이 반드시 성차별 폐지로 이어지리라는 보장 역시 없다. 사실상 피임 기술은 성생활 및 출산과 관련하여 남성 지배적인 전체주의적 결정으로 이어질 수도 있다. 그리고 이런 결정에 개별 여성은 강제된 출산에 관해 거의 말할 수 없었던 것과 마찬가지로 거의 개입하지 못할 수도 있다.

미국을 비롯한 서구 여성 또는 현대 여성이 보다 조화롭고 부족적이며 집단적이고 영적이며 제의적인 존재를 어느 정도로 갈망하는지, 그리고 그것을 성취하기 위해 현대의 특정한 가치와 기술을 어느 정도로까지 기꺼이 포기하려고 하는지 그 갈망의 정도에 따라서, 아마존 사회는 남성이 주도한 '원시' 사회보다는 여성들에게 훌륭하고 나은 모델이 될 수 있다(그동안 많은 원시 문화가 여성의 몸을 두려워하면서 월경, 사춘기, 처녀성 상실을 강력하게 금기시하고 심지어 여성 할례를 행했음을 잊어서는 안 된다).[17]

탈락이 해답은 아니다. […] 대다수 여성은 이미 탈락했다. 우리는 결코 안에 있었던 적이 없다. 하지만 탈락은 남성들에게는 탁월한 정책이며, 그러므로 스컴(SCUM)은 탈락을 권장하는 데 발 벗고 나설 것이다.

— 밸러리 솔라나스

지난봄 나는 매혹과 거부감이 교차하는 가운데 '우드스톡' 페스티벌 영상을 세 시간 동안 지켜보았다. […] 우선, 거기 나오는 가수와 연주자 중에 남편 이야기를 쉴 새 없이 늘어놓는 임신한 조앤 바에즈를 제외하고는, 모두 남자였다. 턱수염을 기른 남자들이 땀에 젖은 채 바쁘게 무대를 세우고 교통을 정리하며 영상을 찍는 등 페스티벌을 진행하고 있었다. 무대 안팎에서 형제애가 거듭 강조되고 있었다. […] 록 음악이 여성을 어떻게 인식하는지를 선명하게 드러내고 있는 것이 가사이다. 여성은 록 음악에 드러난 여성 이미지가 확실히 1차원적이라고 항의할 수는 없다. 그렇지만 가사를 뜯어보면 경멸을 대놓고 드러내는 것에서부터 그럴듯하게 포장한 자만심에 이르기까지 놀랄 정도로 다양한 모습을 띠고 있다. 무엇보다도 여성은 언제나 이용 가능한 성적 대상이며 여성의 주요한 기능은 함께 지내는 남성을 행복하게 하는 것으로 본다.

— 매리언 미드

소녀와 여성에 대한 묘사는 힙합과 랩의 시대에도 개선되지 않았다.

아마존 사회는 인류 초기의 거의 탐구된 적이 없는 문화를 형성했는데, 이 문화에서 여성은 상상 가능한 혹은 필수적인 삶의 모든 영역을 지배했고, 한 남자의 아이를 낳고 키우는 일이 필수적이었다.[18] 이런 사회에서 (어떤 기술적 차원에서건) 인류의 과업에 전적으로 참여하는 여성의 이미지는 실제로 선견지명적이었다. 이런 여성의 이미지는 벅찬 흥분과 더불어 공포와 불신을 일으킨다.

물론 이런 비전을 너무 진지하게 대하는 것은 비현실적일 뿐 아니라 위험할 수도 있다. 우리는 아마존의 비전을 어떤 면에서는 우리의 삶에 필요한 정보를 제공할 수 있는 힘든 진실로서 존중해야 할 것이다. 그렇다고 동경에 차서 너무 지나치게 '뒤로 거슬러갈' 수는 없다(물론, 우리가 얼마나 미약하게 혹은 나쁘게 지금에 도달했는지는 깨달을 수 있다). 여신들과 아마존에 관해 아는 것은 중요하지만, 나는 생물학적인 과거보다는 기술이 발전한 미래에서 대중적 여성해방이 실현될 가능성이 높다고 확신한다. 지구상의 여성 인구는 더 이상 적지 않고 전쟁 관습이 바람직한 것도 아니다.

보통 일대일로 맞붙어 싸우는 육탄전은 남성에게뿐 아니라 여성에게도 시대착오적이며 군사적으로 비효율적이다. 선진국에서 남성들은 지구를 파괴하고 인간의 생활방식을 완전히 뒤바꿔버릴 만한 핵무기와 화학무기를 소유하고 있다. 하지만 전면적인 핵전쟁은 나가사키 원폭 이후로 일어나지 않고 있다. 과학이 궁극적으로는 묵시록적인 군사영웅주의보다 혁명적인 승리로 이어지는 것과 마찬가지로, 무기와 군사기술 역시 궁극적으로는 생물학적으로 근육질화된 전쟁을 압도하게 될 것이다. 하지만 신체적인 기량과 단련이 여성에게 완전히 시대착오적인 것이라고는 생각하지 않는다.

여성은 스스로 방어할 수 없기 때문에 강간당한다. 여성의

10장 여성 심리학: 과거, 현재 그리고 미래

순종적이고 타협적이며 동정적이고 유혹적인 행동의 대부분은 강간의 책임이나 강간 사실을 회피하기 위해 구축되었다. 강간은 근대 산업자본주의 시대 훨씬 이전에도 존재했지만, 그것은 한 남자가 다른 사람의 직접적인 신체적 고통과 심리적 모멸을 통해서야 비로소 쾌락이나 이익을 얻을 수 있는 행위(또는 사회체계)에 대한 적절한 은유로 보인다. 나는 이성에 의한 강간과 임신이라는 생물학적인 사실과 의미가 가부장제 가족을 구성하는 주요 요인이었다고 믿는다. 남성들이 자신의 유전적 불멸성을 증명하려는 욕구 또한 주요 요인이었다. 이러한 욕구가 너무 강렬해서 남성들은 자녀가 자신의 정자로부터 창조되었다는 것을 확신하기 위해 당연히 여성의 몸을 식민화하고 여성의 자유를 제한할 자격이 있다고 여겼다.

여성이 스스로를 방어할 수 있어 강간에 대해 공포를 느끼지 않는다는 것은 시대착오적인 것이 아니라 혁명적이다. 여성이 잠재적인 전사(물리적인 방식을 포함하여 단어가 지닌 모든 의미에서)로 간주되는 것 역시 시대착오적이 아니라 혁명적이다. 만약 이런 일들이 실현된다면 현대 생활에 급격한 변화가 일 것이다.

나는 여성들보다 남성들에게 '전사다움'이 훨씬 더 허용된다는 점에 주목한다. 동료의 안위, 자손, 가사, 성적인 애정을 포기하지 않고서도 말이다. 그렇기는 해도 남성이 경제적으로 가족을 부양해야 한다면 자아실현이나 정치적 활동을 하기는 분명 힘들 것이다. 오늘날 여성이 전사가 된다는 것은 무엇을 의미하는가? 어떻게 현대의 여성이 생산과 재생산 수단을 통제할 수 있을 것인가?

생존의 문제: 권력과 폭력

어떤 사람들의 마음속에 의구심을 일으킬 때가 왔다. 양적으로, 질적으로 점령자의 무례한 행위에 저항하는 것이 정말로 가능한지 물을 때가 왔다. 자유는 테러와 반테러라는 거대한 소용돌이를 감수해도 좋을 만큼 소중한 것이었는가? 이와 같은 불균형은 억압에서 벗어날 수 없다는 것을 표현하는 것은 아니었는가?

— 프란츠 파농, 『알제리 혁명 5년』[19]

의식이 기적적으로 변하지 않는 한, 여성이 권력을 획득하지 않고 가부장제를 물리치거나 변화시킬 수 있는 길은 없다고 생각한다. 남성 집단과 달리, 여성에게는 폭력을 피하거나 저지할 만한 권력이 거의 없다. 전통적으로 신체적인 힘과 그것의 확장된 형태로서의 무기와 돈에 가치를 두는 문화에서, 여성은 신체적으로는 약하고 정치적으로는 무력하기 짝이 없다. 남성과 마찬가지로 여성은 '악조건에서 최선을 다하기'보다는 자유롭고 도덕적인 선택에 따라 폭력 행사를 거부하기 이전에 폭력이나 자기방어의 능력을 갖추어야 한다.

생존은 권력의 속성이다. 이상주의는 흔히 권력을 쥔 자에게는 사치품과 같지만 권력이 없는 자(여성)에게는 필수적일 수 있다. 권력이 없거나 상대적으로 권력이 적은 남성이라고 해서 반드시 이상주의자는 아니며, 신체적으로 무력하지도 않고 평화주의자도 아니다. 오히려 반대이다. 하지만 그런 남성들은 서로, 자신의 의지에 반하여, 아니면 적어도 스스로 해를 입으면서도 보다 권력이 있는 자들에 의해 폭력을 행사하는 남성 의

10장 여성 심리학: 과거, 현재 그리고 미래

식을 수행하도록 강요받는다. 그들은 살아남지 못한다. 나이 들고 부유한 백인 미국인 남성은 베트남에서, 걸프전에서, 아프가니스탄에서, 이라크에서 전사하지 않았다. 그들은 어리고 가난한 남성들을 전쟁터에 내보냈다. 권력이 없는 남성 집단은 권력을 장악하기 위해 폭력을 사용하기 시작했으나, 그들에게는 아직 권력이 없기 때문에, 대다수는 전쟁의 초기 단계에서 살아남지 못한다.

하지만 그들의 폭력은 종종 남성들뿐 아니라 여성들에게도 대단히 영웅적이고 용감한 행위로 비친다. 20세기의 여성들은 남성 민족주의자나 공산주의자들을 개인적으로 보살피고 동조하며, 개인에 관계 없이 그들에게 복종해왔다. 반대의 경우는 비록 사실이라 할지라도 보잘것없는 수준이었다. 가톨릭의 교황과 마찬가지로, 이슬람의 물라, 유대교의 랍비, 유럽의 독재자들은 여성일 수가 없고, 그런 만큼 여성이 레닌, 스탈린, 호찌민, 피델 카스트로, 마오쩌둥, 아메드 벤 벨라와 같은 성공과 권력을 쟁취할 수 있을 것처럼 보이지도 않는다.

소비에트연방에서 여성은 1958년에서 1962년까지 주요 공산당 지도부의 1퍼센트 미만을 차지했다. 그중에서도 특히 소련공산당 지도부 306명 중에서 여성은 단 두 명이었다.[20] 레닌의 아내 크룹스카야는 교육부 장관을 역임했으며, 소설가이자 정치가 알렉산드라 콜론타이는 스웨덴 대사로 임명되는 데 그쳤다. 스탈린의 아내에게는 자살이 허용되었으며, 중국에서는 마오쩌둥의 부인과 저우언라이의 아내만이 비교적 실력자의 위치에 올랐다. 저우언라이의 아내 덩잉차오는 중화민국부녀연합회 부주석이었다. 살바도르 아옌데의 아내는 재능이 뛰어났음에도 불구하고 칠레의 대통령 자리에는 그녀의 남편이 선출되었다. 나는 팔레스타인이 마침내 이스라엘의 오랜 제안을 받아들인 후 레일라 칼리드와 하난 아슈라이가 어떤 자리를 차지할지 궁금하다. 그녀와 비슷한 입장의 여성들은 알제리 여성 혁명가들과 같은 운명을 겪을 것인가?

미국에서는 흔히 가난한 제3세계 여성들이 신체적·정신적으로 중산층 백인 여성에 비해 '강인하다'고들 한다. 하지만 이들은 중산층 혹은 해방 지향적인 제3세계 공동체 안에서 정치적인 지도자직을 맡지 못했다. 이들 여성은 제3세계 남성들과 백인 남성들이 자행하는 범죄로부터 스스로를, 그리고 자기 딸들을 안전하게 보호할 수도 없었다.

평등·정의·평화가 그 반대 개념보다 훨씬 '윤리적'이기는 하지만, 그런 개념들은 남성의(권력의) 이상이지 남성의(권력의) 실천은 아니다. 일반적으로 남성들은 추상적이고 공적이며 전 지구적인 문제(남성들의 언급 영역)에 한해 정의와 평등을 이야기할 뿐, 그런 개념들을 개인 혹은 가족생활에 적용하지는 않는다. 이것은 여성들이 언급하는 영역이다. 불행하게도 여성들은 공적인 영역에서 발언할 기회가 없으며, 오로지 페미니스트들만이 개인적인 관계에서 '평등'을 추구하기 시작했다. 집단으로서 대다수 페미니스트는 여전히 비페미니스트 여성들과 마찬가지로 공적인 영역으로부터 동떨어져 있다.

전통적으로 이상적인 여성은 직접적인 물리적 폭력을 피한다. 심지어 자기보호마저 행하지 않는다. 심리적으로 자기보호는 가부장제 사회가 여성들에게 금지하는 것이다. 전통적으로 이상적인 여성은 '패배하도록' 훈련받으며 이상적인 남성은 '승리하도록' 훈련받는다. 여성들은 기꺼이 제물로 희생되도록 훈련받는다. 예를 들어 대다수 어머니(여성)는 자신만의 고유하고 인간적인 자아를 '결혼하고' 아이를 키우면서 포기하고 만다. 현재 미국에서 대다수 어머니는 자녀에 의해 사생활, 생활 공간, 온전한 정신과 자아를 침해당하고 있다. 어머니들은 폭력을 저지르지 않기 위해 자신의 이런 것들을 포기하게 된다(불모지를 침범하는 것이 이미 점령당해 사용되고 있는 영토를 침범하는 것보다 수월하다. 어머니 역시 자녀의 영역에 침범하는 것은 물론이다. 아버지도 자녀의 영역을 침범하지만 빈번하지는 않다. 아버지들은 그럴 필요가 없기 때문이다. 아버지들은 이미 완전한 영토를 소유하고 있기 때문에 가끔씩 자신의 영토를 점검하기 위해 나설 뿐이다).

남아프리카공화국의 심장이식술 선구자 크리스티안 바너드 박사는 자신이 자유분방한 사람이라고 말한다. 올해로 47세가 된 박사는 19세의 신부와 함께 신혼여행차 도착한 케네디공항에서 기자들에게 자신을 "솔직하고 자유분방하며 인생을 즐기는 의사이지 대중들이 익히 봐왔던 슬픈 표정의 교수가 아니다"라고 설명했다. […] 버나드 부인은 기자들이 질문을 하자 "난 뭐가 뭔지 도통 모르겠어요"라고 대답했다.

—『뉴욕포스트』

롤라 피에로티는 한때 국회의사당에서 연봉 2만 4,000달러를 받는 행정보좌관으로 장기간 근무했다. 현재 그녀는 근무 시간이 연장되고 책임은 더욱 커졌지만 보수는 받지 못하게 되었다. 무슨 일이 일어난 것인가? 그녀의 지위가 하락한 것인가? 아니다. 그녀는 자기 상사와 막 결혼했다. 이달로 결혼 4년 차가 되는 버몬트 출신 공화당 상원의원 조지 D. 에이컨이 그 주인공이다. "그 사람이 내게 기대하는 것이라고는 운전해주고 밥해주고 빨래해주고 자기 사무실을 운영해주는 것이 전부죠." 그녀는 씩 웃으며 이렇게 열거했다.

—『뉴욕타임스』

여성은 나이가 들면서 성적이고, '로맨틱'하고, 근친상간적인 관계에 대한 선택권이 점점 적어진다. 그들의 '아버지들'은 점점 더 젊은 여성을 원한다. 여성은 연령대에 상관없이 정치적·경제적 권력에 직접적으로 접근할 수가 없다. 여성은 나이가 들어갈수록 점점 더 '손해 보게' 된다. 우리 문화는 '자신'과 '행위'의 노예가 되는 것뿐만 아니라 '다른 사람'의 노예가 되는 것에 대해서도 보상하지 않는다. 이상적으로 볼 때 남성의 노예 상태는 남성 '승리자들'을 만들어내며 그들에게 주어지는 보상은 우리가 정의하다시피 생존, 다시 말해 돈과 섹스와 어머니와 같은 보살핌이다. 이상적으로 볼 때 여성의 노예 상태는 여성 '패배자들'을 만들어내며 그들에게 주어지는 보상은 남편(남성)을 통해 간접적으로 받는 '용돈'과 제한된 섹스에 기초한 단기간의 보상이다. 게다가 여성은 남편(남성)으로부터 어머니와 같은 보살핌은 거의 기대할 수 없다.

이것은 남성이 여성을 필요로 하는 것보다 여성이 남성을 더 필요로 하기 때문은 아니다. 하지만 어쩌면 그럴 수도 있다. 1971년에 나는 흑인과 백인으로 구성된 고등학교 학생들에게 어른이 되면 무엇을 하고 싶은지 물어보았다. 모든 여학생은 '결혼'과 관련된 대답을 했고 모든 남학생은 기술·사업·모험의 성취와 관련된 대답을 했다. 나는 학생들에게 '결혼'을 생각한다면 어떤 상대를 염두에 두고 있는지 물어보았다. 앞선 질문

　　10장 여성 심리학: 과거, 현재 그리고 미래

에서와 달리 남학생들은 여성을 무척 필요로 하지만 상대적으로 교체 가능한, 하녀와 같은 존재로서의 여성을 원했다. 물론 가난한 미국 남성들은 공장과 군대에서 '봉사한다.' 그들은 직접적으로는 다른 남성에게 '봉사하고' 간접적으로는 다른 남성의 소유물로서의 여성에게 봉사한다. 가난한 남성들이 임금 인상이나 계급혁명을 위해 투쟁할 때, 임금 산정 방식에 자기 아내의 가사노동과 육아의 중요성을 반영하여 임금을 두 배로 인상해달라고 요구하는 경우는 거의 없다. 가난한 남성들의 임금 인상 투쟁은 남성들 사이에 존재하는 권력의 불평능을 해소하기 위한 것이며 보다 많은 남성이 자신들의 아내와 자녀들을 보다 나은 방식으로 보호하고 소유하기 위한 것이다.

여성은 '교체 불가능한' 한 남성만을 필요로 하도록 조건화된다. 이 점은 앞서 2장에서 소개한 홀로 된 남성보다 홀로 된 여성의 미국 내 자살 비율이 얼마나 더 높은가에 관한 통계를 상기해보는 것으로 충분할 것이다.[21] 남성 '패배자'마저도 그들을 보살펴줄 여성을 쉽사리 찾을 수 있을 정도로 여성은 남성을 필요로 하도록 훈련받는다. 심지어 여성 '승리자'가 자신을 돌봐줄 여성 또는 남성을 찾는 것보다 남성 패배자가 자신을 돌봐줄 여성을 찾기가 훨씬 쉽다. 이런 관점에서 여성 '승리자'는 실제로 여성 '패배자'보다 나을 바 없다. 여성은 너무 오랫동안 보살핌을 받지 않고 살아왔기 때문에 그런 대접을 받으면 죄의식을 느끼고 불편해하고 두려워하게 된다.

나는 남편들이 '정신병'을 앓는 아내와 계속 함께 지내고자 하는 경우보다 아내들이 비교적 비폭력적인 '정신병'을 앓는 남편과 함께 지내고자 하는 경우가 확실히 더 많다고 생각한다. 아내들은 직업을 잃고 '실패한' 남편일지라도 헌신하고 보살펴준다. 하지만 '패배한' 아내는 남편에게 헌신할 수 없거나 헌신하려고 하지 않기 때문에 성가시고 불편하며 위협적이고 소모품적인 존재가 된다.

이상적으로 보자면 남성은 나이가 들면서 더 위대하고 더 나은 '승리자'가 된다. 남성들의 대안과 선택의 폭은 넓어지거나 넓어진다고 추정된다. 남성이 나이가 들어간다는 것은 대체로 부와 지혜와 권력이 증가하는 것을 의미한다. 가부장제 문화에서 일부 남성과 모든 여성에 대한 억압에 기초한 남성의 권력이란 나이 든 남성에게 속한다. 이런 상황에 직면하면서 '착한' 여성들은 자신을 우아하게 파괴한다. 예를 들어 우울증에 빠지거나 집에만 머물러 있거나 아니면 '미쳐서' 정신병원에 입원하는 방식으로 말이다. 어느 경우든 그들은 성인 남성의 기동성과 재생의 통로에 장애물이 되지 않도록 스스로를 제거한다. '나쁜' 여성들은 선한 패배자가 아니다. 그들은 다른 사람을 파괴하거나 파괴하려는 시도를 한다. 『햄릿』에서 오필리아는 '착한' 패배자이지만 『메데이아』에서 메데이아는 '나쁜' 패배자이다.

내가 성별 간 전쟁을 시사한다고 여기는 사람들이 있다면 이렇게 말하고 싶다. 우리는 언제나 전쟁을 치러왔다고, 그리고 그런 전쟁에서 여성은 언제나 패자였다고. 여성들이 이런 사실을 거의 눈치채지 못한 것은 남성이 '승리'를 당연한 것으로 여긴 반면 여성은 '패배'를 당연한 것으로 여기고 살아왔기 때문이다. 여성들이 여태껏 당연한 것으로 받아들여왔던 것에 의문을 제기하거나 그것을 변화시키려고 할 때 우리가 이미 치르고 있었던 성별 전쟁의 비전은 좀 더 확실해질 것이다. 이와 유사하게 오늘날 존재하는 것은 '세대 차이'가 아니라 세대 전쟁이다. 세대 전쟁은 항상 있어왔다. 부모는 자녀를 위하여 자신의

　　10장 여성 심리학: 과거, 현재 그리고 미래

성장과 즐거움을 희생해왔다. 심리적이고 육체적인 죽음과 관련해서 볼 때 부모 희생자의 수는 엄청나다. 그러나 희생된 자녀의 숫자 역시 엄청나다. 부모들은 젊은 남성들을 전쟁으로 내몰아 죽게 만든다. 젊은 여성들은 결혼과 모성이라는 죽음에 내몰린다. 아동 학대, 아동 추행, 창의성과 개별성에 대한 억압 모두 세대 전쟁이다. 성별 전쟁과 마찬가지로 세대 전쟁 역시 오래된 것이다. 전쟁을 종식시키고 '패배자'를 '승리자'로 바꾸고자 하는 열망만이 새로울 뿐이다.

미래를 위한 몇 가지 심리학적 처방

여성은 이것이야말로 참으로 대단하지 않냐고 말한다. 생명체가 꼿꼿이 섰다, 생명체가 다리를 획득했다. 신성한 생명체가 움직인다. […] 여성은 이것이 신성모독이며 모든 규칙에 대한 위반이라고 말한다. […] 여성은 폭력을 혐오해서는 안 되는가? 여성들끼리 서로 충돌하면서 산산조각 나지 않았다면, 그들의 구조가 이토록 취약해질 일도, 그들이 최초의 맹공에 이토록 뿔뿔이 흩어질 일도 없지 않았을까? […] 발을 힘차게 구르며, 그들은 점점 더 빠르게 전진한다.

— 모니크 비티그[22]

여성은 어떻게 생존하는 법을 배우게 되는가? 그런 생존이 귀중하다는 것을 어떻게 배우게 되는가? 여성이 여성의 조건으로부터 어떻게 자기희생·죄의식·순진함·무력함·광기·이해할 수 없는, 자책하는 슬픔을 몰아낼 수 있는가? 여성은 출산과 양육에 매인 끈을 어떻게 끊어낼 수 있는가? 혹은 반드시 끊어내야만 하는가? 여성은 동정 어린 태도를 버려야 하는가? 성별 구분 없이 동일하게 적용할 수 있는 행동 기준은 있어야 하는가, 그리고 가능한가? 생물학에 근거한 여성 고유의 문화 중 남성 문화와 비교해 다르거나 우월하기 때문에 따로 분리해 남겨두어야 할 것이 있는가?

여성은 다른 사람의 힘과 기술에 대한 사랑과 의존을 자기 자신의 모든 힘과 기술에 대한 사랑으로 전환해야 한다. 여성은 정서적 현실의 핵심으로 곧장 들어갈 수 있다고 간주되는 만큼이나 신체적·기술적·지적 현실의 핵심으로도 곧장 들어갈 수 있어야 한다. 이렇게 하기 위해서는 훈련과 용기와 신념과 분노와 행동할 수 있는 능력과 벅찬 기쁨과 절박함이 요구된다. 풍부한 자원을 가진 지략 있는 여성만이 다른 여성과 이런 것들을 공유할 수 있고 필요한 자원을 축적하기 위해 이런 것들을 이용할 수 있다. 다른 조건이 같다면, 자신의 이해관계를 통해 다양한 이상과 목표를 공유하는 지략 있는 개인들로 구성된 집단이 유사한 이상을 추구하지만 지략이 떨어지는 개인들로 구성된 집단보다 훨씬 더 강하다. 수세기에 걸친 여성의 영적이고 정치적이며 성적인 희생은 인도적 제도와 공적 제도가 완벽하지 않기 때문에 — 혹은 이런 제도들을 통합하는 것이 힘들고 가슴 아프기 때문에, 혹은 전통적으로 이런 제도들이 여성의 억압에 기초해 있었기 때문에 — 여성들이 그것들을 거부할 때가 아니라 그 안으로 진입할 때 좀 더 제대로 보상받을 수 있을 것이다. 예를 들어 과학·종교·언어·정신분석학 등은 여성에 반하여 사용되지는 않았다. 이런 양식과 제도(그리고 그것들이 주는 '보상')가 구제 불가능할 정도로 오염되었기 때문에 반드시

10장 여성 심리학: 과거, 현재 그리고 미래

희생되거나 폐기되어야 한다는 의미가 아닌 것이다. 여성이 전혀 다른 더 나은 과학과 언어를 발견할지는 알 수 없다. 다만 페미니스트 여성들은 이런 제도들이 여성을 억압하는 데 사용되지 않는다는 것을 확실히 하기 위해 공공 및 사회 제도를 점진적이고 근본적으로 장악해야 한다. 여기서 '장악'이라는 단어를 사용한 까닭은 남성들처럼 공공제도에서 우위를 점해본 경험이 없는 여성들로서는 '평등'이나 '개별성'만으로는 여성의 억압을 제거하는 것이 불가능하기 때문이다. 페미니스트는 공산주의자, 사회주의자, 마르크스주의자, 무정부주의자, 자본가, 민주주의자, 공화주의자, 예술가, 과학자, 민족주의자, 분리주의자, 통합주의자, 폭력주의 혁명가, 비폭력 혁명가일 수 있다. 여기서 핵심은 사회 전체에 펼쳐지는 드라마가 남성만이 아니라 여성에 의해서도 얼마든지 연출될 수 있다는 점이다. 여성이 '생물학적 보금자리에서 벗어나는 것'은 그 개념상 심리적으로나 실제적으로나 혁명과도 같다. 그 이후에 무슨 일이 일어나는가는 모든 사람의 문제이다.

육아 문제는 당연하게도 공적이며 중대한 사안이다. 그러나 자본주의 국가에서건 공산주의 국가에서건 공적인 국가 장치가 육아를 대단히 잘해왔다는 뜻이 아니며 특정한 개인이 특정한 조건 아래서 특정한 어린아이들을 개인적으로 양육할 수 없다는 뜻도 아니다.

그렇다면 어떻게 해야 할 것인가? 여성이 마침내 인간 행위의 본류에 진입하기 위해서는 심리적으로 어떤 것이 필요하며, 오로지 생물학적인 역할만 하는 것이 아니라 사회적인 역할을 하려면 어떤 것이 필요한가?

여성의 가장 중요한 자아 정체성은 제한적이고 특정한 타인들을 위한 관심사와 몇몇 남성을 즐겁게 해주는 것에 근거하고 있다. 여성의 자아 정체성은 어떻게든 바뀌어야 하고 강인한 개인으로 살아남는 데 필수적인 것에 닻을 내려야 한다. 여성은 많은 일들과 많은 생각, 많은 사람들에 관심을 갖는 것에서 어떻게든 자유로워져야 한다. 자아 초점을 그처럼 급격하게 옮긴다는 것은 극도로 어렵고 두려운 일이다. 모든 '여성적인' 신경과 감정이 날카롭게 자극되면서 심각한 대가가 따르게 된다. 어떤 여성은 그처럼 급격하게 초점을 이동시킬 때 '미쳐'버린다.

여성의 기본 자아에서(아니면 여성의 성정체성에 대한 해석에서) 그와 같은 변경은 자기 자신을 정의하는 데 필수적인 권력을 쟁취하려는 솔직한 열정을 암시하며 여기서 권력은 세속적인 현실을 직접적으로 통제하는 것에 입각한다. 열정은 언제나 사죄하거나 자신과 타인 앞에서 스스로를 위장하는 여성적인 행동을 그만두고 자기 자신의 성장과 생존에 관심을 갖는 것을 의미한다. 이미 언급했다시피 심리적인 관점에서 볼 때 여성이 '공산주의자' 혹은 '자본가'로서, 자유주의 개혁가 혹은 훈련 중인 게릴라로서, '개인주의자' 혹은 '집산주의자'로서, 레즈비언이나 이성애자 혹은 양성애자 여성으로서, 생물학적 어머니 혹은 비생물학적 어머니 혹은 어머니 아닌 입장으로서 이와 같은 자아 변동을 성취하는지의 여부는 논외이다. 다양한 권력을 '남성'이나 '가족'을 통해서 쟁취하는 것이 아니라 직접적으로 쟁취하는 데 관심이 있어 나선 여성이라면 누구든 가부장제의 심리적인 왕국 안에서 급진적인 행동, '승리'를 위한 모험적 행동을 하는 것이다. 그와 같은 심리적으로 급진적 행동만이 여성으로 하여금 개인 간의 무수한 차이를 관대하게 견디며 발전시키도록 해줄 것이고, 강간-근친상간-생식 모델이 아닌 다른

10장 여성 심리학: 과거, 현재 그리고 미래

성적 모델을 추구할 수 있도록 해줄 것이다.

　이러한 자아 변화에 적극 참여하는 여성들은 필연적으로 개인적인 권력 쟁취와 생존을 적극적으로 지지하지 않는 모든 인간 상호작용으로부터 물러나게 될 것이다. 달리 표현하자면 다음과 같다. 심리적으로 남성의 생존·권력·쾌락보다 여성의 생존·권력·쾌락에 좀 더 투자하는 여성이 발전하게 될 것이다. 여성의 신체에 대한 가부장제의 혐오로부터 벗어나야 하며 어떤 대가를 치르더라도 '관계'를 유지하려는 집착에서 벗어나야 한다.

　여성의 심리적인 정체성은 자신의 생존과 자기인식에 대한 관심사로부터 구축된다. 여성은 이와 같은 어마어마한 노력을 지지하지 않는 상호작용을 피하거나 포기한다고 해서 따스함·감정·양육의 능력을 포기할 필요는 없다. 여성이 '마음의 지혜'를 저버리고 남성이 될 필요는 없다. 이는 '뒷받침'이라는 가장 중요한 힘을 여성 스스로와 서로에게로 전환시켜야지 자기희생의 지점으로 전환시킬 필요가 없다는 의미이다. 여성은 다정하게 대하고 연민을 베풀고, 타인의 감정을 살피는 일을 그만둘 이유가 없다. 여성은 먼저 자기 자신에게 그리고 다른 여성들에게 부드럽게 대하고 연민을 느껴야 한다. 여성은 세계를 '구하기'에 앞서, 남편과 아들을 '구하기'에 앞서 자기 자신과 딸을 '구하기'에 나서야 한다. 여성은 오로지 배우자나 생물학적 자녀를 갈망하고, 보호하고, 보살피는 외골수의 무자비함을 자기보존과 자기계발에 집중하는 '무자비함'으로 바꾸어야 한다. 이와 같이 보살핌의 대상을 전환함으로써 얻을 수 있는 효과 중 하나로 남성의 '양육 능력' 향상을 들 수 있다. 남성들이 자기 자신은 물론이고 다른 남성과 자녀들, 그리고 바라건대 여성을 돌보는 능력이 향상될 것이라는 뜻이다. 또 하나의 효과는 여성에 대한 가정 내에서의 정서적 돌봄이 안정적이고도 획기적으로 만들어질 수 있다는 사실이다. 이것이 없으면 사실 생존에 대한 용기는 흔들릴 수 있다.

여성은 정서적인 위안과 애정에 대한 자신의 (대체로 충족되지 않았던) 욕구를 부정할 필요가 없다. 사실 여성은 자유와 존엄을 상실하지 않고서도 이런 욕구를 만족시킬 방법을 찾아내야 한다. 사랑에 대한 여성의 욕망은 다양하고 새로운 방식으로 충족되어야 하며, 그 방식은 무력함에 지배받는 사건들이 아니라, 그런 사건들과 대조되는 방식이어야 한다. 여성들 사이의 애정과 섹슈얼리티는 행동과 승리, 사상과 지혜가 서로 잘 어우러지면서도 뚜렷이 드러나는 것이어야 한다.

내가 거론하고 있는 여성 자아의 변화는 심리적인 변화임을 깨닫는 것이 중요하다. 그런 심리적인 변화를 보장하기 위해 내가 어떤 경제적 또는 사회적 형태 혹은 어떤 성적인 행태를 '처방'하거나 예측하는 것이 아니다. 여성들의 경제 생활과 재생산의 영역에서 핵심적인 변화가 일어난 후에야 비로소 대다수 여성들이 그런 심리적 변화에 영향을 미칠 수 있을 것이다. 아마도 일부 젊은 여성들, 아마도 극소수의 여성들만이 오직 자각으로, 이해의 힘으로 그런 변화에 영향을 미칠 수 있을 것이다. 이 자각이 지혜로 화할 때 필요한 행동이 수행될 것이다.

열세 가지 질문

● 가장 극단적인 페미니스트가 제시하는 비전에 열렬하고

확신에 찬 태도로 귀 기울이는 어린 소녀들에게 우리는 무엇을 말해줄 수 있는가? 그들에게 무슨 시를 써줄 것인가? 어떤 행동을 가르칠 것인가? 그들로부터 무엇을 배울 것인가? 우리의 신화를 잊어버렸던, 그래서 우리의 신화로부터 어떤 제의도 발전시키지 못했던 우리가 여성 안에 어떻게 창작에 대한 충동을 키울 것인가?

● 누가 우리의 여신과 여성 영웅이 될 것인가? 우리는 어떤 언어로 그들을 다룰 것인가? 여성의 육체에 거주하는 신성을 어떻게 경험할 것인가? 우리는 언제 '신성한' 딸의 탄생을 기뻐하게 될 것인가? 우리는 언제 나이 든 여성을 존경하고 신뢰하게 될 것인가? 우리는 어떻게 우리의 차이를 그저 견디는 것이 아니라 찬양할 것인가? 어머니와 딸들 사이에 가로놓인 그 모든 미련한 거짓말들은 언제 사라지게 될 것인가? 그날을 우리는 어떻게 축하할 것인가?

● 우리는 영혼의 방식과 칼의 방식 사이에서 선택해야 하는가? 육체와 정신은 분리된 채로 남아 있어야 하는가? 살인과 출산은 필연적인 것인가? 이 둘은 얼마나 밀접하게 관련이 있는가? 여성에게는 여성의 군대가 필요한가? 아니면 지혜로운 여성의 군대가 필요한가? 페미니스트로서 우리는 어떻게 인내와 집단적인 신의(信義)를 실천할 것인가? 우리는 정확히 언제 행동과 개성을 발휘해야 하는가?

● 어린 시절 받은 모성과 부성의 보살핌이 여성들에게 지혜와 힘을 가져다줄 것인가? 아마존은 훌륭하고 효율적으로 인

간의 욕구와 대면하는 힘 있는 성인 여성들에 의해 또래끼리 집단적으로 양육되었던 만큼 그들에게는 '숨 막히게 하는 어머니'(혹은 성적으로 유혹하는 아버지)도 없었을 것이다.

● 아이들의 무력함과 장기간의 의존이 모든 문화적으로 억압적인 관계의 모델이 된 것인가? 새로운 방식의 출산과 육아가 생물학적 차이를 억압적인 방식으로 자의적으로 해석하려는 인간의 경향을 사라지게 할 수 있을 것인가?

● 권력의 부산물 중 일부가 지식과 관대함과 호의적인 태도라면 우리가 어떻게 모든 남성을 '가망 없는' 존재로 치부해 버릴 수 있겠는가? 이런 사실을 우리는 어떻게 받아들일 수 있을까? 사회화된 '여성'이 사회화된 '남성'과의 관계에서 성평등을 경험하는 것이 가능한가? 만약 공적인 권력이 성별에 따라 여전히 불평등하게 분배되어 있다면 그 용어 자체가 이미 모순 아닌가?

● 여성은 에로스와 맺은 처녀의 결혼서약을 파기해야 하는가? 모든 남성이 제 짝이 되는 여성과 결혼할 때까지? 젊은 사람들 사이에서 레즈비어니즘, 양성애, 동성애가 점점 더 자연스럽게 많아질 것인가? 이것이 의미하는 바는 무엇인가? 여성의 이성애가 점차 줄어들 수 있는 것과 마찬가지로 남성의 이성애는 점차 늘어날 수 있을 것인가? 엄격한 성역할에 따라 이미 사회화된 성인들이 이런 변화에 어떻게 동참할 수 있을 것인가? 그들이 변화에 동참할 수 없다면 어떤 일이 일어날 것인가?

● 여성들은 근친상간적이고 생식 중심적인 섹슈얼리티 모델에서 벗어나는 법을 어떻게 배울 것인가?

● 오로지 경제적인 이익을 위해서만 사용되어온 인간의 몸과 마음과 시간을 누군가 이용하고 소유한다는 것은 어떤 의미인가? 나치가 인간의 몸을 산업적 목적을 위하여, 즉 '이익'을 위하여 사용한 것은 그 의미가 어떻게 다른가? 자본주의 사회와 공산주의 사회에서 대부분의 노동을 사용하는 방식과 그 의미가 어떻게 다른가? 은유적으로 볼 때 이러한 나치식 실행이 여성의(남성의) 성매매와 어떻게 다른가? 산업기술시대에 우리는 일과 '인간적 욕구'를 어떻게 재정의할 것인가?

● 어떻게 하면 남자아이들이 여성과 남성을 똑같이 존경하고 신뢰하며 두려워하고 사랑하면서 양성적으로 성장하도록 키울 수 있을 것인가? 어떻게 해야 여자아이들 또한 이와 같이 키울 수 있을 것인가?

● 우리는 생물학적 차이에 대한 지나친 의미 부여를 언제쯤 중단할 수 있을 것인가? 진정한 문화적 중립성에도 불구하고 생물학적 차이가 여전히 남아 있다면 인간 행동에 대한 단일한 기준을 수립하기 위해 과학을 이용할 수는 없을까? 그 기준은 누가 결정할 것인가? 그런 기준을 누가 무엇을 위해 가르치고 시행할 것인가? 단일한 행동 기준이 보다 독창적이고 극적인 행동이 일어날 수 있는 배경 이상의 것이 될 수 있는가?

● 우리는 우리의 몸과 자연의 세상을 어떻게 받아들이게

되는가? 수많은 '자연적인' 사건(때이른 죽음, 질병, 고난 등)은 바람직하지도 필수적이지도 않다(노예제도, 일부일처제, 환경 오염 등과 같은 '자연적이지 않은' 사건 역시 마찬가지로 바람직하지 않다). 남성의 폭력적 성향과 여성의 가정적 성향이 정말로 '자연적인' 것이라면, 이런 성향을 바꾸거나 제거하는 게 인류에 도움이 될 것인가? 그렇지 않다면, 우리는 자연적인 것을 억압하는 일을 어떻게 멈출 수 있을 것인가?

● 과학기술에 관한 우리의 무지와 편집증을 어떻게 제거할 것인가? 프로메테우스가 됐건 예수가 됐건 간에 지식을 선물받은 것으로 인해 처벌받지 않는 분위기를 어떻게 조성할 것인가? 지식을 전수하는 여성들이 마음껏 활동하는 분위기를 어떻게 만들어나갈 것인가?

주

1장

1 Adrienne Rich, "Snapshots of a Daughter-in-law," *Snapshots of a Daughter-in-law: Poems 1954-1962* (New York: W. W. Norton, 1968).

2 Peter Weiss, *Marat/Sade: The Persecution and Assassination of Jean-Paul Marat As Performed by the Inmates of the Asylum of Charenton Under the Direction of the Marquis De Sade* (New York: Atheneum, 1965).

3 Anais Nin, *Cities of the Interior*, distributed by Phoenix Box Shop (New York, 1959).

4 C. Kerenyi, *Eleusis: Archetypal Images of Mother and Daughters*, translated from the German by Ralph Manheim; Bollingen Series LXV, Bollingen Foundation (New York: Pantheon Books, 1967).

5 Lara Jefferson, *These Are My Sisters* (Tulsa: Vickers Publishing Co., 1948).

6 Erich Neumann, *Amor and Psyche: The Psychic Development of the Feminine. A Commentary on the Tale by Apuleius*, translated from the German by Ralph Manheim; Bollingen Series LIV, Bollingen Foundation (New York: Pantheon Books, 1956).

7 Sylvia Plath, *The Bell Jar* (New York: Doubleday, 1971). (Originally published in 1963 by Faber and Faber.)

8 Ludwig Binswanger, "The Case of Ellen West," ed. by Rollo May, in *Existence* (New York: Basic Books, 1958).

9 Ibid.

10 Nancy Milford, *Zelda* (New York: Harper & Row, 1970).

11 Jessie Bernard, "The Paradox of the Happy Marriage" ed. by Vivian Gornick and Barbara K. Moran, in *Woman in Sexist Society: Studies in Power and Powerlessness* (New York: Basic Books, 1971).

12 Elizabeth P. Ware Packard, *Modern Persecution or Insane Asylums Unveiled and The Liabilities of the Married Woman* (New York: Pelletreau and Raynor, 1873). 이 탁월한 두 권의 책은 정신병원에서 "탈출"하고 난 뒤에 정신과 환자와 기혼 여성의 권리를 위한 법정 싸움 동안 그녀의 유일한 수입원이었다.

13 Charles W. Ferguson, *The Male Attitude* (Boston: Little, Brown, 1966).

14 A. Alvarez, "Sylvia Plath: A Memoir," *New American Review* No. 12 (New York: Simon & Schuster, Inc., 1971).

15 I. J. Singer, "The Dead Fiddler," *The Seance* (New York: Avon, 1964).

16 C. G. Jung and C. Kerenyi, *Essays on a Science of Mythology: The Myth of the Divine Child and the Mysteries of Eleusis*, translated from the German by R. F. C. Hull, 1949 (New York: Bollingen Foundation. Princeton, N. J.: Princeton University Press, 1969); C. Kerenyi, Eleusis: Archetypal Images of Mothers and Daughters, translated from the German by Ralph Manheim; Bollingen Series LXV, Bollingen Foundation (New York: Pantheon Books, 1967); Sir James G. Frazier, *The Golden Bough* (New York: Macmillan, 1958).

17 Simon Dinitz, Russel Dynez, and Alfred Clarke, "Preferences for Male or Female Children: Traditional or Affectional," *Marriage and Family Living*, Vol. I6, May 1954; Alfred Adler, *Understanding Human Nature*, translated by W. Beran Wolfe, 1927 (New York: Fawcett World Library, 1969); Joan D. Mandle, "Women's Liberation: Humanizing Rather than Polarizing," *Annals of the American Academy of Political and Social Science*, September 1971. 유럽 왕족의 "비극적인" 역사는 대부분 여성 후계자보다 남성 후계자를 터무니없이 선호하는 것과 관련되어 있다. 영국 헨리 8세의 튜더왕가와 러시아 니콜라이 황제의 로마노프왕가 등의 사례는 잘 알려져 있다. 고대 이집트의 핫셉수트 여왕은 통치 기간 동안 남자 복장을 하고 제례의식용 가짜 수염을 달았다. 왕족 그리고/혹은 신성은 여성보다는 남성과 연상되는 경우가 더 많다. 비서구 그리고/혹은 가톨릭 문화 이전에는 많은 여신이 있었다. 남성 신들이 여신을 대하는 방식은 침울할 정도로 인간의 방식과 너무 비슷하다. 예를 들어 제우스가 아내인 헤라를 다루는 방식이 그런 사례에 해당한다. 부처, 시바, 알라, 여호와 신들은 남성으로 그려지거나 여겨진다. 이집트 신 오시리스가 데메테르-페르세포네와 같은 대지, 식물, 재생의 남성 신이라는 점은 흥미롭다. 이집트 신화에서 가장 중요한 세 여신 이시스, 네프티스, 하토르와 같은 여신들은 '여성'의 영역, 즉 어린아이, 가정, 사랑, 행복, 춤과 음악의 수호신으로 간주된다.

18 Emma Goldman, "Marriage and Love," *Anarchism and Other Essays* (New York: Dover Publications, Inc., 1969).

19 Judith Bardwick, *The Psychology of Women: A Bio-cultural Conflict* (New York: Harper & Row, 1971).

20 Naomi Wesstein, "Psychology Constructs the Female," ed. by Gornick

and Moran, in *Woman in Sexist Society: Studies in Power and Powerlessness* (New York: Basic Books, 1971).

21 Shulamith Firestone, *The Dialectic of Sex* (New York: William Morrow, 1971).

22 Neumann, op. cit.

23 필자가 의존하고 있는 이런 신화를 비롯해 여타 다양한 신화들은 주석 16에서 밝힌 문헌들에서뿐만 아니라 다음 두 저서에서 논의되고 있다. Helen Diner, *Mothers and Amazons: The First Feminine History of Culture*, edited and translated by J. P. Lundin (New York: Julian Press, 1965. 1930년대에 최초로 출판되었을 때는 '갤러해드 경'이라는 필명으로 나왔다.); Phillip E. Slater, *The Glory of Hera: Greek Mythology and the Greek Family* (Boston: Beacon Press, 1971).

24 Slater, op. cit.

25 Regine Pernoud, *Joan of Arc by Herself and Her Witnesses*, translated from the French by Edward Hyams (London: MacDonald, 1964).

26 Ibid.

27 Slater, op. cit.

28 Jung and Kerenyi, *Essays on a Science of Mythology*.

29 Ibid.

30 Virginia Woolf, *A Room of One's Own* (New York: Harcourt, Brace & World, 1929).

2장

1 Michel Foucault, *Madness and Civilization: A History of Insanity in the Age of Reason* (1961), translated by Richard Howard (New York: Pantheon, 1965).

2 Allan M. Dershowitz, "Preventive Detention and the Prediction of Dangerousness. Some Fictions about Predictions," *Journal of Legal Education*, Vol. 23, 1969.

3 Foucault, op. cit. Thomas S. Szasz, *The Manufacture of Madness* (New York: Harper & Row, 1970); George Rosen, *Madness in Society: Chapters in the Historical Sociology of Mental Illness* (New York: Harper & Row, 1968).

4 Foucault, op. cit.; Thomas S, Szasz, *The Myth of Mental Illness: Foundations of a Theory of Personal Conduct* (New York: Hoeber-Harper,

1961; Erving Goffman, Asylums (New York: Doubleday-Anchor, 1961); T. J. Scheff, Being Mentally Ill: A Sociological Theory (Chicago: Aldine Press, 1966).

5   Arnold Ludwig, Arnold J. Marx, Phillip A. Hill, and Robert M. Browning, "The Control of Violent Behavior Through Faradic Shock: A Case Study," *Journal of Nervous and Mental Diseases*, Vol. 148, 1969.

6   Bruce Dohrenwend and Barbara Dohrenwend, *Social Status and Psychological Disorders* (New York: John Wiley, 1969). 올레 한넬은 홀터가 행한 조건화된 여성 '환자' 행동이라는 또 다른 이론을 인용한다. H. Holter, *A Prospective Study of the Incidence of Mental Disorders: The Lundby Project* (Sweden: Svenska Bokforlaget, 1966).

7   Jean MacFarlane et al., *A Developmental Study of the Behavior Problems of Normal Children Between Twenty-one Months and Thirteen Years* (Berkeley: University of California Press, 1954); L. Philips, "Cultural vs. Intra Psychic Factors in Childhood Behavior Problem Referrals," *Journal of Clinical Psychology*, Vol. 13, 1957; D. R. Peterson, "Behavior Problems of Middle Childhood," Journal of Consulting Psychology, Vol. 95, 1961; L. M. Terman and L. E. Tyler, "Psychological Sex Differences," ed. by L. Carmichael in *Manual of Child Psychology* (New York: John Wiley, 1954).

8   Leslie Phillips, "A Social View of Psychopathology," ed. by Perry London and David Rosenhan in *Abnormal Psychology* (New York: Holt, Rinehart and Winston, 1969).

9   E. Zigler and L. Phillips, "Social Effectiveness and Symptomatic Behaviors," *Journal of Abnormal and Social Psychology*, Vol. 61, 1960.

10   Szasz, *The Myth of Mental Illness*.

11   Frederick Engels, *The Origins of the Family, Private Property and the State* (New York: International Publishers, 1942).

12   콘라트 로렌츠(Konrad Lorenz)는 동물행동 연구로 유명한 학자인데, 최근 들어 다음과 같이 말했다고 한다. "오늘날 사회적으로 불리한 오직 한 부류의 사람들이 있다. 노예로 취급당하고 뻔뻔스러운 착취의 대상이 되는 계급이 있다. 바로 젊은 아내들이다. 그들은 남자들만큼이나 교육받았지만 아이를 출산하는 그 순간 노예가 된다. […] 그들의 노동 시간은 하루에 22시간이며 휴일도 없이 일한다. 그들은 심지어 아플 수조차 없다." New York *Times*, July 5, 1970.

13   National Institute of Mental Health Statistics 1965-1968, U. S. Department of Health, Education and Welfare; Phyllis Chesler, "Patient and Patriarch: Women in Psychotherapeutic Relationship," ed. by

Gornick and Moran, in *Woman in Sexist Society: Studies in Power and Powerlessness* (New York: Basic Books, 1971); Judy Klemesrud, "When the Diagnosis Is Depression"(The Depression Research Unit in New Haven referred to treats mainly women between the ages of 21-65), New York *Times*, May 5, 1971; Lee Burke, E. Renkin, S. Jacobson, S. Haley, "The Depressed Woman Returns," *Archives of General Psychiatry*, Vol. 16, May 1967; Margaret M. Dewar and Iain MacCammend, "Depressive Breakdown in Women of the West Highlands," *American Journal of Psychiatry*, Vol. 119, 1962; Theodore Reich and George Winston, "Postpartum Psychoses in Patients with Manic Depressive Disease," *Journal of Nervous and Mental Disease*, Vol. 151, No.1, 1970; Pauline Bart, "Portnoy's Mother's Complaint," ed. by Gornick and Moran, in *Woman in Sexist Society*.

14 Pauline Bart, op. cit.

15 Alfred L. Friedman, "Hostility Factors and Clinical Improvement in Depressed Patients," *Archives of General Psychiatry*, Vol. 23, 1970.

16 Joan Didion, *Play It As It Lays* (New York: Farrar, Straus & Giroux, 1970).

17 Alfred L. Kinsey, Wardell B. Pomeroy, Clyde E. Martin, and Paul H. Gebhard, *Sexual Behavior in the Human Female* (Philadelphia: Saunders, 1953); Sigmund Freud, *Female Sexuality* (1931) (New York: Basic Books, 1959); Wilhelm Stekel, *Frigidity in Woman in Relation to Her Love Life* (New York: Washington Square Press, 1954); Karen Horney, *The Neurotic Personality of Our Time* (New York: W. W. Norton, 1967); William Masters and Virginia Johnson, *Human Sexual Response* (Boston: Little, Brown, 1966) and *Human Sexual Inadequacy* (Boston: Little, Brown, 1970).

18 Masters and Johnson, *Human Sexual Response and Human Sexual Inadequacy;* Jacob Sprenger and Heinrich Kramer, *Malleus Maleficarum*, cited by Thomas S. Szasz in *The Manufacture of Madness;* Mary Jane Sherfoy, "The Evolution and Nature of Female Sexuality in Relation to Psychoanalytic Theory," *Journal of the American Psychoanalytical Association*, 1966.

19 Sylvia Plath, "Lady Lazarus," *Ariel* (New York: Harper & Row, 1965).

20 Norman L. Farberow and Edwin F. Schneidman, "Statistical Comparisons Between Attempted and Committed Suicides," *The Cry for Help* (New York: McGraw-Hill, 1965).

21 Richard H. Sieden, *Suicide Among Youth.* Prepared for the Joint Commission on Mental Health of Children, 1970.

22 Shirley Angrist, Simon Dinitz, Mark Lefton, Benjamin Pasamanick, "Rehospitalization of Female Mental Patients," *Archives of American Psychiatry*, Vol. 4, 1961. 셜리 앵그리스트는 주립병원과 개인병원으로부터 환자 표본을 추출했다. 여기에 1957년 이후에 퇴원한 사람을 포함시켰다. 그 연구의 원래 의도는 '정신분열증 환자'의 부모와 '정상적인' 사람의 부모를 비교하는 데 있었다.

23 Shirley Angrist, Simon Dinitz, Mark Lefton, Benjamin Pasamanick, *Women After Treatment* (New York: Appleton-Century-Crofts, 1968).

24 Frances Cheek, "A Serendipitous Finding: Sex Role and Schizophrenia," *Journal of Abnormal and Social Psychology*, Vol. 69, No. 4, 1964.

25 M. Letailleur, J. Morin, and Y. Le Borgne, "Heautoscopie Hetersexuelle et Schizophrenie [The Self-Induced Heterosexual Image and Schizophrenia]" *Ann. Med. Psychology*, Vol. 2, 1958.

26 David C. McClelland and Norman F. Watt, "Sex Role Alienation in Schizophrenia," *Journal of Abnormal Psychology*, Vol. 73, No. 3, 1968. 이 표본은 보스턴의 한 병원으로부터 추출된 것으로, 1년에서부터 20년까지 입원했던 사람을 대상으로 했다. 모든 집단은 나이, 교육, 계급에 따라 구분했다.

27 Ibid

28 M. Lorr and C. J. Klett, "Constancy of Psychotic Syndromes in Men and Women," *Journal of Consulting Psychology*, Vol. 29, No. 5, 1969.

29 M. Lorr, J. P. O'Connor, and J. W. Stafford, "The Psychotic Reaction Profile," *Journal of Clinical Psychology*, Vol. 16, 1960.

30 Jonas Rappoport, *The Clinical Evaluation of the Dangerousness of the Mentally Ill*, (Springfield, Illinois: Charles Thomas, 1968.)

31 Alan M. Kraft, Paul R. Binner, Brenda Dickey, "The Community Mental Health Program and the Longer-Stay Patient," *Archives of General Psychiatry*, Vol. 6, January 1967.

32 Carl A. Taube, "Admission Rates by Marital Status: Outpatient Psychiatric Services," *Statistical Note 35*, Survey and Reports Section, *National Institute of Mental Health*, December 1970.

33 Marcel Saghir, Bonnie Walbran, Eli Robins, Kathy Gentry, "Psychiatric Disorders and Disability in the Female Homosexual," *American Journal of Psychiatry*, Vol. 27, 1970; Charlotte Wolff, *Love Between Women* (U.K.:

St. Martins Press, 1971).

3장

1   Ilse Ollendorff Reich, *Wilhelm Reich: A Personal Biography* (New York: St. Martins, 1969).

2   Paul Roazen, *Brother Animal* (New York: Knopf, 1969).

3   Shulamith Firestone, *The Dialectic of Sex, The Case for Feminist Revolution* (New York: William Morrow and Co., 1970).

4   Juliet Mitchell, *Woman's Estate* (New York: Pantheon Books, 1971).

5   Kate Millett, *Sexual Politics* (New York: Doubleday & Co., 1970).

6   Evelyn P. Ivey, "Significance of the Sex of the Psychiatrist," *Archives of General Psychiatry*, Vol. 2, 1960; William Schofield, *Psychotherapy: The Purchase of Friendship* (Englewood Cliffs, N. J.: Prentice-Hall, 1963); Phyllis Chesler, unpublished study, 1971.

7   Carl A. Taube, "Transitional Mental Health Facilities Staffing Patterns," *Statistical Note 28*, NIMH Survey and Reports Section, October 1970.

8   Carl A. Taube, "Consultation and Education Services in Community Mental Health Centers—January 1970," *Statistical Note 3*, NIMH Survey and Reports Section, February 1971.

9   Phyllis Chesler, "Patient and Patriarch: Women in the Psychotherapeutic Relationship," ed. by Vivian Gornick and Barbara K. Moran, *Woman in Sexist Society: Studies in Power and Powerlessness* (New York: Basic Books, 1971).

10 Schofield, op. cit.

11 Matina Homer, "Fail: Bright Women," *Psychology Today*, November 1969.

12 Maurice K. Temerlin, "Suggestion Effects in Psychiatric Diagnosis," *Journal of Nervous and Mental Disease*, Vol. 47, 1968.

13 Inge K. Broverman, Donald M. Broverman, Frank E. Clarkson, Paul S. Rosenkrantz, Susan R. Vogel, "Sex Role Stereotypes and Clinical Judgements of Mental Health," *Journal of Consulting and Clinical Psychology*, Vol. 34, 1970.

14 W. R. Orr, Ruth Anderson, Margaret Martin Des. F. Philpot, "Factors Influencing Discharge of Female Patients from a State Mental Hospital,"

American Journal of Psychiatry, Vol. 3, 1954.

15   Nathan K. Rickel, "The Angry Woman Syndrome," Archives of General
      Psychiatry, Vol. 24, 1971.

16   Herbert C. Mödlin, "Psychodynamics in the Management of Paranoid
      States in Women," General Psychiatry, 1963.

17   Judith Bardwick, Psychology of Women: A Bio-cultural Conflict (New
      York: Harper & Row, 1971).

18   Mary Jane Sherfey, "The Evolution and Nature of Female Sexuality
      in Relation to Psychoanalytic Theory," Journal of the American
      Psychoanalytical Association, 1966.

19   Judith Bardwick, Psychology of Women: A Bio-cultural Conflict (New
      York: Harper & Row, 1971).

20   Joseph Rheingold, The Mother, Anxiety and Death (Boston: Little, Brown,
      1967).

21   Carl P. Malmquist, Thomas J. Kiresuk, Robert M. Spano, "Personality
      Characteristics of Women with Repeated Illegitimacies: Descriptive
      Aspects," American Journal of Orthopsychiatry, Vol. 35, 1966; Oscar
      B. Markey, "A Study of Aggressive Set Misbehavior in Adolescents
      Brought to Juvenile Court," Journal of Orthopsychiatry, Vol. 20, 1950;
      Kathryn M. Nielson, Rocco L. Motto, "Some Observations on Family
      Constellations and Personality Patterns of Young Unmarried Mothers,"
      American Journal of Orthopsychiatry, Vol. 33, 1963; Irving Kaufman,
      Elizabeth S. Makkay, Joan Zilbach, "The Impact of Adolescence of Girls
      with Delinquent Character Formation," Journal of Orthopsychiatry, Vol.
      29, 1959; Paul A. Walters Jr. "Promiscuity in Adolescence," American
      Journal of Orthopsychiatry, 1965; Ames Robey, Richard J. Rosenwald,
      John E. Snell, Rita E. Lee "The Runaway Girl: A Reaction to Family
      Stress," American Journal of Orthopsychiatry, March 9, 1964.

22   Captain Noel Lustig, MC, USA; Captain John Dresser, MCS, USA; Major
      Seth W. Spellman, MCS, USA; Major Thomas B. Murray, MC, USA;
      "Incest," Archives of General Psychiatry, Vol. 14, January 1966; Irving
      Kaufman, Alice L. Peck, Consuelo K. Tagiuri, "The Family Constellation
      and Overt Incestuous Relations Between Father and Daughter," Journal
      of Orthopsychiatry, Vol. 24, 1954; Sol Chaneles, "Sexual Abuse of
      Children," The American Humane Association, Children's Division,

1966; Vincent de Francis, "Protecting the Child Victim of Sex Crimes Committed by Adults," The American Humane Association, Children's Division, 1966; Lindy Burton, *Vulnerable Children* (New York: Schocken Books, 1968); Yvonne Tormes, "Child Victim of Incest" The American Humane Association, Children's Division, 1966; David Gil, *Violence Against Children* (Waltham: Harvard University Press, 1970); Florence Rush "The Sexual Abuse of Children: A Feminist Point of View," New York Radical Feminists Conference on Rape, April 17, 1971; Harry Nelson, "Incest: 1 Family out of 10," *New York Post*, September 1971.

23 Charles William Wahl, "The Psychodynamics of Consummated Maternal Incest: A Report of Two Cases," *Archives of General Psychiatry*, Vol. 3, 1960.

24 Harold Greenwald, *The Elegant Prostitute* (New York: Ballantine Books, 1958).

25 Sigmund Freud, "Some Psychological Consequences of the Anatomical Distinction Between Sexes," *Collected Papers*, Vol. 5 (London: Hogarth Press, 1956).

26 Sigmund Freud, *New Introductory Lectures in Psychoanalysis* (New York: W. W. Norton, 1933).

27 Erik H. Erikson, "Inner and Outer Space: Reflections on Womanhood," *Daedalus*, Vol. 3, 1965.

28 Bruno Bettelheim, "The Commitment Required of a Woman Entering a Scientific Profession in Present Day American Society," in *Woman and the Scientific Professions*, M. I. T. Symposium on American Women in Science and Engineering, Cambridge, Mass., 1965.

29 Joseph Rheingold, *The Fear of Being a Woman* (New York: Grune and Stratton, 1964).

30 Carl G. Jung, *Contributions to Analytical Psychology* (New York: Harcourt, Brace, 1928).

31 M. Esther Harding, *The Way of All Women* (New York: Longmans, Green, 1933).

32 Sigmund Freud, *Case of Dora: An Analysis of a Case Hysteria* (New York: W. W. Norton, 1952).

33 Leonard Simon, "The Political Unconscious of Psychology: Clinical Psychology and Social Change," unpublished manuscript, 1970.

34 Felix Duetsch, "A Footnote to Freud's 'Fragment of an Analysis of a Case of Hysteria,'" *The Psychoanalytic Quarterly*, Vol. 25, 1957.

35 Thomas S. Szasz, *The Myth of Mental Illness: Foundations of a Theory of Personal Conduct* (New York: Hoeber-Harper, 1961).

36 Karen Horney, "The Flight from Womanhood," ed. by H. Kelman in *Feminine Psychology* (New York: W. W. Norton, 1967).

37 Sigmund Freud, "Female Sexuality" (1931) *Collected Papers*, Vol. 4 (New York: Basic Books, 1959).

38 Ilse Ollendorff Reich, *Wilhelm Reich: A Personal Biography* (New York: St. Martins, 1969).

39 Wilhelm Reich, *The Function of the Orgasm: The Discovery of the Orgone* (New York: Farrar, Straus & Giroux, 1942).

40 Ronald D. Laing and A. Esterson, *Sanity, Madness and the Family* (New York: Pelican Book, 1970).

41 David Cooper, *The Death of the Family* (New York: Pantheon Books, 1970).

42 Thomas S. Szasz, *The Manufacture of Madness* (New York: Harper & Row, 1970).

43 Jules Michelet, *Satanism and Witchcraft: A Study in Medieval Superstition*(Toronto: Citadel Press, 1939).

44 Una Stannard, "The Male Maternal Instinct," *Trans-action*, December 1970.

45 Sigmund Freud, "On the History of the Psychoanalytic Movement," *Collected Papers* (1914) Vol. I (New York: Basic Books, 1959).

46 Thomas S. Szasz, *The Myth of Mental Illness: Foundations of a Theory of Personal Conduct* (New York: Hoeber-Harper, 1961).

47 William Schofield, *Psychotherapy: The Purchase of Friendship* (Englewood Cliffs, N. J.: Prentice-Hall, 1963).

4장

1 Judith Bardwick, *The Psychology of Women: A Bio-cultural Conflict* (New York: Harper & Row, 1971).

2 "Selected Symptoms of Psychological Distress," U. S. Department of Health, Education and Welfare, Public Health Services and Mental Health Administration, 1970. 이 연구는 미국의 18세부터 79세까지의 비입원 인구 1억

1,100만 명 중 7,710명을 확률 표본으로 하여 1960-1962년에 조사한 자료를 기초로 한 것이다.

3 Gerald Gurin, J. Veroff, and S. Feld, *Americans View Their Mental Health* (New York: Basic Books, 1960).

4 Leo Srole, Thomas S. Langner, Stanley T. Michael, Mervin K. Opler, Thomas A. C. Rennie, *Mental Health in the Metropolis: Midtown Manhattan Study* (New York: McGraw-Hill, 1962).

5 Dorothy C. Leighton, John S. Harding, David B. Machlin, Allister M. Macmillan, Alexander H. Leighton, *The Character of Danger: The Stirling County Study of Psychiatric Disorder and Sociocultural Environment*, *Vol. III* (New York-London: Basic Books, 1963).

6 Olle Hagnell, *A Prospective Study of the Incidence of Mental Disorders: The Lundby Project* (Sweden: Svenska Bokforlaget, 1966).

7 Phyllis Chesler, "Patient and Patriarch: Women in the Psychotherapeutic Relationship," ed. by Vivian Gornick and Barbara K. Moran, in *Woman in Sexist Society: Studies in Power and Powerlessness* (New York: Basic Books, 1971); Hagnell, op. cit., Leighton, et al., op. cit.; Edwin Zolik, Edna Lantz, Richard Sommers, "Hospital Return Rates and Prerelease Referrals," *Archives of General Psychiatry*, Vol. 18, June 1968; "Chronic Illness in a Large City," *The Baltimore Study* (1957); Anita K. Bahn, Margaret Conwell, and Peter Hurley, "Survey of Psychiatric Practice: Report on a Field Test," *Archives of General Psychiatry*, Vol. 12, 1965; William Ryan, *Distress in the City: Essay on the Design and Administration of Mental Health Services* (Cleveland: The Press of Case Western Reserve University, 1969); Charles Thrall, "Presenting Problems of Psychiatric Out-Patients: Out-Patient Studies Section," Biometrics Branch, NIMH, 1963; Richard Redick, "Age-Sex Diagnostic Distribution of Additions to Community Mental Health Centers 1968," *Statistical Note 13*, NIMH Survey and Reports Section, January 1970; William Schofield, *Psychotherapy: The Purchase of Friendship* (Englewood Cliffs, N.J.: Prentice-Hall, 1963); Alan M. Kraft, Paul R. Binner, Brenda Dickey, "The Community Mental Health Program and the Longer-Stay Patient," *Archives of General Psychiatry*, Vol 16, January 1967; Gerald Landsberg, David Cole, Eleanor Sabbagh, Rachel Deutsch, "Characteristics of Enrolled Patients as of September 1969," Maimonides Medical Center, Community Mental

Health Center, December 1969; Rachel Deutsch, Gerald Landsberg, David Cole, "Report of a Survey of Patients: January 17, 1970-June 16, 1970," Maimonides Medical Center, Community Mental Health Center, June 1970; Phyllis Chesler, Janice Lasecki, Lucy DiPaola, unpublished manuscript, 1971.

8 Kraft et al., op. cit.; Hagnell, op. cit.; Charles Thrall, "Presenting Problems of Psychiatric Out-Patients," Out-Patients Studies Section, Biometrics Branch, NIMH, 1963; Kurt Gurwitz, Anita Bahn, Gerald Klee, and Murray Solomon, "Release and Return Rates of Patients in State Mental Hospitals of Maryland," *Public Health Reports*, Vol. 1, 1966.

9 Kraft et al., op. cit.; Provisional Data on Length of Stay of Admissions to State and County Mental Hospitals U. S., NIMH, 1971.

10 Charles Kadushin, *Why People Go to Psychiatrists* (New York: Atherton Press, 1969).

5장

1 Fernando Enriquez, *Prostitution and Society: Primitive, Classical and Oriental* (New York: Grove Press, 1962); Emma Goldman, "The Traffic in Women," reprinted in *Anarchism and Other Essays* (New York: Dover, 1969); Harold Greenwald, *The Elegant Prostitute: A Social and Psychoanalytic Study* (New York: Ballantine Books, 1958); Steven Marcus, *The Other Victorians* (New York: Basic Books, 1964); Kate Millett, *Sexual Politics* (New York: Doubleday, 1971); W. W. Sanger, *The History of Prostitution* (New York: Eugenics Publishing, 1937); Charles Winick and Paul M. Kinsie, *The Lively Commerce* (Chicago: Quadrangle Books, 1971); Eric Pace, "Feminists Halt Session on Prostitution, Demanding To Be Heard," New York *Times*, September 15, 1971; Robert Prosser, "The Speedy Call Girls in Formosa," San Francisco *Chronicle*, December 23, 1970; "Russia's Bedroom Blackmail," San Francisco *Chronicle*, December 28, 1970; Jim Brewer "San Francisco Child Prostitutes," San Francisco *Chronicle*, May 9, 1970; David Sanford "A Brothel in Curacao," *Village Voice*, March 13, 1969; Ernest Lenn, "State Crackdown on B-Girls, Vice," San Francisco *Examiner and Chronicle*, July 13, 1969; "Aimed at Prostitutes, the Loitering Law Is Voided," New York *Post*, September 14, 1970; "Straw Judge Is Ordered

Ousted Over His Arrest in a Vice Raid," New York *Times*, November 24, 1970; "Prostitutes—Some New Tricks for the Oldest Profession," New York *Times*, March 28, 1971.

2   Uniform Crime Reports 1960-1970; Rosalyn Lacks, "The Politics of Rape—A Selective History," *Village Voice*, February 4, 1971; New York Radical Feminist Conference on Rape, April 17, 1971; *Female Liberation Newsletter #8*, April 16, 1971; "Women Who Are Tired of Being Harassed," New York *Times*, September 7, 1971; "The Civilized Rapist," *Village Voice*, September 9, 1971; "Cops Use TV to Trap Rape Suspect," New York *Daily News*, March 19 1971; Gloria Emerson, "Vietnamese Voice Hostility to G. I.s," New York *Times*, May 2, 1971; "Bronx School Posts 2 Guards after Attacks on Teachers," New York *Post*, May 6, 1971.

3   Captain Noel Lustig, MC, USA; Captain John Dresser, MCS, USA; Major Seth W. Spellman, MCS, USA; Major Thomas B. Murray, MC, USA; "Incest," *Archives of General Psychiatry*, Vol. 14, January 1966; Irving Kaufman, Alice L. Peck, Consuelo K. Tagiuri, "The Family Constellation and Overt Incestuous Relations Between Father and Daughter," *Journal of Orthopsychiatry*, Vol. 24, 1954; Sol Chaneles, "Sexual Abuse of Children," The American Humane Association, Children's Division, 1966; Vincent de Francis, "Protecting the Child Victim of Sex Crimes Committed by Adults," The American Humane Association, Children's Division, 1966; Lindy Burton, *Vulnerable Children* (New York: Schocken Books 1968); Yvonne Tormes, "Child Victim of Incest," The American Humane Association, Children's Division, 1966; David Gil, *Violence Against Children* (Waltham: Harvard University Press, 1970); Florence Rush, "The Sexual Abuse of Children: A Feminist Point of View," New York Radical Feminist Conference on Rape, April 17, 1971; Harry Nelson, "Incest: 1 Family Out of 10," New York *Post*, September 1971; George Carpozi, Jr., "Seize Dad, Daughter in Nudie Case," New York *Post*, May 6, 1971.

4   Conrad Van Emde Boas, "The Doctor-Patient Relationship" (Journal of Sex Research, Vol. 2, No. 3, November 1966). 콘라드 판 엠데 보아스는 이렇게 말한다. "이 일—주로 심리치료 및 성과학과 관련된 것들이다—을 하면서 이렇게 공식적으로 눈살을 찌푸리게 하는 관계 유형의 빈도가 의료 전문직 내에서도 다양하다는 것을 알게 되었다. 산부인과 의사가 가장 빈번하다. 목록상 두 번째는 치과의사와

가족 주치의이다. 하지만 '통계'에 따르자면 심리치료사 역시 목록에서 크게
벗어나 있지 않다. 비록 제한적이고 불완전하기는 하지만 내가 직접 관찰한 자료에
비추어보아도 결과는 마찬가지다."

5 Boas, op. cit.; Charles C. Dahlberg, "Sexual Contact Between Patient and
   Therapist," *Contemporary Psychoanalysis*, Spring 1970; Judd Marmor,
   "The Seductive Therapist," *Psychiatry Digest*, October 1970; William
   Masters and Virginia Johnson, *Human Sexual Response* (Boston: Little,
   Brown, 1966); William Masters and Virginia Johnson, *Human Sexual
   Inadequacy* (Boston: Little, Brown, 1970); James L. McCartney "Overt
   Transference," *Journal of Sexual Research*, Vol. 2, No. 3, November 1966;
   Leon J. Saul, "The Erotic Transference," *Psychoanalytic Quarterly*, Vol.
   31, 1962; Martin Shepard, *The Love Treatment: Sexual Intimacy Between
   Patients and Psychotherapists* (New York: Peter H. Wyden, 1971); Arthur J.
   Snider, "One Analyst's Touching Tale," New York *Post*, November 17, 1969.

6 Louis Lewis, "Psychotherapeutic Malpractice," unpublished manuscript,
   1971; William Greaves and Leo Standore, "Secretary Sues Analyst for
   Sexual Malpractice," New York *Post*, April 1971.

7 Paul Roazen, *Brother Animal* (New York: Knopf, 1969).

8 Marmor, op. cit.

9 McCartney, op. cit.

10 Marmor, op. cit.

11 Saul, op. cit.

12 Dahlberg, op. cit.; Marmor, op. cit.; McCartney, op. cit.

13 Dahlberg, op. cit.; Frieda Fromm-Reichman, *Principles of Intensive
    Psychotherapy* (Chicago: University of Chicago Press, 1950); Clara
    Thompson, "A Critical Incident in Psychotherapy," *Interpersonal
    Psychoanalysis* (London: Basic Books, 1964).

14 Dahlberg, op. cit.

15 McCartney, op. cit.

16 Dahlberg, op. cit.

17 Roazen, op. cit.

6장

1 Allan M. Dershowitz, "Preventive Detention and the Prediction of

Dangerousness. Some Fictions About Predictions." *Journal of Legal Education*, Vol. 23, 1969.

7장

1 J. J. Bachofen, *Myth, Religion and Mother Right*, translated by Ralph Manheim, 1926, Bollingen Series LXXXIV (Princeton, N.J.: Princeton University Press, 1967).

2 Gilbert D. Bartell, *Group Sex* (New York: Peter H. Wyden, 1971).

3 Charlotte Wolff, *Love Between Women* (New York: St. Martins, 1971).

4 Alfred C. Kinsey, Wardell B. Pomeroy, Clyde E. Martin, Paul H. Gebhard, *Sexual Behavior in the Female* (New York: Pocket Books, 1953).

5 Hubert Selby, Jr., "The Queen Is Dead," *Last Exit to Brooklyn* (New York: Grove Press, Inc., 1957).

6 Marcel Saghir, Eli Robins, Bonnie Walbran, and Kathy Gentry, "Homosexuality IV: Psychiatric Disorders and Disability in the Female Homosexual," *American Journal of Psychiatry*, Vol. 27, 1970; Wolff, op. cit.

8장

1 Nancy Henley, "On Sexism and Racism, A resource paper published as part of the Report of the Sub-Committee on Women of the Committee on Equal Opportunity in Psychology, February 1971.

2 Toni Morrison, "What the Black Women Think About Women's Lib," New York *Times Magazine*, August 22, 1971.

3 Frances Beale, "Double Jeopardy: To Be Black and Female," ed. by Toni Cade, in *The Black Woman: An Anthology* (New York: New American Library, 1970).

4 Joanna Clark, "Motherhood" in *The Black Woman: An Anthology*, op. cit.

5 Barbara Burris in agreement with Kathy Barry, Terry Moon, Joann DeLor, Joann Parenti, Cate Stadelman, *The Fourth World Manifesto: An Angry Response To An Imperialist Venture Against The Women's Liberation Movement* (New Haven: Advocate Press, January 13, 1971).

6 Frantz Fanon, *A Dying Colonialism*, translated from the French by Haakon Chevalier (New York: Grove Press, 1965). Originally published

in France as L'An Cinq de la Révolution Algérienne, 1959, by François
Maspero.

7 Barbara Burris et al., op. cit.

8 Abram Kardiner, M. D., and Lionel Ovesey, M. D., *The Mark of
Oppression* (Cleveland: Meridian Books, The World Publishing Co., May 1967).

9 Daniel P. Moynihan, "Moynihan Report and the Politics of Controversy,"
a Trans-action Social Science and Public Policy Report (Cambridge, Mass.:
M. I. T. Press, 1967).

10 William H. Grier and Price M. Cobbs, *Black Rage* (New York: Basic Books,
1968).

11 Nancy Henley, op. cit.

12 Herbert Gross, Myra Herbert, Genell Knatterud, Lawrence Donner, "The
Effect of Race and Sex on the Variation of Diagnosis in a Psychiatric
Emergency Room," *Journal of Nervous and Mental Disease*, Vol.
148, No. 6, 1969; Carl A. Taube, "Differential Utilization of Out-Patient
Psychiatric Services by Whites and Nonwhites, 1969," *Statistical Note
36*, NIMH Survey and Reports Section, December 1970; Carl A. Taube,
"Admission Rates to State and County Mental Hospitals by Age, Sex
and Color, 1969," *Statistical Note 41*, NIMH Survey and Reports Section,
February 1971; Earl S. Pollack, Richard Redick, Carl A. Taube, "The
Application of Census Socioeconomic and Familial Data to the Study of
Morbidity from Mental Disorders," *American Journal of Public Health*,
Vol. 58, No. 1, 1968.

13 "Selected Symptoms of Psychological Distress," U. S. Department
of Health Education and Welfare, Public Health Services and Mental
Health, Administration 1970.

14 Martha Weinman Lear, "Q: If You Rape a Woman and Steal Her TV,
What Can They Get You for in NY? A: Stealing Her TV," New York *Times
Magazine*, January 30, 1972.

9장

1 Margaret Fuller, "The Great Lawsuit—Man versus Men; Woman versus
Women," *The Dial*, July 1843. Reprinted in *Margaret Fuller: American
Romantic. A Selection from Her Writings and Correspondence.* Edited by

Perry Miller (Ithaca, N.Y.: Cornell University Press, 1963).

2   Ibid.

3   Emma Goldman, "The Traffic in Women," in *Anarchism and Other Essays*. Introduction by Richard Drinnon (New York: Dover Publications, 1970). Also reprinted in *Red Emma Speaks: Selected Writings and Speeches by Emma Goldman*. Compiled and edited (and beautifully introduced) by Alix Kates Shulman. (New York: Vintage Books, Random House, 1972).

4   Emma Goldman, "Woman Suffrage," in *Anarchism and Other Essays*, op. cit.

10장

1   Monique Wittig, *Les Guerilleres*, translated from the French by David Le Vay (New York: The Viking Press, 1971).

2   Ibid.

3   C. G. Jung and C. Kerenyi, *Essays on a Science of Mythology: The Myth of the Divine Child and the Mysteries of Eleusis*, Bollingen Series XXII, translated from the German by R. F. C. Hull (Princeton, N. J.: Princeton University Press, 1949); Sir James Frazier, *The Golden Bough* (New York: Macmillan, 1958); C. Kerenyi, *Eleusis: Archetypal Image of Mother and Daughter*, translated from the German by Ralph Manheim, Bollingen Series LXV (New York: Pantheon Books, Random House, 1967).

4   Erich Neumann, *Amor and Psyche: The Psychic Development of the Feminine*. A Commentary on the Tale by Apuleius, translated from the German by Ralph Manheim, Bollingen Series LIV (New York: Pantheon Books, 1956).

5   Margaret Adams, "The Compassion Trap," *Psychology Today*, Vol. 5, No. 6, November 1971.

6   Emma Goldman, "Minorities versus Majorities" reprinted in *Anarchism and Other Essays*, introduction by Richard Drinnon (New York: Dover Publications, Inc., 1970).

7   Paul Goodman, "On Society, the Young, and Sex," *Psychology Today*, Vol. 5, No. 6, November 1971.

8   Anselma dell'Olio, unpublished manuscript.

9   Juliet Mitchell, *Woman's Estate* (New York: Pantheon Books, Random House,

1971).

10   Ibid.

11   Wittig, op. cit.

12   Helen Diner, *Mother and Amazons: The First Feminine History of Culture*, edited and translated by J. P. Lundin (New York: Julian Press, 1965). (First published in the 1930s under the pseudonym of "Sir Galahad.")

13   Ibid.

14   Ibid.

15   Ibid.

16   Ibid.

17   Frazier, op. cit., 1958: Sigmund Freud, "Contributions to the Psychology of Love: The Taboo of Virginity," *Collected Papers*, Vol. 4 (1918) (New York: Basic Books, 1959).

18   Robert Briffault, *The Mothers* (New York: Grosset and Dunlap, 1927); Bachofen, Das Mutteracht, cited by Diner, op. cit.; Frazier, op. cit.; J. F. Lafitau, *Moeurs de Sauvages Américains Compares aux Moeurs des Premiers Temps* (Paris: 1724); Matthew Paris, *Chronica Magna* (Chronicles and Memorials of Great Britain and Ireland), ed. by S. Henry Richards Luard, 7 Vols. (London: 1872-83); Nancy Reeves, *Womankind* (Chicago: Aldine, Atherton, 1971). 예스코 폰 푸트카머(Jesco von Puttkamer)와 알타이르 살레스(Altair Sales)는 최근 브라질에서 아마존 전사가 살았다고 추정되는 동굴을 발견했다(*Time magazine*, December 27, 1971).

19   Frantz Fanon, *A Dying Colonialism*, translated by Haakon Chevalier (New York: Grove Press, Inc., 1965). Originally published in France as *L'An Cinq de la Révolution Algérienne*, 1959, by François Maspero.

20   George Fischer, *The Soviet System and Modern Society* (Chicago: Aldine-Atherton, 1968).

21   Norman L. Farberow and Edwin F. Schneidman, *The Cry for Help* (New York: McGraw-Hill, 1965).

22   Wittig, op. cit.

참고문헌

내가 속한 세대는 『여성과 광기』 이전에 이미 이 책이 말하는 것 이상으로 풍요하면서도 급진적인 페미니즘 문헌이 세상에 나왔다는 사실을 한 세기 넘도록 알지 못했다. 왜냐하면 2세대 페미니즘에 관한 많은 페미니즘 문헌들이 1980년대 무렵에 '실종'되었기 때문이다. 나는 여기에 2세대 페미니즘 문헌의 일부를 포함시켰다. 이 참고문헌을 읽으면서 오늘날 독자들이 익숙하게 알고 있는, 이른바 페미니즘 문헌의 고전 이전에 이미 놀랍고도 흥미진진한 연설, 팸플릿, 일기, 기사, 책 등이 발표되었지만 그중 대다수가 잊혀버렸다는 점을 기억하기를 바란다. 참고문헌 목록에 포함된 저술은 각각 7년 단위로 시기를 나누고 필자의 이름순으로 정리했다. 어떤 책은 널리 알려진 다른 책보다 1~5년이나 앞서 출간되었음에도 불구하고 별로 알려진 바가 없었다는 사실을 주목할 필요가 있다.

독자 여러분께: 이 참고문헌의 일부를 핵심 커리큘럼으로 사용하는 것을 고려해볼 수 있습니다. 여성과 남성의 심리와 심리치료에 관한 페미니즘 접근 방식에서 가장 중요한, 진일보된 작업을 추가했습니다.

그리스 고전

Aeschylus. *The Agamemnon; The Libation Bearers; The Eumenides.* (458 BCE). Trans. David Grene and Richmond Lattimore. Chicago and London: University of Chicago Press, 1953.

Euripides II. *Iphighenia in Taurus; Helen.* (414-412 BCE). Trans. Richmond Lattimore. Phoenix Books. Chicago and London: University of Chicago Press, 1952.

Euripides V. *Electra.* (414-410 BCE). Trans. Emily Townsend Vermeule. Ed. David Grene and Richmond Lattimore. Chicago and London: University of Chicago Press, 1957

Sophocles II. *Electra and Philoctetes.* (420-410 BCE). Trans. David Grene and Richmond Lattimore. Chicago and London: University of Chicago Press, 1957

Adler, Alfred. *Individual Psychology.* Paterson, NJ: Littlefield Adams & Co, 1963; originally published 1925.

———. *Understanding Human Nature.* New York: Fawcett Premier Publishing, 1927. de Beauvoir, Simone. *The Second Sex.* New York: Vintage Books, 1989; originally published 1949.

Binswanger, Ludwig, "The Case of Ellen West." *In In Existence.* Trans. Werner M. Mendel and Joseph Lyone. Ed. Rollo May, Ernest Angel, and Henri F. Ellenberger. New York: Basic, 1958, pp 237-364.

Briffault, Robert. *The Mothers: The Matriarchal Theory of Social Origins.* Ed. Gordon Rattray Taylor. 3 Vols. New York: H. Fertig, 1993; originally published 1931

Diner, Helen. *Mothers and Amazons.* Ed. and trans. John Phillip Lundin. New York: Julian Press, 1965; originally published in the 1930s under the pen name Sir Galahad.

Freud, Sigmund. *Civilization and Its Discontents.* New York: Norton & Company, 1962; originally published 1929.

———. *Collected Papers: Volumes I-V.* New York: Basic Books, 1959; originally published from 1888-1938.

———. *Moses and Monotheism.* New York: Vintage Books, 1939.

———. *The Basic Writings of Sigmund Freud.* Ed. and trans. Dr. A. A. Brill. New York: The Modern Library, 1938.

Gilman, Charlotte Perkins. *"The Yellow Wallpaper" and Other Stories.* Old Westbury, NY: The Feminist Press, 1973; originally published 1892.

———. *The Living of Charlotte Perkins Gilman. An Autobiography.* New York: Arno Press, 1972; originally published 1935.

Goldman, Emma. *Living My Life.* 2 vols. New York: Dover Publication, 1970; originally published 1931.

Horney, Karen. *Feminine Psychology.* New York: W. W. Norton & Co., 1967; originally published from 1922-1937.

Jung, C. G. *Modern Man In Search of a Soul.* London: Kegan Paul Trench Trubner(1955) ed. Harvest Books ISBN 0156612062; originally published 1933.

———. *The Archetypes and the Collective Unconscious.* Princeton, NJ:

Bollingen, 1981; 2nd ed. Collected Works Vol. 9, Part 1. ISBN 0691018332; originally published from 1934-1954.

Jung, C. G. *Two Essays on Analytical Psychology*. London: Routledge, 1966; revised 2nd ed. Collected Works Vol. 7; originally published 1917, 1928.

Klein, Melanie. *Contributions to Psychoanalysis*. London: Hogarth Press and The Institute of Psycho-Analysis, 1948; originally published from 1921-1945.

————. *Envy and Gratitude & Other Works*. New York: Dell Publishing Company, 1975; originally published 1946-1963.

Mill, John Stuart. *The Subjection of Woman*. Mineola, New York: Dover Publication, 1997; originally published 1869.

de Pisan, Christine. *The Book of the City of Ladies*. Trans. Earl Jeffrey Richards. New York: Persea Books, 1983; originally published 1400.

Plath, Sylvia. *The Bell Jar*. New York: Harper & Row, 1971; originally published 1963.

Winnicott, Donald W. *Collected Papers: Through Paediatrics to Psychoanalysis*. London: Tavistock; New York: Basic Books, 1958; London; Hogarth Press and Institute of PSA, 1975; London: Institute of PSA and Karnac Books, 1992; Brunner/Mazel, 1992.

Wollstonecraft, Mary. *The Vindication of the Rights of Woman*. Harmondsworth, Middlesex, England: Penguin Books, 1982; originally published 1792.

Woolf, Virginia. *A Room of One's Own*. New York: Harcourt Brace & World, 1966; originally published 1938.

————. *Three Guineas*. New York: A Harbinger Books, 1938.

1963 – 1970

Amatniek, Kathy. "Funeral Oration for the Burial of Traditional Womanhood." *In Notes from the First Year*. New York: New York Radical Women, June 1968. See in addition: Shulamith Firestone, "The Women's Rights Movement in the U. S."; Anne Koedt, "The Myth of the Vaginal Orgasm."

Bart, Pauline B. "Portnoy's Mother's Complaint." *Trans-action*. November-December 1970.

Chesler, Phyllis. "Women and Psychotherapy." *The Radical Therapist*.

참고문헌

September 1970. Reprinted in *The International Socialist Review.*
November 1970; *The Radical Therapist Collective Anthology.* Ed. Jerome
Agel. New York: Ballantine Books, 1971.

Densmore, Dana. *Chivalry-the Iron Hand in the Velvet Glove.* Pittsburgh:
Know, Inc. Pamphlet, 1969.

————. "On Celibacy." *No More Fun and Games: A Journal Female
Liberation.* Somerville, Massachusetts: October 1968. See in addition:
Roxanne Dunbar, "S1avery" and "Dirge for White America."

Firestone, Shulamith. *The Dialectics Sex.* New York: William Morrow & Co.,
1970.

Firestion, Shulamith, ed. and Anne Koedt, assoc. ed. *Notes from the Second
Year: Major Writers of the Radical Feminists.* New York: Notes from the
Second Year, Inc., 1970. See in addition: Ti-Grace Atkinson, "Radical
Feminism" and "The Institution of Sexual Intercourse"; Lucinda Cisler,
"On Abortion and Abortion Law"; Roxanne Dunbar, "Female Liberation
as the Basis for Social Revolution"; Carol Hanisch, "The Personal is
Political"; Joreen, "Bitch Manifesto"; Pat Mainairdi, "The Politics of
Housework"; Anselma dell' Olio, "The Founding of the New Feminist
Theatre"; Kathie Sarachild, "A Program for Feminist Consciousness
Raising"; Meredith Tax, "Woman and Her Mind: The Story of Everyday
Life"; Ellen Willis, "Women and the Left."

Flexner, Eleanor. *Century of Struggle: The Women's Rights Movement in the
United States.* New York: Atheneum, 1968; originally published 1959.

Friedan, Betty. *The Feminine Mystique.* New York: Dell, 1963.

Greer, Germaine. *The Female Eunuch.* New York: McGraw-Hill, 1971;
originally published in England, 1970.

Horney, Karen. *Feminine Psychology.* New York: W. W. Norton & Co., 1967;
originally published 1922-1937.

McAfee, Kathy and Myrna Wood, eds. "Bread and Roses." *Leviathan.* Vol. 1,
June 1969.

Millett, Kate. *Sexual Politics.* New York: Doubleday, 1970.

Morgan, Robin, ed. *Sisterhood Is Powerful: An Anthology of Writings from
the Women's Liberation Movement.* New York: Random House, 1970.

Seaman, Barbara. *The Doctor's Case Against the Pill.* New York: Peter
Wyden, 1969.

————. *Free and Female.* New York: Coward, McCann & Geoghegan, 1972.

Solanas, Valerie. *Scum Manifesto.* New York: Olympia Press, 1968.

Steinem, Gloria. "After Black Power, Women's Liberation?" *New York magazine,* 1969.

————. "A Bunny's Tale." *Show Magazine.* 1963.

Szasz, Thomas S. *The Manufacture of Madness: A Comparative Study of the Inquisition and the Mental Health Movement.* New York: Harper & Row, 1970.

Wages For Housework: Women Speak Out. *Toronto: May Day Rally.* Pamphlet, 1969.

Weisstein, Naomi. "Kinder, Kuche and Kirche: Psychology Constructs the Female." *Scientific Psychology and Social Relevance.* New York: Harper & Row, 1971; originally published by New England Free Press, 1968.

Wittig, Monique. *Les Guerilleres.* New York: Viking Press, 1971; originally published in France, 1969.

1971 – 1977

Atkinson, Ti-Grace. *Amazon Odyssey.* New York: Links Books, 1974.

Bardwick, Judith M. *Psychology of Women: A Study of Bio-Cultural Conflicts.* New York: Harper & Row, 1971.

Breggin, Peter. "Lobotomies: An Alert." *American Journal of Psychiatry.* Vol. 129, July 1972.

Brownmiller, Susan. *Against Our Will.* New York: Simon & Schuster, 1975.

By and For Women. *The Women's Gun Pamphlet.* Pamphlet, 1975.

Chesler, Phyllis. "Sex Role Stereotyping and Adjustment." *Psychology of Adjustment.* Ed. James F. Adams. Holbrook Press, 1973.

————. *Women and Madness.* New York: Doubleday and Co., 1972.

————. "Women and Mental Illness." *Women: Resources for a Changing World.* The Radcliffe Institute, Radcliffe College, October 1972.

Chesler, Phyllis and Emily Jane Goodman. *Women, Money and Power.* New York: William Morrow & Co., 1976,

Connell, Noreen and Cassandra Wilson, eds. *Rape: The First Sourcebook For Women.* New York: Plume Books, New American Library, 1974.

Davis, Elizabeth Gould. *The First Sex.* New York: G. P. Putnam & Sons, 1971.

Deming, Barbara and Arthur Kinoy. *Women & Revolution: A Dialogue.* Pamphlet, 1975.

Dreifus, Claudia. *Women's Fate: Raps from a Feminist Consciousness-Raising Group.* New York: Bantam, 1973.

Dworkin, Andrea. *Woman Hating.* New York: E. P. Dutton, 1974.

Ehrenreich, Barbara and Deidre English. *Witches, Midwives and Nurses: A History of Women Healers.* Pamphlet, 1972.

Frankfurt, Ellen. *Vaginal Politics.* New York: Quadrangle Books, 1972.

Gornick, Vivian and B. K. Moran. *Women in a Sexist Society: Studies in Power and Powerlessness.* New York: Basic Books, 1971. See in addition: Phyllis Chesler, "Patient and Patriarch: Women in the Psychotherapeutic Relationship"; Alta, "Pretty"; Una Stannard, "The Mask of Beauty"; Ruby R. Leavitt, "Women in Other Cultures"; Cynthia Ozick, "Women and Creativity: The Demise of the Dancing Dog"; Linda Nochlin, "Why Are There No Great Women Artists?"; Margaret Adams, "The Compassion Trap."

Gould, Robert. "Masculinity by the Size of the Paycheck." *Ms.* February 1973.
———. "Socio-Cultural Roles of Male and Female. *Comprehensive Textbook of Psychiatry, 2nd ed. Eds.* Freedman, Kaplan, and Sadock. Baltimore: Williams & Wilkins, 1975.

Henley, Nancy M. *Body Politics: Power, Sex, and Non-Verbal Communications.* Englewood Cliffs, New Jersey: Prentice-Hall, 1977.

Hite, Shere. *The Hite Report on Female Sexuality.* New York: Macmillan Publishing Co., 1976.

Johnston, Jill. *Lesbian Nation: The Feminist Solution.* New York: Simon & Schuster, 1973.

Jong, Erica. *Fear of Flying.* New York: Holt, Rinehart, and Winston, 1973.

Katz, Naomi and Nancy Milton, eds. *Fragment from a Lost Diary and Other Stories: Women of Asia, Africa, and Latin America.* New York: Pantheon Books, 1973.

Kingstone, Maxine Hong. *The Woman Warrior: Memoirs of a Girlhood Among Ghosts.* New York: Knopf, 1976.

Koedt, Anne, ed. and Shulamith Firestone, assoc. ed. *Notes from the Third Year: Women's Liberation.* New York: Notes from the Second Year, Inc., 1971. See in addition: Susan Brownmiller, "Speaking Out on Prostitution";

Barbara Burris, "The Fourth World Manifesto"; Dana Densmore,
   "Independence from Sexual Revolution"; Claudia Dreifus, "The Selling
   of a Feminist"; Jo Freeman, "The Building of the Guilded Cage"; Judith
   Hole and Ellen Levine, "The First Feminists"; Pamela Kearon and Barbara
   Mehrhof, "Rape: An Act of Terror"; Judy Syfers, "Why I Want a Wife."
Laws, Judith Long. "The Psychology of Tokenism: An Analysis." *Sex Roles*.
   Vol. 1, 1975.
Martin, Del. *Battered Wives*. San Francisco: Glide Publications, 1976.
———. *Battered Wives*. New York: Pocket Books, 1977.
Medea, Andra and Kathleen Thompson. *Against Rape: A Survival Manual
   for Women: How to Avoid Entrapment and How to Cope with Rape
   Physically and Emotionally*. New York: Farrar, Straus, and Giroux, 1974.
Miller, Jean Baker. *Toward a New Psychology of Women*. Boston: Beacon
   Press, 1976.
Mitchell, Juliet. *Psychoanalysis and Feminism*. London: Allen Lane, 1974.
———. *Woman's Estate*. New York: Random House, 1971.
Oakley, Ann. *Women's Work: The Housewife, Past and Present*. New York:
   Pantheon, 1974.
Piercy, Marge. *Small Changes*. New York: Doubleday, 1973.
———. *Woman on the Edge of Time*. New York: Knopf, 1976.
Rich, Adrienne. *Of Woman Born: Motherhood as Experience and Institution*.
   New York: W. W. Norton and Co., 1976.
Rowbotham, Sheila. *Women, Resistance, and Revolution*. London: Penguin,
   1972.
Rubin, Lillian Breslow. *Worlds of Pain: Life in the Working-Class Family*.
   New York: Basic Books, 1976.
Russ, Joanna. *The Female Man*. New York: Bantam Press, 1975.
Russell, Diana E. H. and Nicole Van de Ven, eds. *The Proceeding of the
   International Tribunal on Crimes Against Women*. California: Les Femmes,
   1976.
Schatzman, Morton. *Soul Murder: Persecution in the Family*. New York:
   Random House, 1973.
Shulman, Alix Kates. *Memoirs of an Ex-Prom Queen*. New York: Random
   House, 1972.
Snodgrass, Jon, ed. *A Book of Readings for Men Against Sexism*. New York:

Times Change Press, 1977.

Stone, Merlin. *When God Was a Woman*. Great Britain: Virgo Limited, 1976.

Unger, Rhoda Kesler and Florence L. Denmark, eds. *Woman: Dependent or Independent Variable?* New York: Psychological Dimensions, Inc., 1975.

Williams, Juanita H. *Psychology of Women: Behavior in a Biosocial Context*. New York: W. W. Norton & Co., 1974.

1978 – 1984

Armstrong, Louise, *Kiss Daddy Goodnight: A Speak-Out on Incest*. New York: Hawthorn, 1978.

Barry, Kathleen. *Female Sexual Slavery*. Englewood Cliffs, New Jersey: Prentice- Hall, 1979.

Barry, Kathleen, Charlotte Bunch, and Shirley Castley, eds. *International Feminism: Networking Against Female Sexual Slavery*. New York: The International Women's Tribune Centre, Inc., 1984.

Bernikow, Louise, *Among Women*. New York: Harmony Books, 1980.

Bolen, Jean Shinoda. *Goddesses In Every Woman: Powerful Archetypes in Women's Lives*. New York: HarperCollins, 1984.

Brodsky, Annette M. and Rachel Hare-Mustin, eds. *Women and Psychotherapy: An Assessment of Research and Practice*. New York: The Guilford Press, 1980.

Bulkin, Elly, Minnie Bruce Pratt, and Barbara Smith, *Yours in Struggle: Three Feminist Perspectives on Anti-Semitism*. Brooklyn, New York: Long Haul Press, 1984.

Chernin, Kim. *The Obsession: Reflections on the Tyranny of slenderness*. Harper & Row: New York, 1981.

Chesler, Phyllis. About Men. New York: Simon & Schuster, 1978.

———. *With Child: A Diary of Motherhood*. New York: Lippincott & Crowell, 1979.

Chodorow, Nancy. *The Reproduction of Mothering: Psychoanalysis and the Sociology of Gender*. Berkeley: University of California Press, 1978.

Clement, Catherine. *Opera: Or the Undoing of Women*. Minneapolis: The University of Minnesota Press, 1988; originally published as *Lí opera ou la defaite des femmes*. France: Bernard Grasset, 1979.

Daly, Mary. *GYN/Ecology: The Metaethics of Radical Feminism*. Boston: Beacon Press, 1978.

———. *Pure Lust: Elemental Feminist Philosophy*. Boston: Beacon Press, 1984.

Degler, Carl N. *At Odds: Women and the Family in America From the Revolution to the Present*. Oxford: Oxford University Press, 1980.

DuBois, Ellen Carol, ed. *Elizabeth Cady Stanton, Susan B. Anthony: Correspondence, Writings, Speeches*. New York: Schocken Books, 1981.

Eisenstein, Hester. *Contemporary Feminist Thought*. Boston: G, K. Hall, 1983.

Eisenstein, Zillah R., ed. *Capitalist Patriarchy and the Case for Socialist Feminism*. New York: Monthly Review Press, 1979.

Farley, Lin. *Sexual Shakedown: The Sexual Harassment of Women on the Job*. New York: McGraw-Hill, 1978.

Fisher, Elizabeth. *Women's Creation: Sexual Evolution and the Shaping of Society*. Garden City, New York: Anchor/Doubleday, 1979.

Frank, K. Portland. *The Anti-Psychiatry Bibliography and Resource Guide*. Vancouver: Press Gang Publishers, 1979.

Fritz, Leah. *Dreamers & Dealers: An Intimate Appraisal of the Women's Movement*. Boston: Beacon Press, 1979.

Gilbert, Sandra M., and Susan Gubar. *The Madwoman in the Attic: The Woman Writer and the Nineteenth-Century Literary Imagination*. New Haven: Yale University Press, 1979.

Gilligan, Carol. *In a Different Voice: Psychological Theory and Women's Development*. Cambridge: Harvard University Press, 1982.

Gould, Robert. "Men's Liberation." In *Modern Man and Woman in Transition*. Eds. Millman and Goldman. Dubuque: Kendall/Hunt, 1978.

Greenspan, Miriam. *A New Approach to Women & Therapy*. New York: McGraw-Hill, 1983.

Griffen, Susan, *Woman and Nature: The Roaring Inside Her*. New York: Harper & Row, 1978.

Herman, Judith Lewis. *Father-Daughter Incest*. Cambridge: Harvard University Press, 1981.

Hite, Shere. *The Hite Report on Male Sexuality*. New York: Ballantine Books, 1981.

Holroyd, J. C. "Erotic Contact as a Instance of Sex-Biased Therapy." In *Bias in Psychotherapy*. Eds. J. Murray and P. R. Abramson. New York: Preager, 1981, pp. 285-308.

Holroyd, J. C. and Brodsky, J. M. "Does Touching Patients Leads to Sexual Intercourse?" *Proffesional Psychology* 11 (1980): 807-811

hooks, bell. *Ain't I a Woman: Black Women and Feminism*. Boston: South End Press, 1981.

———. *Feminist Theory from Margin to Center*. Boston: South End Press, 1984.

Hull, Gloria T., Patricia Bell Scott, and Barbara Smith. *All the Women Are White, All the Blacks Are Men, But Some of Us Are Brave: Black Women's Studies*. Old Westbury, New York: The Feminist Press, 1982.

Johnson, Sonia. *From Housewife to Heretic: One Woman's Struggle For Equal Rights and Her Excommunication From the Mormon Church*. Garden City, New York: Doubleday & Co., 1981.

Jones, Ann, *Women Who Kill*. New York: Holt, Rinehart, and Winston, 1980.

Joseph, Gloria. "Black Mothers and Daughters: Traditional and New Populations." *Sage*. Vol. 1, 1984.

Lorde, Audre. *Sister Outsider: Essays and Speeches*. Trumansburg, New York: The Crossing Press, 1984.

Malcolm, Janet. *In the Freud Archives*. New York: Random House, 1983.

Masson, Jeffery Moussaieff. *The Assault on Truth*. New York: Penguin Books, 1984.

McAllister, Pam, ed. *Reweaving the Web of Life: Feminism and Nonviolence*. Philadelphia: New Society Publishers, 1982.

Miller, Alice. *Prisoners of Childhood: How Narcissistic Parents Form and Deform the Emotional Lives of Their Gifted Children*. New York: Basic Books, 1981.

Moraga, Cherrie and Gloria Anzaldúa, eds. *This Bridge Called My Back: Writings By Radical Women of Color*. Watertown, Massachusetts: Persephone Press, 1981.

Pleck, Joseph H. and Robert Brannon, eds. "Male Roles and the Male Experience." *Journal of Social Issues*. Vol. 34, 1978.

Ruddick, Sara. "Maternal Thinking." In *Mothering: Essays in Feminist Theory*. Ed. Joyce Trebilcot. ed. Totowa, New Jersey: Rowman and Allanheld,

1983.

Rush, Florence, *The Best Kept Secret: Sexual Abuse of Children.* New
Jersey: Prentice-Hall, 1980.

Russ, Joanna. *How to Suppress Women's Writing.* Great Britain: The
Women's Press, 1983.

Russell, Diana E. H. *Rape in Marriage.* New York: Macmillan Publishing Co.,
1982.

Seidenberg, Robert. *Women Who Marry Houses.* New York: McGraw-Hill,
1983.

Sheehan, Susan. *Is There No Place on Earth for Me?* New York: Random
House, 1982.

Smith, Barbara, ed. *Home Girls: A Black Feminist Anthology.* New York:
Kitchen Table, Women of Color Press, Inc., 1983.

Snitow, Ann, Christine Stansell, and Sharon Thompson, eds. *Powers of
Desire: The Politics of Sexuality.* New York: Monthly Review Press, 1983.

Spender, Dale. *Women of Ideas and What Men Have Done to Them from
Aphra Behn to Adrienne Rich.* London: Routledge, Kegan and Paul Ltd.,
1982.

Torton Beck, Evelyn, ed. *Nice Jewish Girls: A Lesbian Anthology.* Boston:
Beacon Press, 1982.

Walker, Alice. *In Search of Our Mothers' Gardens.* New York: Harcourt Brace
Jovanovich, 1983.

Walker, Lenore E. *The Battered Woman.* New York: Harper & Row, 1979.

Wallace, Michelle, *Black Macho and the Myth of the Black Super Woman.*
New York: The Dial Press, 1978.

1985 – 1991

Alexander, Vicki, M. D. "Black Women and Health." *On the Issues.* Vol. 6,
1986.

Barry, Kathleen. *Susan B. Anthony: A Biography.* New York and London:
New York University Press, 1988.

Baruch, Elaine Hoffman and Lucienne J. Serrano. *Women Analyze Women.*
New York and London: New York University Press, 1988.

Bates, C. M. and Brodsky, A. M. *Sex in the Therapy Hour: A Case of*

Professional Incest. New York: Guilford Press, 1989.

Benjamin, Jessica. *The Bonds of Love: Psychoanalysis, Feminism, and the Problem of Domination.* New York: Pantheon Books, 1988.

Bernay, Tony and Dorothy W. Cantor, eds. *The Psychology of Today's Woman: New Psychoanalytic Visions.* Cambridge, Massachusetts and London, England: Harvard University Press, 1989.

Braude, Marjorie, ed. *Women, Power and Therapy.* New York: Harrington Park Press, 1988.

Brody, Claire M., ed. *Women's Therapy Groups: Paradigms of Feminist Treatment.* New York: Springer Publishing Co., 1987.

Cantor, Dorothy W. *Women As Therapists: A Multitheoretical Casebook.* New York: Springer Publishing Co., 1990.

Caplan, Paula J. *The Myth of Women's Masochism.* New York: E. P. Dutton, 1985.

———. *Don't Blame Mother. Mending the Mother-Daughter Relationship.* New York: HarperCollins, 1989.

Caputi, Jane. *The Age of Sex Crime.* Bowling Green: Bowling Green State University Press, 1987.

Chernin, Kim. *The Hungry Self: Women, Eating, and Identity.* New York: Random House, 1985.

Chesler, Phyllis. "Anorexia Becomes Electra: Women, Eating and Identity." *New York Times* Book Review, 21 July, 1985.

———. *Mothers on Trial: The Battle for Children and Custody.* New York: McGraw Hill Book Company, 1986.

———. "Mother-Hatred and Mother-Blaming: What Electra Did to Clytemnestra. Motherhood: A Feminist Perspective." *Journal of Women and Therapy.* Vol. 10, 1990.

———. "Mothers On the Run: Sweden 1990." *On the Issues.* Spring 1991.

———. "Mothers On Trial: The Custodial Vulnerability of Women." *Feminism and Psychology: An International Journal.* Vol. 1, 1991.

———. "Re-examining Freud." *Psychology Today.* September 1989.

———. *Sacred Bond: The Legacy of Baby M.* New York: Times Books/ Random House, 1988.

Cole, Ellen and Esther D. Rothblum, eds. *Women and Sex Therapy: Closing the Circle of Sexual Knowledge.* New York: Harrington Park Press, 1988.

Dworkin, Andrea. *Mercy.* New York: Four Walls Eight Windows, 1991.

Fine, Michelle and Susan Merle Gordon. "Effacing the Center and the Margins: Life at the Intersection of Psychology and Feminism." *Feminism and Psychology.* Vol. 1, 1991.

Gartrell, N., Herman, J., Olarte, S., Feldstein, M., and Localio, R. "Reporting Practices of Psychiatrists Who Knew of Sexual Misconduct by Colleagues." *American Journal of Psychiatry* 143, 9 (1987): 1126-1131.

Gartrell, N., Herman, J., Olarte, S., Feldstein, M., and Localio, R. "Psychiatrists Patient Sexual Contact: Results of a National Survey. II. Attitudes." *American Journal of Psychiatry* 144, 2 (1987): 164-169.

Gilligan, Carol, Jane Victoria Ward, Jill McLean Taylor, and Betty Bardige. *Mapping the Moral Domain: A Contribution of Women's Thinking to Psychological Theory and Education.* Cambridge: Harvard University Press, 1988.

Glaser, R. D. and Thorpe, J. S. "Unethical Intimacy: A Survey of Sexual Contact Advances Between Educators and Female Graduate Students." *American Psychologist* 41 (1986): 43-51.

Gotlib, Ian H., Valerie Whiffen, John H. Mount, Kenneth Milne, and Nikkie I. Cordy. "Prevalence Rates and Demographic Characteristics Associated with Depression in Pregnancy and the Postpartum." *Journal of Consulting and Clinical Psychology* Vol. 57, No. 2 (1989): 269-274. American Psychology Association.

Gotlib, Ian H., John H. Mount, Pamela M. Wallace, and Valerie E. Whiffen. "Prospective Investigation of Postpartum Depression: Factors Involved in Onset and Recovery." *Journal of Abnormal Psychology* 100, 2 (1991): 122-132.

Grahn, Judy. *Another Mother Tongue.* Boston: Beacon Press, 1990.

Howard, Doris, ed. *The Dynamics of Feminist Therapy.* New York: Haworth Press, 1986.

Jeffreys, Sheila. *The Spinster and Her Enemies: Feminism and Sexuality, 1880-1930.* London: Pandora, 1985.

Jones, Jacqueline. *Labor of Love, Lavor of Sorrow: Black Women, Work, and the Family from Slavery to the Present.* New York: Basic Books, 1985.

Kaplan, Marcia J., Carolyn Winger, and Noel Free. "Psychiatrists' Beliefs about Gender-Appropriate Behavior." *American Journal of Psychiatry.*

147:7, July 1990.

Karlsen, Carol F. *The Devil in the Shape of A Woman: Witchcraft in Colonial New England.* New York: W. W. Norton & Co., Inc., 1987.

Kaschak, Ellyn, ed. "Motherhood: A Feminist Perspective." *Women & Therapy: A Feminist Quarterly,* Special Issue. Vol. 10, Nos. 1/2. New York: The Howorth Press, 1990.

Kaye/Kantrowitz, Melanie and Irena Klepfisz, eds. *The Tribe of Dina: A Jewish Women's Anthology.* Montpelier, Vermont: Sinister Wisdom Books, 1986. Originally published in Sinister Wisdom, 1986.

Kitzlinger, Celia. *The Social Construction of Lesbianism.* California: Sage Publications, 1987.

Laidlaw, Tonni Ann et al. *Healing Voices: Feminist Approaches to Therapy with Women.* San Francisco: Jossey-Bass Inc., 1990.

Lobel, Kerry, ed, *Naming the Violence: Speaking Out About Lesbian Battering.* The National Coalition Against Domestic Violence Lesbian Task Force. Seattle: Seal Press, 1986.

Luepnitz, Deborah Anna. *The Family Interpreted.* New York: Basic Books, 1988.

MacKinnon, Catherine A. F*eminism Unmodified: Discourses on Life and Law.* Cambridge: Harvard University Press, 1987.

Menaker, Esther. *Appointment in Vienna: An American Psychoanalyst Recalls Her Student Days in Pre-War Austria.* New York: St. Martin Press, 1989.

Millett, Kate. *The Loony Bin Trip.* New York: Simon & Schuster, 1990.

Miner, Valerie and Helen Longino, eds. *Competition: A Feminist Taboo?* New York: The Feminist Press, 1987.

North, Carol. *Welcome, Silence: My Triumph Over Schizophrenia.* New York: Simon and Schuster, 1987.

Perkins, Rachel. "Therapy for Lesbians?: The Case Against." *Feminism and Psychology.* Vol. 1, 1991.

Pogrebin, Letty Cottin. *Deborab, Golda and Me.* New York: Crown, 1991.

Pope, Kenneth S. "Therapists-Patient Sexual Involvement: A Review of the Research." *Clinical Psychology Review* 10 (1990): 477-490.

Pope, Kenneth S., Keith-Spiegel, P., and Tabachnick, B. G. "Ethics of Practice: The Beliefs and Behaviors of Psychologists as Therapists." *American*

Psychologist 42 (1987): 993-1006.

Raymond, Janice G. *A Passion for Friends: Toward a Philosophy of Female Affection.* Boston: Beacon Press, 1986.

Rosewater, Lynne Bravo and Lenore E. A, Walker, eds. *Handbook of Feminist Therapy: Women's Issues in Psychotherapy.* New York: Springer Publishing Co., 1985.

Siegel, Rachel Josefowitz, ed, *Seen but Not Heard: Jewish Women in Therapy.* New York: Harrington Park Press, 1991.

Spender, Dale: *The Making and Meaning of Feminist Knowledge.* Great Britain: The Women's Press Limited, 1985.

Symonds, Alexandra, M. D. "A Re-Evaluation of Depression in Woman." *On the Issues.* Vol. 4, 1985.

Tan, Amy. *The Joy Luck Club.* New York: Putnam, 1989.

Ussher, Jane. *Women's Madness: Misogyny or Mental Illness?* Amherst, MA: University of Amherst Press, 1991.

Walker, Barbara G. *The Skeptical Feminist: Discovering the Virgin, Mother and Crone.* San Francisco: Harper & Row, 1987.

Walker, Lenore, E. *Terrifying Love: Why Battered Women Kill and How Society Responds.* New York: Harper & Row, 1989.

Walsh, Mary Roth, ed. *The Psychology of Women: Ongoing Debates.* New Haven and London: Yale University Press, 1987.

Walters, Marianne, Betty Carter, Peggy Papp, and Olga Silversmith. *The Invisible Web: Gender Patterns tn Family Relationships.* New York: The Guilford Press, 1988.

Wittig, Monique. *Crossing the Acheron.* London: Peter Owen, 1987. First published in French, 1985.

1992 – 1999

Abe, J. S. and Zane, N. W. S. "Different Responses to Trauma: Migration-Related Discriminants of Post-Traumatic Stress Disorder Among Southeast Asian Refugees." *Journal of Community Psychology* 22. 2 (1994): 121-135.

Adams, Eve M. and Nancy E. Bets. "Gender Differences in Counselors' Attitudes Toward and Attributions About Incest." *Journal of Counseling*

Psychology 40, 2 (1993): 210-216.

Adleman Jeanne and Gloria Enguidanos, eds. *Racism in the Lives of Women: Testimony, Theory, and Guides to Antiracist Practice.* New York: The Haworth Press, 1995.

Allison, Dorothy. *Skin: Talking About Sex, Class & Literature.* Ithaca, New York: Firebrand Books, 1994.

Antonelli, Judith, S. "Beyond Nostalgia: Rethinking the Goddess." *On the Issues.* Vol. 6, 1997.

Appignanesi, Lisa and John Forrester. *Freud's Women.* New York: Basic Books, 1992.

Armstrong, Louise. "Who Stole Incest?" *On The Issues.* Fall 1994.

Ballou, Mary and Laura Brown, Eds. *Rethinking Mental Health and Disorder: Feminist Perspectives.* New York: Guilford Press, 2002.

Baker, Nancy Lynn. "Class as a Construct in a 'Classless' Society." *Women and Therapy.* Vol. 18, 1996.

Bolen, Jean Shinoda. *Crossing to Avalon.* New York: Harper Collins, 1994.

Borch-Jacobsen, Mikkel. "Sybil-The Making if a Disease: An Interview with Dr. Herbert Spigel." *New York Review of Books* (April 24, 1997): 60-64.

Broden, Melodie S. Albert A, Agresti. "Responding to Therapists' Sexual Abuse of Adult Incest Survivors: Ethical and Legal Considerations." *Psychotherapy* 35, 1 (1998).

Brown, Laura S. "Boundaries in Feminist Therapy: A Conceptual Formulation." *Women and Therapy.* Vol. 15, 1994.

———. *Subversive Dialogues: Theory in Feminist Therapy.* New York: Basic Books, 1994.

———. "Politics of Memory, Politics of Incest: Doing Therapy and Politics That Really Matter." *Women and Therapy.* Vol. 19, 1996.

Berns, Sara B., Eric Gortner, John M. Gottman, Neil S. Jacobson, "When Women Leave Violent Relationships: Dispelling Clinical Myths." *Psychotherapy* 34, 4 (1997): 343-351.

Caplan, Paula J. *Lifting a Ton of Feathers: A Woman's Guide to Survivng in the Academic World.* Toronro: University of Toronto Press, 1993.

———. *They Say You're Crazy: How the World's Most Powerful Psychiatrists Decide Who's Normal.* Philadelphia: Perseus Books, 1995.

———. "Try Diagnosing Men's Mind Games Instead of Pathologizing

Women." *On The Issues.* Winter 1997.

Chesler, Phyllis, Esther Rothblum, Ellen Cole. *Feminist Foremothers in Women's Studies, Psychology, and Mental Health.* New York: Harrington Park Press, 1995.

Chesler, Phyllis. *Letters to a Young Feminist.* New York: Four Walls Eight Windows, 1997.

Chesler, Phyllis. "A Reappraisal of Women and Madness." In *Feminism & Psychology,* Vol. 2, No. 4. London: SAGE, 1994. Articles by Dale Spender, Sue Wilkinson, Judi Chamberlin, Jane Ussher, and Helen Bolderston.

Chesler, Phyllis. "Custody Determinations: Gender Bias in the Courts." In *Encyclopedia of Childbearing: Critical Perspectives.* Ed. Barbara Katz Rothman. Phoenix: Oryx Press, 1992.

———. "A Double Standard for Murder?" *New York Times* OP-ED, January 9, 1992.

———. "The Shellshocked Woman." *New York Times* Book Review. August 23, 1992.

———. "When a 'Bad' Woman Kills: The Trials of Aileen Wuornos." *On the Issues.* Summer 1992.

———. "The Men's Auxiliary: Protecting the Rule of the Fathers." In *Women Respond to the Men's Movement.* Ed. Kay Leigh Hagan. San Francisco: Harper San Francisco, 1992.

———. "Sexual Violence Against Women and a Woman's Right to Self-Defense: The Case of Aileen Carol Wuornos." *St. John's University Law Review* (Fall-Winter 1993), and *Criminal Practice Law Report.* Vol. 1 (October 1995).

———. "The Dead Man is Not on Trial." *On the Issues.* Winter 1994.

———. "Heroism is Our Only Alternative." A Response to a Retrospective on Women and Madness. *The Journal of Feminism and Psychology.* Vol. 4, May 1994.

———. *Patriarchy: Notes of an Expert Witness.* Monroe, Maine: Common Courage Press, 1994.

———. "When They Call You Crazy." *On the Issues.* Summer 1994.

———. "Rebel with a Cause." *On the Issues.* Fall 1995.

———. "What is Justice for a Rape Victim." *On the Issues.* Winter 1995.

Chew, Lin. "Global Trafficking in Women: Some Issues and Stratigies."

Women's Studies Quarterly 1 & 2 (1999): 11-18.

Comas-Diaz, L. "An Integrative Approach." In *Women of Color: Integrating Ethnic and Gender Identities in Psychotherapy.* Eds. L. Comas-Diaz & B. Greene. New York: Guilford Press, 1994, pp. 287-318.

Comas-Diaz, Lillian and Frederick J. Jacobsen. "Psychopharmacology for Women of Color: An Empowering Approach." *Women and Therapy.* Vol. 16, 1995.

Chalifoux, Bonnie. "Speaking Up: White, Working-Class Women in Therapy." *Women and Therapy.* Vol. 18, 1996.

Copelon, Rhonda. "Surfacing Gender: Reconceptualizing Crimes Against Women in Time of War." In *Mass Rape: The War Against Women in Bosnia-Herzegovina.* Ed. Alexandra Stiglymyer. Lincoln and London: University of Nebraska Press, 1992.

Das Dasgupta, Shamita, ed. *A Patchwork Shawl: Chronicles of South Asian Women in America.* New Jersey: Rutgers University Press, 1998.

Denmark, Florence L. and Michele A. Paludi, eds. *Psychology of Women: A Handbook of Issues and Theories.* Westport, Connecticut: Greenwood Press, 1993.

Dorkenoo, Efua. "Combating Female Genital Mutilation: An Agenda for the Next Decade." *Women's Studies Quarterly* 1 & 2 (1999): 87-97.

Douglas, Claire. *Translate This Darkness: The Life of Christiana Morgan: The Veiled Woman in Jung's Circle.* New York: Simon & Schuster, 1993.

Dumquah, Meri Nana-Ama. *Willow Weep for Me, A Black Woman's Journey Through Depression: A Memoir.* New York: W. W. Norton & Co., 1998.

Dutton, Donald G. and Susan K. Golant. *The Batterer: A Psychological Profile.* New York: Basic Books, 1995.

Dworkin, Andrea. *Letters from a War Zone.* Chicago: Lawrence Hill Books, 1993.

Estes, Clarissa Pinkola. *Women Who Run with the Wolves: Myths and Stories of the Wild Woman Archetype.* New York: Ballantine Books, 1992.

Farley, M., I. Baral, M. Kiremire, and U. Sezgin. "Prostitution in Five Countries: Violence and Post-Traumatic Stress Disorder." *Feminism & Psychology* 8, 4 (1998): 405-426

Feldmar, Andrew. *R. D. Laing: Creative Destroyer.* London: Cassell, 1997.

Firestone, Shulamith. *Airless Spaces.* New York: Semiotext(e), 1998.

Freyd, Jennifer J. *Betrayal Trauma.* Cambridge: Harvard University Press, 1995.

Geller, Jeffrey and Maxine Harris. *Women of the Asylum: Voices from Behind the Walls, 1940-1945.* New York: Anchor Books, 1994. Foreword by Phyllis Chesler.

Geller, Jeffrey L. and Maxine Harris. *Women of the Asylum: Voices from Behind the Walls 1840-1945.* New York: Bantam Doubleday Dell Publishing Group, 1994. Introduction by Phyllis Chesler.

Gelso, Charles J., Ruth E. Fassinger, Maria J. Gomez, and Maria G. Latts. "Countertransferences reactions to Lesbian Clients: The Role of Homophobia, Counselor Gender, and Countertransference Management." *Journal of Counseling Psychology* 42, 3 (1995): 356-364.

Green, Dorsey. "When a Therapist Breaks the Rules." *Women and Therapy.* Vol. 18, 1996.

Greene, Beverly and Nancy Boyd-Franklin. "African-American Lesbian Couples: Ethnocultural Considerations in Psychotherapy." *Women and Therapy.* Vol. 19, 1996.

Grobe, Jeanine, ed. *Beyond Bedlam: Contemporary Women Psychiatric Survivors Speak Out.* Chicago: Third Side Press, 1995.

Hall, Marney, Celia Kitzinger, Joanne Loulan, and Rachel Perkins. "Lesbian Psychology, Lesbian Politics." *Feminism and Psychology.* Vol. 2, 1992.

Halnon, Karen Bettez. *Women's Agency in Hysteria and Its Treatment.* Michigan: UMI Company, 1995.

Hamilton, Jean A. and Margaret F. Jensvold. "Sex and Gender as Critical Variables in Feminist Psychopharmacology Research and Pharmacology." *Women and Therapy.* Vol. 16, 1995.

Hammer, Barbara U. "Anti-Semitism As Trauma: A Theory of Jewish Communal Trauma Response." In *Jewish Women Speak Out.* Ed. Kayla Weiner and Arinna Moon. 1995.

Harris, Diane J. and Sue A. Kuba. "Ethnocultural Identity and Eating Disorders in Women of Color." *Professional Psychology: Research and Practice* 28, 4 (1997): 341-347. American Psychological Association.

Healy, Shevy. "Confronting Ageism: A Must for Mental Health." *Women and Therapy.* Vol. 14, 1993.

Heller, Tom, Jim Reynolds, Roger Gomm, Rosemary Muston, and Stephen

PAttison. *Mental Health Matters.* London: Macmillan Press Limited, 1996.

Herman, Judith Lewis. *Trauma and Recovery.* New York: Basic Books, 1992.

Heron, Reva L., Diana P. Jacobs, Nadine J. Kaslow, and Heather B. Twomey. "Culturally Competen Interventions for Abused and Suicidal African American Women." *Psychotherapy* 34, 4 (1997): 410-422.

Hill, Marcia. "We Can't Afford It: Confusions and Silences on the Topic of Class." *Women and Therapy.* Vol. 18, 1996.

Hite, Shere. "Write What You Want." *On the Issues.* Vol. 4, 1995.

Holtzman, Clare G. "Counseling Adult Women Rape Survivors: Issues of Race, Ethnicity, and Class." *Women and Therapy.* Vol. 19, 1996.

hooks, bell. *Sisters of the Yam: Black Women and Self-Recovery.* Cambridge, MA: South End Press, 1993.

Hughes, Donna M. "Defeating Woman-Haters." FrontPageMagazine. com, January 17, 2005. http://www.frontpagemagazine.com/Articles/ ReadArticle.asp?ID=16640, as accessed 4/14/2005.

———. "Iran's Sex Slaves," FrontPageMagazine.com. June 11, 2004.

———. "The Mullah's Killing Fields." FrontPageMagazine.com, December 14, 2004.

Jamison, *Kay Redfield. An Unique Mind: A Memoir of Moods and Madness.* New York: Knopf, 1995.

Kascha, Ellyn. *Engendered Lives: A New Psychology of Women's Experience.* New York: Basic Books, 1992.

Kaysen, Sussanah. *Girl, Interrupted.* New York: Vintage Books, 1994.

Kerr, John. *A Most Dangerous Method: The Story of Jung, Freud, and Sabina Spielrein.* New York: Knopf, 1993.

Kitzinger, Celia (with Rachel Perkins). *Changing Our Minds: Lesbian Feminism and Psychology.* New York: New York University Press, 1993.

Kivel, Paul. "Raising Sons as Allies." *On the Issues.* Vol. 5, 1996.

Lalich. Janya. "Dominance and Submission: The Psychosexual Exploitation of Women in Cults." *Women and Therapy.* Vol. 19, 1996.

Lerman, Hannah. "The Practice of Ethics Within Feminist Therapy." *Women and Therapy.* Vol. 15, 1994.

Loulan, JoAnn. "Our Breasts, Ourselves." *Women and Therapy.* Vol. 19, 1996.

Mallinckrodt, Brent, Beverly A. McCreary, and Anne K. Robertson. "Co-

Occurrence of Eating Disorders and Incest: The Role of Attachment, Family Environment, and Social Competencies." *Journal of Counseling Psychology* 42, 2 (1995): 178-186.

McGoey, Christine Schaack. "When Regular Guys Rape: The Trial of the Glen Ridge Four." *On the Issues.* Fall 1993.

McNair, Lily D. "African American Women in Therapy: An Afrocentric and Feminist Synthesis." *Women and Therapy.* Vol. 12, 1992.

McNair, Lily D. and Helen A. Neville. "African American Women Survivors of Sexual Assault: The Intersection of Race and Class." *Women and Therapy.* Vol. 18, 1996.

Miller, Jean Baker and Irene Stiver. *The Healing Connection: How Women Form Relationships in Therapy and in Life.* Boston: Beacon Press, 1997.

Paludi, Michele A. *The Psychology of Women.* Dubuque: WCB Brown & Benchmark, 1992.

Pipher, Mary. *Reviving Ophelia: Saving the Selves of Adolescent Girls.* New York: Putnam, 1994.

Pope, Kenneth S. "Scientific Research, Recovered Memory, and Context: Seven Surprising Findings." *Women and Therapy.* Vol. 19, 1996.

Pope, Kenneth S. and Barbara G. Tabachnick. "The Therapist as a Person: Therapists' Anger. Hate, Fear, and Sexual Feelings: National Survey of Therapist Responses, Client Characteristics, Critical Events, Formal Complains, and Training." 1993. http://kspope.com/therapistas/fear1.php, accessed 7/6/2005.

Pope, Kenneth S. and Melba J. T. Vasquez. *Ethics in Psychotherapy and Counseling: A Practical Guide,* 2nd ed. San Francisco: Jossey Bass, 1998.

Radford, Jill and Diana E. H, Russell, eds. *Femicide: The Politics of Woman Killing.* New York: Macmillan Publishing Co., 1992.

Raven, Arlene. "Judy Chicago: The Artist Critics Love to Hate." *On the Issues.* Vol. 3, 1994.

Renzetti, Claire M. *Violent Betrayal: Partner Abuse in Lesbian Relationships.* Newbury Park, California: Sage Publications, 1992.

Rohrlich, Ruby. "Biology and Destiny." *On the Issues.* Vol. 6, 1997.

Rollins, Joan H. Women's Minds, Women's Bodies: *The Psychology of Women in a Biosocial Context.* New Jersey: Prentice-Hall, 1996.

Rothblum, Esther D. "The Rich Get Social Services and the Poor Get

Capitalism." *Women and Therapy.* Vol. 18, 1996.

Russ, Joanna, *What Are We Fighting for? Sex, Race, Class, and the Future of Feminism.* New York: St, Martin's Press, 1997.

Sapinsley, Barbara, *The Private War of Mrs. Packard.* New York: Kodansha, 1995. Introduction by Phyllis Chesler.

Shah, Sonia. *Dragon Ladies: Asian American Feminists Breathe Fire.* Cambridge, MA: South End Press, 1997.

Shaka Zulu, Nzinga. "Sex, Race, and the Stained-Glass Window." *Women and Therapy.* Vol. 19, 1996.

Sharratt, Sara and Ellyn Kaschak. *Assault on the Soul: Women in the Former Yugoslavia.* New York: The Haworth Press, 1999.

Siegal, Rachel Josefowitz. "Between Midlife and Old Age: Never Too Old to Learn." *Women and Therapy.* Vol. 14, 1993.

Steinem, Gloria. "What If Freud Were Phyllis?" *Moving Beyond Words.* New York: Simon & Schuster, 1994.

Stiglymyer, Alexandra, ed. "The Rapes in Bosnia-Herzegovina." *Mass Rape: The War Against Women in Bosnia-Herzegovina.* Lincoln and London: University of Nebraska Press, 1992.

Strong, Marilee A. *Bright Red Scream: Self-Mutilation and the Language of Pain.* New York: Penguin, 1998.

Teifer, Lenore. "Towards a Feminist Sex Therapy." *Women and Therapy.* Vol. 19, 1996.

Vaz, Kim Marie. "Racial Aliteracy: White Appropriation of Black Presences." *Women and Therapy.* Vol. 16, 1995.

Walker Lenore E. "Psychology and Domestic Violence Around the World." *American Psychologist* (1999). American Psychological Association.

Weiner, Kayla and Arinna Moon, eds. *Jewish Women Speak Out: Expanding the Boundaries Of Psychology.* Seattle: Canopy Press, 1995. Forward by Phyllis Chesler. See in addition: Kayla Weiner, "Survivors Nonetheless: Trauma in Women Not Directly Involved with the Holocaust."

Wolfe, Janet L. and Iris G. Fodor. "The Poverty of Privilege: Therapy with Women of the 'Upper' Classes." *Women and Therapy.* Vol. 18, 1990.

Wolper, Andrea. "Exporting Healing: American Rape Crisis Counselors in Bosnia." *On the Issues.* Spring 1994.

Wood, Mary Elene. *The Writing on the Wall: Women's Autobiography and* the *Asylum*. Chicago: University of Illinois Press, 1994.

Wurtzel, Elizabeth. *Prozac Nation*. New York: Riverhead Books, 1994.

Young-Bruehl, Elisabeth. *The Anatomy of Prejudices*. Cambridge: Harvard University Press, 1996.

2000 – 2005

Caplan, Paula J. and Lisa Cosgrove, eds. Bias in Psychiatric Diagnosis. Maryland: Jason Aronson, 2004. See especially: Ali, Alisha, "The Intersection of Racism and Sexism in Psychiatric Diagnosis"; Bullock, Heather E., "Diagnosis of Low Income Women," from Bias in Psychiatric Diagnosis; Caplan, Emily J., "Psychiatric Diagnosis in the Legal System"; Cosgrove, Lisa and Bethany Riddle, "Gender Bias and Sex Distribution of Mental Disorders in the DSM-IV-TR"; Fish, Vincent, "Some Gender Biases in Diagnosing Traumatized Women"; Javed, Nayyar, "Clinical Cases and the Intersection of Sexism and Racism"; Poland, Jeffrey, "Bias and Schizophrenia"; Poland, Jeffrey and Paula J. Caplan, "The Deep Structure of Bias in Psychiatric Diagnosis"; Profit, Wesley E., "Should Racism Be Classified As a Mental Illness?"; Rabinor, Judith R., "The 'Eating-Disordered' Patient"; Wiley, Autumn, "Abnormal Psychology Textbooks Exclude Feminist Criticisms of the DSM."

Chesler, Phyllis. *Woman's Inhumanity to Woman*. New York: Thunder's Mouth Press/Nation Books, 2002; Plume, 2003.

———. *The New Anti-Semitism*. San Francisco; Jossey-Bass, 2003.

———. *The Death of Feminism: What's Next in the Struggle for Women's Freedom*. New York: Palgrave Macmillan, 2005.

———. "The Psychoanalytic Roots of Islamic Terrorism." FrontPageMagazine. com. May 3. 2004; www.phyllis-chesler.com

———. "'Gender Cleansing' in the Sudan." FrontPage Magazine. July 26, 2004; www.phyllis-chesler.com

———. "Forced Female Suicide." FrontPage Magazine. January 22, 2004; www.phyllis-chesler.com

Chesler, Phyllis and Rivka Haut. *Women of the Wall: Claiming Sacred Ground at Judaism's Holy Site*. Vermont: Jewish Lights Publishing, 2003.

Chesler, Phyllis and Donna M. Hughes. "Feminism in the 21st Century."

Washington Post, February 22, 2004; www.phyllis-chesler.com

Chesler, Phyllis and Nancy H. Kobrin. "Osama, Bush and a Little Girl." ;
    FrontPageMagazine.com. November 1, 2004; www.phyllis-chesler.com

Clarke, Victoria. "Stereotype, Attack and Stigmatize Those Who Disagree:
    Employing Scientific Rhetoric in Debates about Lesbian and Gay
    Parenting." Feminism and Psychology 10, 1 (2000): 142-149. London: Sage.

Clarke, Victoria. "The Lesbian Personality: A Reappraisal of June Hopkins'
    Milestone Work." Special Issue, Lesbian and Gay Psychological Review 3,
    2 (2000). The British Psychological Society.

Cottone, John G., Philip Drucker, and Rafael A. Javier. "Gender Differences
    in Psychotherapy Dyads: Changes in Psychological Symptoms and
    Responsiveness to Treatment During Three Months of Therapy."
    Psychotherapy: Theory/Research/Practice/Training 39, 4 (2002): 297-308.
    Educational Publishing Foundation.

Enns, Carolyn Zerbe. Feminist Theories and Feminist Psychotherapies:
    Origins, Themes, and Diversity, 2nd ed. New York: The Haworth Press,
    2004.

Farley, Melissa. Prostitution, Trafficking, and Traumatic Stress. New York: The
    Haworth Press, 2003.

Graham, Jennifer E., Marci Lobel, and Robyn Stein Deluca. "Anger
    After Childbirth: An Overlooked Reaction to Postpartum Stressors."
    Psychology of Women Quarterly 26 (2002): 222-233. Division 35, American
    Psychological Association. Blackwell Publishing.

Gregory, Julie. Sickened: The Memoir of a Munchausen by Proxy Childhood.
    New York: Bantam, 2003.

Guttmann, Melinda Given. The Enigma of Anna O.: A Biography of Bertha
    Pappenheim. Rhode Island: Moyer Bell, 2001.

Hebald, Carol. The Heart Too Long Suppressed: A Chronicle of Mental
    Illness. Boston: Northeastern University Press, 2001.

Hubert, Susan. Questions of Power: The Polotics of Women's Madness
    Narratives. Newark: University of Delaware Press, 2002.

Jackson, Helene, Leonard Diller, Ronald L. Nuttall, and Elizabeth Philip.
    "Traumatic Brain Injury: A Hidden Consequence for Battered Women."
    Professional Psychology: Research and Practice 33, 1 (2002): 39-45.
    American Psychological Association.

Jackson, Leslie and Beverly Greene, eds. *Psychotherapy with African American Women: Innovations in Psychodynamic Perspectives and Practice.* New York: Guilford Press, 2000.

Kettlewell, Carolyn. *Skin Game: A Memoir.* New York: St. Martin's Press, 2000.

Kline, Ruth. *It Could Been Worse: Surviving a Lifetime of Abuse and Mental Illness.* North Carolina: Pentland Press, Inc./Ivy House Publishing, 2003.

Klonoff, Elizabeth A., Hope Landrine, and Robin Campbell. "Sexist Discrimination May Account for Well-Known Gender Differences In Psychiatric Symptoms." *Psychology of Women Quarterly* 24 (2000): 93-99. Division 35, American Psychological Association. USA: Cambridge University Press.

Knapp, Caroline. *Appetites: Why Women Want.* New York: Counterpoint, 2003.

Kobrin, Nancy. "Political Domestic Violence in Ibrahim's Family: A Psychoanalystic Perspective." In *Eroticism: Love, Sex, and Perversion,* vol. 5. Eds. J. Piven, C. Boyd, and H. Lawton. New York: iUniverse, Inc., 2003; also in *Terrorism, Jihad and Sacred Vengeance.* Giessen: Psychosoziel-Verlag, 2004.

Kobrin, Nancy and Yoram Schweitzer. "The Sheik's New Clothes: Islamic Suicide Terrorism and What It's Really All About." Introduction by Phyllis Chesler. Unpublished Manuscript.

Murphy, Julie A., Edna I. Rawlings, and Steven R. Howe. "A Survey of Clinical Psychologists on Treating Lesbian, Gay, and Bisexual Clients." *Professional Psychology: Research and Practice* 33, 2 (2002): 183-189. American Psychological Association.

National Institute of Mental Health. "The Numbers Count: Mental Disorders in America." http://www.nimh.nih.gov/publicat/numbers.cfm, accessed 7/11/2005.

National Research Center on Asian American Mental Health. http://psychology.ucdavis.edu/nrcaamh/Publications/, accessed 7/12/2005.

Pope, Kenneth S., James N. Butcher, and Joyce Seelen. *The MMPI, MMPI-2, and MMPI-A in Court: A Practical Guide for Expert Witnesses and Attorneys,* 2nd ed. American Psychological Association, 2000.

Pope, Kenneth S., and Melba J. T. Vasquez. *How to Survive and Thrive as a*

Therapist: Informatio, Ideas & Resources for Psychologists. American Psychological Association, 2005.

Rabin, Claire Low. *Understanding Gender and Culture in the Helping Process: Practitioners' Narratives from Global Perspectives.* Foreword by Phyllis Chesler. California: Wadsworth, 2005.

Reiland, Rachel. *Get Me Out Of Here: My Recovery from Borderline Personality Disorder.* Minnesota: Hazelden Publishing and Educational Services, 2004.

Rickhi, Badri, Hude Quan, Sabine Moritz, Dipl Biol, Heather L. Stuart, and JulioArboleda-Florez. "Original Research: Mental Disorders and Reasons for Using Complementary Therapy." 2003. http://www.cpa-apc.org/Publications/Archives/CJP/2003/august/rickhi.asp, accessed 7/11/2005. Canadian Psychiatric Association-Study.

Shannonhouse, Rebecca. *Out of Her Mind: Women Writing On Madness.* New York: The Modern Library, 2000.

World Health Organization. "Gender Disparities in Mental Health: The Facts." Gender and Women's Mental Health. http://www.who.int/mental_health/prevention/genderwomen/en/, accessed 7/11/2005.

Wurtzel, Elizabeth. *More, Now, Again: A Memoir of Addiction.* New York: Touchstone, 2001.

독자 북펀드에 참여해주신 분들입니다. 고맙습니다.

옮긴이 임옥희

경희대학교 영문학과를 졸업하고 동 대학원에서 박사 학위를 받았다. 여성문화이론연구소 대표를 역임했고 경희대학교 후마니타스칼리지에서 학생들을 가르쳤다. 『메트로폴리스의 불온한 신여성들』, 『젠더 감정 정치』, 『발레하는 남자, 권투하는 여자』, 『채식주의자 뱀파이어』, 『주디스 버틀러 읽기』, 『인권, 여성의 눈으로 보다』(공저), 『여성 혐오가 어쨌다구?』(공저) 등을 지었으며, 『몸 페미니즘을 향해』, 『여자의 뇌』, 『전진하는 페미니즘』, 『일탈』 등을 우리말로 옮겼다.

여성과 광기

초판 1쇄 2021년 9월 25일
초판 2쇄 2021년 10월 15일

지은이 필리스 체슬러
옮긴이 임옥희
펴낸이 이재현, 조소정
편집 조형희
제작 세걸음
펴낸곳 위고
출판등록 2012년 10월 29일 제406-2012-000115호
주소 10881 경기도 파주시 회동길 290 206-제5호
전화 031-946-9276
팩스 031-946-9277

hugo@hugobooks.co.kr
hugobooks.co.kr

ISBN 979-11-86602-65-2 03300